Le démantèlement des entraves aux commerces mondial et intracommunautaire

Droits communautaire et de l'OMC comparés

TOME I

Logiques Juridiques
Collection dirigée par Gérard Marcou

Le droit n'est pas seulement un savoir, il est d'abord un ensemble de rapports et pratiques que l'on rencontre dans presque toutes les formes de sociétés. C'est pourquoi il a toujours donné lieu à la fois à une littérature de juristes professionnels, produisant le savoir juridique, et à une littérature sur le droit, produite par des philosophes, des sociologues ou des économistes notamment.
Parce que le domaine du droit s'étend sans cesse et rend de plus en plus souvent nécessaire le recours au savoir juridique spécialisé, même dans des matières où il n'avait jadis qu'une importance secondaire, les ouvrages juridiques à caractère professionnel ou pédagogique dominent l'édition, et ils tendent à réduire la recherche en droit à sa seule dimension positive. A l'inverse de cette tendance, la collection *Logiques juridiques* des Éditions L'Harmattan est ouverte à toutes les approches du droit. Tout en publiant aussi des ouvrages à vocation professionnelle ou pédagogique, elle se fixe avant tout pour but de contribuer à la publication et à la diffusion des recherches en droit, ainsi qu'au dialogue scientifique sur le droit. Comme son nom l'indique, elle se veut plurielle.

Déjà parus

CHARVIN Robert, *Droit à la protection sociale*, 2007.
LABRECQUE Georges, *Les différends internationaux en Asie*, 2007.
PAÏVA de ALMEIDA Domingos (sous la dir.), *Introduction au droit brésilien,* 2006.
MOQUET-ANGER Marie-Laure (sous la dir.), *Les institutions napoléoniennes,* 2006.
CHARBONNEAU Simon, *Droit communautaire de l'environnement, Édition revue et augmentée*, 2006.
CHEBEL-HORSTMANN Nadia, *La régulation du marché de l'électricité*, 2006.
COMTE Henri et LEVRAT Nicolas (sous la dir.), *Aux coutures de l'Europe. Défis et enjeux juridiques de la coopération transfrontalière*, 2006.
MASSAT Eric, *Servir et discipliner*, 2006.
BOUDET Jean-François, *La caisse des dépôts et consignations*, 2006.
ROSIER Guy, *L'enracinement créole*, 2006.
DESMONS É. (sous la dir.), *Figures de la citoyenneté*, 2006.
MACERA B.-F. et FERNANDEZ GARCIA Y., *La responsabilité administrative dans le contentieux de l'urbanisme*, 2006.

Le démantèlement des entraves aux commerces mondial et intracommunautaire

Droits communautaire et de l'OMC comparés

TOME I

Logiques Juridiques

Collection dirigée par Gérard Marcou

Le droit n'est pas seulement un savoir, il est d'abord un ensemble de rapports et pratiques que l'on rencontre dans presque toutes les formes de sociétés. C'est pourquoi il a toujours donné lieu à la fois à une littérature de juristes professionnels, produisant le savoir juridique, et à une littérature sur le droit, produite par des philosophes, des sociologues ou des économistes notamment.
Parce que le domaine du droit s'étend sans cesse et rend de plus en plus souvent nécessaire le recours au savoir juridique spécialisé, même dans des matières où il n'avait jadis qu'une importance secondaire, les ouvrages juridiques à caractère professionnel ou pédagogique dominent l'édition, et ils tendent à réduire la recherche en droit à sa seule dimension positive. A l'inverse de cette tendance, la collection *Logiques juridiques* des Éditions L'Harmattan est ouverte à toutes les approches du droit. Tout en publiant aussi des ouvrages à vocation professionnelle ou pédagogique, elle se fixe avant tout pour but de contribuer à la publication et à la diffusion des recherches en droit, ainsi qu'au dialogue scientifique sur le droit. Comme son nom l'indique, elle se veut plurielle.

Déjà parus

CHARVIN Robert, *Droit à la protection sociale*, 2007.
LABRECQUE Georges, *Les différends internationaux en Asie*, 2007.
PAÏVA de ALMEIDA Domingos (sous la dir.), *Introduction au droit brésilien,* 2006.
MOQUET-ANGER Marie-Laure (sous la dir.), *Les institutions napoléoniennes,* 2006.
CHARBONNEAU Simon, *Droit communautaire de l'environnement, Édition revue et augmentée*, 2006.
CHEBEL-HORSTMANN Nadia, *La régulation du marché de l'électricité*, 2006.
COMTE Henri et LEVRAT Nicolas (sous la dir.), *Aux coutures de l'Europe. Défis et enjeux juridiques de la coopération transfrontalière*, 2006.
MASSAT Eric, *Servir et discipliner*, 2006.
BOUDET Jean-François, *La caisse des dépôts et consignations*, 2006.
ROSIER Guy, *L'enracinement créole*, 2006.
DESMONS É. (sous la dir.), *Figures de la citoyenneté*, 2006.
MACERA B.-F. et FERNANDEZ GARCIA Y., *La responsabilité administrative dans le contentieux de l'urbanisme*, 2006.

David ROCA

Le démantèlement des entraves aux commerces mondial et intracommunautaire

Droits communautaire et de l'OMC comparés

TOME I

Préface de François Féral
Professeur à l'Université de Perpignan

L'Harmattan

5-7, rue de l'Ecole polytechnique ; 75005 Paris

http://www.librairieharmattan.com
diffusion.harmattan@wanadoo.fr
harmattan1@wanadoo.fr

ISBN : 978-2-296-03409-9
EAN : 9782296034099

REMERCIEMENTS

Je tiens à remercier Monsieur le Professeur François Féral dont le soutien en qualité de directeur de thèse m'a permis de conduire à terme un travail difficile de plusieurs années. Son regard professionnel et expérimenté a constitué un appui au combien inestimable.

Je remercie également Monsieur le Professeur Marc Blanquet, dont les commentaires constructifs ont permis d'apporter à mes travaux la touche finale essentielle, Monsieur le Professeur Éric Canal-Forgues, Monsieur le Professeur Gérard Gonzalez et Monsieur Luis Gonzalez-Vaqué pour leur disponibilité et l'attention toute particulière qu'ils ont pu consentir à l'étude de mes travaux.

Je remercie encore l'ensemble de l'équipe enseignante et administrative de la faculté de droit de l'Université de Perpignan tout comme l'ensemble des chercheurs du Centre d'Études et de Recherches sur les Transformations de l'Action Publique (CERTAP) pour m'avoir accueilli en leur sein et ainsi facilité la tâche.

Enfin, je remercie tous mes proches – famille, amis ainsi que tous ceux qui, à travers ces quelques lignes, auraient pu être oubliés – pour leur soutien sans failles et à défaut duquel il m'aurait été difficile, voire impossible, de conduire mes travaux à terme.

TABLE DES SIGLES ET ABRÉVIATIONS

AB	*Appellate Body* (Organe d'appel de l'OMC)
Accord MIC	Accord sur les mesures concernant les investissements et liées au commerce
Accord OTC	Accord sur les obstacles techniques au commerce
Accord SMC	Accord sur les subventions et les mesures compensatoires
Accord SPS	Accord sur les mesures sanitaires et phytosanitaires
ACO	Accord de commercialisation ordonnée
ACP	États d'Afrique, des Caraïbes et du Pacifique
ADP	rapport du Comité antidumping
ADPIC	Accord sur les aspects des droits de propriété intellectuelle qui touchent au commerce
AELE	Association Européenne de Libre-Échange
AEM	Accords environnementaux multilatéraux
AFDI	Annuaire français de droit international
aff.	affaire
aff. jtes	affaires jointes
aff. n°C-	affaire traitée par la CJCE
aff. n°T-	affaire traitée par le TPICE
AGCS	Accord général sur le commerce des services
AJDA	Actualité juridique du droit administratif
ALENA	Accord de libre-échange nord-américain
AMF	Arrangements Multifibres
AMP	Accord sur les marchés publics
AOP	appellation d'origine protégée
APEC	*Asia Pacific Economic Cooperation* (Coopération économique en Asie-Pacifique)
art.	article
ARV	Accord de restriction volontaire
ASEAN	*Association of South East Asian Nations*
ATV	Accord sur les textiles et les vêtements
AUE	Acte unique européen
BCE	Banque centrale européenne
BEI	Banque européenne d'investissement
BIRPI	Bureau international réuni pour la propriété intellectuelle
BJCP	Bulletin juridique des contrats publics
BTP	bâtiment et travaux publics
Bull. CE	Bulletin des Communautés européennes
Bull. eur. mon	Bulletin européen du moniteur
Bull. UE	Bulletin de l'Union européenne
C.	Série du JOCE consacrée aux communications et informations
c/	contre
CAF	prix coût, assurance, fret compris
CCC	Revue Contrat, Concurrence, Consommation

CCE	Comité du Commerce et de l'environnement de l'OMC
CDC	Code des douanes communautaire
CDE	Cahier de droit européen
CE	Communauté européenne
CEDECE	Commission pour l'étude des Communautés européennes
CEDRE	Centre de recherche européenne
CEE	Communauté économique européenne
CECA	Communauté européenne du charbon et de l'acier
CEEA	Communauté européenne de l'énergie atomique
CEI	Commission électrotechnique internationale
CEN	Comité européen de normalisation
CENELEC	Comité européen de normalisation électrotechnique
CEPII	Centre d'études prospectives et d'informations internationales
CES	Conseil économique et social
chron.	chronique
CIST	Centre international pour la science et la technologie
CITES	Convention des Nations unies sur le droit de la mer et les instruments relatifs au développement durable
CJCE	Cour de justice des Communautés européennes
CNPF	Clause de la nation la plus favorisée
CNRS	Centre national de la recherche scientifique
CNUCED	Conférence des Nations unies sur le commerce et le développement
coll.	collection
comm.	commentaire
concl.	conclusion
cons.	considérant
COREPER	Comité des représentants permanents
CRO	Comité des règles d'origine de l'OMC
CTRO	Comité technique des règles d'origine de l'OMC
Dir.	ouvrage réalisé sous la direction de
Doc. COM	Document de la Commission des Communautés européennes
Dr. Fisc.	Revue de droit fiscal
DS	*Dispute settlement* (règlement des différends)
DTS	droit de tirage spécial
éd.	édition
EEE	Espace économique européen
EI	Entité indépendante de l'OMC en matière d'inspection avant expédition
ESB	encéphalopathie spongiforme bovine
etc.	*et caetera*
ETSI	Institut européen de normalisation des télécommunications
Euratom	voir CEEA
Europe	Revue Europe
FAB	prix franco à bord
fasc.	fascicule

FAO	*Food and Agriculture Organization of the United Nations* (Organisation des Nations unies pour l'alimentation et l'agriculture)
FEOGA	Fonds européen d'orientation et de garantie agricole
FMI	Fonds monétaire international
Frais VAG	frais de vente, dépenses administratives et autres frais généraux
Franc CFA	franc de la Communauté financière africaine
GATT	*General agreement on tariffs and trade*
GATS	*General Agreement on Trade in Services*
GN	Groupe de négociation de l'OMC
GNTC	Groupe de travail sur les télécommunications de base
GP	Gazette du Palais
HOS	modèle économique Hecksher-Ohlin-Samuelson
IBDD	Instruments de base et documents divers (GATT)
ibid ou **ibidem**	même référence
IDE	investissements directs à l'étranger
IME	Institut monétaire européen
IFRI	Institut français des relations internationales
IGP	indication géographique protégée
ISO	*International Organization for standardization* (Organisation internationale de normalisation)
ISONET	*International Organization for standardization information network*
ISPA	Instrument structurel de préadhésion
JAI	politique de coopération en matière de justice et affaires intérieures
J.-Cl. Europe	Juris-Classeur Europe
JCPE	Juris-Classeur périodique Europe – La semaine juridique
JDI	Journal du droit international
JTDE	Journal des tribunaux de droit européen
JOCE	Journal officiel des Communautés européennes
JORF	Journal officiel de la République française
JOUE	Journal officiel de l'Union européenne
JWT	*Journal of World Trade*
L.	Série du JOCE consacrée à la législation
LGDJ	Librairie générale de droit et de jurisprudence
LPA	Les Petites Affiches
MARD	Mémorandum d'accord sur les règles et procédures régissant le règlement des différends
MEERQ	Mesure d'effet équivalent à une restriction quantitative
MERCOSUR	*MERcado COmún del SUR* (marché commun du Sud)
MGS	Mesure globale de soutien
MIC	Mesure concernant les investissements et liée au commerce
n° et n^{os}	numéro et numéros
NCM	négociations commerciales multilatérales
NEPR	Arrêt non encore publié au recueil
NIPC	Nouvel instrument de politique commerciale

NUTS	Nomenclature des unités territoriales statistiques
Obs.	observation
OCDE	Organisation de coopération et de développement économique
OCM	Organisation commune des marchés
OFCE	Observatoire français des conjonctures économiques
OGM	organisme génétiquement modifié
OIC	Organisation internationale du commerce
OIT	Organisation internationale du travail
OIV	Office international de la vigne et du vin
OMC	Organisation mondiale du commerce
OMPI	Organisation mondiale de la propriété intellectuelle
OMS	Organisation mondiale de la santé
ONU	Organisation des Nations unies
ONUDI	Organisation des Nations unies pour le développement industriel
op. cit. ou **opus citatum**	ouvrage ou contribution précité
OPOCE	Office des publications officielles des CE
ORD	Organe de règlement des différends
OSpT	Organe de supervision des textiles
OTC	obstacle technique au commerce
p. et **pp.**	page et pages
PAC	Politique Agricole Commune
PCP	Politique Commune de la Pêche
PEDOC	document du Parlement européen
PESC	Politique étrangère et de sécurité commune
PHARE	Pologne-Hongrie aide à la reconstruction économique
PI	(Revue) Propriété industrielle
PIB	produit intérieur brut
PMA	pays les moins avancés
PNB	produit national brut
PNUD	Programme des Nations Unies pour le développement
pt. et **pts.**	point et points
PUF	Presses universitaires de France
Quad	réunions « quadrilatérales » regroupant la Communauté européenne, les États-Unis, le Japon et le Canada.
R	*Report of the DSB* (Rapport de l'Organe de règlement des différends)
RAE	Revue des affaires européennes
RBDI	Revue belge de droit international
R&D	recherche et développement
RDAI	Revue de droit des affaires internationales
RDB	règlement de base de la législation antidumping communautaire
Rec.	Recueil des arrêts de la Cour de justice des Communautés européennes (**p.I-** : partie consacrée aux arrêts de la Cour ; **p.II-** : partie consacrée aux arrêts du Tribunal)
Rep. Dr. comm.	Répertoire de droit communautaire

Rev.	Revue
Rev. Dr. rural	Revue de droit rural
Rev. d'Éco. fin.	Revue d'Économie financière
RGDIP	Revue générale de droit international public
RFDA	Revue française de droit administratif
RIDC	Revue internationale de droit comparé
RIDE	Revue internationale de droit économique
RIPIA	Revue de la propriété industrielle et artistique
RIT	Revue internationale du travail
RJCom	Revue de jurisprudence commerciale
RJDA	Revue de jurisprudence de droit administratif
RJE	Revue juridique de l'environnement
RMC	Revue du Marché commun
RMCUE	Revue du Marché commun et de l'Union européenne
RMUE	Revue du Marché unique européen
ROC	Règlement sur les obstacles au commerce
RRJ	Revue de la recherche juridique et de droit prospectif
RTDC	Revue trimestrielle de droit civil
RTDCom	Revue trimestrielle de droit commercial
RTDE	Revue trimestrielle de droit européen
RVE	restriction volontaire d'exportation
s. et ss.	suivant(e) et suivant(e)s
SFDI	Société française de droit internationale
SH	Système Harmonisé
SHTF	sirop de maïs à haute teneur en fructose
SPA	standard de pouvoir d'achat
SPA	service public administratif
spéc. p.	spécialement page
SPIC	service public industriel et commercial
SPS	mesure sanitaire et phytosanitaire
SRD	système de règlement des différends de l'OMC
TACIS	Programme d'assistance technique
TCE	Traité instituant la Communauté européenne
TDC	Tarif douanier commun
TNPF	Traitement de la nation la plus favorisée
TPE	équipement terminal de paiement électronique
TPI ou TPICE	Tribunal de première instance des Communautés européennes
TPV	équipement terminal de vente
Traité IPIC	Traité de Washington sur la propriété intellectuelle en matière de circuits intégrés
TUE	Traité sur l'Union européenne
TVA	Taxe sur la valeur ajoutée
UE	Union européenne
UEM	Union Économique et Monétaire
ULB	Université libre de Bruxelles
WT	*World Trade*
WTO	*World Trade Organization*

SOMMAIRE

TOME 1

PRÉFACE

INTRODUCTION GÉNÉRALE

PARTIE 1 Les convergences dans les fondements des systèmes de démantèlement des entraves aux commerces mondial et intracommunautaire

Chapitre 1 Une convergence dans le contenu des principes d'élimination des entraves au commerce

Section 1 Le principe commun de non-discrimination
Section 2 Les principes communs d'harmonisation et de reconnaissance mutuelle des législations nationales

Chapitre 2 Une convergence dans l'institutionnalisation des « Quatre libertés commerciales »

Section 1 La libéralisation centrale du secteur des marchandises
Section 2 La libéralisation des secteurs des services et des personnes
Section 3 La libéralisation du secteur des capitaux

Chapitre 3 Une convergence dans les limites du mouvement de libéralisation commerciale

Section 1 Les cas d'exclusion des règles libérales
Section 2 Les cas particuliers concernant la santé et l'environnement

PREFACE

Dans le domaine de l'interventionnisme économique de la puissance publique, les années d'après-guerre ont été marquées par un paradoxe : la volonté de libéraliser les échanges d'États providence dont l'activité de contrôle des marchés était alors maximale. Quelles qu'en soient les péripéties, la rédaction de deux grands traités internationaux structurant largement aujourd'hui les relations commerciales internationales illustre ce phénomène. Il s'agit d'une part des accords du GATT, conclus sous forme simplifiée quelques années après la fin du conflit et, d'autre part, du Traité de Rome qui fut en 1957 le véritable acte fondateur de l'Union européenne actuelle.

À deux échelles fort différentes, mais dans un même élan, ces deux textes ont pour ambition de libéraliser le commerce international en fixant de nouveaux principes d'échanges de marchandises et de services. Mais cet objectif se formule alors même que l'intervention de l'État dans la sphère de l'économie se situe à son apogée, non seulement en raison du triomphe légitime des thèses keynésiennes, comme alternative « libérale » à l'économie soviétique, mais également en raison des opérations de reconstruction et de remodelage de l'économie consécutives au désastre de la guerre.

Tout le monde sait aujourd'hui comment la communauté internationale des États a digéré ce paradoxe : elle n'a que très progressivement appliqué les principes du libre marché. Il faut attendre en Europe la relance du Grand marché en 1985 avec pour objectif concret son établissement en 1992, pour que le marché commun se concrétise enfin. Pour le commerce international, le cycle de l'Uruguay qui s'engage à la même date marque également une renaissance des principes du GATT : il aboutira en 1994 aux accords de Marrakech, fondateurs de l'OMC, qui constitue une étape fondamentale de la libéralisation du commerce mondial.

Cette synchronie, cette similitude dans l'effacement d'engagements internationaux durant plus d'un quart de siècle, ces relances simultanées au milieu des années quatre-vingt et leur aboutissement à une même date, ne pouvaient qu'inspirer un travail de droit et d'institution comparés en droit économique international et européen. C'est ce très difficile travail comparatif réalisé dans le cadre d'une thèse de droit public que nous propose aujourd'hui David ROCA sous forme d'ouvrage.

Au cœur même de ce travail de bénédictin, consistant à analyser l'évolution d'un droit matériel pharaonique produit par une technostructure particulièrement retorde, se retrouvent deux notions convergentes qui furent le point de départ de la réflexion engagée par M. ROCA. En droit européen, il s'agit de la notion de « mesures d'effet équivalent à des restrictions quantitatives » et en droit international, ce sont les « obstacles techniques au commerce » qui sont au cœur du mécanisme de libéralisation. Il s'agit en apparence de deux notions venues de deux conceptions et de deux traditions juridiques différentes, mais elles sont toutes deux produites par la même difficulté rencontrée par les instances internationales de faire en sorte que s'ouvrent les frontières des États membres en particulier aux marchandises. Les experts soulignent qu'en réalité ces tracasseries administratives se sont révélées bien plus pernicieuses pour l'ouverture des marchés que ne le furent les droits de douane eux-mêmes.

Nous voyons en droit communautaire l'évolution du contenu d'une notion totalement énigmatique en 1957 et qui fut probablement intégrée par les « Six » sans que soit mesurée un tant soit peu la portée de leur démantèlement. La construction conceptuelle est plus complexe en droit international, car la notion d'obstacle au commerce ne figure pas expressément dans le texte du GATT : elle se bâtira dans les années quatre-vingt, dans le cadre d'un accord d'application, comme produit des principes d'équivalence et de transparence adoptés en 1948.

Dans les deux cas, c'est toute la panoplie des mesures de police administrative qui contrarie l'exercice du commerce international, sans même le viser expressément. Mesures d'autant plus difficiles à éradiquer qu'elles paraissent économiquement ou socialement légitimes et étroitement attachées à la souveraineté de l'État : protéger la santé, s'assurer de la loyauté des transactions, protéger les intérêts du consommateur ou de certaines productions ou professions traditionnelles ou fragiles, contrôler certains marchés considérés comme vitaux ou stratégiques pour la sécurité nationale…

Ce travail comparatif est extrêmement fructueux, M. ROCA y déploie une grande maîtrise du droit international et du droit communautaire économiques, sans que son travail puisse totalement s'intégrer à l'une ou à l'autre de ces deux disciplines. En effet, c'est autour de la question des transformations des pouvoirs de l'État et du droit économique que sont convoquées ces deux matières. Il s'agit plus de les analyser comme nouveau contexte de l'interventionnisme étatique que comme une discipline à part entière, ce qu'évidemment elles sont incontestablement de par ailleurs. David ROCA s'ingénie ainsi à passer en revue les situations et les domaines dans lesquels les instances de l'OMC et de l'Union ont été amenées à balancer entre la liberté du marché et les pouvoirs de police ou les privilèges du service public.

Il existe bien évidemment des différences fondamentales qui tiennent à la nature même du cadre institutionnel dans lequel ces deux marchés se libèrent. Le champ, les procédures, les institutions, les droits respectifs des États, la philosophie même des traités, leurs origines, leur évolution ne sont en rien semblables et ne peuvent être confondus… Et pourtant ! Au bout du compte ce qui apparaît, c'est d'abord une forte similitude des problématiques soulevées par l'ouverture des frontières. C'est ensuite la même démarche pour en débrouiller les solutions au bénéfice du marché. M. ROCA le démontre pied à pied et point par point : l'Union européenne et l'OMC sont en définitive sur un même *trend* dans leurs politiques respectives de démantèlement des obstacles au commerce et leurs raisonnements juridiques convergent dans une large mesure. L'Union européenne apparaît même parfois comme un précurseur des mécanismes de démantèlement des entraves au commerce, en véritable arroseur arrosé lorsque seront remises en cause ses politiques d'hormones ou de bananes…

Le travail de David ROCA, à de nombreux égards, révèle une dimension scientifique et documentaire multiforme qui en souligne le très grand intérêt.

C'est d'abord un inventaire complet des sources juridiques formelles qui constituent aujourd'hui les bases des notions d'obstacle au commerce en droit international et en droit européen. Et cet inventaire est particulièrement difficile tant sont nombreux les domaines de la police administrative susceptibles d'affecter les échanges. Autre difficulté, leurs contenus ont été l'objet de bouleversements et de « changements de pied » de la part des politiques et des instances internationales : ainsi en est-il de la police sanitaire, démantelée en Europe dans les années quatre-vingt pour être reconstituée à la hâte à la suite de la tragédie de la « vache folle », alourdie du principe de précaution. De même la police de l'environnement est-elle redevenue légitime en raison des implications sanitaires des OGM ou de certaines pratiques industrielles.

Le deuxième intérêt de ce travail est de nous instruire sur les stratégies juridiques des technostructures supranationales pour démanteler les barrières non tarifaires. L'ouvrage est très documenté sur les travaux préparatoires des experts et sur les décisions juridictionnelles[1] pour nous confirmer *in concreto* la conception téléologique des droits européen et international, selon un credo : «... il faut ouvrir les frontières... avec entêtement... ». L'utilisation d'un « droit inversé » aux principes du droit public exorbitant nous apparaît alors, réduisant à peu de choses les marges d'opportunité de la puissance publique et du service public. En particulier, il appartient désormais aux États membres de l'UE et de l'OMC d'amener la preuve de la légitimité des mesures administratives imposées aux opérateurs économiques, et non l'inverse comme la tradition du droit administratif l'imposait aux usagers et aux citoyens. Pour autant, la responsabilité des États dans leurs relations avec les personnes n'en est pas réduite, comme l'illustre l'évolution du droit dans la réparation de dommages ou la mise en œuvre de « politiques de compensation » au secours de catégories sociales bousculées par les lois du marché.

Le troisième apport du travail de David ROCA est de nous offrir un bilan original de l'évolution de l'interventionnisme de la puissance publique à travers sa relation au marché international. Cette profondeur historique apportée à une des fonctions fondamentales de l'État moderne donne à l'ouvrage une dimension qui le met au dessus d'un simple catalogue de mesures techniques. Les années quatre-vingt-dix ont totalement délégitimé l'intervention économique proprement dite : aides de l'État, monopoles, entreprises publiques, appui aux corporatismes de tous ordres, services publics favorisés... Mais cette remise en cause ne s'est pas effectuée sur la base d'une idéologie explicitement antiétatique : elle s'appuie sur le seul impératif de commodité pour réaliser le marché commun ou pour libéraliser les échanges. Il n'est pas jusqu'à la création d'une monnaie unique qui n'ait été justifiée par les tribulations de changes de l'Europe communautaire, mettant à bas des siècles de souveraineté monétaire au nom de l'efficacité marchande. Ce principe d'efficacité, par son pragmatisme et sa logique, a développé une capacité d'intégration et de démantèlement interventionniste plus efficiente que mille discours d'économistes. Par ailleurs, la protection de la santé reste le noyau dur des compétences résiduelles des États, mais ce champ d'action, ô combien sensible, n'est plus un domaine d'opportunité : la démonstration scientifique comme condition de la compatibilité d'une mesure administrative avec l'un ou l'autre traité est venue réduire considérablement les marges de manœuvre des autorités sanitaires.

Enfin, et c'est probablement pour notre discipline le plus important sur le plan méthodologique et scientifique, David ROCA démontre que l'analyse juridique si elle

---

[1] Nous y incluons les décisions qualifiées de « para juridictionnelles » de l'Organe de Règlement des Différends de l'OMC. Mais cette qualification n'a guère de sens et relève de la bataille d'Hernani : il s'agit d'une instance qui en définitive « dit le droit » et qui a la capacité d'en imposer l'application par des sanctions. Elle est même assortie d'une procédure d'appel qui renforce la similitude avec une juridiction.

n'est pas réduite à de la technique de résolution de litiges, constitue un remarquable outil de sciences sociales.

Les textes juridiques mis ensemble, leurs évolutions jurisprudentielles, les stratégies d'interprétation qui s'y révèlent, ne sont pas seulement une suite de recettes de cuisine pour aider les producteurs de bananes des caraïbes à accéder aux marchés occidentaux... ce sont également les documentations essentielles d'une histoire économique et sociale de l'État moderne dans la conduite de l'économie. C'est aussi la matière sur laquelle se dévoilent les transformations des rapports de force économiques entre l'État et la communauté internationale. Outre l'ensemble des normes et leurs contenus proprement dits, les droits économiques international et européen marquent une révolution dans les représentations de l'État interventionniste, en recomposant ce qu'il faisait et ce que désormais il n'est plus légitime qu'il fasse.

Mais le droit du dirigisme économique n'est pas le seul domaine qui ait été purgé par le droit communautaire et international : les pouvoirs de police des autorités publiques se trouvent désormais dans un cadre renouvelé. Par opposition à la vieille notion de prévention des troubles, la gestion des risques a pu d'abord apparaître comme une remise en cause des mécanismes de reconnaissances mutuelles rendant opposables les procédures respectives des États membres. L'irruption du principe de précaution pouvait également être interprétée comme un redéploiement des pouvoirs de police des autorités sur les marchés. Un peu de recul nous démontre que ces pouvoirs sont infiniment plus corsetés qu'auparavant, tant les États doivent sans cesse justifier et démontrer la proportionnalité et l'efficacité de leurs mesures, même sous l'emprise de la précaution.

Ainsi, sur ce sujet technique et difficile est largement illustrée la portée considérable du droit international et européen sur les principes même du droit public. Relevons cette coquetterie qui fait qu'à partir de l'interventionnisme de l'État dans le commerce et la production, ont été revisités les pouvoirs sanitaires et de sûreté des autorités publiques comme les privilèges attachés aux activités d'intérêt général. Dans beaucoup de cas, comme M. ROCA le souligne, ont été débusqués bien des privilèges juridiques aux fondements douteux ; mais au-delà des règles de droit ainsi bouleversées, le fait majeur reste la transformation profonde des représentations de la puissance publique.

François FÉRAL

Professeur de droit à l'Université de Perpignan – Via Domitia
Directeur du CERTAP

INTRODUCTION GÉNÉRALE

La nature unit des peuples [...] par le moyen de leur mutuel intérêt. Il s'agit de l'esprit commercial qui est incompatible avec la guerre et qui tôt ou tard s'empare de chaque peuple[2].

Il n'est de puissance des plus sûres que celle de l'argent. L'esprit commercial, immanent à l'homme, doit conduire au progrès de la civilisation et au rapprochement graduel des hommes. L'approche kantienne, prophétique si l'on en croit le dénouement lointain, attache au commerce un certain effet thérapeutique sur l'ensemble des maux pouvant affecter les relations internationales. Certes, des guerres ont pu être envisagées et conduites sous ce prétexte ; néanmoins, la clef salvatrice ne semble pouvoir découler que d'une communion des peuples dont les liens ne sont susceptibles d'être forgés que par l'entremise d'un élément unificateur. Ainsi, face à une séparation des peuples procédant, entre autres, de « la diversité des langues et des religions »[3], le commerce apparaît clairement comme constituant un tel ciment.

Cela dit, ce lien n'est pas si évident à définir ; la notion même de « commerce » présente certaines difficultés dont l'explication tend à en diversifier le contenu. Ainsi, dans une acception large, il s'agit d'un système économique d'échange. Un échange commercial est une opération par laquelle sont échangés des biens, des services, du capital, en contrepartie d'autres biens, services ou capital. Le champ ainsi envisagé est très large. Effectivement, si l'on se réfère à la position adoptée par le droit commercial français, le commerce, tel que soumis à ce même droit, ne comprend pas les activités agricoles ni celles des professions indépendantes, lesquelles sont intégrées dans la matière civiliste[4]. Historiquement parlant, les Romains, dans leur législation, distinguaient les choses *in commercio* de celles *extra commercium*. Le commerce constitue alors le domaine dans lequel il est possible de réaliser des opérations juridiques[5]. C'est donc à une doctrine juridique empruntant une définition large du commerce que s'est opposée une doctrine économiste la différenciant de celle d'industrie. Selon cette dernière conception, le commerce ne comprend que la seule circulation et la seule distribution des richesses, et non la production, laquelle relève de l'industrie.

Dans la mesure où la conception à retenir doit nécessairement présenter une teinte juridique, le système devant couvrir la question commerciale s'attache à régir

---

[2] E. KANT, *Projet de paix perpétuelle*, Première édition de 1795, Coll. Bibliothèque des textes philosophiques, éd. Vrin, Paris, 2002, p.81.

[3] *Ibidem*.

[4] Voir, en la matière, G. RIPPERT, R. ROBLOT et M. GERMAIN, *Traité de droit commercial*, Tome 1, 17e éd., LGDJ, Montchrestien, 2001, Paris, pp.1 et ss.

[5] Ulpien, Règles XIX, §§4 et 5, Digeste, 4, 1, fr.6 ; cité par, *idem*. Voir également, P.-L. HUVELIN, *Études d'histoire du droit commercial romain (Histoire externe – Droit maritime)*, publication posthume du 23 novembre 1929, Libr. du Recueil Sirey, Paris.

indistinctement les deux domaines : « l'industriel au sens juridique du mot est un commerçant »[6].

D'un commerce domestique dont le but était de permettre à une famille, une communauté d'assurer sa subsistance[7], la situation a évolué vers la recherche d'un profit assurant à son titulaire une amélioration tangible de son niveau de vie. L'apparition du concept de profit, précoce dans nos sociétés occidentales, est la principale base de l'intensification des échanges commerciaux. L'accumulation de richesses qui en découle pour les plus aisés participe grandement de cette intensification. Le pendant de cette évolution est sans conteste son extension géographique. Effectivement, réalisés dans un premier temps au sein d'une même communauté, les échanges commerciaux ont acquis peu à peu une nouvelle dimension, beaucoup plus importante, si bien qu'aujourd'hui, ils ne connaissent plus vraiment de limites et sont réalisés à l'échelle planétaire. Des foires moyenâgeuses, les places commerciales se sont organisées pour revêtir une échelle nationale. C'est donc dans un tel cadre que sont établies les données réglementaires, fiscales qui vont affecter les relations commerciales internationales. Les différences perceptibles entre les marchés illustrent un certain morcellement de la carte commerciale mondiale. Ces considérations ont pour principale incidence de mettre en concurrence ces mêmes marchés. Cette situation de compétition est donc le facteur essentiel de la globalisation de l'économie.

La globalisation de l'économie

Le phénomène de la globalisation est plus général qu'il n'y paraît ; bien au-delà des seules considérations commerciales, elle implique d'autres éléments relevant de réflexions idéologiques découlant elles-mêmes de données culturelles ou encore sociales. Effectivement, l'ouverture des espaces économiques, par le développement des échanges internationaux et des activités économiques transnationales, a conduit dans une certaine mesure à une standardisation du mode de vie dans les sociétés occidentales. Cette situation, à terme, tend à se généraliser au reste du monde[8]. Ainsi, la génération *McDo*, *Coca* et *Nike*[9], à la base nord-américaine, se répand désormais à travers le monde. Plus loin, au niveau social, on assiste à une nouvelle structuration de la société civile. L'individualisme remplace le communautarisme familial d'antan[10]. Néanmoins, cette approche idéologique individualiste, empreinte de liberté et d'esthétisme contraste avec son pendant qui n'est autre que la recherche d'une certaine justice sociale, égalitaire[11].

La révolution culturelle ayant affecté la société internationale est une résultante claire de la globalisation économique. Sa perceptibilité n'est cependant pas évidente tant elle a pu être intériorisée par chacun des individus y étant soumis. Ainsi,

---

[6] G. RIPPERT, R. ROBLOT et M. GERMAIN, *Traité de droit commercial*, *op. cit.*, p.1.

[7] Cette situation existe encore dans de nombreuses sociétés tribales d'Océanie, d'Amazonie ou encore d'Afrique noire.

[8] À ce sujet, voir, G. LECLERC, *La mondialisation culturelle – La civilisation à l'épreuve*, PUF, Paris, 2000.

[9] J.-B. AUBY, *La globalisation, le droit et l'État*, Coll. Clefs politique, Montchrestien, Paris, 2003, p.16.

[10] Cette affirmation doit toutefois être relativisée s'agissant de sociétés demeurées préservées de l'influence extérieure, notamment, comme cela a pu être précisé dans une note précédente, dans les sociétés tribales.

[11] J. RAWLS, *Théorie de la justice*, Coll. Points Essais, éd. du Seuil, Paris, 1997, pp.231 et ss.

la Déclaration des droits de l'Homme et du Citoyen, la liberté de conscience pour tous, la sécularisation de la vie publique, les acquisitions de l'esprit scientifique, l'idée d'une organisation sociale gouvernée par des lois rationnelles récusant un monde surnaturel et providentiel, tout s'entrechoque : l'éducation, la politique, la science, la religion et la culture. Cette évolution préfigure alors, conformément à la pensée kantienne, un univers sans secrets, une humanité sans conflits réconciliée avec elle-même. Cependant, un tel schéma idyllique ne résiste pas à la réalité des choses. Détracteurs ou thuriféraires de ce phénomène globalisant avancent des arguments destinés à décrier ou au contraire à justifier cette inévitable marche en avant. Une situation idéale aurait pu être conçue, laquelle recueillerait le meilleur des divers systèmes en présence, substrat ou horizon commun. Pourtant, aucune tentative d'unification n'a jamais été envisagée, mais surtout aucune volonté réelle de donner naissance à une organisation viable n'a été démontrée.

Ainsi, si nous allons vers une civilisation universelle, c'est essentiellement sur la base matérielle d'un mode de vie qui tend à se retrouver partout, même s'il ne s'étend pas équitablement à tous. Mais, cette internationalisation de la quotidienneté ne préfigure ou n'annonce ni une culture universelle ni une religion universelle. Les comportements humains semblent s'individualiser et se socialiser sans pour autant se généraliser.

Ce que des siècles de luttes armées n'ont réussi à établir est en passe de se mettre en place par le truchement de mutations culturelles, idéologiques, le tout chapeauté par des considérations économiques.

Une interrogation demeure en suspens concernant un modèle qui a su s'imposer dans l'ensemble des pays industrialisés, mais également dans ceux qui sont en passe de le devenir. Il s'agirait en fait de savoir s'il saurait s'exporter afin d'acquérir une aura réellement universelle. La réponse à espérer ne semble pouvoir être que positive tant la prophétie du « village planétaire » de MacLuhan semble se faire jour[12]. Déjà celui-ci annonçait la place essentielle que prendraient les nouveaux moyens de communication dans ce phénomène[13]. Ces médias qui sont en effet devenus, depuis, un véritable contre-pouvoir dans les pays démocratiques[14]. Ce processus globalisant qui, à l'instar des sociétés civiles, produit lui-même ses propres exclus, détruit les espaces territoriaux notamment s'agissant des mécanismes économiques et sociaux[15].

Le décloisonnement des relations individuelles, les interactions existant entre les différentes communautés nationales ont rendu désuètes les réglementations étatiques. Dans cette perspective, de nouveaux acteurs, de nouvelles sources normatives ont dû s'y substituer afin de pallier les carences constatées. Il s'agit là d'un recul net de l'autorité étatique dans nos sociétés. L'incapacité des États à intervenir sur ce phénomène a pour effet de contribuer au déclin de son centralisme. Ainsi, la

---

[12] Cette expression souligne le rétrécissement des espaces géographiques dû en particulier au développement des moyens de transport, si bien que la planète se retrouve réduite au stade d'un simple village ; elle est tirée de, H.-M. MACLUHAN, *Guerre et paix dans le village planétaire*, Coll. Liberté, éd. Robert Laffont, Paris, 1970.

[13] H.-M. MACLUHAN, *Galaxie Gutenberg : face à l'ère électronique, les civilisations de l'âge oral à l'imprimerie*, éd. Mame, Paris, 1972.

[14] G. MERMET, *Démocrature, Comment les médias transforment la démocratie*, éd. Aubier, Paris 1987.

[15] B. BADIE, *La fin des territoires – Essai sur le désordre international et l'utilité sociale du respect*, Coll. Sciences politiques – l'espace du politique, Fayard, Paris, 1995, pp.2 et ss.

globalisation culturelle, idéologique, accélérée par la raison commerciale, devait inévitablement être organisée juridiquement.
À l'aune d'un tel constat, globalisation, mondialisation, quel que soit le qualificatif attribué à ce phénomène, se caractérise par son extrême complexité. Celui qui y est confronté se trouve plongé dans une jungle sans foi ni loi, du moins, bien sûr, dans l'absolu. Dans le but d'éviter une telle situation anarchique, mais également tout repli des États sur eux-mêmes en guise de réponse, l'élaboration au niveau international d'un système juridique chargé d'en assurer la gestion est apparue nécessaire. Dans la mesure où le processus s'avère difficilement maîtrisable, l'obligation semble faite de composer avec lui. Effectivement, en tant que vecteur d'information, de technologie, de système de production, de méthode de travail, il est un facteur essentiel de richesses pour l'ensemble des États y concourant. Également, l'ouverture des marchés nationaux qu'il implique induit inexorablement une fuite des facteurs de production locaux vers d'autres marchés. La concurrence palpable entre les marchés étatiques rend flagrante une telle situation. Ainsi, les opérateurs économiques sont poussés à la circulation et, dans ce contexte, vont être conduits à rechercher les territoires les plus hospitaliers sur le plan fiscal, juridique, politique, afin de s'y installer[16]. Enfin, parallèlement à ces considérations pouvant apparaître comme bénéfiques au développement économique des États, la circulation d'éléments qui ont forcément un caractère commercial va indubitablement conduire, étant donné la compétition existant entre pays, à un appauvrissement en ressources productives de certains États au profit d'un enrichissement d'autres États.

La globalisation de l'économie présente donc certaines contradictions. S'agissant d'un phénomène stratifié, elle se réalise à plusieurs niveaux et dans cette perspective, chacune de ces strates se voit attacher une entité interétatique, formelle ou officielle, dont l'objectif est d'en organiser le contenu. Sans aborder de manière fastidieuse les multiples niveaux de la globalisation, le domaine particulier du commerce, du fait de son caractère horizontal affectant la plupart des questions concernées, se trouve également soumis à une telle organisation. Ainsi, l'Organisation mondiale du commerce (OMC) en constitue la concrétisation, chargée d'assurer au niveau international le bon déroulement des échanges commerciaux. Apportant au système antérieur une touche institutionnelle indispensable à son efficience, l'OMC veille à la bonne mise en œuvre des accords signés à Marrakech. Elle devient également le lieu d'une négociation commerciale permanente et d'administration des procédures de règlement des conflits entre pays membres. La libéralisation des échanges que cette organisation prône, dont la finalité affichée est de promouvoir le développement économique de ses membres, produit des effets médiats quelque peu singuliers. Dans la mesure où ce phénomène est présent à tous les niveaux structurant la société internationale, celui-ci n'est pas plus mondial que régional. Ce constat introduit une interrogation claire sur la place à attribuer aux intégrations régionales. Vis-à-vis du processus de globalisation économique, tel que placé sous l'égide de l'OMC, les regroupements interétatiques présentent une signification mixte. Véhicule, dans un premier temps, d'une ouverture amplifiée des marchés nationaux, concourant du même coup à leur implication plus rapide dans le processus de globalisation[17], ils

---

[16] J.-B. AUBY, *La globalisation, le droit et l'État*, *op. cit.*, p.15.
[17] G. KEBADJIAN, *Les théories de l'économie politique internationale*, éd. du Seuil, Paris, 1999, p.287.

offrent à leurs membres, en second lieu, une certaine protection contre ce même phénomène[18]. La construction communautaire cadre donc parfaitement avec cet état de fait. Il s'agit d'ailleurs d'une intégration régionale type présentant clairement une telle ambiguïté. Cet « hermaphrodisme économique » induit tantôt la recherche d'un profit par une meilleure compétitivité sur le plan international, tantôt la sécurisation de ses membres à l'égard des concurrents étrangers[19].

La souveraineté nationale face à la globalisation

L'existence de normes internationales venant régir les relations commerciales interétatiques soulève la problématique essentielle de l'exercice de la souveraineté nationale. Cette question se pose en des termes quelque peu différents selon l'origine de ces mêmes normes. Les États sont en effet tenus d'assurer l'application de ces mesures d'origines internationales. La souveraineté de l'État n'empêche pas ce dernier de conclure des engagements juridiquement contraignants. Une telle subordination juridique n'induit pas forcément de la part des pays qui s'y soumettent une perte de souveraineté. Il est évident qu'une organisation internationale en charge des relations commerciales et qui se voit reconnaître des compétences dont la mise en œuvre peut aboutir à des décisions contraignantes envers les États contribue à limiter d'autant la marge de manœuvre de ces mêmes États[20].

Indéniablement, le système normatif étatique se trouve altéré. Pour autant, il n'y a pas de réelle limitation de souveraineté. L'élaboration d'un tel droit international appartient aux autorités nationales qui l'exercent par le truchement de leur représentation au sein des instances de l'organisation en question. Dans cette perspective, l'exercice de la souveraineté demeure de leur apanage sans réelle délégation d'un tel pouvoir à une autorité supranationale.

Les choses semblent se poser en des termes assez différents s'agissant du système normatif communautaire. Les institutions communautaires sont dotées de compétences propres limitant en conséquence celles des États membres. Or, ces institutions, notamment la Commission ou encore le Parlement européen, agissent de manière autonome à toute intervention étatique. Ces organes ne sont effectivement pas composés de représentants directs des États membres, mais de personnes censées représenter les intérêts de la Communauté dans son ensemble. Cette composition institutionnelle est diamétralement opposée à celle pouvant être constatée en matière multilatérale[21], si ce n'est le cas particulier du Conseil des ministres qui, comme son nom l'indique, voit siéger en son sein des personnalités des gouvernements de chacun

---

[18] Par exemple, P. MANIN, *Mondialisation et structures étatiques : l'expérience européenne*, *in*, F. CRÉPEAU (dir.), *Mondialisation des échanges et fonctions de l'État*, Coll. Mondialisation et droit international, Vol.1, Bruylant, Bruxelles, 1997, p.150.

[19] Sur cette opposition, voir, M. KEATING, *Europe's changing political Landscape : Territorial restructuring and new forms of government*, *in*, P. BEAUMONT, C. LYONS et N. WALKE (dir.), *Convergence and divergence in European public law*, Hart publishing, 2002, p.3.

[20] V. PACE, *L'Organisation mondiale du commerce et le renforcement de la réglementation juridique des échanges commerciaux internationaux*, Coll. Logiques juridiques, L'Harmattan, Paris, 2000, p.19.

[21] Il est à noter que ce vocable sera utilisé tout le long de la présente étude pour qualifier tant le droit multilatéral que plurilatéral. Lorsqu'il s'agira d'aborder chacun de ces droits de manière spécifique, la précision sera alors apportée.

des États membres et, dans cette optique, a en charge d'assurer la sauvegarde des intérêts nationaux.

L'exercice d'un pouvoir souverain par une institution supranationale, c'est-à-dire de compétences dont les effets s'imposent aux États sans que ces derniers interviennent d'une façon ou d'une autre, ampute d'autant les souverainetés nationales. Ainsi, dans certains domaines précis ayant trait à des considérations économiques, les États sont dépendants de leur environnement extérieur. Dans cette perspective, ils sont soumis à des décisions prises au titre de compétences transférées par eux-mêmes, de manière volontaire, à des organes devenant par là même producteurs de normes.

Le protectionnisme comme réponse à la globalisation économique

Le démantèlement, la désorganisation des obstacles, des entraves susceptibles d'affecter le commerce se sont avérés nécessaires. L'apport du commerce sur le fonctionnement d'une société est évident ; le commerce est, depuis la nuit des temps, le principal lien entre les peuples, la principale raison d'aller voir chez son voisin sa manière de vivre dans tous les sens du terme. Depuis l'époque des marins phéniciens, on trouve dans l'Histoire, des commerçants aventureux tels que les spéculateurs romains, les marchands vénitiens, de la Ligue hanséatique et les grands voyageurs portugais et espagnols qui recherchèrent la route des Indes pour leur gloire personnelle. Le voyage de Marco Polo en Extrême-Orient, au XIIIème siècle, est la parfaite illustration d'un échange culturel entre deux mondes qui jusqu'alors s'ignoraient[22]. Les horizons qu'il a ouverts vont influencer les grands découvreurs tels que Christophe Colomb ou Vasco de Gama dont les voyages étaient clairement dictés par des raisons commerciales. C'est dans un tel contexte que le phénomène de globalisation semble prendre ses sources, mais selon un schéma quelque peu différent de celui que l'on connaît actuellement. À défaut d'un mouvement commercial réciproque tel qu'il existe plus ou moins de nos jours, les échanges étaient généralement réalisés au profit des puissances européennes. Donc, durant cette période préRenaissance, le phénomène procédait davantage d'un mouvement centralisateur des marchandises, et donc des richesses, vers l'Europe en provenance du reste de la planète. Autrement dit, il s'agit désormais d'échanges réels et non plus du pillage organisé des colonies qui était légion à l'époque, à de rares exceptions près, notamment dans les relations avec les pays formant la proche périphérie de l'Europe continentale. C'est à partir du XVIIIème siècle que les échanges commerciaux vont véritablement s'effectuer à « l'échelle du monde »[23] et ainsi prendre peu à peu le visage qu'on leur connaît aujourd'hui. Or, ces échanges qui sont les principaux vecteurs de richesses contribuent efficacement aux flux des « autoroutes » de l'information et ainsi à la propagation de valeurs devenues universelles. Ce processus, qui a généralisé le modèle capitaliste comme régime économique et social planétaire, a coïncidé avec l'épanouissement de la démocratie libérale[24].

---

[22] Sur cette question, voir son propre ouvrage, *Le devisement du monde : Le livre des merveilles du monde*, Coll. La bibliothèque Gallimard, Gallimard, Paris, 1998.

[23] P. VEILEY, *L'échelle du Monde – Essai sur l'industrialisation de l'occident*, Coll. NRF – Essais, éd. Gallimard, Paris, 1997.

[24] Pierre de Senarclens parle d'un régime qui aurait prouvé sa supériorité sur tout autre système de production et de distribution, et qui implique une conception contractualiste du droit, l'autonomie des producteurs et

Les mesures nationales, ayant pour effet d'altérer le libre jeu des échanges, peuvent parfois obtenir une certaine légitimité lorsqu'elles expriment l'exercice d'un pouvoir de police étatique destiné à défendre des valeurs dont l'intérêt s'avère supérieur aux simples considérations commerciales. Ainsi, les dispositions législatives nationales restreignant les échanges commerciaux, sans pour autant défendre l'une des valeurs dont il s'agit d'assurer la sauvegarde, ne semblent être instituées que dans le seul dessein protectionniste.
Néanmoins, aborder la question du protectionnisme sous l'angle des mesures déguisées est quelque peu réducteur dans la mesure où, à travers l'histoire économique, les mesures protectionnistes directes, c'est-à-dire directement instaurées à cette fin, occupent assurément une place bien plus importante. Le recours à des mécanismes insidieux destinés, par exemple, à entraver, voire à éliminer, les importations menaçant directement les productions nationales, est un phénomène relativement récent et se présente avant tout comme une réponse aux réglementations commerciales internationales visant le démantèlement des mesures protectionnistes classiques. Effectivement, droits de douane, restrictions quantitatives sont des procédés dont l'apparition se perd dans les mémoires. D'autres, certes d'une émergence plus récente, tels que le dumping, les subventions publiques et bien d'autres encore, appartiennent également à cette catégorie dite classique.

La globalisation économique est la conséquence de l'ouverture des frontières ou, du moins, sans aller jusqu'à une telle extrémité, d'une certaine perméabilité des frontières nationales. De là, les avantages ressortant de ce processus en termes d'enrichissement peuvent également être assortis d'inconvénients en premier lieu desquels peut être envisagée une perte de richesses dans le cas où les échanges sont réalisés en sens unique sans réelle contrepartie. C'est donc afin de profiter des aspects positifs sans pourtant endurer les inconvénients découlant du libéralisme commercial, que les autorités nationales peuvent être tentées de mettre en œuvre des politiques commerciales à tendance protectionniste. L'objectif affiché est de fournir aux opérateurs économiques nationaux un abri contre l'activité des concurrents étrangers qui pourraient se montrer beaucoup plus compétitifs et, par là même, causer la disparition des entités nationales déficientes. Cette évolution « noire » pour une économie nationale a des répercussions plus profondes qu'il n'y paraît. La désagrégation d'un secteur économique affecte forcément le marché de l'emploi ; une telle donnée n'est pas sans effet sur le choix des politiques économiques nationales étant donné l'impact des statistiques de l'emploi sur les orientations électorales. De même, la bonne santé d'une économie nationale a une incidence évidente sur la consommation des ménages ; le plein emploi, ou du moins ce qui pourrait s'en rapprocher, a des conséquences indéniables sur le moral de la population et donc sur sa propension à consommer[25]. Autant dire que le niveau général de la demande va croître sur le marché en question et, partant, obliger l'offre à s'adapter à cette situation particulière[26]. L'adaptation de l'offre peut être le fait d'un accroissement de la production nationale ou encore d'une augmentation des importations des produits

---

consommateurs, l'individualisme, l'égalitarisme, le rationalisme et la sécularisation des visions de l'histoire ; *in*, *La mondialisation – Théories, enjeux et débats*, 4e éd., Coll. U, Armand Colin, Paris, 2005, p.65.

[25] J. GÉNÉREUX, *Introduction à l'économie*, Coll. Points Économie, éd. du Seuil, Paris, 1992, pp.32 et ss.

[26] *Ibidem*, pp.119 et ss.

demandés. Afin d'éviter un éventuel développement des importations au profit d'un accroissement de la production intérieure, le recours à des mesures protectionnistes peut paraître aux yeux des autorités nationales concernées comme une solution de circonstance des plus aisées.

Or, la généralisation d'une vision protectionniste de l'économie ne peut conduire qu'à un cloisonnement des marchés nationaux, et donc à retirer aux opérateurs qui posséderaient les meilleurs avantages relatifs une source essentielle de profit. De la sorte, ce qui apparaissait comme la solution dans la protection de la structure économique nationale contre les agressions extérieures se dévoile en réalité comme étant pire que le mal lui-même. Autrement dit, et selon l'expression populairement consacrée, « le remède est souvent pire que le mal », une solution extrême peut empirer, et empire dans ce cas la situation au lieu de l'améliorer.

Néanmoins, certaines voix se sont fait entendre afin de justifier un recours au protectionnisme. Par exemple, F. List, auteur allemand de la première moitié du XIXème siècle, considérait déjà qu'il pouvait s'avérer nécessaire de protéger les industries naissantes et de ne les exposer à la concurrence internationale que lorsqu'elles avaient atteint un certain degré de maturité[27]. Plus récemment, N. Kaldor a mis en évidence dans les pays anciennement industrialisés, le fait que les industries menacées n'étaient pas les industries nouvelles, mais les industries vieillissantes qui ne sont plus suffisamment compétitives pour faire face à la concurrence internationale et, dans cette optique, devaient être accompagnées par des mesures de protection[28]. De même, le prix Nobel 1988 d'économie, M. Allais, a-t-il affirmé que le protectionnisme était le seul moyen d'éviter le chômage ou la baisse des salaires les moins qualifiés[29]. D'ailleurs, il semble que ces positions théoriques aient obtenu une certaine application pratique. Ainsi, malgré le discours dominant favorable au libre-échange, les pratiques protectionnistes sont nombreuses, même si elles sont souvent déguisées. Les normes d'importation, les mesures de rétorsion élaborées à l'encontre de concurrents soupçonnés de pratiques déloyales, les accords d'autolimitation d'exportation ou encore les contrariétés douanières aux frontières imposées aux importateurs, sont autant de mesures protectionnistes.

L'expérience économique issue d'une longue histoire enseigne que le libre-échange stimule la croissance en période d'expansion et que la contraction du commerce accentue la dépression en période de crise. Pourtant, l'opiniâtreté de la plupart des puissances commerciales mondiales à poursuivre, dans une certaine mesure, une politique protectionniste laisse planer des doutes quant à savoir si la solution à la crise actuelle passe obligatoirement par un approfondissement de la libéralisation des échanges. Effectivement, il semble qu'un libre-échange parfait pourrait provoquer autant d'effets pervers qu'un repli protectionniste.

Il existe donc une contradiction entre deux systèmes économiques, entre deux façons d'appréhender les échanges commerciaux. Après avoir prôné un libre-échange radical, la réglementation commerciale internationale fait montre désormais d'une certaine retenue pour adopter une position médiane. Réconciliant l'inconciliable d'antan, elle

---

[27] F. LIST, *Système national d'économie politique*, Coll. Tel, Gallimard, Paris, 1998.
[28] N. KALDOR, *Le fléau du monétarisme*, Economica, Paris, 1985.
[29] M. ALLAIS, *La mondialisation – La destruction des emplois et de la croissance – L'évidence empirique*, éd. Clément Juglar, Paris, 2000.

emprunte les bienfaits de chacun des systèmes en présence et en écarte les méfaits afin que le substrat en résultant réponde de la meilleure des manières aux attentes économiques de l'ensemble des États participants.

Le système capitaliste et libéral actuel

Le véritable théoricien du commerce international est sans conteste David Ricardo, qui, dans son œuvre *Principes de l'économie politique et de l'impôt*[30] de 1817 constituant une actualisation de la *Richesse des nations* de Smith, définit clairement le processus de spécialisation internationale du travail et de l'équilibre de la balance commerciale qui s'en suit[31]. Le libre-échange aboutit indubitablement à une spécialisation des différents pays dans des domaines pour lesquels ils détiennent des avantages supérieurs à ceux de leurs partenaires commerciaux. Ainsi, même si un pays en particulier ne se trouve pas doté, dans le domaine spécifique pour lequel il entend se spécialiser, de moyens de production optimums dans chacun de leurs éléments, il n'aura pas à craindre un déséquilibre durable de sa balance commerciale dans la mesure où des forces régulatrices spontanées contribueront à son ré-équilibrage. Il s'agit donc d'un approfondissement de la thèse smithienne des « avantages absolus ». Cette dernière théorie était basée sur le fait qu'un pays exporte un produit pour lequel il dispose d'un avantage absolu de coût. Dans cette hypothèse, la combinaison des mêmes quantités de capital et de travail donne, dans un pays, un volume de produit supérieur à celui constatable chez l'un de ses partenaires ; autrement dit, le premier gagne à exporter ce produit et à importer en échange des produits pour lesquels son avantage n'est pas absolu. Ricardo va s'interroger sur les conditions exactes d'un commerce international avantageux pour tous les pays partenaires et ainsi établir sa théorie des « avantages relatifs ». La valeur d'un produit dépend de la valeur du travail incorporé. Selon Smith, les activités tendent à se localiser là où les coûts de production sont les plus faibles en termes absolus au niveau d'une nation. Or, au plan international, certains facteurs sont immobiles, ce qui est notamment le cas du travail ; une telle vision a pour effet de remettre en cause la pensée capitaliste antérieure pour laquelle capital et travail sont mobiles. Un pays devra alors se spécialiser dans la production de biens pour lesquels il dispose d'un avantage relatif, c'est-à-dire que les avantages qui sont les siens ne sont pas absolus dans l'ensemble de leurs composantes, mais suffisants pour assurer à sa production une performance supérieure à celle de ses partenaires.

Cette approche est essentielle dans le processus actuel de mondialisation ; les relations dans le commerce international s'organisent au sein de zones géographiques englobant des pays ayant des intérêts historiques ou stratégiques communs, ce qui est sans conteste le cas des systèmes communautaire et multilatéral.

Le système économique qui prévaut de nos jours est certes issu des théories libérales classiques telles qu'énoncées ci-dessus, mais, également et surtout, de la période de croissance économique dont les débuts remontent à la seconde moitié du

---

[30] D. RICARDO, *Des principes de l'économie politique et de l'impôt*, Flammarion, Paris, 1977.

[31] Il propose également une analyse de la répartition des revenus par laquelle il envisage un approfondissement de la thèse de Quesnay s'agissant des rentes foncières, des profits et des salaires, principaux revenus. Cependant, ces considérations étant de moindre importance dans la compréhension des présents développements, l'analyse se limitera alors à l'approche internationaliste de Ricardo.

XIXème siècle et dont le cours fut affecté par les deux guerres mondiales et la Crise de 1929.

Ainsi, dans un premier acte, antérieur à la première des guerres mondiales, la croissance se caractérise par son irréversibilité et son long terme. Largement liée à l'accroissement démographique et au progrès technique, elle fonde ce que l'on appelle la « deuxième révolution industrielle ». Effectivement, le perfectionnement des moyens de transport, des voies de communication, du machinisme, l'électricité, les moyens de communication vont accroître la productivité et ainsi tirer les prix industriels vers le bas. En revanche, le secteur des services, faisant davantage appel au travail plutôt qu'au capital, voit le prix des prestations s'accroître.

Le développement économique se solde par un accroissement des relations commerciales internationales, et donc, par des réorganisations structurelles[32]. La structure du marché concurrentiel s'ordonnance désormais autour de grandes unités à tel point que certaines acquièrent une taille leur permettant d'influencer le marché. Cette situation a des répercussions évidentes sur l'organisation de ces entités en ce sens qu'elle va favoriser les opérations de concentration destinées à diminuer le risque concurrentiel[33]. Ainsi, les conditions d'atomicité d'une concurrence pure et parfaite ne sont plus respectées. De plus, l'accroissement de la taille des entreprises permet de réaliser une production de masse tout en faisant baisser les coûts correspondants et augmenter la rentabilité des placements capitalistiques[34].

Une telle réorganisation des entreprises va provoquer l'apparition de structures financières non étatiques. L'entreprise se caractérise dès lors par la substitution d'un groupe d'actionnaires au propriétaire individuel. La création de la société anonyme facilitant l'accumulation de capital et la concentration du pouvoir économique et financier permet d'éviter les risques émanant de variations importantes des taux de change, des taux d'intérêt ou encore des prix. Ainsi, d'une forme « atomistique », on passe à une forme « moléculaire » des entreprises. Cette mainmise des entreprises sur le commerce mondial se répercute également sur les relations salariales. Marquée par l'individualisme smithien, la régulation du marché implique une flexibilité des prix et, partant, des salaires. Or, une telle approche ne peut déboucher à terme que sur des inégalités sociales se traduisant par l'écrasement de la population ouvrière. Ce phénomène a d'ailleurs fait le lit des théories socialistes de Gracchus Babeuf, Saint-Simon et, plus tard, de Marx[35].

L'État, toujours dans la période antérieure à la Première Guerre mondiale, doit intervenir dans les seuls domaines régaliens en application de la théorie de l'« État gendarme ». Néanmoins, dans la pratique, sa fonction ne répond pas à une vision libérale *stricto sensu*. Effectivement, l'État va avoir une triple fonction : tout d'abord d'allocation, dans le sens où il est chargé de suppléer les carences du marché, par exemple, en ce qui concerne les infrastructures ; puis, de redistribution afin de corriger,

---

[32] L. HOANG-NGOC et B. TINEL, *La régulation du « nouveau capitalisme » : Analyses positives et recommandations normatives comparées*, Économie appliquée, n°1, mars 2005, p.53.

[33] La formule célèbre de Pierre Joseph Proudhon selon laquelle « la concurrence tue la concurrence » exprime clairement ce phénomène pourtant plus récent.

[34] Il s'agit là d'un phénomène illustrant un nouveau mode d'organisation du travail tel que défini par les principes du Taylorisme industriel apparu en 1890.

[35] Elle expliquera également plus tard la mise en place de salaires minima dans certains pays ayant connu une gouvernance social-démocrate comme c'est le cas pour la France.

par l'impôt ou les dépenses publiques[36], les résultats du marché ; enfin, de stabilisation du marché notamment en période de crise.

Cette période est également marquée par un renouveau des thèses classiques. Les auteurs dits « néoclassiques »[37] vont reprendre la théorie de la « valeur-utilité » de J.-B. Say afin de l'affiner en envisageant aussi la valeur d'un produit sous l'angle de sa rareté. Ils vont encore préciser le contenu du principe marginaliste. Toutefois, leur contribution se cantonne à une vision microéconomique sans provoquer d'importants bouleversements théoriques en matière macroéconomique.

La Première Guerre mondiale marqua un changement radical dans le rôle économique et social de l'État. La situation interventionniste rendue nécessaire par les affres de la guerre sembla d'autant plus indispensable au lendemain de la Crise économique du « jeudi noir » de 1929. Durant la période comprise entre ces deux évènements, les pays industrialisés vont connaître une croissance économique exceptionnelle. La production industrielle croît de plus de 70 % en Allemagne et en France, de 55 % aux États-Unis et de 36 % en Angleterre[38]. Pourtant, dès 1928 pour l'Allemagne et 1929 pour les autres pays, on assiste à un certain enrayement de cette croissance, conduisant à un effondrement progressif de l'industrie suite à une demande défaillante due à la faiblesse des salaires. L'agriculture marchande subit une crise de surproduction provoquant une chute des prix et donc des pertes énormes pour les investissements y ayant été consacrés au lendemain de la guerre limitant d'autant les débouchés pour l'industrie. Ainsi, marchés financiers, marchés agricoles, marchés industriels, toutes les composantes de la vie économique au niveau mondial s'en trouvent profondément affectées. L'intervention étatique est alors exaltée dans le but de procurer aux populations le minimum nécessaire pour leur assurer une subsistance décente, à tout le moins supportable. C'est dans un tel contexte que le phénomène protectionniste a trouvé à s'affirmer ; la trop forte interdépendance des marchés boursiers nationaux a été l'une des causes essentielles de la rapide propagation de la crise de 1929. La conséquence principale a été un repli des commerces nationaux et donc une imperméabilisation des frontières[39].

Le second conflit mondial, résultat des frustrations accumulées par les vaincus de la Première Guerre mondiale telles qu'accentuées par la Crise de 1929, va mettre en exergue, dès son terme, les dangers de politiques nationales dirigistes et hautement protectionnistes. D'ailleurs, l'après-guerre voit l'affrontement des alliés d'hier quant au modèle économique proposé. Les pays libérés par l'URSS n'auront de choix que de se plier au modèle communiste de leur libérateur. Les autres États seront le plus souvent enclins à adopter le système capitaliste et libéral prôné par les États-Unis[40].

---

[36] Le plus souvent, les deux sont liés ; voir, A. REDSLOB, *Introduction à la théorie macroéconomique*, Coll. Manuel, Dunod, Paris, 2000, p.59.

[37] Il s'agit notamment de S. Jevons, de C. Menger et de L. Walras.

[38] Ces chiffres sont extraits de, S. CORDELLIER (dir.), *Dictionnaire historique et géopolitique du 20e siècle*, 2e éd., La Découverte, Paris, 2003, p.168.

[39] L'effondrement du système monétaire international, l'abandon de la convertibilité en or de la livre sterling et le flottement généralisé des monnaies affectaient fortement les échanges commerciaux. Malgré une tentative infructueuse de stabilisation des monnaies afin d'éviter les dévaluations compétitives par le biais de la Conférence de Londres de 1933, le repli protectionnisme ne fut que plus important.

[40] Il s'agissait là de l'une des conditions nécessaires afin d'obtenir l'aide financière américaine à la reconstruction prévue par le Plan Marshall.

Le poids trop important pris par ce dernier pays sur la scène commerciale internationale, la nécessité d'unir les nations d'Europe occidentale afin d'éviter tout nouveau conflit armé vont être la source de nombreuses organisations européennes interétatiques dont, notamment, la CECA en 1951, puis la CEE en 1957. Avant cela, au lendemain de la signature de l'Armistice, en 1948 plus précisément, était créée l'OECE[41] afin d'organiser la distribution de l'aide financière à la reconstruction prévue par le plan Marshall. Cependant, le véritable virage international au niveau économique ressort des accords de Bretton Woods conclus lors de la conférence monétaire et financière qui se tint à Bretton Woods, dans le New Hampshire, en juillet 1944. Il y fut décidé l'institution d'une unité de change internationale, l'or, et de deux monnaies de réserve, le dollar américain et la livre sterling. Les bases ainsi jetées d'un nouvel ordre économique mondial, trois institutions sont établies : le Fonds monétaire international (FMI), la Banque internationale pour la reconstruction et le développement (BIRD) et l'Organisation internationale du commerce (OIC), pendant du FMI pour les échanges commerciaux. Cette dernière, fruit de la Charte de La Havane conclue le 24 mars 1948 lors de la conférence s'étant déroulée dans la même ville, n'allait jamais voir le jour ; effectivement, les États-Unis, pourtant à l'origine du projet, bloquèrent définitivement la procédure de ratification. Néanmoins, la stabilité monétaire assurée par le FMI ne pouvait bénéficier aux échanges commerciaux sans une réelle politique internationale de démantèlement du protectionnisme national. Dans cette perspective, un accord sur les tarifs douaniers et le commerce est signé à Genève par 23 États. L'Accord général sur les tarifs douaniers et le commerce (GATT selon l'acronyme de langue anglaise) vise « à procéder à un désarmement douanier en instaurant un cadre transparent et non discriminatoire pour les échanges commerciaux »[42].

Le libéralisme n'est certes pas sanctifié par la position internationale conventionnellement entérinée, le libre-échange commercial n'étant pas le but direct des textes, mais la conséquence médiate de leur application.

La régionalisation comme résultante de la globalisation économique

Depuis la deuxième moitié du XXe siècle, une tendance à la régionalisation, au regroupement de pays se dessine. Des blocs d'intégration plus ou moins variable se constituent. Il s'agit de zones de libre-échange, d'unions douanières, de zones monétaires ou encore d'unions économiques. Les exemples de cette régionalisation sont d'ailleurs nombreux. Ainsi, l'Association de libre-échange nord-américaine (ALENA), regroupant les États-Unis, le Canada et le Mexique, le Pacte Andin et le Marché commun d'Amérique du Sud (MERCOSUR), ou d'Amérique centrale (MCCA), l'Association des Nations du Sud-Est asiatique (ASEAN), l'Association européenne de libre-échange (AELE), illustrent ce phénomène. De manière plus significative, l'Union européenne ou, selon le degré de couverture sur lequel on se place, la Communauté européenne[43], se présente comme le modèle d'intégration régionale le plus accompli.

[41] L'OCDE lui succédera en 1961.

[42] D. PANTZ, *Institutions et politiques commerciales internationales*, Coll. U, Armand Colin, Paris, 1998, p.15.

[43] Il faut en effet préciser que l'Union européenne se compose de trois piliers. Il s'agit du pilier communautaire, du pilier « justice et affaires intérieures » (JAI) et du pilier « politique étrangère et de

Ces nouvelles formes d'échanges sont l'expression de nouvelles tentations protectionnistes. Effectivement, bien que la régionalisation n'ait jamais conduit, par exemple, à une hausse des tarifs douaniers vis-à-vis de l'extérieur, elle permet de mettre en œuvre un protectionnisme modéré comme en témoigne, entre autres, la notion de « préférence communautaire ». S'agissant de la question communautaire, certains économistes ont proposé, en lieu et place d'un protectionnisme national, un nouveau protectionnisme élaboré à l'échelle européenne[44].

Au-delà de la seule question protectionniste, la Communauté européenne, comme d'ailleurs la plupart des ensembles régionaux, contribue clairement à la globalisation de l'économie. En effet, le processus de mondialisation économique se réalise sous le prétexte d'une libéralisation des échanges commerciaux. La notion de protectionnisme se présente donc comme étant son antithèse et à ce titre mérite d'être jugulée. Pourtant, malgré la reconnaissance clairement affichée des bienfaits du libre-échange[45], la grande majorité des pays continue encore aujourd'hui à établir, ou du moins à conserver, des dispositions à tendance protectionniste. Autrement dit, les États mènent un double jeu économique ; alors qu'ils s'attachent d'un côté à négocier sur la scène internationale un démantèlement progressif des entraves au commerce, ils envisagent de manière insidieuse des procédés visant à contourner ces mêmes engagements et ainsi substituer aux mesures éliminées des succédanés venant, peu ou prou, rétablir la situation dans sa position initiale. Or, le droit communautaire organise un démantèlement total des mesures nationales entravant de manière non justifiée les échanges commerciaux. Dans une telle optique, les objectifs envisagés par les systèmes communautaire et OMC présentent des similitudes claires. Certes, le droit multilatéral ne fait pas montre de la même ambition ; le droit communautaire est destiné à assurer la pérennité d'un marché unique européen alors que celui issu des accords de Marrakech demeure limité à une facilitation des échanges commerciaux. Néanmoins, cette facilitation, contrairement à ce qu'induit le terme lui-même, n'est pas si aisée à mettre en œuvre. Effectivement, l'étendue géographique du champ d'application des accords OMC complique d'autant leur exécution. Ainsi, la création d'ensembles régionaux permet de réduire ce champ d'application ; les négociations multilatérales peuvent alors être menées entre blocs régionaux et non plus entre États. En réalité, cette situation ne concerne que la seule Communauté européenne. Cette dernière représente en effet ses pays membres sur la scène commerciale internationale, alors que les échanges sont déjà largement libéralisés en son sein même. En tout état de cause, les

sécurité commune » (PESC). Le premier de ces piliers concerne donc le droit communautaire proprement dit. Sur la question, voir, G. ISAAC, *Le « pilier » communautaire de l'Union européenne, un « pilier » pas comme les autres*, CDE, n^{os}3-4, 2000, pp.45 à 89.

[44] Par exemple, J.-M. JEANNENEY, *Écoute la France qui gronde*, Coll. Essais, éd. Arléa, Paris, 1996 ; l'auteur expose le problème de la déflation vécue par l'économie française, entre celles des autres pays européens, et des risques qui y sont inhérents au premier rang desquels réside celui de déboucher sur une crise aussi grave que la grande dépression des années 30. La difficulté qu'il démontre à sortir du piège dans lequel elle se trouve paraît alors insoluble. De rares remèdes peuvent pourtant, selon J.-M. Jeanneney, être trouvés ; ainsi, le plus efficace ne semble ressortir que de l'introduction d'une certaine dose de protectionnisme non plus au niveau national, mais, dans le contexte actuel, au niveau communautaire.

[45] Les démonstrations théoriques des bienfaits du libéralisme sont le fruit d'une doctrine économique dite « classique ». Les principaux représentants de ce groupe sont sans conteste, Smith et Ricardo. Ce dernier, avec sa théorie des « avantages relatifs », fut le premier penseur d'une politique internationale des échanges commerciaux ; les différentes théories économiques justifiant la libéralisation des échanges seront analysées plus amplement dans le corps de l'étude.

pays négociant en leur propre nom, mais appartenant dans le même temps à une zone de libre-échange auront tout intérêt à s'entendre avec leurs partenaires sur une position commune. D'ailleurs, une telle démarche collective donne un poids plus important aux pays concernés leur permettant, avec plus de facilités, d'obtenir certaines concessions des autres États participant à des négociations multilatérales qu'ils ne pourraient obtenir en agissant de manière solitaire.

Régionalisation et globalisation sont donc des phénomènes complémentaires. Ce constat est d'autant plus flagrant que la Communauté européenne a été considérée comme une étape évidente de la mondialisation[46], à tel point qu'elle en a accéléré la survenue[47].

La nature libérale des accords instituant l'OMC et la Communauté européenne

L'objectif premier des systèmes juridiques multilatéral et communautaire est de procéder au démantèlement ou du moins à l'aménagement du protectionnisme commercial national. L'ensemble de l'éventail protectionniste fait donc l'objet de dispositions particulières au sein de chacun des textes en présence. De manière générale, ces dispositions sont fondées sur le principe d'égalité de traitement dont l'une des expressions ressort du principe de non-discrimination. Néanmoins, certaines mesures nationales, sous le couvert d'une apparente égalité de traitement, peuvent échapper à la qualification de discrimination. C'est dans cette perspective que les textes appréhendent de manière spécifique chacun des domaines dans lesquels les autorités nationales peuvent intervenir afin d'avantager les opérateurs économiques nationaux.

Le fait de supprimer le verrou protectionniste encadrant tant l'accès aux marchés nationaux que l'exercice d'activités commerciales en leur sein a pour effet de placer les États membres commercialement en concurrence. Il s'agit là d'une application claire de la théorie ricardienne des avantages relatifs. Chaque pays doit alors se spécialiser dans la production de biens pour laquelle il dispose des avantages, en terme de coûts de production, les plus importants vis-à-vis de ses concurrents. Lorsque les marchés sont ouverts aux échanges commerciaux, les politiques intérieures vont donc avoir un impact évident sur la localisation des productions. Effectivement, les législations fiscales et sociales étatiques sont de nature à modifier de tels facteurs de production ; dans cette optique, la manipulation de la pression fiscale ou encore de la protection sociale peut avoir pour effet d'attirer sur le territoire national certains entrepreneurs pouvant tirer profit des disparités normatives qu'elle va induire. Il est clair que les différences législatives opposant les États au niveau mondial sont beaucoup plus importantes que celles perceptibles dans un cadre communautaire au sein duquel les pays membres sont de niveaux de développement assez comparables[48]. Cela dit, avec l'intégration progressive des pays d'Europe de l'Est, un faussé se creuse en ce sens au niveau communautaire.

---

[46] Voir, tout particulièrement, O. AUDEOUD, *La construction communautaire, étape « régionale » au carrefour de la mondialisation et d'un fédéralisme inachevé*, *in*, Commission européenne pour la démocratie par le droit, *Les mutations de l'État-nation en Europe à l'aube du XXIe siècle*, Coll. Science et technique de la démocratie, Conseil de l'Europe, Strasbourg, 1998.

[47] P. DE SENARCLENS, *La mondialisation – Théories, enjeux et débats*, *op. cit.*, p.92.

[48] À cet égard, voir, *Concurrence fiscale dommageable, un problème mondial*, OCDE, 1998.

Dans le cadre d'une éventuelle concurrence fiscale, contexte clair au niveau communautaire, les disparités perceptibles entre les pays membres sont le principal incitateur à la circulation. Le marché unique européen prône la liberté de circulation dans une communauté de pays fiscalement disparates. L'étude de la concurrence fiscale entre les États européens apparaît complexe étant donné le fait que les systèmes fiscaux en présence, même s'ils démontrent à l'heure actuelle une certaine convergence du fait de l'action communautaire[49], demeurent encore éloignés tant par leur structure que par le niveau des taux proposés. La libre circulation des moyens de production au sein du marché européen ne peut profiter en réalité qu'aux « bases les plus mobiles »[50]. Ainsi, les fiscalités grevant l'épargne et les entreprises vont-elles être les principaux facteurs de concurrence fiscale. Loin d'être réellement préjudiciable en tant que telle, la concurrence fiscale doit être combattue lorsqu'elle s'avère déloyale[51]. Dans cette perspective, l'Union européenne constitue une zone de surenchère fiscale, avec d'une part, une surenchère sur la fiscalité des placements financiers des ménages, en application de la règle du « moins-disant fiscal »[52], puis, d'autre part, une surenchère sur la fiscalité directe des sociétés dont les taux statutaires ont eu tendance à converger à la baisse. La résultante de telles disparités ne peut donc conduire qu'à une coordination des législations fiscales nationales.

Une telle finalité ne peut être que difficilement observée au niveau international. Pourtant, les marchés nationaux sont également en concurrence sur la scène commerciale mondiale ; néanmoins, l'absence de politique fiscale, voire sociale, d'harmonisation dans un tel cadre, amène les pays placés en concurrence sur le plan productif à rendre leur marché national compétitif[53]. Ainsi, dans la mesure où, par exemple, l'industrie manufacturière s'avère peu compétitive du fait d'une main d'œuvre relativement chère, le pays en cause devra modifier sa stratégie industrielle et se spécialiser dans des secteurs nécessitant une main-d'œuvre qualifiée et pour lesquels il disposera d'une certaine compétitivité comme c'est le cas dans les secteurs de haute technologie. Ainsi, les pays développés, puisque c'est d'eux qu'il s'agit dans ce dernier exemple, afin d'assurer la compétitivité recherchée, devront procéder à des investissements adéquats. La recherche scientifique, qu'il s'agisse de biologie, chimie, électronique, informatique, requiert des fonds importants ainsi qu'une protection particulière des découvertes réalisées. Il s'agit là d'éviter le piratage par des pays n'ayant pas consenti les efforts financiers nécessaires.

La politique économique des pays développés va donc être orientée dans ce sens. Le cas de la Communauté européenne est particulièrement révélateur de cet état de fait. Sa politique monétaire démontre l'ambition qui est la sienne. L'établissement d'une Banque centrale européenne (BCE), d'une monnaie unique valable dans la plupart des pays membres (l'Euro), de critères économiques de convergence, contribue

---

49 Sur la question, voir, M. LEROY, *Quelle convergence pour les politiques fiscales en Europe ?*, RMCUE, n°393, décembre 1995, p.669.

50 M. MONTI, *Il faut mettre fin à la concurrence fiscale déloyale*, PA, 22 décembre 1998, n°153, p.4.

51 *Ibidem*.

52 P. MARINI, *Rapport d'information sur la concurrence fiscale en Europe*, Le Sénat, délégation pour l'Union européenne, n°24 du 16 juillet au 19 octobre 1999, p.8.

53 En ce sens, L. EBRILL, J. STOTSKY et R. GROPP, *Les dimensions fiscales de la libéralisation du commerce*, *in*, Banque Mondiale, *Développement, commerce et OMC*, P. ENGLISH, B. HOEKMAN, A. MATTOO Éd., Economica, Paris, 2004, pp.53 et ss.

à faire du marché européen une place financière particulièrement attractive pour l'investissement étranger. Ce dernier est en effet indispensable pour assurer le financement des procédures de recherche et développement visant à promouvoir l'innovation technique. La création intellectuelle assure à son pourvoyeur la primauté de la mise sur le marché du produit élaboré ou, encore, de l'utilisation d'une technique de production ou de prestations de services innovantes. C'est donc dans le but de sauvegarder les entreprises novatrices et, de manière générale, les opérateurs économiques de pays développés que l'OMC a assorti son éventail juridique d'un texte destiné à assurer au niveau mondial une protection de la propriété intellectuelle[54]. Autrement dit, l'Accord ADPIC sert à protéger les pays développés contre une concurrence déloyale des pays émergents en ce sens que ces derniers, en copiant les procédés des premiers, bénéficient des avantages en ressortant sans pour autant avoir consenti les efforts financiers nécessaires à leur mise au point.

De manière générale, les considérations liées à l'existence d'une concurrence commerciale entre les États sont le contrecoup de l'instauration d'un régime de libre-échange tant au niveau européen que mondial. Le libéralisme, qui est ainsi marqué sur un plan interétatique, trouve à s'appliquer de manière différente dans le cadre des politiques intérieures des États. Ainsi, les politiques « ultralibérales », marquées par le sceau du monétarisme[55] ou encore visant à remettre en cause les éléments constitutifs de l'État-providence[56] s'opposent à des politiques davantage empreintes de mesures sociales[57].

Ainsi, entre social-démocratie et démocratie chrétienne, voire démocratie-libérale, les pays industrialisés sont gouvernés d'une manière vacillant entre libéralisme économique et limitation des inégalités sociales. Les pays en développement ne disposent pas, pour la plupart, des ressources suffisantes pour assurer le financement de politiques sociales intérieures. Dans cette optique, et dans la perspective des plans d'ajustement structurel, le modèle économique libéral est généralisé à l'ensemble de la planète. Même dans le cas de pays se réclamant de la démocratie populaire, les autorités gouvernantes, et plus particulièrement celles de la Chine populaire, conscientes des enjeux économiques planétaires actuels, procèdent à l'ouverture de leur marché afin de tirer profit de l'attrait économique que représente ce dernier pour les opérateurs étrangers.

Le droit a pour vocation de régir les rapports entre les hommes. Ainsi, les règles étatiques ont pour objectif d'assurer la cohésion de la communauté nationale. Or, dans la mesure où les rapports entre les hommes, sans distinction d'origine, ne connaissent désormais plus de limites et qu'ils sont destinés à s'intensifier avec le

---

[54] Il s'agit de l'Accord sur les aspects des droits de propriété intellectuelle qui touchent au commerce (ADPIC).

[55] Politique qui fut menée notamment aux États-Unis sous l'ère reaganienne.

[56] Approche qui fut celle du ministère britannique de M. Thatcher mais également de nombreux pays en développement. Dans ce dernier cas, sous l'impulsion notamment du Fonds monétaire international (FMI), des plans d'ajustement structurel furent mis en place à partir du début des années 1980. Ils prévoyaient en fait un rééchelonnement de la dette des pays en développement. Composés de deux volets, ces plans portaient sur les « grands équilibres » (monétaire, finances publiques, comptes extérieurs entre autres), et sur les réformes structurelles (libéralisme, désengagement de l'État).

[57] Ce qui est le cas dans les pays scandinaves dont les régimes sont qualifiés d'État-providence ou encore, d'une manière moins marquée, en France ou en Allemagne.

temps, leur gestion s'est avérée nécessaire sur un plan supranational. Effectivement, l'accroissement des relations commerciales interétatiques dans un contexte anarchique conduirait inexorablement à des disparités de développement au détriment des économies les plus faibles. C'est donc dans le but d'assurer une certaine homogénéité dans le développement économique des États tout en veillant à une libéralisation concrète des échanges que le GATT a été élaboré. Ce texte est l'illustration de la prise de conscience internationale des risques du protectionnisme, mais également de l'existence entre les pays de différences de développement économique abyssales.
Le droit communautaire présente, à ce stade, une divergence certaine avec son homologue multilatéral. Ce système juridique est certes destiné à régir les échanges commerciaux entre États européens, mais, dans ce cas précis, vise plus particulièrement à intensifier ces mêmes échanges. Ainsi, au-delà de la seule gestion du commerce européen et dans un contexte économique globalisé, le droit communautaire envisage, en premier lieu, d'étendre au niveau européen les relations commerciales existant au sein même de chacun des États membres puis, en second lieu, de conserver dans un cadre communautaire des productions susceptibles de quitter le sol européen. De manière schématique, le droit communautaire a pour objet de réglementer un marché intérieur dominé par des règles de concurrence et la recherche d'un équilibre entre lois du marché et objectifs politiques plus généraux[58]. En revanche, le droit de l'OMC a uniquement pour objectif de poursuivre l'efficacité des principes en les adaptant aux nombreuses situations pratiques[59].

Quel que soit le degré d'intervention des systèmes communautaire et multilatéral, leur dénominateur commun réside sans conteste dans la libéralisation des échanges, totale dans le premier, progressive dans le second. Le contraste palpable entre similitudes et différences va d'ailleurs être le fil conducteur d'une éventuelle étude comparant les systèmes juridiques en présence.

Les similitudes entre les deux systèmes sont évidentes. Le démantèlement des entraves au commerce, concrétisant en partie l'élimination du protectionnisme économique, est donc un objectif essentiel des droits communautaire et multilatéral. À ce titre, les principes servant de base à ce démantèlement sont identiques d'un système à l'autre. Leur contenu tend à couvrir des domaines plus ou moins comparables ; du domaine des marchandises en passant par celui des services, et, de manière plus parcellaire, à celui des capitaux, ou, encore insignifiant, à celui des personnes, le droit de l'OMC aborde la libéralisation des mouvements commerciaux d'une façon certes embryonnaire du point de vue communautaire, mais suffisamment étendue pour acquérir une portée réellement universelle. Quel que soit le secteur commercial impliqué, la libéralisation des échanges passera indistinctement par une interdiction de l'ensemble des mesures nationales discriminatoires. À défaut, l'harmonisation ou encore la reconnaissance mutuelle des législations constitueront des procédés visant à un tel objectif de démantèlement des entraves au commerce.

Les similitudes sont autant de différences ; le droit communautaire bénéficie d'une pénétration des droits nationaux d'une telle ampleur qu'il s'y substitue bien

---

[58] D. LUFF, *Le droit de l'Organisation mondiale du commerce – Analyse critique*, Coll. de la Faculté de droit de l'Université libre de Bruxelles (ULB), Bruylant, Bruxelles, LGDJ, Paris, 2004, p.9.
[59] *Ibidem.*

souvent. Le droit de l'OMC, au contraire, se soumet clairement à la souveraineté des États.
De même, les procédés protectionnistes dont il est poursuivi le démantèlement sont quasiment identiques. Les seules exceptions concernent en fait des questions ne devant plus être abordées, puisque n'existant plus en droit communautaire. Il en est ainsi des droits de douane ou encore du dumping dont l'intérêt n'a désormais d'importance que pour la seule réglementation multilatérale. Également et plus précisément, les domaines visés sont donc pour la plupart identiques, mais l'étendue des mesures élaborées est divergente.
Au-delà des seules réglementations proprement dites, des procédures de contrôle et de sanction sont prévues indifféremment par chacun des systèmes juridiques en présence. Néanmoins, tant le champ des justiciables éventuellement impliqués que la teneur des procédures elles-mêmes présentent des éléments de divergence fondamentaux. D'ailleurs, l'existence d'une juridiction même au sein des organes de l'OMC soulève certaines controverses.

Une telle présentation commune des systèmes juridiques communautaire et OMC démontre la similarité, somme toute relative, de leur contenu. Il est évident qu'une telle similarité est relative dans la mesure où la construction communautaire constitue un phénomène d'étatisation alors que la multilatéralisation du droit commercial international répond davantage à un souci de libéralisation des échanges, et non à l'instauration d'un pouvoir souverain placé au-dessus des autorités nationales.

Néanmoins, mis à part la différence claire découlant de la finalité profonde de chacun de ces systèmes juridiques et dans l'optique où l'on se cantonne à une approche purement commerciale, la similarité des instruments employés pour parvenir au démantèlement des entraves – égalité de traitement, harmonisation, reconnaissance mutuelle, par exemple – ne trouve de limites que par l'étendue de l'utilisation d'un procédé de libéralisation des échanges vis-à-vis d'un autre. Dans une telle perspective, l'efficacité d'une méthode, comme envisagée par l'une des réglementations commerciales, doit servir de modèle à l'autre système. La modélisation d'une méthode de démantèlement spécifique à chacune des entraves pouvant affecter les échanges commerciaux doit permettre ainsi aux différentes législations internationales poursuivant un tel but d'acquérir une réelle efficience. Nul doute que l'évolution du droit multilatéral, et si besoin est du droit communautaire, doit répondre à une telle logique.

Ainsi, le démantèlement des entraves au commerce requiert la combinaison de différents facteurs tendant à se retrouver de manière indistincte d'un système à l'autre. Les fondements de ce processus sont certes empreints de libéralisme, mais n'en occultent pas pour autant les valeurs limitant une telle synergie (PARTIE 1).

Les mécanismes de démantèlement alors élaborés vont avoir pour finalité, tout d'abord, d'assurer l'élimination des mesures nationales altérant la compétitivité des opérateurs étrangers ou favorisant celle des opérateurs locaux de manière injustifiée. Il vont avoir pour objectif, ensuite, de contrôler et de sanctionner les mesures nationales qui seraient mises en œuvre par les autorités des États en contrariété avec l'une des réglementations en question (PARTIE 2).

PARTIE 1
LES CONVERGENCES DANS LES FONDEMENTS DES SYSTÈMES DE DÉMANTÈLEMENT DES ENTRAVES AUX COMMERCES MONDIAL ET INTRACOMMUNAUTAIRE

Les échanges commerciaux internationaux sont source d'enrichissement pour l'ensemble des pays protagonistes. À cet égard, les États se trouvant exclus de ces rapports commerciaux connaîtront indubitablement un amoindrissement de leurs possibilités de développement. Prenant le pendant de cette affirmation, les pays qui disposent de richesses pourront voir une part non négligeable de ces dernières fuir le marché local vers d'autres cieux. Ces deux positions révèlent toutes les difficultés ressortant des relations commerciales internationales. Effectivement, les politiques économiques nationales vont osciller, selon les intérêts en jeu et les objectifs poursuivis, entre libéralisme et protectionnisme.

Or, une situation commerciale basique réduite à un état de nature libéré de toute contrainte autoritaire se concrétise par un libre-échange pur et parfait. Le protectionnisme n'est donc en fait que l'illustration de l'intervention d'autorités politiques sur les relations commerciales afin d'en réduire le flux, et donc d'empêcher une dispersion trop importante des richesses nationales. Conscients des bienfaits d'une libéralisation des échanges commerciaux sur le développement des nations, les États ont pris le parti d'élaborer au niveau international un système réglementaire de démantèlement des entraves au commerce. Dans la perspective où le phénomène protectionniste n'est pas issu d'une certaine « normalité », c'est donc sur cette question que doit se concentrer une intervention normative. Effectivement, de simples discours préconisant aux États impliqués un démantèlement volontaire du protectionnisme resteraient assurément lettre morte.

Le protectionnisme est donc le comportement par lequel un pays entend protéger les intérêts économiques nationaux. Cet objectif, qui peut paraître louable au premier abord, peut néanmoins conduire à un cloisonnement des marchés nationaux, ce qui, à terme, ne peut s'avérer que nuisible pour l'ensemble de la communauté internationale. Les fondements du démantèlement des entraves au commerce ainsi circonscrits et dont la réalité doit aboutir à une libéralisation des échanges prennent en considération le phénomène protectionniste dans ses différentes acceptions.

À partir de ces bases négatives, les autorités qui ont en charge l'établissement du démantèlement auront alors pour mission de mettre en place certains principes de libre-échange dont la formulation, suffisamment généralisée, devrait pouvoir couvrir l'ensemble des procédés protectionnistes. Ainsi, ces principes constituent les bases positives des stratégies de démantèlement des entraves au commerce. L'aspect positif de ces principes ressort du fait qu'ils constituent le support normatif des règles communautaires et multilatérales (CHAPITRE 1).

Le but est donc de libéraliser le commerce ; pour ce faire, il s'avère nécessaire d'instaurer une véritable liberté de circulation entre les différents marchés nationaux composant le planisphère commercial européen et mondial. Bien sûr, cette liberté doit être mise en oeuvre au bénéfice des opérateurs économiques quelle que soit leur activité. Ainsi, marchandises, services, personnes et capitaux constituent les quatre facteurs économiques dont la libre circulation doit être assurée. En effet, les mesures étatiques protectionnistes vont avoir pour objectif d'altérer le mouvement transfrontalier de ces divers éléments. Aussi, les droits communautaire et multilatéral vont avoir pour mission, certes à des degrés variables, de libéraliser chacun des domaines ainsi énoncés (CHAPITRE 2).

Néanmoins, il est des cas pour lesquels ces principes de libre-échange doivent être écartés. Sont alors en cause des considérations dont l'intérêt apparaît comme étant supérieur à ceux de la simple situation de libre-échange. Effectivement, ces cas, qui doivent être appréhendés comme exceptionnels, ont vocation à assurer la sauvegarde d'éléments qui pourraient être menacés dans l'hypothèse d'une libéralisation totale des échanges (CHAPITRE 3).

CHAPITRE 1
UNE CONVERGENCE DANS LE CONTENU DES PRINCIPES D'ÉLIMINATION DES ENTRAVES AU COMMERCE

Le protectionnisme constitue assurément un élément essentiel dans les relations commerciales internationales. Formant la base négative des échanges en considération de ses effets généralement néfastes pour le commerce[60], il implique, afin d'être combattu, l'élaboration de principes généraux à partir desquels pourront être établis les mécanismes spécifiques de libéralisation du commerce international.

Ces principes libre-échangistes, représentant dès lors le corollaire positif du protectionnisme, sont pourtant communs aux systèmes communautaire et OMC. Les divergences apparaissent en fait dans leur utilisation particulière. Ainsi, le principe de non-discrimination (SECTION 1), l'harmonisation et le rapprochement des législations commerciales nationales (SECTION 2) sont de tels principes généraux. Le fait que ces deux derniers principes soient étudiés conjointement ne doit pas conduire à l'amalgame. Cette réunion découle en réalité du fait qu'il s'agit de deux principes complétant le premier dans le processus de démantèlement des entraves au commerce.

SECTION 1
LE PRINCIPE COMMUN DE NON-DISCRIMINATION

La libéralisation des échanges commerciaux passe inévitablement par l'élimination de l'ensemble des mesures nationales discriminatoires. Le principe de non-discrimination est donc le nerf central des systèmes communautaire et multilatéral. En ce sens, il s'agit d'éliminer toutes les mesures qui impliquent une différence de traitement entre des éléments commerciaux similaires. Pour ainsi dire, les mesures commerciales nationales induisant une différence de traitement (§2) entre facteurs économiques en position de concurrence (§1) doivent être supprimées.

§1. Première composante de la définition de discrimination : la situation de concurrence entre deux ou plusieurs opérations commerciales

Une situation de concurrence se caractérise par le fait qu'au minimum deux produits, deux services [etc.], sont dans une position telle sur le marché que l'un d'eux peut, sans difficultés, remplacer l'autre dans l'esprit des consommateurs. Les réglementations commerciales emploient, afin de qualifier ce rapport de concurrence, la notion de « similaire ». Toutefois, le terme « similaire » présente des traits quelque

---

[60] Voir, pour une analyse globale de la question, A. BOUËT, *Le protectionnisme, Analyse économique*, Coll. Économie, éd. Vuibert, Paris, 1998.

peu restrictifs. Un palliatif a donc été envisagé par l'élargissement des situations pouvant être comparées des seuls rapports de similarité à ceux qui, tout en restant dans un contexte concurrentiel, ne présentent pas un tel caractère. Cette dernière a été tout simplement qualifiée de situation de concurrence.

Les notions en présence (I) diffèrent certes dans leur substance même. Cela dit, concrètement, cette divergence apparaît davantage lors de l'examen des critères permettant de fournir une qualification réelle à la relation existant entre deux produits, deux services, etc. (II).

I.- Les notions de « produits similaires » et de « produits concurrents »

La similarité est indispensable à l'établissement d'une comparaison entre deux situations afin de pouvoir déterminer l'existence d'une différence de traitement indésirable dans les relations commerciales interétatiques, voire d'une discrimination. En effet, la confrontation de deux situations pouvant être qualifiées de non similaires, ou par extension de non directement concurrentes, ne permet pas d'aboutir à une différence de traitement injustifiée ou discriminatoire. L'application distincte d'une mesure à deux situations différentes, c'est-à-dire à des situations ne présentant aucune similitude partielle ou totale entre elles, ne peut pas constituer une discrimination dans la mesure où si cela était le cas, une grande majorité des mesures commerciales serait qualifiée comme telle et perdrait alors toute légitimité.

Pour cette raison, une discrimination n'est constituée que lorsque des situations similaires sont traitées d'une façon différente, entraînant un désavantage pour certains opérateurs économiques par rapport à d'autres, sans que cette différence de traitement soit justifiée par l'existence de considérations d'un intérêt supérieur à ceux ressortant de simples relations commerciales[61].
L'importance confiée à la notion de similarité se confirme à la lecture des textes du GATT, si bien qu'une douzaine d'articles y font référence[62], et ce, mis à part les textes des autres accords[63], ce qui renseigne avec force sur la place centrale qu'occupe le principe de non-discrimination au sein du système multilatéral. Paradoxalement, les textes communautaires, aussi basés sur le principe de non-discrimination, n'accordent à cette notion que peu de place, la preuve étant qu'un seul texte s'y réfère[64].
Cette différence d'approche, quant à l'emploi textuel de la notion de similarité, révèle une opposition de conception entre les systèmes communautaire et multilatéral,

[61] Les justifications des mesures discriminatoires ou encore des mesures non discriminatoires, mais présentant un caractère entravant pour le commerce, seront étudiées de manière plus large dans le cadre du troisième chapitre de cette même partie.
[62] Ainsi, les articles I-1, II-2, III-2, VI-1-a) et b), VI-7, IX-1, XI-2-c), XIII-1, XVI-4, XIX-1, ont recours à cette notion.
[63] En effet, il s'agit d'un concept clé de l'Accord sur les subventions et mesures compensatoires, de l'Accord sur la mise en œuvre de l'article VI du GATT de 1994 (« Accord antidumping »), de l'Accord sur les sauvegardes, de l'Accord général sur le commerce des services, [etc.].
[64] En l'occurrence, l'article 90, al.1, du Traité instituant la Communauté européenne.

reposant en réalité, et bien que les objectifs soient approximativement équivalents[65], sur des méthodes différentes[66].

La notion de similarité, du fait de son caractère flou ressortant des possibilités d'interprétation large dans des contextes aussi variés que différents, est retranscrite dans un grand nombre de dispositions du GATT, contrairement à ce qui est de mise dans le cadre du droit communautaire.

Les articles de base du GATT se référant expressément à la notion de similarité sont les articles I-1, III-2 et III-4, ceux-là mêmes qui édifient les fondements du principe de non-discrimination au niveau du commerce mondial. Ce principe étant aussi au centre du système communautaire, il est tout naturel que la Cour de justice ait une attention toute particulière à l'égard de cette notion.

Ainsi, selon l'article 90, alinéa 1er, du Traité CE, *aucun État membre ne frappe directement ou indirectement les produits des autres États membres d'impositions intérieures, de quelque nature qu'elles soient, supérieures à celles qui frappent directement ou indirectement les produits nationaux similaires*[67].

Cette disposition, la seule à soulever dans le Traité la question de la similarité en matière de discrimination, est située dans la partie spécifiquement consacrée à la fiscalité[68]. Certes, cette utilisation textuellement limitée de la définition de discrimination ne permet pas de conclure au peu d'importance qui lui est accordée. En effet, rappelons que les dispositions liminaires du Traité CE – dispositions qui ont en charge de tracer les objectifs de la Communauté européenne – érigent en principe général, et donc applicable à l'ensemble des dispositions du Traité, le principe de non-discrimination[69].

Aussi, plusieurs déductions peuvent être soulevées de cet usage unique.

Tout d'abord et en application de la règle universelle « *specialia generalibus derogant* », dans les situations pour lesquelles le droit communautaire prévoit des règles spécifiques de non-discrimination, cette disposition générale n'a pas vocation à s'appliquer. La définition donnée par la lettre même de l'article 90, al.1, mais aussi les précisions jurisprudentielles ultérieures qui lui ont été apportées sont alors à considérer comme plus ou moins déviantes de la définition de discrimination telle qu'appréhendée de manière générale. Il ne faut pas occulter le fait qu'une règle spécifique, lorsqu'elle est édictée, a pour but de se démarquer de la règle générale sur un point particulier.

Ensuite, cette disposition, sans préciser littéralement l'objectif d'interdiction des discriminations qu'elle poursuit, utilise pour obtenir le même but une formulation reprenant la définition de discrimination. Ainsi et contrairement aux autres dispositions du Traité CE qui usent uniquement du terme de discrimination sans précision

[65] A savoir, la libération plus ou moins poussée des échanges commerciaux.

[66] Le droit communautaire, comme on le verra plus loin, a opté dès ses premières heures pour un dépassement du simple principe de non-discrimination, alors que le droit multilatéral repose encore essentiellement sur ce principe.

[67] C'est nous qui soulignons.

[68] Plus précisément, il s'agit du chapitre 2 « Dispositions fiscales », du titre V consacré aux « règles communes sur la concurrence, la fiscalité et le rapprochement des législations », de la troisième partie du Traité de Rome revu et corrigé par le Traité d'Amsterdam, intitulée « Les politiques de la Communauté ».

[69] C'est l'article 12 (ancien article 6) qui tient le rôle essentiel de pourvoyeur du principe de non-discrimination, en disposant dans son paragraphe premier que, *dans le domaine d'application du présent Traité, et sans préjudice des dispositions particulières qu'il prévoit, est interdite toute discrimination exercée en raison de la nationalité*.

supplémentaire quant à sa définition, l'article 90, al.1, mais aussi les explications apportées par la Cour de justice le concernant peuvent servir de base à une interprétation générale du principe de non-discrimination.

À l'inverse de ce qui vient d'être dit, le GATT donne, dans bon nombre de ses dispositions, des définitions de la notion de discrimination sans pour autant utiliser le vocable même de l'expression alors visée. Si l'on se réfère aux développements précédents concernant le droit communautaire et l'usage unique qui est fait de la définition de discrimination dans le seul article 90, al.1, CE, son emploi répété dans l'Accord général a pour conséquence de rendre particulière chacune d'entre elles. Cette spécificité, qui doit alors être reconnue à chaque définition, a pour effet de rendre indispensable l'étude séparée de chacune d'elles. Aucune approche unique n'est donc appropriée à tous les cas, et pour cette raison, le concept de similarité a un caractère relatif qui évoque l'image d'un « accordéon »[70]. Cette allégorie, reprise par la jurisprudence de l'ORD, nous laisse concevoir l'extensibilité de la notion de similarité qui, à l'instar des soufflets d'un accordéon, peut être écrasée, c'est-à-dire étroite, ou bien étirée, c'est-à-dire large.

Cette relativité est aussi perceptible dans l'application même des critères permettant d'établir l'existence d'une similarité entre deux situations, et ce, tant au niveau communautaire qu'au niveau multilatéral.

L'alinéa 2 de l'article 90 élargit le champ d'application du principe de non-discrimination en étendant les situations pouvant être soumises à comparaison des situations de similarité, visées par l'alinéa 1er, à celles présentant un caractère concurrentiel. Certes, cette disposition ne mentionne pas explicitement la notion de concurrence, mais cette idée est perceptible à sa seule lecture. Ainsi, *[...] aucun État membre ne frappe les produits des autres États d'impositions intérieures de nature à protéger indirectement d'autres productions.*

Il y a lieu, pourtant, de s'interroger sur l'opposition réalisée par le droit communautaire entre les situations similaires et les situations concurrentielles. En effet, deux produits considérés comme similaires au regard du paragraphe premier ne sont-ils pas concurrents ? La réponse est sans conteste positive. Partant, cette question en amène une autre, à savoir pour quelle raison cette distinction a été opérée. Si la réponse a été fort évidente en ce qui concerne la première question, cette nouvelle interrogation trouve plus difficilement d'explication plausible.

Le fait que le droit communautaire ne propose dans les textes qu'une seule disposition traitant de la notion de situation similaire, et par extension de celle de situation concurrente, limite considérablement les possibilités de résolution de l'énigme en cause.

Cette solution étriquée ne reçoit pas le même accueil dans le cadre du GATT, car, comme cela a déjà été dit, nombre de ses dispositions peuvent servir de base à une interprétation de ce qui est similaire ou encore concurrent. Ainsi, selon l'Organe d'appel dans l'affaire *Japon – Boissons alcooliques II*[71], il n'existerait pas de « définition précise et absolue de ce qui est similaire », et d'ajouter dans l'affaire

---

[70] Organe d'appel, *Taxes japonaises sur les boissons alcooliques*, aussi « *Japon – Boissons alcooliques II* », rapport adopté le 4 octobre 1996, WT/DS8/AB/R, WT/DS10/AB/R, WT/DS11/AB/R, p.26 ; aussi, T. FLORY, *L'Organisation mondiale du commerce, Droit institutionnel et substantiel*, *op. cit.*, p.38.

[71] *Op. cit.*, p.26.

Communauté européenne – Mesures affectant l'amiante et les produits en contenant[72], que cette analyse, effectuée en l'occurrence à propos de l'article III-2, peut servir de référence à l'étude des autres dispositions de l'Accord. Toutefois, l'Organe d'appel a précisé que les déductions qui seront alors faites ne seront pas forcément transposables dans leur intégralité aux autres dispositions[73].

Cette dernière précision ne fait qu'accroître les difficultés d'interprétation de la notion de similarité d'autant plus que le même Organe d'appel, dans l'affaire *Canada – Mesures visant à l'exportation des aéronefs civils*[74], a indiqué que même les dictionnaires, censés dissiper les doutes pouvant exister quant à la signification exacte d'une notion, laissent eux-mêmes la place à de nombreuses questions d'interprétation[75].

Loin des préoccupations dues au caractère solitaire de l'article 90 du Traité de Rome quant à l'usage de la notion de similarité, le système multilatéral prévoit tout un arsenal de textes pouvant être analysé afin d'en déceler le sens. Malgré cette opportunité, l'étude de chaque article traitant de la similarité montre, après comparaison, des dissemblances qui semblent inconciliables au risque d'introduire des incohérences dans lesquelles la jurisprudence de l'ORD s'est pourtant engouffrée.

Le cas le plus significatif, afin d'illustrer la situation, ressort de l'opposition effectuée au sein de l'article III du GATT entre les paragraphes 2 et 4. L'article III, qui aborde de manière générale la question du traitement national, distingue deux situations en ce qui concerne tant leur domaine d'application que leur portée. Ainsi, l'article III-2 prévoit, dans sa première phrase, que *les produits du territoire de toute partie contractante importés sur le territoire de toute autre partie contractante ne seront pas frappés, directement ou indirectement, de taxes ou autres impositions intérieures, de quelque nature qu'elles soient, supérieures à celles qui frappent, directement ou indirectement, les produits nationaux similaires.*

Le principe de non-discrimination n'est pas ici explicitement affiché. Il ressort cependant avec force de la lettre même du texte selon laquelle deux situations similaires de nationalités distinctes, en l'occurrence des produits, ne doivent pas être traitées de manières différentes, dans ce cas, frappées de taxes disparates.

La deuxième phrase du même article dispose qu'*en outre, aucune partie contractante n'appliquera, d'autre façon, de taxes ou autres impositions intérieures aux produits importés ou nationaux d'une manière contraire aux principes énoncés au paragraphe premier.*

Il est évident que le sens de cette phrase n'est pas très intelligible. Seuls les éclaircissements qui ont été opportunément apportés par la note additionnelle Ad Article III-2 permettent d'en saisir clairement la signification. Selon cette note, *une taxe satisfaisant aux prescriptions de la première phrase du paragraphe 2 ne doit être considérée comme incompatible avec les dispositions de la deuxième phrase que dans le cas où il y a <u>concurrence</u> entre d'une part, le produit imposé et d'autre part, <u>un</u>*

---

[72] Aussi, *Communauté européenne – Mesures affectant l'amiante et les produits en concernant*, adopté le 12 mars 2001, WT/DS135/AB/R, §88, p.36.

[73] *Ibidem*, §89, p36.

[74] Rapport adopté le 2 août 1999, WT/DS70/B/R, §153, p.43.

[75] *Ibidem*, §153 ; ici l'Organe d'appel prend appui sur la définition donnée par, *The New Shorter Oxford English Dictionary*, Lesley Brown (ed.) (Clarendon Press, 1993), Vol.I, p.1588.

produit directement concurrent ou un produit qui peut lui être directement substitué et *qui n'est pas frappé d'une taxe semblable*[76].
La lecture combinée des deux phrases de l'article III-2[77] rappelle étrangement celle déjà opérée par le Traité de Rome entre les deux alinéas de son article 90. On retrouve, ainsi, dans les premiers segments des deux articles la question des produits en situation de similarité, puis, dans les seconds segments, celle des produits en position de concurrence.
Cela pourrait paraître de bon augure, deux réglementations commerciales supranationales de tout premier plan s'accordant sur la portée des mesures destinées à lutter contre les discriminations fiscales. Pourtant, ce qui semble pouvoir être concilié dans ce cas trouve certains points de friction dans d'autres domaines de l'Accord général comme, par exemple, celui couvert par l'article III-4.
En effet, cet article prévoit que *les produits du territoire de toute partie contractante importés sur le territoire de toute autre partie contractante ne seront pas soumis à un traitement moins favorable que le traitement accordé aux produits similaires d'origine nationale en ce qui concerne toutes lois, tous règlements ou toutes prescriptions affectant la vente, l'achat, le transport, la distribution et l'utilisation de ces produits sur le marché intérieur*[78].
Ainsi, le paragraphe 4 de l'article III a pour effet d'accroître le champ d'applicabilité du traitement national en l'étendant à un domaine plus large que celui des seules taxes et impositions intérieures visées par le paragraphe 2 dudit article[79].
Mais, les termes de ce paragraphe 4 sont explicites quant à la portée du champ comparatif ; seuls les produits similaires feront l'objet d'une confrontation afin de déterminer l'existence d'une éventuelle discrimination. Les produits en situation de concurrence ne font l'objet d'aucune référence, ce qui semble signifier qu'ils en sont exclus.

À ce niveau apparaît un point assez obscur ; il est difficile de concevoir le fait que deux paragraphes d'un même article ne puissent couvrir des champs d'application identiques, si l'on considère qu'ils poursuivent tous deux le même but, à savoir la lutte contre les discriminations[80]. Pour ainsi dire, admettre cela reviendrait à accepter que des mesures qui en réalité sont discriminatoires échappent à la sanction, et cela, parce que des mesures non fiscales sont seulement en situation de concurrence sans réelle similarité. Assurément, cette vision ouvrirait une brèche aux États qui s'y fourvoieraient volontiers en multipliant les mesures non fiscales protectionnistes.
Les instances de contrôle de l'OMC ne pouvaient laisser une telle lacune affecter les échanges commerciaux internationaux. Aussi, les interprétations données par la jurisprudence de l'ORD ont eu pour objectif d'équilibrer les contradictions découlant des textes.
L'article III-2, qui prohibe les mesures fiscales discriminatoires, couvre tant les produits similaires que les produits concurrents ou substituables ; l'article III-4, visant à

---

[76] C'est nous qui soulignons.
[77] Auxquelles la note additionnelle doit être intégrée.
[78] Pas de soulignage dans le texte.
[79] Voir, T. FLORY, *op. cit.*, n°75, p.37.
[80] Les paragraphes 2 et 4 de l'article III ne sont que des applications spécifiques du principe général énoncé par le paragraphe 1 ; ainsi, cet article III-1 doit servir de guide pour comprendre et interpréter l'ensemble de l'article.

éradiquer les discriminations autres que fiscales, ne touche que les produits similaires occultant du coup les situations de concurrence plus larges. La dualité des situations visées par le premier de ces articles a poussé l'Organe d'appel[81] à considérer que la notion « similaire » de l'article III-2 devait être interprétée « de façon étroite ». En effet, une interprétation extensive viderait de son sens la deuxième expression, celle de « concurrent ». Aussi, la notion unique de l'article III-4 doit, quant à elle, faire l'objet d'une interprétation beaucoup plus large couvrant les deux notions du paragraphe 2[82]. Il n'est donc pas indispensable, et même, au contraire, il est plutôt nécessaire de ne pas maintenir une harmonie entre les notions de similarité visées par les deux paragraphes ; l'« accordéon de la similarité » s'étire d'une manière différente selon chaque disposition[83].

Ce « raccommodage » jurisprudentiel permet, certes, d'assurer une nécessaire sécurité juridique face à des lacunes dont pourraient faire preuve les textes[84]. Toutefois, sur le plan de la compréhension terminologique des dispositions de l'Accord général, l'explication alors donnée n'est pas satisfaisante. Le fait d'employer des mots identiques dans différentes dispositions, ayant *in fine* des sens divergents, ne peut qu'accroître les risques de confusion débouchant obligatoirement sur des conflits d'intérêts entre justiciables, en l'occurrence des États.

Un autre point, mettant de la même manière l'index sur des difficultés terminologiques, mérite quelques éclaircissements tant la comparaison des expressions utilisées par les instances communautaires et multilatérales induisent certaines incohérences entre deux systèmes qui, pourtant, poursuivent des objectifs plus ou moins convergents.

La note additionnelle à l'article III-2 parle d'une situation de concurrence entre le produit imposé et *un produit directement concurrent ou un produit qui peut lui être directement substitué*. Ainsi, selon cette disposition, les produits en situation de concurrence peuvent être qualifiés de « concurrents » ou encore de « substituables ». Sans ajouter une nouvelle catégorie aux notions pouvant être soumises à comparaison afin de déterminer l'existence d'une discrimination, l'introduction de la notion de substituabilité semble indiquer la volonté d'accroître la portée de l'article III-2 à un maximum de produits afin de favoriser l'objectif poursuivi. Toutefois, dans la mesure où la notion de produits substituables est utilisée dans ce contexte comme un synonyme de produits concurrents, il est possible d'en déduire l'inutilité de la première des deux notions. La volonté de couvrir un maximum de situations pouvant souffrir de discrimination peut être la source d'une explication probable de cette dualité de

---

81 Dans l'affaire « *Japon – Taxes sur les boissons alcooliques* », *op. cit.*, p.131.

82 Selon l'Organe d'appel, le champ d'application de l'article III-4 dans lequel intervient la notion de produits similaires est plus vaste que celui de l'article III-2 sans, toutefois, être plus large que le champ couvert par l'ensemble de l'article III-2, c'est-à-dire les domaines additionnés des deux notions visées par cet article, à savoir celle de situation similaire et celle de situation de concurrence ; dans, *Communauté européenne – Mesures affectant l'amiante et les produits en contenant*, *op. cit.*, §99, p.42.

83 *Ibidem*, §96, p.41.

84 Selon l'Organe d'appel, dans l'affaire *États-Unis – Normes concernant l'essence nouvelle et ancienne formule* (*États-Unis – Essence*), WT/DS2/AB/R, p.26, l'article 31 de la Convention de Vienne et sa « règle générale d'interprétation » des traités, prévoit que l'interprète doit tenir compte du contexte entourant la disposition en cause. Ainsi, les autres dispositions entrant dans le même cadre, servent de base à la réflexion portant sur la définition de sa portée réelle et, par là même, permettent de donner un sens apparaissant comme plus cohérent avec la volonté première des États instigateurs de l'Accord en question.

formule ainsi employée ; dans le cas d'un recours fondé sur l'article III-2, l'éventualité qu'un doute s'instaure sur le qualificatif applicable à une situation particulière, en l'occurrence sur celui de concurrent, s'efface devant la possibilité de déplacer cette qualification sur un autre terrain, autrement dit sur celui de la substitution.

La Cour de justice des Communautés européennes appréhende la notion de substituabilité de manière différente. Le second paragraphe de l'article 90 du Traité de Rome ne fait aucune référence à l'idée de produits concurrents, ni même d'ailleurs à celle de produits substituables. L'idée de produits concurrents ne ressort que d'un apport jurisprudentiel sans cesse renouvelé. En effet, la jurisprudence rappelle à chaque fois qu'elle est saisie de la question que l'article 90, alinéa 2, a pour vocation *d'appréhender toute forme de protectionnisme fiscal indirect dans le cas de produits qui, sans être similaires au sens de l'alinéa 1, se trouvent néanmoins dans un rapport de concurrence, même partielle, indirecte ou potentielle*[85].

Certains arrêts de la Cour semblent faire référence à la notion de substituabilité, en la liant, comme c'est le cas dans le cadre du GATT, à la situation de concurrence de l'article 90, alinéa 2. Ainsi, sans être vraiment prolixe en la matière, la Haute juridiction communautaire parle tantôt d'un « rapport de concurrence de substitution »[86], tantôt de « rapports de concurrence et de substitution »[87]. Cette deuxième expression semble présenter une notion de substitution indépendante de celle de concurrence, reprenant alors l'idée soulevée par la note additionnelle Ad article III-2 du GATT déjà développée plus haut. Toutefois, cette approche, qui pourrait apparaître comme étant une conciliation entre les deux systèmes commerciaux, n'est en fait qu'illusoire dans la mesure où cette expression n'est que très peu employée, insuffisamment pour en faire ressortir une application générale[88]. De plus, une fausse note apparaît à l'écoute de la première expression ; celle-ci ne vise plus la substitution comme notion indépendante de celle de concurrence, mais comme qualificatif de cette situation de concurrence. Cette dernière situation caractérise des produits qui peuvent être qualifiés, au terme des différents textes communautaires et multilatéraux, aussi bien de similaires que de concurrents. Si bien que, dans ces conditions, un produit substituable peut, dans des dispositions identiques, être un produit similaire ou encore un produit concurrent.

---

[85] Voir, CJCE, 4 avril 1968, *Fink-Frucht Gmbh c/ Hauptzollamt München-Landsbergerstrasse*, aff. n°27/67, Rec., p.327, spéc. p.342 ; 7 mai 1987, *Co-Frutta c/ Amministrazione delle finanze dello Stato*, aff. n°193/85, Rec., p.2085, pt.19. Cette conception de rapport de concurrence, même partielle, indirecte ou potentielle a été rappelée de manière fréquente, et ce, dès les origines du droit communautaire ; voir par exemple les arrêts du 27 février 1980, *Commission des Communautés européennes c/ République française*, aff. n°168/78, Rec., p.347 (plus particulièrement, pts.3, 5, 6 et 12) ; *Commission des Communautés européennes c/ République Italienne*, aff. n°169/78, Rec., p.385 (pts.6, 12, 32 et 33). Voir aussi, CJCE, *Commission des Communautés européennes c/ Royaume-Uni de Grande-Bretagne et d'Irlande du Nord*, aff. n°170/78, Rec., p.417, pt.5 ; *Commission c/ Danemark*, aff. n°171/78, Rec., p.447, pt.6 ; 17 juin 1999, *Société critouridienne de distribution (Socridis) c/ Receveur principal des douanes*, aff. n°C-166/98, Rec., p.I-3791, pt.17.

[86] Voir, CJCE, 27 février 1980, *Commission c/ France*, *op. cit.*, pt.41.

[87] Voir, CJCE, 27 février 1980, *Commission c/ Italie*, *op. cit.*, pt.25.

[88] Voir, pour une explication actualisée de ces différentes notions, conclusions de l'avocat général Tizzano présentées le 15 janvier 2004, à propos de l'affaire de la CJCE du 5 octobre 2004, *Commission des Communautés européennes c/ République hellénique*, aff. n°C-475/01, Rec., p.I-8923, et plus particulièrement s'agissant de ce dernier rapport, pt.97.

Cette dernière approche corrobore la lecture qui a été faite par une partie de la doctrine[89] de la jurisprudence concernant l'article 90 CE. En effet, pour rechercher le caractère similaire ou concurrent du rapport existant entre deux produits, la Cour se réfère à la notion de substituabilité. Prenant appui sur les arrêts ayant opposé la Commission à différents pays tels que la France, l'Italie, le Royaume-Uni et le Danemark, à propos d'accises sur les alcools supposées discriminatoires, la Cour lui a conféré un caractère évolutif. La variabilité des critères permettant de déterminer l'existence d'une situation de similarité ou de concurrence[90] ne permet en aucune manière d'attribuer à la question de la substituabilité un caractère de stabilité. De ce fait, la substituabilité d'un produit à un autre ne peut être examinée comme étant définitive, car cet état de fait peut être remis en question à tout moment.
La Cour de justice a donc comme objectif premier de faire ressortir la volonté protectionniste derrière le caractère discriminatoire de la mesure, en l'occurrence, pour l'article 90, de la taxation. Ainsi, si cette volonté ressort d'un ensemble d'éléments constatés, elle fera jouer la substituabilité ; en revanche, si la comparaison entre les deux situations offre des résultats trop complexes, elle abandonne purement et simplement cette théorie et rejette toute idée de recherche d'une quelconque discrimination[91].
Une autre notion semble ajouter un degré supplémentaire à la confusion. L'affaire *Canada – Certaines mesures concernant les périodiques* a introduit la notion d'« imparfaite substituabilité »[92], ce qui a conduit à s'interroger sur la valeur d'une substituabilité parfaite. Il semble, selon l'Organe d'appel, que des produits parfaitement substituables relèvent en fait de l'article III-2, première phrase, c'est-à-dire de la catégorie des produits similaires. Le qualificatif d'imparfait ne semble concerner que les seules relations opposant des produits concurrents ou encore des produits substituables sans précision complémentaire. Prise en ces termes, la notion de substituabilité non accompagnée d'un adjectif paraît décrire un ensemble regroupant à la fois les produits similaires, parfaitement substituables, mais aussi les produits concurrents, imparfaitement substituables. Ce regroupement retrace le phénomène observé au sein du système communautaire lorsque la doctrine qualifiait de substituable l'ensemble des biens soumis à comparaison, qu'il s'agisse de biens similaires ou de biens concurrents. Toutefois, cette conclusion curieusement proche du raisonnement communautaire résulte d'une position isolée et n'a d'ailleurs jamais été entérinée par une autre décision jurisprudentielle.

Concurrence entre situations similaires et/ou concurrentes, ou, encore, situation simplement similaire ; théorie générale de substituabilité regroupant tant les produits similaires que concurrents ou substituabilité synonyme de concurrence. Comme on peut le voir, les choses ne sont pas très claires, si bien que l'on peut se demander s'il est seulement possible de les concilier.

---

[89] Par exemple, pour un énoncé de cette doctrine, Dictionnaire Permanent Droit Européen des Affaires, *Libre circulation des marchandises*, Feuillets 42, 2 novembre 1999, p.1709, pt.37.
[90] Ces critères seront étudiés plus loin.
[91] Dictionnaire Permanent Droit Européen des Affaires, *Libre circulation des marchandises*, *op. cit.*, pt.37.
[92] Organe d'appel, rapport adopté le 30 juin 1997, WT/DS31/AB/R, p.30.

D'ailleurs, les difficultés terminologiques alors rencontrées laissent entrevoir de possibles contradictions entre les deux systèmes réglementaires lors de l'étude des critères de qualification.

II.- Les critères établissant un rapport de similarité ou de concurrence

La définition qui est donnée de la notion de discrimination semble universelle et différents éléments la caractérisant pourraient présenter une identité certaine d'un système à l'autre. En effet, la Cour de justice des Communautés européennes a, de la même manière que les groupes spéciaux, établi certains critères afin de déterminer la similarité ou la concurrence entre situations. Toutefois, celle-ci ne semble pas avoir opté pour le choix de grands développements concernant les critères de qualification (B), contrairement aux travaux importants effectués par les instances de contrôles multilatérales (A).

A. Critères établis par les instances multilatérales

Dans l'exercice de leur fonction de contrôle, les instances multilatérales ont été amenées à dresser les critères permettant de déterminer l'existence tant d'un rapport de similarité (1) que d'un rapport de concurrence (2).

1. Critères déterminant un rapport de similarité

La question des critères à appliquer pour déterminer la similarité des produits a fait l'objet, dans le cadre du GATT, de longs développements. Ainsi, dès 1970, le rapport du Groupe de travail sur les *Ajustements fiscaux à la frontière*[93], puis les diverses affaires traitées par des groupes spéciaux, notamment le rapport du Groupe spécial suivi de celui de l'Organe d'appel dans l'affaire *Japon – Boissons alcooliques II*[94], ont permis de jeter les bases des éléments qui détermineront l'existence d'une similarité entre produits.
Le Groupe de travail a posé le « principe fondamental » d'interprétation de la notion de « produits similaires ». Selon lui, *l'interprétation de cette formule devrait être examinée cas par cas. Ainsi, pourront être équitablement évalués, dans chaque espèce, les différents éléments qui permettent de reconnaître des produits comme étant similaires. Certains critères ont été suggérés à cet effet : utilisation finale du produit sur un marché donné ; goûts et habitudes des consommateurs, variables d'un pays à l'autre ; propriétés, nature et qualité du produit*[95].

Ces critères ont dès lors été repris à chaque fois que la question de la similarité s'est posée devant les instances juridictionnelles multilatérales[96], apportant parfois quelques précisions complémentaires.

---

[93] Rapport adopté le 2 décembre 1970, IBDD 18S/110.
[94] Organe d'appel, rapport adopté le 4 octobre 1996, WT/DS8/AB/R, WT/DS10/AB/R, WT/DS11/AB/R.
[95] Groupe de travail sur les *Ajustements fiscaux à la frontière*, *op. cit.*, §18. Formule reprise par l'Organe d'appel dans l'affaire *Communauté européenne – Mesures affectant l'amiante et les produits en contenant*, *op. cit.* , §8.112, p.471.
[96] Sur le caractère juridictionnel des instances multilatérales de règlement des différends, voir, le chapitre 3 de la deuxième partie de cette étude.

Dans l'affaire *Japon – Boissons alcooliques II* – l'une des plus significatives en la matière –, l'Organe d'appel a affirmé que l'analyse doit impliquer un jugement « discrétionnaire » de la part du Groupe spécial dans l'appréciation de la notion de produits similaires, possibilité reconnue dans la mesure où *il ne peut exister de définition précise et absolue de ce qui est similaire*[97]. Pour cela, chaque critère ne peut être étudié séparément, mais dans un tout, fonction du contexte de l'affaire.

Ainsi, selon les instances multilatérales, les critères applicables pour déterminer la similarité des produits sont :

a. Les propriétés, la nature et la qualité des produits

Ce critère aux multiples facettes va considérablement varier d'une situation à l'autre, ce qui aura pour conséquence d'attribuer aux groupes spéciaux chargés d'affaires impliquant une discrimination, de larges pouvoirs d'appréciation en la matière.

Selon l'affaire *CE – Amiante*, plusieurs paramètres entrent en jeu pour la détermination des propriétés, nature et qualité des produits. De manière générale, les produits similaires doivent offrir les mêmes garanties techniques.

Il est vrai que des études chimiques – c'est-à-dire de la composition du produit – et physiques peuvent aboutir à démontrer une nature et une qualité différente des situations sous analyse. Toutefois, dans le cadre de l'article III dont l'objectif se rapporte à l'accès des produits au marché[98], il ne s'agit en aucune manière de réaliser un classement scientifique permettant à sa simple lecture de déduire une quelconque similarité entre produits.

Le rejet de cette approche scientifique se justifie essentiellement par le fait que l'application systématique de cette méthode à tous les cas d'espèce pourrait avoir pour effet d'ignorer une similarité entre produits pourtant existante sur le plan de leur usage, et d'envisager comme similaires sur la base de leur composition chimique, des produits qui n'ont pourtant rien en commun. Malgré les critiques soulevées à l'encontre d'une analyse technique des produits, l'étude de la structure physique et de la composition chimique a pourtant déjà été utilisée pour démontrer la similarité de certaines situations[99], utilisation qui au demeurant reste très limitée.

Le critère « qualité » est au singulier. Ce constat n'est pas sans conséquence si l'on considère le fait qu'avec l'usage du pluriel les qualités alors visées seraient dépendantes du critère « propriétés » et correspondraient plutôt à une approche technique dans le sens d'une qualité particulière du produit. En revanche, le singulier préconise à l'inverse une conception davantage commerciale[100].

---

[97] Affirmation déjà soulevée plus haut qui, au-delà de la seule affaire *Japon – Boissons alcooliques II*, a été reprise par *CE – Amiante*, *op. cit.*, §8.114, p.471.

[98] Une telle approche est destinée à éviter que l'application d'une mesure interne ne protège la production nationale. L'article III-4 contribue à cet objectif « en ce qui concerne les lois, les règlements ou les prescriptions affectant la vente, la mise en vente, l'achat, le transport, la distribution et l'utilisation de ces produits sur le marché intérieur » ; voir, Groupe spécial, *États-Unis – Mesures affectant les boissons alcooliques et les boissons à base de malt*, rapport adopté le 19 juin 1992, IBDD S39/223, §5.25.

[99] Voir, Groupe spécial, *Mesures appliquées par la CEE aux protéines destinées à l'alimentation des animaux*, rapport adopté le 14 mars 1978, IBDD S25/53, §4.19.

[100] Voir, Groupe spécial, *Communauté européenne – Amiante*, rapport adopté le 18 septembre 2000, WT/DS135/R, §8.122, p.473.

Le critère « propriétés » n'impose pas d'identité rigoureuse entre les produits ; *il suffit que, dans une utilisation donnée, les propriétés soient les mêmes pour qu'un produit puisse remplacer l'autre*[101]. De nombreux exemples sont significatifs quant à l'illustration de ces propos. Ainsi, un groupe spécial[102] a considéré, dans le cadre de l'article III-2, que diverses boissons, ne présentant pourtant aucun caractère commun si ce n'est d'être des boissons alcooliques, devaient être qualifiées de similaires compte tenu de leurs propriétés et de leur utilisation finale. En l'occurrence, il s'agissait de gin, vodka, whisky, brandies et liqueurs, similarité qui peut apparaître comme concevable, mais aussi de vins mousseux et vins non mousseux pour lesquels la similarité n'est pas vraiment évidente ; la qualification de produits concurrents aurait peut-être été plus appropriée.
Dans l'affaire *CE – Amiante*, le problème de la dangerosité des produits a été soulevé, posant alors la question de la prise en compte de la pathogénicité ou encore de la toxicité d'un produit[103] comme critère d'appréciation de la similarité. Cette caractéristique peut, en effet, être considérée comme faisant partie des propriétés physiques d'un produit. Toutefois, l'intégration de ce critère comme déterminant de la similarité aurait pour conséquence de créer un conflit d'application entre deux dispositions de l'Accord général, à savoir l'article III dont le but est d'interdire toute discrimination entre produits similaires, et l'article XX, traitant des « exceptions générales », notamment son point b) visant « la protection de la santé et de la vie des personnes et des animaux ou à la préservation des végétaux ». En effet, l'admission du critère de dangerosité comme qualificatif de similarité viderait de son sens la deuxième disposition. Or, selon l'Organe d'appel, il importe de donner un sens à toutes les dispositions de l'Accord[104].

b. L'utilisation finale

Cette expression peut être étroitement associée au critère précédent et, dans cette mesure, la liaison entre propriétés et utilisation finale peut parfois entraîner des confusions dans l'analyse de certains groupes spéciaux.

Ainsi, dans l'affaire *Amiante*, le Groupe spécial[105] a considéré que les fibres de chrysotile (nom scientifique de l'amiante à usage d'isolant), d'APV, de cellulose et de verre qui ont généralement des utilisations finales différentes, ont, dans le cas spécifique des produits isolants, une finalité identique ; ce constat l'a donc amené, pour ce cas d'espèce particulier, à conclure à la similarité de ces divers produits. En effet, les propriétés physiques de chacun de ces produits, propriétés isolantes, ainsi que l'utilisation qui en ait fait dans le cas d'espèce, en tant que produit isolant, démontrent une liaison flagrante entre les deux notions. Toutefois, une telle conclusion ne peut découler que d'une analyse incomplète des produits en cause partant du fait que l'examen effectué par le Groupe spécial n'a pris en considération qu'une utilisation

---

[101] *Ibidem*, §8.124, p.474.
[102] Groupe spécial, *Japon – Droits de douane, fiscalité et pratiques en matière d'étiquetage concernant les vins et les boissons alcooliques importés* (*Japon – Boissons alcooliques I*), rapport adopté le 10 novembre 1987, IBDD S34/92, §5.6.
[103] Termes employés par le Groupe spécial dans l'affaire « Amiante », *op. cit*, §8.118, p.472.
[104] *Ibidem*, §8.130, p.475 ; repris par le rapport de l'Organe d'appel dans la même affaire, §113, p.48.
[105] Groupe spécial, *Ibidem*, §8.125, p.474.

limitée des produits, celle qui est commune à chacun d'entre eux. En réalité, l'étude des différentes utilisations finales de chacun des produits aurait eu pour conséquence, selon l'Organe d'appel[106], de conduire le Groupe spécial en charge de l'affaire à conclure à l'absence de similarité des produits en cause[107].

c. Goûts et habitudes des consommateurs[108]

Ce critère semble être de tous celui qui présente le degré de variabilité le plus élevé[109]. En effet, la dépendance qu'il démontre envers un certain nombre d'autres facteurs induit le fait que *ce critère ne donnerait pas de résultats clairs*[110] et, dans la plupart des cas, ne permettrait pas d'aboutir à la conclusion désirée. Malgré cette imprécision, certaines affaires ont conduit des groupes spéciaux à considérer des produits comme étant similaires sur la base de ce seul critère[111].

Ainsi, dans une affaire concernant la taxation différenciée des bières légères, plutôt d'origine nationale, et des bières fortes, le Groupe spécial[112] a considéré ces deux produits comme non similaires d'après les goûts et habitudes des consommateurs. Pourtant, celui-ci avait envisagé, sur la base du critère de propriétés, les deux catégories de produits comme similaires. Toutefois, il a judicieusement modifié cette déduction après avoir admis que *les consommateurs qui achetaient de la bière légère n'achèteraient probablement pas de bière à plus forte teneur en alcool et vice versa, et [que] les fabricants ciblaient leurs activités publicitaires et leurs opérations de commercialisation sur ces différents segments du marché.* Partant, il a considéré que ces produits étaient en réalité différents.

D'autres affaires font aussi référence à ce critère, mais chaque fois pour rejeter la similarité des produits en cause[113].

Une question soulevée lors de l'affaire de l'amiante a poussé le Groupe spécial à encadrer la notion de consommateur. Aussi a-t-il admis le fait que cette notion ne doit

---

106 Organe d'appel, *Ibidem*, §115, p.50.

107 Cependant, ce constat n'aura pas pour effet de dégager la mesure supposée discriminatoire de l'application de l'article III. De la situation constatée de non-similarité, il est alors possible de déplacer l'analyse sur le plan de la concurrence ; l'Organe d'appel a d'ailleurs considéré que les relations existant entre les différents produits concernés étaient révélatrices d'un certain rapport de concurrence, *Ibidem*, §118, p.51.

108 Critère aussi évoqué sous d'autres dénominations selon l'affaire ; par exemple dans l'affaire « Amiante », l'Organe d'appel parle de « perceptions et comportement des consommateurs », *op. cit.*, §101, p.44.

109 L'influence de ce critère sur le commerce des marchandises, comme pour celui de tout autre secteur, est telle que les perceptions des consommateurs peuvent influencer, modifier ou même rendre obsolètes, les utilisations traditionnelles des produits

110 Groupe spécial, *Communauté européenne – Mesures affectant l'amiante et les produits en contenant, op. cit.*, §8.139, p.476.

111 Par exemple, dans le cadre de l'article I-1, un Groupe spécial a considéré que les éléments de nature organoleptique tel que le goût, l'arôme, le corps, [etc.], étaient suffisant pour démontrer la similarité entre deux produits, en l'occurrence, entre un café `arabica doux´ et un café `arabica non lavé´ (Groupe spécial, *Espagne – Régime tarifaire appliqué au café non torréfié*, rapport adopté le 11 juin 1981, IBDD 28S/108, §4.7).

112 Groupe spécial, *Mesures affectant les boissons alcooliques et les boissons à base de malt, op. cit.*, §5.73.

113 Voir, par exemple, Groupe spécial, *États-Unis – Normes concernant l'essence nouvelle et ancienne formule, op. cit.*, §§6.8 et 6.9.

subir aucune limitation, qu'il ne s'agit donc pas du seul consommateur final, ce qui est le cas des particuliers, mais s'étend aux opérateurs agissant en tant qu'intermédiaires[114].

d. Classement tarifaire

Lorsque le Groupe de travail sur les *Ajustements fiscaux à la frontière*[115] a élaboré une liste de critères dont l'analyse permettrait de qualifier deux produits comme étant similaires, le classement tarifaire n'a pas été pris en compte. Cette notion est apparue, dans un premier temps, dans le cadre de l'affaire *CEE – Alimentation des animaux*[116] ; le Groupe spécial avait apprécié le fait que « les positions tarifaires » des divers produits pouvaient l'autoriser à en déduire leur similarité ou, comme cela fut le cas en l'occurrence, la non-similarité. Par la suite, un sens plus précis fut donné à la notion dans l'affaire *Japon – Boissons alcooliques I*[117] de 1987, dans laquelle le Groupe spécial considéra que *la classification tarifaire était, elle aussi, un point de départ utile pour déterminer ce que pouvaient être des produits similaires*[118]. Ainsi, le classement tarifaire dans le cadre du Système Harmonisé (SH) aboutit à une classification des produits en fonction de leurs caractéristiques, de leurs propriétés. Ce rapport entre classement tarifaire et propriétés des produits a pour effet de lier ces deux critères de façon à ce que ce dernier permette de combler les carences constatées lors de l'analyse du premier.

Ainsi et à de nombreuses reprises, ce critère n'a pas été utilisé, tout au plus mentionné, les instances chargées de rechercher une quelconque similarité entre produits n'ayant pas jugé utile d'y avoir recours[119]. Dans l'affaire *Amiante*, l'Organe d'appel après avoir repris les analyses du Groupe spécial considéra ce critère comme superflu et en déduisit qu'un tel classement n'avait pas d'impact réel sur la similarité des produits et ne saurait être déterminant en soi[120]. Toutefois, il a reconnu la nécessité que le Groupe spécial puisse analyser, afin de déterminer s'il y a similarité ou non, la totalité des critères déterminant un tel caractère et fixés par des rapports précédents[121].

---

[114] Groupe spécial, *Communauté européenne – Mesures affectant l'amiante et les produits en contenant, op. cit.*, §8.139, note de bas de page 103, p.477.
[115] *Op. cit.*
[116] Groupe spécial, *Mesures appliquées par la CEE aux protéines destinées à l'alimentation des animaux*, rapport adopté le 14 mars 1978, IBDD 25S/53, §4.2.
[117] Groupe spécial, *op. cit.*
[118] *Ibidem*, §3.3.
[119] Comme dans le cadre de l'article I-1, concernant l'affaire *Espagne – Régime tarifaire appliqué au café non torréfié, op. cit.*, §3.5, le Groupe spécial a fait valoir qu'à l'occasion de nombreuses affaires antérieures, la notion de « produits similaires » s'entendait de tous les produits relevant d'une même position tarifaire. Toutefois, s'en tenir à une telle interprétation peut conduire à certaines confusions du fait que les produits d'une même position tarifaire peuvent présenter des différences manifestes. Ceci est d'ailleurs le cas des positions tarifaires résiduelles concernant tous les produits non dénommés ailleurs, ou encore, celles qui englobent des produits homogènes qui souvent ne sont pas des produits similaires, par exemple la position 15.07 de la NCCD, comprenant toutes sortes d'huiles végétales, aussi, la position 22.05 qui vise tous les vins (les exemples sont cités dans le rapport du Groupe spécial).
[120] Organe d'appel dans l'affaire « Amiante », *op. cit.*, §146, p.62.
[121] *Ibidem*, §109, p.47.

e. Circuit de distribution : critère normalement utilisé pour déterminer une situation de concurrence

Malgré un énoncé précis des critères de similarité, un critère n'est pas directement intégré à cette liste sans pourtant être négligé. Les groupes spéciaux font souvent appel à une notion, qui normalement est dévolue à l'analyse de situations de concurrence, afin de détecter une similarité entre situations. Cet élément n'est autre que l'analyse des circuits de distribution illustrant parfaitement le fonctionnement d'un marché.

Ces derniers peuvent être appréhendés de manière très large prenant alors en considération une multitude d'étapes. L'article III-1 de l'Accord général donne une indication quant à la définition à donner à ces circuits ; cette disposition relève le fait qu'il s'agit du processus regroupant, chronologiquement, *la vente, la mise en vente, l'achat, le transport, la distribution ou l'utilisation de produits sur le marché intérieur*, ainsi que *le mélange, la transformation ou l'utilisation* de certains produits. Un groupe spécial s'est penché sur la question et a établi l'idée, sans préciser s'il prenait appui sur la disposition précitée, qu'il s'agissait d'un mécanisme débutant par la production d'un bien ou encore d'un service, puis sa distribution, sa commercialisation, sa vente et enfin sa livraison au consommateur[122]. Toutefois, le recours fréquent des groupes spéciaux à la notion de réseaux de distribution tend à favoriser la réception d'une acception étroite ne prenant en compte que les étapes finales du processus précédemment décrit. Le mécanisme pris en considération se situe au-delà de la production et de l'importation d'un produit, car, à ce stade, ne sont comparées que les étapes purement internes à l'État émetteur de la mesure suspectée de discrimination.

Ainsi, un groupe spécial[123] a estimé comme similaires des produits écoulés sur un marché de manière identique, en l'occurrence il s'agissait de viande bovine distribuée par le biais de vente au détail[124]. Dans une autre affaire, un groupe spécial a dû comparer le sucre avec d'autres produits sucrés[125] afin de déterminer leur relation. Il a considéré que dans la mesure où ces deux produits *sont distribués vers des usines spécialisées dans la fabrication de produits alimentaires transformés, boissons, produits de la boulangerie, produits laitiers, produits pharmaceutiques [etc.], soit directement, soit par l'intermédiaire de distributeurs*, il ne pouvait être question que de produits similaires[126].

L'Organe d'appel met donc un point d'honneur à ce que les groupes spéciaux, qui auront donc en charge d'étudier des affaires nécessitant la détermination d'une quelconque similarité entre produits, analysent chacun de ces critères de manière

---

[122] Cette définition fut donnée dans le cadre de l'article I-1 de l'Accord Général sur le Commerce des Services (AGCS) et tirée du rapport de l'Organe d'appel, *Canada – Certaines mesures affectant l'industrie automobile*, rapport adopté le 31 mai 2000, WT/DS139/AB/R, WT/DS142/AB/R, §154 b), p.58.

[123] Groupe spécial, *Corée – Mesures affectant les importations de viande de bœuf fraîche, réfrigérée et congelée*, rapport adopté le 31 juillet 2000, WT/DS161/R, WT/DS169/R, §618, p.174 ; repris par l'Organe d'appel dans la même affaire, rapport adopté le 11 décembre 2000, WT/DS161/AB/R, WT/DS169/AB/R, §131, p.44.

[124] Pour être plus précis, il s'agit de ventes au détail par des restaurants.

[125] Il s'agissait d'opposer le sucre glucose avec le sirop de maïs à haute teneur en fructose (SHTF).

[126] Groupe spécial, *Mexique – Enquête antidumping concernant le sirop de maïs à haute teneur en fructose (SHTF) en provenance des États-Unis*, rapport adopté le 28 janvier 2000, WT/DS132/R, §5.492, p.148.

indépendante, mais aussi par le biais d'une méthode associative. Une telle méthodologie semble être le seul moyen d'obtenir une conclusion satisfaisante.

2. Critères déterminant un rapport de concurrence

Pour déterminer s'il y a un rapport de concurrence direct entre deux produits ou groupes de produits, il est nécessaire d'apporter les éléments de preuve indiquant que les consommateurs envisagent ou pourraient envisager les deux produits ou groupes de produits comme des moyens interchangeables de satisfaire un besoin ou un goût particulier[127]. Ces éléments de preuve sont de quatre sortes : la comparaison des caractéristiques physiques des produits, de leur utilisation finale, des circuits de distribution et enfin de leur prix.

La question de l'analyse des caractéristiques physiques des produits a déjà été soulevée lors de l'étude des critères permettant de conclure à l'existence d'une similarité, notamment à propos du critère concernant les propriétés, la nature et la qualité des produits. En effet, l'examen des propriétés des produits a conduit à s'interroger sur la place qui devait être faite à leurs caractéristiques physiques.
Comme on a pu le constater, des groupes spéciaux[128] ont rejeté leur recevabilité considérant que leur admission conduirait à étendre considérablement le champ des situations de similarité. Toutefois, la notion de produits concurrents est beaucoup plus large que cette dernière, ce qui semble propice à un tel accueil. De telles caractéristiques peuvent ressortir de paramètres dimensionnels ou encore du fait que les produits doivent offrir des garanties techniques comparables[129]. Cela n'apparaît pas explicitement dans les différents rapports des groupes spéciaux ou encore de l'Organe d'appel, mais il semble que ce critère, dépassant ceux du même acabit analysés dans le cadre des situations de similarité, reprend ces derniers lorsque leur association avec les autres critères de similarité ne suffit pas pour déterminer un rapport de concurrence.

L'utilisation finale des produits est un critère également envisagé pour établir un rapport de similarité. Aussi, cette identité d'analyse découle du fait que les groupes spéciaux, lorsqu'ils ont à traiter une affaire impliquant la mise en œuvre d'une disposition de l'Accord visant à éradiquer les discriminations au commerce, sont généralement saisis de questions portant tout à la fois sur un problème de similarité que sur une situation de concurrence. De ce fait, avant de s'interroger sur ce dernier problème, les experts devront vérifier la présence des critères déterminant le premier et, partant, celui de l'utilisation finale des produits. Pour cette raison, les groupes spéciaux, confirmés généralement par l'Organe d'appel depuis qu'il existe, ne réalisent pas de nouvel examen de ce critère au regard du supposé rapport de concurrence, auquel cas cela ne mènerait qu'à une redondance vide de sens.

Certains points relatifs à l'étude du marché national des produits en cause permettent de mettre en relief le niveau de concurrence entre différentes situations.

---

[127] Groupe spécial, *Corée – Taxes sur les boissons alcooliques*, rapport adopté le 17 septembre 1998, WT/DS75/R, WT/DS84/R, §10.40, p.199.
[128] Groupe spécial, *États-Unis – Mesures affectant les boissons alcooliques et les boissons à base de malt, op. cit.*, §5.25.
[129] Groupe spécial, *Communauté européenne – Mesures affectant l'amiante et les produits en contenant, op. cit.*, §8.118, p.472.

Ainsi, dans le même registre que la situation rencontrée pour le précédent critère, les circuits de distribution, ou encore réseaux de distribution, peuvent de la même manière faire l'objet d'une analyse dans le cadre d'un examen de similarité. Toutefois, comme cela a déjà été dit, les groupes spéciaux se prononçant sur une absence de similarité des situations en présence déplacent, la plupart du temps sur demande des intéressés, l'analyse sur le terrain concurrentiel. Aussi, les développements réalisés dans le domaine de la similarité trouvent à s'appliquer dans celui plus large des situations de concurrence.

Pour ce qui concerne le critère basé sur le prix des produits, il s'agit en fait d'analyser un concept bien plus complexe, celui de l'élasticité prix croisée de la demande. Ce critère reprend la classification tarifaire des produits établie par le Système Harmonisé et est étroitement lié au concept économique de « substitution »[130] permettant d'examiner le marché pertinent[131]. Ainsi, un degré élevé d'élasticité prix croisée[132] sera révélateur d'un rapport important de concurrence entre produits, tout en ne demeurant qu'un élément de preuve[133]. Ce moyen d'examiner un marché donné suppose l'analyse de la demande latente ; en effet, cette étude va chercher à prévoir toute *modification du prix d'un produit découlant entre autres choses, d'une modification des charges fiscales relatives pesant sur les produits nationaux et les produits importés*[134].

Cet élément, du fait qu'il dépend grandement du choix effectué par les consommateurs sur un produit moins onéreux, est donc étroitement attaché au critère déjà étudié des goûts et habitudes des consommateurs. Toutefois, ce nouveau critère introduit une perspective financière absente d'une étude de similarité, ce qui renseigne encore sur la portée plus large des situations de concurrence.

---

[130] Cette notion reprise dans le texte même de l'article III-2 par le biais de sa note additionnelle, en complément de la notion de concurrence, est révélatrice de l'influence des prix sur la consommation. En effet, le plus souvent, il existe bon nombre de biens substituables entre eux, c'est-à-dire susceptibles d'être remplacés les uns par les autres pour satisfaire un même besoin. La contrainte budgétaire amène les agents à comparer les prix des biens substituables ; ainsi, si le prix d'un bien augmente, les consommateurs seront incités à utiliser moins de ce bien et à le remplacer en partie ou totalement par les biens substituables devenus relativement moins chers. La demande d'un bien est donc une fonction décroissante de son prix ; voir, J. GÉNÉREUX, *Introduction à l'économie*, Coll. Point économie, éd. du Seuil, Paris, 1992, p.33.

[131] Groupe spécial, *Corée – Taxes sur les boissons alcooliques, op. cit.*, §10.44, p.201.

[132] L'élasticité-prix croisée est le rapport entre la variation de la demande d'un bien et la variation du prix d'un autre bien. Mais, pour parvenir à ce résultat, il est nécessaire de donner quelques précisions. L'intensité de la réaction de la demande d'un bien aux fluctuations de prix est variable ; cette variabilité est dite « élasticité de la demande ». Or, tous les biens ne sont pas forcément substituables entre eux. Certains biens sont complémentaires, c'est-à-dire que leur consommation va de pair ; ils sont simultanément nécessaires à la satisfaction d'un même besoin (les automobiles et l'essence sont un bon exemple de biens complémentaires). Certains biens peuvent être indépendants les uns des autres ; les besoins à satisfaire sont totalement étrangers (des lunettes de vue et de la viande de bœuf). Ainsi, l'examen de l'élasticité-prix croisée permet de savoir dans quel rapport se situent deux biens. En effet, si deux biens sont complémentaires, la hausse du prix de l'un pénalisera la consommation de l'autre. Inversement, et c'est ce qui nous intéresse en l'occurrence, si deux biens sont substituables, la hausse du prix de l'un doit avoir pour conséquence d'influer à la hausse la consommation de l'autre ; voir, J. GÉNÉREUX, *op. cit.*, p.35.

[133] *Ibidem.*

[134] Rapport de l'Organe d'appel dans la même affaire, §121, p.39.

3. La question de la potentialité de la concurrence

L'article III-2, à travers sa note additionnelle, prend en considération une situation de concurrence entre *un produit imposé et [...] un produit directement concurrent ou un produit [...] directement substituable.* L'adjonction de l'adverbe directement a pour effet de réduire le caractère temporel de l'étude. Le fait d'accepter l'examen d'un état de concurrence potentielle constitue un risque de spéculation quant à l'évolution future du marché. Toutefois, le propre de l'analyse économique est d'appréhender les probables fluctuations de ce même marché[135]. En effet, la concurrence sur le marché est un processus dynamique, évolutif, et ne peut être analysée exclusivement par référence aux préférences actuelles des consommateurs ; de cette affirmation se déduit le fait, par exemple, qu'un produit substituable n'est pas assimilé par les consommateurs à un substitut à un moment donné, mais à un produit qui est pourtant susceptible de l'être.

Les produits concurrents ou substituables sont des produits interchangeables[136] ou encore des produits qui offrent *des moyens interchangeables de satisfaire un besoin ou un goût particulier*[137]. Le fait d'ajouter le terme « directement » semble indiquer un degré de proximité accru dans le rapport de concurrence ; pourtant, l'Organe d'appel a précisé que cette approche ne devait en rien empêcher les groupes spéciaux d'étudier la demande latente, tout comme ils le feraient pour la demande existante[138].

Les objectifs de l'article III sont bien définis et visent à éviter le protectionnisme, garantir l'égalité des conditions de concurrence, mais aussi protéger les anticipations relatives à l'égalité des rapports de concurrence. Le rappel de ces buts ne peut que corroborer la vision évolutive de la concurrence en ne s'attachant pas à une situation statique pour laquelle le consommateur connaîtrait déjà les produits de remplacement. Or, si l'on prend en considération les seuls produits actuels de substitution, l'anticipation d'une taxation protectionniste n'est pas possible ; l'influence d'une telle taxe sur le comportement des consommateurs[139] est telle qu'elle présente le risque qu'ils sous-estiment le degré de concurrence potentielle entre les produits substituables[140]. Pour cette raison, l'article III, de manière générale, vise à protéger les anticipations relatives à l'égalité du rapport compétitif[141]. De plus, l'analyse ne doit pas se cantonner au seul caractère quantitatif prenant en compte les zones de chevauchement de concurrence, mais aussi intégrer un caractère qualitatif de telle sorte que sera visée la qualité, la nature même de la concurrence. Si le seul critère quantitatif était considéré, l'examen de l'élasticité prix croisée serait suffisant pour déterminer si les produits sont directement concurrents ou directement substituables[142].

---

[135] *Ibidem*, §110, p.34.

[136] Organe d'appel, *Canada – Certaines mesures concernant les périodiques*, rapport adopté le 30 juin 1997, WT/DS31/AB/R, p.29 ; en l'occurrence, l'Organe d'appel a considéré qu'un périodique à tirage dédoublé ne pouvait être interchangé avec un périodique dont le tirage est destiné à un seul pays et que, partant, ces deux périodiques n'étaient pas concurrents.

[137] Groupe spécial, *Corée – Taxes sur les boissons alcooliques*, *op. cit.*, §10.40, p.199.

[138] Organe d'appel dans la même affaire, §116, p.37.

[139] Voir, Groupe spécial, *Japon – Droits de douane, fiscalité et pratiques en matière d'étiquetage concernant les vins et les boissons alcooliques importés*, *op. cit.*, §5.9.

[140] Voir, Groupe spécial, *Japon – Taxe sur les boissons alcooliques*, *op. cit.*, §6.28, p.149.

[141] Organe d'appel, *Corée – Taxes sur les boissons alcooliques*, *op. cit.*, §125, p.40.

[142] *Ibidem*, §134, p.43.

L'abondance des termes employés reflète dans une large mesure le manque de rigueur dont font preuve les groupes spéciaux lors de l'examen d'une affaire. Le fait de multiplier les références terminologiques afin de décrire les mêmes situations a pour conséquence d'accroître les difficultés d'interprétation ; en effet, l'emploi fréquent de synonymes pour qualifier différemment la notion de « similarité »[143], l'adjonction de qualificatifs aux termes utilisés par les textes, comme cela vient d'être analysé, et la dualité des notions envisagées par la note additionnelle à l'article III-2, deuxième phrase, développent un état de confusion laissant la porte ouverte à de nombreuses possibilités d'interprétation. Ces difficultés se couplent d'autant plus à un manque réel de coordination des décisions interminables rendues par les groupes spéciaux[144], portant sur la nécessité d'instaurer un consensus sur les termes à utiliser. Ce consensus doit être organisé par une instance supérieure assurant une certaine harmonisation des décisions, en l'occurrence, devoir devant être dévolu à l'Organe d'appel.

Malgré l'usage d'un vocabulaire largement fourni, les vastes possibilités ouvertes par les textes de l'Accord général, mais aussi par les accords annexes, ont permis aux groupes spéciaux mandatés par l'OMC de traiter avec succès de nombreuses affaires mettant en cause des mesures supposées discriminatoires, pour lesquelles était soulevée une question de similarité ou de concurrence[145].

---

[143] Un exemple parmi de très nombreux peut être cité : le Groupe spécial en charge de l'affaire *États-Unis – Normes concernant l'essence nouvelle et ancienne formule*, *op. cit.*, utilise de manière indistincte les notions de produits similaires, de produits analogues ou encore de produits identiques.

[144] La plupart des affaires traitées par les groupes spéciaux atteignent aisément plusieurs centaines de pages.

[145] Ainsi, concernant la même question, peuvent être cités : Groupe de travail, *Les taxes intérieures brésiliennes*, rapport adopté le 30 juin 1949, IBDD, II/196 (concernant l'article II du GATT de 1947) ; Groupe de travail, *Les subventions australiennes aux importations de sulfate d'ammonium* (*Australie – Sulfate d'ammonium*), rapport adopté le 3 avril 1950, IBDD, II/204 (à propos de l'article Ier et III-4 du GATT de 1947) ; Groupe spécial, *Régime des importations de sardines en Allemagne*, aussi *Allemagne – Sardines*, rapport adopté le 31 octobre 1952, IBDD, S1/56 (sur l'article Ier et XIII du GATT de 1947) ; Groupe de travail, *Ajustement fiscaux à la frontière*, rapport adopté le 2 décembre 1970, IBDD S18/110, Groupe spécial, *Mesures appliquées par la CEE aux protéines destinées à l'alimentation des animaux* (*CEE – Alimentation des animaux*), rapport adopté le 14 mars 1978, IBDD, S25/53 (article Ier, III-2 et III-4 du GATT de 1947) ; Groupe spécial, *Espagne – Régime tarifaire appliqué au café non torréfié*, rapport adopté le 11 juin 1981, IBDD S28/108 (article I-1 du GATT de 1947) ; Groupe spécial, *Espagne – Mesures concernant la vente d'huile de soja sur le marché intérieur* (*Espagne – Soja*), L/5142, 17 juin 1981, non adopté (article III-4 du GATT de 1947) ; Groupe spécial, *Canada – Mesures affectant la vente de pièces de monnaie en or*, L/5863, 17 septembre 1985, rapport non adopté (article III-2 du GATT de 1947) ; Groupe spécial, *États-Unis – Taxes sur le pétrole et certains produits d'importation*, rapport adopté le 17 juin 1987, IBDD, S34/154 (article III-2 du GATT de 1947) ; Groupe spécial, *Japon – Droits de douane, fiscalité et pratiques en matière d'étiquetage concernant les vins et les boissons alcooliques importés* (*Japon – Boissons alcooliques II*), rapport adopté le 10 novembre 1987, IBDD, S34/92 (article III-2 du GATT de 1947) ; Groupe spécial, *Canada/Japon – Droit de douane appliqué aux importations de bois d'œuvre d'épicéa, de pin et de sapin (EPS) coupé à dimensions*, rapport adopté le 19 juillet 1989, IBDD, S36/184 (article I-1 du GATT de 1947) ; Groupe spécial, *États-Unis – Définition de la branche de production du vin et des produits du raisin*, rapport adopté le 28 avril 1992, IBDD, S39/490 (article VI du GATT de 1947) ; Groupe spécial, *États-Unis – Refus d'accorder le traitement NPF aux chaussures autres qu'en caoutchouc en provenance du Brésil*, rapport adopté le 19 juin 1992, IBDD, S39/142 (article I-1 du GATT de 1947) ; Groupe spécial, *États-Unis – Mesures affectant les boissons alcooliques et les boissons à base de malt*, rapport adopté le 19 juin 1992, IBDD, S39/233 (article III-2 et III-4 du GATT de 1947) ; Groupe spécial, *États-Unis - Taxes sur les automobiles*, DS31/R, 11 octobre 1994, rapport non adopté (article III-2 et III-4 du GATT de 1947) ; Groupe spécial, *États-Unis – Normes concernant l'essence nouvelle et ancienne formule* (*États-Unis – Essence*), rapport adopté le 29 janvier 1993, WT/DS2/R (article III-4 du GATT de 1994) ; Groupe spécial, *Japon – Taxes sur les boissons alcooliques* (*Japon – Boissons alcooliques II*), rapport adopté le Ier novembre 1996, tel que modifié par l'Organe d'appel, WT/DS8/AB/R, WT/DS10/AB/R, WT/DS11/AB/R, p.113 (article III-2 du GATT de 1994) ; Groupe spécial,

B. Critères établis par la jurisprudence communautaire

La Cour de justice a très tôt considéré que des produits *tombant sous la même classification fiscale, douanière ou statistique* devaient normalement être qualifiés de similaires[146], classification pouvant s'inspirer de celle ressortant du Tarif douanier commun[147]. Considérant cette indication comme insuffisante, la Haute Cour communautaire a, par la suite, énoncé des critères permettant d'identifier une situation de similarité : des produits présentant *au regard des consommateurs des propriétés analogues* et répondant *aux mêmes besoins*[148], doivent être appréciés comme étant similaires. Sans exiger *d'identité rigoureuse*, elle a estimé que les produits en cause devaient présenter une *analogie et [une] comparabilité dans l'utilisation*[149].
Il ressort de ces affirmations deux constantes qui ne sont d'ailleurs pas ignorées de la réglementation multilatérale. En effet, les propriétés des produits, mais aussi les besoins et l'utilisation qui en est faite par les consommateurs ne sont pas sans rappeler les critères établis par les groupes spéciaux. Certes, ces deux éléments ne constituent qu'une partie de l'ensemble des critères de similarité ressortant de l'analyse multilatérale, mais, comme cela a pu être dit, les multiples relations existant entre ces divers critères – chacun d'eux renvoyant inexorablement aux autres – laissent entrevoir une conception commune[150].

Canada – Certaines mesures concernant les périodiques (*Canada – Périodiques*), rapport adopté le 30 juin 1997, WT/DS31/R, tel que modifié par l'Organe d'appel, WT/DS31/AB/R, p.495 (article III-2 et III-4 du GATT de 1994) ; Groupe spécial, *Indonésie – Certaines mesures affectant l'industrie automobile*, rapport adopté le 2 juillet 1998, WT/DS54/R, WT/DS55/R, WT/S59/R, WT/DS64/R (article I-1 et III-2 du GATT de 1994) ; Groupe spécial, *Corée – Taxes sur les boissons alcooliques* (*Corée – Boissons alcooliques*), rapport adopté le 17 février 1999, WT/DS75/R, WT/DS84/R, tel que modifié par l'Organe d'appel, WT/DS75/AB/R, WT/DS84/AB/R (article III-2 du GATT de 1994) ; Groupe spécial, *Chili – Taxes sur les boissons alcooliques* (*Chili – Boissons alcooliques*), rapport adopté le 15 juin 1999, WT/DS87/R, WT/DS110/R, tel que modifié par l'Organe d'appel, WT/DS87/AB/R, WT/DS110/AB/R, (article III-2 du GATT de 1994 ; Groupe spécial, *Communauté européenne - Mesures affectant l'amiante et les produits en contenant* (*CE – Amiante*), rapport adopté le 12 mars 2001, WT/DS135/R, tel que modifié par l'Organe d'appel, WT/DS135/AB/R (article III-4).

[146] CJCE, 4 avril 1968, *Firma Fink-Frucht GmbH c/ Hauptzollamt München-Landsbergerstrasse*, aff. n°27/67, Rec., p.327, spéc. p.342.

[147] CJCE, 17 février 1976, *Rewe-Zentrale des Lebensmittel-Großhandels GmbH c/ Hauptzollamt Landau/Pfalz*, aff. n°45/75, Rec., p.181, pt.12.

[148] Cette formule est assez souvent reprise par la Cour de justice lorsque celle-ci est saisie de la question ; par exemple, *ibidem* ; pour un rappel, conclusions de l'avocat général Alber présentées le 13 septembre 2001 à propos de l'affaire de la CJCE du 27 février 2002, *Commission des Communautés européennes c/ République française*, aff. n°C-302/00, Rec., p.I-2055, pt.66.

[149] CJCE, 27 février 1980, *Commission c/ France, op. cit.*, pt.5 ; la Cour reprend dans cette arrêt, la formule précitée ; voir, également, 27 février 2002, *Commission des Communautés européennes c/ République française*, aff. n°C-302/00, Rec., p.I-2055, pt.23.

[150] La Cour utilise les termes de propriétés, de surcroît au pluriel (pt.5), de qualité (pt.10), de caractéristiques (pt.9), de prix (pt.10), de goût des produits (pt.37), d'habitude des consommateurs (pt.9), dans CJCE, 27 février 1980, *Commission c/ France, op. cit.* ; tous ces éléments se retrouvent dans les critères énoncés par les groupes spéciaux. Encore, en matière pharmaceutique, la Cour a pu parler de similarité essentielle selon laquelle *une spécialité pharmaceutique est essentiellement similaire à une spécialité originale lorsqu'elle satisfait aux critères de l'identité de la compensation qualitative et quantitative en principes actifs, de l'identité de la forme pharmaceutique et la bioéquivalence*. Il s'agit d'une similarité axée sur les caractéristiques physiques du produit, notamment sur la composition chimique : voir, CJCE, 3 décembre 1998, *The Queen c/ The Licensing Authority established by the Medecines Act 1968 (représentée par The Medicines Control Agency), ex parte Generics (UK) Ltd, The Wellcome Foundation Ltd et Glaxo Operations*

En ce qui concerne la situation de concurrence visée à l'alinéa 2 de l'article 90, la Cour indique *qu'il suffit [...] que le produit importé se trouve en concurrence avec la production nationale protégée en raison d'une ou de plusieurs utilisations économiques, même à défaut de remplir pleinement la condition de similitude exigée par l'article [90 (la Cour emploi l'ancienne numérotation, à savoir l'article 95)], alinéa 1*[151] et ajoute, dans une autre affaire, que cette concurrence peut être *partielle, indirecte ou potentielle*[152]. Là encore, les termes employés sont ceux utilisés, peu ou prou, par les groupes spéciaux ce qui peut laisser supposer d'une comparabilité dans l'application.

Or, malgré des critères présentant un caractère d'application obligatoire, la Cour semble préconiser une certaine souplesse quant à l'interprétation de la notion[153]. La juridiction communautaire se détache à cet égard de la position des groupes spéciaux ; ces derniers, comme on a pu le voir, accordent cette souplesse d'interprétation à l'examen des critères eux-mêmes, ce qui laisse leur analyse obligatoire, et non à celui de la notion de similarité comme cela est le cas en droit européen. Cette différence d'attitude quant à l'objet de l'interprétation entraîne des effets notables conduisant à une dualité d'approche des notions en question.

Effectivement, en dépit de critères comparables, la Cour de justice ne semble les soulever dans ses arrêts qu'à titre indicatif. Alors qu'il en est fait de grands développements dans un cadre multilatéral, la juridiction communautaire, chaque fois qu'elle doit se prononcer sur la validité d'une mesure mettant en cause le premier alinéa de l'article 90, se contente seulement d'en rappeler les critères et fonde l'analyse visant à déduire l'existence d'une discrimination sur une autre méthode. De la sorte, elle ne donne guère d'importance au fait que les situations en présence soient à considérer comme similaires, au sens du premier alinéa de l'article 90, ou comme concurrentes, au sens du deuxième alinéa du même article.

En réalité, du fait que l'application de chacun de ces deux alinéas conduit à un résultat commun, elle leur attribue un rôle identique en les faisant tous les deux jouer sur la même scène ; il s'agit de l'affirmation de la « théorie de la substituabilité ». De cette façon, la Cour contrôlera bien souvent la conformité d'une mesure à l'ensemble de l'article 90, sans faire de référence à l'un des alinéas[154]. Encore, lorsque les arguments

UK Ltd e.a., aff. n°C-368/96, Rec., p.I-7967, pts.31 à 37 ; 29 avril 2004, *The Queen, à la demande de Novartis Pharmaceuticals UK Ltd c/ The Licensing Authority established by the Medicines Act 1968 (représentée par The Medicines Control Agency)*, aff. n°C-106/01, Rec., p.I-4403, pts.28 et 33.

[151] CJCE, 4 avril 1968, *Firma Fink-Frucht GmbH c/ Hauptzollamt München-Landsbergerstrasse*, *op. cit.*, spéc. p.343 ; pour un rappel, conclusions de l'avocat général Lenz présentées le 15 juillet 1997 dans l'affaire de la CJCE du 17 juin 1998, *Grundig Italiana SpA c/ Ministero delle Finanze*, aff. n°C-68/96, Rec., p.I-3775, pt.13.

[152] CJCE, 27 février 1980, *Commission c/ France*, *op. cit*, pt.6 ; aussi, CJCE, 7 mai 1987, *Cooperativa Co-Frutta Srl c/ Amministrazione delle finanze dello Stato*, aff. n°193/85, Rec., p.2085, pt.19.

[153] CJCE, , 27 février 1980, *Commission c/ France*, *op. cit.*, pt.5 ; voir aussi, CJCE, 10 octobre 1978, *H. Hansen jun. & O. C. Balle GmbH & Co. c/ Hauptzollamt de Flensburg*, aff. n°148/77, Rec., p.1787, dans cet arrêt, la Cour considère que cette notion doit recevoir une interprétation large (pt.19).

[154] En effet, dans certaines affaires et malgré le fait que les plaintes étaient fondées sur un alinéa précis de l'article 90, la Cour a tranché en statuant de manière générale, c'est-à-dire en ne fondant son raisonnement que sur la finalité de l'article 90 pris en son entier sans renvoyer une seule fois, tout le long de sa décision, à l'alinéa visé par les parties ; voir, par exemple, CJCE, 9 mai 1985, *M. Humblot c/ Directeur des services fiscaux*, aff. n°112/84, Rec., p.1367, pts.13 et ss ; voir, encore, 19 septembre 2002, *Tulliasiamies et Antti*

soulevés par les parties ne se fondent que sur le premier alinéa, elle n'hésitera pas à déplacer le problème sur le plan du second alinéa si cela s'avère nécessaire, et alors même que son application n'est pas discutée.
En fait, de manière générale, elle va se limiter à vérifier que le produit national peut être substitué au produit taxé. Auquel cas, elle conclura à l'existence d'un rapport de concurrence entre les deux produits pouvant alors être soumis à comparaison, et peu importe qu'ils soient similaires ou concurrents au sens des deux alinéas[155]. Si cette vérification s'avère trop ardue, elle en déduira alors l'absence de discrimination[156].

Contrairement au champ d'application du GATT recherchant la libéralisation du commerce des seuls secteurs des marchandises et, depuis peu, des services, le droit communautaire vise des domaines beaucoup plus nombreux, comme, aussi, ceux des personnes et des capitaux. Le Traité de Rome a donc prévu la suppression de toutes les discriminations dont pourraient souffrir les différents domaines ainsi concernés. La recherche d'une similarité de situations, en tant qu'élément indispensable à l'établissement d'un rapport de comparaison, est nécessaire afin de déceler l'existence d'une discrimination. Toutefois, même dans ces divers domaines, la Cour de justice se montre peu prolixe en ne consacrant qu'une faible argumentation à la détermination de ce qu'elle appelle plus généralement une situation comparable[157]. En effet, elle se contente de constater le rapport de similarité en se fondant exclusivement sur l'examen du seul objet de la mesure en cause et non sur l'analyse des critères de qualification[158].

Siilin, aff. n°C-101/00, Rec., p.I-7487, pts.61 et 80 ; 15 juillet 2004, *Marie Lindfors*, aff. n°C-365/02, Rec., p.I-7183, pt.17.

[155] La Cour examine si « l'article 95 [désormais 90], pris globalement peut jouer indistinctement pour tous les produits concernés » ; CJCE, , 27 février 1980, *Commission c/ France*, *op. cit.*, pt.13.

[156] Voir *supra*.

[157] Par exemple, CJCE, 27 octobre 1971, *Rheinmühlen Düsseldorf c/ Einfuhr und Vorratsstelle für Getreide und Futtermittel*, aff. n°6/71, Rec., p.823, pts.14 et 16 ; 17 septembre 2002, *A.G. Lawrence et autres c/ Regent Office Ltd, Commercial Catering Group et Mitie Secure Services Ltd*, aff. n°C-320/00, Rec., p.I-7325, pt.12.

[158] En matière de services, voir, par exemple : CJCE, 24 mars 1994, *Her Majesty's Customs and Excise c/ Gerhart Schindler et Jörg Schindler*, aff. n°C-275/92, Rec., p.I-1039, pt.51 : la Cour devait en l'occurrence analyser une loi britannique interdisant les loteries de grande ampleur. Un prestataire étranger voulant proposer de tels services s'est heurté à une interdiction qu'il considère comme discriminatoire du fait que d'autres formes de jeux de hasard comme les pronostics sportifs, sont, quant à eux, autorisés. La Cour, considérant que ces deux formes de « pari » ont des objets divergents (elle parle aussi de différences de règles et de modalités d'organisation), en déduit leur absence de similarité.

En matière de produits agricoles (art.32 et ss.), en l'occurrence dans le secteur des activités de pêche : la Cour a souvent eu à contrôler l'exercice des activités de pêche dans des zones déterminées. Ainsi, elle a considéré que les flottes nationales ayant l'autorisation d'exercer leur activité dans une zone précise sont dans une situation différente de celles n'ayant pas un tel accord ; voir, CJCE, 16 juin 1987, *A. Romkes c/ Officer van Justitie Arrondissementsrechtbank*, aff. n°46/86, Rec., p.2671, pt.23 ; aussi, trois arrêts du 13 octobre 1992, *République portuguaise et Royaume d'Espagne c/ Conseil des Communautés européennes*, aff. jtes n°sC-63 et 67/90, Rec., p.I-5073, pts.43 et 44 ; *Royaume d'Espagne c/ Conseil des Communautés européennes*, aff. n°C-71/90, Rec., p.I-5175, pts.28 et 29 ; *Royaume d'Espagne c/ Conseil des Communautés européennes*, aff. n°C-73/90, Rec., p.I-5191, pts.34 et 35 ; 9 septembre 2004, *Royaume d'Espagne c/ Commission des Communautés européennes*, aff. n°C-304/01, Rec., p.I-8091, pt.17 ; ainsi, que le jugement du TPICE du 8 mars 1995, *Hansa-Fisch GmbH c/ Commission des Communautés européennes*, aff. n°T-493/93, Rec., p.II-575, pt.39.

En matière d'égalité homme/femme prévue par l'article 141 (ancien article 119) : cette disposition prévoit que *chaque État membre assure l'application du principe de l'égalité des rémunérations entre travailleurs masculins et travailleurs féminins pour un même travail ou un travail de même valeur*. Dans ce cas, la situation de similarité est explicite dans la mesure où elle ressort d'un même travail ou d'un travail de même

Il est clair qu'en agissant de la sorte, la Cour de justice fait preuve d'une économie de temps et d'énergie conséquente, ce qui lui permet de se concentrer avec plus de rigueur sur la partie essentielle de l'analyse d'une discrimination, à savoir la recherche d'une différence de traitement.

À ce stade, il est certain qu'au niveau communautaire, l'exigence d'une similarité ou encore d'une position de concurrence entre situations est aussi un critère essentiel afin de déduire qu'une mesure est en réalité discriminatoire. Toutefois, il semble que la Cour de justice des Communautés européennes n'émette pas le besoin d'effectuer des développements importants s'agissant de ces notions. L'explication la plus plausible sur la différence d'approche réalisée par ces deux instances peut trouver des éclaircissements sur un plan géographique. La Communauté européenne regroupe des pays ayant des niveaux de développement plus ou moins identiques et appréhendant les instruments économiques de façon comparable, comme, par exemple, les produits ou les services. Pour cette raison, la Cour de justice ne consacre pas de réels examens à cette question, tout juste quelques allusions afin de justifier l'application de telle ou telle disposition. Au contraire, la réglementation multilatérale couvre un vaste domaine d'application, à savoir la quasi-totalité de la planète, ce qui laisse présager des différences d'approches pouvant être confrontées devant les divers groupes spéciaux ; c'est-à-dire que des produits en opposition pourront être considérés comme similaires pour certains États, alors que d'autres ne les envisageraient même pas dans un simple rapport de concurrence. Également, la composition des instances juridictionnelles tant communautaires que multilatérales présente des oppositions marquées. Les juridictions communautaires sont composées de magistrats professionnels, tous ressortissants européens ; ce professionnalisme a pour effet d'assurer une certaine constance dans la portée des décisions rendues. En revanche, les groupes spéciaux, ou encore panels, sont constitués d'experts réunis pour l'affaire en cause dont la nationalité doit être différente de celle des États parties au litige[159]. Il en résulte un « effet d'éviction »[160] visant prioritairement les États industrialisés du fait

---

valeur et celle de discrimination découle du principe d'égalité des rémunérations : CJCE, 1er juillet 1986, *Gisela Rummler c/ Dato-Druck GmbH*, aff. n°237/85, Rec., p.2101, pt.23 ; 8 juin 2004, *Österreichischer Gewerkschaftsbund, Gewerkschaft der Privatangestellten c/ Wirtschaftskammer Österreich*, aff. n°C-220/02, Rec., p.I-5907, pt.59. Ainsi, la Haute juridiction communautaire a considéré que le travail à temps partiel n'était pas dans une situation différente de celle du travail à plein temps dans la mesure où la rémunération horaire était la même et donc que la valeur du travail fourni était identique : CJCE, 15 décembre 1994, *Stadt Lengerich c/ Angelica Helmig, Waltrand Schmidt c/ Deutsche Amgestellten-Krankenkasse, Elke Herzog c/ Arbeiter-Samariter-Bund Landverband Hamburg eV, Dagmar Lange c/ Bundesknappschaft Bochum, Angelika Kussfeld c/ Firma Detlef Bogdol GmbH et Usula Ludewig c/ Kreis Segeberg*, aff. jtes nos C-399, 409 et 425/92, 34, 50 et 78/93, Rec., p.I-5727, pt.29 ; voir aussi, 2 octobre 1997, *Hellen Gerster c/ Freistaat Bayern*, aff. n°C-1/95, Rec., p.I-5253, pts.30 à 34 ; 12 octobre 2004, *Nicole Wippel c/ Peek & Cloppenburg GmbH & Co. KG.*, aff. n°C-313/02, Rec., p.I-9483, pt.58.

Les exemples sont présents à chaque fois qu'il est question de déceler l'existence d'une discrimination. Toutefois, en énoncer une liste exhaustive n'apporterait pas d'éléments pertinents supplémentaires à la présente étude, la Cour usant à chaque fois d'une méthode différente, analysant les faits au cas par cas sans appliquer de théorie générale énonçant des critères précis.

[159] Voir, l'article 8-3 du Mémorandum d'accord concernant les règles et procédures régissant le règlement des différends (MARD).

[160] H. RUIZ-FABRI, *Le règlement des différends dans le cadre de l'OMC*, JDI, n°3, 1997, p.735.

qu'ils sont le plus fréquemment touchés par ces litiges[161]. Les affaires sont alors analysées par des personnes ayant des visions diamétralement opposées aux États dont ils sont chargés de juger l'activité.
Ces explications manquent malgré tout de pertinence ; l'objectif essentiel que s'attribue la Communauté européenne est l'unification parfaite du marché européen. Pour atteindre ce but, le dépassement du principe de non-discrimination[162] par le biais d'une lutte assidue contre toute sorte d'entraves au commerce semble nécessaire, si bien que la mise en œuvre d'une recherche de discrimination pure devient superflue. Du fait qu'une telle discrimination constitue en réalité une catégorie d'entraves au commerce, les instances communautaires vont confiner leur analyse à la seule recherche de l'effet entravant d'une mesure sans se soucier de son origine, sauf dans le cas d'une mesure bénéficiant d'une justification objective[163].
Dans un même sens, l'OMC poursuit la lutte contre les entraves au commerce ; cependant, le principe de non-discrimination demeure toujours l'axe central de l'analyse multilatérale de telle manière que celle-ci se base en permanence sur une méthode mettant en avant l'examen de toute une série de critères dont les groupes spéciaux ne peuvent en occulter l'étude.

Ces différences de conception sont indubitablement une source importante de conflit, expliquant grandement les larges examens auxquels se livrent les groupes spéciaux afin de justifier leurs décisions.

Toutefois, l'établissement d'une similarité entre deux situations ne constitue qu'une étape dans le mécanisme d'analyse visant à démontrer l'existence d'une discrimination. En effet, pour parvenir à cette conclusion, il est nécessaire de vérifier si les deux situations en concurrence sont réellement traitées de manière différente.

§2. Deuxième composante de la définition de discrimination : la différence de traitement entre deux ou plusieurs situations

Une fois établie la situation de similarité ou, plus largement, le rapport de concurrence entre deux produits, deux services [etc.], la détermination d'une situation discriminatoire passe par la recherche d'une différence de traitement entre les deux éléments soumis à comparaison. Cet examen franchit une étape dans le mécanisme de prospection des discriminations. La simple analyse des produits en présence effectuée, la place centrale est alors donnée à une mesure réglementaire, parfois non réglementaire (I), qui va être la source de tout traitement supposé différent (II). Toutefois, cette différence de traitement n'est pas, la plupart du temps, suffisante en elle-même pour constituer une discrimination dans le cadre de relations commerciales ; il faut qu'elle soit mise en œuvre de manière à protéger les activités nationales (III).

---

[161] J. LEBULLINGER, *La Communauté européenne face au processus de réexamen du système de règlement des différends de l'Organisation Mondiale du Commerce*, RMUE, n°422, octobre 1998, p.633.
[162] Voir, le chapitre 2 de la présente partie.
[163] Chapitre 3 de la présente partie.

I.- La notion de « mesure » au sens des législations communautaire et multilatérale

Il s'agit dans ces développements d'analyser la source d'une discrimination. Toutefois, les mesures dont il est question peuvent être à la base de toutes sortes d'entraves au commerce, qu'elles soient discriminatoires ou non discriminatoires. Il semble néanmoins que le droit communautaire fasse preuve d'un réalisme évident en abordant la notion de mesure d'une manière pragmatique (A) alors que le droit de l'OMC, bien au contraire, reste engoncé dans une définition purement étatique (B).

A. Le « réalisme » communautaire

Le droit communautaire, dans un désir d'appréhension maximale de tout type de discriminations, donne à la notion de « mesure » une interprétation générale particulièrement expansive. Dépassant le simple fait d'analyser la notion elle-même, les instances européennes s'intéressent davantage à l'auteur de la mesure ; connaître l'artisan d'une possible discrimination permet au législateur européen d'anticiper une telle activité en introduisant dans ses réglementations, des dispositions prohibant explicitement à ses auteurs de mettre en œuvre des agissements qui auraient pour effet de restreindre les échanges au commerce.

Ainsi, dans le cadre des articles 28 et suivants CE[164], une directive de 1969 a souligné le fait qu'*il faut entendre par mesures, au sens des articles [28] et suivants, les dispositions législatives, réglementaires et administratives, les pratiques administratives, ainsi que tous actes émanant d'une autorité publique, y compris les incitations*[165].

Ce texte ne laisse planer aucun doute sur la cible qu'il entend frapper en son centre. En effet, les États membres de la Communauté européenne, principaux pourvoyeurs de législations, présentent une prédisposition nette à la production d'entraves de toutes sortes. D'ailleurs, la Cour de justice, faisant preuve d'un certain pragmatisme, a très vite visé cette source étatique de discrimination lorsqu'elle a donné la définition de la mesure d'effet équivalent à une restriction quantitative (MEERQ), notion appréhendée par l'article 28 du Traité de Rome. Ainsi, dans l'arrêt *Dassonville*[166] de 1974, formulation reprise par de très nombreux arrêts, elle précise que les MEERQ doivent être comprises comme étant *toute réglementation commerciale des <u>États membres</u> susceptible d'entraver, directement ou indirectement, actuellement ou potentiellement, le commerce intracommunautaire*[167].

Tant le droit dérivé que la jurisprudence communautaire interprètent de manière ample la notion de mesure, sujet de la présente analyse.

De manière générale, il s'agit de toute activité d'une autorité publique qui a pour effet de restreindre les échanges. L'autorité publique en question est-elle aussi envisagée

---

164 Ancien article 30 du Traité de Rome

165 Directive n°70/50/CEE de la Commission du 22 décembre 1969, *fondée sur les dispositions de l'article 33 paragraphe 7, portant suppression des mesures d'effet équivalent à des restrictions quantitatives à l'importation non visées par d'autres dispositions prises en vertu du Traité CEE*, JOCE n°L.13, 19 janvier 1970, pp.29 à 31, premier considérant.

166 CJCE, 11 juillet 1974, *Procureur du Roi c/ Benoît et Gustave Dassonville*, aff. n°8/74, Rec., p.837, pt.5.

167 C'est nous qui soulignons.

largement ; l'État est donc la personne juridique visée en première intention. Mais, derrière celui-ci, se trouve toute une série d'autorités publiques dont les activités peuvent également constituer des entraves au commerce, des discriminations. Ainsi, les mesures en cause peuvent être le fait d'organes démembrés de l'État comme des États fédérés, des instances régionales ou encore des collectivités locales[168]. Il peut s'agir aussi de personnes publiques dotées d'une personnalité morale distincte de l'État[169].

L'approche réaliste de la Cour de justice l'a menée à élargir le champ des entités pouvant être considérées comme instigatrices de mesures restreignant les échanges commerciaux. Ainsi, des organismes privés sont abordés comme tels dans la mesure où ils voient leur activité soumise au contrôle de l'État. De cette façon, l'Eire a été condamnée pour manquement à l'article 28 CE ; une campagne publicitaire menée par l'*Irish Goods Council*, organisme dont le statut juridique est proche de celui d'une SARL française, promouvait les produits nationaux en prônant le slogan « *Buy Irish* » (achetez irlandais). Or, les membres dirigeants de cette entité étant désignés par l'État, la Cour a considéré qu'en réalité le contrôle de l'activité était assuré par ce dernier, et ce, de telle manière qu'il était évident de voir en lui le véritable instigateur de la campagne publicitaire. Cette dernière, sans constituer directement une entrave, aura pour conséquence d'influencer le choix des consommateurs. Il s'agit donc, à la lecture de la directive précitée, d'une incitation prohibée par l'article 28 CE[170].

Dans un registre identique, des organismes professionnels dotés de prérogatives de puissance publique ont été envisagés comme étant susceptibles de prendre des mesures imputables à l'État, desquelles peuvent découler des entraves au commerce[171].

Ce souci de réalisme économique du juge communautaire est dû au désir qu'il démontre de débusquer tout comportement étatique faisant obstacle à la libre circulation[172].

Cette volonté exacerbée trouve son paroxysme dans la condamnation des attitudes étatiques passives, telle qu'une simple abstention ou carence à assurer la liberté des échanges commerciaux[173].

---

[168] CJCE, 25 juillet 1991, *Aragonesa de Publicidad Exterior SA et Publivía SAE c/ Departamento de Sanidad y Seguridad Social de la Generalitat de Cataluña*, aff. jtes n[os]C-1 et 176/90, Rec., p.I-4151, pt.4 (à propos d'une législation promulguée par la Communauté autonome de Catalogne, région espagnole) ; voir également le commentaire de cet arrêt dans, Europe, novembre 1991, n°7 ; aussi, 14 décembre 2004, *Radlberger Getränkegesellschaft mbH & Co. et S. Spitz KG c/ Land Baden-Wüttemberg*, aff. n°C-309/02, Rec., p.I-11763, pt.17.

[169] CJCE, 3 décembre 1987, *Bureau national interprofessionnel du cognac c/ Yves Aubert*, aff. n°136/86, Rec., p.4789, pts.23 et 25.

[170] CJCE, 24 novembre 1982, *Commission des Communautés européennes c/ République irlandaise*, aff. n°249/81, Rec., p.4005, pt.20 ; 28 avril 1998, *Nicolas Decker c/ Caisse de maladie des employés privés*, aff. n°C-120/95, Rec., p.I-1831, pt.36.

[171] CJCE, 18 mai 1989, *The Queen c/ Royal Pharmaceutical Society of Great Britain, ex parte Association of Pharmaceutical Importers et autres*, aff. jtes n[os]266 et 267/87, Rec., p.1295, pt.15 ; voir aussi, 13 décembre 1983, *Apple and Pear Development Council c/ K.J. Lewis Ltd et autres*, aff. n°222/82, Rec., p.4083, pts.14 et 15 ; 5 novembre 2002, *Commission des Communautés européennes c/ République fédérale d'Allemagne*, aff. n°C-325/00, Rec., p.I-9977, pt.18.

[172] Voir, A. MATTERA, *Le marché unique européen, ses règles, son fonctionnement*, éd. Jupiter, 2e édition, 1990, Bruxelles, p.241.

[173] CJCE, 9 décembre 1997, *Commission des Communautés européennes c/ République française*, dit « arrêt des fraises », aff. n°C-265/95, Rec., p.I-6959, pts.30 et 31 ; 12 juin 2003, *Eugen Schmidberger, Internationale Transporte und Planzüge c/ Republik Österreich*, aff. n°C-112/00, Rec., p.I-5659, pt.57.

Au-delà des mesures ressortant de la sphère purement étatique, la Cour de justice est allée jusqu'à désavouer des dispositions adoptées par les propres institutions communautaires et qui présentaient un effet restrictif sur les échanges[174].

Malgré cette largesse dans l'appréciation des potentiels auteurs de discriminations, la jurisprudence s'attache à l'origine étatique ou communautaire des mesures dont il est question. Autrement dit, les comportements des opérateurs privés échappent à un contrôle basé sur la recherche d'une discrimination. De tels comportements relèvent toutefois des règles de concurrence des articles 81 et 82 CE selon lesquelles, en combinaison avec les articles 3, §1, point g) et 10, alinéa 2, du même Traité, les États membres sont tenus de ne pas porter préjudice à l'effet utile des règles de concurrence applicables aux entreprises.

Cette possibilité apparaît dans le cadre de mesures à caractère mixte comme c'est le cas en matière de politique nationale des prix nécessitant l'intervention des pouvoirs publics, mais aussi s'agissant de l'action des agents économiques privés. Dans ce cas, un contrôle cumulatif au regard tant des règles de concurrence que de celles relatives à la libre circulation des marchandises est requis.

De la même manière, les pratiques nationales ayant trait aux questions relevant des monopoles légaux sont aussi assujetties aux dispositions du Traité CE portant sur les règles de concurrence. Toutefois, une réglementation nationale qui a pour effet de faciliter l'exploitation abusive d'une position dominante perturbe également les règles concernant la libre circulation des marchandises et est donc incompatible avec l'article 28 CE[175].

B. Le « carcan étatique » multilatéral

Il est clair qu'à la seule lecture des textes du GATT, les États signataires de l'Accord, ou encore Parties contractantes, se présentent comme tenant le rôle principal sur une scène où la distribution semble avoir été ouverte à de probables « figurants » lors de l'élaboration de l'Accord OMC.

En effet, les mesures discriminatoires qui sont directement imputables à l'action de l'État, c'est-à-dire découlant des lois, des règlements ou de toute sorte de prescriptions présentant ce caractère, telles qu'elles ressortent de l'article III de l'Accord général, semblent enserrées dans une logique axant l'opération de démantèlement des entraves au commerce menée par l'OMC principalement sur leur éradication.

Ainsi, ce « carcan étatique », qui était de mise durant toute la période de l'avant OMC, subit quelques brèches dès 1994 avec l'adjonction au GATT de 1947 d'une série d'accords annexes étendant les domaines couverts par la réglementation

---

[174] Voir par exemple, CJCE, 9 août 1994, *Meyhui NV c/ Schott Zwiesel Glaswerke AG*, aff. n°C-51/93, Rec., p.I-3879, pt.11 ; aussi, 25 juin 1997, *Procédure pénale c/ René Kieffer et Romain Thill*, aff. n°C-114/96, Rec., p.I-3629, pt.27 ; 13 septembre 2001, *Hans Scharzkopf GmbH & Co. KG c/ Zentrale zur Bekämpfung unlauteren Wettbewerbs eV*, aff. n°C-169/99, Rec., p.I-5901, pt.37 ; 20 mai 2003, *Ravil SARL c/ Bellon import SARL et Biraghi SpA*, aff. n°C-469/00, Rec., p.I-5053, pt.86.

[175] Dans le cas d'une compagnie portuaire : CJCE, 10 décembre 1991, *Merci convenzionali porto di Genova SpA c/ Siderurgica Gabrielli SpA* , aff. n°C-179/90, Rec., p.I-5889, pt.27 ; voir son commentaire, Europe, février 1992, n°43, 46 et 65. Solution analogue en matière d'agrément des terminaux de télécommunication, CJCE, 19 mars 1991, *République française c/ Commission des Communautés européennes*, aff. n°C-202/88, Rec., p.I-1223, pts.41 et ss ; aussi, 13 décembre 1991, *Régie des télégraphes et des téléphones c/ GB-Inno-BM SA*, aff. n°18/88, Rec., p.5941, pts.29 et ss, ainsi que son commentaire, Europe, février 1992, n^os^45 et 66.

commerciale internationale telle que placée sous l'égide de l'Organisation mondiale du commerce.

L'Accord sur les obstacles techniques au commerce (Accord OTC), entré en vigueur le 1er janvier 1995, introduit les notions de règlement technique et de norme. La première d'entre elles rejoint le groupe des mesures étatiques et n'introduit donc pas de réelles nouveautés. En revanche, s'agissant de la seconde notion, le fait qu'une norme soit l'apanage d'un organisme dont l'activité est reconnue par les instances étatiques, ouvre des possibilités d'élargissement du champ couvert par le concept de mesure.

De même, dans le cadre de l'Accord général sur le commerce des services (AGCS), l'article XXVIII donne une définition extensive de ce qu'il faut entendre par mesure. Ainsi, il s'agit selon cette disposition *de toute mesure prise par un membre, que ce soit sous forme de loi, de réglementation, de règle, de procédure, de décision, de décision administrative, ou sous toute autre forme.*

Cette dernière expression « *sous toute autre forme* » a un caractère « englobe tout », si bien qu'elle suffit à elle-même pour appréhender toute possibilité de discrimination ressortant de toute sorte d'activité sans limitation de source.

Dans une optique identique, l'article I-3, a), du même Accord appréhende également de manière large le terme de mesure. Selon cette disposition, il s'agit aussi bien des mesures prises par les administrations centrales, régionales ou locales que celles des organismes non gouvernementaux exerçant des pouvoirs délégués par une autorité publique[176].

De manière extensive, l'article XI-1 du GATT prévoit le fait qu'*aucune partie contractante n'instituera ou ne maintiendra [...] de prohibitions ou de restrictions.* L'emploi de l'expression « *ne maintiendra* » introduit l'idée d'une inaction de la part des États ; de ce fait, il semble que la carence soit condamnable au même titre qu'une mesure découlant d'une action positive.

Les compétences commerciales reconnues à la Communauté européenne sur la scène internationale lui confèrent un rôle de représentation devant l'OMC des États qui en sont membres[177]. Ainsi, de nombreuses affaires font état de litiges opposant des pays non européens, signataires de l'Accord général, à la Communauté européenne comme

---

[176] Voir, T. FLORY, *L'Organisation mondiale du commerce – Droit institutionnel et substantiel*, Bruylant, Bruxelles, 1999, p.140, n°345.

[177] La Communauté européenne n'était pas formellement, c'est-à-dire par un acte spécifique d'accession, une partie contractante du GATT. Mais, elle a acquis cette qualité par le biais d'une coutume internationale. Son implication dans tous les groupes de travail du GATT, sa place au sein des négociations des grandes conférences telles que le « Kennedy » et le « Tokyo Round », les actions des pays tiers contre elle dans les litiges commerciaux internationaux ou, à l'inverse, les actions intentées par elle, sa qualité de partie contractante dans divers instruments juridiques du GATT dont l'Accord résultant des négociations « Kennedy » (Décision du Conseil des Communautés européennes du 27 novembre 1967, *portant conclusion de ces accords multilatéraux*, JOCE n°L.305 du 19 novembre 1968) et de nombreux protocoles d'accession de pays tiers (Roumanie en 1971, Hongrie en 1973, Pologne en 1976) lui ont conféré un rôle décisionnel primordial au niveau du commerce international.

Le cycle Kennedy a donc vu la révélation à la fois de la personnalité morale de la Communauté et de son poids économique. Dans cette perspective, les accords de Marrakech instituant l'Organisation mondiale du commerce signé le 15 avril 1994, ont été conclus directement par la Communauté le 22 décembre 1994 (Décision n°94/800 du Conseil, JOCE n°L.336 du 23 décembre 1994), le 25 juin 1996 pour les deuxième et troisième protocoles annexés (Décision du Conseil, JOCE n°L.167 du 6 juillet 1996) et le 14 décembre 1998 pour le cinquième protocole sur les services financiers (Décision du Conseil, JOCE n°L.20 du 27 janvier 1999).

entité agissant en lieu et place de pays qui auraient été, si celle-ci n'existait pas, directement concernés[178].

Sans présenter la largesse d'appréciation consentie par l'approche communautaire, l'OMC développe des concepts s'en rapprochant indéniablement.

Ces conclusions n'ont pu être tirées que de la seule analyse des textes ; les apports jurisprudentiels sont limités et ne touchent que des questions accessoires. L'article III du GATT vise les lois, règlements et prescriptions affectant la vente des produits importés. L'applicabilité de cette disposition aux règles de fond n'a pas soulevé d'interrogations ; la question s'est portée sur les règles procédurales. Un Groupe spécial, saisi d'une affaire traitant auxiliairement de ce sujet, a fait valoir le fait que l'article en cause, en l'occurrence l'article III-4, ne faisait pas de distinction et avait vocation à s'appliquer indistinctement aux deux types de règles[179]. Les procédures d'exécution ne doivent pas être séparées des dispositions de fond qu'elles servent à faire respecter. Le cas inverse aurait des conséquences néfastes dans la mesure où les États profiteraient de cette possibilité pour appliquer, sous un paravent égalitaire quant au traitement des règles de fond, des discriminations insidieuses découlant de la mise en œuvre des dispositions procédurales.
Cet article III-4 prend en compte *toutes lois, tous règlements ou toutes prescriptions affectant la vente, la mise en vente, l'achat, le transport [...]*. L'usage du terme « *affectant* » implique l'intention du législateur d'intégrer dans les réglementations visées par cette disposition non seulement les lois, les règlements qui régissent directement les conditions de vente ou d'achat, mais aussi *toutes lois et règlements qui pourraient altérer, sur le marché intérieur, les conditions de la concurrence entre le produit d'origine nationale et le produit d'importation*[180], élargissant, du coup, le champ des réglementations qui pourraient affecter le commerce et donc être considérées comme discriminatoires.

Malgré une volonté nettement affichée, à la lecture des textes, d'étendre le champ de recherche de possibles discriminations dans le commerce mondial, à un maximum de mesures au-delà de la seule sphère de l'activité étatique, il semble que les affaires traitées par les groupes spéciaux ne fassent état, dans leur grande majorité, que de mesures directement imputables aux États. Pour ainsi dire, la tendance à l'ouverture envisagée par les textes ne trouve pas de réelle application illustrant de manière objective cet état de fait et le « carcan » qui semblait alors s'effriter conserve toute sa force sur des bases encore solides.

---

[178] Par exemple l'affaire précitée mettant en cause une réglementation communautaire concernant l'importation d'amiante et de produits en contenant ; rapport du Groupe spécial modifié par l'Organe d'appel, *Communauté européenne – Mesures affectant l'amiante et les produits en contenant*, adopté le 12 mars 2001, WT/DS135/AB/R, *op. cit.*

[179] Groupe spécial, *États-Unis – L'article 337 de la loi douanière de 1930*, rapport adopté le 7 novembre 1989, IBDD, 36S/386, §5.10.

[180] Groupe spécial sur *les mesures discriminatoires appliquées par l'Italie à l'importation de machines agricoles*, rapport adopté le 23 octobre 1958, IBDD, S7/64, §12.

II.- L'effectivité de la différence de traitement

Toute différence de traitement (B) basée sur des critères clairs d'opposition (A) est susceptible d'entraver les échanges commerciaux et donc, dans cette optique, doit être sanctionnée au regard du principe de non-discrimination.

A. Les critères de différenciation

L'étude de ces critères présente un intérêt tout particulier du fait qu'elle met en exergue une certaine opposition entre les systèmes européen et multilatéral. En effet, la nationalité qui est l'axe central de toute différenciation (1) est également le seul à pourvoir un fondement aux différences appliquées dans le cadre du GATT. Le droit communautaire, en revanche, dans un souci d'approfondir la lutte contre tout type de discriminations, fait preuve d'une largesse d'appréciation en tentant d'accueillir le plus grand nombre de critères conduisant à une telle différenciation des situations sous examen (2).

1. La nationalité, critère majeur de toute différence de traitement

Ce critère de différenciation est attaché à l'institution de droit international public dont la fonction est d'attribuer à des personnes *un statut objectif d'où résultent, pour l'État, des pouvoirs et des obligations dans ses rapports avec ses sujets, avec ses pairs et avec les sujets de ces derniers*[181]. Ainsi, il existe entre l'État et ses ressortissants des droits, mais aussi des obligations ; ces dernières se caractérisent du point de vue de l'État, par la mise en œuvre de mesures assurant aux nationaux un climat de bien-être. Ce « protectionnisme national » se retrouve dans tous les secteurs de la vie sociale des États comme, par exemple, celui des relations économiques concernant tant les individus que le fruit de leurs activités. Pour ainsi dire, la nationalité constitue l'axe majeur de toute discrimination et c'est pour cette raison que le droit communautaire qualifie de « directes » celles qui sont fondées sur un tel critère.

Au niveau multilatéral, la nationalité constitue le critère unique permettant de réaliser toute comparaison entre situations afin d'établir une différence de traitement et, de surcroît, d'établir une discrimination. Certes, le critère n'est pas explicitement abordé par les textes de l'OMC. Ces derniers font la part belle au principe de souveraineté. Or, la nationalité est un concept lui étant étroitement attaché dans la mesure où il s'agit du lien d'appartenance d'une personne, physique ou morale, à un État déterminé, qui seul exerce la souveraineté.

Cela dit, les divers articles de l'Accord général font part de la place importante conférée aux relations interétatiques dans la mesure où les parties contractantes, terme désignant dans les textes les États signataires de l'Accord, s'engagent à accroître leurs rapports commerciaux mutuels. Ce constat, patent à la simple lecture des textes du GATT, se justifie par les objectifs que se fixent les auteurs de l'Accord ; la libéralisation des échanges commerciaux au niveau mondial constitue la panacée des maux rencontrés par les États en matière économique. Pour cette raison, le GATT tente

---

[181] J. COMBACAU et S. SUR, *Droit international public*, Coll. Domat droit public, 6e éd., Montchrestien, Paris, 2004, p.324.

de concilier les intérêts de chaque État avec un intérêt général visant à améliorer les relations commerciales internationales. À cette fin, les États, et seulement eux, ont la faculté de saisir l'Organe de règlement des différends[182] afin de le voir trancher les litiges qui pourraient naître des rapports interétatiques, notamment des difficultés qui toucheraient la circulation des marchandises.
Ainsi, les articles III-2 et III-4 disposent tous les deux dans leur entame que *les produits du territoire de toute partie contractante importés sur le territoire de toute autre partie ne seront pas [frappés d'un traitement différencié[183]]*. De manière plus générale, toutes les dispositions de l'Accord général ainsi que des autres accords multilatéraux soulèvent des cas d'implication des États, en tant que parties contractantes, dans les troubles qui peuvent affecter la circulation des marchandises ou encore des services.

De la même manière, la nationalité représente, en droit communautaire, le critère fondamental d'établissement d'une différence de traitement[184]. Comme cela a été dit, une discrimination découlant d'une opposition entre situations de nationalités différentes est qualifiée de directe[185]. La plupart des dispositions du Traité de Rome prohibant les discriminations appuient l'interdiction sur ce même critère. D'ailleurs, l'article 12, disposition d'application générale à l'ensemble du Traité, prévoit qu'*est interdite toute discrimination exercée à raison de la nationalité.* Ainsi, dans les domaines des « quatre libertés fondamentales »[186], de telles entraves sont à proscrire ; l'article 39 relatif à la libre circulation des travailleurs, vise spécifiquement cette interdiction, les articles 28, propre aux marchandises, 43, au droit d'établissement, 49, aux services, et 56, aux capitaux, tendent de manière plus large à l'élimination de toute restriction à la liberté de circulation ou d'établissement et donc, cela va de soi, de toute discrimination.
La nationalité évoque d'autant plus cette manne insatiable pour les États d'engendrer d'éventuelles discriminations que le droit communautaire refuse de prendre en considération, pour certaines libertés, les situations purement internes. Ainsi, en matière de droit d'établissement, le caractère transnational du critère de différenciation est primordial, poussant alors les ressortissants des États membres victimes d'une mesure discriminatoire à démontrer la « vocation communautaire » de la situation.

---

[182] Toutefois, certaines procédures internes aux États donnent la possibilité aux particuliers ressortissants de ces pays de saisir les autorités nationales afin de les pousser à entamer une action auprès des instances multilatérales. Ainsi, aux États-Unis, la Section 301 du *Trade Act* de 1974, modifiée à plusieurs reprises, et en Europe, le règlement CEE n°2641/84 du 17 septembre 1984 (ou Nouvel Instrument de politique commerciale), remplacé, avec la conclusion des négociations du Cycle de l'Uruguay, par le règlement CE n°3286/94 du 22 décembre 1994, JOCE n°L.349 du 31 décembre 1994, constituent de telles procédures.
[183] Cette formule générique est ici substituée aux notions employées dans les textes, à savoir, *frappés [...] de taxes ou autres impositions intérieures [...] supérieures à celles qui frappent [...] les produits nationaux similaires*, pour l'article III-2 et, *soumis à un traitement moins favorable que le traitement accordé aux produits similaires d'origine nationale [...]*, pour l'article III-4.
[184] Selon l'avocat général Jacobs, il s'agirait du « leitmotiv » du Traité ; voir, le point 9 de ses conclusions dans l'affaire de la Cour du 20 octobre 1993, *Phil Collins c/ Imtrat Handelsgesellschaft GmbH et Patricia Im- und Export Verwaltungsgesellschaft mbH et Leif Emanuel Kraul c/ EMI Electrola GmbH*, aff. n°C-92/92, Rec., p.I-5145.
Voir, également, M. AUDIT, *Nationalité et principe de non-discrimination*, Recueil Dalloz Sirey, n°23, 13 juin 2002, p.186.
[185] Voir *infra*,
[186] Il s'agit des libertés de circulation des marchandises, des services, des personnes et des capitaux.

Autrement dit, la personne en cause doit avoir fait usage des facilités de circulation existant en la matière.
Ainsi, au-delà de la seule saisine des instances multilatérales par les États, il est loisible de constater que le contentieux communautaire confère aussi cette possibilité aux ressortissants des États membres[187]. Cette opportunité ainsi offerte aux individus, personnes physiques ou morales, a pour conséquence d'étendre l'impact de la réglementation commerciale européenne. Ces individus ressortissants communautaires, en tant qu'opérateurs économiques de terrain, sont en effet plus à même de ressentir réellement les effets d'une mesure discriminatoire. Leurs actions devant les juridictions communautaires permettent une application uniforme et générale du droit dont ces dernières ont en charge d'assurer le respect.
Dans une autre mesure, la notion de nationalité prend une connotation différente du point de vue communautaire. Les États membres de la Communauté européenne ne prennent plus part de manière directe à l'examen des litiges impliquant le commerce international. Effectivement, la reconnaissance de la capacité internationale de la Communauté[188] lui permet d'exercer, devant les instances multilatérales, le rôle de représentation des États qui la composent. Ainsi, les actions intentées par la Communauté auprès de l'ORD viseront à défendre les droits des ressortissants communautaires contre des mesures de pays tiers discriminant leurs activités au détriment des marchandises ou des prestataires de services du pays d'accueil. Inversement, des affaires mettront en cause des réglementations commerciales européennes entravant les activités des opérateurs économiques de pays tiers au sein du territoire communautaire. Dans ces cas, l'action de la Communauté ne vise plus à protéger les nationaux des États membres en tant que tels, mais les ressortissants communautaires de manière générale. Il semble donc que la qualité de ressortissant d'une union douanière soit assimilable, au niveau multilatéral, à celle de national *stricto sensu* et qu'ainsi la Communauté européenne puisse être considérée comme un État.

Les discriminations fondées sur la nationalité se fondent donc sur un franchissement de frontière[189] créant une situation d'opposition d'éléments de nationalité différente : une marchandise importée soumise à la législation du pays de réception, un prestataire de services exécutant une activité sur le sol d'un autre État, [etc.]. Les cas sont aussi nombreux qu'imaginables, la seule constante étant alors l'existence d'un facteur d'extranéité dans les relations commerciales à analyser.

---

[187] Voir, J. MOLINIER, *Droit du contentieux européen*, Coll. Système, L.G.D.J., Paris, 1996, p.64.
[188] Principe étudié plus haut.
[189] La Cour de justice a toutefois admis qu'en matière de taxe d'effet équivalent à un droit de douane, le franchissement pouvait concerner une frontière régionale (à propos de l'octroi de mer français, voir, CJCE, 16 juillet 1992, *Administration des douanes et droits indirects c/ Léopold Legros e.a.*, aff. n°C-163/90, Rec., p.I-4625, pt.16 ; 9 août 1994, *Société René Lancry c/ Direction générale des douanes*, aff. jtes n^{os}C-363, 407, 408, 409, 410 et 411/93, Rec., p.I-3957, pts.26 et ss ; 7 novembre 1996, *Société Cadi surgelés, Société Sofrigu, Société Sofroi et Société Sofriber c/ Ministre des finances et directeur général des douanes*, aff. n°C-126/94, Rec., p.I-5647, pt.14) ou encore une frontière communale (CJCE, 9 septembre 2004, *Carbonati Apuani Srl c/ Commune di Carrara*, aff. n°C-72/03, Rec., p.I-8027, pts.22 et ss). À propos d'une taxe grecque, CJCE, 14 septembre 1995, *Maria Simitzi c/ Dimos Kos*, aff. jtes n^{os}C-485 et 486/93, Rec., p.I-2655, pt.21.

2. Les autres critères de différenciation : l'apanage du seul droit communautaire

L'affirmation selon laquelle l'interdiction des discriminations à raison de la nationalité est le principe majeur du droit communautaire apparaît comme indiscutable. Pourtant, ce critère de discrimination semble voué à jouer un rôle de moins en moins important dans la jurisprudence. L'implication grandissante de la réglementation communautaire dans les activités économiques des États membres réduit d'autant leur marge de manœuvre. Hormis le cas du domaine de la fiscalité directe[190], la nationalité constitue de plus en plus rarement un motif de distinction, les États recherchant d'autres moyens de parvenir à un résultat tout aussi protecteur.
Pour cette raison, la Cour a développé une jurisprudence sur les discriminations fondées sur des critères d'apparence neutre, mais introduisant en réalité une différenciation de traitement. Par opposition à celles fondées sur la nationalité et qui sont dites « directes », ces nouvelles discriminations sont qualifiées d'« indirectes ».

Cette évolution a surtout frappé les domaines de la libre circulation des services et des personnes. En ce qui concerne les marchandises, la précocité de la lutte contre les entraves non discriminatoires a rendu inutile la recherche d'éventuelles discriminations indirectes.

Ainsi, en matière de libre prestation des services, la Cour a émis l'hypothèse qu'une discrimination pouvait découler de l'exigence, imposée au prestataire par une réglementation nationale, de disposer d'un établissement dans le pays de prestation[191]. L'exigence d'un établissement stable touche aussi bien les nationaux que les ressortissants d'autres États membres. Cependant, il est clair que cette obligation gênera davantage les prestataires étrangers.

Dans le domaine de la liberté d'établissement, le programme général de 1961[192] visant à éliminer toute forme de discrimination déguisée, a défini cette dernière catégorie en considérant qu'il s'agissait *des conditions auxquelles une disposition législative, réglementaire, administrative ou une pratique administrative subordonne l'accès ou l'exercice d'une activité non salariée qui, bien qu'applicables sans acception de nationalité, gênent exclusivement ou principalement l'accès ou l'exercice de cette activité par les étrangers.*
Selon cette définition, le fait d'exiger un diplôme national[193], sans admettre la valeur de l'équivalence académique, est une discrimination déguisée qui résulte de la substitution de la nationalité du diplôme à celle de la personne[194].

---

[190] Notamment en matière de fiscalité directe des entreprises.

[191] Par exemple, constitue une discrimination indirecte le fait d'interdire à un avocat néerlandais établi en Belgique, de représenter l'un de ses compatriotes devant une juridiction sociale de son pays d'origine du fait de l'absence d'établissement stable dans ce même pays ; CJCE, 3 décembre 1974, *Johannes Henricus Maria van Binsbergen c/ Bestuur Van de Bedrijfsvereniging voor de Metaalnijverheid*, aff. n°33/74, Rec., p.1299, pt.25. La Cour considère d'ailleurs que *l'exigence d'un établissement est la négation même de la libre prestation des services* ; CJCE, 4 décembre 1986, *Commission des Communautés européennes c/ République fédérale d'Allemagne*, aff. n°205/84, Rec., p.3755, pt.51 ; aussi, à la même date, *Commission des Communautés européennes c/ République française*, aff. n°220/83, Rec., p.3663, pt.20 ; 7 février 2002, *Commission des Communautés européennes c/ République italienne*, aff. n°C-279/00, Rec., p.I-1425, pt.18.

[192] Programme général pour la suppression des restrictions à la libre prestation des services du 18 décembre 1961, JOCE n°C.2, 15 janvier 1962, pp.32 à 35.

[193] Ces exigences de diplôme national se retrouvent notamment en matière d'exercice du droit d'établissement par des avocats (par exemple : CJCE, 19 janvier 1988, *Claude Gullung c/ Conseil de l'ordre des avocats du barreau de Colmar et de Saverne*, aff. n°292/86, Rec., p.111 ; 7 mars 2002, *Commission des*

Toujours en matière de liberté d'établissement, certaines discriminations tiennent à la question de l'unicité du domicile professionnel. Ainsi, un avocat, diplômé en France et membre du barreau de Düsseldorf en Allemagne, a vu sa demande d'inscription au barreau de Paris rejetée du fait que la réglementation française impose l'unicité du domicile professionnel dans le ressort du tribunal de grande instance duquel il est établi. Selon la Cour de justice[195], une telle conception est discriminatoire dans la mesure où l'article 43 dispose que la liberté d'établissement s'étend *à la création d'agences, de succursales ou de filiales*. De même, une disposition française imposait aux médecins et aux dentistes ressortissants communautaires désirant s'établir en France, de présenter une demande de radiation auprès de leur État d'origine[196].

L'intégrationnisme poussé auquel se voient confronter les États membres au sein de la Communauté européenne a eu pour effet d'accroître les droits de chacun de leurs ressortissants tant dans le secteur économique, comme cela vient d'être vu, que dans le domaine social. La Cour a pu souligner certaines différences de traitement établies par des réglementations nationales entre *ceux qui ont exercé leur droit à la libre circulation et ceux qui n'ont pas fait usage de ce droit*. La Cour a été amenée, par exemple, à analyser une discrimination née de la position de l'administration grecque qui refusait la prise en compte des années d'activité effectuées en Allemagne par l'un de ses ressortissants, médecin alors fonctionnaire, dans le calcul des indemnités de retraite[197].

Les auteurs du Traité de Rome ont, parallèlement aux discriminations à raison de la nationalité, prévu des cas de différence de traitement basés sur un autre critère de

---

Communautés européennes c/ République italienne, aff. n°C-145/99, Rec., p.I-2235, pt.33), des architectes (CJCE, 28 juin 1978, *Richard Hugh Patrick c/ Ministre des affaires culturelles*, aff. n°11/77, Rec., p.1199 ; 21 mars 2002, *Commission des Communautés européennes c/ République italienne*, aff. n°C-298/99, Rec., p.I-3129, pt.47).

194 Voir, les conclusions de l'Avocat général Mayras, dans l'affaire de la Cour de justice du 28 avril 1977, *Jean Thieffry c/ Conseil de l'ordre des avocats à la cour de Paris*, aff. n°71/76, Rec., p.765.

195 CJCE, 12 juillet 1984, *Ordre des avocats au barreau de Paris c/ Onno Klopp*, aff. n°107/83, Rec., p.2971, pt.19. Souvent, désormais, la jurisprudence remplace la notion de discrimination par celle de restriction : CJCE, 29 avril 2004, *Commission des Communautés européennes c/ République portugaise*, aff. n°C-171/02, Rec., p.I-5645, pt.42.

196 CJCE, 30 avril 1986, *Commission des Communautés européennes c/ République française*, aff. n°96/85, Rec., p.1475, pt.17.

197 CJCE, 22 novembre 1995, *Ioannis Vougioukas c/ Idryma Koinonikon Asfalisseon (IKA)*, aff. n°C-443/93, Rec., p.I-4033, pt.42 ; voir aussi, des affaires suivant le même raisonnement, CJCE, 30 janvier 1997, *Fritz Stöber et José Manuel Piosa Pereira c/ Bundesanstalt für Arbeit*, aff. jtes n°sC-4 et 5/95, Rec., p.I-511, pt.39, et, 17 septembre 1997, *Emanuele Iurlaro c/ Istituto nazionale della previdenza sociale (INPS)*, aff. n°C-322/95, Rec., p.I-4881, pt.30. Il s'agit dans ces cas de ce que l'on appelle une discrimination à rebours dans la mesure où les situations soumises à comparaison sont de nationalité identique. Une affaire précédente avait déjà établi une telle distinction entre ressortissants ayant exercé leur droit à la libre circulation et ceux qui n'ont pas fait usage de ce droit, mais il s'agissait d'étudier une mesure allemande opposant la situation d'un travailleur italien ayant exercé une activité salariée en Belgique et en Allemagne avec celle d'un travailleur allemand. La discrimination est ici plus flagrante et se rattache davantage à celle reposant directement sur la nationalité ; CJCE, 7 mars 1991, *Maria Masgio c/ Bundesknappschaft*, aff. n°C-10/90, Rec., p.I-1119, pts.12 et ss.

Ainsi, de manière générale, les dispositions nationales qui empêchent ou dissuadent un ressortissant d'un État membre de quitter son État d'origine pour exercer son droit à la libre circulation constituent, dès lors, des entraves à cette liberté même si elles s'appliquent indépendamment de la nationalité des travailleurs concernés : voir, en particulier, 12 décembre 2002, *F.W.L. de Groot c/ Staatssecretaris van Financiën*, aff. n°C-385/00, Rec., p.I-11819, pt.78.

comparaison. Ainsi, l'article 141 de ce même Traité prend en considération des situations dont la distinction est fondée essentiellement sur le sexe[198]. L'opposition réalisée par une réglementation nationale entre les travailleurs masculins et les travailleurs féminins peut, tout comme en matière de distinction axée sur la nationalité, être constitutive de discriminations directes et indirectes.
De cette manière, la réglementation nationale qui exclut certaines personnes de l'octroi d'un avantage sur la base de leur sexe est à considérer comme étant une discrimination directe[199]. C'est le cas lorsque l'octroi d'une pension à un veuf est soumis, par une mesure nationale, à des conditions plus rigoureuses que ce qui serait le cas s'agissant d'une femme[200]. Encore, le refus d'engagement d'une personne pour un emploi à raison du sexe est également condamnable[201].
En revanche, en l'absence d'une discrimination fondée directement sur le sexe, s'il s'avère qu'une mesure nationale a un effet moins contraignant à l'égard d'un pourcentage considérablement plus faible, ou plus élevé, de travailleurs d'un seul sexe, la discrimination découlant de cette différence de traitement et affectant l'autre sexe est alors dite indirecte[202].

La jurisprudence communautaire a donc développé, en matière de discrimination, un éventail de possibilités permettant d'appréhender toute position qui, sous le couvert de l'absence de différence de traitement à raison de la nationalité, aurait en réalité un tel effet discriminatoire. Le fait que le droit multilatéral ait pour domaine d'application essentiellement celui des marchandises a pour conséquence de limiter les critères de différenciation utilisable en la matière. Cependant, l'élargissement progressif des compétences de l'OMC au domaine des services ainsi que l'ébauche de discussions sur la circulation des capitaux et des personnes ouvrent des perspectives certaines de libéralisation des échanges au niveau mondial. Cette libéralisation pour être effective doit être assortie de mesures de démantèlement des discriminations affectant les secteurs alors nouvellement visés. Le rôle protecteur de l'État le conduit sans cesse à rechercher de nouvelles formes d'entraves. Dans cette optique, le système communautaire, en raison de son expérience en la matière, peut servir de

---

[198] Voir, CJCE, 31 mars 1981, *J.P. Jenkins c/ Kingsgate (Clothing Productions) Ltd*, aff. n°96/80, Rec., p.911, pt.10 ; voir aussi, CJCE, 1er juillet 1987, *Gisela Rummler c/ Dato-Druck GmbH*, aff. n°237/85, Rec., p.2101, pt.13 ; 26 juin 2001, *Susanna Brunnhofer c/ Bank der österreichischen Postsparkasse AG*, aff. n°C-381/99, Rec., p.I-4961, pt.42.

[199] CJCE, 14 décembre 1995, *Inge Nolte c/ Landesversicherungsanstalt Hannover*, aff. n°C-317/93, Rec., p.I-4625, pt.27 ; 9 décembre 2004, *Viktor Hlozek c/ Roche Austria Gesellschaft mbH*, aff. n°C-19/02, Rec., p.I-11491, pt.12.

[200] CJCE, 17 avril 1997, *Dimossia Epicheirissi Ilektrismou (DEI) c/ Efthimios Evrenopoulos*, aff. n°C-147/95, Rec., p.I-2057, pts.26 et ss.

[201] En l'occurrence, il s'agissait d'une femme enceinte, CJCE, 8 novembre 1990, *Elisabeth Johanna Pacifica Dekker c/ Stichting Vormingscentrum voor Jong Volwassenen (VJV-Centrum) Plus*, aff. n°C-177/88, Rec., p.I-3981, pt.13 ; voir, encore, 18 mars 2004, *Mariá Paz Merino Gómez c/ Continental Industrias del Caucho SA*, aff. n°C-342/01, Rec., p.I-2605, pt.23.

[202] Voir, CJCE, 31 mars 1981, *Jenkins*, aff. précitée, pts.11 et ss ; aussi, CJCE, 30 novembre 1993, *Petra Kirsammer-Hack c/ Nurhan Sidal*, aff. n°189/91, Rec., p.6185, pts.21 et ss ; 15 décembre 1994, *Stadt Lengerich c/ Angelika Helmig et Waltraud Schmidt c/ Deutsche Angestellten-Krankenkasse et Elke Herzog c/ Arbeiter-Samariter-Bund Landverband Hamburg eV et Dagmar Lange c/ Bundesknappschaft Bochum et Angelika Kussfeld c/ Firma Detlef Bogdol GmbH et Usula Ludewig c/ Kreis Segeberg*, aff. jtes n[os]C-399, 409 et 425/92, 34, 50 et 78/93, Rec., p.5727, pt.17 ; 23 octobre 2003, *Hilde Schönheit c/ Stadt Frankfurt am Main et Silva Becker c/ Land Hessen*, aff. jtes n[os]C-4 et 5/02, Rec., p.I-12575, pts.67 et 68.

« laboratoire » aux instances multilatérales. Ainsi, l'élargissement des compétences détenues par l'OMC devra être suivi d'une adaptation des mesures de libre-échange afin d'annihiler toute possibilité d'entraver les échanges.

B. L'application de la différence de traitement

Le fait qu'une mesure ne soit pas appliquée d'une manière uniforme à deux ou plusieurs situations, paraît en tant que tel être constitutif d'une discrimination. Toutefois, le système multilatéral semble prévoir des cas pour lesquels les mesures d'apparence discriminatoire ne peuvent être condamnées que s'il est démontré que la réglementation en cause à une finalité réellement protectionniste (1). Le droit communautaire, en revanche, voit dans une différence de traitement, l'expression claire d'une attitude protectionniste[203]. Pour cette raison, les instances communautaires ne sont guère prolixes en la matière (2).

1. Des formulations et des portées différentes en droit multilatéral

Dans les dispositions du GATT dont les termes renferment en eux-mêmes la définition de la notion de discrimination, les formulations diverses données à la différence de traitement démontrent des dissensions sur la portée même de ce concept.

a. Le « traitement moins favorable » dépeint par l'article III-4

Rappelons que l'article III-4 du GATT prévoit que *les produits [...] importés [...] ne seront pas soumis à un traitement moins favorable que le traitement accordé aux produits similaires d'origine nationale [...].* Cette formule présente, par opposition à celle de « traitement différent », une forme positive, alors que cette dernière introduit une consonance davantage négative. Il semble, toutefois, que le « traitement moins favorable » ne constitue qu'un degré dans l'échelle des différences de traitement.

L'Organe d'appel dans l'affaire *Corée – Viande de bœuf*[204] a soulevé les points devant être analysés afin de démontrer l'existence d'une discrimination au regard de l'article III-4. Ainsi, selon l'Organe d'appel, les produits en cause doivent être similaires, touchés par une mesure législative, réglementaire ou encore par une prescription et, enfin, le traitement affectant les produits importés doit être moins favorable que celui appliqué aux produits nationaux. Ces points, pourtant contenus dans la lettre même de la disposition en question, sont mis en avant par la jurisprudence afin de souligner l'importance que soit suivie une procédure précise de recherche des discriminations. L'objectif fondamental de l'article III est d'éviter le protectionnisme découlant de l'application de réglementations intérieures ; la mise en œuvre d'un « traitement non moins favorable » exige d'une partie contractante à l'Accord qu'elle œuvre dans le sens de *l'égalité effective des possibilités offertes aux produits importés*

---

[203] Attitude qui sera développée dans le point III.

[204] Organe d'appel, *Corée – Viande de bœuf, op. cit.*, §133, p.45.

par rapport aux produits nationaux similaires en ce qui concerne l'application des lois, des règlements ou des prescriptions[205].

Il s'agit là, selon le Groupe spécial, de l'illustration du *principe du minimum admissible*[206]. Ce minimum donne aux États membres la faculté d'appliquer aux produits importés des prescriptions légales formelles différentes dans la seule mesure où ils ne reçoivent pas de traitement qui soit moins favorable que celui qui est appliqué aux produits nationaux. Ce principe se retrouve également dans le cas où l'application d'une réglementation, apparaissant comme identique à l'égard des produits importés et des produits nationaux, entraîne en fait un traitement moins favorable vis-à-vis des premiers. Dans une telle hypothèse, une application différente de la réglementation sera nécessaire afin d'obtenir une réelle égalité de traitement.

Pour simplifier, l'application différente d'une mesure n'est pas forcément en soi incompatible avec l'article III-4. Ainsi, l'État qui s'emploierait à faire usage d'une loi ou de toute autre disposition, de manière différenciée selon l'origine du produit en cause, serait tenu de démontrer qu'en dépit des différences, la règle du traitement non moins favorable de l'article III est observée.

Le Groupe spécial dans l'affaire *États-Unis – Taxes sur le pétrole et certains produits d'importation*[207] a soulevé l'idée selon laquelle l'article III-2 avait pour but de protéger le rapport compétitif existant originairement entre les produits importés et les produits nationaux. Cette position a été reprise par le Groupe spécial *États-Unis – Article 337 de la loi douanière de 1930*, afin de la transposer à l'article III-4, corollaire non fiscal de l'article III-2[208]. Dans le but de déterminer si la règle du traitement non moins favorable était respectée, le Groupe spécial a évalué si la mesure en cause, en l'occurrence l'article 337, était réellement susceptible d'entraîner l'application d'un traitement moins favorable à l'égard des produits importés. Cette approche, qui est conforme à la position antérieure des divers groupes spéciaux pour l'application de l'article III, consiste à fonder le règlement d'un litige sur les incidences potentielles des distinctions faites par les lois, règlements ou prescriptions, et non sur leurs seules conséquences effectives pour tels ou tels produits importés[209].

Lors de cette même affaire a été soulevée la question d'une possible compensation entre traitement favorable et traitement moins favorable appliqués à différents produits importés. Le Groupe spécial a rejeté cette hypothèse estimant que l'article III-4 avait vocation à s'appliquer à l'importation de chaque produit pris individuellement[210]. Le traitement favorable d'un produit ne peut en aucun cas compenser le traitement moins favorable d'un autre produit, et ce, dans la mesure où

---

205 Groupe spécial, *États-Unis – Article 337 de la loi douanière de 1930*, rapport adopté le 7 novembre 1989, L/6439, IBDD S36/386, §5.11.
206 *Ibidem*.
207 Groupe spécial, rapport adopté le 17 juin 1987, IBDD, 34S/154, §5.19.
208 Groupe spécial, *États-Unis – Article 337 de la loi douanière de 1930*, *op. cit.*, §5.13.
209 Par exemple : Groupe de travail sur *les taxes intérieures brésiliennes*, IBDD, Volume II/199-200, §13-16 ; Groupe de travail sur *les mesures discriminatoires appliquées par l'Italie à l'importation de machines agricoles*, IBDD, S7/67, §11-12 ; Groupe spécial, *CEE - Mesures appliquées aux protéines destinées à l'alimentation des animaux*, *op. cit.*, §4.10 ; Groupe spécial, *Canada - Administration de la Loi sur l'examen de l'investissement étranger*, IBDD, S30/177-178, §6.6 ; Groupe spécial, *États-Unis - Taxes sur le pétrole et certains produits d'importation*, *op. cit.*, §5.1.1-5.1.9.
210 Groupe spécial, *États-Unis – Article 337*, *op. cit.*, §5.14.

une telle possibilité introduirait une grande incertitude quant aux conditions de concurrence[211].

Dans l'affaire *États-Unis – Essence*, constituant un exemple illustrant parfaitement les propos déjà développés, le Groupe spécial[212] a dû se prononcer sur une législation américaine conduisant à traiter différemment les importateurs et les producteurs nationaux d'essence. Cette réglementation imposait un niveau élevé de qualité afin que l'essence puisse circuler librement sur le territoire à un prix convenable. Or, le contrôle effectué sur les produits nationaux n'était réalisé que le premier jour d'une période définie, contrairement au contrôle permanent fait sur les produits importés à chaque entrée sur le territoire. Pour ainsi dire, l'essence nationale ne devait être de qualité supérieure que le premier jour de cette période et pouvait, ensuite, être remplacée par un produit de qualité moindre. Cette astuce, quelque peu illicite, était donc réservée aux seuls producteurs nationaux. L'essence importée ne pouvait en bénéficier sous peine, pour l'importateur, de devoir en abaisser conséquemment le prix.

Selon le Groupe spécial, l'application de l'article III-4 exige une égalité effective des conditions de traitement. Or dans ce cas d'espèce, le libre jeu de la concurrence est faussé en faveur du produit national similaire. Ce traitement est donc bien contraire à la disposition de l'Accord général ainsi visée.

La déduction d'une différence de traitement frappant les produits importés et découlant de l'application d'une mesure non fiscale, permet de sanctionner cette dernière comme étant contraire à l'article III-4. La démonstration d'un effet protecteur n'étant pas nécessaire, il semble que le démantèlement des discriminations non fiscales soit plus aisé à réaliser que celui des mesures ayant un caractère fiscal.

b. L'article III-2, 1ère et 2e phrase, ou l'opposition entre les expressions « supérieures à » et « n'est pas frappé d'une taxe semblable »

L'article III-2 du GATT est, comme cela a pu être dit à l'inverse, le corollaire fiscal de l'article III-4. La comparaison, qui pourrait être réalisée entre les expressions utilisées par les deux phrases de l'article III-2, révèle une opposition conforme à celle existant entre « les produits similaires » et « les produits concurrents ou substituables »[213].

L'article III-2, 1ère phrase, dispose que les produits importés ne seront pas frappés de taxes ou autres impositions intérieures « supérieures à » celles qui frappent les produits nationaux similaires. Dans ce cas, la formule employée signifie « n'importe quel » montant de taxe sur les produits importés « supérieur à » celui frappant les « produits nationaux similaires ».

---

[211] Le principe de prohibition de toute compensation entre mesures positives et mesures négatives a été appliqué à l'article I-1 ; voir, Groupe spécial, *États-Unis - Refus d'accorder le traitement NPF aux chaussures autres qu'en caoutchouc en provenance du Brésil*, rapport adopté le 19 juin 1992, IBDD, S39/142, §6.10.

[212] Groupe spécial, *op. cit.*, §6.10 ; la question soulevée opposait des producteurs nationaux à des importateurs sans s'interroger sur la taille de chacun d'eux. Un autre Groupe spécial a été confronté à ce problème et a considéré que la différence de taille frappant plusieurs entreprises n'a pas d'effet sur l'applicabilité de l'article III-4 : Groupe spécial, *États-Unis – Mesures affectant les boissons alcooliques et les boissons à base de malt, op. cit.*, §5.19.

[213] Voir *supra*.

L'expression visée par la note interprétative de l'article III-2, 2e phrase, à savoir, remise dans son contexte, le rapport entre le produit importé imposé et un produit concurrent ou substituable qui « n'est pas frappé d'une taxe semblable », doit donc avoir un sens autre que celui qui est donné à l'expression de la première phrase[214]. Ce constat, confortant le contraste existant entre similarité et concurrence ou substituabilité, démontre la nécessité de recourir à des critères distincts afin d'interpréter correctement chacune de ces formules. Si cela n'était pas le cas, les expressions « produits similaires » et « produits concurrents » auraient une signification identique[215], vidant les mots employés dans les textes du sens différent qu'il convient de leur donner, ce qui conduirait, par là même, à nier l'existence d'une quelconque distinction.

De manière objective, cela revient à dire qu'une taxe peut peser plus lourdement sur les produits importés sans que cela soit suffisant pour en déduire le fait que ces produits « directement concurrents ou substituables » « ne sont pas frappés d'une taxe semblable » en application de l'article III-2, 2e phrase. Malgré cela, l'écart de taxation ne doit pas être négligeable. Dans le cas inverse, les produits en cause pourraient être présumés comme étant frappés d'une taxe semblable. Cette nécessité rend indispensable l'accomplissement, de la part des groupes spéciaux, de vérifications systématiques de l'écart de taxation[216]. Pour que les produits en concurrence ne soient pas considérés comme étant frappés de taxes semblables, la charge fiscale pesant sur les produits importés doit être plus lourde que celle pesant sur les produits nationaux, charge que les groupes spéciaux ainsi que l'Organe d'appel qualifient de « plus que de *minimis* »[217].

Les analyses ainsi effectuées sont démonstratrices du fait qu'il existe une différence d'approche entre rapport de similarité et rapport de concurrence ou de substituabilité. En effet, bien qu'il soit plus aisé de constater un rapport de concurrence, ce dernier se trouve étroitement encadré et ne permet pas de conclure à une discrimination aussi simplement que cela peut l'être en présence d'un rapport de similarité. Comme l'a rappelé l'Organe d'appel dans l'affaire *Japon – Boisson alcoolique II*, une mesure fiscale n'est incompatible avec l'article III-2, 2e phrase, que si trois conditions sont réunies : il faut démontrer que les produits en opposition sont dans une situation de concurrence ou de substituabilité ; ceux-ci ne doivent pas être frappés d'une taxe semblable ; cette différence d'application doit avoir pour objet de protéger la production nationale[218].

Or, c'est cette dernière condition protectionniste qui constitue en réalité un point d'achoppement entre les deux situations. Celle-ci n'est effectivement pas exigée pour l'application de la première phrase de l'article III-2, à savoir celle concernant le rapport de similarité[219].

---

[214] Organe d'appel, *Japon – Boissons alcooliques II, op. cit.*, p.32.
[215] *Ibidem.*
[216] Groupe spécial dans la même affaire, §6.33.
[217] Voir, par exemple, Organe d'appel, *Chili – Taxes sur les boissons alcooliques*, rapport adopté le 13 décembre 1999, WT/DS87/AB/R, WT/DS/110/AB/R, §45, p.14.
[218] Organe d'appel, *Japon – Boisson alcoolique II, op. cit.*, §47, p.15.
[219] Ce point sera d'ailleurs développé plus loin.

c. La notion d'« avantage » au sens du principe du traitement de la nation la plus favorisée

Contrairement aux notions « négatives » dont il est fait usage dans l'article III du GATT à propos du principe du traitement national, l'article I, se rapportant au traitement de la nation la plus favorisée, envisage de manière « positive » la différence de traitement dont la déduction conduira à l'affirmation d'une discrimination[220].

Cet aspect positif dont les raisons découlent des termes mêmes de l'article I-1, ressort du fait que *tous avantages, faveurs, privilèges ou immunités accordés par une partie contractante à un produit originaire ou à destination du territoire de tout autre pays seront, immédiatement et sans condition, étendus à tout produit similaire originaire ou à destination du territoire de toutes les autres parties contractantes.*

En effet, le fait que cette différence de traitement découle non pas d'un désavantage subi par les produits importés, mais plutôt du défaut d'extension d'un avantage à l'ensemble des États membres de l'OMC, semble conférer à la situation décrite par cette disposition un caractère d'apparence moins contraignant que celui qui peut transparaître de l'article III.

Cependant, ce leurre terminologique ne doit en rien aveugler l'interprète ; l'introduction du « traitement de la nation la plus favorisée » dans l'Accord général résulte d'une longue expérience acquise dans le cadre des relations commerciales internationales. Celle-ci a démontré les bienfaits d'une telle clause dans la libération des échanges.

S'agissant du premier des termes employés par cette disposition, une tentative de définition de ce qui peut être considéré comme étant un « avantage » renvoie inexorablement à des synonymes tels que faveurs, privilèges, immunités [etc.]. Certes, les termes avancés par l'article I-1 lui-même font preuve d'un choix non empreint d'innocence. Effectivement, les expressions redondantes citées dans l'entame de cette disposition n'apportent pas de réels éclaircissements sur la portée qu'il est possible de leur conférer. Tout au plus, la répétition ainsi opérée renseigne sur la volonté des auteurs de l'Accord général d'en réaliser une interprétation suffisamment vaste.

Cette large vision est d'ailleurs corroborée par les différents rapports des groupes spéciaux. Ainsi, le Groupe spécial *États-Unis – Chaussures brésiliennes*[221] a donné une définition relativement large du terme « avantage ». Dans cette affaire, une simple application rétroactive d'une mesure, abrogeant en l'occurrence des droits compensateurs, a été considérée comme étant un avantage au sens de l'article I-1. De

---

[220] À un degré moindre, cet aspect positif se retrouve dans la lettre de l'article II-1, a). En effet, cette disposition soulève le fait que chaque membre de l'OMC « accordera aux autres [membres] un traitement qui ne sera pas moins favorable que celui qui est prévu de la liste correspondante annexée au présent Accord ». Certes, l'expression « un traitement qui ne sera pas moins favorable » rappelle celle employée par l'article III-4, à savoir « un traitement moins favorable ». Toutefois, cette dernière phrase exprimant, comme la première, l'égalité de traitement, est introduite par un verbe à connotation négative, à savoir « soumettre [à]» ; en revanche, la première phrase est, quant à elle, précédée par le verbe « accorder » qui présente un caractère plutôt positif.
Cette analyse est cependant amoindrie à la lecture de l'article II-1, b) (usant du verbe « soumettre ») mais qui se cantonne malgré tout au seul domaine des droits de douane. Cette idée est aussi perceptible à lecture de l'article II-1 de l'AGCS qui introduit la question du TNPF dans le cadre de la libération mondiale des services.

[221] Groupe spécial, *op. cit.*, §6.9.

manière générale, il s'agit de toute sorte d'avantages, qu'ils soient tarifaires ou non tarifaires[222].

L'adjonction de l'adverbe « immédiatement » ne pose pas de problème quant à la compréhension de la valeur chronologique apposée au terme ainsi analysé. Cependant, le complément « sans condition » a lui fait l'objet de quelques développements jurisprudentiels. Ainsi, selon une jurisprudence constante, aucun avantage accordé au produit national ne peut, pour être étendu au produit importé, être subordonné à un critère qui n'a pas de rapport avec le produit importé lui-même[223].
De la même manière, les droits des Membres ne peuvent être subordonnés à des obligations contractuelles de droit privé en vigueur, ni même être affectés par de telles obligations. L'existence de telles conditions est incompatible avec le dispositif de l'article I-1 qui prévoit que les *avantages [...]* accordés aux produits d'un Membre doivent *immédiatement et sans condition* être étendus aux produits similaires importés des autres pays membres[224].
Dans l'affaire *Indonésie – Automobiles*[225], le Groupe spécial a analysé certains avantages tarifaires et fiscaux. Ainsi, la législation indonésienne prévoyait certaines détaxes en faveur des pièces détachées d'automobiles à la condition qu'elles soient utilisées pour le montage d'une voiture de production nationale. De la même manière, si le produit fini comprenait une teneur donnée en élément d'origine locale, de tels privilèges devaient alors être conférés aux producteurs. Des abattements fiscaux étaient également alloués aux entreprises dont l'activité impliquait une telle production. Il s'agit là de trois conditions considérées par le Groupe spécial comme incompatibles avec l'article I-1.

Les exemples développés ci-dessus ne prennent en considération que des cas de non-extension d'avantages ; toutefois, à l'occasion de certaines affaires, les groupes spéciaux ont été amenés à appréhender comme incompatibles avec l'article I-1, des mesures nationales dont l'application conduit ou pourrait conduire à une *annulation ou [une] réduction d'avantage*[226]. Il est vrai qu'une telle application de l'article I-1 du GATT induit une approche « négative » normalement dévolue à son article III. Ce rapprochement ne découle pas d'une simple coïncidence ; en effet, l'article I-1, dans sa deuxième phrase, renvoie aux paragraphes 2 et 4 de l'article III. Ce renvoi a pour effet de mettre en relation des conceptions pourtant opposées quant à l'approche à entretenir à l'égard des diverses notions exprimant la différence de traitement. En effet, comme cela a pu être examiné antérieurement, la démonstration de l'existence d'une différence de traitement, dans le cadre du processus de recherche d'une discrimination au regard de l'article III, peut ne pas être suffisante pour parvenir à la conclusion espérée. Un traitement différent apprécié dans le cadre de la deuxième phrase de l'article III-1 ne suffit pas en lui-même pour déceler l'existence d'une discrimination ; l'établissement

---

[222] *Ibidem*, §6.14.

[223] Groupe spécial, *Allocations familiales belges*, rapport adopté le 7 novembre 1952, IBDD, 1S/63 ; dans cette affaire, le Groupe spécial a condamné une mesure qui établissait une discrimination à l'égard des importations suivant le système d'allocations familiales qui était appliqué.

[224] Groupe de travail sur *l'accession de la Hongrie*, rapport adopté le 30 juillet 1973, IBDD, 20S/37.

[225] Groupe spécial, *Indonésie – Certaines mesures affectant l'industrie automobile*, rapport adopté le 2 juillet 1998, WT/DS54/R, WT/DS55/R, WT/DS59/R, WT/DS64/R, §14.146, p.397.

[226] Organe d'appel, *Communauté européenne – Régime applicable à l'importation, à la vente et à la distribution de bananes*, rapport adopté le 9 septembre 1997, WT/DS/27/AB/R.

d'un objectif protectionniste permettra alors d'y parvenir. Au contraire, l'analyse effectuée au regard de la première phrase de cette disposition, ou encore du paragraphe 4 de cet article III, ne nécessite pas une telle recherche. La référence à l'article III, paragraphes 2 et 4, réalisée par l'article I-1 semble dans cette optique cultiver une telle ambiguïté[227].

Le traitement de la nation la plus favorisée (TNPF) visé à l'article I-1 signifie que l'égalité de traitement doit être accordée par un Membre à l'ensemble des produits provenant des autres Membres. Le traitement national découlant de l'article III implique, quant à lui, l'égalité de traitement entre les produits nationaux et les produits importés. Ainsi, un litige mettant en cause le principe TNPF, dans la mesure où les produits venant de divers pays exportateurs ne sont pas traités de manière égalitaire, va bien souvent concerner de la même manière l'article III du fait qu'il y aura forcément une différence de traitement entre les produits qui sont déjà lésés sur le plan extérieur et les produits nationaux[228]. Il est certain que la multitude des parties présentes lors d'un litige va provoquer une multiplication des arguments soulevés lors de l'examen de l'affaire. Ces derniers pourront tantôt prendre appui sur l'article III-2, tantôt sur l'article III-4, mais la plupart du temps les deux dispositions seront concernées. De telle sorte que les possibilités de renvoi à l'article III-2 et III-4 ouvertes par l'article I-1 se trouvent vidées de leur sens.

Ce constat, hormis les commentaires abstraits ci-dessus avancés, ressort également d'un examen concret des moyens soulevés lors d'affaires traitées par les groupes spéciaux ; le fait que les différentes dispositions concernant le traitement national et le TNPF soient soulevées simultanément et automatiquement au sein des plaintes ne donne en aucun cas l'occasion aux instances multilatérales d'effectuer un quelconque renvoi[229].

Le rapport analysé ne se limite pas à la seule application concourante de ces deux principes. Le renvoi opéré par l'article I-1 de l'Accord général aux paragraphes 2 et 4 de l'article III ouvre certaines interrogations quant à une possible identité d'interprétation. En effet, dans le cadre de l'article III-2, 2e phrase, la recherche d'un objectif protectionniste semble nécessaire afin de conclure à l'existence d'une discrimination. Au contraire, cette question ne paraît pas requise en application de la 1ère phrase de cette disposition ainsi que de l'article III-4. De plus, le renvoi effectué par l'article I-1 à l'article III-2 et III-4 n'ajoute aucune précision quant à l'approche à

---

[227] Cette ambiguïté semble d'ailleurs corroborée par la définition de la notion d'« avantage » donnée dans l'affaire *États-Unis – Chaussures brésiliennes*. En effet, le Groupe spécial a envisagé un avantage comme pouvant découler d'une mesure de nature tarifaire, mesure aussi visée dans l'article III-2, mais aussi de nature non tarifaire, appréhendée de la même manière par l'article III-4.

[228] Cette hypothèse doit toutefois être écartée s'il s'agit d'un avantage tarifaire auquel cas seuls les produits importés sont affectés.

[229] Il est clair que les affaires pour lesquelles seuls des problèmes de TNPF sont présents ne demanderont aucun examen au regard du traitement national, et inversement. Toutefois, un certain nombre de rapports fait référence à ces deux principes. Par exemple : rapports des Groupes spéciaux, *Allocations familiales belges*, *op. cit.*, §§1.2 et 3.1 ; *Taxes spéciales à l'importation instituées par la Grèce*, rapport adopté le 3 novembre 1952 (par le Groupe des réclamations), IBDD, 1S/51, §11 ; *Mesures discriminatoires appliquées par l'Italie à l'importation de machines agricoles*, *op. cit.*, §15 ; *États-Unis – Mesures affectant les marchés publics*, rapport adopté le 26 juin 1997, WT/DS88/R ; *Canada – Certaines mesures affectant l'industrie automobile*, rapport adopté le 8 juillet 1998, WT/DS139/R ; *États-Unis – Mesures affectant les textiles et les vêtements II*, rapport adopté le 31 juillet 2000, WT/DS151/R ; Organe d'appel, *Communauté européenne – Régime applicable à l'importation, à la vente et à la distribution de bananes*, *op. cit.*

entretenir à l'égard de cette question. Cette lacune, qui pourrait être préjudiciable à l'application uniforme du principe TNPF, n'est pourtant pas débattue par la jurisprudence multilatérale. Cette dernière, occultant totalement le problème, considère par cette ignorance que la seule différence de traitement ressortant de l'absence d'extension d'un avantage suffit à elle-même pour affirmer le caractère discriminatoire de cette carence.

Toutefois, les interactions envisageables entre les articles I[230] et III sont incontestables malgré les quelques points d'achoppement qui ont pu être développés précédemment. Ainsi, en matière de similarité des situations, les groupes spéciaux calquent les critères d'interprétation utilisés dans le cadre de l'article I de l'Accord sur ceux établis pour l'application de l'article III[231]. Concernant le point dont il est question dans ce paragraphe, à savoir celui de la différence de traitement, certains éléments relevés lors de l'interprétation jurisprudentielle de l'article III sont également d'application dans le domaine du TNPF. En effet, un groupe spécial a estimé que, dans le cadre de l'article III-2, 1ère phrase, les mesures qui n'ont qu'un effet négligeable sur le volume des importations ne peuvent être considérées comme instaurant un traitement différencié au détriment des produits importés[232]. L'Organe d'appel, citant cette dernière affaire à l'appui de son argumentation, envisage l'effet négligeable ou inexistant d'une mesure comme n'étant pas suffisant pour démontrer qu'un avantage conféré n'est pas « annulé ou compromis »[233].

L'article II-2, dans son point a), fait allusion à l'article III-2 ; la référence opérée dans ce cas a pour effet de souligner le caractère complémentaire de ces deux dispositions. Dès 1952, un groupe spécial[234] a d'ailleurs soulevé cette association en matière fiscale, en précisant que la première des deux dispositions concerne les impositions perçues à l'importation des marchandises, alors que la seconde traite des taxes ou impositions intérieures frappant les produits importés d'une manière plus forte que les produits nationaux. La complémentarité se pose clairement du fait qu'il s'agit de couvrir toute sorte de mesures fiscales susceptibles de frapper un produit dès son entrée sur le territoire jusqu'à sa distribution aux consommateurs.

Comme cela a été analysé plus avant, les dispositions de l'Accord général consacrées au TNPF ne semblent pas, selon la jurisprudence multilatérale, exiger la démonstration d'un objectif protectionniste afin de considérer une différence de traitement comme étant discriminatoire. Or, la corrélation existant entre les articles II-2 et III-2 pose quelques soucis d'interprétation relatifs au fait que pour les situations de concurrence ou de substituabilité visées par l'article III-2, 2e phrase, la démonstration d'un quelconque protectionnisme est nécessaire, à l'inverse de ce qui est requis pour les situations de similarité traitées par la deuxième phrase dudit article. Certes, l'absence de discussion en la matière, lors des litiges examinés par les groupes spéciaux, a pour effet de résoudre l'équation par la suppression de toute inconnue quant à la potentielle

230 L'article I du GATT est cité ici à titre général afin de décrire l'ensemble des dispositions traitant du TNPF. L'article II, concernant les dispositions applicables aux « listes de concessions » consenties par les États membres, ainsi que l'article XXIII, dont l'objet est d'assurer la « protection des concessions et des avantages », doivent être sous-entendus dans la disposition générique utilisée.

231 Voir, *supra*.

232 Groupe spécial, *États-Unis – Fonds spécial*, rapport adopté le 17 juin 1987, IBDD, S34/154, §5.1.9.

233 Organe d'appel, *CE – Bananes*, *op. cit.*, §253, p.123.

234 Groupe spécial, *Taxes spéciales à l'importation instituées par la Grèce*, *op. cit.*, §11.

recherche d'un but protecteur. Toutefois, cette accumulation de points tangents entre les deux principes a pour effet de multiplier les risques de confusion. Pour cette raison, quelques éclaircissements de la part de la jurisprudence multilatérale auraient été peut-être les bienvenus.

2. La sobriété des exposés communautaires

Les complications auxquelles sont confrontés de manière itérative les interprètes multilatéraux dans la détermination de toute différence de traitement ne transparaissent pas, *a contrario*, des analyses réalisées par le juge communautaire.

Effectivement, malgré le fait qu'elle tente d'asseoir son raisonnement sur une construction tripartite, gage de stabilité, la Cour de justice ne semble guère disposée à argumenter de manière solide les bases de son analyse et se contente simplement d'établir les éléments lui permettant d'établir l'existence d'une discrimination condamnable.

Ainsi, de manière indiquée, elle a considéré qu'afin de démontrer l'existence d'une différenciation, en l'occurrence fiscale, il fallait rechercher si cette distinction était, *en fonction d'un critère objectif, directement ou indirectement discriminatoire et si elle [était] de nature à protéger les productions nationales concurrentes à l'égard des importations en provenance d'autres États membres*[235].

Toutefois, cet énoncé faisant ressortir une analyse en trois points ne remplit pas toutes ses promesses. Traditionnellement, le critère objectif dont il est question ne pose pas de réels problèmes quant à sa détermination. La discrimination ressort alors d'une différence de traitement empreinte d'un protectionnisme qui apparaît dès lors qu'elle induit un avantage pour la production nationale. Le premier point est destiné à exposer les situations en opposition sur lesquelles repose le traitement supposé différent ; il découlera généralement d'une simple déduction après lecture des faits. Le deuxième point, essentiel dans le présent examen, aborde la question centrale du traitement différent en tant que tel, et non vraiment la notion de discrimination, car celle-ci ne peut ressortir que d'une corrélation entre cette différence de traitement et la recherche d'une possible protection de la production nationale. L'ultime condition avancée, qui ne correspond pas au propos à traiter présentement, verra son intérêt réapparaître au sein du développement suivant.

Ces déductions peuvent être illustrées de manière explicite par l'exposé succin de quelques exemples, sans toutefois envisager l'aspect protectionniste qui fera l'objet, comme cela vient d'être dit, de l'étude qui suit.

En matière de discrimination fiscale, en application de l'article 90, le contentieux de la « supervignette » constitue sans nul doute la construction la plus élaborée de la Cour de justice[236]. Ainsi, une loi française de 1956 instituait une taxe différentielle sur les automobiles d'une puissance fiscale supérieure à 16 chevaux, alors que, pour les catégories inférieures à cette puissance, la taxe était établie de manière progressive.

Le critère objectif ressort indéniablement d'une différenciation par catégorie fiscale. La différence de traitement va donc être appliquée aux divers paliers de cette classification

---

[235] CJCE, 16 décembre 1986, *Commission des Communautés européennes c/ République italienne*, aff. n°200/85, Rec., p.3953, pt.9.

[236] Dictionnaire Permanent Droit Européen des Affaires, Feuillets 42, 2 novembre 1999, p.1710, n°40.

automobile. Cette différenciation laisse transparaître un caractère discriminatoire ; toutefois, elle permet également de clarifier un objectif protectionniste. C'est pour cette raison que la Cour allie ces deux éléments afin de justifier toute sanction d'une mesure contraire à l'article 90 CE[237].
D'une manière similaire, de nombreuses affaires concernant des accises sur les alcools ont mis en exergue la simplicité de la démarche par laquelle la Cour aboutit à une différence de traitement. S'appuyant sur une distinction des boissons alcooliques, opérée en fonction du degré alcoolique de chacune d'entre elles, elle se contentera de dégager la différence de taxation grevant chaque niveau éthylique. Comme pour l'exemple de la « supervignette », le qualificatif de discriminatoire joint à l'objectif protectionniste permettra de sanctionner la mesure en cause[238].

De manière générale, une différence de traitement découle forcément d'une opposition entre au moins deux situations. Ainsi, en application de l'article 141 CE, prévoyant *l'égalité des rémunérations entre travailleurs masculins et féminins pour un même travail ou un travail de même valeur*, l'opposition ressort certes, comme on l'a vu, du sexe des travailleurs, mais dans le cas présent, des rémunérations. Le texte est explicite sur le fait que seules les différences de rémunération à travail égal ou de même valeur peuvent être constitutives de discriminations. Dans ce cas, les différences de traitement se suffisent à elles-mêmes pour constituer de telles discriminations dans la mesure où il n'est pas indispensable de démontrer le caractère protecteur d'une quelconque production nationale. Autrement dit, cet article est limité quant à sa portée et il faut rechercher dans d'autres dispositions, la prise en compte de discriminations fondées sur d'autres critères dont peuvent souffrir les travailleurs masculins et féminins[239].

Ainsi, l'article 39 consacré à la libre circulation des travailleurs à l'intérieur de la Communauté prohibe toute discrimination fondée sur la nationalité, *en ce qui concerne l'emploi, la rémunération et les autres conditions de travail.* Il ne s'agit pas ici d'opposer des situations concernant les sexes, mais des situations touchant des travailleurs de nationalités différentes. La différence de traitement naîtra, selon le paragraphe 3 de cet article, de l'impossibilité

a) de répondre à des emplois effectivement offerts,
b) de se déplacer à cet effet librement sur le territoire des États membres,
c) de séjourner dans des États membres afin d'y exercer un emploi conformément aux dispositions législatives, réglementaires et administratives régissant l'emploi des travailleurs nationaux,

---

[237] Les arrêts servant de source à notre exposé, seront développés dans la partie consacrée à la question du caractère protectionniste des mesures en cause.
[238] *Ibidem.*
[239] L'article 114 est placé dans une partie du Traité CE consacrée à la politique sociale, c'est-à-dire destinée à éviter toute distorsion de concurrence entre les entreprises, ce qui est le cas du « dumping social ». Pour cette raison, seules les rémunérations sont visées par cette disposition. Une série de directives, indépendamment du carcan imposé par le cadre social de l'article 114, ont posé un principe général d'interdiction de toute discrimination fondée sur le sexe pour tout ce qui concerne les relations de travail ; voir, F. SCHOCKWEILLER, *La dimension sociale et humaine de la Communauté européenne*, RMUE, 1993, pp.11 et 21.

d) *de demeurer, dans des conditions qui feront l'objet de règlements d'application établis par la Commission, sur le territoire d'un État membre, après y avoir occupé un emploi*[240]

alors, que toutes ces opportunités sont ouvertes aux nationaux.

De la même manière, toute discrimination à la liberté d'établissement des ressortissants d'un autre État membre est prohibée en vertu de l'article 43 du Traité, interdiction qui s'étend *aux restrictions à la création d'agences, de succursales ou de filiales.*

L'exposé ainsi réalisé prend appui sur les textes mêmes du Traité. La Cour n'assoit son raisonnement visant à déceler une quelconque discrimination que sur la déduction d'une différence de traitement.

III.- L'effet protecteur de la mesure en question

Dans quelques cas, spécifiques au droit multilatéral, l'effet protecteur d'une mesure doit être associé à la différence de traitement constatée afin d'en faire ressortir le caractère discriminatoire (A). Le droit communautaire, quant à lui et selon les cas, envisage l'effet protecteur et le caractère discriminatoire comme étant indissociables, voire parfois permutables (B).

A. La notion de « de manière à protéger » prévue à l'article III-2, 2e phrase, de l'Accord général

Une fois analysé le fait que les situations en présence ne sont effectivement pas frappées d'une taxe semblable, au sens de l'article III-2, 2e phrase, il est nécessaire d'examiner si la taxe supérieure frappant les produits importés présente une finalité protectrice. Ce n'est que par l'affirmation de cet objectif que la conclusion discriminatoire pourra alors être émise.

Il s'agit d'une mesure qui se voit appliquée *d'une manière qui confère une protection*[241]. Il n'est cependant pas nécessaire d'en faire ressortir l'intention, la volonté des États de protéger la production nationale. En effet, l'intention protectionniste laisse apparaître une subjectivité rendant aléatoire une quelconque tentative d'en cerner le contenu à tout le moins dans la mesure où cela s'avère possible tant cette volonté se montre parfois impénétrable[242]. De plus, cet examen ne présenterait que peu d'importance du fait qu'en réalité ce qui est en cause n'est autre que la manière dont la mesure est appliquée[243].

Cependant, la démonstration de l'existence d'une taxation protectrice sera dépendante des circonstances particulières à chaque cas d'espèce. Dans la mesure où *même de faibles différences de taxation [peuvent] influer sur le rapport compétitif*[244], il semble qu'il existe un niveau minimal en dessous duquel les effets d'une taxe ne peuvent être envisagés comme protecteurs.

---

[240] Hors les cas prévus au paragraphe 4 du même article, selon lequel, « les dispositions du présent article ne sont pas applicables aux emplois dans l'administration publique ».

[241] Organe d'appel, *Japon – Boissons alcooliques II, op. cit.*, p.33.

[242] Organe d'appel, *Chili – Boissons alcooliques, op. cit.*, §56.

[243] Organe d'appel, *Japon – Boissons alcooliques II, op. cit.*, p.34.

[244] Groupe spécial, *Japon – Boissons alcooliques I, op. cit.*, §5.11

Le Groupe spécial en charge de l'affaire *Japon – Boissons alcooliques I*[245] a établi plusieurs facteurs permettant d'établir le caractère protecteur de la taxe. Les éléments de preuve ainsi soulevés consistent en une comparaison du taux des taxes, beaucoup plus faible pour le producteur national, en l'imposition de taxes *ad valorem*, élevées pour les produits importés et absentes pour les produits nationaux, en l'exclusivité de la production du produit en cause sur le territoire national et, enfin, en la substituabilité mutuelle de ces produits.

La réunion de ces facteurs a pour conséquence de rendre contraire aux articles III-1 et III-2, 2e phrase, une taxe frappant les produits importés dans la mesure où l'aspect protectionniste de cette mesure traduit le caractère discriminatoire alors prohibé.

Ainsi, d'une manière générale, afin de vérifier si la taxation en cause est appliquée de manière à protéger la production nationale, il est nécessaire de procéder à une *analyse globale et objective de la structure de la mesure en question et de la manière dont elle est appliquée aux produits nationaux par rapport aux produits importés*[246]. Cependant, une mesure élaborée à des fins protectionnistes n'est pas facile à identifier. Certains éléments, tels que sa conception, ses principes de base et sa structure, sont révélateurs d'un tel caractère. Pour ainsi dire, selon le cas d'espèce, l'approche et la conclusion des groupes spéciaux seront différentes.

Pour les situations qui ne sont « pas [frappées] d'une taxe semblable » et pour lesquelles il est constaté que la taxe en question pourrait avantager les produits nationaux, la protection alors assurée à ces produits ne peut en fait découler que d'une analyse du niveau effectif de taxation. Comme cela a été dit, pour que la taxation appliquée d'une manière différenciée assure une protection, il suffit que cette différence soit employée d'une manière autre que *de minimis*[247].

C'est-à-dire que dans certains cas d'espèce, la distance entre le taux de la taxe frappant les produits nationaux et celui de la taxe grevant les produits importés similaires est si faible qu'il est indispensable de recourir à un certain nombre d'éléments supplémentaires afin de déterminer le caractère protecteur du second des deux taux.

A contrario, il est clair qu'un écart d'une ampleur relativement importante peut constituer l'élément de preuve essentiel d'une position protectionniste ; à tel point qu'il peut parfois suffire à lui-même[248].

Reprenant avec des termes sensiblement différents les critères établis par le Groupe spécial *Japon – Boissons alcooliques I*, le Groupe spécial *Chili – Boissons alcooliques*[249] met en exergue la liaison qui peut exister entre la taxation supposée discriminatoire alors mise en application et le système général de réglementation dont l'attitude laisse percevoir un élan protecteur évident.

Ce Groupe spécial a établi cinq points servant d'assise au raisonnement permettant de conclure à l'existence d'une protection de laquelle découle une discrimination. Tout d'abord, il va s'efforcer d'analyser le système général de taxation de l'État en cause, ce qui va lui permettre de dresser le contexte général dans lequel se situe la mesure en question. Cela peut ainsi mettre en relief certains signes annonciateurs d'un éventuel

---

245 *Ibidem*.
246 Organe d'appel, *Japon – Boissons alcooliques II*, *op. cit.*, p.35.
247 *Ibidem.*, p.37.
248 *Ibidem*.
249 Groupe spécial, *Chili – Taxes sur les boissons alcooliques*, rapport adopté le 15 juin 1999, WT/DS87/R, WT/DS110/R, §7.159, p.221.

protectionnisme. Ensuite, l'examen de l'ampleur des écarts de taxation frappant les produits similaires va alors autoriser l'appréciation d'une discrimination ; cet examen, associé aux trois derniers points, à savoir la recherche d'une interaction entre ce système de taxation et la réglementation commerciale du pays, l'absence ou la présence de lien entre l'objectif déclaré de ce système et le résultat constaté et, enfin, la liaison entre ce système dont une taxe est supposée discriminatoire et un possible système antérieur déjà déclaré comme tel, permettra alors de statuer définitivement sur la contrariété de la taxe incriminée avec les principes énoncés par l'Accord général.

Il est à noter toutefois, concernant le dernier point formulé, que la prise en compte de l'ancien système de taxation ayant déjà fait l'objet d'une déclaration d'invalidité au regard des textes du GATT, ne doit pas conduire de manière instantanée les groupes spéciaux y faisant référence à conclure au caractère protecteur du nouveau système[250]. Cependant, une protection conférée antérieurement à la production nationale peut être un facteur pertinent d'évaluation des préférences actuelles des consommateurs et de la structure actuelle d'un marché étant donné qu'elles ont peut-être été influencées, en partie, par cette protection antérieure[251].

B. L'indissociabilité ou la permutabilité de l'effet protecteur et du caractère discriminatoire en droit communautaire

La démonstration d'un effet protecteur permet de déduire d'une différence de traitement qu'elle est en réalité discriminatoire. Cette affirmation subordonne donc la recherche d'une éventuelle protection à l'établissement préalable d'une différence de traitement. Or, cette approche, qui est celle accueillie casuellement par le droit multilatéral, n'est pas appréhendée de la sorte par la jurisprudence communautaire. Il semble que cette dernière envisage le caractère discriminatoire ainsi que l'effet protecteur d'une mesure comme étant les conséquences directes d'une différence de traitement entre divers produits. En effet, les termes utilisés par la Cour de justice sont sans équivoque en la matière. Lorsqu'elle pratique l'examen d'une mesure dont l'application débouche inévitablement sur un alourdissement des charges ou obligations pesant sur un produit en général importé, par rapport à la situation alors favorable d'un autre produit concurrent qui à l'inverse du premier est national, la Cour décrète alors que la disposition sous examen produit « un effet discriminatoire ou protecteur »[252].

Cette liaison dissocie deux expressions qui découlent pourtant d'une même cause, la différence de traitement. Cependant, il est certain qu'une mesure analysée comme discriminatoire à l'égard des produits importés et qui de surcroît est injustifiée ne peut être envisagée que comme apportant un degré non négligeable de protection à la production nationale. Considérée de la sorte, la protection apparaît comme la résultante d'une discrimination. Cette dernière, en tant qu'instrument protectionniste, n'est alors employée qu'en vue d'un seul dessein qui n'est autre que celui d'assurer un contexte conséquent de prospérité à la production nationale.

---

250 Organe d'appel, *Chili – Boissons alcooliques, op. cit.*, §74, p.25.

251 Organe d'appel, *Corée – Taxes sur les boissons alcooliques*, rapport adopté le 17 septembre 1998, WT/DS75/AB/R, WT/DS84/AB/R, §120, p.38.

252 Comme nous le verrons par la suite, cette formule est systématiquement reprise dans les conclusions exposées par la Cour de justice.

Toutefois, une mesure considérée comme discriminatoire peut parfois ne pas avoir d'effet protecteur. Cette possibilité ne peut avoir pour conséquence de soustraire une telle mesure à une potentielle condamnation de la part des juridictions communautaires. Cette raison est probablement à l'origine de l'association effectuée par la jurisprudence entre les caractères discriminatoire et protecteur d'une mesure. D'ailleurs, le fait que le Traité CE prévoit des dispositions prohibant toute différence de traitement à raison du sexe, critère de différenciation rendant difficile toute idée protectionniste[253], corrobore l'approche selon laquelle les expressions ici étudiées ne doivent pas être appréhendées comme étant des résultantes l'une de l'autre. Leur association découle donc du fait qu'elles sont toutes deux en réalité la conséquence d'une différence de traitement et, à ce titre, l'établissement d'une telle différence, qu'elle soit à la base d'une discrimination simple ou débouchant sur une protection, aboutit incontestablement sur la sanction de la mesure en cause.

Ces précisions apportées, les exemples cités lors de l'examen de la question relative à la différence de traitement peuvent servir de base à une illustration concrète du concept de protection comme envisagé par la jurisprudence communautaire.

De ce fait, les problèmes ayant trait aux taxations des automobiles en fonction de leur cylindrée ainsi qu'aux impositions sur les boissons alcooliques, bien que cantonnés dans le secteur spécifique de la fiscalité nationale, demeurent les exemples les plus révélateurs.

Ainsi, en premier lieu, comme cela a été démontré plus haut, il s'agit d'aborder ce que certains auteurs ont appelé la « supervignette »[254] et qui a fait l'objet d'un contentieux important devant la Cour de justice[255]. Le législateur français avait institué[256], dans un premier temps, une taxe spéciale sur les véhicules d'une puissance fiscale de plus de 16 CV alors que les constructeurs nationaux ne produisaient des véhicules que d'une puissance inférieure à 16 CV. La différence de traitement était incontestable dans la mesure où seuls les véhicules importés subissaient cette surtaxe. La Cour de justice rappelle pourtant couramment que les autorités nationales, en tant que détentrices quasi unanimes du pouvoir normatif en matière fiscale, restent libres de soumettre des produits à *un système de taxe de circulation dont le montant augmente progressivement en fonction d'un critère objectif*[257]. Ce critère objectif, s'agissant de la supervignette, ressort selon le législateur français d'une graduation de la taxation en fonction des différentes catégories de puissance fiscale sans tenir compte de la provenance de ces véhicules. Or, la progression du taux, proportionnelle jusqu'à 16 CV, subissait une

---

[253] Critère étudié plus haut.

[254] E. BANGOURA, *Le contentieux des supervignettes*, Droit fiscal, 1992, n°46, p.1793.

[255] Par exemple, concernant des affaires mettant en cause différents pays européens : CJCE, 11 décembre 1990, *Commission des Communautés européennes c/ Royaume-Uni et Danemark*, aff. n°C-47/88, Rec., p.I-4509 ; 5 avril 1990, *Commission des Communautés européennes c/ République hellénique*, aff. n°C-132/88, Rec., p.I-3033 ; 16 juillet 1992, *Manuel José Lourenço Dias MJ c/ Director do Alfândega do Porto*, aff. n°C-343/90, Rec., p.I-4703 ; 17 novembre 1992, Commission des Communautés européenne c/ République hellénique, aff. n°C-105/91, Rec., p.I-5891 ; 9 mars 1995, *Fazenda Pública et Ministério Público c/ Américo João Nunes Tadeu*, aff. n°C-345/93, Rec., p.I-490 ; 23 octobre 1997, *Commission des Communautés européennes c/ République hellénique*, aff. n°C-375/95, Rec., p.I-598 ; 18 décembre 1997, *Didier Tabouillot c/ Directeur des services fiscaux de Meurthe-et-Moselle*, aff. n°C-284/96, Rec., p.I-7484 ; 29 avril 2004, *Harald Weigel et Ingrid Weigel c/ Finanzlandesdirektion für Vorarlberg*, aff. n°C-387/01, Rec., p.I-4981.

[256] Par un loi du 18 janvier 1980, n°80-30, *Loi de finance pour 1980*, JORF, Lois et décrets, 19 janvier 1980, p.147, article 16-II.

[257] Les différentes affaires qui seront citées ultérieurement reprennent toutes cette formule.

forte majoration par l'ajout d'une surtaxe au-delà de cette limite. La Cour, par le simple constat que seuls les véhicules importés souffraient de cette surtaxe du fait qu'il n'existait pas de production nationale de tels véhicules, a considéré que ce système présentait *des traits discriminatoires ou protecteurs*[258] contraires à l'article 90 CE[259]. Afin de mettre la réglementation française en conformité avec le droit communautaire, une loi[260] est venue supprimer cette taxe spéciale en intégrant les véhicules de plus de 16 CV au barème normal, avec toutefois une progressivité accrue au-delà de 15 CV. Ce nouveau système a également fait l'objet d'un recours devant la Cour de justice qui, sur une argumentation proche de celle développée dans l'affaire précédente, a considéré cette nouvelle disposition comme ayant également *un effet discriminatoire ou protecteur*[261]. Une loi[262] a alors modifié une nouvelle fois ce système en établissant des tranches de progressivité plafonnant à une puissance de 18 CV, et une catégorie unique pour les véhicules d'une valeur fiscale supérieure à cette puissance. Dans une nouvelle affaire, la Cour a dû déterminer si cette disposition avait encore *un effet discriminatoire ou protecteur*[263]. Pour cela, elle a basé sa recherche sur la question de savoir si cette augmentation était de nature à détourner le consommateur de l'achat de véhicules d'une puissance fiscale supérieure à 18 CV, tous de fabrication étrangère, au profit des véhicules de fabrication nationale. La Haute juridiction, rejetant le caractère discriminatoire ou protecteur de la nouvelle législation, a considéré que même dans le cas où le consommateur voit son choix guidé par un but d'économie, celui-ci peut se reporter vers l'achat d'un véhicule non national d'une puissance fiscale inférieure à 18 CV dans la mesure où la production de tels véhicules n'est pas l'apanage des seuls constructeurs locaux[264].
Ainsi, cette question, sans cesse ressassée par la jurisprudence, soulève l'attachement de la Cour à la recherche d'une différence de traitement démontrant « un effet discriminatoire ou protecteur ». L'exemple de la « supervignette » illustre parfaitement la liaison établie, en droit communautaire, entre la nature protectrice et le caractère discriminatoire d'une mesure, tous les deux sur un pied d'égalité comme conséquence d'un traitement différencié.

De la même manière, le domaine de la fiscalité des boissons alcooliques apporte une certaine matière à l'exposé dont il est ici question. En effet, les États membres, par le biais de ces taxes, entendaient de manière indirecte mettre un frein aux importations de boissons alcooliques provenant des autres États membres[265].

---

[258] CJCE, 9 mai 1985, *Michel Humblot c/ Directeur des services fiscaux*, aff. n°C-112/84, Rec., p.I-1367, pt.14.
[259] À l'époque, il s'agissait de l'ancienne numérotation, à savoir l'article 95.
[260] Loi n°85-695 du 11 juillet 1985, *Loi portant diverses dispositions d'ordre économique et financier*, JORF, Lois et décrets, 12 juillet 1985, article 18.
[261] CJCE, 17 septembre 1987, *Jacques Feldain c/ Directeur des services fiscaux du département du Haut-Rhin*, aff. n°433/85, Rec., p.3521, pt.19.
[262] Loi n°87-1061 du 30 décembre 1987, *Loi de finance rectificative pour 1987*, JORF, Lois et décrets, 31 décembre 1987, p.15532, article 20.
[263] CJCE, 30 novembre 1995, *Élisabeth Casarin, épouse Jacquier c/ Directeur des services fiscaux du Jura*, aff. n°C-113/94, Rec., p.I-4203, pt.22.
[264] *Ibidem*, pt.24.
[265] Voir D. BERLIN, *Droit communautaire et fiscalité : Surveillance communautaire des droits fiscaux nationaux*, Jurisclasseurs Europe, vol. 5, fasc. 1610, 1996.

De là, les États, en instituant des taux d'imposition frappant les boissons alcooliques importées supérieurs à ceux appliqués aux boissons alcooliques nationales en concurrence, élaborent des mesures instituant une réelle différence de traitement qui, selon la Cour de justice, présentent des traits discriminatoires ou encore un caractère protecteur[266]. Toutefois, contrairement à la formule employée en matière de « supervignette », la Cour fait plus souvent référence au caractère protecteur lors de l'examen de mesures nationales régissant le domaine des boissons alcooliques[267]. Effectivement, la finalité discriminatoire, bien que flagrante, n'est pas soulevée expressément par la jurisprudence. Celle-ci se trouve implicitement recouverte par l'énoncé de l'objectif protectionniste de la mesure en cause.
Aussi, par exemple, le législateur français avait introduit une distinction entre les eaux-de-vie de vins ou de fruits de dénomination d'appellation contrôlée, les eaux-de-vie de vins ou de fruits produites par de petits exploitants et les eaux-de-vie de céréales. Sur ces divers alcools étaient perçus des droits de consommation et de fabrication dont les taux divergeaient selon la catégorie d'alcool. Pour les eaux-de-vie de céréales, ces taux étaient beaucoup plus élevés que pour les autres catégories. Or, ces dernières productions, c'est-à-dire de vins et de fruits, étaient des productions locales. La Cour, après s'être livrée à une comparaison des différentes eaux-de-vie, a considéré qu'il s'agissait d'un ensemble global dont les éléments devaient être traités fiscalement de manière identique sous peine de laisser perdurer une situation protectionniste à l'égard des eaux-de-vie locales[268].

Dans d'autres secteurs comme celui de la libre circulation des travailleurs, seul domaine avec celui de la fiscalité intérieure des marchandises pour lesquels les dispositions du Traité utilisent littéralement le terme de « discrimination », la question du caractère protectionniste n'est en aucun cas abordée. Pourtant, une discrimination à raison de la nationalité frappant les travailleurs ressortissants d'un autre État membre a un effet protecteur certain à l'égard des travailleurs nationaux opérant dans le même secteur d'activité. L'approche textuelle est d'ailleurs entérinée par la jurisprudence qui n'examine les problèmes liés à l'application de l'article 39 CE qu'au regard du seul effet discriminatoire découlant d'une différence de traitement[269].

---

[266] Plus d'une vingtaine d'affaires pourraient être citées à titre d'exemple. Toutefois, à titre indicatif : CJCE, 17 décembre 1976, *Rewe-Zentrale des Lebensmittel-Großhandels GmbH c/ Hauptzollamt Landau/Pfalz*, aff. n°C-45/75, Rec., p.I-181 ; 11 juillet 1989, *Commission des Communautés européennes c/ République italienne*, aff. n°C-323/87, Rec., p.I-2275 ; ou plus récemment, CJCE, 11 août 1995, *F. G. Roders BV et autres c/ Inspecteur der Invoerrechten en Accijnzen*, aff. jtes n^{os}C-367 à 377/93, Rec., p.I-2229 ; 5 octobre 2004, *Commission des Communautés européennes c/ République hellénique*, aff. n°C-475/01, Rec., p.I-8923.

[267] Voir par exemple, CJCE, 27 février 1980, *Commission des Communautés européennes c/ République italienne*, aff. n°169/78, Rec., p.385, pt.11 ; 15 juillet 1982, *COGIS (Compagnia Generale Interscambi) c/ Amministrazione delle Finanze dello Stato*, aff. n°216/81, Rec., p.2701, pts.10 et 11 ; 9 juillet 1987, *Commission des Communautés européennes c/ Royaume de Belgique*, aff. n°356/85, Rec., p.3299, pts.11 et ss ; mais aussi les affaires citées dans la note de bas de page précédente.

[268] CJCE, 27 février 1980, *Commission des Communautés européennes c/ République française*, aff. n°168/78, Rec., p.347.

[269] La plupart des arrêts rendus par la Cour, pour ne pas dire tous, antérieurs à 1995 et l'arrêt *Bosman* (15 décembre 1995, *Union royale belge des sociétés de football association ASBL c/ Jean-Marc Bosman, Royal club liégeois SA c/ Jean-Marc Bosman et autres et Union des associations européennes de football (UEFA) c/ Jean-Marc Bosman*, aff. n°C-415/93, Rec., p.I-4921) précisant l'introduction des entraves non discriminatoire en matière de libre circulation des travailleurs, n'appuient leur raisonnement que sur l'analyse de l'existence d'un comportement discriminatoire sans se soucier si ce dernier se caractérise par un objectif protectionniste ; voir par exemple, concernant les sportifs salariés, CJCE, 12 décembre 1974, *B.N.O.*

La Cour de justice, dans les cas présentés ci-dessus, base son analyse soit sur la démonstration d'un effet protecteur de la mesure nationale, soit sur son caractère discriminatoire. Cependant, et malgré l'article 12 CE prohibant toute discrimination à raison de la nationalité dans l'ensemble du Traité, les dispositions applicables dans les domaines de la circulation des marchandises, des services, des capitaux et de la liberté d'établissement, ne visent que la suppression des seules restrictions[270].

Dans le domaine des relations commerciales interétatiques, les mesures visant à protéger les activités économiques des États sont bien souvent le fruit de discriminations à l'égard des opérateurs étrangers. Ainsi, l'objectif protectionniste est sans conteste le fer de lance de toute opération de défense commerciale. C'est-à-dire que l'élaboration d'une réglementation discriminatoire sera réalisée qu'à cette seule et unique fin.

Pourtant et bien que le but affiché de toute réglementation internationale visant la libéralisation du commerce soit de réduire à son strict minimum toute velléité protectionniste des États, la démonstration d'un tel but protecteur ne semble pas, dans l'application de la plupart des dispositions, requis de manière impérative.

Ainsi, comme l'exprime avec force la position communautaire, la déduction d'un effet protecteur ou encore du caractère discriminatoire de la mesure en cause permet de rendre celle-ci condamnable au regard des différentes dispositions, qu'elles ressortent du Traité CE ou parfois de l'Accord général. En revanche, dans le seul cadre du GATT, certains textes préconisent un tel examen rendant alors la tâche beaucoup plus ardue.

En effet, l'article III-4 du GATT, visant la prohibition des discriminations non fiscales, ne nécessite pas la démonstration d'un effet protecteur. De même, l'article III-2, 1ère phrase, concernant les discriminations fiscales découlant d'une comparaison de situations similaires, ne tient également pas compte de la recherche d'un tel effet. Au contraire, la deuxième phrase de cet article, prenant comme source de comparaison l'opposition entre situations concurrentes, ne permet d'obtenir un tel constat discriminatoire que par la déduction du but protectionniste de la mesure fiscale en cause.

La constatation déjà établie lors de précédents développements met en relief certains points contestables. Les articles III-2, 1ère phrase, et III-4 concernent l'opposition de situations similaires. L'article III-2, 2e phrase, vise, quant à lui, les situations plus larges de concurrence. Toutefois, les situations de similarité visées par l'article III-4 ont été envisagées par la jurisprudence multilatérale plus largement que celles ressortant de l'article III-2, 2e phrase, c'est-à-dire comme appréhendant dans son entier le champ couvert par l'article III-2.

La recherche d'un objectif protecteur n'est indispensable que pour l'application des dispositions mettant en cause des situations concurrentes (article III-2, 2e phrase), et

---

Walrave, L.J.N. Koch c/ Association Union cycliste internationale, Koninklijke Nederlandsche Wielren Unie et Federación Española Ciclismo, aff. n°36/74, Rec., p.1405 ; 14 juillet 1976, *Gaetano Donà c/ Mario Mantero*, aff. n°13/76, Rec., p.1333 ; 15 octobre 1987, *Union nationale des entraîneurs et cadres techniques professionnels du football (Unectef) c/ Georges Heylens et autres*, aff. n°222/86, Rec., p.4097.

270 La notion de restriction, largement employée par la jurisprudence, présente un caractère beaucoup plus vaste que celui de discrimination. Toutefois, il est certain que dans la plupart des cas, les affaires traitées par les juridictions communautaires concluant à l'existence d'une restriction, concernent en réalité des problèmes de discriminations. Cette question sera développée dans la section suivante dans la mesure où, ne soulevant pas de manière explicite la notion de discrimination, son étude n'apporterait pas d'éclairage supplémentaire.

non pour celles soulevant des situations en position de similarité (articles III-2, 1ère phrase, et III-4). Or, comme cela vient d'être dit, la notion de similarité visée par l'article III-4 couvre également les situations de concurrence, comme celles visées par l'article III-2, 2e phrase.
Une contradiction apparaît donc quant à la position prise par les groupes spéciaux concernant cette question : une comparaison réalisée entre deux situations concurrentes afin de déceler une différence de traitement découlant de l'application d'une mesure fiscale ne suffit pas en elle-même pour conclure à l'existence d'une discrimination ; en revanche, une telle comparaison est suffisante en soi pour considérer une mesure non fiscale comme discriminatoire.
En définitive, cela revient à dire qu'il est préférable pour un État désirant exercer une politique protectionniste de multiplier les mesures fiscales du fait que le démantèlement de telles mesures est plus difficile à mettre en œuvre que celui concernant les dispositions non fiscales.

Ce point met en exergue les confusions ressortant de l'interprétation faite par la jurisprudence multilatérale des textes de l'Accord général. La Cour de justice, peut-être par le biais d'une expérience plus grande en la matière, développe des concepts concis, mais d'une efficacité certaine, assurant par là même une importante sécurité juridique.

SECTION 2
LES PRINCIPES COMMUNS D'HARMONISATION ET DE RECONNAISSANCE MUTUELLE DES LÉGISLATIONS NATIONALES

Faute de ne pouvoir supprimer l'ensemble des mesures commerciales discriminatoires, le rapprochement des législations nationales par la voie de leur harmonisation apparaît comme un mécanisme palliant les carences de l'interdiction des différences de traitement. Certes, un tel procédé est largement requis lors de la constitution d'un marché unique comme c'est le cas au sein du marché intérieur européen. Néanmoins, au niveau multilatéral, l'objectif final diverge quelque peu. En effet, le but du système commercial international n'est pas de créer un marché unique proprement dit. Il vise plutôt à affermir le principe central de libre-échange que constitue l'égalité de traitement. Également et de manière plus générale, il vise à réduire davantage les droits de douane et les autres barrières non tarifaires aux échanges et à assurer des conditions d'accès au marché équitables et transparentes. Dans une telle perspective, l'ensemble des accords de l'OMC constitue un cadre dans lequel doivent s'insérer les dispositions nationales afin d'obtenir la présomption de légitimité indispensable à leur respect mutuel. Ainsi, dans une telle optique, l'harmonisation prend une forme « passive »[271]. Cette conception s'écarte donc de celle prônée par le droit communautaire, laquelle préconise une véritable politique

[271] O. BLIN, *La Communauté européenne et le règlement des différends à l'OMC*, RDAI n°8, 1998, p.933.

interventionniste par le truchement d'un encadrement accru des domaines qu'il ne régit pas directement.

À cet égard, droit communautaire et droit multilatéral appréhendent similairement les procédés permettant d'atteindre leurs objectifs respectifs. Effectivement, dans certains domaines, ces droits interviennent directement et régissent seuls les secteurs visés. Dans d'autres, l'harmonisation permet d'assurer le rapprochement des législations de chacun des États membres sans pour autant rechercher leur unification. Il s'agit dans ce cas de laisser libres les pays de leurs compétences législatives, tout en les maintenant dans un carcan leur assurant une certaine homogénéité indispensable à une réduction des sources d'entraves au commerce (§1). En revanche, les deux systèmes recommandent indistinctement que les secteurs pour lesquels ni harmonisation ni intervention directe ne sont envisagées puissent bénéficier néanmoins du principe de reconnaissance mutuelle selon lequel chacun des États est tenu de reconnaître comme équivalente à la sienne la législation d'un autre pays membre du même système juridique (§2). Ces trois échelons dans la réglementation commerciale internationale sont d'une constance indubitable d'un système à l'autre. Les différences entre ces derniers résulteront donc d'un recours plus important à l'un des mécanismes précités plutôt qu'à un autre. Pour ainsi dire, le droit communautaire s'attache davantage à régir directement les domaines couverts, ne soumettant à l'harmonisation voire à la reconnaissance mutuelle qu'une part limitée des secteurs impliqués. En revanche, les textes de l'OMC fixent un cadre auquel doivent se conformer les législations nationales. À ce titre, le droit multilatéral, sans pour autant l'expliciter clairement, démontre une large propension à l'harmonisation, procédé beaucoup plus conforme au respect du principe de souveraineté encore largement ancré dans la pensée multilatérale[272].

§1. Le principe d'harmonisation des législations nationales

Le processus de rapprochement des législations commerciales nationales est utilisé de manière indistincte dans les systèmes communautaire et multilatéral (I). Néanmoins, chacun de ces blocs juridiques envisage différemment cet usage. Alors que le droit communautaire appréhende l'harmonisation des législations nationales comme un mécanisme de démantèlement parallèle au principe de non-discrimination, le droit de l'OMC le perçoit comme en étant le prolongement (II).

I.- L'harmonisation : un instrument commun de réglementation commerciale

Le rapprochement des législations nationales est indubitablement un moyen sûr de réduire les entraves au commerce. Effectivement, en homogénéisant dans une certaine mesure les normes étatiques, le risque d'observer des contrariétés dans les niveaux de protection offerts par chacun des systèmes juridiques nationaux s'en trouve d'autant plus limité. Cependant, malgré une certaine identité dans l'intérêt de recourir à

---

[272] Cela malgré le recul de cette souveraineté en matière économique ; à ce sujet, voir, P. ROSIAK, *Les transformations du droit international économique – Les États et la société civile face à la mondialisation économique*, Coll. Logiques juridiques, L'Harmattan, Paris, 2003, pp.234 et ss.

ce mécanisme (A), la méthodologie de mise en œuvre diffère quelque peu d'un système à l'autre tant par les instruments (B) que par les niveaux d'application (C).

A. Une identité d'intérêts quant au recours à l'harmonisation

Les systèmes communautaire et multilatéral envisagent la libéralisation des échanges commerciaux selon un processus similaire.
Tout d'abord, certaines dispositions visent explicitement la suppression des mesures nationales susceptibles d'entraver les échanges. Ainsi, les textes posant l'interdiction des discriminations ou encore de manière moins générale des restrictions quantitatives[273] constituent de telles dispositions. De même, dans un cadre purement communautaire, la suppression des droits de douane et taxes d'effet équivalent[274], des droits exclusifs d'importation et d'exportation, ainsi que l'aménagement des monopoles nationaux à caractère commercial[275] participent d'une même logique. Les prescriptions alors posées sont applicables telles quelles sans que s'avère indispensable la moindre mesure d'adaptation à cette fin. Également, le résultat des négociations tarifaires multilatérales, sans pour autant prôner d'interdiction formelle, doit être mis en œuvre sans ajustements rendus nécessaires par d'éventuelles spécificités juridiques locales.
Ensuite, certaines règles sont élaborées d'une telle manière qu'elles requièrent la création de structures normatives communes ou harmonisées, en particulier au moyen d'un rapprochement des législations nationales alors divergentes et ayant de ce fait une incidence sur le bon déroulement des échanges commerciaux. C'est donc dans le but de compléter les dispositions précédentes que le processus d'harmonisation trouve à s'appliquer. De ce fait, au niveau communautaire, il s'agit d'un procédé permettant de concourir à l'achèvement du Marché intérieur européen afin d'éliminer les entraves à la libre circulation qui pourraient passer au travers des différentes interdictions dont il a été fait un court énoncé ci-dessus. Au niveau multilatéral, les choses ne sont pas réellement différentes. Le but avoué de ce système juridique n'est certes pas d'unifier les droits commerciaux nationaux, mais plutôt d'éliminer les entraves aux échanges. Ainsi, de préférence à une approche positive conforme aux volontés communautaires et visant à assurer l'avènement d'une législation unique applicable sur l'ensemble des marchés nationaux, le droit multilatéral aborde l'harmonisation comme un mécanisme d'acception négative destiné à purger le commerce mondial des bribes protectionnistes passant au travers des mailles du filet tissé par le dispositif prohibant discriminations et autres mesures entravantes.

Dans un tel contexte, l'harmonisation s'avère comme supplétive de toute règle commerciale de portée générale et obligatoire à l'échelle internationale. Néanmoins, dans la mesure où les dispositions ayant pour objet l'harmonisation des législations ne sont pas directement applicables dans les divers ordres juridiques qui y sont soumis, les souverainetés nationales sont alors quelque peu préservées. Pour ainsi dire, une telle approche moins contraignante peut s'avérer plus souple pour les autorités nationales chargées d'en assurer l'application. Dans la perspective où les modalités d'application

[273] Articles 28 et ss du Traité CE.
[274] Articles 12 et ss, *ibidem*.
[275] Article 37 du Traité CE.

sont abandonnées aux États, les règles internationales devant être transposées bénéficient d'un accueil plus ouvert et donc sont susceptibles de couvrir des domaines plus sensibles, ce qui est d'ailleurs le cas au niveau communautaire en ce qui concerne la fiscalité.

B. Une identité de finalité malgré des instruments différents d'harmonisation

Les droits communautaire et multilatéral réglementent donc certains domaines du commerce mondial d'une manière moins contraignante par un rapprochement des législations, procédé par lequel ils entendent conférer aux autorités nationales le soin de préciser les modalités d'application des règles en question. Ces mesures d'harmonisation revêtent des formes différentes selon le système en présence. D'ailleurs, les divergences constatées sont le reflet d'approches distinctes. En effet, l'harmonisation est un procédé clairement inscrit dans le Traité CE comme principe d'éradication des entraves au commerce. En revanche, le droit multilatéral ne l'envisage pas de la même manière. Abordant la notion de façon implicite, l'harmonisation des réglementations commerciales nationales semble pourtant immanente aux trois accords-cadres de l'OMC[276]. Les principes alors mis en exergue par ces textes sont précisés par d'autres dispositions telles qu'elles ressortent des différents accords sectoriels. Dans cette perspective, directive en droit communautaire et accord sectoriel en droit multilatéral constituent de tels instruments d'harmonisation. Certes, s'agissant des accords sectoriels, les choses ne sont pas aussi clairement définies qu'en ce qui concerne les directives communautaires. Telle qu'elle ressort des accords sectoriels, l'harmonisation multilatérale s'avère figée (2). À l'inverse, dans un cadre communautaire, le recours aux directives offre aux instances européennes une certaine latitude leur permettant d'appréhender les évolutions nouvelles pouvant affecter les relations commerciales entre États membres de la Communauté (1).

1. Une harmonisation communautaire évolutive

Le Traité de Rome prévoit explicitement dans ses articles 94 et suivants une procédure ayant pour objet le rapprochement des législations des États membres. Selon l'article 94, le Conseil arrête des directives afin d'harmoniser les dispositions nationales qui ont une incidence directe sur l'établissement ou le fonctionnement du marché commun. À cette disposition prévoyant l'adoption des directives proposées par la Commission à l'unanimité, s'oppose la procédure de l'article 95, laquelle renvoie à l'article 251 du même Traité permettant le recours à la majorité qualifiée. Une autre différence opposant cette dernière procédure d'harmonisation à celle prévue par l'article 94 réside dans le type de mesures pouvant en découler. En effet, ce dernier précise que le Conseil arrête les directives nécessaires au rapprochement des dispositions nationales. En revanche, l'article 95 reste vague et envisage de manière générale un tel rapprochement. Il peut donc s'agir, dans ce dernier cas, aussi bien de

---

276 Ces trois accords sont l'Accord général sur les tarifs douaniers et le commerce (AGTC ou GATT), l'Accord général sur le commerce des services (AGCS ou GATS) et l'Accord sur les aspects des droits de propriété intellectuelle qui touchent au commerce (ADPIC ou TRIPS).

directives que de règlements. Néanmoins, en matière d'harmonisation, c'est le premier instrument qui est généralement utilisé[277].
Le domaine d'application de l'article 94 est précisé par le paragraphe 2 de l'article 95 du Traité CE. En effet, ce dernier point dispose que les directives ne peuvent être adoptées à la majorité qualifiée dans les domaines de la fiscalité, de la libre circulation des personnes et des droits et intérêts des travailleurs salariés. Autrement dit, ces secteurs, exclus de la procédure d'adoption de l'article 251, seront envisagés à l'aune d'une votation unanime telle qu'elle est prévue par l'article 94. En revanche, les autres domaines non visés par le paragraphe précité pourront être régis par des mesures d'harmonisation adoptées à la majorité qualifiée, c'est-à-dire d'une manière simplifiée et donc beaucoup plus prolifique pour le système réglementaire communautaire. De la sorte, la politique communautaire d'harmonisation est plutôt envisagée sous l'angle de cette dernière procédure. La commodité d'intervention, par le truchement d'une telle méthode assouplie d'harmonisation, accroît d'ailleurs l'intérêt de son utilisation. La réalisation d'un espace sans frontières intérieures rendait indispensable l'existence d'instruments juridiques plus efficaces, ce que ne constituait en aucune manière un mécanisme requérant l'unanimité[278]. Cela dit, le risque que présente ce procédé de déboucher sur un alignement général des législations nationales sur celles présentant le niveau de protection le moins élevé a conduit les auteurs de cet article 95, introduit lors de l'élaboration de l'Acte unique européen, à y inclure un garde-fou. En effet, dans son paragraphe 3, l'article 95 précise qu'en matière de santé, de sécurité, de protection des consommateurs, la Commission devra prendre pour base, dans l'élaboration des mesures d'harmonisation, un niveau de protection élevé.

La procédure d'harmonisation, nonobstant les cas déjà cités plus avant, trouve certaines limites dans les points qui suivent ce paragraphe 3. Ainsi, le paragraphe 4 donne la possibilité aux États membres, après les avoir notifiées à la Commission, de maintenir des dispositions nationales restrictives justifiées par l'article 30 du Traité CE, par un objectif de protection de l'environnement ou du milieu du travail, lorsqu'une mesure d'harmonisation a été adoptée à la majorité qualifiée ou lorsqu'une telle mesure, s'avérant nécessaire, a été adoptée par la Commission. Le paragraphe 5 prévoit non pas le maintien, mais l'introduction de dispositions nationales nouvelles, toujours après notification, nécessaires à la reconnaissance de preuves scientifiques nouvelles relatives à la protection de l'environnement ou du milieu du travail en raison d'un problème spécifique du pays membre concerné. Le paragraphe 6, tel qu'institué par le Traité d'Amsterdam, impose à la Commission, lorsqu'une mesure nationale élaborée dans le cadre des deux paragraphes précédents lui est notifiée, d'y répondre dans le délai de six mois. À défaut d'obtenir la réponse attendue, la mesure nationale sera réputée approuvée[279]. Néanmoins, la Commission pourra proroger le délai de six mois

[277] Sur ces considérations, voir, Dictionnaire Permanent Droit Européen des Affaires, *Libre circulation des marchandises*, Feuillet n°42, 2 novembre 1999, p.1736, n°161.
[278] À ce sujet, voir, P. GIRERD, *Aspects juridiques du Traité Communauté européenne*, Coll. Logiques juridiques, L'Harmattan, Paris, 1996, pp.191 et ss.
[279] Cette modification textuelle fait suite à une évolution jurisprudentielle. Effectivement, antérieurement au Traité d'Amsterdam, la Commission devait simplement vérifier si la mesure nationale notifiée n'était pas constitutive d'une discrimination arbitraire ou d'une restriction déguisée dans le commerce entre États membres. Néanmoins, devant le silence de la Commission, aucune solution n'était proposée par les textes. C'est dans cette optique que la Cour de justice a précisé dans son arrêt *Kortas* (CJCE, 1er juin 1999, *Procédure pénale c/ Antoine Kortas*, aff. n°C-319/97, Rec., p.I-3143, pts.21 et ss) qu'une directive obtenait

supplémentaires dans le cas où la complexité de la question l'exige et en l'absence de danger pour la santé humaine.
Les paragraphes 7 et 8 du même article 95 envisagent le cas des dispositions nationales dérogeant à une mesure d'harmonisation. Dans cette hypothèse, ces textes invitent la Commission à vérifier s'il est nécessaire de modifier la mesure d'harmonisation en cause afin de prendre en considération des problèmes particuliers tels que, comme le soulève le paragraphe 8, ceux pouvant concerner la santé publique. Enfin, le dernier paragraphe de cet article institue un système simplifié de recours en manquement. Ainsi, dans le cas où un État membre fait un usage abusif des compétences qui lui sont attribuées par l'article 95, les autres États membres, tout comme la Commission, pourront saisir la Cour de justice, par dérogation à la procédure générale de manquement prévue aux articles 226 et 227, afin qu'elle constate la violation.

2. Une harmonisation multilatérale figée

La procédure d'harmonisation ainsi énoncée par l'article 95 du Traité CE démontre l'approche évolutive envisagée par le droit communautaire. Les textes primaires fixent les objectifs primordiaux devant être atteints ; le rapprochement des législations nationales orchestré par la Commission au moyen de directives constitue un procédé tendant vers une telle finalité. Dans la mesure où le recours à l'harmonisation n'est pas limité temporellement, l'élaboration de directives permet d'appréhender les évolutions subies par le droit communautaire. Au contraire, la position multilatérale apparaît comme figée. Effectivement, les organes de l'OMC ne disposent pas de compétences normatives. Dans ce contexte, l'harmonisation ressort des textes mêmes des accords de Marrakech. Ainsi, les objectifs principaux dressés par les accords-cadres de l'OMC trouvent précisions et applications dans le cadre d'accords sectoriels spécifiques.

De manière générale, les accords régissant les différents domaines couverts par l'OMC fixent un cadre dans lequel doivent s'insérer les dispositions nationales. Les principes dont l'impact s'avère d'application directe – par exemple celui de non-discrimination – bénéficient de précisions spécifiques par le truchement de textes particuliers négociés. Ainsi, certaines questions problématiques au regard de l'objectif de libéralisation du commerce mondial sont abordées de manière appuyée afin d'en cerner davantage le caractère préjudiciable à l'encontre des échanges commerciaux. Dans cette perspective, les accords sectoriels que sont les accords OTC ou SPS[280], pour ne citer qu'eux, invitent les Membres à rendre compatibles avec ces textes, leurs législations respectives en la matière.

Entre accord-cadre et accord sectoriel, une question transversale fait l'objet d'une attention toute particulière en matière d'harmonisation. L'harmonisation douanière est en effet un cas clairement représentatif de la position rigide entretenue par le droit multilatéral. Les barrières tarifaires sont le foyer de mesures

---

un effet direct lorsque les délais de transposition étaient expirés alors même qu'un pays membre avait notifié une éventuelle dérogation à la Commission et que celle-ci tardait à répondre voire ne répondait pas du tout ; voir encore, CJCE, 11 juillet 2002, *Marks & Spencer plc c/ Commissioners of Customs & Excise*, aff. n°C-62/00, Rec., p.I-6325, pt.25.

[280] Il s'agit des sigles des accords, pour le premier, sur les obstacles techniques au commerce, pour le suivant, sur les mesures sanitaires et phytosanitaires.

protectionnistes admises de manière explicite par le texte du GATT. L'article XXVIII*bis* de cet Accord précise que les droits de douane constituent souvent de sérieux obstacles au commerce. Afin d'en réduire la négativité, cette disposition invite les Membres à négocier entre eux un abaissement général et progressif de leurs droits de douane sur la base de réciprocité et d'avantages mutuels[281]. Les différentes négociations tarifaires ayant marqué l'histoire du GATT tendent à abaisser le niveau des taux des droits de douane nationaux, mais également à aplanir ces mêmes taux, autrement dit, à les harmoniser[282]. Cependant, le protectionnisme issu des barrières douanières n'est pas le seul fait d'une manipulation des tarifs à la frontière, mais peut également ressortir de manœuvres affectant d'autres éléments influant sur ces mêmes tarifs. Ainsi, l'évaluation en douane, les règles d'origine tout comme l'ensemble des mesures de défense commerciale participent d'une telle influence. À ce titre, l'harmonisation douanière apparaît clairement comme étant une question transversale faisant l'objet d'un certain nombre d'accords sectoriels[283].

L'existence d'un instrument communautaire souple – la directive – et l'absence d'un tel outil au niveau de l'OMC – la seule source normative ne ressort que des seuls accords de base – démontrent le contraste opposant les deux systèmes quant aux possibilités d'évolution ressortant de chacun d'eux. Sur ce plan, le droit communautaire démontre une propension évidente à s'adapter de manière quasi immédiate aux réalités économiques du moment. Ce caractère éminemment important dans le cadre d'un système juridique visant à réglementer les questions commerciales pèche quelque peu au niveau de l'OMC.

C. Une identité quant à la différenciation des niveaux d'harmonisation

Le droit communautaire constitue assurément le système juridique intégratif par excellence au niveau international. Ce processus s'opère sur deux plans distincts. Dans un premier temps, il s'agit d'une intégration négative par le biais de dispositions interdisant le maintien ou l'adoption de mesures ayant pour effet de restreindre la libéralisation du commerce. Le second volet, constitutif d'une intégration positive, exige l'harmonisation des législations nationales. Cependant, cet axe, tendant également au démantèlement des entraves au commerce, se trouve lui-même ramifié en divers procédés, envisagés de différentes manières.

Une telle opposition est évidente dans le système juridique communautaire. Néanmoins, les compétences limitées reconnues à l'OMC expriment la place essentielle encore détenue par les États. Le respect de leur souveraineté implique en effet un recours accru aux procédures d'harmonisation. Ainsi, sans être explicites dans le texte des accords, elles sont pourtant immanentes au système juridique de l'OMC.

---

[281] Voir, T. FLORY, *L'Organisation mondiale du commerce – Droit institutionnel et substantiel*, Bruylant, Bruxelles, 1999, p.40.

[282] Sur ces considérations, voir les développements réalisés dans la seconde partie de la présente étude et plus particulièrement le chapitre premier.

[283] À cet égard, voir, D. LUFF, *Le droit de l'Organisation mondiale du commerce – Analyse critique*, Coll. ULB, Bruylant, Bruxelles, 2004, pp.339 et ss.

1. Les différents niveaux de contrainte dans l'harmonisation

Selon l'importance du secteur concerné par la mise en œuvre d'une procédure d'harmonisation, mais surtout selon sa sensibilité politique, les contraintes pesant sur les autorités normatives nationales divergeront. À cet égard, trois niveaux de contrainte peuvent être envisagés. Effectivement, l'harmonisation peut être optionnelle (a), totale (b) ou encore minimale (c).

a. L'harmonisation optionnelle

Dans ce premier cas, les autorités nationales sollicitées par la procédure d'harmonisation auront le choix de mettre en œuvre les mesures locales de transposition. Autrement dit, les États ont la faculté d'opter pour une harmonisation de leur législation intérieure avec un standard supranational tel qu'il peut être prévu par le droit communautaire ou par un accord de l'OMC, ou encore pour le maintien de leur législation sans tenir compte des mesures d'harmonisation. Ainsi, au niveau communautaire, il y a harmonisation optionnelle lorsqu'une directive prescrit certaines considérations dont le respect est susceptible d'assurer un avantage notable pour la libéralisation du commerce tout en laissant libre les pays membres de les intégrer dans leur système national. Les cas sont néanmoins rares dans la pratique communautaire. Généralement, de telles dispositions optionnelles sont temporaires et visent à préparer la survenue de textes obligatoires. Par exemple, la directive 70/156/CEE[284] a établi une liste d'éléments et caractéristiques de véhicules devant faire l'objet de directives particulières proposant une harmonisation optionnelle des exigences techniques à leur appliquer. Néanmoins, le caractère optionnel de ces dispositions a été supprimé par la directive 92/53/CEE[285] qui rend désormais obligatoire pour les constructeurs les règles qu'elle énonce.

Dans une logique quelque peu différente, mais participant d'un même procédé, les accords plurilatéraux tels qu'ils ont été négociés dans le cadre de l'Uruguay Round apparaissent comme étant un corollaire international de ces directives communautaires optionnelles. Ainsi, outre les divers accords importants étant soumis à une ratification obligatoire des Membres, l'Annexe 4 de l'Accord de Marrakech contient formellement quatre autres accords traitant respectivement le commerce des aéronefs civils, les marchés publics, le secteur laitier et celui de la viande bovine qui, eux, n'impliquent que les seuls Membres ayant accepté de les ratifier. Ces deux derniers accords ont expiré en 1997, et celui sur les aéronefs civils n'est pas entré en vigueur si bien que c'est toujours celui de 1979 qui continue à s'appliquer encore aujourd'hui. Tout étant que ces accords, bien qu'étant intégrés dans le système juridique de l'OMC, ne lient que les seuls États les ayant acceptés. Autrement dit, les règles de ces accords, dont la finalité vise sans conteste le rapprochement des législations, ne concernent que les

---

[284] Directive n°70/156/CEE du Conseil du 6 février 1970, *concernant le rapprochement des législations des États membres relatives à la réception des véhicules à moteur et de leurs remorques*, JOCE n°L.42, 23 février 1970, pp.1 à 15.

[285] Directive n°92/53/CEE du Conseil du 18 juin 1992, *modifiant la directive n°70/156/CEE concernant le rapprochement de législations des États membres relatives à la réception des véhicules à moteur et de leurs remorques*, JOCE n°L.225, 10 août 1992, pp.1 à 62.

seuls pays signataires[286]. Le fait que les accords plurilatéraux aient été négociés dans le cadre de l'OMC et le fait que la participation à ces négociations ait dépendu de l'entière volonté des États soulignent la nature optionnelle des prescriptions envisagées. Comme cela a été vu ci-dessus, les directives communautaires à caractère optionnel ont pour vocation, à terme, de disparaître face à des mesures d'harmonisation obligatoire, voire des mesures communautaires régissant directement le secteur concerné. Les choses sont relativement comparables dans le cadre de l'OMC. En effet, si l'on prend le cas de l'Accord sur les marchés publics (AMP), ce dernier recouvre la presque totalité des pays offreurs et demandeurs de tels marchés. Dans l'optique où leur nombre ne peut que s'accroître étant donné l'objectif essentiel de l'OMC qui est d'assurer à ses Membres un développement économique constant, le champ de cet Accord ne peut que subir un tel élargissement et ainsi intégrer le domaine multilatéral au sens strict[287]. Une telle vision présente les accords plurilatéraux comme de simples textes provisoires devant déboucher à terme sur des positions intégrant le « paquet obligatoire »[288] de l'OMC, c'est-à-dire le système juridique multilatéral en tant que tel.
Parallèlement au cas particulier des accords plurilatéraux, une telle harmonisation optionnelle peut également ressortir de dispositions multilatérales. Effectivement, l'Accord OTC accorde aux Membres le choix entre une harmonisation de leurs réglementations et normes techniques, et le maintien de leurs législations en la matière à charge pour eux d'en démontrer le bien-fondé[289].

b. L'harmonisation totale

Ce procédé n'implique pas obligatoirement que soit réalisée une harmonisation complète. Il s'agit en effet d'un mécanisme impliquant une substitution des règles harmonisées aux règles nationales existantes. Ainsi, par opposition à une harmonisation complète, qui sera d'ailleurs étudiée dans des développements ultérieurs, une harmonisation totale peut être réalisée sous une forme partielle. Cela est le cas lorsque, parallèlement à ce qui est harmonisé totalement, subsiste, s'agissant du même domaine, des questions laissées à la gestion des réglementations nationales.

Il est évident que ce mode d'harmonisation est le plus usité sur la scène communautaire. Par exemple, concernant l'harmonisation de la taxe sur la valeur ajoutée (TVA), la Sixième directive[290] uniformise de manière extrêmement précise et

---

[286] En effet, s'agissant de l'AMP, son article XXIV-11 prévoit que cet Accord ne peut s'appliquer entre deux parties *si l'une ou l'autre d'entre elles, au moment de son acceptation ou de son accession, ne consent pas à cette application.*

[287] À cet égard, l'AMP a pu être qualifié de « belle au bois dormant » (voir, P. MESSERLIN, *La nouvelle organisation mondiale du* commerce, Coll. Ramsès, IFRI, Dunod, Paris, 1995, pp.286 à 297) en ce sens qu'il s'agit d'une question encore trop rarement soulevée devant l'Organe de règlement des différends de l'OMC et dont la plénitude d'application sera le vecteur d'un approfondissement tendant à son élargissement.

[288] Sur cette expression, voir, D. LUFF, *Le droit de l'Organisation mondiale du commerce – Analyse critique, op. cit.*, p.735.

[289] En effet, l'article 4 de ce même Accord prévoit que les règlements et normes techniques nationaux adoptés conformément aux standards internationaux, bénéficieront d'une présomption de légitimité. Dans la mesure où le Membre est laissé libre de choisir une telle harmonisation, celle-ci s'avère clairement optionnelle.

[290] Directive n°77/388/CEE du Conseil du 17 mai 1977, dite « Sixième directive TVA », *relative aux taxes sur le chiffre d'affaires – Système commun de TVA : assiette uniforme*, JOCE n°L.145, 13 juin 1977, pp.1 à 40.

détaillée l'assiette du calcul[291]. En revanche, elle s'avère limitée s'agissant d'autres éléments relevant du domaine de la TVA tels que celui des taux qui est laissé à l'appréciation des autorités nationales, ainsi que celui des secteurs dits « sensibles » dans lesquels les États peuvent taxer des opérations de manière contraire à ce que prévoient les textes, et inversement[292]. Cet exemple illustre clairement le cas d'une harmonisation totale de la question de l'assiette de la TVA, mais partielle dans la mesure où elle ne concerne qu'elle seule, et non d'autres éléments tels que les taux.

Le droit multilatéral est quelque peu démuni s'agissant de ce mode d'harmonisation. Gardien des souverainetés nationales, le système juridique de l'OMC favorise une position volontariste des États. Dans cette optique, les différents accords de l'OMC ne les enserrent en rien dans un carcan rigide et leur confèrent, bien au contraire, une large marge de manœuvre s'agissant d'appliquer les prescriptions qu'ils édictent. Un tel abandon est synonyme d'une harmonisation minimale.

c. L'harmonisation minimale

Le recours à l'harmonisation minimale permet de respecter de la manière la plus évidente les souverainetés nationales. Un tel procédé permet aux autorités nationales de maintenir ou d'adopter des prescriptions plus strictes que celles prévues par les mesures d'harmonisation. Ainsi, la Cour de justice a reconnu aux États membres la possibilité d'envisager des dispositions différentes de celles normalement prévues par la mesure d'harmonisation. Néanmoins, une telle faculté n'est possible que dans la seule hypothèse où la directive concernée le mentionne expressément[293]. Dans le cas contraire, les États membres ne pourront déroger aux mesures d'harmonisation. En tout état de cause, les dispositions nationales plus strictes ne seront pas incompatibles avec la directive en question pour autant que les exigences plus rigoureuses respectent les règles générales du droit communautaire[294].

En ce qui concerne le droit de l'OMC, ce type d'harmonisation semble être favorisé. Le rapprochement des législations nationales a pour objet de réduire les différences existant entre elles afin de limiter les entraves qui pourraient en résulter. Procéder à une harmonisation minimale de ces mêmes législations implique la fixation d'un seuil en deçà duquel les mesures nationales sont considérées comme non compatibles avec le système juridique qui l'institue. L'existence d'un plancher n'est constatable que dans ce seul type d'harmonisation. Qu'il s'agisse d'une harmonisation optionnelle ou d'une harmonisation totale, les États y étant soumis, par leur choix dans le premier cas, doivent respecter l'ensemble des prescriptions alors formulées. En revanche, l'hypothèse d'une harmonisation minimale ne contraint ses sujets que dans une certaine mesure et laisse libres ces derniers pour ce qui concerne du surplus. Ce seuil d'harmonisation se concrétise par la fixation d'un niveau de rapprochement de règles nationales sans pour autant empêcher les autorités nationales d'aller plus avant dans ce sens. En effet, certains Membres peuvent décider d'approfondir leurs relations commerciales en rapprochant davantage leur législation sur un point précis si ce n'est

---

[291] Sur la question, voir, J.-J. PHILIPPE, *La TVA à l'heure européenne*, Litec, Paris, 1993, p.37.

[292] Pour cette hypothèse, voir, article 28-3 et annexes E et F de la Sixième directive TVA.

[293] CJCE, 5 avril 1979, *Ministère public c/ Tullio Ratti*, aff. n°148/78, Rec., p.1629, pt.36.

[294] Voir, CJCE, 14 juillet 1998, *Aher-Waggon GmbH c/ Bundesrepublik Deutschland*, aff. n°C-389/96, Rec., p.I-4473, pt.23.

que ce lien se répercutera néanmoins sur l'ensemble des autres Membres par le concours de la clause NPF[295]. Dans le cas inverse, la mise en œuvre de mesures plus strictes devra également faire l'objet de justifications de la part de ceux qui les instituent, en l'absence desquelles elles seront appréhendées comme illicites.

À l'aune de ces considérations, le droit multilatéral, notamment au travers de ses accords sectoriels, se propose d'assurer de la manière la plus efficace possible l'élimination des obstacles au commerce. Cependant, les États, par le désir de préserver leur souveraineté sur le plan international, se montrent bien souvent réfractaires à toute réduction de leur pouvoir législatif sur le plan national. Pour ainsi dire, leur imposer une harmonisation minimale permet d'obtenir avec plus d'aisance leur assentiment. D'ailleurs, ce mécanisme découle de négociations mettant aux prises les États eux-mêmes, et donc, répond à leurs attentes. Afin que dans les faits une telle position soit poursuivie, les différents accords sectoriels de l'OMC prévoient la création d'organes ayant pour mission de faciliter l'harmonisation des règles en question en coordination avec les organisations internationales compétentes[296]. L'Accord sur les mesures sanitaires et phytosanitaires (SPS) est destiné à régir les réglementations nationales tendant à restreindre les échanges lorsque des risques sanitaires ou phytosanitaires sont démontrés scientifiquement. Le but réel de cet Accord est de limiter de telles mesures qui sont le plus souvent utilisées par les États à des fins protectionnistes. Dans cette perspective, il encadre les niveaux de protection que les autorités nationales entendent assurer au sein de leur marché local. Si elles envisagent d'adopter une réglementation outrepassant ces niveaux et, par là même, restreignant davantage les échanges commerciaux, elles devront démontrer son bien-fondé[297]. Une harmonisation totale aurait pour effet d'imposer à ces mêmes États la transposition dans leur propre ordre juridique des mesures SPS, par exemple des contrôles particuliers aux frontières, qui seraient énoncées clairement par des textes internationaux élaborés à cet effet. Or, cela est loin d'être le cas et aussi loin d'être souhaitable dans le cadre de l'OMC.

2. Les différents niveaux de couverture dans l'harmonisation

Les réglementations supranationales visant à assurer le rapprochement des législations, quelle que soit leur origine, ne diffèrent les unes des autres qu'en fonction de leur seul caractère contraignant. Effectivement, leur niveau de couverture peut également servir d'élément différenciateur quant à la volonté d'harmonisation démontrée par chacun des systèmes en présence. Ainsi, le rapprochement peut être partiel (b) ou encore complet (a).

a. L'harmonisation complète

Le fait d'envisager le rapprochement des législations nationales relatives à un domaine particulier dans tous ses éléments est qualifié d'harmonisation complète. Peu importe qu'elle ne contraigne les États que d'une manière minimale, voire optionnelle,

---

[295] Sur ce point, voir la section précédente.

[296] En matière de mesures sanitaires et phytosanitaires, voir, articles 3-5 et 12 de l'Accord SPS. Voir également, OMC, Accord SPS, *Procédure pour la surveillance du processus d'harmonisation internationale. Décision du Comité*, G/SPS/11, 22 octobre 1997 et G/SPS/17, 19 juillet 2001.

[297] Cette question sera développée plus bas dans le chapitre troisième de cette première partie.

sa couverture est telle qu'elle ne laisse aucune question en la matière à la seule gestion des autorités nationales.

Ainsi, au niveau communautaire, une directive comportant une harmonisation complète et totale des dispositions nationales exclut tout recours par les États membres à l'article 30 du Traité CE[298] ; autrement dit, ils ne pourront exciper de l'un des cas énoncés par ce texte afin de justifier la mesure restrictive maintenue ou adoptée. De la même manière, un tel rejet sera également opéré en ce qui concerne les autres dispositions permettant de justifier une quelconque entrave à l'une des libertés prônées par le Traité.
Cependant, il est des cas pour lesquels certaines exceptions à ce principe sont admises. Effectivement, la lecture de l'article 95 du Traité CE laisse transparaître un certain nombre de considérations permettant aux États membres de déroger aux mesures d'harmonisation sur le fondement, entre autres, de l'article 30 et notamment afin d'assurer la protection de la santé et de la vie des animaux[299].

De la même manière, les accords sectoriels de l'OMC visent à régir certains pans des législations commerciales nationales dans leur ensemble. Cette approche est perceptible dans le seul intitulé des accords en question. Si l'on prend en considération les accords OTC et SPS, par exemple et dans la mesure où il s'agit sans nul doute des textes les plus significatifs, les termes mêmes de ces intitulés démontrent par leur largesse la couverture optimale qu'ils entendent embrasser. Obstacles techniques au commerce et mesures sanitaires et phytosanitaires constituent une part importante des réglementations nationales à tendance protectionniste. Aussi, quel que soit le niveau de protection envisagé, l'ensemble des mesures nationales adoptées ou maintenues doit respecter les prescriptions alors énoncées.

b. L'harmonisation partielle

Dans le cadre d'un rapprochement partiel des législations, les États impliqués conservent la possibilité d'édicter des réglementations en dehors du domaine d'application du texte d'harmonisation. Identiquement à ce qui a pu être dit dans la cas d'une harmonisation complète, l'harmonisation partielle peut être réalisée par le biais d'un rapprochement optionnel, total ou minimal.

Ainsi, dans le cadre du droit communautaire, et plus particulièrement en matière de libre circulation des marchandises, les autorités des États membres pourront retreindre les échanges dans le respect des règles communautaires et quel que soit le caractère de la mesure en question, discriminatoire ou indistinctement applicable. Par exemple, lorsqu'une mesure d'harmonisation envisage le rapprochement des dispositions nationales dans un domaine donné sans pour autant prévoir de procédures spécifiques de contrôle et de sanction, les États ne pourront, par eux-mêmes, recourir à l'article 30 du Traité CE ni même envisager une mesure venant suppléer la carence procédurale afin de sanctionner l'éventuelle méconnaissance par un autre État membre

[298] Voir, CJCE, 5 octobre 1977, *Carlo Tedeschi c/ Denkavit Commerciale s.r.l.*, aff. n°5/77, Rec., p.1555, pts.37 à 40 ; encore, 22 octobre 2002, *National Farmers' Union c/ Secretariat général du gouvernement*, aff. n°C-241/01, Rec., p.I-9079, pt.48.
[299] CJCE, 19 mars 1998, *The Queen c/ Minister of Agriculture, Fisheries and Food, ex parte Compassion in World Farming Ltd*, aff. n°C-1/96, Rec., p.I-1251, pts.58 et ss ; 8 janvier 2002, *H. Van der Bor BV c/ Voedselvoorzieningsin- en verkoopbureau*, aff. n°C-428/99, Rec., p.I-127, pt.35.

de ses obligations[300]. Pareillement qu'en matière d'harmonisation complète, les exceptions prévues par l'article 95, dans ses paragraphes 4 à 9, telles que développées plus avant, sont également applicables en matière d'harmonisation partielle.

Le droit multilatéral, dans la mesure où il est l'expression d'un processus d'harmonisation des législations commerciales étatiques au niveau international, connaît également un tel mécanisme de rapprochement des législations. Effectivement, les dispositions de l'Accord ADPIC sont explicites en la matière. Selon son article 1-1, dans sa deuxième phrase, les Membres de l'OMC sont *libres de déterminer la méthode appropriée pour mettre en œuvre les dispositions du présent Accord dans le cadre de leurs propres systèmes et pratiques juridiques*.
Cette formule, limpide quant à ses objectifs, exprime les compétences attachées à chacun des Membres. À l'instar du devoir de transposition dans leur ordre juridique pesant sur l'ensemble des États membres s'agissant de directives communautaires, les Membres de l'OMC devront aménager des dispositions nationales assurant la prise en compte des textes multilatéraux qu'ils ont eux-mêmes élaborés par le truchement de négociations rondement menées avec l'ensemble de leurs pairs[301]. Certes, ces considérations sont valables quel que soit le mode d'harmonisation choisi. Cependant, s'agissant entre autres de l'Accord ADPIC, le rapprochement ne concernera qu'une part limitée des questions concernant la protection de la propriété intellectuelle. Cet Accord entend contribuer à la promotion de l'innovation technologique et au transfert et à la diffusion des technologies[302]. À cette fin, il se contente de tracer un cadre dans lequel doivent s'insérer les législations nationales en la matière. Dans cette optique, il abandonne aux autorités nationales la gestion de cette protection tant sur la forme que sur le fond[303]. Il s'agit là, outre d'une harmonisation minimale, d'un rapprochement partiel dans la mesure où certaines questions ne font l'objet d'aucun encadrement telles que celles relatives à l'épuisement des droits de propriété intellectuelle[304] et l'importance qu'elle revêt notamment s'agissant du problème ressortant des importations parallèles[305].

II.- L'harmonisation : un instrument divergent de réglementation commerciale

Le rapprochement des législations est un instrument commun à chacun des systèmes juridiques dont il est présentement question. Néanmoins, malgré ce recours commun, l'harmonisation est appréhendée dans le processus de démantèlement des entraves au commerce de manière divergente selon sa fonction. Effectivement, le droit communautaire envisage l'harmonisation comme un mécanisme juridique comblant les

[300] Le recours en constatation de manquement est prévu à cette fin ; à ce sujet, voir, CJCE, 23 mai 1996, *The Queen c/ Ministry of Agriculture, Fisheries and Food, ex parte: Hedley Lomas (Ireland) Ltd*, aff. n°C-5/94, Rec., p.I-2553, pt.20 ; 22 octobre 2002, *National Farmer's Union*, *op. cit.*, pt.49.
[301] À cet égard, voir, Organe d'appel, *Inde – Protection conférée par un brevet pour les produits pharmaceutiques et les produits chimiques pour l'agriculture*, rapport adopté le 19 décembre 1997, WT/DS50/AB/R, §§59 et ss.
[302] Article 7 de l'ADPIC ; également point 5 de son Préambule.
[303] Sur la question, voir les développements y étant consacrés dans le chapitre 2 de la deuxième partie de la présente étude.
[304] Dans son article 6, l'ADPIC démontre la position neutre adoptée par les Membres en la matière.
[305] Sur la question, voir, M. BRONCKERS, *The Exhaustion of Patent Rights under WTO Law*, JWT, 1998, vol.32, p.143.

lacunes du principe de non-discrimination. À cet égard, elle constitue un instrument parallèle au seul démantèlement des mesures commerciales rompant l'égalité de traitement (A). En revanche, l'harmonisation des législations telle qu'elle peut être envisagée dans le cadre de l'OMC démontre une approche assez différente même si l'objectif final est identique. Effectivement, le rapprochement des législations nationales, intrinsèque au droit de l'OMC, trouve un certain approfondissement par l'application du principe de non-discrimination et, à ce titre, apparaît comme en étant le prolongement (B).

A. L'harmonisation comme mécanisme parallèle au principe de non-discrimination

L'application du principe de non-discrimination ou, de manière plus large, d'égalité de traitement a pour effet de permettre un démantèlement efficace des obstacles au commerce clairement identifiables. Dans ce contexte, les disparités entre les législations, non constitutives d'une différence de traitement, pouvaient échapper à ce processus de démantèlement. De la sorte, l'harmonisation des législations intervient comme palliatif venant combler les lacunes du premier procédé. Cet état de fait est d'autant plus criant en droit communautaire s'agissant de la question particulière des entraves techniques[306]. Ce type de mesures, par sa nature même, est un foyer important de protectionnisme. Or, la notion large de mesure d'effet équivalent à une restriction quantitative, telle qu'elle ressort des articles 28 et suivants du Traité CE, ne semble pas être appréhendée d'une façon permettant de recouvrir les entraves techniques. Effectivement, ces deux notions se distinguent l'une de l'autre par le fait que les premières intègrent des mesures commerciales alors que les secondes sont plutôt le fruit de réglementations industrielles. Malgré tout, il est certain que ces dernières ont un impact évident sur les échanges commerciaux. Aussi, s'est-il avéré indispensable d'organiser un mécanisme de démantèlement de ces entraves parallèlement à celui existant en matière de non-discrimination. Tandis que les mesures d'effet équivalent se caractérisent par leur nature discriminatoire constituant un obstacle pour les seuls produits importés, les entraves techniques résultent de disparités entre législations nationales indistinctement applicables. Il a découlé de cette distinction que les entraves techniques échappaient à l'interdiction de l'article 28 et que le seul moyen de les éliminer consistait en l'harmonisation prévue par l'article 95.

Cette opposition claire a néanmoins été bouleversée par la jurisprudence de la Cour de justice. En effet, dans son arrêt *Cassis de Dijon*[307], la Cour a remis en cause cette applicabilité alternative des articles 28 et 95 du Traité CE[308], en considérant que la première de ces dispositions s'applique aux entraves de nature technique résultant de réglementations indistinctement applicables. Autrement dit, il s'avère que les entraves techniques sont des mesures d'effet équivalent dès l'instant où elles ne peuvent être

---

[306] Sur cette question, voir, Résolution du Conseil du 28 mai 1969, *établissant un programme en vue de l'élimination des entraves techniques aux échanges de produits industriels, résultant de disparités entre les dispositions législatives, réglementaires et administratives des États membres*, JOCE n°C.76, 17 juin 1969, pp.1 à 5.

[307] CJCE, 20 février 1979, *Rewe-Zentral AG c/ Bundesmonopolverwaltung für Branntwein*, aff. n°120/78, Rec., p.649, pt.8.

[308] Articles 30 et 100 du Traité originaire.

justifiées par l'une des exigences impératives reconnues par la jurisprudence ou par l'une des exceptions énoncées par l'article 30 [ex 36] du Traité CE. Ainsi, l'application cumulative des deux procédés, éradication des mesures d'effet équivalent et harmonisation, retire à cette dernière une large part de son intérêt. L'harmonisation n'a dès lors d'intérêt qu'en ce qui concerne les mesures échappant à l'interdiction des mesures d'effet équivalent parce qu'elles bénéficient d'une justification. D'ailleurs, la Commission consciente de cette position jurisprudentielle a affirmé qu'il ne lui paraissait plus nécessaire de poursuivre l'harmonisation des secteurs pour lesquels l'interdiction des mesures d'effet équivalent permet d'aboutir à la suppression des entraves[309].

Il faut dire que l'interdiction des mesures d'effet équivalent est un procédé beaucoup moins favorable aux États membres que ne le serait le recours à l'harmonisation. Il s'agit donc d'un durcissement de l'approche communautaire largement justifié par la nécessité d'assurer l'achèvement du marché intérieur. Ainsi, rapprochement des législations et principe de non-discrimination sont deux mécanismes juridiques parallèles chargés d'assurer le démantèlement des entraves au commerce. Dans cette optique, chacun d'entre eux se voit attribuer un domaine spécifique d'intervention.

B. L'harmonisation comme mécanisme prolongeant le principe de non-discrimination

Le droit de l'OMC, à travers les divers accords qui le composent, constitue un cadre à l'intérieur duquel les États assujettis doivent situer leur propre législation commerciale. En élaborant leur réglementation conformément aux dispositions des accords sectoriels venant affiner les préceptes des accords généraux, les Membres assurent dans une certaine mesure un rapprochement de leur droit en la matière. Dans ce contexte d'harmonisation générale, le principe de non-discrimination apparaît comme un mécanisme concourant à un tel rapprochement. En effet, ce principe, par le double visage qui lui est multilatéralement conféré, contribue à l'harmonisation des législations. Le mécanisme ainsi mis en exergue dans ces propos n'est autre que celui de la clause ou traitement NPF.

Le principe de non-discrimination se décompose effectivement, dans le cadre des accords multilatéraux, en deux branches que sont les principes d'égalité de traitement[310] et de la nation la plus favorisée[311]. S'agissant de ce dernier – puisque c'est de lui qu'il s'agit présentement – tout traitement favorable accordé par un Membre à l'un de ses pairs est automatiquement étendu à l'ensemble des autres Membres. Ainsi, dans l'hypothèse où deux Membres de l'OMC s'accordent mutuellement des avantages supérieurs à ceux préalablement négociés et consolidés dans les listes annexées au GATT, ces avantages doivent bénéficier à l'ensemble des autres États. Ce principe, d'application générale, assure une homogénéisation des régimes juridiques. Ainsi, toute modification des règles nationales garantissant une position commerciale favorable à

---

309 Communication de la Commission, *sur les suites de l'arrêt rendu par la Cour de justice des Communautés européennes, le 20 février 1979, dans l'affaire 120-78 (Cassis de Dijon)*, JOCE n°C.256, 3 octobre 1980, pp.2 et 3.
310 Article III du GATT.
311 Article I du GATT.

un Membre particulier devra être interprétée largement comme bénéficiant aux autres Membres. Or, l'application de la clause NPF ne peut intervenir qu'en dehors de toute mesure commerciale négociée dans le cadre de réunions multilatérales. De la sorte, l'adoption de dispositions commerciales nouvelles par des autorités nationales en sera le terrain de mise en œuvre. L'harmonisation des législations participe d'une approche semblable en ce sens qu'elle implique également de chacun de ses Membres une coopération vers une application uniforme des règles juridiques affectant leurs relations commerciales. À cet égard, le traitement de la nation la plus favorisée est l'expression du principe de non-discrimination tel qu'appliqué entre produits ou opérateurs économiques étrangers sur un marché donné.

Le rapprochement des législations nationales, en tant que mécanisme essentiel de suppression des obstacles au commerce résultant d'éventuelles disparités entre elles, trouve un certain accomplissement avec la clause NPF. Afin de corroborer un tel raisonnement, l'examen du principe de traitement national permet de démontrer la corrélation existant entre les deux premiers. Effectivement, le traitement national est l'application du principe de non-discrimination entre produits ou opérateurs économiques nationaux et leurs similaires étrangers. Ce dernier ne suppose en rien une application générale d'un avantage quelconque attribué à l'un des Membres, mais exprime bel et bien l'égalité de traitement dans son acception la plus triviale. En revanche, le traitement NPF induit une uniformisation des réglementations commerciales des Membres n'étant pas le fruit de négociations.

De manière schématique, l'harmonisation ressortant des accords sectoriels de l'OMC implique un rapprochement des législations nationales de manière spontanée et volontariste. Au contraire, le traitement NPF permet un rapprochement des législations d'une façon plus contraignante. Les deux mécanismes s'avèrent donc complémentaires en ce sens que le premier d'entre eux ressort clairement de négociations multilatérales alors que le second appelle une harmonisation en dehors de toute négociation préalable.

§2. Le principe de reconnaissance mutuelle des législations

Le rapprochement des législations constitue le mécanisme essentiel de démantèlement des entraves au commerce ayant échappé aux interdictions posées par les textes, notamment les mesures nationales n'induisant pas de différences de traitement. On a vu en effet que les mesures commerciales impliquant une discrimination ou encore une quelconque différence de traitement tombent sous le coup des interdictions textuelles[312]. En revanche, les dispositions nationales échappant à ces prescriptions, mais présentant également un caractère entravant en ce qui concerne les échanges doivent faire l'objet d'un rapprochement en vue de réduire, voire de supprimer les disparités perceptibles entre elles et constitutives d'obstacles nuisibles. Néanmoins, en l'absence de mesures d'harmonisation, ces dispositions constitutives d'entraves aux échanges et ne pouvant être démantelées par la voie des interdictions textuelles ne pouvaient demeurer incontrôlées et par là même ouvrir une brèche au protectionnisme étatique.

[312] Voir, à ce sujet, le paragraphe précédent.

Dans cette perspective, la reconnaissance mutuelle des législations nationales est un mécanisme permettant d'anticiper un tel risque. Effectivement, dans le cas où les États reconnaissent comme équivalentes à la leur les législations de leurs pairs, les opérations commerciales effectuées en conformité avec ces dernières ne pourront subir sur le territoire où elles ont lieu une quelconque opposition justifiée par la règle locale. Ainsi, ce processus de reconnaissance vient suppléer le défaut de règles textuelles visant spécifiquement le cas posant difficulté et, également, le défaut d'harmonisation des règles nationales susceptibles de le régir. Une application générale de ce principe, en corrélation avec ceux d'égalité de traitement et d'harmonisation des législations, doit permettre de couvrir l'ensemble des réglementations commerciales nationales et concourir au démantèlement de tous les obstacles au commerce.

Découlant de bases divergentes (I), le processus de reconnaissance mutuelle est envisagé différemment d'un système à l'autre. Alors que le droit multilatéral l'appréhende par la voie de la négociation, le système communautaire l'aborde par le truchement d'une politique coordinatrice à des fins de reconnaissance mutuelle (II).

I.- Des bases différentes d'élaboration menant à un résultat identique

La mise en place du principe de reconnaissance mutuelle des législations nationales est la résultante d'une carence évidente des procédés juridiques de démantèlement des entraves au commerce établis par les textes. Les mécanismes de suppression des mesures restreignant les échanges découlant des divers accords institutifs, ainsi que celui de rapprochement des législations nationales, se montrent effectivement insuffisants pour atteindre l'objectif de libre-échange imparti aux systèmes communautaire et multilatéral. Dans ce contexte carentiel, le principe de reconnaissance mutuelle s'est avéré comme étant un indispensable complément.

Ainsi, au niveau communautaire, la nécessité de recourir à un tel procédé s'est fait ressentir très tôt en matière de libre circulation des marchandises. En l'absence de directive d'harmonisation dans un domaine précis ou encore lorsqu'une telle directive ne constitue qu'une harmonisation partielle, les règles ordinaires relatives aux interdictions des mesures d'effet équivalent à des restrictions quantitatives restent applicables. Il y a donc une application alternative des dispositions régissant chacune des notions précitées, à savoir les articles 28 [ex 30] et 95 [ex 100] du Traité CE.
L'arrêt de la Cour de justice du 20 février 1979, *Cassis de Dijon*[313], déjà essentiel en matière d'harmonisation, fonde également le mécanisme de reconnaissance mutuelle des législations nationales. En effet, la Haute juridiction communautaire a énoncé, à cette occasion, la formule essentielle en la matière selon laquelle *la notion de mesures d'effet équivalent à des restrictions quantitatives à l'importation, figurant à l'article 30 [désormais 28] du Traité, est à comprendre en ce sens que relève également de l'interdiction prévue par cette disposition la fixation d'une teneur minimale en alcool pour les boissons spiritueuses destinées à la consommation humaine, fixée par la législation d'un État membre, lorsqu'il s'agit de l'importation de boissons alcoolisées légalement produites et commercialisées dans un autre État membre*[314].

---

313 CJCE, 20 février 1979, *Rewe-Zentral AG c/ Bundesmonopolverwaltung für Branntwein, op. cit.*
314 *Ibidem*, pt.15.

Sans le formuler expressément, les termes utilisés par la Cour sont particulièrement éloquents. D'ailleurs, la Commission a entériné cette position en édictant une communication interprétative destinée à en clarifier le contenu[315]. Ainsi, ce texte, qui se présente comme un « guide pratique », permet aux États membres et aux opérateurs économiques de tirer profit de la libre circulation des produits dans les nombreux secteurs économiques non encore harmonisés. La communication, en reprenant les termes de la Cour selon lesquels l'État membre de destination d'un produit doit admettre la mise sur son marché d'un produit légalement fabriqué et/ou commercialisé dans un autre État membre, assortit cette invitation d'une exception. Effectivement, dans le cas où cet État de destination dispose d'une preuve démontrant que le produit concerné constitue un risque pour la santé ou l'environnement, il pourra alors opposer à sa circulation certaines restrictions prévues par sa propre législation.

La condition *sine qua non* de l'application du principe de reconnaissance mutuelle consiste en l'absence de mesures d'harmonisation. Ainsi, en matière multilatérale, les Membres sont également tenus dans certains cas de reconnaître comme équivalente à la leur, la législation d'autres Membres. Néanmoins, plutôt que d'être institué par la voie jurisprudentielle dont on sait le rôle limité qui lui est imparti au niveau multilatéral, le principe de reconnaissance mutuelle, tout comme celui de rapprochement des législations, est prévu par le texte même des accords de l'OMC. Dans cette perspective, les accords SPS, OTC ou encore AGCS, pour ne citer qu'eux, exposent dans certaines de leurs dispositions des formules beaucoup plus claires que celle qui fut utilisée par la Cour de justice dans son arrêt *Cassis de Dijon*, mais concourant toutefois à un objectif similaire. En effet, L'Accord SPS invite les Membres de l'OMC à reconnaître les mesures SPS des autres Membres afin de permettre d'atteindre les mêmes niveaux de protection SPS que les leurs, même si les autres mesures ne sont pas formellement identiques[316]. Cette incitation à la reconnaissance mutuelle, proche d'une obligation, n'est possible que si le Membre exportateur démontre objectivement que le niveau de protection atteint par ses mesures est pour le moins équivalent à celui proposé par la réglementation de l'État importateur[317]. Afin de faciliter un tel processus, les Membres sont encouragés à conclure entre eux des accords de reconnaissance mutuelle[318]. D'ailleurs, cette exhortation à un rapprochement des pays membres vers une telle reconnaissance semble généralisée. Ainsi, divers accords multilatéraux incitent les Membres à procéder de la sorte[319]. Les conventions pouvant être élaborées en la matière sont placées sous l'égide des différents Comités chargés de gérer les accords sectoriels dans le cadre desquels elles ont vocation à s'appliquer. Dans cette perspective, par exemple, le Comité SPS a pour fonction de faciliter la conclusion de tels accords de reconnaissance mutuelle. Il a entre

---

[315] Communication de la Commission, *sur les suites de l'arrêt rendu par la Cour de justice des Communautés européennes, le 20 février 1979, dans l'affaire 120-78 (Cassis de Dijon), op. cit.*

[316] Article 4-1 de l'Accord SPS.

[317] *Ibidem.*

[318] Article 4-2 de l'Accord SPS ; voir également, OMC, *Documents officiels du Codex sur l'équivalence des mesures sanitaires, Renseignements communiqués par la Commission du Codex Alimentarius (Codex)*, G/SPS/GEN/210 et 211, 6 novembre 2000.

[319] Hormis le cas de l'Accord SPS, cité dans la note précédente, voir, articles 2-7 et 6-3 de l'Accord OTC.

autres pris des décisions destinées à permettre aux pays en voie de développement d'y participer[320].

Il ressort donc des positions communautaire et multilatérale deux approches diamétralement opposées. Bien que tendant au même résultat, la procédure multilatérale de reconnaissance mutuelle est beaucoup plus encadrée que celle suivie en droit communautaire. Abandonnée à la seule administration de la Cour de justice au niveau communautaire, la procédure de reconnaissance mutuelle demeure régie par les textes dans le cadre de l'OMC. En effet, forte d'un pouvoir de création normative[321], la juridiction communautaire a été amenée à affiner par la suite sa jurisprudence *Cassis de Dijon*, tout en bénéficiant des commentaires et interprétations réalisés par la Commission par voie de communication[322]. En revanche, les textes multilatéraux appréhendent cette méthode de démantèlement des entraves au commerce d'une manière figée, comparable à celle déjà employée en matière d'harmonisation.
Il est évident que cette différence de traitement quant au degré de contrainte envisagé pour la mise en œuvre de ce mécanisme est l'expression d'une opposition beaucoup plus profonde ressortant du poids occupé par les États dans chacune des organisations en présence. Effectivement, la notion de souveraineté, diluée au niveau communautaire, trouve encore une aura prépondérante au sein de l'OMC. Dans cette optique, l'influence des autorités étatiques sur le fonctionnement juridique de cette dernière implique une approbation des contraintes qui leur sont commandées. Il est donc naturel que des obligations imposées aux Membres le soient par le truchement de textes coercitifs à défaut desquels ils seraient tentés de les ignorer. En revanche, les juridictions communautaires détiennent des compétences étendues leur permettant d'exiger et d'assurer le respect des prescriptions du même ordre. Dans son rôle de juge, la Cour dispose d'un pouvoir interprétatif à l'aide duquel il lui est possible de se poser en véritable législateur. Ce phénomène n'est admissible que dans le seul cas où l'influence étatique est amoindrie.

Cela dit, le principe de reconnaissance mutuelle est appliqué de manière similaire dans les systèmes communautaire et multilatéral afin de compléter le démantèlement des entraves au commerce. La politique triangulaire de libéralisation des échanges – non-discrimination, harmonisation, reconnaissance mutuelle –, constante dans les relations commerciales internationales, permet d'assurer une couverture quasi exhaustive de l'ensemble des obstacles aux échanges.

II.- D'une politique multilatérale de reconnaissance mutuelle par voie de négociation à une politique communautaire coordinatrice à des fins de reconnaissance mutuelle

La reconnaissance mutuelle des législations, malgré son fondement communautaire élaboré à partir du seul secteur des marchandises, trouve à s'appliquer

[320] Voir, notamment, OMC, Comité SPS, *Décision sur la mise en œuvre de l'Article 4 de l'Accord sur l'application des mesures sanitaires et phytosanitaires*, G/SPS/19, 26 octobre 2001 et G/SPS/19/Add.1, 15 novembre 2002 ; également, OMC, Comité SPS, *Équivalence. Programme de travail futur. Décision du Comité*, G/SPS/20, 21 mars 2002.
[321] Voir, sur ce point, chapitre troisième de la seconde partie de la présente étude.
[322] Hormis la communication déjà citée plus haut, voir, communication de la Commission, *la reconnaissance mutuelle dans le cadre du suivi du Plan d'action pour le Marché intérieur*, COM (99) 299 final.

dans l'ensemble des domaines couverts par le système européen. L'étendue du champ d'application du droit de l'OMC est clairement réduite au regard de celle du droit communautaire. Néanmoins, la plupart des accords institués lors du Cycle de l'Uruguay prennent également en considération le principe de reconnaissance mutuelle comme instrument complémentaire de démantèlement des entraves au commerce.

Par exemple, l'AGCS autorise les Membres de l'OMC à reconnaître les prescriptions d'autres pays, également membres, ainsi que l'expérience acquise, les licences ou les autorisations qui ont pu y être obtenues[323]. Il s'agit en fait de conduire à un allègement des obligations et procédures normalement imposées par dérogation au traitement de la nation la plus favorisée[324]. Cette possibilité se trouve cependant limitée par certaines conditions textuellement précisées. Par exemple, en présence d'un accord particulier de reconnaissance mutuelle, ses auteurs devront permettre aux autres Membres de l'OMC de négocier leur accession à cet arrangement[325]. Cette possibilité doit également être ouverte, dans le cas d'une reconnaissance unilatérale, par l'État qui l'institue[326]. Enfin, couronnant les conditions d'octroi d'une reconnaissance, cette dernière ne peut se faire d'une manière qui entraîne une discrimination dans l'application des conditions de licence, d'autorisation ou de certificats, ni constituer une restriction déguisée au commerce des services[327].

Un tel processus de reconnaissance mutuelle n'est pas limité, dans le cadre multilatéral, au seul domaine des services[328]. Comme cela a pu être précisé ci-dessus, les accords OTC et SPS n'ignorent pas cette question.

Au niveau communautaire, ce principe pénètre d'une manière plus soutenue l'ensemble du système juridique européen. L'objectif de couverture optimale ambitionné par le droit communautaire, s'agissant des considérations d'ordre commercial, est déjà largement atteint par l'entremise des prescriptions textuelles, qu'il s'agisse de l'interdiction de toute différence de traitement ou encore du processus d'harmonisation des législations nationales. Dans cette perspective, la reconnaissance mutuelle apparaît dès lors comme étant supplétive, venant alors combler une éventuelle carence de ces divers mécanismes. Effectivement, cette approche qui ressort du Livre blanc pour l'achèvement du marché intérieur de 1985[329] a d'ailleurs été qualifiée de « nouvelle approche ». Consacrée officiellement dans ses objectifs par l'Acte unique européen, cette « nouvelle approche » consistait à faire porter l'harmonisation sur les

---

[323] Article VII de l'AGCS.

[324] *Ibidem*, §1.

[325] Article VII-2, première phrase, de l'AGCS.

[326] *Idem* ; dans ce cas, néanmoins, la deuxième phrase de cet article apporte quelques précisions. En effet, tout Membre intéressé devra se voir accorder *[...] une possibilité adéquate de démontrer que l'éducation ou l'expérience acquise, les licences ou les certificats obtenus, ou les prescriptions remplies sur le territoire de cet autre Membre devraient être reconnus.*

[327] Article VII-3 de l'AGCS.

[328] Il est à noter que parallèlement à la procédure générale de reconnaissance mutuelle telle qu'appréhendée par le texte de l'AGCS, ses annexes envisagent d'étendre une telle approche aux secteurs des services particuliers. Ainsi, s'agissant des services financiers, dont les termes sont identiques à ceux de l'article VII de l'AGCS, ou encore, des services comptables, l'absence de réglementation directe ou encore d'harmonisation des législations imposent le recours à un tel mécanisme. Concernant ce dernier domaine, voir, OMC, Conseil du commerce des services, *Lignes directrices pour les accords ou arrangements de reconnaissance mutuelle dans le secteur des services comptables*, S/L/38, 28 mai 1997. Ces lignes directrices complètent et précisent les principes généraux énoncés par l'article VII de l'AGCS.

[329] Livre blanc de la Commission, *sur l'achèvement du marché intérieur*, juin 1985, COM (85) 310.

caractères essentiels des produits et des méthodes de fabrication et à abandonner à la réglementation de l'État membre d'origine tout ce qui concerne les considérations non essentielles. C'est donc s'agissant de ce dernier point que le principe de reconnaissance mutuelle a trouvé à s'appliquer. En conséquence, l'opération réalisée conformément aux exigences essentielles harmonisées et aux normes du pays d'origine doit être ensuite acceptée sur tout le territoire de la Communauté. Certainement, une telle présentation se prête volontiers à des questions concernant les données techniques des produits ou des services[330]. Néanmoins, la portée large du droit communautaire, dépassant les seules considérations commerciales, a conduit les institutions, et notamment la Cour de justice, à prendre en compte dans le cadre du principe de reconnaissance mutuelle d'autres éléments affectant de manière indirecte le commerce.

Ainsi, la reconnaissance mutuelle des diplômes, certificats et autres titres constitue sans conteste une illustration claire d'un processus qui au-delà d'une seule approche jurisprudentielle a fait l'objet d'une véritable politique de coordination. Selon l'article 47, §1er, du Traité CE[331], une telle reconnaissance s'avère nécessaire *afin de faciliter l'accès aux activités non salariées et leur exercice*. Ce procédé n'est donc pas mis en œuvre dans le cas de titres non requis pour accéder à une activité ou pour l'exercer. Ainsi, les autorités nationales d'un État membre sont tenues de prendre en compte les diplômes acquis par un individu dans son pays d'origine ou de provenance, désirant y exercer sa profession[332]. Certes, les titres avancés par leur titulaire doivent indiquer des degrés de formation et de connaissances techniques comparables, à l'exclusion de toutes autres pièces dont la production peut être exigée pour l'exercice d'une profession. Cette dernière doit, selon le texte même de l'article 47, §1, être non salariée. Néanmoins, l'appréciation objective de ces titres ne peut restreindre une telle reconnaissance aux seules activités non salariées. Dans cette perspective, si plusieurs États membres reconnaissent l'équivalence des diplômes délivrés par chacun d'entre eux, par exemple d'architecte, le caractère objectif de cette reconnaissance s'imposera à la faveur des ressortissants de ces pays désirant obtenir un emploi salarié dans un autre État où la qualification d'architecte est exigée. Il est évident qu'une telle reconnaissance mutuelle des diplômes suppose une équivalence à tout le moins approximative[333]. Afin d'établir une telle équivalence, l'État membre d'accueil devra procéder à une comparaison entre les compétences attestées par les diplômes ou autres titres et les connaissances et qualifications exigées par les règles nationales[334]. Cette

---

330 De manière comparable à l'approche réalisée par le droit multilatéral en matière de services, la nouvelle approche trouve également à s'appliquer en ce qui concerne les services particuliers.

331 Ancien article 57, §1er, du Traité CE.

332 CJCE, 1er février 1996, *Georgios Aranitis c/ Land Berlin*, aff. n°C-164/94, Rec., p.I-135, pt.32 ; 11 juillet 2002, *Deutsche Paracelsus Schulen für Naturheilverfahren GmbH c/ Kurt Gräbner*, aff. n°C-294/00, Rec., p.I-6515, pt.31.

333 En ce qui concerne l'activité professionnelle d'avocat, voir, CJCE, 28 avril 1977, *Jean Thieffry c/ Conseil de l'ordre des avocats à la cour de Paris*, aff. n°71/76, Rec., p.765, pt.2 ; 13 novembre 2003, *Christine Morgenbesser c/ Consiglio dell'Ordine degli avvocati di Genova*, aff. n°C-313/01, Rec., p.I-13467, pts.64 et ss.

334 Voir, CJCE, 7 mai 1991, *Irène Vlassopoulou c/ Ministerium für Justiz, Bundes- und Europaangelegenheiten Baden-Württemberg*, aff. n°C-340/89, Rec., p.I-2357, pt.16 ; 7 mai 1992, *Colegio Oficial de Agentes de la Propriedad Inmobiliaria c/ José Luis Aguirre Borrell et autres*, aff. n°C-104/91, Rec., p.I-3003, pt.10 ; 30 novembre 1995, *Reinhard Gebhard c/ Consiglio dell'Ordine degli Avvocati e Procuratori di Milano*, aff. n°C-55/94, Rec., p.I-4165, pt.36 ; 1er février 1996, *Aranitis*, *op. cit.*, pt.32 ; 11 juillet 2002, *Deutsche Paracelsus Schulen c/ Kurt Gräbner*, *op. cit.*, pt.31.

appréciation, soumise à un éventuel recours juridictionnel[335], s'avère néanmoins difficile, voire impossible, dans les domaines où une équivalence n'existe pas. La reconnaissance mutuelle dispense de procéder à une harmonisation des législations. Cependant, dans le cas où elle s'avère irréalisable, l'équivalence ne peut être obtenue que par une coordination des législations en cause. À cet égard, deux voies ont été suivies par les autorités communautaires. La première aborde la question d'une manière sectorielle alors que la seconde l'appréhende d'une manière globale.

La politique sectorielle de coordination consiste en l'élaboration de mesures contraignantes, généralement des directives, visant à assurer la coordination des formations afin de permettre ensuite une reconnaissance mutuelle des diplômes. Cette approche par secteur a surtout concerné les professions libérales, notamment médicales. Dans ce contexte, les professions de médecin, dentiste, vétérinaire, sage-femme, pharmacien ou encore infirmier, font l'objet d'une coordination des règles nationales régissant les études universitaires dont elles sont la finalité[336]. La politique de coordination a également concerné les professions d'architecte[337] et, de manière plus tardive en raison de l'exercice de l'autorité publique qu'elle implique, d'avocat[338].
Une coordination sectorielle, malgré des résultats appréciables, présente néanmoins l'inconvénient d'être fastidieuse dans la mesure où elle requiert une intervention législative importante. Aussi, une appréhension globale de la question est apparue beaucoup plus appropriée. Ainsi, deux systèmes généraux de reconnaissance des formations professionnelles ont été mis au point. Le premier d'entre eux ressort de la directive 89/48/CEE du Conseil du 21 décembre 1988[339] relative à un système général de reconnaissance des diplômes d'enseignement supérieur sanctionnant des formations professionnelles. Étant générale d'application au domaine des travailleurs, à l'établissement et aux services, cette directive ne s'applique qu'en l'absence de textes spécifiques. Le second système découle de la directive 92/51/CEE[340]. Ce texte régit la

---

[335] CJCE, 15 octobre 1987, *Union nationale des entraîneurs et cadres techniques professionnels du football (Unectef) c/ Georges Heylens et autres*, aff. n°222/86, Rec., p.4097, pts.13 et ss ; 13 novembre 2003, *Christine Morgenbesser*, *op. cit.*, pts.68 et ss.

[336] S'agissant des médecins (directive n°93/16/CEE du Conseil du 5 avril 1993, modifié par la directive n°97/50/CE du Parlement et du Conseil du 6 octobre 1997) ; pour les dentistes (directive n°78/686 du Conseil du 25 juillet 1978) ; pour les vétérinaires (directive n°78/1026/CEE du Conseil du 18 décembre 1978 et directive n°78/1027/CEE du Conseil du 18 décembre 1978) ; pour les sages-femmes (directive n°80/154/CEE/CEE du Conseil du 21 janvier 1980 et directive n°80/155/CEE du Conseil du 21 janvier 1980) ; pour les pharmaciens (directive n°85/432/CEE du Conseil du 16 septembre 1985 et directive n°85/433/CEE du Conseil du 16 septembre 1985).

[337] Directive n°85/384/CEE du Conseil du 10 juin 1985, *visant à la reconnaissance mutuelle des diplômes, certificats et autres titres du domaine de l'architecture et comportant des mesures destinées à faciliter l'exercice effectif du droit d'établissement et de libre prestation de services*, JOCE n°L.223, 21 août 1985, pp.15 à 25.

[338] Hormis l'importante jurisprudence, peuvent être citées en la matière, deux directives dont la première régit l'activité de service (directive n°77/249/CEE du Conseil du 22 mars 1977, *tendant à faciliter l'exercice effectif de la libre prestation de services par les avocats*, JOCE n°L.78, 26 mars 1977, pp.17 et 18) et la seconde, la liberté d'établissement (directive n°98/5/CE du Parlement européen et du Conseil du 16 février 1998, *visant à faciliter l'exercice permanent de la profession d'avocat dans un État membre autre que celui où la qualification a été acquise*, JOCE n°L.77, 14 mars 1998, pp.36 à 43).

[339] Directive citée dans la note précédente.

[340] Directive n°92/51/CEE du Conseil du 18 juin 1992, *relative à un deuxième système général de reconnaissance des formations professionnelles qui complète la directive n°89/48/CEE*, JOCE n°L.209, 24 juillet 1992, pp.25 à 45, modifiée à diverses reprises.

reconnaissance mutuelle de l'enseignement supérieur court et de l'enseignement secondaire. Un troisième système général de reconnaissance a fait l'objet, en 1998, d'une proposition de directive du Parlement et du Conseil[341]. Ce dernier envisage la prise en compte des activités professionnelles exclues du système des directives 89/48 et 92/51 précitées. Cette proposition, qui envisageait une simplification par un regroupement de l'ensemble des directives sectorielles, une refonte en un texte unique[342], a donc donné lieu au troisième système général[343]. De ce texte ressort le fait que l'État d'accueil doit reconnaître l'ensemble des titres et formations sans que les titulaires aient à justifier d'une expérience professionnelle. Malgré ces directives de codifications, la véritable innovation ressort de la directive de septembre 2005[344]. Ce texte vise à consolider quinze directives qui ont mis en place des régimes de reconnaissance différents. Parmi ces directives, il y avait douze textes sectoriels[345] et les trois systèmes de reconnaissance général précités[346].

Ce souci de coordination destiné à faciliter le processus de reconnaissance mutuelle – analyse certes limitée ici à un domaine encore inconnu du système juridique de l'OMC – est révélateur de l'inclination claire du droit communautaire pour une pénétration sans limites des droits nationaux. Cette pénétration, qui ne s'opère donc pas obligatoirement de manière directe par la substitution de mesures communautaires à celles nationales préexistantes, peut donc également résulter de contraintes indirectes ressortant d'une politique d'harmonisation, voire de coordination. Ainsi, la coordination a été également envisagée dans des domaines autres que la seule formation professionnelle. Les législations concernant l'accès aux activités non salariées et à leur exercice, telles qu'envisagées par l'article 47, §2, du Traité CE, les mesures justifiées par des raisons d'ordre public, de sécurité publique et de santé publique, et le droit des sociétés font également l'objet d'une coordination au niveau communautaire. De même, la fiscalité, domaine hautement souverainiste, est parfois envisagée sous l'angle de la coordination. Les limites de l'harmonisation, base de la politique de reconnaissance mutuelle, justifient le recours à une telle approche. En matière fiscale, il s'agit d'articuler les droits nationaux et le droit communautaire ; cette articulation permet d'éviter « le monopole des autorités communautaires pour

[341] Voir, position commune (CE) n°41/98 arrêtée par le Conseil le 29 juin 1998, *en vue de l'adoption de la directive n°98/.../CE du Parlement européen et du Conseil du ... concernant les véhicules à moteur et leurs remorques destinés au transport de marchandises dangereuses par route et modifiant la directive n°70/156/CEE relative à la réception CE par type des véhicules à moteur et de leurs remorques*, JOCE n°C.262, 19 août 1998, p.1.

[342] Sur l'ensemble de ces considérations, voir, J.-M. FAVRET, *Le système général de reconnaissance des diplômes et des formations professionnelles en droit communautaire : l'esprit et la méthode*, RTDE, 1996, pp.259 et ss ; également, J. PERTEK, *Une dynamique de la reconnaissance des diplômes à des fins professionnelles et à des fins académiques*, RMUE, 1996, n°3, pp.89 et ss.

[343] Directive n°99/42/CE du Parlement européen et du Conseil du 7 juin 1999, *instituant un mécanisme de reconnaissance des diplômes pour les activités professionnelles couvertes par les directives de libéralisation et portant mesures transitoires, et complétant le système général de reconnaissance des diplômes*, JOCE n° L.201, 31 juillet 1999, pp.77 à 93.

[344] Directive n°2005/36/CE du Parlement européen et du Conseil du 7 septembre 2005, *relative à la reconnaissance des qualifications professionnelles*, JOUE n°L.255, 30 septembre 2005, pp.22 à 142.

[345] Elles recouvrent en fait les professions médicales (médecin, infirmier, dentiste, vétérinaire, sage-femme, pharmacien) et d'architecte (directives précitées).

[346] Il s'agit des directives précitées, 89/48/CEE, 92/51/CEE et 99/42/CE.

appliquer le droit communautaire »[347]. Cette méthode présente l'intérêt de ne pas heurter trop franchement la souveraineté fiscale des États dans la mesure où elle leur abandonne le choix de suivre ou non la ligne de conduite fixée. Dans cette optique, s'il n'y a pas de contrainte textuelle, celle-ci peut néanmoins ressortir du jeu du marché, autrement dit, plutôt que d'une « harmonisation négociée », il s'agira d'une « harmonisation par le marché »[348]. La coordination, de manière générale, pourra être réalisée par voie de communications, de recommandations, de programmes et même de propositions de directives. Certes, l'utilisation de directives apporte un certain caractère contraignant. Néanmoins, dans la mesure où les lois du marché peuvent faire leur œuvre, de simples incitations permettent d'offrir aisément aux pays membres une solution à leurs problèmes en termes d'échanges commerciaux.

Ne dérogeant pas à sa position maximaliste, le droit communautaire tend à assurer une couverture totale du domaine commercial afin de supprimer la moindre disposition nationale susceptible d'entraver l'une des libertés de circulation prônées par les traités constitutifs. Cet objectif passe par des politiques coercitives, contraignantes à l'égard des pays membres. En revanche, le système juridique de l'OMC, fondé sur le respect du principe de souveraineté, ne peut procéder de la sorte. C'est donc par la voie conventionnelle que les Membres de l'OMC vont contribuer au processus de reconnaissance mutuelle. Comme cela a été décrit dans les développements précédents, la plupart des accords issus du Cycle de l'Uruguay invitent les Membres à élaborer entre eux des conventions de reconnaissance mutuelle[349]. Cependant, le principe du traitement de la nation la plus favorisée a pour effet d'étendre à l'ensemble des Membres les avantages réciproques ressortant d'un accord bilatéral de reconnaissance mutuelle. Les conventions que certains Membres peuvent vouloir conclure entre eux sans pour autant en étendre les effets aux autres Membres semblent donc impossibles. Cette impossibilité retire ainsi un intérêt évident à l'élaboration de tels accords.

Ainsi, dans le cas du commerce des services, l'AGCS n'empêche pas à ses signataires de réglementer la fourniture des services faisant l'objet d'un engagement sur son territoire. Or, il n'institue pas non plus d'équivalence entre les différentes législations intérieures des Membres de l'OMC. Le cas plus particulier des services financiers rappelle cette constante s'agissant des mesures prudentielles[350]. Néanmoins, le Mémorandum d'accord sur les engagements en matière de services financiers prévoit que les Membres doivent s'efforcer d'éliminer ou de limiter tout effet préjudiciable notable de leur réglementation à l'égard des fournisseurs étrangers[351]. À cette fin, une reconnaissance mutuelle des législations régissant la matière est seule susceptible de supprimer les obstacles à la fourniture de services. Comme cela est envisagé au niveau communautaire, une telle reconnaissance ne peut être plausible que dans la seule hypothèse où les législations en cause sont plus ou moins proches dans leur contenu, ce qui implique une coordination préalable de ces mêmes législations. Autrement dit, sans pour autant trancher clairement la question, les objectifs de libéralisation des échanges

---

[347] C. GAVALDA et G. PARLÉANI, *Droit des affaires de l'Union européenne*, 4e éd., 2002, Paris, Litec, p.217.
[348] H. STERDYNIAK, M.-H. BLONDE, G. CORNILLEAU et J. LE DEM, *Vers une fiscalité européenne*, CPII, OFCE, Economica, Paris, 1990, p.91.
[349] Articles 4-2 de l'Accord SPS, 2-7 de l'Accord OTC.
[350] Annexe sur les services financiers, §§2, a), et 3.
[351] Section B, point 10 du Mémorandum d'accord.

ressortant des accords de l'OMC ne peuvent obtenir une réelle effectivité que dans la mesure où une coordination des législations est réalisée dans les domaines où une reconnaissance mutuelle est sollicitée par ces mêmes textes. Néanmoins, qu'il s'agisse d'une éventuelle coordination ou encore d'accords de reconnaissance mutuelle, la volonté étatique est mise en exergue. Effectivement, le système multilatéral, plus que tout autre, met à contribution l'activité étatique ; l'intention politique est donc prépondérante et tout rapprochement ne peut se faire que dans la seule hypothèse où les États en ressentent le besoin, seul moteur d'une quelconque volonté.

CHAPITRE 2
UNE CONVERGENCE DANS L'INSTITUTIONNALISATION DES « QUATRE LIBERTÉS COMMERCIALES »

La création d'un marché libre de tout obstacle doit passer par l'élaboration d'une réglementation adéquate. Dans cette optique, les mesures adoptées doivent prendre appui sur certains principes inhérents à tout mécanisme visant une quelconque libéralisation. Ainsi, la plupart des réglementations supranationales visant une libéralisation progressive des échanges fondent leur raisonnement sur la nature même des mesures susceptibles de contrarier les objectifs initiaux. Les principes de non-discrimination et, plus largement, d'égalité de traitement constituent de tels fondements. Cependant, des interprétations différentes de ces principes peuvent conduire à des positions divergentes influant sur l'évolution des systèmes en présence. Le droit communautaire semble avoir tendu vers un élargissement absolu du contrôle juridictionnel des législations nationales. Dans cette optique, la jurisprudence communautaire a élaboré le concept d'entrave par lequel elle entend éradiquer les obstacles au commerce non pas au regard de la nature même des mesures nationales, mais au-delà de cela, au regard des seuls effets de ces mesures, et ce, quelle que soit leur nature. Cette dernière conception demeure toutefois inconnue du droit multilatéral qui axe davantage son analyse sur le principe de non-discrimination.

La question de l'égalité de traitement n'apparaît que par le dépassement de la notion de non-discrimination. Mais, s'interroger sur l'égalité de traitement, c'est admettre l'existence d'une opposition, d'une différence de conception entre cette notion et celle de non-discrimination. À ce titre, le droit multilatéral ne fait en aucun cas référence à une telle contradiction et semble plutôt favoriser une interprétation identique de ces deux notions, envisageant l'égalité de traitement davantage comme la concrétisation de la non-discrimination. Au-delà, l'approche en termes de discrimination entretenue par le droit multilatéral dépasse clairement celle du droit communautaire pour couvrir également des questions abordées par ce dernier comme répondant davantage à la notion d'entrave non discriminatoire.

Ainsi, alors qu'un abyme semble opposer les deux systèmes en présence, un examen plus soutenu qu'un simple regard *prima facie* démontre de nombreux points théoriques de convergence. Effectivement, les différents domaines traités par le droit communautaire sont également abordés par le droit multilatéral. Qu'il s'agisse du secteur des marchandises (SECTION 1), de ceux des services et des personnes (SECTION 2) ou encore de celui des capitaux (SECTION 3), quatre domaines dont la libéralisation est l'une des conditions de la constitution d'une union économique, les textes régissant les systèmes juridiques concernés, tels qu'interprétés par les juridictions de chaque ordre, présentent une certaine similarité quant à leur portée. Pour autant, il est évident que leur mise en œuvre ne se fait en rien d'une manière égalitaire, le GATT ayant fait des marchandises l'axe central de la libéralisation du commerce mondial. Ce n'est qu'en 1995, avec les accords de Marrakech, que les autres domaines ont pu émerger et que pour la première fois un semblant de législation commerciale internationale globale a pu voir le jour.

SECTION 1
LA LIBÉRALISATION CENTRALE DU SECTEUR DES MARCHANDISES

Ainsi et comme cela a pu être analysé lors de développements précédents, le droit communautaire a appréhendé le principe de non-discrimination de manière étroite, laissant alors une largesse certaine à l'intervention protectionniste des États. C'est donc cette perspective qui a conduit les autorités communautaires à élargir le champ d'application des dispositions du Traité de Rome, et ce, par l'élaboration de principes conduisant à la proscription de toute différence de traitement, au-delà des seules discriminations déjà visées.
Pourtant, la Cour de justice des Communautés européennes a, dans un premier temps, envisagé les deux notions comme étant relativement proches. Ainsi, dans le cadre de l'article 60 du Traité CECA a-t-elle considéré que, même si le principe de non-discrimination ne constitue que l'expression spécifique du principe d'égalité, leur définition est identique, à ceci près que l'inégalité ne devient discrimination que si elle ne peut être objectivement justifiée[352]. En réalité, cette approche n'est que sommaire et n'apporte pas vraiment d'éléments clairs sur la définition des principes en présence. Aussi, la Haute juridiction communautaire a-t-elle pris acte de cette carence en élaborant, dès 1958, les bases de cette définition. Dans le secteur particulier de la concurrence, elle a pu ainsi déclarer comme pouvant être discriminatoire, toute intervention ayant pour but ou pour effet de fausser artificiellement et substantiellement le jeu de la concurrence[353]. Cependant, c'est seulement l'année suivante qu'elle donnera une définition suffisamment générale pour apparaître comme véritablement utilisable en tant que fondement juridique. Selon la Cour, *l'existence d'une discrimination, consistant à traiter de manière inégale des situations comparables, suppose l'obligation et la possibilité d'appliquer un traitement identique à tous les intéressés en question*[354].

Cependant, l'élaboration d'une définition complète reprenant les différents éléments développés auparavant de la notion de discrimination, jusque-là entendue comme ressortant d'une situation de différence de traitement – ce qui est d'ailleurs vrai dans l'absolu –, n'est obtenue qu'en 1962. Ainsi, la Cour de justice a considéré que, pour qu'il y ait *discrimination, il faut [qu'ait été traitées] d'une façon différente, des situations comparables, entraînant un désavantage pour certains sujets par rapport à d'autres, sans que cette différence de traitement soit justifiée par l'existence de différences objectives d'une certaine importance*[355].

---

[352] CJCE, 23 avril 1956, *Groupement des Industries Sidérurgiques Luxembourgeoises c/ Haute Autorité de la Communauté européenne du charbon et de l'acier*, aff. jtes n°s7 et 9/54, Rec., p.53, spéc. pp.95 et ss.
[353] CJCE, 17 juillet 1959, *Société nouvelle des usines de Pontlieue - Aciéries du Temple (S.N.U.P.A.T.) c/ Haute Autorité de la Communauté européenne du charbon et de l'acier*, aff. jtes n°s32 et 33/58, Rec., p.275, spéc. p.305.
[354] CJCE, 17 décembre 1959, *Société des fonderies de Pont-à-Mousson c/ Haute Autorité de la Communauté européenne du charbon et de l'acier*, aff. n°14/59, p.445, spéc. p.475.
[355] CJCE, 13 juillet 1962, *Klöckner-Werke AG et Hoesch AG c/ Haute Autorité de la Communauté européenne du charbon et de l'acier*, aff. jtes n°s17 et 20/61, Rec., p.615, spéc. p.652.

À partir de cette date, la Cour va peu à peu affiner les points développés dans le cadre du Traité CECA en les transposant aux règles du Traité CEE.
Dès 1963, la Cour va donc se prononcer sur la question en appliquant aux règles issues du Traité de Rome le principe de non-discrimination[356]. Ainsi, dans cette première affaire, elle va poser une distinction entre les discriminations formelles et matérielles, en considérant que *le traitement différent de situations non comparables ne permet pas de conclure automatiquement à l'existence d'une discrimination ; qu'une apparence de discrimination formelle peut donc correspondre, en fait, à une absence de discrimination matérielle ; que la discrimination matérielle aurait consisté à traiter soit de manière différente des situations similaires, soit de manière identique des situations différentes*[357].
Selon cette opposition, l'application d'un traitement différent à des situations non comparables ne peut être considérée comme constituant une discrimination, c'est-à-dire que, si les situations sont objectivement différentes, le principe d'égalité n'est pas enfreint. En fait, le traitement différencié de situations non comparables est à considérer comme étant une discrimination formelle, alors que le traitement différencié de situations comparables doit être envisagé comme étant une discrimination matérielle, seule punissable. Le choix opéré par la Cour semble malencontreux dans la mesure où, selon le droit communautaire, tout type de discrimination doit faire l'objet de sanction, et qu'ainsi le fait de parler de discriminations pour des situations n'étant pas susceptibles d'être proscrites ne peut avoir que des effets négatifs sur l'application même du principe d'égalité.

Les développements jurisprudentiels concernant les questions de comparabilité des situations, de possibilités de justifier un traitement différencié par des raisons objectives, vont constituer de réelles avancées. En effet, ces deux points, déjà développés antérieurement, sont les éléments composant la définition de discrimination et de différence de traitement[358]. Cependant, une interprétation divergente de ces composantes va inévitablement entraîner une discordance des propres notions dont il s'agissait d'assurer la définition.
Avant la fin de la période de transition, la Cour de justice avait déjà jeté clairement les bases de la notion d'égalité de traitement. Dans le même temps que les notions de discrimination et d'égalité de traitement vont se différencier, ce phénomène de différenciation va intervenir de manière distincte selon les domaines. Par exemple, dans le domaine des marchandises, les juridictions communautaires n'appréhenderont pas les discriminations de manière aussi large qu'en matière de libre circulation des personnes. Aussi conviendra-t-il d'en vérifier la teneur en examinant la question pour chacun des secteurs concernés.
Dans un autre registre, le droit multilatéral affiche une notion de discrimination empruntant les mêmes caractéristiques que celles arborées par l'approche communautaire. Le droit multilatéral, dans un souci d'élargissement de son champ

---

[356] CJCE, 17 juillet 1963, *République italienne c/ Commission de la Communauté économique européenne*, aff. n°13/63, Rec., p.335, spéc. p.360, pt.3.
[357] K. LENAERTS, *L'égalité de traitement en droit communautaire – Un principe unique aux apparences multiples*, CDE, 1991, p.3.
[358] Comme la Cour l'a bien souvent énoncé, les deux notions sont proches ; voir, par exemple, CJCE, 19 octobre 1977, *Albert Ruckdeschel & Co. et Hansa-Lagerhaus Ströh & Co. c/ Hauptzollamt Hamburg-St. Annen ; Diamalt AG c/ Hauptzollamt Itzehoe*, aff. jtes n^os^117/76 et 16/77, Rec., p.1753, pt.7.

d'application, s'engage peu à peu dans la voie d'une conception pluridisciplinaire du commerce international. Dans cette optique, il est loisible d'envisager entre les systèmes communautaire et multilatéral une certaine convergence eu égard aux objectifs commerciaux dont ils poursuivent l'accomplissement. Pourtant, l'inexistence de distinction entre discrimination et différence de traitement au sein du droit multilatéral ne permet en aucune manière de réitérer dans ce système juridique les conclusions émises par le juge communautaire.

Le développement des échanges concerne en priorité le secteur des marchandises. En effet, les transports de masse inaugurés au XXe siècle n'ont fait qu'accélérer ce phénomène. C'est donc tout naturellement que les systèmes communautaire (§1) et multilatéral (§2) s'y sont intéressés prioritairement. Cependant, malgré une libéralisation de principe de la plupart des marchandises disponibles sur le marché, certaines catégories de produits ont bénéficié de régimes dérogatoires (§3).

§1. Le démantèlement des entraves au commerce communautaire des marchandises : un souci définitoire des entraves à éradiquer

En droit communautaire, la question de l'égalité de traitement fut envisagée dans le cadre des articles 12 et suivants[359] et des articles 30 et suivants[360] du Traité de Rome.

La première série d'articles, relative à l'élimination des droits de douane entre les États membres, servit de base aux premières interrogations concernant l'idée d'égalité de traitement. La Cour, dans un arrêt de 1969, considéra que l'obligation d'abolition des barrières douanières avait pour effet de conduire à l'élimination de toute charge fiscale pouvant se substituer à un droit de douane et cela même dans le cas où elle ne présenterait pas de caractère discriminatoire[361]. Cette décision a donc ouvert une brèche claire dans la thèse purement discriminatoire valable jusqu'alors.

La deuxième série d'articles ayant servi de base à la détermination de la notion d'égalité de traitement concerne les articles 30, désormais 28, et suivants. Ces dispositions ressortent du chapitre deuxième du titre premier, relatif à la libre circulation des marchandises au sein de la partie consacrée aux politiques de la Communauté[362]. Ce chapitre traite en fait de l'élimination des restrictions quantitatives entre les États membres. Une restriction quantitative constitue une discrimination claire dans la mesure où son application consiste à traiter différemment les marchandises étrangères entre elles, dans le cas de restrictions à l'importation, ou encore à traiter différemment les marchandises nationales entre elles, dans le cas de restrictions à l'exportation[363]. De la même manière, les restrictions quantitatives constituent des discriminations flagrantes entre les produits nationaux et étrangers du fait qu'ils sont traités évidemment de façons différentes.

---

[359] Devenus articles 25 et ss.

[360] Désormais articles 28 et ss.

[361] CJCE, 1er juillet 1969, *Sociaal Fonds voor de Diamantarbeiders c/ S.A. Ch. Brachfeld & Sons et Chougol Diamond Co*, aff. jtes n[os]2 et 3/69, Rec., p.211, pt.18.

[362] C'est-à-dire la partie 3 du Traité de Rome.

[363] Voir le chapitre suivant.

Cependant, ces dispositions entendent sanctionner, au-delà des seules restrictions quantitatives, toute mesure d'effet équivalent à une restriction quantitative. À la simple lecture de ces textes, l'interdiction semble concerner les mesures ayant un effet semblable à des restrictions quantitatives, c'est-à-dire se caractérisant en fait par un effet restrictif envers les échanges. Cette déduction ainsi que l'interprétation, décrite plus haut, des mesures relatives aux barrières douanières conduisent à une interdiction générale des mesures restreignant le commerce interétatique, et contribuent donc à une différenciation, encore embryonnaire, des principes de non-discrimination et d'égalité de traitement.
Mais, à partir de là, l'interrogation porte sur le contenu des catégories de mesures pouvant être réputées comme ayant un effet équivalent à une restriction quantitative. Intervenant dans le cadre de la mission qui lui était assignée par l'article 33, §7, depuis lors abrogé, la Commission prit position dans une directive de 1969[364]. En effet, elle posa une distinction entre deux types de mesures dont le traitement juridique devait être distingué. Ainsi, elle envisagea d'un côté les mesures distinctement applicables faisant obstacle à des importations ou rendant celles-ci plus difficiles ou onéreuses que l'écoulement de la production nationale ; d'un autre côté, elle souleva le cas des mesures régissant la commercialisation des produits, indistinctement applicables aux produits nationaux et aux produits importés, ne pouvant être sanctionées au regard de l'article 30 que dans la mesure où leurs effets restrictifs sur la libre circulation des marchandises dépassent le *cadre des effets propres d'une réglementation de commerce*[365]. Ainsi, la première catégorie comprenait les mesures d'effet équivalent constituées dès lors qu'elles créaient une discrimination au détriment des produits importés. La seconde catégorie, quant à elle, bénéficiait d'une présomption de légitimité, sauf dans le cas précisé de dépassement des effets normaux d'une réglementation commerciale[366].

I.- D'une approche initialement extensive de la notion d'entrave à une approche par la suite raisonnée

La première définition de l'entrave ressort d'une jurisprudence relativement ancienne puisqu'elle date de 1974. Dans l'arrêt *Dassonville*[367], la Cour a ainsi estimé que *toute réglementation commerciale des États membres susceptible d'entraver, directement ou indirectement, actuellement ou potentiellement, le commerce*

[364] Directive n°70/50/CEE de la Commission du 22 décembre 1969, *portant suppression des mesures d'effet équivalent à une restriction quantitative à l'importation non visées par d'autres dispositions prises en vertu du Traité CEE*, JOCE, L.13 du 19 janvier 1970, p.29.
[365] Article 3 de la directive n°70/50/CEE, *ibidem*.
[366] Ce qui est le cas si les effets restrictifs sont à considérer comme hors de proportion par rapport au résultat recherché, ou si ce dernier ne peut être atteint par un autre moyen moins entravant. Ces conclusions ne peuvent donc être obtenues que par l'application d'un test de proportionnalité.
[367] CJCE, 11 juillet 1974, *Procureur du Roi c/ Benoît et Gustave Dassonville*, aff. n°8/74, Rec., p.837. Cette affaire mettait en scène le problème de l'importation, par les Dassonville père et fils, d'un lot de bouteilles de scotch-whisky britannique acheté en France pour être acheminé vers la Belgique sans certificat d'origine, difficile à obtenir, mais pourtant obligatoire dans ce dernier pays. La réglementation belge portant obligation de présentation de certificat d'origine avait pour effet de protéger, même si ce n'était qu'indirectement, les distributeurs exclusifs de ces produits sur le territoire national contre toute importation nationale.

intracommunautaire est à considérer comme une mesure d'effet équivalent[368]. Cette formulation, très vaste et allant au-delà de ce que nécessaire pour résoudre le cas d'espèce – il s'agissait en l'occurrence d'une mesure clairement discriminatoire qui pouvait donc être sanctionnée en tant que telle –, exprimait la volonté de la Cour de justice d'adopter une acception large de l'article 28 CE[369]. De la sorte, une mesure d'effet équivalent à une restriction quantitative, telle que visée par cette dernière disposition, est constituée du seul fait qu'elle présente un effet potentiellement entravant sur les échanges[370], d'une démonstration plus aisée qu'un effet réel.

L'arrêt *Cassis de Dijon*[371] constitue également une étape cruciale dans le processus de définition de l'entrave en matière de libre circulation des marchandises. Dans cette affaire, la Cour établit un certain nombre de principes. Ainsi, les réglementations nationales indistinctement applicables aux produits nationaux et aux produits importés peuvent être considérées comme étant des mesures d'effet équivalent interdites par l'article 28 lorsqu'elles ne sont pas justifiées par des exigences impératives dictées par l'intérêt général. Cette allégation n'est en fait que l'affirmation d'un point déjà soulevé dans l'arrêt *Dassonville*, mais qui n'apparaissait dans ce dernier que de manière implicite. D'autre part, cet arrêt affirme l'existence d'exigences impératives ne se confondant pas avec les exceptions admises par l'article 30[372]. Enfin, la Cour admet qu'en l'absence de réglementation communautaire appropriée, les produits légalement fabriqués et commercialisés dans un État membre doivent pouvoir circuler sans entraves sur l'ensemble du territoire communautaire, c'est-à-dire sans qu'un État puisse leur opposer une législation nationale non justifiée par des exigences impératives. La Cour proclame dans ce dernier cas l'existence du principe de reconnaissance mutuelle des législations[373]. La jurisprudence qui suivra cette affaire aura pour mission d'approfondir les considérations alors énoncées. Ainsi, pendant près d'une dizaine d'années, elle reprendra de manière quasi unanime[374] la position adoptée par l'arrêt *Cassis de Dijon.*

---

368 *Ibidem*, pt.5 ; cette disposition sera dès lors sans cesse rappelée par la jurisprudence : par exemple, CJCE, 24 novembre 1993, *Procédure pénale c/ Bernard Keck et Daniel Mithouard*, aff. jtes n°sC-267 et 268/91, Rec., p.I-6097, pt.16 ; 13 janvier 2000, *Schutzverband gegen unlauteren Wettbewerb c/ TK-Heimdienst Sass GmbH*, aff. n°C-254/98, Rec., p.I-151, pt.24 ; 19 juin 2003, *Commission des Communautés européennes c/ République italienne*, aff. n°C-420/01, Rec., p.I-6445, pt.25 ; ou encore, 11 décembre 2003, *Deutscher Apothekerverband eV c/ 0800 DocMorris NV et Jacques Waterval*, aff. n°C-322/01, Rec., p.I-14887, pt.66.

369 Ancien article 30.

370 La position ainsi entretenue est la résultante d'un processus entamé bien avant avec l'arrêt de la Cour dit *Des ouvriers diamantaires*, relatif à l'article 25 (ancien article 12), dans lequel elle avait déjà écarté la notion stricte de discrimination. CJCE, 1er juillet 1969, *Sociaal Fonds voor de Diamantarbeiders c/ S.A. Ch. Brachfeld & Sons et Chougol Diamond Co*, *op. cit.*, pt.30. Voir, sur la question du démantèlement des entraves fiscales, le chapitre 1 de la seconde partie.

371 CJCE, 20 février 1979, *Rewe-Zentral AG c/ Bundesmonopolverwaltung für Branntwein*, aff. n°120/78, Rec., p.649. Une société allemande, en l'occurrence la société Rewe-Zentral AG, désirait importer sur son territoire national des alcools forts dont l'un, la liqueur « cassis de Dijon », présentait un degré alcoolique de 15 à 20 %, alors que la législation allemande n'autorisait la mise en vente sur le marché domestique que des alcools forts d'une teneur minimale de 25 %. Au même titre que dans l'arrêt *Dassonville*, l'interrogation s'est portée sur la nature de cette législation, à savoir s'il s'agissait d'une simple discrimination ou encore, de manière plus large, d'une réelle restriction aux échanges.

372 Ancien article 36 du Traité CE.

373 Pour de plus amples détails s'agissant de ce principe, voir *supra*.

374 D. MARTIN, *"Discriminations", "Entraves" et "raisons impérieuses" dans le Traité CE : trois concepts en quête d'identité*, CDE, 1998, p.571.

Cependant, le risque d'une extension excessive de la notion de mesure d'effet équivalent a pu apparaître avec le risque d'une application abusive de la jurisprudence *Cassis de Dijon* à toutes les législations qui, sous une apparence de neutralité, pouvaient dissimuler des différences de traitement. Ainsi, dans le désir d'interrompre clairement cette ascension vers l'incohérence juridique – en effet, un accueil trop favorable de telles actions ne pourrait que nuire à la crédibilité du droit communautaire en instaurant une certaine insécurité juridique – la Cour de justice a pris formellement parti pour un raffermissement de sa position.

L'arrêt *Keck et Mithouard* marque donc cette transition vers un rétrécissement de la recevabilité des actions intentées devant la Cour[375]. Considérant qu'*étant donné que les opérateurs économiques invoquent de plus en plus l'article 30 du Traité pour contester toute espèce de réglementations qui ont pour effet de limiter leur liberté commerciale, même si elles ne visent pas les produits en provenance d'autres États membres, la Cour estime nécessaire de réexaminer et de préciser sa jurisprudence en la matière*[376]. Dans cette optique, elle distingue deux types de mesures. D'une part, elle envisage *les règles relatives aux conditions auxquelles les marchandises doivent répondre*[377], tombant sous le coup de l'article 30 même si elles sont indistinctement applicables à tous les produits, et d'autre part, *les dispositions nationales qui limitent ou interdisent, certaines modalités de vente, pourvu qu'elles s'appliquent à tous les opérateurs concernés exerçant leur activité sur le territoire national, et pourvu qu'elles affectent de la même manière, en droit comme en fait, la commercialisation des produits et de ceux en provenance d'autres États membres*, échappant quant à elles et dans ce cas au dispositif de l'article 30. Ce régime de rigueur envers les réglementations nationales repose sur une distinction entre deux aspects des techniques de vente. Dans la première hypothèse, la mesure est incompatible avec le Traité par son seul caractère restrictif ; dans le second cas, une différence de traitement est seule susceptible de constituer une mesure d'effet équivalent[378].

---

[375] CJCE, 24 novembre 1993, *Procédure pénale c/ Bernard Keck et Daniel Mithouard, op. cit.* Il s'agissait de deux directeurs de supermarché français ayant revendu à perte des marchandises importées. La législation française punissant pénalement cette opération, les protagonistes ont alors été poursuivis par les autorités nationales. Dans le but de contrecarrer ces poursuites, Keck et Mithouard soulevèrent le fait que la législation pénale française avait pour conséquence d'entraver la libre circulation des marchandises au sein du marché européen. La question qui fut alors posée à la Cour portait sur la nécessité de cette réglementation, c'est-à-dire de savoir s'il n'existait pas de solution alternative présentant un caractère moins restrictif et répondant d'une meilleure manière aux exigences impératives acceptées par le droit communautaire.

[376] CJCE, 24 novembre 1993, *Procédure pénale c/ Bernard Keck et Daniel Mithouard, op. cit.*, pt.14.

[377] Telles que celles relatives à la dénomination, la forme, la dimension, le poids, la composition, la présentation, l'étiquetage, le conditionnement des produits.

[378] Il est des cas pour lesquels la Cour de justice a ignoré cette jurisprudence, continuant à faire application des mécanismes développés antérieurement. Formellement, elle a rendu certains arrêts pour lesquels elle n'a effectué aucune différenciation des mesures nationales mises en cause, ne faisant donc aucune référence à une quelconque modalité de vente ou condition de vente (CJCE, 15 décembre 1993, *Ligur Carni Srl et Genova Carni Srl c/ Unità Sanitaria Locale n. XV di Genova et Ponente SpA c/ Unità Sanitaria Locale n. XIX di La Spezia et CO.GE.SE.MA Coop arl*, aff. jtes n^{os}C-277, 318 et 319/91, Rec., p.I-6621 ; aussi, 28 avril 1998, *Nicolas Decker c/ Caisse de maladie des employés privés*, aff. n°C-120/95, Rec., p.I-1831). Dans d'autres cas, elle a été confrontée à des réglementations nationales posant un sérieux problème de frontière. La difficulté provenait alors de la qualification qu'il convenait d'attribuer à des mesures se situant à la limite des conditions et des modalités de vente (CJCE, 6 juillet 1995, *Verein gegen Unwesen in Handel und Gewerbe Köln eV c/ Mars GmbH*, aff. n°C-470/93, Rec., p.I-1923, pt.14 ; 26 juillet 1997, *Vereinigte Familiapress Zeitungsverlags- und vertriebs GmbH c/ Heinrich Bauer Verlag*, aff. n°C-368/95, Rec., p.I-

Ce rétrécissement de la jurisprudence *Dassonville* n'est pas apparu comme suffisant. Les actions intentées devant la Cour visant à faire condamner des mesures nationales n'affectant qu'indirectement voire hypothétiquement le commerce entre États membres étaient trop nombreuses. Il s'agissait, pour la Haute juridiction communautaire, de prendre une nouvelle voie par l'entremise d'une approche permettant d'opérer un sérieux rétrécissement, non pas directement de la jurisprudence *Dassonville*, mais de l'interprétation qui en a été faite par la suite. Ainsi, cette théorie dite de la « troisième voie » a consisté en une série d'arrêts venant progressivement rejeter les demandes mettant en cause des législations nationales dont l'effet sur les échanges était par trop incertain. La Cour a donc pu repousser des actions intentées à l'encontre de mesures nationales dont l'effet sur le commerce était, selon elle, trop hypothétique[379], trop aléatoire[380] ou trop indirect[381]. De la même manière que cet infléchissement de la position de la Cour a frappé les mesures à l'importation, telles qu'appréhendées par l'article 28 CE, elle l'a également étendu aux mesures nationales affectant l'exportation des marchandises en vertu de l'article 29 du même Traité[382]. En fait, la jurisprudence tient compte désormais de l'intensité de l'entrave ; appliquant une gradualité dans le contrôle de cette intensité, elle rejettera les actions visant les mesures nationales dont l'effet sur les échanges est difficile à établir.

Toutes les anicroches ainsi décrites n'entament qu'étroitement la démarche suivie par la jurisprudence communautaire. Ainsi, les principes inaugurés par l'arrêt *Keck et Mithouard* combinés avec ceux de l'arrêt *Cassis de Dijon* reprenant, tout en en réduisant le champ, le dispositif de l'arrêt *Dassonville*, instituent une classification précise des mesures d'effet équivalent, mais demeurent cependant relativement complexes. Sans prétendre à l'exhaustivité, quatre grandes catégories peuvent toutefois être distinguées.

Tout d'abord et par ordre d'évidence, peuvent être citées les mesures ouvertement discriminatoires. Il s'agit des mesures nationales qui visent exclusivement les produits importés, c'est-à-dire provenant des autres États membres. Un certain nombre de réglementations contenues dans cette catégorie font l'objet de dispositions particulières de la part des législations commerciales internationales. Cependant, une idée partielle de ce contenu peut être dressée par un exposé rapide de ces mesures tel que réalisé par la jurisprudence.

Ainsi, les formalités spéciales imposées à l'importation des marchandises, telles que des licences ou certificats d'importation[383], des contrôles de qualité à l'entrée sur le

---

3689, pts.8 et ss ; 21 septembre 1999, *Markku Juhani Läärä, Cotswold Microsystems Ltd et Oy Transatlantic Software Ltd c/ Kihlakunnansyyttäjä (Jyväskylä) et Suomen valtio*, aff. n°C-124/97, Rec., p.I-6067, pt.26).

[379] Par exemple, CJCE, 18 mai 1993, *Schutzverband gegen Unwesen in der Wirtschaft e.V. c/ Yves Rocher GmbH*, aff. n°C-126/91, Rec., p.I-2361, pt.21.

[380] CJCE, 13 octobre 1993, *CMC Motorradcenter GmbH c/ Pelin Baskiciogullari*, aff. n°C-93/92, Rec., p.I-5009, pt.12.

[381] CJCE, 14 juillet 1994, *Procédure pénale c/ Matteo Peralta*, aff. n°C-379/92, Rec., p.I-3453, pt.24 ; 30 novembre 1995, *Esso Española SA c/ Comunidad Autónoma de Canarias*, aff. n°C-134/94, Rec., p.I-4223, pt.24 ; 18 juin 1998, *Corsica Ferries France SA c/ Gruppo Antichi Ormeggiatori del porto di Genova Coop. arl, Gruppo Ormeggiatori del Golfo di La Spezia Coop. arl et Ministero dei Trasporti e della Navigazione*, aff. n°C-266/96, Rec., p.I-3949, pt.31.

[382] CJCE, 22 juin 1999, *ED Srl c/ Italo Fenocchio*, aff. n°C-412/97, Rec., p.I-3845, pt.11.

[383] CJCE, 15 décembre 1971, *International Fruit Company NV et autres c/ Produktschap voor groenten en fruit*, aff. jtes n[os]51 à 54/71, Rec., p.1107, pt.9 ; 5 février 2004, *Commission des Communautés européennes c/ République italienne*, aff. n°C-270/02, Rec., p.I-1559, pt.26.

territoire[384], l'obligation de s'affilier à un organisme de contrôle[385] ou celle de fournir une caution ou une garantie bancaire[386], sont à considérer comme étant discriminatoires et doivent être sanctionnées en tant que mesures d'effet équivalent au sens du Traité. De la même manière, le fait d'imposer aux importateurs des frais et des délais déraisonnables[387], des pénalités douanières ou administratives discriminatoires[388] tombe sous le coup du droit communautaire.
De manière générale, toutes les mesures nationales ayant pour finalité de favoriser la production locale, comme les interdictions totales d'importation de produits alors que ceux d'origine intérieure sont librement commercialisés sur le marché national, sont prohibées[389]. Également, les aides financières exclusivement réservées aux productions nationales[390], les pratiques promouvant l'achat de produits nationaux par le biais d'une campagne de publicité à l'échelle nationale[391], les mesures réservant aux produits nationaux une appellation courante, toutes ces réglementations constituent de telles discriminations[392].
Un point particulier peut être soulevé s'agissant des législations relatives à l'exercice des droits de propriété industrielle. En effet, celles-ci comme aussi celles réglementant la concurrence, les Marchés publics, les monopoles nationaux, le domaine des subventions étatiques [etc.] font l'objet de dispositions particulières, et ceci, malgré le fait qu'elles peuvent être couvertes par les textes sanctionnant tout comportement discriminatoire.

Ensuite viennent les mesures indistinctement applicables et concernant les conditions auxquelles les marchandises doivent répondre lorsqu'elles ne sont pas justifiées par des exigences impératives d'intérêt général. Cette catégorie renferme

---

384 CJCE, 16 mars 1991, *Commission des Communautés européennes c/ République hellénique*, aff. n°C-205/89, Rec., p.I-1361, pt.14.

385 CJCE, 3 février 1983, *F. van Luipen en Zn BV c/ une mesure disciplinaire prise à son égard*, aff. n°29/82, Rec., p.151, pt.10 ; 31 mai 1989, *Commission des Communautés européennes c/ Royaume des Pays-Bas*, aff. n°43/88, Rec., p.1649.

386 CJCE, 9 juin 1982, *Commission des Communautés européennes c/ République italienne*, aff. n°95/81, Rec., p.2187, pt.28.

387 CJCE, 11 juin 1987, *Procureur de la République c/ Daniel Gofette et Alfred Gilliard*, aff. n°406/85, Rec., p.2525, pt.10.

388 CJCE, 15 décembre 1976, *Suzanne Donckerwolcke épouse Criel et Henri Schou c/ Procureur de la République au tribunal de grande instance de Lille et Directeur général des douanes et droits indirects*, aff. n°41/76, Rec., p.1921, pt.22 ; 11 novembre 1981, *Procédure pénale c/ Guerrino Casati*, aff. n°203/80, Rec., p.2595, pts.27 et 28.

389 Concernant l'interdiction d'importation des véhicules d'occasion de plus de sept ans, CJCE, 27 mars 1984, *Commission des Communautés européennes c/ République italienne*, aff. n°50/83, Rec., p.1633, pt.18.

390 CJCE, 7 mai 1985, *Commission des Communautés européennes c/ République française*, aff. n°18/84, Rec., p.1339, pts.16 et 25.

391 CJCE, 24 novembre 1982, *Commission des Communautés européennes c/ République irlandaise*, aff. n°249/81, Rec., p.4005, pt.29.

392 CJCE, 12 mars 1987, *Commission des Communautés européennes c/ République fédérale d'Allemagne*, affaire dite de la « Loi sur la pureté de la bière », aff. n°178/84, Rec., p.1227., pt.6.

Cependant, la question des alcools présente une spécificité notamment s'agissant du conflit existant entre libre circulation et protection des droits de protection intellectuelle et plus particulièrement des appellations d'origine. À ce sujet, CJCE, 18 novembre 2003, *Budějovický Budvar, národní podnik c/ Rudolf Ammersin GmbH*, aff. n°C-216/01, Rec., p.I-13617, pt.99.

l'ensemble des mesures concernant la composition des produits[393], des réglementations réservant une dénomination aux produits répondant à une composition ou à un mode de fabrication particulier[394] ou encore des mesures concernant l'emballage, le conditionnement, la forme ou l'étiquetage des produits[395]. Ces mesures, encourant la sanction au regard du droit communautaire dès qu'elles arborent un caractère discriminatoire, sont de la même manière punissables lorsqu'elles s'appliquent indifféremment aux produits locaux et aux produits importés, mais seulement dans le cas où celles-ci ne peuvent être justifiées.

Puis, corrélativement à ces dernières, peuvent être considérées les mesures étant également indistinctement applicables, mais concernant seulement les modalités de vente. Il s'agit des réglementations nationales de commerce et de concurrence déloyale ou illicite. Ces mesures, depuis l'arrêt *Keck et Mithouard*, ne sont considérées comme étant des mesures d'effet équivalent que si elles affectent de manière différente, en droit ou en fait, la commercialisation des produits locaux et des produits provenant d'autres pays membres. En d'autres termes, toute différence de traitement découlant de l'application d'une mesure réglementant les modalités de vente d'un produit déterminé, malgré son caractère entravant non exclusif, provoquera la condamnation des autorités nationales par la Cour de justice.

Ce durcissement de la législation communautaire se traduit par le fait que les mesures entrant dans cette catégorie peuvent être directement sanctionnées sans nécessiter la vérification de justifications hormis celles découlant de l'article 30[396]. La jurisprudence postérieure à cet arrêt a procédé à l'extension de la notion de modalité de vente[397]. Par exemple, des mesures relatives à la publicité et au démarchage sont désormais et de manière générale considérées comme étant des modalités de vente[398] ; auparavant, celles-ci ne constituaient des mesures d'effet équivalent que dans le cas où elles ne pouvaient être justifiées, en particulier, par l'exigence de protection des consommateurs[399]. De la même manière, les mesures concernant les heures d'ouverture

---

[393] CJCE, 12 mars 1987, *Commission des Communautés européennes c/ République fédérale d'Allemagne, op. cit*, pt.25.; 19 février 1981, *Procédure pénale c/ Fabriek voor Hoogwaardige Voedingsprodukten Kelderman BV*, aff. n°130/80, Rec., p.527, pt.12.

[394] CJCE, 12 mars 1987, *Commission des Communautés européennes c/ République fédérale d'Allemagne, op. cit.*, pt.25 ; 19 juin 2003, *Commission des Communautés européennes c/ République italienne*, aff. n°C-420/01, Rec., p.6445, pt.28.

[395] Par exemple, CJCE, 18 juin 1991, *Piageme et autres c/ BVBA Peeters*, aff. n°C-369/89, Rec., p.I-2980, pt.17.

[396] Ancien article 36 CE.

[397] CJCE, 8 mars 2001, *Konsumentombudsmannen (KO) c/ Gourmet International Products AB (GIP)*, aff. n°C-405/98, Rec., p.I-1795 ; à propos de cet arrêt, voir, J. STUYCK, *Une nouvelle brèche dans la jurisprudence « Keck »*, CDE, n°s5-6, 1er juin 2002, pp.683 et ss.

[398] S'agissant des ventes à domicile, voir, CJCE, 23 février 2006, *A-Punkt Schmuckhandels GmbH c/ Claudia Schmidt*, aff. n°C-441/04, NEPR, pt.30.

[399] Par exemple, pour une jurisprudence antérieure à *Keck et Mithouard*, voir, CJCE, 7 mars 1990, *GB-INNO-BM c/ Confédération du commerce luxembourgeois*, aff. n°C-362/88, Rec., p.I-667, pt.14 ; 25 juillet 1991, *Aragonesa de Publicidad Exterior SA et Publivía SAE c/ Departamento de Sanidad y Seguridad Social de la Generalitat de Cataluña*, aff. n°C-1/90, Rec., p.I-4151, pt.26 ; s'agissant de la jurisprudence postérieure, voir, CJCE, 15 décembre 1993, *Ruth Hünermund et autres c/ Landesapothekerkammer Baden-Württemberg*, aff. n°C-292/92, Rec., p.I-6787, pt.21 ; 9 février 1995, *Société d'importation Édouard Leclerc-Siplec c/ TF1 Publicité SA et M6 Publicité SA*, aff. n°C-412/93, Rec., p.I-179, pt.45 ; 13 novembre 2003, *Granarolo SpA c/ Comune di Bologna*, aff. n°C-294/01, Rec., p.I-13429, pt.37.

des commerces relèvent des modalités de vente[400], comme d'ailleurs celles concernant la concurrence déloyale[401] ou encore des questions plus ambiguës relatives à des situations de monopole de commercialisation[402].

Enfin, une dernière catégorie peut être signalée. Les mesures réglementant les prix peuvent pareillement constituer des mesures d'effet équivalent à la condition de présenter un caractère discriminatoire, en droit ou en fait, au profit des produits nationaux. Ainsi, les systèmes de taxation qui fixent des prix à un niveau minimal trop élevé[403], ou encore des prix à un niveau minimal trop bas[404] sont destinés à décourager les importations qui seraient effectuées à des prix compétitifs. Également, des réglementations nationales fixant des prix au détail par le fabricant ont été considérées comme étant des mesures d'effet équivalent[405].

Le secteur des marchandises a été le premier domaine à subir une libéralisation commerciale et c'est d'ailleurs essentiellement autour de lui qu'a été inauguré le marché intérieur européen. L'objectif poursuivi n'a pu être atteint, du moins en grande partie si l'on considère qu'il existe encore des bribes de protectionnisme étatique, que par l'entremise d'un long processus visant à ficeler point par point un mécanisme agressif de démantèlement des entraves au commerce. Ainsi, du principe de non-discrimination à l'interdiction de tout type d'entrave, en passant par le principe d'égalité de traitement, le droit communautaire a pris le parti d'une « traque » absolue des obstacles aux échanges. Si bien que cette volonté a abouti à certaines incohérences dans la mesure où ont été sanctionnées des mesures nationales affectant la circulation des marchandises sans pour autant constituer de réelles entraves. D'ailleurs, la jurisprudence, consciente de cet excès, reviendra sur sa position par le biais d'une méthode dite, comme on a pu le voir, de la « troisième voie ». Cependant, c'est par cette démarche à tâtons que la Cour de justice a pu édifier un système qui a aujourd'hui largement fait ses preuves, tant la jurisprudence qui y est afférente est considérablement fournie, pourvoyant dès lors à l'interprète un monceau de détails constituant les bases de la réglementation communautaire en la matière.

Comme on l'a également vu, le principe d'égalité de traitement constitue le dépassement du principe de non-discrimination. Effectivement, au sens du droit

---

[400] CJCE, 28 février 1991, *Procédure pénale c/ André Marchandise, Jean-Marie Chapuis et SA Trafitex*, aff. n°C-332/89, Rec., p.I-1027, pt.19 ; 28 février 1991, *Union départementale des syndicats CGT de l'Aisne c/ SIDEF Conforama, Société Arts et Meubles et Société Jima*, aff. n°C-312/89, Rec., p.I-997, pt.11 ; 2 juin 1994, *Union départementale des syndicats CGT de l'Aisne c/ SIDEF Conforama, Société Arts et Meubles et Société Jima*, aff. jtes n°sC-401 et 402/92, Rec., p.I-2199, pt.12 ; 2 juin 1994, *Punto Casa SpA c/ Sindaco del Comune di Capena et Comune di Capena et Promozioni Polivalenti Venete Soc. coop. arl (PPV) c/ Sindaco del Comune di Torri di Quartesolo et Comune di Torri di Quartesolo*, aff. jtes n°sC-69 et 258/93, Rec., p.I-2355, pt.12.

[401] CJCE, 11 août 1995, *Groupement national des négociants en pommes de terre de Belgique (Belgapom) c/ ITM Belgium SA et Vocarex SA*, aff. n°C-63/94, Rec., p.I-2467, pts.13 à 15 ; dans ce cas, il s'agit d'une vente à marge réduite.

[402] À propos des produits pharmaceutiques, voir, CJCE, 29 juin 1995, *Commission des Communautés européennes c/ République hellénique*, aff. n°C-391/92, Rec., p.I-1621, pt.15 ; 11 décembre 2003, *Deutscher Apothekverband*, *op. cit.*, pt.68.

[403] CJCE, 24 janvier 1978, *Ministère public du Royaume des Pays-Bas c/ Jacobus Philippus van Tiggele*, aff. n°82/77, Rec., p.25, pt.18.

[404] CJCE, 26 février 1976, *Riccardo Tasca*, aff. n°65/75, Rec., p.291, pt.10.

[405] CJCE, 10 janvier 1985, *Association des Centres distributeurs Édouard Leclerc et autres c/ SARL "Au blé vert" et autres*, aff. n°229/83, Rec., p.1, pt.25.

communautaire, la discrimination est ouvertement réalisée lorsque la mesure incriminée s'applique exclusivement au produit importé ou, plus rarement, au produit national. En revanche, l'égalité de traitement requiert une application indistincte de la mesure en cause aux produits nationaux et importés. En tout état de cause, la recherche d'une quelconque discrimination ou différence de traitement réclame l'analyse de leurs éléments constitutifs. Or, il semble que la Cour de justice se soit détachée de cette contrainte en favorisant une voie plus directe. Étant libérée de l'obligation de rechercher l'existence d'une discrimination ou encore d'une différence de traitement, la Haute juridiction communautaire se contente d'analyser les effets de la mesure incriminée. En effet, suivant les éléments qu'elle a elle-même fixés dans son arrêt *Dassonville* ainsi que dans la jurisprudence qui viendra affiner les principes alors développés, l'importance est donnée aux seules conséquences d'une mesure et non à sa qualité propre. Cette préférence est d'ailleurs la source de la théorie de l'entrave ; la Cour se contente alors de vérifier que les échanges commerciaux entre les États membres pâtiraient de l'application d'une réglementation d'une manière supérieure à ce que pourrait tolérer une situation de concurrence normale.
L'évolution ainsi retracée fut réalisée dans un cadre propice à l'accueil d'expérimentations destinées à établir un cadre efficace de démantèlement des entraves au commerce. Aussi, les éléments développés en matière de libre circulation des marchandises semblent alors pouvoir bénéficier aux autres domaines visés par le Traité de Rome. Toutefois, l'uniformisation voulue en terme d'entrave ne s'est pas manifestée comme étant la solution la plus adaptée à la situation. Lorsque des problèmes liés à des restrictions ou des entraves à la libre circulation surgissaient dans des domaines autres que ceux relatifs aux échanges de marchandises, la Cour de justice tentait de les envisager au regard des principes qu'elle avait justement élaborés en matière de marchandises, mais en y apportant certaines adaptations permettant de tenir compte des différences propres à chacun d'eux.

II.- La dissipation actuelle des certitudes quant aux principes établis jusqu'alors

L'extension de la liste des exigences impératives d'intérêt général par la Cour de justice est une nouvelle source d'ambiguïtés au sein du système communautaire de démantèlement des entraves au commerce. Ce processus, qui n'est que la résultante de l'élargissement du champ d'application de l'article 28 du Traité CE, va modifier la nature des entraves qui seront dès lors soumises au contrôle juridictionnel. L'éradication des mesures purement discriminatoires, tout comme la difficulté pour les États membres d'introduire de nouvelles réglementations indistinctement applicables aux produits nationaux et aux produits importés, mais affectant davantage ces derniers, ont poussé les autorités nationales à repenser leurs interventions protectionnistes. Ainsi, la grande majorité des mesures nationales restreignant le commerce intracommunautaire et qui sont, de ce fait, soumises à l'analyse de la Cour de justice, ne dissimulent qu'à peine leur caractère entravant. Généralement, leurs instigateurs prennent le soin de les assortir de nombreuses justifications qui peuvent dans la plupart des cas être fondées ; les critères qui permettront le plus souvent d'en découvrir la nature réelle sont ceux qui furent mis en relief par l'arrêt *Cassis de Dijon*[406], tels

[406] Voir, *supra*.

qu'affinés par la jurisprudence ultérieure. La mesure en cause doit donc répondre effectivement à une exigence admise par la Cour et elle ne doit pas aller au-delà de ce qui est nécessaire pour atteindre l'objectif assurant le respect de cette exigence. En accroissant le nombre des exigences impératives, la Cour, dans un but certes louable, fournit aux législateurs nationaux un catalogue d'éléments pouvant les inspirer dans l'élaboration de leur réglementation commerciale à caractère potentiellement entravant. Ce procédé leur permet d'éviter une éventuelle sanction juridictionnelle. Il s'agit là d'un détournement évident de l'objectif premier de la Cour. Mais, dans la mesure où celle-ci a progressivement évidé l'arsenal protectionniste étatique, il est peu surprenant que les États membres, sans exception aucune, aient profité d'une nouvelle brèche introduite dans la réglementation communautaire pour s'y engager[407].

Dans cette optique et comme en matière de santé publique, dans une recherche effrénée du risque zéro, le recours au principe de précaution[408] n'a cessé de croître afin de justifier des mesures nationales restreignant les échanges de marchandises. Cette frénésie ne pouvait s'essouffler que par l'intervention de la Cour de justice. Effectivement, celle-ci se montre désormais restrictive dans l'accueil de ce principe en rejetant toute application qui serait fondée sur des considérations purement hypothétiques[409], imposant du coup aux États d'assurer une évaluation approfondie des risques allégués. Malgré la possibilité offerte aux États par la jurisprudence de fixer librement leur niveau de protection notamment en matière de santé publique, la Cour entend également leur imposer la preuve du risque[410]. En réalité, nonobstant l'existence d'un risque avéré, la Cour tiendra compte de l'adéquation de la mesure en cause avec l'objectif poursuivi. Une corrélation est ainsi établie entre le principe de précaution et celui de proportionnalité[411]. Cette opération permet donc de recadrer ce principe horizontal dans une démarche sectorielle, en l'occurrence en le soumettant à des contraintes assurant le respect de la libre circulation.

Généralement, la Cour vérifiera si la disposition nationale suspectée d'être une mesure d'effet équivalent au sens de l'article 28 du Traité CE n'entrave pas l'accès au marché. Ce critère, sans cesse rappelé par la jurisprudence[412], pourrait rencontrer un

---

[407] À cet égard, voir F. CAPELLI, *Les malentendus provoqués par l'arrêt « Cassis de Dijon », vingt ans après*, RMCUE, n°402, 1 novembre 1996, pp.678 et ss.

[408] Ce principe sera développé de plus ample manière dans le troisième chapitre de la présente partie.

[409] Cette approche qui était déjà présente dans les premiers arrêts de la Cour à ce sujet (par exemple, CJCE, 5 mai 1998, *The Queen c/ Ministry of Agriculture, Fisheries and Food, Commissioners of Customs & Excise, ex parte National Farmers'Union e.a.*, aff. n°C-157/96, Rec., p.I-2211, pts.31 et 70) fut rappelée à de nombreuses reprises (CJCE, 9 septembre 2003, *Monsanto Agricoltura Italia e.a. c/ Presidenza del Consiglio dei Ministri e.a.*, aff. n°C-236/01, Rec., p .I-8105, pt.106 ; 5 février 2004, *Commission des Communautés européennes c/ République française*, aff. n°C-24/00, Rec., p.I-1277, pt.56).

[410] Ainsi, dans l'arrêt *Commission c/ France* (précité, pt.67), la Cour admet qu'il existe un risque, d'ailleurs démontré par la France, par une consommation excessive de caféine, pour les femmes enceintes et les sportifs. Néanmoins, elle sanctionne la disposition nationale interdisant la vente de certaines boissons énergisantes, considérant qu'en matière de protection des consommateurs, un étiquetage approprié est aussi efficace et sûrement moins restrictif pour les échanges (pt.75) ; dans le même sens, CJCE, 2 février 1989, *Commission des Communautés européennes c/ République fédérale d'Allemagne*, aff. n°274/87, Rec., p.229.

[411] S'agissant de cette question, voir, plus particulièrement, CJCE, 1er avril 2004, *Bellio F.lli Srl c/ Prefettura di Tresviso*, aff. n°C-286/02, Rec., p.I-3465, pt.60.

[412] Par exemple, CJCE, 15 décembre 1993, *Ruth Hünermund e.a. c/ Landesapothekerkammer Baden-Württemberg*, aff. n°C-292/92, Rec., p.I-6787, pt.21 ; 8 mars 2001, *Konsumentombudsmannen (KO) c/ Gourmet International Products AB (GIP)*, aff. n°C-405/98, Rec., p.I-1795, pts18 et 21 ; 11 décembre 2003,

certain essoufflement si l'on en croit une position récente de la Cour de justice. La qualification d'entrave non discriminatoire ne peut être accordée à une mesure nationale que dans la seule perspective où elle remplit deux conditions. Ainsi, depuis l'arrêt *Keck et Mithouard*, la mesure en cause doit s'appliquer à tous les opérateurs concernés exerçant leur activité sur le territoire national et affecter de la même manière la commercialisation des produits nationaux et importés. En plus de ces deux conditions, la Cour examine habituellement le critère de l'accès au marché[413]. Or, dans son arrêt *Karner*, elle semble occulter cette question et se contenter d'affirmer que l'interdiction ressortant de la disposition nationale incriminée est susceptible de restreindre le volume total des ventes et donc, en conséquence, celui des marchandises importées[414]. Dans cette affaire, l'oubli ainsi relaté peut trouver explication dans le fait que la mesure n'a pas, *in fine*, été jugée comme constituant une mesure d'effet équivalent. La disposition en cause a été appréhendée en effet comme réglementant une modalité de vente, catégorie qui, depuis la jurisprudence *Keck et Mithouard*, ne tombe plus sous le coup de l'article 28 du Traité CE. La Cour entendait ainsi s'assurer d'une économie de moyens.

La dichotomie réalisée entre les règles relatives aux modalités de vente et celles relatives aux conditions auxquelles doivent répondre les marchandises, issue d'une jurisprudence qui semble poser plus de problèmes qu'elle n'en résout[415], fait l'objet de nombreuses tergiversations qui sont autant de coups portés à la cohérence des décisions juridictionnelles. À cet égard, l'arrêt *Morellato*, dans sa version 2003, en constitue l'illustration criante[416]. Prenant le revers de la position de l'Avocat général, la Cour a étrangement dans cette affaire qualifiée comme relevant des modalités de vente, une mesure nationale qui, aux yeux de la plupart des intervenants, n'introduisait pourtant aucun doute quant à sa nature propre à régir les caractéristiques des produits. La mesure italienne en cause imposait aux commerçants ou aux distributeurs l'obligation de conditionner et d'étiqueter de manière spécifique, avant sa mise en vente, le pain précuit, surgelé ou non, après l'achèvement de sa cuisson. Cette réglementation, dans la mesure où elle concerne le pain précuit, seul à pouvoir faire l'objet d'échanges intracommunautaires, affecte sa vente au profit du pain frais qui, par essence, ne peut être le fruit que d'une production locale. Néanmoins, comme le souligne l'Avocat général, la disposition en cause ne saurait être qualifiée de modalité de vente dans la mesure où l'obligation de conditionner le pain précuit, avant sa mise en vente, constitue une condition à laquelle la marchandise doit répondre pour être commercialisée[417]. Pourtant, ce constat logique, résultant de la jurisprudence *Keck et Mithouard*, ne fut en rien celui de la Cour qui bien au contraire prétendit ne *jamais [avoir] considéré comme portant sur des modalités de vente, des dispositions*

Deutscher Apothekerverband eV c/ 0800 DocMorris NV et Jacques Waterval, aff. n°C-322/01, Rec., p.I-14887, pt.74.

[413] CJCE, 24 novembre 1993, *Keck et Mithouard, op. cit.*, pt.17.

[414] CJCE, 25 mars 2004, *Herbert Karner Industrie-Auktionen GmbH c/ Troostwijk GmbH*, aff. n°C-71/02, Rec., p.I-3025, pts.23 et ss ; voir, son commentaire, RDUE, 1/2004, pp.105 et ss.

[415] Pour une analyse déjà ancienne, A. MATTERA, *De l'arrêt Dassonville à l'arrêt Keck : l'obscure clarté d'une jurisprudence riche en principes novateurs et en contradictions*, RMUE, 1/1994, pp.117 et ss ; plus récemment, A. RIGAUX, *Symphonie déconcertante ou keckophonie ?*, Europe, 11/2003, pp.7 et ss.

[416] CJCE, 18 septembre 2003, *Tommaso Morellato c/ Comune di Padova*, aff. n°C-416/00, Rec., p.I-9343.

[417] Points 19 et ss des conclusions de l'Avocat général D. Ruiz-Jarabo.

nationales qui, tout en réglant certains aspects de la mise en vente des produits, requièrent une modification de ceux-ci[418].
Il est vrai que la Cour s'est parfois montrée hésitante s'agissant de mesures hybrides dont la distinction précitée entre modalités de vente et caractéristiques des produits n'est pas aisée, notamment en matière de publicité[419]. Cependant, la position qu'elle cultive d'autant plus avec la présente affaire n'est pas sans bouleverser les certitudes qui pouvaient découler de la jurisprudence *Keck et Mithouard*. Déjà, bon nombre de cas d'espèce ont pu laisser entrevoir une telle position déconcertante. Ainsi, des mesures nationales régissant les modalités de vente, échappant donc normalement à l'article 28 du Traité CE, peuvent être de nature à gêner davantage la commercialisation des produits originaires des autres États membres que celle des produits nationaux[420]. Une question demeure donc toujours en suspens s'agissant de savoir si la jurisprudence ayant posé la fameuse distinction demeure toujours valable dans sa lecture stricte.

Il semble que l'immunité qui était depuis lors accordée aux dispositions nationales régissant les modalités de vente, hormis le cas particulier des discriminations, puisse être levée. Une telle solution a pour effet de tarir une source éventuelle de protectionnisme. Cela est d'autant plus flagrant qu'il est arrivé parfois que cette distinction soit soulevée dans des affaires concernant d'autres domaines que celui relatif à la libre circulation des marchandises. Par exemple, dans l'arrêt *AMOK*, les autorités allemandes ont tenté de démontrer la compatibilité de la mesure en cause avec le principe de libre prestation de services en proposant d'assimiler cette réglementation à une modalité de vente telle que définie par la Cour en matière de libre circulation des marchandises[421]. La disposition en cause établissait le principe selon lequel une partie à un procès établie dans un autre État membre et qui se fait représenter par un avocat établi dans cet État, ne peut réclamer à la partie adverse des frais d'avocat qu'à la hauteur de ceux qui auraient été occasionnés par l'intervention d'un avocat établi en Allemagne. Selon les autorités allemandes, *la réglementation en cause viserait uniquement une modalité d'exercice de la profession d'avocat, applicable de manière identique aux frais de tout avocat fournissant des services dans l'État membre, et donc de manière non discriminatoire. Elle échapperait ainsi de prime abord au champ d'application de la libre prestation de services*[422].
La tentative de transposition de la distinction opérée en matière de marchandises dans le domaine des services n'est pas dénuée de fondement. Comme en matière de marchandises, les règles relatives aux modalités d'exercice d'un service, qui sont

---

418 CJCE, 18 septembre 2003, *Morellato, op. cit.*, pt.28.
419 Voir, par exemple, CJCE, 6 juillet 1995, *Verein gegen Unwesen in Handel und Gewerbe Köln e.V. c/ Mars GmbH*, aff. n°C-470/93, Rec., p.I-1923. Dans cette affaire, la publicité, qui est une modalité de vente, se trouvait sur l'emballage même du produit importée et a, dans cette optique, été condamnée comme relevant des règles relatives aux conditions auxquelles doivent répondre les produits ; voir, A. RIGAUX, *La jurisprudence Keck et Mithouard à l'épreuve des règles nationales de publicité – Rapide bilan à propos de l'arrêt de la Cour de justice dans l'affaire Gourmet International Products*, Europe, 5/2001, pp.5 et ss.
420 Par exemple, CJCE, 13 janvier 2000, *Schutzverband gegen unlauteren Wettbewerb c/ TK-Heimdienst Sass GmbH*, aff. n°C-254/98, Rec., p.I-151, pts.24 et 27 ; 8 mars 2001, *Gourmet International Products, op. cit.*, pt.18.
421 CJCE, 11 décembre 2003, *AMOK Verlags GmbH c/ A & R Gastronomie GmbH*, aff. n°C-289/02, Rec., p.I-15059, pt.19.
422 *Ibidem.*

indistinctement applicables et qui affectent de la même manière en droit comme en fait les prestataires nationaux et étrangers, ne sont pas aptes à entraver le commerce intracommunautaire. Certes, l'approche paraît audacieuse ; mais dans l'optique où les mesures nationales indistinctement applicables qui soumettraient l'activité de prestataires étrangers à des conditions particulières qu'ils ne connaîtraient pas dans leur État d'origine, pourraient vraisemblablement altérer le commerce intracommunautaire des services. Pourtant, la Cour ne se prononce pas sur le sujet. Jugeant la mesure en cause non contraire au principe communautaire de libre prestation des services, elle occulte ainsi cette question évitant clairement de déplacer dans un domaine non encore « intoxiqué » un sujet lui posant de nombreux problèmes en matière de marchandises.
Cet arrêt *AMOK* est parlant d'enseignements ; alors qu'une distinction était éventuellement envisageable en matière de services, la Cour est parvenue à un résultat satisfaisant sans pour autant y avoir recours. Pour ainsi dire, une situation similaire dans le cadre d'une affaire relative à la libre circulation des marchandises aurait de la même manière pu être résolue sans recourir à une quelconque distinction. Cette dernière avait pour objet initial de simplifier et de clarifier « un ensemble jurisprudentiel touchant des réglementations d'une diversité matérielle extrême »[423]. Le résultat est loin d'être celui escompté.

Les difficultés nées de cette distinction ne sont pas les seules à venir compliquer une situation déjà laborieuse. Il arrive en effet parfois, dans certaines affaires, que les mesures incriminées affectent de manière transversale différents secteurs bénéficiant du principe de libre circulation. Il est vrai que cette situation est fréquente dans les cas mettant en lumière la libre prestation de services qui souvent est invoquée de manière conjointe à la liberté d'établissement voire à la libre circulation des travailleurs salariés[424]. Cette corrélation dans l'application de divers chapitres du Traité CE à une situation précise se rencontre également en matière de libre circulation des marchandises, fréquemment mise en exergue lors d'affaires impliquant une restriction à la libre prestation des services. Bien souvent, ce conflit de lois est réglé par la dissociation de l'élément principal à celui n'étant qu'accessoire. Dans cette perspective, l'activité principale conditionnera le régime juridique applicable. Par exemple, le prestataire de services se déplacera la plupart du temps avec du matériel à installer ; ces marchandises ne sont que l'accessoire de l'activité principale qui est en l'occurrence la prestation de services[425]. Dans d'autres cas, les questions relatives à la libre prestation de services sont écartées à la faveur de celles concernant la libre circulation des marchandises[426]. Par une approche analogique, la position entretenue par la Cour en matière de libre prestation de services et de libre établissement, par laquelle elle n'hésite pas à déplacer son analyse sur l'un ou l'autre des régimes juridiques afin d'assurer la pleine effectivité du grand marché[427], pourrait être

[423] A. RIGAUX, *Symphonie déconcertante ou keckophonie ?*, *op. cit.*, p.9.
[424] Voir, en l'occurrence, CJCE, 25 mars 2004, *Karner*, *op. cit.*
[425] Par exemple, CJCE, 24 mars 1994, *Her Majesty's Customs and Excise c/ Gerhart Schindler et Jörg Schindler*, aff. n°C-275/92, Rec., p.I-1039, pt.22 ; 22 janvier 2002, *Canal Satélite Digital SL c/ Administración General del Estado, en présence de Distribuidora de Televisión Digital SA (DTS)*, aff. n°C-390/99, Rec., p.I-607, pt.31.
[426] CJCE, 24 mars 2004, *Karner*, *op. cit.*, pt.46.
[427] CJCE, 6 novembre 2003, *Procédure pénale c/ Piergiorgio Gambelli et autres*, aff. n°C-243/01, Rec., p.I-13031, pt.46 ; les questions concernant la libre prestation des services seront développées dans une section concernant plus particulièrement ce domaine ; voir, *infra*.

envisagée en matière de libre circulation des marchandises, principe de libre-échange applicable de concert avec l'un des trois autres régimes.

Enfin, on notera que la distinction suprême, ressortant de la jurisprudence fondamentale en matière de libre circulation des marchandises – à savoir l'arrêt *Dassonville* – entre mesures discriminatoires et entraves non discriminatoires, semble parfois mise à mal. On a pu voir dans des développements passés que le droit multilatéral s'était affranchi de cette opposition en regroupant sous le même qualificatif de différence de traitement l'ensemble des réglementations nationales affectant davantage les produits importés. Dès lors, il avait été loisible de s'interroger sur le bien-fondé de la distinction opérée au sein du système communautaire dans la mesure où la différence de traitement est sémantiquement la définition de la discrimination. Cette interrogation peut aussi ressortir de la jurisprudence elle-même qui semble poursuivre, à ce sujet, une ligne peu intelligible. Ainsi, il est des cas pour lesquels la Cour reste ambiguë quant à la qualification à attribuer à une mesure nationale soumise à son examen. Par exemple, dans son arrêt *Morellato,* la Haute juridiction communautaire, alors saisie d'une question préjudicielle, adresse à la juridiction de renvoi une réponse équivoque en ce sens qu'elle aborde dans un premier temps l'existence d'une éventuelle discrimination à l'encontre des importations de marchandises, pour ensuite envisager cette même mesure sous l'angle de l'entrave[428]. Il est certain que la juridiction nationale qui cherchait par le biais de cette question préjudicielle à obtenir quelques éclaircissements a dû se trouver fort désappointée à la réception de la réponse. La typologie réalisée par la jurisprudence entre entraves non discriminatoires[429] et discriminations – et encore dans ce dernier cas, entre discriminations directes, indirectes, à rebours[430] – prend tout son effet lorsqu'il est possible de classer avec aisance une mesure nationale qui ne fait aucun doute quant à sa nature. Néanmoins, il arrive fréquemment que la Cour soit confrontée à des réglementations ayant un caractère ambigu et dont la classification reste difficile.

Les certitudes jurisprudentielles retracées dans les développements précédents par le triptyque *Dassonville/Cassis de Dijon/Keck et Mithouard*, ne semblent plus aussi claires. L'intervention de plus en plus importante de la Cour, notamment dans l'élaboration de concepts parfois complexes à mettre en œuvre, peut avoir pour risque d'alourdir un système dont l'objectif premier est d'assurer la libéralisation des échanges. Or, le commerce, pour être efficient, nécessite une certaine stabilité juridique, c'est-à-dire une sécurité juridique ne pouvant être obtenue que par la seule entremise de principes clairs, simples et efficaces. De là, les distinctions opérées entre entraves non discriminatoires et discriminations, entre modalités de vente et conditions auxquelles doivent répondre les produits, la multiplication des justifications issues des exigences impératives d'intérêt général, parallèlement à celles déjà prévues par le Traité CE, le développement du principe de précaution, toutes ces complications constituent en elles-mêmes autant d'obstacles éventuels aux échanges de marchandises.

---

[428] Points 36 et 37 de l'arrêt *Morellato* du 18 septembre 2003 (*op. cit.*).

[429] Par exemple, CJCE, 18 novembre 2003, *Budějovický Budvar, národní podnik c/ Rudolf Ammersin GmbH*, aff. n°C-216/01, Rec., p.I-13617.

[430] CJCE, 13 novembre 2003, *Granarolo SpA c/ Comune di Bologna*, aff. n°C-294/01, Rec., p.I-13429.

§2. Le démantèlement des entraves au commerce mondial des marchandises : l'élaboration d'une méthodologie spécifique d'éradication des entraves

La libéralisation du domaine des marchandises est à la base de la création de l'Accord général sur les tarifs douaniers et le commerce. Cet objectif constituait d'ailleurs l'axe majeur de réflexion dans un contexte d'après-guerre visant l'édification d'un ordre néo-libéral. Il s'agissait en fait de retrouver une situation libérale ayant cours avant la Première Guerre mondiale, mais que les troubles de l'entre-deux-guerres ont convertie en véritable conflit commercial marqué par un protectionnisme rigide. Cette volonté économique libérale s'est concrétisée dans l'Accord général par une approche méthodologique axée sur un certain nombre de principes (I) gravitant en réalité autour du principe unique de non-discrimination (II).

I.- Une méthodologie axée sur des principes spécifiques

En réalité, il s'agit de deux principes que sont ceux du traitement de la nation la plus favorisée (A) et du principe de traitement national (B). Toutefois, ces deux principes ne s'appliquent pas lorsque l'on est en présence d'un accord préférentiel (C).

A. La clause de la nation la plus favorisée ou le démantèlement des entraves discriminant les importations entre elles

La pratique du traitement de la nation la plus favorisée est ancienne et existait bien avant l'élaboration du GATT de 1947. Cette technique conventionnelle, apparue sous diverses formes au XVIème siècle, permet d'étendre à certains États les avantages consentis à d'autres en vertu d'un traité. Elle est surtout employée dans les traités commerciaux bi- ou multilatéraux.
L'introduction de cette clause dans l'article premier du GATT répond à cette logique et en fait du même coup la clé de voûte du commerce international multilatéral. Cet article I du GATT de 1947, repris sans modification dans celui de 1994, est d'application générale entre tous les membres de l'OMC, c'est-à-dire que dans le cas où deux membres s'accorderaient mutuellement des avantages supérieurs à ceux déjà négociés et consolidés dans les listes annexées au GATT, ces avantages seraient étendus, sauf exception, à l'ensemble des autres membres de l'OMC.
En effet, cet article dispose que *tous avantages, faveurs, privilèges ou immunités accordés par une partie contractante à un produit originaire ou à destination de tout autre pays seront, immédiatement et sans condition, étendus à tout produit similaire originaire ou à destination du territoire de toutes les autres parties contractantes.*

Ainsi délimitée, l'article II-1, a), du GATT explicite les obligations découlant de la consolidation. En effet, chaque Membre de l'OMC *accordera aux autres parties contractantes, en matière commerciale, un traitement qui ne sera pas moins favorable que celui qui est prévu dans la partie appropriée de la liste correspondante annexée au présent Accord.*
Le Mémorandum d'accord sur l'interprétation de l'article II-1, b), de l'Accord général, disposition relative aux droits ou impositions de toute nature perçus à l'importation ou à l'occasion de l'importation, précise qu'il convient d'inscrire également sur les listes de concessions, en plus des droits de douane, ces autres droits ou impositions et de les

consolider aux niveaux existants à la date fixée dans le Protocole tarifaire de Marrakech.
Ainsi, la lecture conjointe des articles I et II du GATT et de ce Mémorandum d'accord démontre un certain degré de « codification » du champ d'application du TNPF, d'ailleurs corroboré par l'utilisation de la méthode de consolidation des concessions dans les listes annexées au GATT.

Le mécanisme de la consolidation est destiné à figer les obligations dont chacun des Membres s'est imposé le respect lors des négociations commerciales multilatérales. Il empêche alors tout relèvement des droits ou toute remise en cause unilatérale des concessions. Un tel relèvement ou une telle remise en cause ne peut être obtenu que par une renégociation assortie de compensations attribuées aux principaux partenaires commerciaux affectés par cette opération[431].
L'Uruguay Round a accru considérablement le nombre de produits ayant fait l'objet d'une consolidation, garantissant de la sorte un meilleur respect des principes multilatéraux par une plus grande uniformisation du traitement des marchandises.

L'article I-1 souligne l'exigence essentielle présidant à l'application du TNPF ; ce principe est d'application inconditionnelle. Effectivement, comme cela a été précisé, les avantages accordés à un Membre sont « immédiatement » et « sans condition » étendus aux autres Membres. Cette inconditionnalité signifie que l'applicabilité du principe du traitement général de la nation la plus favorisée ne peut donc dépendre de la réalisation de conditions, qu'elles soient commerciales ou non-commerciales.
Cependant, cette obligation théorique semble difficile à appliquer en pratique. Lors de négociations multilatérales, les débats concernant un avantage particulier sont généralement menés par les principaux partenaires commerciaux intéressés par des concessions tarifaires ou non tarifaires. Or, par le jeu de la clause NPF, l'avantage obtenu ou concédé, selon la situation du partenaire en question, par l'un des négociateurs, le sera également à tous les autres membres de l'OMC. La logique exige qu'une négociation repose sur un équilibre global des concessions consenties par les différentes parties. Dans la pratique, il est des cas pour lesquels cette logique n'est pas respectée, les concessions devant alors être conditionnelles. Cette situation se rencontre notamment lorsque des pays adoptent un comportement de *free rider*. La position ainsi adoptée consiste à ne rien accorder de consistant en échange des concessions consenties par les autres partenaires. En réponse à ce comportement, une entorse au principe TNPF et donc au principe plus général de non-discrimination est admise et revêt la forme d'une application conditionnelle de la clause NPF, la condition étant alors la réciprocité et la symétrie des concessions.
La réciprocité constitue la logique de fonctionnement du GATT ; celle-ci n'implique en aucune manière une homogénéisation des niveaux de protection, mais un équilibre des concessions accordées par les différents États participant à la négociation. Ce système de réciprocité est tout de même flexible dans la mesure où les concessions réciproques peuvent être ventilées différemment selon les pays. Cela signifie qu'ils peuvent libéraliser davantage certains produits pour conserver des protections plus fortes ailleurs, et ce, donc, par préférence sectorielle.

---

431 Selon l'article XXVIII du GATT la déconsolidation ouvre en effet droit à des compensations tarifaires.

L'application de ce principe depuis la création du GATT a permis une libéralisation du commerce mondial jamais constatée jusque-là. Le but de cette pratique est de décloisonner le marché international des marchandises ; il s'agit donc de l'application du principe d'égalité de traitement dans les rapports entre les pays membres de l'OMC et à l'égard de toutes les entreprises évoluant en dehors de leurs frontières. L'introduction de ce principe dans l'Accord général devait également se traduire par une surveillance de son application. Cette tâche incombe naturellement aux instances multilatérales et, notamment, à l'occasion de litiges et depuis 1995, à l'Organe de règlement des différends. Cette surveillance est d'autant plus importante que, depuis les origines du droit multilatéral, la multiplication d'infractions à ce principe ou encore de demandes d'exceptions ou de dérogations à son application a contribué à en contrarier la teneur. De plus, en marge des négociations multilatérales, de nombreux accords restrictifs, notamment des accords bilatéraux d'autolimitation ou accords de la « zone grise »[432], ont été élaborés. De là, le GATT de 1994 marque une rupture flagrante par rapport à celui de 1947. En effet, le nouvel accord organise un système de règlement des différends beaucoup plus efficace que celui qui existait jusqu'alors.

D'ailleurs, de nombreux litiges ont pu être résolus par application de ce principe. Un exemple explicite pouvant être cité est, depuis l'entrée en vigueur de la nouvelle procédure de règlement des différends, l'affaire *Communautés européennes – Bananes*[433] impliquant un régime avantageux offert aux pays ACP en ce qui concerne l'importation de leur production en Europe. Différentes questions ont pu être soulevées sur ce cas notamment sur la compatibilité avec l'article I-1 du GATT des licences d'importation ainsi accordées. Précisément, du fait que les règles de faveurs n'étaient pas étendues aux autres pays exportateurs de bananes, le principe TNPF s'en trouvait dès lors bafoué. C'est du reste dans ce sens qu'ont abondé les positions successives du Groupe spécial chargé de l'affaire puis de l'Organe d'appel.

Le principe TNPF souffre toutefois quelques exceptions. Le GATT de 1994 en prévoit trois principales catégories. Ainsi, la clause NPF est écartée dans le cadre des blocs régionaux, c'est-à-dire des intégrations économiques régionales, dans les cas impliquant des pays en développement pour lesquels certains aménagements sont nécessaires, mais aussi, lorsque certaines circonstances exceptionnelles le méritent en vertu de l'article XXV-5 du GATT.

B. Le principe du traitement national ou le démantèlement des entraves discriminant les importations au profit des productions nationales

Il s'agit d'un principe exprimant également de manière juridique le principe de non-discrimination. Effectivement, ce mécanisme est complémentaire de la clause NPF dans la mesure où leurs champs d'application respectifs ne se recoupent pas. Le traitement de la nation la plus favorisée a pour objectif le traitement égalitaire des produits importés, c'est-à-dire des produits similaires provenant des différents pays partenaires commerciaux de l'État importateurs. En revanche, le principe du traitement

---

[432] Voir, les développements qui y sont consacrés dans la seconde partie de la présente étude.

[433] Organe d'appel, *Communauté européenne – Régime applicable à l'importation, à la vente et à la distribution des bananes*, rapport adopté le 9 septembre 1997, WT/DS27/AB/R.

national a pour but l'application égalitaire des mesures intérieures aux produits nationaux et aux produits importés similaires.
La réciprocité peut de la même manière être de mise en la matière. Cependant, la portée n'est pas la même. Intrinsèque à la clause NPF, elle n'a qu'une incidence toute relative en ce qui concerne le principe du traitement national du fait que ce dernier se place en deçà du principe de réciprocité. Cette non-équivalence peut d'ailleurs s'illustrer par le fait que le traitement national peut-être respecté malgré une réciprocité inexistante entre les partenaires.

Le principe du traitement national est introduit dans le GATT à travers son l'article III. En vertu de l'article III-1, les pays membres de l'OMC *reconnaissent que les taxes et autres impositions intérieures, ainsi que les lois, règlements et prescriptions affectant la vente, la mise en vente, l'achat, le transport, la distribution ou l'utilisation de produits sur le marché intérieur et les réglementations quantitatives intérieures prescrivant le mélange, la transformation ou l'utilisation en quantités ou en proportions déterminées de certains produits ne devront pas être appliqués aux produits importés ou nationaux de manière à protéger la production nationale.*
Ce principe général est explicité de manière pratique dans deux autres paragraphes de ce même article. Ainsi, son paragraphe 2 dispose, dans sa première phrase, que *les produits du territoire de toute partie contractante importés sur le territoire de toute autre partie contractante ne seront pas frappés, directement ou indirectement, de taxes ou autres impositions intérieures, de quelque nature qu'elles soient, supérieures à celles qui frappent, directement ou indirectement, les produits nationaux similaires.*
Et son paragraphe 4 d'ajouter, également dans sa première phrase, que de tels produits *ne seront pas soumis à un traitement moins favorable que le traitement accordé aux produits similaires d'origine nationale en ce qui concerne toutes lois, tous règlements ou toutes prescriptions affectant la vente, la mise en vente, l'achat, le transport, la distribution et l'utilisation de ces produits sur le marché intérieur.*
Ces deux dernières dispositions complémentaires démontrent la large portée du traitement national qui couvre l'ensemble des mesures nationales pouvant affecter le commerce des marchandises.

Pour faire valoir les droits dont ce principe reconnaît la teneur, un pays requérant l'intervention des instances multilatérales de contrôle devra apporter une double preuve. Dans un premier point, il devra démontrer que les produits importés et les produits nationaux sont similaires ou directement concurrents ou substituables[434]. Dans un deuxième point, il devra démontrer, par la méthode comparative, que les mesures nationales en cause sont plus rigoureuses envers les produits importés qu'envers les produits nationaux similaires ou directement concurrents ou substituables[435].

---

[434] La question des produits directement concurrents ou des produits directement substituables a été introduite, parallèlement à celle relative aux produits similaires, par la note additionnelle *Ad Article III-2* du GATT. Cette note dispose qu'*une taxe satisfaisant aux prescriptions de la première phrase du paragraphe 2 ne doit être considérée comme incompatible avec les dispositions de la deuxième phrase que dans le cas où il y a concurrence entre, d'une part, le produit imposé et, d'autre part, un produit directement concurrent ou un produit qui peut lui être directement substitué et qui n'est pas frappé d'une taxe semblable.*
[435] Pour de plus amples développements concernant ces questions, voir le premier chapitre de cette même partie.

À l'instar de ce qui a été constaté dans le cadre TNPF, la pratique démontre un recours fréquent au principe du traitement national. Mais c'est surtout, et comme pour le principe précédent, l'élaboration de la nouvelle procédure de règlement des différends qui a donné une véritable impulsion à son application. Cependant, cette avancée ne correspond pas à une évolution des concepts généraux, comme cela a pu être le cas en droit communautaire, mais un simple affinage des critères d'application du principe de traitement national, c'est-à-dire plus précisément, du principe de non-discrimination entre produits importés et produits nationaux similaires[436]. Différentes affaires ont contribué à cette « maturation » sans pour autant permettre une récolte réellement satisfaisante[437]. Effectivement, les principes restent inchangés depuis les origines du GATT et les modifications enregistrées n'expriment en fait qu'une affirmation d'éléments préexistants néanmoins mal définis.

Ainsi, la notion multilatérale de discrimination, quoique plus large que celle appréhendée par la jurisprudence communautaire, demeure limitée aux seules différences de traitement réalisées à l'avantage des productions nationales. Toute approche qui viserait à aborder les discriminations comme affectant exclusivement les productions locales, si ce n'est le cas particulier des restrictions quantitatives à l'exportation, est exclue. Aucune disposition n'est en effet prévue dans le GATT ou dans un autre accord multilatéral, concernant la libéralisation du domaine des marchandises, assurant l'application d'un traitement égalitaire entre produit national et produit étranger. Le principe étant celui du traitement national, la théorie de la discrimination à rebours telle que dessinée par la Cour de justice ne semble pouvoir être transposée en droit multilatéral. D'ailleurs, le recours au règlement des différends de l'OMC n'étant ouvert qu'aux seuls États, il est donc impossible qu'un État agisse contre une mesure qu'il a, lui-même, édictée et hautement improbable qu'un autre État fasse de même à l'encontre d'une disposition favorisant ses propres exportations.
La notion multilatérale de discrimination recouvre donc tant les discriminations que les entraves non discriminatoires au sens du droit communautaire. Cependant, la dissection de la notion de discrimination telle que réalisée par la Cour de justice demeure inconnue du système OMC. Dans cette perspective, l'approche multilatérale de discrimination qui se veut universelle par sa couverture reste néanmoins en deçà de celle garantie par le système européen de démantèlement des entraves au commerce des marchandises.

C. La principale entorse à ces principes : les accords préférentiels

Ces accords préférentiels, qui constituent de véritables intégrations économiques régionales, ont pour but de renforcer l'intensité des relations commerciales entre les différents pays signataires au détriment des États tiers. Le fait que cette entorse soit spécifique au droit multilatéral et non au droit communautaire s'explique par le champ à tendance universelle que recouvre ce dernier système juridique. L'Union européenne constitue d'ailleurs une telle entorse. Le droit

---

[436] *Ibidem.*
[437] Les affaires principales en la matière sont deux rapports, parmi tant d'autres, de l'Organe d'appel ; *Japon – Taxes sur les boissons alcooliques*, rapport adopté le 4 octobre 1996, WT/DS8/AB/R, WT/DS10/AB/R et WT/DS11/AB/R, et *Canada – Certaines mesures concernant les périodiques*, rapport adopté le 30 juin 1997, WT/DS31/AB/R.

communautaire, dont l'objectif premier a été de libéraliser le commerce entre les États membres des Communautés européennes, ne connaît pas de telles exceptions. Cela s'explique par le degré élevé de libéralisation atteint par le système européen, rendant inutile tout rapprochement économique supplémentaire entre certains de ses membres. Que cette opération se fasse à l'encontre des pays tiers démontre l'entorse faite au principe de non-discrimination et donc à ses expressions, c'est-à-dire aux principes de traitement national et TNPF. Ce type d'accords de régionalisation est donc en contradiction avec l'élan mondialiste. Effectivement, nonobstant le caractère libéral des relations entre membres de ces zones, un certain protectionnisme ressort des rapports avec les pays tiers du fait de la politique de préférence existant au sein de ces régions. L'opposition entre régionalisme et mondialisation a soulevé un certain nombre d'interrogations. La régionalisation, de plus en plus palpable de nos jours, présente un risque réel pour l'intégrité des échanges en raison des discriminations qu'elle implique. En revanche, une approche plus ouverte de cette politique doit amener à considérer comme nécessaire l'élaboration d'accords préférentiels afin de parvenir à une réalisation plus aisée de la libéralisation internationale des échanges. Autrement dit, ce que certains ont dénommé « régionalisme ouvert »[438] ne constitue qu'une étape intermédiaire vers la mondialisation[439]. Ces régions vont, en leur sein, libéraliser davantage les échanges commerciaux, ce qui ne pourra, à terme, que profiter au système multilatéral dans son ensemble. Cette dernière théorie est d'ailleurs de mise depuis l'Uruguay Round. D'ailleurs, le GATT lui-même, à travers son article XXIV, paragraphe 4, considère *qu'il est souhaitable d'augmenter la liberté du commerce en développant, par le moyen d'accords librement conclus, une intégration plus étroite des économies des pays participant à de tels accords* [...] *que l'établissement d'une union douanière ou d'une zone de libre-échange doit avoir pour objet de faciliter le commerce entre les territoires constitutifs et non d'opposer des obstacles au commerce d'autres parties contractantes avec ces territoires.*
Cette affirmation est du reste corroborée par le Mémorandum d'accord sur l'interprétation de l'article XXIV du GATT de 1994 qui, dans son préambule, atteste de *la contribution qu'une intégration plus étroite des économies des parties à de tels accords peut apporter à l'expansion du commerce mondial.*

Mis à part ces discussions théoriques sur la place de la régionalisation dans le processus de mondialisation, l'organisation d'intégrations régionales présente du point de vue économique certains effets défavorables sur le commerce international notamment par la réorientation artificielle des flux commerciaux qui en découle[440]. Pour cette raison, le GATT encadre strictement le statut des intégrations régionales

---

438 D. PANTZ, *Institutions et politiques commerciales internationales*, *op. cit.*, p.29.
439 Voir, à ce sujet, les éléments développés dans l'introduction de la présente étude.
440 Viner a en 1950 mis l'accent sur deux effets économiques opposés de l'intégration régionale. Il a tout d'abord souligné son effet multiplicateur sur le volume des échanges à l'intérieur de la zone. Ensuite, il a démontré que la création de tels ensembles avait également un effet de diversion pour les échanges extérieurs ; ainsi, la suppression des droits de douane intérieurs va réorienter les flux commerciaux vers l'intérieur de la zone et ce tant que le prix d'importation intérieur, c'est-à-dire de produits provenant de l'intérieur de la zone, demeure inférieur au prix d'importation extérieur, c'est-à-dire de produits provenant de pays tiers, additionné du droit de douane. En effet, dans ce dernier cas, l'existence de la zone ne permettra pas de stopper les échanges vers l'extérieur et donc la substitution de cette source d'approvisionnement par celle de pays tiers, d'un coût de revient moins élevé. Il s'agit d'une application simple de la théorie des avantages comparatifs.

économiques par le biais de son article XXIV. Cette disposition aborde les notions d'union douanière et de zone de libre-échange.

Selon le paragraphe 8, a), de cet article, *on entend par union douanière la substitution d'un seul territoire douanier à deux ou plusieurs autres territoires douaniers, lorsque cette substitution a pour conséquence :*

i) *que les droits de douane et les autres réglementations commerciales restrictives sont éliminés au moins pour l'essentiel des échanges commerciaux portant sur les produits originaires de ces territoires ;*

ii) *que les droits de douane et les autres réglementations appliqués par chacun des membres de l'union au commerce avec les territoires qui ne sont pas compris dans celle-ci sont identiques en substance.*

Le point b) de ce même paragraphe aborde la question des zones de libre-échange. Ainsi, *on entend par zone de libre-échange un groupe de deux ou plusieurs territoires douaniers entre lesquels les droits de douane et les autres réglementations commerciales restrictives sont éliminés pour l'essentiel des échanges commerciaux portant sur les produits originaires des territoires constitutifs de la zone de libre-échange.*

L'union douanière, d'après les définitions ainsi données, constitue une étape supplémentaire dans le processus d'intégration régionale économique par rapport à la zone de libre-échange. En effet, comme la zone de libre-échange, la création d'une union douanière requiert une libéralisation des échanges commerciaux de marchandises entre ses membres ; en revanche, cette dernière va plus loin en ce sens qu'elle implique la création d'un tarif douanier commun ainsi que l'accomplissement d'une politique commerciale extérieure commune.

L'évolution identique subie par ces deux types d'accord préférentiel implique des obligations de constitution communes. Cependant, l'approfondissement que représente l'union douanière suppose des obligations spécifiques.

En effet, en ce qui concerne les obligations communes, les dispositions décrites ci-dessus exposent le but de ces accords. Celui-ci se résume en la libéralisation pour « l'essentiel » des échanges commerciaux. Cette insinuation indique le fait que toute création d'union douanière ou de zone de libre-échange partielle est interdite. Autrement dit, les accords préférentiels ne portant que sur certains produits ne sauraient être tolérés[441]. Cependant, l'interprétation du terme « essentiel » reste floue ; il semble seulement qu'elle soit envisagée sur le terrain qualitatif et non quantitatif, ce qui paraît être confirmé tant par le Mémorandum d'accord que par le Comité des accords commerciaux régionaux institué en 1996.

Ensuite, la réalisation de tels accords suppose l'établissement dans un délai raisonnable d'un plan et d'un programme. Cette obligation, prévue par l'article XXIV-5, c), du

[441] À ce titre, l'affaire *Communauté européenne – Régime applicable à l'importation, à la vente et à la distribution des bananes*, rapport de l'Organe d'appel du 9 septembre 1997, *op. cit.*, est significative en la matière. Dans cette affaire, était en cause l'Accord ACP, ou encore Accord de Lomé, signé entre les pays ACP, c'est-à-dire certains pays d'Afrique, des Caraïbes et du Pacifique, et la Communauté européenne et ses États membres. Il prévoyait des échanges préférentiels notamment en matière agricole entre la Communauté et chacun des pays ACP. Or, la Communauté européenne tenta de justifier ces échanges, contrevenants au principe TNPF, en recourant à l'article XXIV du GATT et la possibilité de signer des accords préférentiels (point 25, p.13 du rapport). Cependant, le caractère parcellaire de l'Accord ACP le rend incompatible avec cette disposition.

GATT, implique un aménagement juridique suffisamment précis de la zone de libre-échange ou de l'union douanière. Cependant, aucune précision n'est apportée quant à la durée caractérisant le délai raisonnable ; seul l'article 3 du Mémorandum d'accord sur l'interprétation de l'article XXIV du GATT de 1994 vient indiquer qu'il faut considérer le délai de dix ans comme « raisonnable » pour une période transitoire devant aboutir à la création de la zone de libre-échange ou de l'union douanière, c'est-à-dire à un libre-échange total et réciproque entre leurs membres. Ce délai peut parfois être prorogé dans certains cas exceptionnels avec l'accord du Conseil du commerce des marchandises. Ces nouvelles exigences ont tendance à freiner voire à empêcher un rapprochement commercial entre différents membres de l'OMC. Effectivement, le délai restreint de dix ans rend difficile toute velléité de ce type du fait qu'il est peu probable qu'une association de libre-échange parvienne à maturité dans le délai imparti.

Comme on l'a vu, l'union douanière constitue une étape supplémentaire dans le processus d'intégration régionale économique. Dans cette optique, il pèse alors, sur la constitution d'une union douanière, des obligations supplémentaires. Celles-ci gravitent autour de deux axes que sont la création d'un tarif douanier commun et l'élaboration de réglementations commerciales communes. Selon l'article XXIV-5, a), du GATT, l'ensemble des mesures alors adoptées ne devra pas être plus rigoureux, c'est-à-dire plus entravant pour les échanges, que les droits et réglementations de chaque État membre.

La création d'un tarif douanier commun à tous les membres de l'union douanière implique une unification de tous les droits douaniers, c'est-à-dire un abaissement des droits trop élevés et un relèvement des droits trop bas. Or, une telle opération est en contradiction totale avec le principe de consolidation des concessions tarifaires dans la mesure où elle peut s'avérer préjudiciable à l'égard des pays tiers. Pour cette raison, l'article XXIV-6 du GATT prévoit, à la demande des pays tiers intéressés et membres de l'OMC, une procédure de renégociation entre l'union douanière et ces mêmes pays, le but étant alors de parvenir à un accord sur des compensations commerciales destinées à dédommager les pays tiers lésés.

Cependant, la pratique a démontré les difficultés que présente la mise en œuvre de cette procédure. Le Mémorandum d'accord sur l'interprétation de l'article XXIV du GATT de 1994 est donc venu apporter certains éclaircissements à cet égard. De la sorte, selon son paragraphe 4, les négociations avec les pays tiers portant sur d'éventuelles compensations doivent être réalisées antérieurement à toute entrée en vigueur du tarif douanier commun en cause. Ensuite, le paragraphe 5 du même Mémorandum prévoit, en interprétation de l'article XXIV-6 du GATT[442], les modalités de ces compensations. Ainsi, celles-ci devront tenir compte *des réductions de droits de douane sur la même ligne tarifaire faites par d'autres entités constitutives de l'union douanière lors de l'établissement de cette union. Au cas où ces réductions ne seraient pas suffisantes pour constituer les compensations nécessaires, l'union douanière offrirait des compensations, qui pourront prendre la forme de réductions de droits de douane sur d'autres lignes tarifaires. Une telle offre sera prise en considération par les membres*

[442] Cette disposition du GATT prévoit que *si, en remplissant les conditions énoncées à l'alinéa a) du paragraphe 5, une partie contractante se propose de relever un droit d'une manière incompatible avec les dispositions de l'article II, la procédure prévue à l'article XXVIII sera applicable. Dans la détermination des compensations, il sera dûment tenu compte de la compensation qui résulterait déjà des réductions apportées au droit correspondant des autres territoires constitutifs de l'union.*

ayant des droits de douane sur d'autres lignes tarifaires. Une telle offre sera prise en considération par les Membres ayant des droits de négociateur dans la consolidation modifiée ou retirée. Au cas où les compensations demeureraient inacceptables, les négociations devraient se poursuivre. Lorsque, malgré ces efforts, un accord dans les négociations sur les compensations à prévoir au titre de l'article XXVIII, tel qu'il est précisé par le Mémorandum d'accord sur l'interprétation de l'article XXVIII du GATT de 1994, ne pourra pas intervenir dans un délai raisonnable à compter de l'ouverture des négociations, l'union douanière sera néanmoins libre de modifier ou de retirer les concessions ; les Membres affectés seront alors libres de retirer des concessions substantiellement équivalentes conformément à l'article XXVIII.

L'ensemble des principes découlant de l'article XXIV du GATT a fait l'objet, jusqu'à la création de l'OMC, d'une application souple. Cette souplesse ne découlait pas de l'accueil réservé à de tels accords, celui-ci étant très limité. Effectivement, les différents groupes de travail saisis de demandes de création de telles zones ou union ne sont que rarement parvenus à dégager le consensus nécessaire pour recevoir l'assentiment du Conseil général du GATT[443]. Cette souplesse provenait bien plus de l'acceptation d'un certain degré de protectionnisme émanant de ces accords. L'ouverture des marchés intra zones, marquant la disparition d'un protectionnisme étatique, conduisait, et conduit toujours du reste, à la mise en place d'un protectionnisme régional venant se substituer au précédent.

Le milieu des années quatre-vingt a connu une multiplication importante des accords préférentiels, modifiant profondément la physionomie du système commercial multilatéral. Cette évolution devait alors déboucher sur un renforcement des règles d'examen des accords régionaux par une précision des règles de fond applicables. Comme on l'a vu, les règles antérieures, peu opérationnelles, prévoyaient la création de groupes de travail pour chaque cas. Les conclusions émises par ce groupe devaient alors être adoptées par consensus ce qui aboutissait la plupart du temps à des blocages. Aussi, le 6 février 1996 a été créé par voie de décision, dans le cadre de l'OMC, le Comité des accords commerciaux régionaux. L'article 1er de cette décision[444] décrit clairement les compétences de cette entité. Ainsi, son rôle est de

a) procéder à l'examen des accords conformément aux procédures et aux mandats adoptés par le Conseil du commerce des marchandises, le Conseil du commerce des services ou le Comité du commerce et du développement, selon le cas, et présenter ensuite son rapport à l'organe pertinent pour que celui-ci prenne les mesures appropriées ;

b) déterminer comment procéder à l'établissement des rapports requis sur le fonctionnement de ces accords et formuler des recommandations appropriées à l'intention de l'organe compétent ;

c) élaborer, selon qu'il conviendra, des procédures destinées à faciliter et à améliorer le processus d'examen ;

d) examiner les conséquences systémiques de ces accords et initiatives régionales pour le système commercial multilatéral et les relations entre

---

443 En effet, sur 98 accords notifiés entre 1948 et 1994, seuls 6 ont été déclarés conformes.

444 Décision ministérielle du 6 février 1996 *instituant le Comité des accords commerciaux régionaux*, WT/L/127.

eux, et formuler des recommandations appropriées à l'intention du Conseil général ; et

e) s'acquitter de toutes les fonctions additionnelles qui lui seront confiées par le Conseil général.

Selon ces diverses compétences, appréhendées en liaison avec les dispositions de l'article XXIV-7 du GATT et du Mémorandum d'accord sur l'interprétation de l'article XXIV, tout accord préférentiel doit être notifié à l'OMC et soumis à l'examen de ce Comité pour appréciation de conformité. Selon le paragraphe 10 du Mémorandum d'accord, en cas de non-conformité, les parties contractantes en cause *s'abstiendront de mettre en vigueur un tel accord si elles ne sont pas prêtes à le modifier dans le sens des recommandations.* Selon ce même texte, un examen ultérieur de la mise en œuvre des recommandations devra être réalisé. Également, un rapport doit être présenté au Comité par les membres des accords régionaux tous les deux ans. Les litiges sont bien sûr soumis, en vertu du paragraphe 12 du Mémorandum précité, aux dispositions du Mémorandum d'accord sur le règlement des différends.
Au-delà du secteur des marchandises, l'article V de l'Accord général sur le commerce des services vient soumettre à cet ensemble de dispositions le domaine des services.

L'exemple le plus significatif d'accord préférentiel ayant abouti est celui de l'Union européenne. Cette entité constitue une étape supplémentaire dans le processus d'intégration régionale. Il s'agit en effet d'une véritable union économique, allant au-delà des cas textuellement prévus par le GATT, à savoir la zone de libre-échange et l'union douanière. Ainsi, l'union économique représente la forme d'intégration régionale la plus poussée considérant le fait qu'en plus de l'instauration d'une politique économique commune et de ce qu'il est désormais courant d'appeler « les quatre libertés »[445], une telle organisation ambitionne une intégration politique de type fédéral. Évidemment, avant de parvenir à ce résultat et afin de démontrer la conformité du Traité de Rome avec les dispositions multilatérales, les instances communautaires ont dû entreprendre un travail de construction reprenant point par point les critères imposés par le GATT. Entre tarif douanier commun et politique commerciale commune, les instruments classiques ont alors été passés en revue. Également, dans un registre d'ouverture vers l'extérieur, l'Union européenne a envisagé l'utilisation d'instruments modernes. Dans cette optique, ont été conclus notamment les accords d'association ou de libre-échange entre la Communauté européenne et de nouveaux partenaires commerciaux. L'Union européenne est appréhendée comme un marché unique, ce qu'elle est d'ailleurs. Sa représentation politico-économique, en association avec les gouvernements de chaque État membre, a la possibilité de conclure, comme le prévoit le GATT, de nouveaux accords d'intégration régionale.

Ainsi, plusieurs textes du Traité de Rome prévoient des procédures particulières d'association ou encore de coopération et de partenariat. Ainsi, l'article 310 CE[446] dispose que *la Communauté peut conclure avec un ou plusieurs États ou organisations internationales des accords créant une association caractérisée par des droits et obligations réciproques, des actions en commun et des procédures particulières.*

---

[445] C'est-à-dire la libre circulation des moyens de production qui sont d'ailleurs étudiés dans le présent chapitre, à savoir, la libre circulation des marchandises, des services, des personnes et des capitaux.
[446] Ancien article 238.

Les compétences de la Communauté en la matière sont calquées sur celles dont elle dispose au sein du marché européen. Cette logique ressort de l'application du principe du parallélisme des compétences internes et externes. Cependant, les aides financières pouvant intervenir dans de telles associations impliquent la collaboration des États membres, ce qui explique le recours à des « accords mixtes »[447]. La complexité ainsi que l'étroitesse des liens tissés entre les différents protagonistes de ces accords réclament bien souvent l'instauration d'un véritable système institutionnel regroupant des représentants de la Communauté européenne et de ses États membres, s'il s'agit d'un accord mixte, et ceux du ou des pays tiers associés[448]. Certes, ce type de relation ne parviendra jamais à une intégration aussi accomplie que celle existant entre les États membres de la Communauté européenne, différence expliquant la négation de toute personnalité juridique à ce type d'entité. Toutefois, l'association suppose une certaine dynamique engendrée par une « clause évolutive » contenue dans les dispositions de ce type d'accords. C'est d'ailleurs sur cette idée que se fonde la théorie du « régionalisme ouvert », justificative d'un processus qui aurait pu mettre en péril la libéralisation internationale des échanges commerciaux.
Parallèlement à ces accords d'association, il existe des « accords de partenariat et de coopération ». Proches des précédents dans leur contenu, ils s'en distinguent par l'application de plein droit de la clause de la nation la plus favorisée ainsi que par leur fondement juridique. Ces accords s'appuient en effet sur l'article 308[449] et non sur l'article 310 du Traité CE[450]. Également peuvent être cités les accords de « coopération ». Plus limités que les accords de partenariat et de coopération, ils trouvent leur fondement juridique soit dans l'article 308, soit dans d'autres dispositions spécifiques comme l'article 181[451] lorsqu'ils sont relatifs à la coopération au développement[452].

---

[447] Des accords ont été signés avec certains pays du pourtour méditerranéen comme, par exemple, avec la République tunisienne (Décision du Conseil et de la Commission du 26 janvier 1998, JOCE n°L.97, 30 mars 1998). Il en existe un certain nombre d'autres, conclus avec le Maroc, l'Algérie, l'Égypte, Israël, l'Autorité palestinienne, la Jordanie, le Liban, la Syrie et le Yémen.
Le plus connu de ces accords est l'Accord ACP découlant des conventions de Lomé. Toujours en vigueur, il a été signé entre la Communauté européenne et ses États membres, et certains pays d'Afrique, des Caraïbes et du Pacifique, c'est-à-dire en fait avec 72 pays ACP.

[448] Il s'agit d'un Conseil d'association qui, pour des problèmes techniques, délègue bien souvent ses pouvoirs à un Comité d'association composé d'ambassadeurs et de hauts fonctionnaires de la Commission.

[449] Ancien article 235 du Traité de Rome.

[450] Peuvent être cités par exemple, des accords de partenariat et de coopération entre les Communautés européennes et ses États membres d'une part et, d'autre part, la Russie (Décision du Conseil du 30 octobre 1997, JOCE n°L.327, 28 novembre 1997), l'Ukraine (Décision du Conseil du 26 janvier 1998, JOCE n°L.49, 19 février 1998) et la Moldavie (Décision du Conseil du 28 mai 1998, JOCE n°L.181, 24 juin 1998).
Pour l'Union européenne, les aides pouvant être attribuées aux pays « nécessiteux » constituent un impératif primordial, notamment à l'égard des pays d'Europe orientale, ex-candidats à l'entrée dans l'Union européenne. Ainsi, les programmes d'assistance technique (TACIS), d'aide économique PHARE (Pologne Hongrie Aide à la Reconstruction Économique), l'Accord créant le Centre international pour la science et la technologie (CIST), constituent de tels accords.

[451] Ancien article 130 Y du Traité de Rome.

[452] Par exemple, voir l'Accord Communauté européenne – Albanie (en vigueur depuis le 1er décembre 1992, JOCE n°L.343, 25 novembre 1992 ; l'Accord de coopération, accompagné d'un protocole financier de la Communauté européenne avec la Slovénie (en vigueur depuis le 1er septembre 1993, JOCE n°L.189, 29 juillet 1989) et la Macédoine (depuis le 1er janvier 1998, JOCE n°L.348, 18 décembre 1997).
Au Moyen-Orient, l'Accord de coopération entre la Communauté européenne et les pays arabes du Golfe persique (Émirats arabes unis, Bahreïn, Arabie saoudite, Oman, Qatar, Koweït, 1er janvier 1990, JOCE

L'Union européenne n'est pas un cas isolé ; de nombreuses zones de libre-échange ou unions douanières ont pu voir le jour. Ainsi, le MERCOSUR créa en 1992 une zone de libre-échange entre quatre pays d'Amérique du Sud (Brésil, Argentine, Paraguay, Uruguay). L'ASEAN engendra en 1993 un accord de libre-échange entre neuf pays du Sud-Est asiatique (Brunei, Indonésie, Malaisie, Philippines, Singapour, Thaïlande, Viêt-nam, Birmanie, Laos). L'ALENA, qui regroupe les États-Unis, le Canada et le Mexique, a été entériné en 1995. L'APEC, créé en 1989 afin de parvenir à la constitution d'une zone de libre-échange entre ses membres d'ici 2010 dans la zone pacifique, regroupe les pays de l'ASEAN, plus le Japon, le Canada, la Corée du Sud, la Nouvelle-Zélande, les États-Unis, la Chine et Taiwan. Enfin, peut être cité, l'Espace Économique Européen (EEE) formant une vaste zone de libre-échange regroupant les pays de l'AELE (Association Européenne de Libre-Échange), ayant vocation à une adhésion future à l'Union européenne, et cette dernière.

La multiplication des accords préférentiels joue un rôle essentiel dans le mouvement de libéralisation commerciale initié sous l'égide du GATT. Le rôle des instances multilatérales sera alors de vérifier la compatibilité de tels accords avec les règles commerciales multilatérales.

II.- Une méthodologie axée sur une approche discriminatoire des entraves : une approche multilatérale pourtant étendue à l'aune communautaire

À la différence du droit communautaire dont le travail de démantèlement des entraves au commerce s'est surtout limité à définir l'objet du processus, le droit multilatéral a envisagé cet effort dans le seul cadre méthodologique. Pourtant, les principes élaborés en la matière ne sont pas insensibles à la nature des mesures dont ils poursuivent l'éradication. D'ailleurs, ils sont eux-mêmes constitués autour du principe de non-discrimination, ne laissant que peu de doutes quant à la nature que doit présenter une disposition nationale pour que sa légalité soit remise en cause au regard de la réglementation multilatérale. Cependant, l'approche discriminatoire dans ce dernier système se distingue de celle envisagée en droit communautaire par son caractère générique. En effet, ce dernier, par l'entremise de sa juridiction cardinale, a circonscrit, d'une manière parfois inopportune, la notion de restriction comme recouvrant tant les discriminations, quelle que soit leur forme, que les entraves non discriminatoires[453]. Au contraire, les accords OMC ignorent cette dichotomie pour ne considérer l'objet du démantèlement multilatéral des entraves au commerce que sous la seule perspective discriminatoire.
L'utilisation de la notion de discrimination dans le cadre multilatéral n'a cependant pas le même sens qu'en droit communautaire. Ainsi, l'égalité de traitement, telle qu'elle est

---

n°L.54, 20 février 1989). De nombreux accords existent aussi avec des pays d'Amérique du Sud, notamment avec le Marché commun du Sud (MERCOSUR) et ses États membres (Argentine, Brésil, Paraguay, Uruguay), mais aussi de manière bilatérale avec chacun de ces pays (avec l'Argentine, JOCE n°L.295, 26 octobre 1990, le Brésil, JOCE n°L.262, 1er novembre 1995, le Paraguay, JOCE n°L.313, 30 octobre 1990, et l'Uruguay, JOCE n°L.8 avril 1992). Une autre convention existe avec les pays du groupe andin. Il s'agit d'un Accord entre la Communauté européenne et l'Accord de Carthagène et ses pays membres, Bolivie, Colombie, Équateur, Pérou et Venezuela (Décision du Conseil du 7 avril 1998, JOCE n°L.127, 29 avril 1998). Également, il existe un Accord de coopération avec les pays de l'isthme américain, à savoir le Costa Rica, le Salvador, le Guatemala, le Honduras, le Nicaragua et le Panama (JOCE n°L.172, 30 juin 1986).

[453] À ce sujet, voir les développements précédents.

abordée par l'article III du GATT, n'est pas sans rappeler la notion d'entrave non discriminatoire telle que délimitée par la jurisprudence communautaire. De la sorte, abordées sous la qualification de discrimination en matière multilatérale, les mesures nationales restrictives indistinctement applicables bénéficient, dans le cadre communautaire, de la qualification d'entrave non discriminatoire. Qu'il s'agisse de mesures ouvertement discriminatoires ou encore de mesures indistinctement applicables, le droit multilatéral s'offre une économie de moyens étant donné l'inutilité d'une classification en la matière telle qu'elle existe en droit communautaire.

Comme cela a déjà pu être analysé dans des développements précédents, la distinction opérée entre mesures discriminatoires et entraves non discriminatoires est nécessaire en ce sens qu'elle conditionnera le régime des justifications applicables ; les discriminations ne peuvent effectivement être exonérées que par les seules dispositions du Traité alors que les entraves non discriminatoires bénéficient également des justifications jurisprudentielles.

En revanche, le droit multilatéral, mû par la marge de manœuvre limitée qui lui est reconnue plutôt que par un éventuel pragmatisme, s'est déchargé d'une telle corvée. L'existence d'un seul régime justificatif rend de ce fait inutile une distinction telle qu'elle existe au niveau européen. Néanmoins, la dualité des régimes justificatifs en droit communautaire n'est le fruit que d'une même dualité, antérieurement constituée, dans la qualification des entraves au commerce. Dans ce contexte, l'absence de distinction multilatérale en ce qui concerne les obstacles au commerce, en l'occurrence des marchandises, a rendu inutile l'élaboration d'une opposition quant au régime justificatif.

La notion élargie de discrimination ainsi que l'inexistence de régimes distincts de justification semblent être plus à même d'assurer l'effectivité du système multilatéral. Effectivement, le champ large couvert par ce dernier, tant *ratione materiae* que *ratione loci*, couplé à sa trop grande soumission aux souverainetés nationales rendent difficile sa mise en œuvre. L'alourdir avec certaines subtilités théoriques ne peut être que nuisible à son efficience et donc à sa pérennité.

§3. Les régimes dérogatoires aux échanges de marchandises

Tant le droit communautaire que le droit multilatéral prévoient des régimes de libre circulation particuliers au profit des produits présentant une certaine spécificité. Cette dernière peut ressortir de leur dangerosité, ce qui est le cas des armes, des produits toxiques ou explosifs, des produits stupéfiants et de certains produits médicamenteux. Hormis ces cas dépendant logiquement de la compétence de chacun des États souverains sauf le respect des conventions internationales élaborées en la matière, d'autres produits bénéficient au sein des différentes réglementations commerciales de régimes spécifiques dérogeant aux objectifs libre-échangistes qu'elles érigent pourtant en principes généraux. Tel était le cas au niveau multilatéral du secteur textile ; l'Accord sur les textiles et les vêtements (ATV) prévoyait, dans son article 2, la réintégration progressive de ce domaine dans le cadre des règles du GATT. Cette réintégration, planifiée sur dix ans, c'est-à-dire jusqu'au 1er janvier 2005, faisait l'objet d'une programmation en quatre étapes. La libéralisation progressive du commerce des textiles et vêtements s'est effectuée, pour le Membre importateur, par l'ouverture de contingents supplémentaires à chaque étape. Au terme de cette période, l'Accord ATV a donc perdu toute raison d'être du fait de la suppression totale des quotas en la matière.

Hormis cette question, un autre secteur demeure encore exclu de l'application stricte des principes du libre-échange. Ainsi, l'agriculture, dont les fruits présentent une certaine singularité, est abordée d'une manière spécifique tant par le droit communautaire que par le droit de l'OMC (I). Au-delà, le système communautaire accorde à la question de la pêche un accueil particulier (II).

I.- Le secteur agricole

L'agriculture constitue un réel enjeu socio-économique pour l'ensemble des États. Le contrôle de l'activité agricole est indispensable pour un pays afin qu'il puisse assurer, si ce n'est l'autosuffisance, du moins un approvisionnement alimentaire minimum de ses ressortissants. Cette nécessité explique l'abondante communauté paysanne existant dans la plupart des pays développés ainsi que l'importance des politiques économiques interventionnistes dont ils revendiquent le besoin en la matière. La libéralisation des échanges commerciaux entreprise au sein des systèmes multilatéral et communautaire était en contrariété avec les intérêts nationaux agricoles des pays développés. En effet, ceux-ci craignaient la concurrence des produits agricoles des pays en développement, ce qui, à terme, conduirait à l'appauvrissement du secteur national et donc à la disparition d'un grand nombre d'entreprises agricoles. Partant, le poids considérable des groupes de pression formé par les agriculteurs incite les États à intervenir afin de protéger le secteur contre une concurrence qui lui serait néfaste.

A. La politique agricole commune ou l'organisation d'un protectionnisme communautaire

La Politique agricole commune (PAC) s'inscrit dans une logique de protection notamment par le soutien financier attribué par les autorités communautaires aux agriculteurs européens. La PAC est le résultat des difficultés rencontrées par les six États membres originaires de la Communauté économique européenne. Une grande partie de leurs productions s'avérait en effet déficitaire. L'article 33, paragraphe 1er, du Traité CE[454] soulève les divers objectifs impartis à cette politique ; elle est destinée à accroître la productivité, à assurer un niveau de vie équitable à la population agricole, à stabiliser les marchés, à garantir les approvisionnements et à assurer des prix convenables pour le consommateur. Le succès de cette politique tient à la mise en place d'un véritable marché commun agricole. Celui-ci trouve différentes concrétisations à travers l'unicité du marché[455], l'unité des prix[456], l'incitation à l'achat de produits d'origine communautaire, autrement dit à la préférence communautaire, ainsi que la solidarité financière découlant de ressources affectées à des dépenses communes et non en fonction des contributions des États membres.

---

[454] Ancien article 39, §1, du Traité de Rome.

[455] Par la suppression des barrières douanières, l'harmonisation des règles sanitaires et des normes techniques.

[456] Par l'instauration de mécanismes régulateurs.

La mise en œuvre de cette politique est assurée par des moyens spécifiques découlant d'organisations communes de marché (OCM)[457]. Ainsi, chaque produit ou groupe de produits fait l'objet d'un règlement de marché destiné à orienter les productions, à stabiliser les prix et à garantir la sécurité des approvisionnements. Le financement est réalisé par le Fonds européen d'orientation et de garantie agricole (FEOGA) dont les ressources sont constituées de prélèvements obligatoires, de droits de douane perçus aux frontières externes, d'une fraction de la TVA de chaque État membre depuis 1971 et d'une ressource supplémentaire, prélevée depuis 1994, fondée sur le PNB de chacun des pays membres. Le FEOGA a pour but de soutenir les prix agricoles, mais aussi de favoriser l'installation des jeunes agriculteurs et la diversification des activités en zone rurale.

L'agriculture est incontestablement le secteur économique pour lequel le processus d'intégration communautaire s'est opéré avec le plus de profondeur[458]. Le succès de cette politique tient à ses résultats ; effectivement, la PAC a permis de fournir aux consommateurs des produits de qualité à des prix accessibles, de moderniser les moyens de production et de multiplier variablement la productivité avec un moindre besoin en main-d'œuvre. Cet état de fait a eu pour conséquence d'assurer à la Communauté européenne un entier approvisionnement pour presque tous les produits agricoles, et même un excédent dans les secteurs laitier, vinicole, céréalier ou encore de la viande bovine.

Cette évolution a conduit à de nombreuses réformes. Les excédents constatés devaient être résorbés par l'instauration d'un contrôle quantitatif des productions concernées. Ceci fut fait dès 1984 par la mise en place de quotas, notamment dans le secteur laitier, ainsi que de quantités maximales à produire. Cependant, les effets ont été pernicieux dans la mesure où la politique des quotas a eu tendance à générer des droits à produire qui ne tenaient pas compte de l'évolution des performances individuelles des exploitants[459]. De plus, ces droits ont fait l'objet de transactions entre producteurs, favorisant ainsi la concentration de la production au profit des producteurs disposants de meilleurs accès aux capitaux. En revanche, dans le cas de quotas attachés à l'exploitation, l'évolution des structures de production aurait été ralentie. À l'origine, le dépassement des quotas engendrait un paiement minimal garanti de la part supplémentaire produite. Aussi, cette situation conduisait à certains abus du fait que des exploitants agricoles produisaient sciemment au-delà des quotas qui leur étaient imposés afin d'obtenir un revenu minimum. En conséquence, une réforme est intervenue par la suppression du paiement des surplus, mais, davantage, par la taxation des quantités excédentaires. Dans la plupart des autres secteurs, il est à noter que le régime des quotas individuels fonctionne également, mais, par exemple dans le cas des céréales ou encore des produits transformés à base de tomates, le surplus est seulement privé d'aides.

Les dépenses agricoles constituent donc un sérieux problème. Au reste, suite aux surcoûts dus aux achats publics de produits excédentaires entre 1970 et 1985, les dépenses agricoles ont été plafonnées en limitant la croissance annuelle du budget du FEOGA à 74 % du taux de croissance du PNB communautaire. De ce fait, certains

---

457 Article 34, anciennement 40, paragraphe 2 du Traité CE.

458 Y. PETIT, *La politique agricole commune, une politique mutante !*, Europe, n°2, février 2004, p.3.

459 *L'Union européenne, les notices*, La documentation Française, Paris, 1999, p.69.

objectifs ont été modifiés, notamment par la réorientation des aides agricoles. La politique de soutien des prix a été remplacée par une politique de soutien des revenus agricoles. Dans la mesure où les prix ont été progressivement rapprochés du marché mondial, perdant du coup leur caractère protecteur, des aides compensatoires ont été versées. Ces aides constituaient dès lors de véritables compléments de revenus.

En 1999, dans le cadre de « l'Agenda 2000 », un certain nombre d'engagements ont été établis. Ceux-ci visent notamment la suppression des déséquilibres structurels toujours possibles pour certains marchés. Il s'est agi de préparer l'élargissement aux pays candidats ainsi que le nouveau cycle de négociations de l'OMC sur la libéralisation de l'agriculture au niveau mondial. Cette stabilisation de la PAC a été assortie d'un volet financier ; ainsi, les dépenses de la PAC et celles afférentes au développement rural, aux mesures vétérinaires et phytosanitaires, ont été plafonnées[460]. Cependant, le système des paiements compensatoires a été généralisé. L'originalité de cette réforme tenait surtout à l'introduction des concepts de modulation et de conditionnalité quant au versement de ces aides[461].

Depuis 2003, une nouvelle réforme est venue enrichir le paysage agricole communautaire reprenant les principes élaborés lors des réformes précédentes[462]. Ces nouveaux règlements de 2003[463] et 2004[464] introduisent notamment la notion de paiement unique découplé dont l'objet est d'apporter un complément de revenu aux producteurs alors qu'ils ne peuvent trouver une rémunération suffisante dans l'écoulement de leur production sur le marché[465].

---

[460] Ainsi, à la suite du Sommet européen de Berlin du 25 mars 1999, les organisations communes de marché ont été simplifiées afin de tenir compte de l'évolution de l'offre et de la demande dans les secteurs de la viande bovine, des produits laitiers, du vin et des cultures arables. Le développement rural est toujours encouragé, d'une part pour faire participer davantage la dépense agricole à l'aménagement du territoire et d'autre part pour réconcilier l'agriculture avec son environnement. Le cadre financier, de 40,5 milliards d'euros en moyenne par an, est fixé pour six ans et prend en compte les incidences de l'élargissement, le remplacement du régime de soutien des prix par des aides directes, avec une baisse progressive permettant d'atteindre moins de 20 % sur le prix d'intervention garanti pour la viande bovine et moins 15 % pour les céréales et les produits laitiers. Une réserve de 14 milliards d'euros est en outre consacrée au financement du développement rural et à la mise en place de mesures vétérinaires et phytosanitaires nécessaires à la lutte contre les maladies émergentes, et une autre de 250 millions d'euros alimente l'Instrument structurel de préadhésion (ISPA).

[461] À ce sujet, voir, D. BIANCHI, *La conditionnalité des paiements directs ou la responsabilité de l'agriculteur bénéficiant de paiements directs dans le cadre de la politique agricole commune*, RMCUE, février 2004, n°475, p.91. Le principe de modulation signifie simplement que les avantages accordés dépendront de certains facteurs tels que la taille de l'exploitation, sa richesse, son mode de production (etc.). La conditionnalité implique que les versements d'aides soient soumis à des conditions notamment environnementales, de développement rural (etc.).

[462] C. BLUMANN, *La réforme de la politique agricole commune*, CDE, 2004, n^{os}3 et 4, pp.297 et ss.

[463] Règlements n^{os}1782/2003 (règles communes), 1783/2003 (développement rural), 1784/2003 (céréales), 1785/2003 (riz), 1786/2003 (fourrages séchés), 1787/2003 (produits laitiers), 1788/2003 (prélèvement secteur laitier), JOUE, n°L.270, 21 octobre 2003, pp.1 à 136.

[464] Règlements n^{os}795 et 796/2004 du 21 avril 2004, visant à la mise en œuvre du régime du paiement unique, JOUE n°L.141, 30 avril 2004, pp.1 à 58 ; règlements n^{os}864 et 865/2004 du 29 avril 2004, parachevant le mouvement de réforme des OCM pour les produits plus secondaires, JOUE n°L.161, 30 avril 2004, pp.48 à 127.

[465] Ce paiement est unique, car il se substitue au grand nombre de régimes d'aides préexistants et est découplé dans la mesure où il n'a plus de lien direct avec la production et l'activité de produire ; voir, V. ADAM, *Les droits à paiement, une création juridique innovante de la réforme de la politique agricole commune*, RMCUE, février 2004, n°475, p.96.

La PAC est, depuis les origines, l'outil de conservation de l'activité agricole européenne. Elle profitait donc en priorité aux pays leaders dans ce domaine, ce qui est le cas de la France. Aussi, toute réforme de cette politique s'est heurtée à leur opposition. Ces pays y voyaient alors un risque pour leur agriculture du fait de la baisse des aides financières qu'elle impliquerait. Toutefois, sous la pression des autres membres, mais aussi des pays tiers concurrents qui voient dans la PAC un soutien à l'agriculture contraire aux principes du GATT, les réformes apparaissent comme inévitables et devront à terme déboucher sur une ouverture de ce marché.

B. L'Accord multilatéral sur l'agriculture ou le démantèlement du protectionnisme agricole

Ce qui était de mise lors de l'élaboration du Traité de Rome, l'était aussi lors de l'élaboration de l'Accord général sur les tarifs douaniers et le commerce. Aussi, l'agriculture n'était comprise que partiellement dans le champ d'application du GATT de 1947. Ce dernier texte, ce qui est le cas d'ailleurs du Traité de Rome, poursuit l'objectif de libéralisation du commerce des marchandises. Par conséquent, le GATT ne contient, sauf exceptions, que des dispositions allant dans ce sens et c'est pour cette raison qu'il ne renferme que peu d'éléments relatifs aux produits agricoles. Au contraire, le Traité de Rome envisageait l'agriculture, non pas comme un domaine à libéraliser, mais plutôt comme un secteur à protéger. Cet élan protectionniste se retrouvait d'ailleurs, au-delà de la Communauté européenne, dans la plupart des pays signataires du GATT chez qui l'agriculture est un secteur clé de l'économie nationale.
Il aura donc fallu de nombreuses tractations avant de parvenir à introduire ce domaine dans un cadre multilatéral. Les négociations de Marrakech sont la base de cette avancée ; elles ont en effet abouti à l'élaboration de l'Accord sur l'agriculture[466].

Cet Accord, dont le champ d'application est circonscrit par son article II, lequel renvoie à cet égard à l'Annexe I dudit Accord[467], s'articule autour de deux axes : l'abaissement de la protection aux frontières ainsi que la réduction des soutiens.

Ainsi, l'article 4 de l'Accord sur l'agriculture prévoit que les Membres de l'OMC pratiquant des mesures non tarifaires sur les produits agricoles doivent les convertir en droits de douane. Ce mécanisme de tarification est destiné à rendre les obstacles frontaliers plus transparents et s'inscrit donc dans la réalisation d'un meilleur accès aux marchés. Les obstacles non tarifaires devant faire l'objet d'une tarification sont énumérés par la note de bas de page rattachée à l'article 4-2 de l'Accord. De la sorte, sont visés *[...] les restrictions quantitatives à l'importation, les prélèvements variables à l'importation, les prix minimaux à l'importation, les régimes d'importation*

---

[466] À ce sujet, voir, J. CLOOS et T.-L. MARGUE, *Les négociations agricoles de l'Uruguay round : déroulement et résultats*, RMCUE, 1994, pp.155 et ss.

[467] Cette Annexe 1 expose, dans son article 1er, la plupart des produits agricoles tels que listés dans le Système harmonisé. Ainsi, *le présent Accord visera les produits ci-après : i) Chapitre 1 à 24 du SH, moins le poisson et les produits à base de poisson, plus : ii) Code du SH 2905.43 (mannitol), Code du SH 2905.44 (sorbitol), Position du SH 33.01 (huiles essentielles), Positions du SH 35.01 à 35.05 (matières albuminoïdes, produits à base d'amidons ou de fécules modifiés, colles), Code du SH 3809.10 (agents d'apprêt ou de finissage), Code du SH 3823.60 (sorbitol, n.d.a.), Positions du SH 41.01 à 41.03 (peaux), Position du SH 43.01 (pelleteries brutes), Positions du SH 50.01 à 50.03 (soie grège et déchets de soie), Positions du SH 51.01 à 51.03 (laine et poils d'animaux), Positions du SH 52.01 à 52.03 (coton brut, déchets de coton et coton cardé ou peigné), Position du SH 53.01 (lin brut), Position du SH 53.02 (chanvre brut).*

discrétionnaires, les mesures non tarifaires appliquées par l'intermédiaire d'entreprise commerciale d'État, les autolimitations des exportations et les mesures à la frontière similaires autres que les droits de douane proprement dits, que ces mesures soient ou non appliquées au titre de dérogations aux dispositions du GATT de 1947 dont bénéficient certains pays, mais non les mesures appliquées au titre de dispositions relatives à la balance des paiements ou au titre d'autres dispositions générales ne concernant pas spécifiquement l'agriculture du GATT de 1994 ou des autres Accords commerciaux multilatéraux figurant à l'Annexe 1A de l'Accord sur l'OMC.

L'article 4-1 du même Accord dispose que, parallèlement à la tarification, les équivalents tarifaires obtenus doivent faire l'objet d'une réduction puis d'une consolidation[468]. Avant de parvenir à cette dernière étape, toute réduction d'équivalents tarifaires doit être notifiée au Comité de l'agriculture de l'OMC afin de pouvoir être insérée dans les listes de concessions consolidées et annexées au GATT de 1994.
Dans l'optique d'une mise en oeuvre non discriminatoire des concessions tarifaires et des engagements en matière d'accès aux marchés consentis à la suite des négociations du Cycle de l'Uruguay, l'Organe d'appel, dans l'affaire *Communautés européennes – Bananes*[469], a considéré que les dispositions de l'article XIII du GATT de 1994, relatives à l'application non discriminatoire des restrictions quantitatives, jouaient de plein droit en la matière.

Malgré l'élan libéral de cet Accord, certains aménagements sont proposés aux États. Ainsi, l'article 5 prévoit une « clause de sauvegarde spéciale » pour les produits soumis à tarification qui permet à un Membre importateur d'assurer une protection commerciale spécifique des marchés agricoles au moyen de droits additionnels. Cette clause ne peut être activée qu'en cas d'accroissement du volume des importations ou en cas de chute des prix à l'importation en dessous du prix de déclenchement[470]. Contrairement au système général de sauvegarde institué par l'Accord sur les sauvegardes, ce système spécial peut être appliqué par le pays importateur sans que les Membres exportateurs puissent instituer de mesures unilatérales de suspension de concessions ou puissent réclamer des compensations commerciales.

Une « clause de traitement spécial » constitue également une entorse au mécanisme de libre-échange dont l'Accord sur l'agriculture se veut l'écho. En effet, l'Annexe 5 de cet Accord décrit cette clause comme donnant la possibilité à un Membre de maintenir des restrictions à l'importation sur certains produits jusqu'à la fin de la période de mise en œuvre.
Cependant, cette disposition soumet cette éventualité à quatre conditions : les importations du produit agricole primaire et de ses produits travaillés et/ou préparés, produits dits « désignés », doivent représenter moins de 3 % de la consommation intérieure pendant la période de référence 1986-1988 ; aucune subvention à l'exportation ne doit avoir été instituée pour ces produits depuis 1986 ; des mesures effectives de restriction à la production doivent être appliquées au produit agricole primaire ; enfin, des possibilités minimales d'accès au marché doivent être assurées.

---

[468] Ainsi, entre le 1er juillet 1995 et le 1er juillet 2000, cette réduction devait atteindre 36 % en moyenne par rapport à la période de référence de 1986-1988.
[469] Organe d'appel, *Communautés européennes – Régime applicable à l'importation, à la vente et à la distribution des bananes, op. cit.*, n°153, p.77.
[470] Ce prix de déclenchement est égal au prix de référence du produit en cause pour la période 1986-1988.

Ces conditions qui ont été imposées pour une période donnée, peuvent être maintenues au-delà de la sixième année après négociations durant le déroulement de cette période.

Le deuxième axe de l'Accord sur l'agriculture consiste en une réduction des soutiens aussi bien internes qu'à l'exportation.

Afin d'évaluer les politiques de soutien interne des différents États membres de l'OMC, l'Accord sur l'agriculture, par le biais de son Annexe 3, a mis en place un instrument dénommé « Mesure globale de soutien » (MGS). Ce même texte précise les modalités de calcul d'une MGS. Ainsi, celle-ci doit être abaissée de 20 % en six ans par rapport à la période de référence 1986-1988. L'article 6-1 de l'Accord sur l'agriculture indique que les abaissements obtenus sous forme d'engagements doivent être insérés dans la Partie IV de la Liste du Membre en question.

L'Annexe 2 de l'Accord ainsi que ses propres articles 6-2 à 6-5 énumèrent les mesures de soutiens internes qui sont exclues de la MGS[471], c'est-à-dire les mesures qui ne pourront donner lieu à une action antisubvention et, donc, à l'application de droits compensateurs[472]. Cependant, s'agissant des mesures décrites aux articles 6-2 à 6-5 de l'Accord, une imposition de droits compensateurs pourra être réalisée dans le cas où la preuve d'un dommage ou d'une menace de dommage peut être apportée[473].

Les mesures non énumérées dans ces listes doivent donc faire l'objet de MGS du fait qu'elles constituent des mesures de soutien des prix. De ce fait, dans le cadre de la politique agricole commune, les mesures de soutien des prix entrent dans le calcul de la MGS communautaire. Ainsi, par la réforme intervenue en 1993, la Communauté a anticipé l'Accord de Marrakech et a donc rempli certaines des obligations en découlant.

Les subventions à l'exportation constituent le volet externe du mécanisme de réduction des soutiens. L'article 9-1 de l'Accord sur l'agriculture contient une liste de subventions à l'exportation qui doivent faire l'objet d'une réduction de la part des Membres développés de l'OMC[474]. Ces mesures doivent faire l'objet d'une double

---

[471] Ainsi, les mesures qui sont énumérées dans l'Annexe 2 sont : les aides aux services à caractère général (article 2 de l'Annexe) notamment dans les domaines de la recherche, de la lutte contre les maladies et les parasites, de la formation, de la promotion, de l'infrastructure ; les aides à la détention de stocks publics à des fins de sécurité alimentaire (article 3 de l'Annexe) ; l'aide alimentaire intérieure (article 4 de l'Annexe) ; les versements directs aux producteurs (article 5 de l'Annexe) ; le soutien du revenu découplé de la production (article 6 de l'Annexe) ; la participation financière de l'État à des programmes de garantie des revenus et à des programmes établissant un dispositif de sécurité pour les revenus (article 7 de l'Annexe) ; les versements à titre d'aide en cas de catastrophes naturelles (article 8 de l'Annexe) ; l'aide à l'ajustement des structures fournie au moyen de programmes incitant les producteurs à cesser leurs activités (article 9 de l'Annexe) ou au moyen de programmes de retrait de ressources de la production (article 10) ou au moyen d'aides à l'investissement (article 11) ; les versements au titre de la protection de l'environnement (article 12 de l'Annexe) ; les versements au titre de l'aide régionale (article 13 de l'Annexe).

Les mesures qui sont énoncées dans l'article 6-2 à 6-5 de l'Accord sur l'agriculture sont : certaines mesures d'aide prises par les pouvoirs publics pour encourager le développement agricole et rural dans les pays en développement (article 6-2) ; les mesures de soutien inférieures à un niveau de *minimis* de la valeur de la production de produits particuliers (article 6-4) ; les versements directs au titre de programmes de limitation de la production (article 6-5).

[472] Article 13,a), de l'Accord sur l'agriculture.

[473] Comme prévu par la partie V de l'Accord sur les subventions et les mesures compensatoires et par l'article 13, b), i), de l'Accord sur l'agriculture.

[474] Selon cet article, les subventions à l'exportation devant subir une réduction sont : l'octroi, par les pouvoirs publics, de subventions directes à une entreprise, à une branche de production, à une coopérative ou autre association de producteurs, subordonné aux résultats de l'exportation ; la vente à l'exportation, par les pouvoirs publics, de stocks agricoles constitués à des fins non commerciales à un prix inférieur au prix comparable demandé pour le produit similaire aux acheteurs sur le marché intérieur ; les versements à

réduction. Ainsi, tout d'abord, les dépenses budgétaires doivent faire l'objet d'une réduction de 36 %. Ensuite, le volume des exportations subventionnées doit être abaissé de 21 % au cours de la période de six ans qui suit, et ce, par rapport au niveau de référence 1986-1990.

Des risques existent pourtant qu'un pays soit tenté de contourner les engagements qu'il a pris en matière de réduction des subventions à l'exportation. Aussi, l'Accord prévoit des mesures de prévention destinées à supprimer cette éventualité. En effet, l'aide alimentaire et la pratique des crédits à l'exportation ne sont pas incluses dans les listes des subventions à l'exportation et, à ce titre, peuvent être utilisées afin d'en contourner le contrôle et donc les conséquences.

Pour cela, l'article 10-1 de l'Accord sur l'agriculture est venu préciser que ces subventions ainsi que celles qui ne sont pas énumérées dans ces listes ne peuvent être utilisées aux fins de contournement des engagements consentis en matière de subventions à l'exportation.

Également, l'article 10-4 du même Accord soumet l'application de l'aide alimentaire à deux conditions. En premier lieu, il ne doit pas y avoir de lien direct ou indirect entre l'octroi de l'aide alimentaire et les exportations commerciales de produits agricoles à destination des pays bénéficiaires. En second lieu, les transactions relevant de l'aide alimentaire internationale doivent être conformes aux principes de la FAO, en matière d'écoulement des excédents et des obligations consultatives, et à l'article IV de la Convention de 1986 relative à l'aide alimentaire. Cette position disciplinaire n'existe pas en ce qui concerne les crédits à l'exportation ou autres pratiques du même type ; l'article 10-2 de l'Accord sur l'agriculture ne fait qu'inviter les Membres de l'OMC à œuvrer dans le sens d'une discipline internationale.

L'Uruguay Round ne constitue qu'une première étape d'un processus qui promet d'être long[475] eu égard à la modestie de la libéralisation immédiate des marchés agricoles. La Communauté européenne paraît bien préparée aux différentes échéances qui pourraient intervenir dans l'évolution de cette politique grâce, notamment, aux efforts qu'elle a consentis dans le cadre de la PAC. D'ailleurs, cette préparation de la Communauté européenne à une éventuelle évolution paraît indispensable eu égard à l'opposition que lui réserve son principal concurrent, qui n'est autre que les États-Unis, lequel ne manquera en rien la moindre occasion de la traîner devant les juridictions multilatérales[476].

---

l'exportation d'un produit agricole financés grâce à une mesure des pouvoirs publics ; l'octroi de subventions pour abaisser les coûts de la commercialisation des exportations de produits agricoles autres que les services de promotion des exportations ; les tarifs de transport et de fret intérieurs pour des expéditions à l'exportation lorsqu'ils ont été imposés par les pouvoirs publics à des conditions plus favorables que celles existant pour le trafic intérieur ; les subventions aux produits agricoles subordonnées à l'incorporation de ces produits dans les produits exportés.

[475] P. MESSERLIN, *La nouvelle organisation mondiale du commerce*, *op. cit.*, p.90.

[476] Sur l'ensemble de ces considérations, voir, Y. PETIT, *L'agriculture, pomme de discorde entre l'Union européenne et les États-Unis*, RTDE, n°4, oct.-déc. 2004, pp.601 et ss.

C. L'adaptation constante de la PAC aux nouvelles contraintes multilatérales

Les différentes réformes subies par la PAC ont coïncidé la plupart du temps avec des cycles de négociations de l'OMC[477]. Ainsi, les institutions communautaires entendent disposer d'une marge de manœuvre plus importante pour négocier et se présenter à cette occasion en position de force dans un contexte international soumis à de fortes tensions. Hormis la question du démantèlement des systèmes protectionnistes, centrale en la matière, l'agriculture connaît de nouveaux défis attachés notamment à la sécurité alimentaire et à la protection de l'environnement. L'approfondissement des principes de modulation, mais surtout de conditionnalité dans le versement des aides, prenant en compte ces nouvelles exigences notamment par la simplification résultant de l'introduction du paiement unique découplée, va dans le sens de ces nouvelles préoccupations.

La réduction des soutiens octroyés par les États à leurs agriculteurs, des subventions éventuellement versées à l'exportation, la facilitation de l'accès aux marchés des producteurs étrangers, étaient déjà, d'après la déclaration de Doha de 2001[478], les points essentiels dont des efforts étaient exigés des Parties contractantes. Néanmoins, ce texte précisait dans le même temps que ces efforts devaient être réalisés en conformité avec des considérations autres que commerciales telles que « la protection de l'environnement, la sécurité alimentaire, le développement rural ». La réforme de la PAC intervenue en 1992, donc bien avant la Conférence de Doha, prenait déjà acte de ces éléments. Selon un tel schéma, la réforme de la PAC opérée en 2003 avait pour finalité de préparer les négociations multilatérales suivantes, à savoir celles ressortant de la conférence ministérielle de Cancún qui intervenait la même année. L'échec de cette dernière n'a pas été totalement vain. Le Conseil général a tout de même adopté une décision en 2004, par laquelle les principes développés à Doha étaient réaffirmés et donc reconduits[479].

Malgré cette volonté d'adaptation par anticipation, les réformes de la PAC ne paraissent pas suffisantes. Effectivement, la multiplication des contentieux portés devant l'Organe de règlement des différends de l'OMC laisse transparaître quelques doutes s'agissant de la compatibilité de la PAC avec les dispositions de l'Accord sur l'agriculture. Dans la perspective où la clause de paix prévue par l'article 13 de cet Accord, par laquelle aucune action ne peut être introduite tant que sont respectées les engagements en matière de soutien interne et de subvention à l'exportation, arrivait à expiration le 31 décembre 2003, la croissance du nombre des différends ne peut que s'accélérer.

Un tel phénomène ne peut conduire qu'à une disparition de la PAC du moins dans son objectif protectionniste pur. Seule une politique ayant pour objet des considérations non commerciales pourra éviter toute sanction quoique les contentieux relatifs aux hormones et, plus récemment, aux OGM démontrent que nul secteur n'est à l'abri du contrôle juridictionnel[480].

---

[477] T. FLORY, *L'organisation mondiale du commerce – Droit institutionnel et substantiel*, *op. cit.*, n°155, p.67 ; également, Y. PETIT, *La politique agricole commune, une politique mutante !*, *op. cit.*, p.7.

[478] Il s'agit des articles 13 et 14 de la Déclaration de Doha.

[479] Décision adoptée par le Conseil général le 1er août 2004, WT/L/579, 2 août 2004.

[480] Y. PETIT, *L'agriculture, pomme de discorde entre l'Union européenne et les États-Unis*, *op. cit.*, pp.614 et ss.

II.- La politique commune de la pêche : une politique environnementale par essence

Un secteur particulier, fondé sur les dispositions agricoles du Traité de Rome[481], a été intégré aux politiques de la Communauté. Ainsi, le 20 octobre 1970, la Politique commune de la pêche (PCP) voit le jour sous la forme de deux règlements du Conseil[482] destinés à structurer les bases de l'organisation commune de marché et à créer une zone communautaire de pêche[483]. Conscientes de la raréfaction des ressources halieutiques, les instances communautaires se sont souciées dès 1983 des problèmes de l'accès, de la conservation des ressources et du contrôle dans les zones de pêche[484]. Aussi, allant plus avant dans cette logique, la PCP a subi, en 1992, une réforme mettant en exergue le triptyque accès – conservation – partage[485]. Ainsi, tout un dispositif de réglementations techniques délimite les huit régions maritimes communautaires, fixe les maillages et les conditions d'emploi des filets, la taille minimale admissible des poissons et les conditions à respecter pour les conserver. Sont également visées les interdictions de pêche pour certaines espèces, des restrictions de certaines techniques de pêche, les possibilités offertes aux pays côtiers en cas de menace grave pesant sur la conservation de certaines espèces ou de certains espaces de pêche.

De la même façon que sont organisés les marchés en matière agricole, le secteur de la pêche se voit structuré d'une manière similaire. Effectivement, ce secteur bénéficie également d'une Organisation commune des marchés reposant sur des normes de commercialisation, fixant les tailles biologiques et les calibres commerciaux minimaux, ainsi que sur des organisations de producteurs tant nationales que transnationales, mais aussi interprofessionnelles.

La PCP jouit également d'un volet extérieur par la conclusion d'accords avec les pays tiers. Il est ainsi possible de dénombrer pas moins de 26 accords de pêches conclus par la Communauté. Ceux-ci peuvent être classés selon la typologie suivante : les accords réciproques conclus avec la Norvège, les Îles Féroé et les États baltes – ces derniers étant désormais membres de la Communauté – ; les accords portant sur l'accès aux stocks excédentaires d'un État tiers, notamment avec le Canada ; les accords portant sur l'accès aux stocks d'États tiers contre une compensation financière et comportant une dimension de coopération, avec les pays ACP et le Maroc ; les accords dits de « seconde génération » reposant essentiellement sur la constitution de sociétés mixtes et d'accords temporaires, signés notamment avec l'Argentine[486].

---

[481] C'est-à-dire sur les articles 3, point e), 32 à 38 du Traité de Rome, dans leur nouvelle numérotation.

[482] Règlement (CEE) n°2141/70 du Conseil du 20 octobre 1970, *portant établissement d' une politique commune des structures dans le secteur de la pêche*, JOCE n°L.236, 27 octobre 1970, p.1, et, règlement (CEE) n°2142/70 du Conseil du 20 octobre 1970, *portant organisation commune des marchés dans le secteur des produits de la pêche*, JOCE n°L.236, 27 octobre 1970, p.5.

[483] Zone fixée par l'Accord de La Haye de novembre 1976 à 200 miles nautiques. Pour un aperçu de la réglementation communautaire s'agissant des zones côtières, voir, M. BLANQUET et N. de GROVE-VALDEYRON, *Zones côtières et droit communautaire*, RJE, 1er décembre 2001, pp.53 et ss.

[484] Cette réflexion s'est traduite par l'élaboration de douze règlements, dont le règlement de base en la matière : règlement (CEE) n°170/83 du Conseil du 25 janvier 1983, *instituant un régime communautaire de conservation et de gestion des ressources de pêche*, JOCE n°L.24, 27 janvier 1983, p.1 à 13.

[485] Règlement (CEE) n°3760/92 du Conseil du 20 décembre 1992, *instituant un régime communautaire de la pêche et de l'aquaculture*, JOCE n°L.389, 31 décembre 1992, p.1 à 14.

[486] Voir, à cet égard, CJCE, 13 janvier 2005, *Eduardo Vieira SA c/ Commission des Communautés européennes*, aff. n°C-254/03, Rec., p.I-237.

De manière générale, la pêche est, au même titre que l'agriculture, une activité économique importante au sein de l'Union européenne qui place celle-ci, dans ce secteur, au troisième rang mondial après la Chine et le Pérou. Malgré la contribution réduite de cette activité au PNB des États membres – en réalité pour moins de 1 % –, son impact est significatif en termes d'emplois. Aussi et avec raison, la PCP organise de véritables programmes d'orientation pluriannuelle prenant en compte l'impact de la pêche dans l'économie de chaque État membre, mais aussi sur les différentes régions concernées. Ces programmes prennent également en considération la situation de départ de la flotte de pêche par catégorie de navire, par type de pêche et par région, ainsi que l'évolution éventuelle des ressources halieutiques et du marché des produits de pêche. Des questions restaient néanmoins pendantes quant à la capacité de la PCP à assurer une cohérence dans la protection des ressources halieutiques[487]. La Commission européenne semblait d'ailleurs pessimiste à cet égard[488].
Le règlement 2371/2002[489] prend donc le revers de l'attente libérale quant à l'accès aux zones de pêche[490] ; ce texte vient encadrer davantage l'activité de pêche maritime en promouvant la conservation et la durabilité des ressources ainsi qu'en assurant un contrôle accru de la flotte et de son activité[491].

Au niveau international, l'activité de pêche n'est par régie par le droit multilatéral tel qu'il ressort du GATT ou des accords annexes comme en matière agricole, mais d'accords internationaux spécifiques. Ainsi, c'est notamment la Convention de Genève de 1958 sur la haute mer[492], puis la Convention de Montego Bay de 1982 sur le droit de la mer[493] qui réglementent la question. Ces deux conventions viennent codifier les règles coutumières qui prévalaient jusque-là en la matière. La liberté de la pêche est affirmée tout en prenant en compte la nécessité de protéger et conserver les ressources biologiques. En ce qui concerne les zones économiques exclusives, une compétence fonctionnelle et un système de réglementation unilatérale sont institués tout en affirmant un devoir de coopération entre les différents pays intéressés[494].
Cependant comme cela a été dit, le GATT et ses accords annexes ne se préoccupent pas, du moins pour l'instant, de la question. À ce titre, de longs développements sur le secteur de la pêche en matière internationale seraient hors de propos. Cependant, ce point méritait tout de même d'être précisé.

---

[487] A. CUDENNEC, *La politique commune de la pêche est-elle une politique responsable ?*, RMCUE, n°440, juillet – août 2000, p.466.

[488] Livre vert de la Commission européenne, *L'avenir de la politique commune de la pêche*, vol.I, Commission européenne, 2001, p.5.

[489] Règlement (CE) n°2371/2002 du Conseil du 20 décembre 2002, *relatif à la conservation et à l'exploitation durable des ressources halieutiques dans le cadre de la politique commune de la pêche*, JOUE n°L.358, 31 décembre 2002, pp.59 à 80.

[490] G. PROUTIÈRE-MAULION, *La politique communautaire de réduction de l'effort de pêche des États membres : de la liberté de pêche au droit d'exploitation des ressources*, Coll. Logiques juridiques, L'Harmattan, Paris, 1999, p.361.

[491] Sur ces questions, voir, G. PROUTIÈRE-MAULION, *Une nouvelle réforme pour la politique commune des pêches : le règlement de la maturité ?*, Le droit maritime français, juillet – août 2003, p.694.

[492] Convention de Genève *sur le droit de la mer dans le cadre des Nations unies* du 29 avril 1958.

[493] Convention des Nations unies *sur le droit de la mer* dite Convention de Montego Bay du 10 décembre 1982.

[494] Voir, J. COMBACAU et S. SUR, *Droit international public, op. cit.*, pp.487 et ss.

Loin d'égaler le niveau de libéralisation atteint par le droit communautaire dans le secteur des marchandises, le droit multilatéral a accompli des avancées notables malgré le ressort territorial gigantesque qui lui est imparti. Dans cette optique, les progrès réalisés dans ce domaine laissent augurer des larges possibilités offertes aux autorités compétentes afin de libéraliser les autres secteurs. La seule réelle limite à cet élan semble découler davantage de la faible marge de manœuvre accordée à ces instances, et non des opportunités textuelles qui leur sont offertes.

SECTION 2
LA LIBÉRALISATION DES SECTEURS DES SERVICES ET DES PERSONNES

Parallèlement à l'accroissement des échanges de marchandises, les activités pouvant être considérées comme accessoires à leur fourniture devaient connaître un sort similaire. Ainsi, la fourniture d'un produit implique parfois une installation, une manipulation devant être réalisée par des personnes possédant les connaissances requises à cette fin, le plus souvent ayant une même origine que les produits livrés. Ces obligations d'entretien, de manutention ou de garantie, n'ont fait que rendre chronique cette fourniture de services annexes pour devenir une réelle activité à part entière. De la même manière, le déplacement physique des personnes, qu'elles soient salariées de prestataires de services ou qu'elles travaillent pour leur compte, ne pouvait être ignoré des réglementations supranationales dans la mesure où les restrictions qui seraient opposées à leur circulation transfrontalière pourraient affecter la libéralisation des autres domaines, notamment celui des services.

Aussi, les droits communautaire et multilatéral ne pouvaient rester insensibles à la place importante que prenait chacun de ces secteurs. La libéralisation des services est un corollaire logique de celle des marchandises. Dans cette optique, le droit communautaire a envisagé le démantèlement de toutes les entraves pouvant affecter le commerce des services simultanément à celui des entraves faisant obstacle aux autres marchés, c'est-à-dire à ceux des marchandises, des personnes et des capitaux et moyens de paiement. En droit multilatéral et à un niveau relativement plus modeste, une telle politique a été entreprise beaucoup plus tard qu'elle ne le fut en matière de marchandises. En effet, l'Accord général sur les tarifs douaniers et le commerce, concernant plus particulièrement la libéralisation du commerce des marchandises, fut signé en 1947. Or, l'Accord général sur le commerce des services (AGCS) est l'une des résultantes des Accords de Marrakech de 1994. Malgré le caractère récent de la réglementation multilatérale en la matière, les points abordés par l'Accord laissent supposer d'une évolution prometteuse de la libéralisation du marché mondial des services.

L'interdépendance existant entre les domaines des services et des personnes rend inévitable un examen commun de leur contenu (§1). Cependant, cette éventuelle concordance dans la teneur des libertés ne doit en rien éclipser la présence de régimes spécifiques de prestation de services ayant fait l'objet d'une approche sectorielle (§2).

§1. Le cadre général de la libéralisation du mouvement des services et des personnes

Alors que les domaines visés par les principes libre-échangistes issus du droit multilatéral semblent beaucoup plus étroits qu'ils ne le sont en droit communautaire, l'examen éclairé de ces mêmes domaines laisse apparaître une certaine convergence découlant d'une notion multilatérale de service élargie (I). En revanche, malgré cette apparente conjonction quant à la couverture des domaines, une opposition surgit s'agissant du processus de démantèlement des entraves au commerce proprement dit. Comme en matière de marchandises, l'approche multilatérale a davantage mis l'accent sur les questions méthodologiques de démantèlement alors que la Cour de justice, au niveau communautaire, a davantage recherché à définir les mesures nationales devant être sanctionnées pour leur caractère restrictif (II).

I.- La définition des notions de service, d'établissement et de travailleurs salariés

Le droit communautaire, par le truchement de son texte fondamental, aborde ces trois domaines d'une manière distincte. Dans cette optique, les définitions qu'il en donne devraient d'une manière semblable s'avérer différentes. L'Accord général sur le commerce des services, régissant donc la seule question des services, appréhende pourtant des notions qui au regard du droit communautaire n'entreraient normalement pas dans la définition de prestation de services. Ainsi, la définition de service fournie par l'AGCS semble plus large que celle qui nous est donnée par le Traité CE si bien qu'elle couvre des questions relevant, selon ce dernier, des domaines du libre établissement et de la libre circulation des personnes. Pour ainsi dire, le droit multilatéral semble recourir à une approche globale des secteurs pouvant affecter la libéralisation du domaine des services, alors que le droit communautaire paraît les aborder séparément, c'est-à-dire par le biais d'une approche sectorielle (A). Pour autant, la Cour de justice, dans le but d'assurer au droit communautaire une application efficace et utile, semble dissiper les divergences qui pouvaient opposer les domaines en question. À cet égard, la Haute juridiction communautaire fait montre d'une volonté claire d'appréhender ces divers domaines d'une façon globale lorsque le besoin s'en fait sentir (B).

A. D'une approche communautaire sectorielle à une approche multilatérale globale

Alors que la libéralisation du commerce des marchandises et de celui des services intervenait, celle ayant trait à la circulation des personnes, qu'elles soient physiques ou morales, devait également se poser. L'étroite relation que ce domaine entretient avec les deux premiers, notamment avec la libre prestation des services, rendait incontournable cette appréhension. Au niveau communautaire, la libéralisation du mouvement des personnes est assurée par une voie dédoublée. Le Traité de Rome distingue effectivement la liberté d'établissement de la libre circulation des travailleurs salariés[495]. Au niveau multilatéral, la question de la circulation des personnes ne fait l'objet que d'un examen accessoire dans la mesure où elle est étudiée dans l'optique de la libéralisation des services. Au-delà de cette approche secondaire, le domaine des services professionnels constitue également une modeste contribution des instances multilatérales à la libéralisation du mouvement des personnes qui demeure, tout de même, cantonnée dans un contexte purement mercantile. Le droit communautaire analyse également la question des services professionnels (4), mais davantage dans un objectif d'intégration du marché européen du travail en s'inscrivant comme complément de la libre prestation de services (1), de la liberté d'établissement (2) et de la libre circulation des travailleurs salariés (3).

1. L'encadrement réglementaire du domaine des services

Les définitions qui nous sont données de la notion de « service » divergent d'un système à l'autre. Ainsi, le Traité CE, par son approche sectorielle, entend limiter le domaine de couverture de la libre prestation des services afin d'assurer aux autres secteurs bénéficiant du principe de libre circulation une place conséquente (a). En revanche, dans l'optique où le droit multilatéral n'envisage la libéralisation du mouvement des personnes que d'une manière accessoire à celle des services, cette dernière notion se voit appréhendée par l'AGCS d'une manière relativement large (b).

a. Une définition communautaire textuellement réduite

Les articles 49 à 55[496] constituent les dispositions du Traité CE consacrées à la question des services. Malgré ces sept articles, seuls les deux premiers ont réellement servi de base à une construction communautaire du démantèlement des entraves à la libre prestation des services.

L'ancien article 59, dont l'énonciation originelle établissait un calendrier d'élimination des restrictions, étoffé par l'article 63, expose clairement dans sa nouvelle formulation, telle qu'elle ressort de l'article 49, que *les restrictions à la libre prestation des services à l'intérieur de la Communauté sont interdites à l'égard des ressortissants des États membres établis dans un pays de la Communauté autre que celui du destinataire de la prestation.*

L'ancien article 60, repris sans modification par le nouvel article 50, définit la notion de service comme correspondant aux *prestations fournies normalement contre rémunération, dans la mesure où elles ne sont pas régies par les dispositions relatives à la libre circulation des marchandises, des capitaux et des personnes.*

À la lecture de cette dernière disposition, il s'avère que la lutte contre les entraves à la libre prestation des services va couvrir les questions non visées par les

[495] Il est à noter que parallèlement aux dispositions spécifiques du Traité de Rome abordant la question de la circulation des personnes sous un angle davantage économique, l'Accord de Schengen du 14 juin 1985 ainsi que sa Convention d'application du 19 juin 1990 vient assurer un report des contrôles internes à la frontière extérieure de la Communauté, devant déboucher sur un futur régime commun des visas pour les ressortissants des pays tiers ainsi qu'un renforcement de la coopération entre les différentes autorités nationales de contrôles. Poursuivant dans une telle voie, le Traité de Maastricht est venu créer un « troisième pilier » assurant la coopération dans les domaines de la justice et des affaires intérieures.

[496] Anciens articles 59 à 66 du Traité de Rome.

autres secteurs ; il s'agit donc d'un domaine « englobe tout » bénéficiant de cette caractéristique du fait des difficultés de délimitation dont fait preuve la notion de service. Cependant, ce même article ajoute le fait que *les services comprennent notamment [...] des activités de caractère industriel [...] des activités de caractère commercial [...] des activités artisanales [...] les activités des professions libérales.* Malgré cette précision qui souligne le caractère économique de l'activité de prestation de services, la notion même de service demeure floue et difficile à définir. C'est donc en l'opposant aux autres secteurs, notamment à l'établissement, que sera circonscrite celle de libre prestation de services. Ainsi, la prestation de services peut se définir par la réunion de trois conditions que sont la réalisation d'une activité économique, généralement démontrée par l'existence d'une rémunération[497], un élément d'extranéité, en l'occurrence une activité transfrontalière[498], et enfin, critère essentiel distinguant clairement ce domaine de celui du libre établissement, le caractère temporaire de l'activité[499].

La définition négative, qui nous est donnée par le Traité CE de la notion de service, laisse augurer de la large interprétation qui peut lui en être donnée par la jurisprudence si le besoin s'en faisait sentir. D'ailleurs, une telle approche large pourrait s'avérer conforme à celle entretenue par le droit multilatéral.

b. Une définition multilatérale textuellement large

La notion de service, au sens de l'Accord général sur le commerce des services (AGCS), est également définie négativement. Dans la mesure où cet Accord n'a pas vocation à s'appliquer aux services fournis dans l'exercice du pouvoir gouvernemental, les services couverts par l'AGCS doivent être abordés comme regroupant ceux n'entrant pas dans cette catégorie. Les services fournis dans l'exercice du pouvoir gouvernemental sont, selon l'article I-3, b), de l'AGCS, les services qui ne sont fournis ni sur une base commerciale, ni en concurrence avec un ou plusieurs fournisseurs de services. Les services prestés dans le cadre des pouvoirs régaliens de l'État sont donc clairement exclus du champ d'application de cet Accord[500]. En

---

497 Par exemple, CJCE, 24 mars 1994, *Schindler, op. cit.*, pt.24 ; 13 novembre 2003, *Diana Élisabeth Lindman*, aff. n°C-42/02, Rec., p.I-13519, pt.19 ; il est à noter que la Cour a considéré comme constituant une telle rémunération, les avantages en nature fournis en contrepartie d'une prestation : à cet égard, voir, CJCE, 7 septembre 2004, *Michel Trojani c/ Centre public d'aide sociale de Bruxelles (CPAS)*, aff. n°C-456/02, Rec., p.I-7573, pt.22.

498 Le service, outre le cas classique pour lequel le prestataire se déplace dans l'État membre du destinataire du service, peut être réalisé par correspondance ou par téléphone (CJCE, 10 mai 1995, *Alpine Investments, op. cit.*, pt.22 ; jurisprudence rappelée par, 6 novembre 2003, *Procédure pénale c/ Piergiorgio Gambelli et autres*, aff. n°C-243/01, Rec., p.I-13031, pt.53). Le service peut également être réalisé dans l'État membre du prestataire, ce qui implique le déplacement du destinataire (CJCE, 13 novembre 2003, *Lindman, op. cit.*, pt.19).

499 Cette question est d'importance notamment en matière fiscale. Effectivement, la jurisprudence admet le fait qu'une prestation transfrontalière puisse exiger une infrastructure provisoire sans pour autant apporter de réponse à ce qu'il faut entendre par « provisoire » (par exemple, et par opposition à la liberté d'établissement pour lequel est exigé un établissement stable et continu, voir, CJCE, 13 février 2003, *Commission des Communautés européennes c/ République italienne*, aff. n°C-131/01, Rec., p.I-1659, pt.23 ; 11 décembre 2003, *Bruno Schnitzer*, aff. n°C-215/01, Rec., p.I-14847, pts.29 et ss ; voir, C. PRIETO, *Liberté d'établissement et de prestation de services*, Chronique, RTDE, n°3/2004, p.543.

500 OMC, Conseil du Commerce des services, *Questions se rapportant au champ d'application de l'AGCS*, rapport du Président du Sous-Comité des services, S/C/1, 15 février 1995.

revanche et par une lecture *a contrario* de cette définition, seront couverts par l'Accord les services fournis sur une base commerciale et entrant en concurrence avec un ou plusieurs autres fournisseurs de services. La base commerciale exigée des services signifie qu'ils doivent être accomplis dans un but lucratif et non à dessein de service public. La frontière semble néanmoins difficile à tracer entre les activités revêtant un tel caractère commercial et celles qui ne le présentent pas. Cependant, le second critère, celui résultant de l'exigence d'un marché concurrentiel, permet de résoudre en partie cette difficulté. Le fait qu'un marché national soit, dans un secteur donné, abandonné à un monopole de production et/ou d'exploitation semble expliquer ce qu'il faut entendre par services fournis dans l'exercice du pouvoir gouvernemental. Autrement dit, l'existence d'une concurrence effective sur un marché sera le révélateur de l'existence d'un environnement commercial.

S'agissant de la fourniture du service, l'AGCS exige, comme c'est le cas des textes communautaires en la matière, une prestation transfrontalière. Néanmoins, cette dernière peut prendre diverses formes, qualifiées de « modes ». Effectivement, selon l'article I-2, a), de cet Accord, le service peut être fourni *en provenance du territoire d'un Membre à destination du territoire de tout autre Membre*. Il s'agit là d'un service fourni par un prestataire ne se déplaçant pas auprès du consommateur. Ainsi, ce prestataire agit à partir de son pays d'établissement par correspondance. La notion de prestation à distance a fait l'objet de certains éclaircissements par le biais des Lignes directrices de 1993[501]. Ainsi, en énonçant des exemples de fournitures transfrontalières de services, ce texte expose le cas des *services fournis par voie de télécommunication ou par courrier postal et ceux qui sont contenus dans des marchandises exportées (disquettes d'ordinateur, dessins)*. Ainsi, les moyens de livraison à distance que sont le courrier, le téléphone, l'Internet constituent de telles fournitures de services par correspondance[502].

Le point b) de ce même article prévoit le cas général où le service est fourni *sur le territoire d'un Membre à l'intention d'un consommateur de service de tout autre Membre*. Dans cette hypothèse, le franchissement de la frontière peut être le fait tant du prestataire que du bénéficiaire du service. S'agissant de ce dernier cas, le consommateur pourra être un touriste se déplaçant dans le pays du prestataire qui n'est autre que son lieu de vacances.

L'approche entretenue par ces deux premiers points n'est pas sans rappeler la définition qui nous est donnée par le Traité de Rome. Ainsi, l'AGCS, pour être applicable, exige du prestataire qu'il franchisse une frontière. En ce sens, la prestation doit être accomplie par une entreprise ressortissante d'un Membre sur le territoire d'une autre partie contractante ou encore dans le premier si le client s'y déplace. Ensuite, du fait qu'il s'agit d'une activité commerciale, la fourniture du service doit donner lieu à une rémunération. Au-delà de cette rétribution, le droit communautaire caractérise la prestation de services par sa temporalité. Cependant, s'agissant de ce critère, l'AGCS ne semble pas être aussi exigeant. En effet, les troisième et quatrième hypothèses, ressortant des points c) et d) de l'article I-2 de l'AGCS, semblent

---

[501] Lignes directrices pour l'établissement des listes de 1993 ressortant de l'établissement des listes d'engagements initiaux pour le commerce des services, Note explicative, MTN.GNS/W/164, 3 septembre 1993, §§18 et 19.

[502] Groupe spécial, *États-Unis – Mesures visant la fourniture transfrontalière de services de jeux et paris*, rapport adopté le 10 novembre 2004, WT/DS285/R, p.167, §6.33.

correspondre à la notion de libre établissement telle qu'appréhendée par le droit communautaire. Dans ces deux cas, le prestataire fournit des services sur le territoire d'un Membre par l'intermédiaire d'un établissement commercial ou professionnel ou par celle d'une personne physique. Ces notions, appréhendées par le système multilatéral sous l'égide de la libéralisation des services, sont envisagées en droit communautaire dans le cadre de domaines spécifiques.

2. La liberté d'établissement : d'une approche communautaire autonome à une conception multilatérale asservie

La liberté d'établissement constitue en droit communautaire un secteur spécifique bénéficiant en tant que tel d'une approche autonome vis-à-vis des autres domaines (a). Au contraire, le droit multilatéral n'aborde cette question que par l'entremise de la libéralisation du domaine des services (b).

a. La définition communautaire d'établissement

Les dispositions concernant le droit d'établissement se situent dans le chapitre 2 du titre III du Traité CE, lequel règle à la fois la libre circulation des personnes, des services et des capitaux. Les articles 43 à 48[503] définissent les restrictions qui doivent être considérées comme illicites tout en précisant les conditions de mise en œuvre de la liberté ainsi prônée. De ce fait, selon l'article 43, la réalisation de l'égal accès aux activités professionnelles implique avant tout que les États membres cessent d'établir de nouvelles restrictions en la matière. Dans cette optique, le paragraphe premier de cet article prévoit que *[...] les restrictions à la liberté d'établissement des ressortissants d'un État membre dans le territoire d'un autre État membre sont interdites. Cette interdiction s'étend également aux restrictions à la création d'agences, de succursales ou de filiales, par les ressortissants d'un État membre établis sur le territoire d'un État membre.*

Mais c'est surtout son deuxième paragraphe qui informe réellement sur la nature de la liberté d'établissement. De la sorte, elle *comporte l'accès aux activités non salariées et leur exercice, ainsi que la constitution et la gestion d'entreprises, et notamment de sociétés [...] dans les conditions définies par la législation du pays d'établissement pour ses propres ressortissants, sous réserve des dispositions du chapitre relatif aux capitaux.*

Comme en matière de services, les établissements pouvant bénéficier de cette liberté sont ceux exerçant une activité commerciale. Pour ainsi dire, la présence d'une rémunération en constituera le déterminant essentiel[504]. Néanmoins, cette liberté se distingue de la première par l'existence d'installations permanentes dans le pays d'exercice de l'activité économique[505]. *A contrario*, si l'opérateur économique se déplace dans un État membre autre que celui dans lequel il est installé pour accomplir l'opération qui lui est commandée, il relèvera de la libre prestation des services.

---

[503] Anciennement 52 à 58

[504] CJCE, 13 novembre 2003, *Valentina Neri c/ European School of Economics (ESE Insight World Education System Ltd)*, aff. n°C-153/02, Rec., p.I-13555, pt.39.

[505] CJCE, 15 janvier 2002, *Commission des Communautés européennes c/ République italienne*, aff. n°C-439/99, Rec., p.I-305, pt.21.

La distinction ainsi opérée entre ces deux libertés est relativisée par la possibilité pour l'entreprise en question, de créer, sur le territoire d'autres États membres, des agences, des succursales ou des filiales. Dans une telle perspective, l'activité économique réalisée à partir de ces établissements secondaires n'entrera plus dans la catégorie des services transfrontaliers, mais dans celle ressortant de l'exercice du libre établissement.

Il est à noter que le lien exigé par la jurisprudence entre l'établissement principal et les établissements secondaires tend à se simplifier. Avant de parvenir à un tel constat, la Cour a dû expliquer ce que devait être la liberté d'établissement elle-même. Bénéficiant tant aux personnes physiques que morales ressortissantes d'un État membre[506], cette liberté implique le libre accès sur le territoire de tout autre État membre à toutes sortes d'activités non salariées et leur exercice, ainsi que la constitution et la gestion d'entreprises, la création d'agences, de succursales ou de filiales[507]. En ce qui concerne les personnes morales, cette délimitation, qui découle d'ailleurs de la seule lecture de l'article 43 du Traité CE, ne présente de réelles difficultés qu'en ce qui concerne les établissements secondaires. Dans ce cadre, la liberté d'établissement présente un certain nombre de similitudes avec la libre prestation de services. Ainsi, la principale différence tangible à l'égard de cette dernière réside dans l'existence d'une activité économique permanente à partir d'un établissement principal ou secondaire et ceci dans le même État. De la sorte, parallèlement aux critères relatifs à l'activité économique qui sont les mêmes pour les deux domaines, libre établissement et libre prestation de services, le degré d'ancrage du ressortissant d'un État membre dans un autre État membre sera donc déterminant[508]. Lorsqu'une société est créée *ex nihilo*, l'établissement ne fait aucun doute quant à sa localisation. Cependant et comme l'autorise le Traité CE, cette même entreprise pourra installer dans un autre État membre un établissement secondaire. Une telle faculté bénéficie désormais d'un large accueil en jurisprudence. Reconnaissant tout d'abord que l'État d'origine ne pouvait entraver l'établissement de son ressortissant dans un autre État membre[509], ou encore que le pays d'accueil ne pouvait pareillement s'opposer à un tel établissement sur son propre territoire[510], la Cour a élargi cette possibilité à l'établissement secondaire. Ainsi, dans l'arrêt *Centros*, elle a admis le fait qu'une entreprise pouvait avoir un siège social dans un État membre et exercer la totalité de son activité à partir d'une succursale située sur le territoire d'un autre pays membre, opération visant à éluder les règles de constitution des sociétés plus contraignantes en matière de libération d'un capital social minimum[511]. La Cour a reconnu néanmoins la fraude comme tempérament à cette ouverture, laquelle peut consister, par exemple, en la volonté de la société en cause d'échapper aux créanciers

---

506 Entre autres, CJCE, 5 octobre 2004, *CaixaBank*, *op. cit.*, pt.9.

507 CJCE, 11 mai 1999, *Pfeiffer Großhandel GmbH c/ Löwa Warenhandel GmbH*, aff. n°C-255/97, Rec., p.I-2835, pt.18.

508 CJCE, 15 janvier 2002, *Commission des Communautés européennes c/ République italienne*, aff. n°C-439/99, Rec., p.I-305, pt.21 ; voir, C. PRIETO, *Liberté d'établissement et de prestation de services*, *op. cit.*, p.536.

509 CJCE, 27 septembre 1988, *The Queen c/ H. M. Treasury and Commissioners of Inland Revenue, ex parte Daily Mail and General Trust plc*, aff. n°81/87, Rec., p.5483. Il est intéressant de noter que la Cour emploie ici le terme d'entrave pour qualifier une mesure discriminatoire.

510 CJCE, 5 novembre 2002, *Überseering BV c/ Nordic Construction Company Baumanagement GmbH (NCC)*, aff. n°C-208/00, Rec., p.I-9919.

511 CJCE, 9 mars 1999, *Centros*, *op. cit.*, pt.39.

établis dans l'État membre d'origine[512]. Cependant, allant plus avant dans son analyse, la Cour écarte désormais cette excuse faisant fi des disparités pouvant exister entre les législations nationales, rejetant du coup toute mesure nationale qui interdit cet établissement secondaire ou qui le soumet à des conditions particulières[513]. Pourtant, la Cour admet la possibilité de restreindre cette liberté notamment par la démonstration d'un abus[514] ; toutefois, celui-ci apparaît dès lors difficile à établir tant la volonté de la Cour semble profonde d'assurer une totale concurrence des législations nationales au sein de la Communauté, notamment en matière fiscale. Ce dernier domaine, dans sa branche directe, est encore soumis aux souverainetés nationales. Or, une harmonisation des taux ne peut passer que par la seule coordination des législations nationales en la matière. Cette exigence semble néanmoins improbable étant donné les difficultés de trouver un consensus sur un sujet aussi sensible d'ailleurs amplifié par l'élargissement constant de la Communauté à de nouveaux membres. Aussi, la mise en concurrence des systèmes fiscaux nationaux par l'entremise d'une libéralisation totale de la circulation des entreprises peut-elle parvenir à un tel résultat. La Cour a reconnu, effectivement, qu'une disposition nationale destinée à lutter contre l'évasion fiscale dissuadait les ressortissants nationaux d'entreprendre leur activité dans un autre État membre et constituait, par là même, une entrave à la liberté d'établissement[515]. Une telle position jurisprudentielle met à mal la raison impérieuse d'intérêt général ressortant de la nécessité de préserver la cohérence du système fiscal national[516]. Elle souligne donc clairement la volonté de la Cour d'inciter les États membres à rapprocher leurs systèmes fiscaux lorsque ceux-ci présentent certaines divergences susceptibles d'affecter les échanges intracommunautaires.

Quant au lien unissant la société, établissement principal, et l'établissement secondaire, quelle que soit sa forme, la Haute juridiction adopte une approche très flexible, réduisant dès lors la distance qui séparait la notion de liberté d'établissement de celle de libre prestation des services. Alors qu'elle réclamait, afin d'identifier un établissement, une installation stable dans un État membre pour une durée indéterminée[517], la Cour admet qu'une entreprise n'ayant qu'un simple lien contractuel avec une société établie dans un autre État membre puisse en constituer l'établissement secondaire. La Cour élargie donc considérablement le champ d'application de l'article 43 CE[518]. En conséquence, il s'avère désormais malaisé de distinguer la liberté

---

[512] *Ibidem*, pt.32.

[513] CJCE, 30 septembre 2003, *Inspire Act Ltd*, *op. cit.*, pt.105.

[514] Sur la notion d'abus de droit en matière communautaire, voir, D. TRIANTAFYLLOU, *L'interdiction des abus de droit en tant que principe général du droit communautaire*, CDE, n°5-6, 2002, p.611 ; s'agissant des présents développements, voir, spécialement, p.618.

[515] CJCE, 11 mars 2004, *Hughes de Lasteyrie du Saillant c/ Ministère de l'Économie, des Finances et de l'Industrie*, aff. n°C-9/02, Rec., p.I-2409, pt.42.

[516] Cette raison impérieuse ressort notamment des arrêts : CJCE, 28 janvier 1992, *Hanns-Martin Bachmann c/ État belge*, aff. n°C-204/90, Rec., p.I-249, pt.27 ; du même jour, *Commission des Communautés européennes c/ Royaume de Belgique*, aff. n°C-300/90, Rec., p.I-305, pt.20 ; voir à ce sujet, P. DIBOUT, *La portée fiscale des libertés fondamentales de circulation (personnes, services, capitaux)*, La Gazette du Palais, déc.2003, p.19.

[517] CJCE 25 juillet 1991, *The Queen c/ Secretary of State for Transport, ex parte Factortame Ltd e.a.*, aff. n°C-221/89, Rec., p.I-3905, pt.20.

[518] CJCE, 6 novembre 2003, *Procédure pénale c/ Piergiorgio Gambelli et autres*, aff. n°C-243/01, Rec., p.I-13031, pt.46.

d'établissement de la liberté des prestations transfrontalières[519]. En fait, l'affaire *Gambelli*, dont il est question dans ce cas, présente une particularité en ce sens que la qualification de libre prestation de services semblait plus appropriée. Néanmoins, le recours à la notion d'établissement secondaire a permis à la Cour de traiter la question d'une manière plus judicieuse. Ainsi, tout est question d'opportunité. La Haute juridiction communautaire s'accorde une large marge de manœuvre s'agissant de démanteler les obstacles à la libre circulation des opérateurs économiques. Quelle que soit la voie par laquelle ces derniers accèdent au marché, mais aussi exercent leur activité – établissement ou prestation de services transfrontalière –, la Cour recourra aux dispositions du Traité se prêtant de la meilleure des manières au cas qui lui est soumis.

b. L'approche multilatérale en termes de service de l'établissement secondaire

La liberté d'établissement à titre principal n'est pas reconnue en tant que telle par les textes multilatéraux. La création *ex nihilo* d'une entreprise relève davantage, aux yeux du droit multilatéral, de la réglementation intérieure de chacun de ses Membres. Effectivement, étant le fait d'un processus purement national ne faisant intervenir aucun élément d'extranéité, hormis l'hypothèse d'un ressortissant étranger décidant d'une telle opération dans quel cas s'appliqueront les règles étatiques d'entrée et de séjour des personnes physiques, le droit multilatéral ne s'est soucié que de la création d'établissement secondaire. Du fait qu'elle est étroitement liée aux investissements directs étrangers (IDE), les États abordent d'une manière relativement favorable l'installation de tels établissements sur leur territoire tant ils espèrent les retombées en termes d'emplois et de recettes fiscales. Il est vrai qu'*a contrario* l'installation d'un concurrent dangereux pour une entreprise locale peut avoir pour effet de pousser les autorités nationales à s'y opposer. C'est donc dans le cadre de l'Accord général sur le commerce des services qu'ont été envisagées ces questions.

Ainsi, l'article I-2 de l'AGCS, en définissant les différents modes de fourniture des services, envisage dans ses points c) et d), correspondant donc aux modes 3 et 4, le cas d'une présence commerciale sur le territoire où s'effectue la prestation. Par le premier de ces points, le prestataire fournit son service par l'entremise d'un établissement commercial ou professionnel établi sur le territoire du pays où le service est réalisé. Selon l'AGCS, cet établissement secondaire peut être une filiale, une succursale ou encore un bureau de représentation[520]. Il est évident que ces établissements sont créés afin d'exercer leur activité de manière permanente. Il n'y a donc pas de différences entre ces derniers et ceux qui seraient mis en place par le biais du libre établissement tel que décrit par l'article 43 CE. À l'aune d'un tel constat, la définition multilatérale de la prestation de services s'écarte clairement de celle envisagée par les dispositions du Traité CE. Néanmoins, les positions ambiguës de la Cour de justice, telles qu'elles se profilent peu à peu, semblent atténuer la distance qui

[519] Il est à noter qu'une proposition de directive présentée par la Commission le 13 janvier 2004 relative aux services dans le marché intérieur (COM (2004) 2 final), modifiée le 4 avril 2006 (COM (2006) 160 final), souligne le fait que la libre prestation de services est présumée lorsqu'un professionnel exerce son activité dans un État membre autre que celui duquel il est originaire pendant une durée ne dépassant pas seize semaines par an.

[520] Article XXVIII, point d), de l'AGCS.

pouvait exister entre les libertés d'établissement et de prestations de services, diminuant d'autant celle séparant les conceptions communautaires et multilatérales en la matière[521].

Cependant, le point d) de l'article précité de l'AGCS va plus loin dans l'opposition quant aux approches en présence. En effet, le dernier type de prestations défini par l'article I-2 de l'AGCS, est celui réalisé sur le territoire d'un Membre grâce à la présence de personnes physiques d'un autre Membre. Bien sûr, dans ce cas, sont visés entre autres les activités d'avocats, d'architectes ou encore les services prestés par des entreprises qui détachent leurs travailleurs auprès du client. Il s'agit, pour reprendre l'article 50 CE, des activités industrielles, commerciales, artisanales ou encore libérales. Néanmoins, le degré de soumission de ces personnes à l'entreprise prestataire n'est pas précisé. Il peut donc s'agir de travailleurs indépendants sous mandat ou encore de travailleurs salariés.
Cette question est sensible eu égard au fait qu'elle a une incidence claire sur les politiques d'entrée et de séjour des personnes, en l'occurrence salariées d'entreprises de prestations de services, dans les pays membres de l'OMC. De là, les Parties contractantes refusent de discuter de manière autonome de la circulation des personnes. Dans cette optique, chaque pays se réserve le droit d'accepter ou de refuser l'entrée sur son territoire de ressortissants étrangers sauf le respect de certaines conventions bilatérales.

3. La question sensible de la circulation des travailleurs salariés

La circulation transfrontalière des travailleurs salariés, mais, au-delà, le mouvement de l'ensemble des personnes physiques affecte l'une des composantes essentielles de la souveraineté étatique. Aussi, les législations nationales régissent strictement la question. Alors que dans un objectif d'intégration des marchés nationaux au sein d'un marché unique européen, le droit communautaire assure une libre circulation de la main-d'œuvre entre les États membres (a), le droit multilatéral, encore largement soumis au principe de souveraineté, refuse toute ingérence dans les législations étatiques régissant la question de l'immigration permanente (b).

a. La libre circulation communautaire des travailleurs salariés

Au sein d'un territoire délivré de frontières intérieures et laissant de la sorte libres les individus de leurs mouvements, les autorités nationales semblaient soucieuses face au risque sécuritaire que cela impliquait. En cela, la législation communautaire, appuyée de manière remarquable par la Cour de justice, permet sous certaines conditions aux États membres de restreindre cette liberté lorsque de telles considérations sécuritaires l'exigent (β). Néanmoins, hormis ces restrictions autorisées à la libre circulation des personnes physiques, les travailleurs salariés jouissent d'une liberté de mouvement dont l'effectivité grandissante autorise les réflexions suggérant l'apparition d'un salariat communautaire (α).

---

521 À cet égard, voir *infra*.

α. *La constitution d'un salariat communautaire*

La législation communautaire régissant la libre circulation des travailleurs salariés est étroitement liée à celle relative à liberté d'établissement. Hormis la question de l'unicité du domicile professionnel strictement attachée au libre établissement, celle concernant la reconnaissance des diplômes trouve à s'appliquer indistinctement dans ces deux secteurs. Leur détention est en effet l'apanage des seules personnes physiques qu'elles soient salariées ou exerçant leur activité de manière indépendante.

Outre ces différents éléments, le domaine de la libre circulation des travailleurs salariés est défini par des considérations qui lui sont propres et qui l'opposent aux travailleurs indépendants ne pouvant bénéficier, de leur côté, que de la liberté d'établissement. Bien évidemment, un travailleur est considéré comme salarié s'il répond à certains critères que sont l'existence d'une activité salariée, la réalité des prestations fournies et la présence d'une rémunération perçue par l'intéressé en contrepartie du travail réalisé[522]. S'agissant de la réalité de l'activité, la jurisprudence a étendu ce caractère aux individus recherchant un emploi et, dans ce cas, la réalité de l'emploi salarié est remplacée par la réalité de la recherche d'un emploi[523/524].

Ainsi circonscrite la notion de libre circulation des travailleurs salariés, les autorités communautaires ont pu élaborer en parallèle de nombreux principes venant étayer l'émergence d'un droit social européen[525]. Certes, la notion de salariat communautaire demeure encore floue tant les droits nationaux, qui conservent toute compétence en la matière, sont divergents à ce sujet[526]. Consciente de cet état de fait, la Cour de justice a pourtant considéré que *le terme de « travailleurs » tel qu'employé dans le Traité, et*

---

[522] La Cour considère comme constituant une telle rémunération, les avantages en nature fournis en contrepartie d'une prestation. Voir, CJCE, 7 septembre 2004, *Michel Trojani c/ Centre public d'aide sociale de Bruxelles (CPAS)*, aff. n°C-456/02, Rec., p.I-7573, pt.22.

[523] Par exemple, CJCE, 12 mai 1998, *María Martínez Sala c/ Freistaat Bayern*, aff. n°C-85/96, Rec., p.I-2691, pt.63. Il est à noter que ce principe est étendu par le règlement (CEE) n°1612/68 du Conseil (du 15 octobre 1968, *relatif à la libre circulation des travailleurs à l'intérieur de la Communauté*, JOCE n°L.257, 19 octobre 1968, pp.2 et ss). Ainsi, l'article 10 de ce règlement étend les bénéficiaires de cette liberté aux conjoints du travailleur (CJCE, 11 juillet 2002, *Mary Carpenter c/ Secretary of State for Home Department*, aff. n°C-60/00, Rec., p.I-6279, pt.39), à ses descendants de moins de vingt et un ans ou à charge (CJCE, 17 septembre 2002, *Baumbast et R. c/ Secretary of State for the Home Departement*, aff. n°C-413/99, Rec., p.I-7091, pt.57) et à ses ascendants. La Cour de justice, en application de ce règlement, mais également de la Convention européenne des droits de l'Homme, entend en effet favoriser le regroupement familial ; CJCE, 30 septembre 2004, *Engin Ayaz c/ Land Baden-Württemberg*, aff. n°C-275/02, Rec., p.I-8765, pt.41.

[524] À cet égard, la Cour considère que les périodes de chômage subies par un ressortissant communautaire au sein d'un État membre autre que celui qui lui versera sa pension de retraite devront être prises en considération dans le calcul de cette dernière. D'ailleurs, la Cour de justice fait ici preuve d'une interprétation large dans la mesure où elle s'autorise l'appréciation des prestations versées par un État membre afin de déterminer sa vraie nature et ainsi l'inscrire au bénéfice d'un ressortissant communautaire. Voir, CJCE, 13 janvier 2005, *Élisabeth Mayer c/ Versorgungsanstalt des Bundes und der Länder*, aff. n°356/03, Rec., p.I-295, pt.35 ; encore, 20 janvier 2005, *Roger Noteboom c/ Rijksdienst voor Pensioenen*, aff. n°C-101/04, Rec., p.I-771, pts.33 à 36.

[525] Ainsi, entre autres, ces autorités sont intervenues afin de rapprocher le droit du licenciement au sein des États membres ; voir, directive n°98/59/CE du Conseil du 20 juillet 1998, *concernant le rapprochement des législations des États membres relatives aux licenciements collectifs*, JOCE n°L.225, 12 août 1998, pp.16 à 21 ; encore, CJCE, 27 janvier 2005, *Irmtraud Junk c/ Wolfgang Kühnel*, aff. n°C-188/03, Rec., p.I-885, pts.31 et ss.

[526] P. COURSIER, *La notion de travailleur salarié en droit social communautaire*, Droit social, n°3, mars 2003, p.306.

notamment son article 48, ne peut être défini par renvoi aux législations des États membres, mais a une portée communautaire[527]. En cela, elle a délimité la notion de travail comme constituant toute prestation de travail, salariée ou non salariée[528]. Ainsi, tant les personnes physiques usant de la libre circulation des travailleurs salariés que celles exerçant une activité économique à partir d'un établissement situé ou non sur le même territoire effectuent un travail. L'activité économique est donc primordiale. À tel point que *la caractéristique essentielle de la relation de travail est la circonstance qu'une personne accomplit, pendant un certain temps, en faveur d'une autre et sous la direction de celle-ci, des prestations en contrepartie desquelles elle reçoit une rémunération*[529]. Pour ainsi dire, le salariat implique l'existence d'un lien de subordination vis-à-vis de l'employeur, ainsi qu'une rétribution financière[530]. Ce dernier critère permettrait d'écarter de l'application des règles du Traité CE, relatives à la libre circulation des travailleurs, le cas des étudiants. Pourtant, le législateur communautaire, avec l'appui de la Cour de justice, ne cesse d'admettre au bénéfice de la libre circulation de nouveaux éléments comme c'est le cas des membres de la famille d'un travailleur, des anciens travailleurs recherchant un emploi[531]. De même, la liberté d'exercer ou de rechercher un emploi est associée à la liberté de résider dans un État membre après y avoir occupé un emploi[532]. La Cour a d'ailleurs étendu cette opportunité aux personnes ayant exercé une fonction dans le cadre d'une formation professionnelle[533], mais également aux personnes qui seront amenées à exercer une activité professionnelle dans le futur, ce qui est le cas des étudiants[534].

Définir un tel concept de travailleur salarié ne semble avoir d'intérêt que dans le seul but d'indiquer le régime de libre circulation applicable à une situation donnée. Le régime juridique applicable au travailleur salarié, ainsi décrit, sera celui de l'État dans lequel l'employeur est établi. Au reste, il s'agira de celui à partir duquel le travailleur s'acquitte principalement de ses obligations à l'égard de son employeur[535].

---

[527] Par exemple, CJCE, 30 janvier 1997, *E.J.M. de Jaeck c/ Staatssecretaris van Financiën*, aff. n°C-340/94, Rec., p.I-461, pt.25.

[528] CJCE, 30 mars 2000, *Barry Banks e.a. c/ Theatre royal de la Monnaie*, aff. n°C-178/97, Rec., p.I-2005, pt.10.

[529] Cette définition ressort d'une jurisprudence déjà ancienne (CJCE, 3 juillet 1986, *Deborah Lawrie-Blum c/ Land Baden-Württemberg*, aff. n°66/85, Rec., p.2121, pts.16 et 17) mais rappelée à la moindre occasion (CJCE, 30 mars 2006, *Cynthia Mattern, Hajrudin Cikotic c/ Ministre du Travail et de l'Emploi*, aff. n°C-10/05, NEPR, pt.18).

[530] CJCE, 15 décembre 2005, *Claude Nadin, Nadin-Lux SA et Jean-Pascal Durré*, aff. n°ˢC-151 et 152/04, NEPR, pt.31.

[531] À ce sujet, voir *supra*.

[532] Article 39, §3, point d), du Traité CE.

[533] CJCE, 26 février 1992, *M. J. E. Bernini c/ Minister van Onderwijs en Wetenschappen*, aff. n°C-3/90, Rec., p.I-1071, pt.15. La Cour a pu considérer que l'article 39 [48 lors de l'affaire] du Traité s'oppose à une mesure nationale qui, s'agissant d'une personne ayant effectué, dans le cadre d'un stage préparatoire, une activité salariée réelle et effective dans un autre État membre que son État membre d'origine, n'octroie le droit au remboursement de ses frais de déplacement qu'à concurrence du montant afférent à la partie du trajet effectuée sur le territoire national, tout en prévoyant que, si une telle activité avait été effectuée sur le territoire national, l'ensemble des frais de déplacement aurait été remboursé. Voir, CJCE, 17 mars 2005, *Karl Robert Kranemann c/ Land Nordrhein-Westfalen*, aff. n°C-109/04, Rec., p.I-2421, pt.36.

[534] Ainsi, l'obtention d'une bourse d'études ou encore d'un prêt spécial étudiant doit être ouverte au bénéfice des ressortissants des autres États membres ; CJCE, 15 mars 2005, *The Queen, à la demande de Dany Bidar c/ London Borough of Ealing et Secretary of State for Education and Skills*, aff. n°C-209/03, Rec., p.I-2119, pt.63.

[535] CJCE, 13 juillet 1993, *Mulox IBC Limited c/ Hendrick Geels*, aff. n°C-125/92, Rec., p.I-4075, pt.24.

Les membres de la famille du salarié ayant fait usage de leur droit à la libre circulation dépendront donc du régime national attaché à ce dernier. Ainsi, les personnes concernées se verront appliquer le régime social de l'État dont le salarié dépend. Certes, les choses paraissent plus complexes lorsque les individus circulent, durant leur vie active, à travers différents États membres. Mais, en réalité, elles sont foncièrement les mêmes, le principe de base étant l'assimilation au national[536].

Le domaine de la libre circulation des travailleurs salariés paraît quelque peu dénaturé tant son champ semble dépasser le seul cadre salarial. Cependant, la volonté communautaire étant d'assurer un marché unique du travail, la mobilité de la main-d'œuvre doit être garantie[537].

β. La libre circulation des personnes face aux justifications sécuritaires

La circulation des personnes physiques présente la particularité d'affecter l'un des éléments constitutifs essentiels de la notion d'État, à savoir la population. De manière traditionnelle, l'État se définit comme détenant une souveraineté qu'il exerce sur la population vivant sur son ressort territorial. Malgré leur implication dans des activités économiques transfrontalières justifiant une libéralisation de leurs mouvements, les individus peuvent voir, dans certains cas particuliers, porter atteinte à leurs attributions lorsque sont en jeu des considérations liées à l'intérêt général. D'ailleurs, l'article 46, §1[538], ainsi que l'article 39, §3, du Traité CE[539], accordent la possibilité aux États membres de restreindre l'exercice de la libre circulation lorsque sont affectés l'ordre public, la sécurité publique ou encore la santé publique. Afin de se décharger du risque qu'une divergence dans les évaluations nationales de ces différentes notions ne vienne entraver l'usage par les ressortissants communautaires de leur droit à la libre circulation, le Traité CE a lui-même prévu la coordination des critères précités de justification des mesures nationales restrictives. Ainsi, le paragraphe 2 de l'article 46 prévoit l'élaboration de directives de coordination en la matière. Dans le but d'éluder toute utilisation protectionniste des dispositions nationales relatives à l'entrée et au séjour des ressortissants étrangers, la directive 64/221/CEE du Conseil[540] s'est attelée la première à cette tâche coordinatrice. Ce texte

---

[536] Voir, s'agissant du bénéfice d'un congé parental, en application de l'accord-cadre sur le congé parental (qui figure en annexe de la directive n°96/34/CE du Conseil du 3 juin 1996, *concernant l'accord-cadre sur le congé parental conclu par l'UNICE, le CEEP et la CES*, JOCE n°L.145, 19 juin 1996, pp.4 à 9), CJCE, 14 avril 2005, *Commission des Communautés européennes c/ Grand-duché de Luxembourg*, aff. n°C-519/03, Rec., p.I-3067, pt.52. Encore, pour le bénéfice d'un congé annuel de travail, en application de la directive 93/104 (modifiée par la directive 34/2000 et codifiée par la directive 88/2003) : CJCE, 6 avril 2006, *Federatie Nederlandse Vakbeweging c/ Staat der Nederlanden*, aff. n°C-124/05, NEPR, pt.28.

[537] Dans cette perspective d'ouverture des marchés nationaux du travail, la Commission a élaboré une proposition de directive dite « Bolkestein », prévoyant l'application aux salariés d'entreprises de prestations de services du régime juridique de l'État d'établissement de leur employeur quel que soit le pays membre où ils seront amenés à exercer leur activité ; la proposition de directive présentée par la Commission le 13 janvier 2004 relative aux services dans le marché intérieur, COM (2004) 2 final, modifiée le 4 avril 2006 (COM (2006) 160 final), prévoit en effet dans son article 16 l'officialisation du principe, déjà affiné par la Cour de justice, du pays d'origine.

[538] Ancien article 56, §1.

[539] Ancien article 48, §3.

[540] Directive n°64/221/CEE du Conseil du 25 février 1964, *pour la coordination des mesures spéciales aux étrangers en matière de déplacement et de séjour justifiées par des raisons d'ordre public, de sécurité*

a donc eu pour objet de définir les différentes notions permettant de justifier une restriction à l'exercice des libertés de circulation, ainsi que d'organiser certaines garanties au profit des étrangers concernés.

À vrai dire, cette directive, aujourd'hui abrogée et remplacée, ne s'est réellement intéressée qu'à la seule notion de santé publique. Elle a, dans cette perspective, défini une liste de maladies ou infirmités justifiant le rejet par l'État d'accueil d'une demande d'entrée et de séjour sur son territoire[541]. En revanche, du fait que les concepts d'ordre public et de sécurité publique sont difficilement identifiables, cette directive s'est contentée d'en circonscrire les limites[542], si bien qu'il est revenu à la jurisprudence de combler cette lacune définitoire. En ce qui concerne la notion d'ordre public, la Cour a considéré qu'elle devait être interprétée strictement du fait de sa nature même. Les États membres, même s'ils conservent une certaine marge d'appréciation, sont tenus d'en déterminer le contenu au regard d'un éventuel contrôle des institutions communautaires[543]. La jurisprudence a dégagé un certain nombre d'indications permettant de décrire son orientation vis-à-vis de ces notions d'ordre public et de sécurité publique. En premier lieu, ces justifications ne doivent pas être invoquées à des fins économiques[544]. Ensuite, ces deux notions ne peuvent être fondées que sur les seuls agissements personnels de l'individu[545]. La Cour a également considéré que la seule existence de condamnations pénales ne pouvait motiver le refus automatique d'entrée ou de séjour pour des raisons d'ordre public ou de sécurité publique. Autrement dit, l'autorité compétente devra analyser la dangerosité de l'individu en cause au regard non seulement des faits pour lesquels il a subi une

---

publique et de santé publique, JOCE n°L.56, 4 avril 1964, pp.850 à 857 ; étendue aux bénéficiaires du droit de demeurer, par la directive n°75/35/CEE du Conseil du 17 décembre 1974, *étendant le champ d'application de la directive n°64/221/CEE pour la coordination des mesures spéciales aux étrangers en matière de déplacement et de séjour justifiées par des raisons d'ordre public, de sécurité publique et de santé publique, aux ressortissants d'un État membre qui exercent le droit de demeurer sur le territoire d'un autre État membre après y avoir exercé une activité non salariée*, JOCE n°L.14, 20 janvier 1975, p.14.

541 La Cour de justice a, quant à elle, précisé le contenu de cette notion, et ce, à propos du cabinet secondaire d'un médecin ; voir, CJCE, 30 avril 1986, *Commission des Communautés européennes c/ République française*, aff. n°96/85, Rec., p.1475, pt.12 ; 10 juin 1992, *Commission des Communautés européennes c/ Grand-Duché de Luxembourg*, aff. n°C-351/90, Rec., p.I-3945, pt.22.

542 L'article 3 de la directive 64/221/CEE dispose en effet que « *les mesures d'ordre public ou de sécurité publique doivent être fondées exclusivement sur le comportement personnel de l'individu qui en fait l'objet. La seule existence de condamnations pénales ne peut automatiquement motiver ces mesures* ».

543 CJCE, 12 décembre 1974, *Yvonne van Duyn c/ Home Office*, aff. n°41/74, Rec., p.1337 ; 28 octobre 1975, *Roland Rutili c/ Ministre de l'intérieur*, aff. n°36/75, Rec., p.1219, pt.18 ; 27 octobre 1977, *Régina c/ Pierre Bouchereau*, aff. n°30/77, Rec., p.1999, pt.33 ; 26 avril 1988, *Bond van Adverteerders et autres c/ État néerlandais*, aff. n°352/85, Rec., p.2085, pts.38 et ss.

544 Ainsi, un État membre ayant supprimé les restrictions à l'exercice d'une activité, ne pourra essayer, par le biais de l'ordre public ou de la sécurité publique, de nuire à la concurrence. Voir, CJCE, 28 octobre 1975, *Rutili, op. cit.*, pt.51 ; 26 avril 1988, *Bond van Adverteerders, op. cit.*, pt.31 ; 25 juillet 1991, *Stichting Collectieve Antennevoorziening Gouda et autres c/ Commissariaat voor de Media*, aff. n°C-288/89, Rec., p.I-4007, pt.29.

545 La Cour, par cette condition, entend empêcher les expulsions collectives pouvant frapper un groupe d'étrangers. Dans le cas où ces étrangers provoqueraient des désordres publics, ils ne pourraient être expulsés qu'à titre individuel et seulement après que la preuve ait pu être apportée sur la participation de chacun d'entre eux à la réalisation du trouble incriminé. Les différents arrêts cités dans les deux dernières notes de bas de page constituent des cas d'application de cette condition. D'autres affaires sont venues la préciser ; ainsi, l'affiliation à un groupe peut constituer un comportement personnel, mais celui-ci doit présenter une menace actuelle pour l'ordre public.

condamnation, mais aussi de sa situation présente ainsi que de son degré de socialisation[546]. Enfin, dans le but de parfaire son analyse, la Cour recherche l'existence d'une adéquation entre le comportement reproché à l'individu et la peine qui lui est infligée[547], peine qui doit être prévue dans des conditions semblables pour les nationaux[548]. Dans cette optique, la jurisprudence a esquissé une définition de ce qu'était une menace à l'ordre public. Ainsi, cette notion *suppose, en tout cas, l'existence, en dehors du trouble pour l'ordre social que constitue toute infraction à la loi, d'une menace réelle et suffisamment grave, affectant un intérêt fondamental de la société*[549]. Les trois éléments justifiant d'éventuelles entraves que sont l'ordre public, la sécurité publique et la santé publique, ne peuvent être pris en compte que s'ils sont conformes aux droits fondamentaux reconnus à tout individu.

Les garanties devant être organisées au profit des étrangers intéressés ont fait l'objet de réelles attentions de la part des autorités communautaires. De cette façon, la directive de 1964 a prévu une coordination des procédures nationales afin d'en assurer l'efficacité. Ces garanties ont été regroupées par la Cour dans la notion générique de « garantie de la défense des droits des personnes en cause »[550]. Celles-ci sont de trois ordres. Tout d'abord, l'intéressé doit être, sous réserve de la sûreté de l'État, informé des raisons d'ordre public, de sécurité publique ou de santé publique qui sont à la base d'une décision le concernant. Ensuite, la décision, qu'elle soit de refus de délivrance ou de renouvellement d'un titre de séjour ou encore d'expulsion, doit lui être notifiée et porter l'indication d'un délai minimum de quinze jours à un mois, sauf urgence, pour que la personne visée quitte le territoire. Enfin, des voies de recours doivent lui être ouvertes dans l'État d'accueil afin de lui permettre de contester la décision lui faisant grief. S'agissant d'individus ressortissants d'États tiers et cherchant à pénétrer sur le territoire d'un État membre, la Cour de justice est également intervenue en élaborant une sorte de code de conduite destiné aux autorités nationales, normalement seules compétentes en la matière. Ainsi, dans l'arrêt *Akrich*, elle a proposé aux États membres de subordonner l'entrée sur le territoire de l'Union européenne à un examen d'entrée préalable[551]. Dès lors, l'individu qui aurait satisfait à ce contrôle, et qui serait donc

---

[546] Ainsi, la Cour de justice a considéré que l'acquisition et la détention de stupéfiants pour le seul usage personnel ne pouvaient justifier une expulsion à vie ; CJCE, 19 janvier 1999, *Procédure pénale c/ Donatella Calfa*, aff. n°C-348/96, Rec., p.I-11, pt.26. Voir également, CJCE, 26 novembre 2002, *Ministre de l'Intérieur c/ Aitor Oteiza Olazabal*, aff. n°C-100/01, Rec., p.I-10981, pts.35 et ss.

[547] CJCE, 8 avril 1976, *Jean Noël Royer*, aff. n°48/75, Rec., p.497, pt.73 ; 7 juillet 1976, *Lynne Watson et Alessandro Belmann*, aff. n°118/75, Rec., p.1185, pt.21 ; 3 juillet 1980, *Regina c/ Stanislaus Pieck*, aff. n°157/79, Rec., p.2171, pt.19.

[548] CJCE, 12 décembre 1989, *Procédure pénale c/ Lothar Messner*, aff. n°265/88, Rec., p.4209, pt.14.

[549] CJCE, 28 octobre 1975, *Rutili, op. cit.*, pt.32 ; repris par, CJCE, 27 octobre 1977, *Bouchereau, op. cit.*, pt.35 ; 18 mai 1982, *Rezguia Adoui c/ État belge et ville de Liège et Dominique Cornuaille c/ État belge*, aff. jtes n°s115 et 116/81, Rec., p.1665, pt.8 ; 29 octobre 1998, *Commission des Communautés européennes c/ Royaume d'Espagne*, aff. n°C-114/97, Rec., p.I-6717, pt.20 ; 26 novembre 2002, *Oteiza, op. cit.*, pt.39. Généralement, la jurisprudence exige que la menace soit actuelle. Néanmoins, elle n'ajoute aucune précision s'agissant de savoir ce qu'elle entend par actuelle ; il semble en réalité que ce critère dépendra du cas d'espèce soumis à l'examen de la Cour. Voir, CJCE, 29 avril 2004, *Georgio Orfanopoulos et autres c/ Land Baden-Wüttemberg*, aff. jtes n°sC-482 et 493/01, Rec., p.I-5257, pt.82 ; 11 novembre 2004, *Inan Cetinkaya c/ Land Baden-Wüttemberg*, aff. n°C-467/02, Rec., p.I-10895, pt.47.

[550] CJCE, 28 octobre 1975, *Rutili, op. cit.*, pt.37.

[551] Voir le dispositif de l'arrêt de la Cour du 23 septembre 2003, *Secretary of State for the Home Department c/ Hacene Akrich*, aff. n°C-109/01, Rec., p.I-9607 ; sur la question, R. PLENDER, *Quo Vadis ? Nouvelle*

légalement établi dans un État membre, pourrait circuler librement dans la Communauté et donc à travers tous les États membres[552].
La directive 2004/38/CE[553] constitue en quelque sorte le texte venant parachever la matière en institutionnalisant l'encadrement des procédures nationales d'entrée et de séjour des citoyens de l'Union et des membres de leur famille[554], et ainsi limiter une compétence nationale pouvant être détournée de sa fin première dans un but protectionniste[555].

Une telle coordination alors organisée doit assurer un libre accès ainsi qu'un libre exercice des activités de prestataires ou de salariés de prestataires de services professionnels. Ce domaine fait donc l'objet d'une attention plus large que celle qui est accordée aux autres secteurs. Effectivement, au-delà de la seule élimination des restrictions, les autorités communautaires font appel en la matière à une réelle participation des États membres. Il est clair que sans une collaboration étatique, même si celle-ci est quelque peu contrainte, la réalisation d'une libéralisation de la circulation des personnes aurait été vaine.

b. L'exclusion du champ de l'AGCS des questions ayant trait à l'immigration permanente

De manière générale, une entreprise prestataire qui se rend sur le territoire d'un autre Membre afin d'y accomplir sa mission, devra déplacer dans le même temps un certain nombre de salariés. Également, selon le point d) de l'article I-2 de l'AGCS, une prestation de services peut être fournie sur le territoire d'un Membre grâce à la présence de personnes physiques d'un autre Membre. Ces hypothèses qui envisagent une présence de ressortissants étrangers sur le sol d'une partie contractante sont néanmoins encadrées par l'AGCS. Le séjour temporaire, nécessaire à la prestation d'un service, est donc différencié de l'immigration permanente. En effet, en vertu du paragraphe 2 de l'Annexe de l'AGCS sur le mouvement des personnes physiques fournissant des services relevant de l'Accord, sont exclues du champ d'application de l'AGCS, *les mesures affectant les personnes physiques qui cherchent à accéder au marché du travail d'un Membre* ainsi que *les mesures concernant la citoyenneté, la résidence ou l'emploi à titre permanent.*

---

orientation des règles sur la libre circulation des personnes suivant l'affaire Akrich, CDE, n°1-2, 2004, p.273.

552 Cette position était déjà celle de la Cour dans des affaires antérieures ; par exemple, 25 juillet 2002, *Mouvement contre le racisme, l'antisémitisme et la xénophobie ASBL (MRAX) c/ État belge*, aff. n°C-459/99, Rec., p.I-6591, pt.65 ; encore, pour une confirmation, 21 octobre 2004, *Commission des Communautés européennes c/ Grand-duché de Luxembourg*, aff. n°C-445/03, Rec., p.I-10191, pt.50.

553 Directive 2004/38/CE du Parlement européen et du Conseil du 29 avril 2004, *relative au droit des citoyens de l'Union et des membres de leurs familles de circuler et de séjourner librement sur le territoire des États membres, modifiant le règlement (CEE) n°1612/68 et abrogeant les directives 64/221/CEE, 68/360/CEE, 72/194/CEE, 73/148/CEE, 75/34/CEE, 75/35/CEE, 90/364/CEE, 90/365/CEE et 93/96/CEE*, JOUE n°L.158, 30 avril 2004, pp.77 à 123.

554 A. ILIOPOULOU, *Le nouveau droit de séjour des citoyens de l'Union et des membres de leur famille : la directive 2004/38/CE*, RDUE, n°3, 2004, pp.523 et ss.

555 Néanmoins, la preuve de la régularité de la situation d'un ressortissant d'un État tiers établi sur le territoire d'un État membre devra être apportée par cet individu ; voir, par exemple, CJCE, 17 février 2005, *Salah Oulane c/ Minister voor Vreemdelingenzaken en Integratie*, aff. n°C-215/03, Rec., p.I-1215, pt.56.

Dans cette optique, les dispositions nationales régissant l'immigration permanente ne peuvent être sanctionnées au titre de l'AGCS. Cette immunité perdure malgré le fait qu'elles puissent avoir pour effet d'entraver la fourniture d'un service en compliquant soit le séjour d'employés d'entreprises établies sur le territoire du Membre qui les adopte, soit encore celui des personnes physiques prestant des services pour lesquels des engagements ont été élaborés. Pour autant, les mesures pouvant affecter l'accès au territoire et le séjour temporaire de fournisseurs de services sont soumises à certaines disciplines ressortant de l'AGCS et notamment aux engagements pris par chacun des Membres[556]. À cet égard, aucune précision n'est donnée s'agissant de la durée du séjour temporaire.

L'élaboration de ces disciplines devait normalement intervenir dès la conclusion du Cycle d'Uruguay[557]. Cependant, l'adoption du Troisième Protocole de l'AGCS relatif au mouvement des personnes physiques constitue un aboutissement laborieux des négociations en la matière[558]. Dans la mesure où les résultats, s'agissant notamment de l'étendue des engagements, étaient largement insuffisants, les problèmes liés à la mobilité internationale du travail restent nombreux. Dès lors, étant donné la complexité de la question, sa gestion est abandonnée au seul contrôle étatique sauf le respect des règles communautaires précitées s'agissant des États membres de la Communauté[559].

4. La question particulière des services professionnels

Bien qu'il s'agisse dans son intitulé de services, cette question implique en priorité une circulation temporaire des personnes. Toutefois et notamment au niveau communautaire, les éléments pris en compte dans la libéralisation des services professionnels recouvrent des critères permettant également celle des secteurs de l'établissement et des travailleurs salariés. Au niveau multilatéral, cette question aurait pu être analysée dans les développements consacrés aux services. Cependant, la rareté des allusions multilatérales au domaine des personnes méritait que ces quelques points soient soulevés, malgré leur caractère accessoire, dans le cadre d'une étude consacrée à ce seul secteur. Le point d) de l'article I-2 de l'AGCS dispose que les prestations de services transfrontalières peuvent être réalisées sur le territoire d'un Membre grâce à la présence de personnes physiques d'un autre Membre. Bien sûr, dans ce cas, sont visés, entre autres, les activités d'avocats, d'architectes, ou encore les services prestés par des entreprises qui détachent leurs travailleurs auprès du client. En droit communautaire, cette catégorie de services couvre un large éventail. Il s'agit par exemple, pour les professions les plus représentatives, des activités comptables et d'audit, des activités juridiques, des activités d'architecture et d'ingénierie, ainsi que des activités médicales et paramédicales. Ces activités sont, dans la plupart des États, soumises à des

[556] Paragraphes 3 et 4 de l'Annexe de l'AGCS sur le mouvement des personnes physiques fournissant des services relevant de l'Accord.
[557] Décision ministérielle sur les négociations sur le mouvement des personnes physiques, adoptée par le Comité des négociations commerciales le 15 décembre 1993, jointe aux accords de Marrakech.
[558] Troisième Protocole de l'AGCS relatif au mouvement des personnes physiques, adopté le 21 juillet 1995, entré en vigueur le 30 janvier 1996, S/L/10.
[559] P. ICARD, *Immigration, mondialisation : historique d'un paradoxe communautaire*, RDUE, n°2, 1er avril 2003, pp.409 et ss.

réglementations intérieures. La Cour de justice a d'ailleurs défini ce type de profession réglementée comme étant *toute activité professionnelle qui, quant à ses conditions d'accès ou d'exercice, est directement ou indirectement régie par des dispositions législatives, réglementaires ou administratives imposant la possession d'un diplôme*[560]. Les disparités existant entre les États membres quant au niveau exigé pour l'accès à de telles professions peuvent avoir pour effet d'empêcher les ressortissants d'autres États membres d'user de leur droit à la libre circulation. Ces législations présentent pourtant une certaine légitimité, ne serait-ce qu'au regard de la protection des consommateurs de tels services et plus généralement de l'intérêt public. Mais, le risque qu'un pays puisse élaborer, sous le couvert d'une pseudo légitimité, une législation intérieure tendant à favoriser ses propres ressortissants doit être déjoué. C'est d'ailleurs à cette fin que les droits régissant les commerces international et intracommunautaire prévoient des dispositions sur la question ou, du moins, envisagent de s'y intéresser.

Pourtant, la timidité des interventions multilatérales en la matière n'offre guère de possibilités d'effectuer une comparaison entre les systèmes sous examen qui soit suffisamment révélatrice. En effet, la quantité des dispositions communautaires, créé une véritable politique parallèle en la matière, démontrant donc un déséquilibre abyssal entre ce droit et le droit de l'OMC. Partant, l'étude sera effectuée au refard de ce modèle communautaire (a) tout en faisant référence, dans la mesure du possible, à la timidité des points développés par les instances multilatérales (b).

a. Le modèle communautaire de libéralisation des services professionnels

Le droit communautaire s'est surtout préoccupé des activités non salariées, largement visées par les réglementations intérieures des États membres. Dans cette optique, les autorités communautaires ont donc prioritairement agi par voie de coordination. Le domaine des services est soumis au principe général de libre circulation et, à ce titre, toutes les restrictions à ce commerce doivent être éliminées. Cependant, les législations nationales réglementant largement la question laissent entrevoir d'importantes disparités restaurant, du même coup, les obstacles que la suppression des restrictions devait faire disparaître. Cette situation ne paraît soluble que par le seul aplanissement des divergences normatives, ce qui fut le cas en matière de services professionnels. Cette position ambitieuse des instances européennes s'est traduite concrètement par une coordination des législations nationales en la matière. Néanmoins, alors que cette politique semblait encore insuffisante notamment par son caractère complexe dû à son approche sectorielle (α), la refonte du système existant aspire à effacer les imperfections qui peuvent en ressortir (β).

α. Une coordination des législations nationales encore entachée d'imperfections

La politique de coordination des législations nationales a été mise en place au niveau communautaire en quatre phases. Tout d'abord, il s'est agi d'encourager les États à adopter des mesures de reconnaissance mutuelle des diplômes. Ensuite, la

---

[560] Définition rappelée par, CJCE, 9 septembre 2003, *Isabel Burbaud c/ Ministère de l'Emploi et de la Solidarité*, aff. n°C-285/01, Rec., p.I-8219, pt.45 ; voir son commentaire, M. GROS, PA, 10 octobre 2003, p.9.

coordination devait être portée sur les législations concernant l'accès aux activités non salariées ainsi que leur exercice. Aussi, un effort devait être consenti envers le droit des sociétés. Enfin, les exceptions soulevées par les États afin de justifier leurs réglementations intérieures restrictives, comme celles ayant trait à l'ordre public, à la sécurité publique ou à la santé publique, devaient subir le même sort. Cette ligne de conduite semble pour partie avoir été adoptée par les instances multilatérales[561].

La reconnaissance mutuelle des diplômes, certificats et autres titres, est prévue par l'article 47, paragraphe 1er, du Traité CE. Cette reconnaissance s'appuie d'ailleurs sur le principe de l'assimilation au national, c'est-à-dire par l'application de l'égalité de traitement à tous les ressortissants communautaires sans distinction de nationalité. Comme cela a été dit, la reconnaissance vise les mesures réglementant l'obtention des diplômes, titres et certificats nécessaires afin d'exercer les professions non salariées et donc ne concerne en rien les mesures relatives à d'autres titres n'étant pas requis pour accéder ou exercer une profession[562]. De plus, la reconnaissance mutuelle des législations dispense de procéder à une harmonisation des normes techniques qui, au demeurant, s'avère beaucoup plus difficile à réaliser.

Diverses conditions régissent cette opération de reconnaissance. En premier lieu, les titres ainsi visés doivent permettre d'identifier des degrés de formation et de connaissances techniques au moins comparables à ceux qui sont exigés sur le territoire national. En second lieu, seules les activités non salariées sont visées. Cependant, une application stricte de cette condition aurait pu s'avérer néfaste. Effectivement, un avocat ne pourrait alors exercer son activité dans un État membre autre que celui d'origine que dans la mesure où il agit pour son compte et non comme salarié. Une telle solution serait quelque peu contradictoire puisqu'il effectuerait le même type de services. Pour cette raison et de manière objective, toute reconnaissance d'un titre permettant l'accès à une activité non salariée ou son exercice permettra à l'individu qui en est bénéficiaire d'obtenir un emploi salarié pour lequel une telle qualification serait également exigée. Enfin, en troisième lieu, une reconnaissance mutuelle des titres suppose que ceux-ci soient effectivement équivalents ou, du moins, qu'ils le soient approximativement. Ainsi, la Cour de justice a imposé à l'État d'accueil l'obligation de prendre en considération les diplômes, certificats et autres titres acquis dans un État

---

561 Avant d'aller plus avant dans les développements, une remarque semble à ce stade nécessaire. Effectivement, les notions de reconnaissance et de coordination sont normalement distinctes de par leur construction intellectuelle même. La reconnaissance mutuelle des législations nationales ne requiert en aucune manière une modification, par les autorités étatiques, de leur législation intérieure. Il s'agit davantage de l'acceptation des réglementations des autres États membres avec tout ce que cela implique, c'est-à-dire en la matière, accueillir sans entraves les prestataires de services légalement établis dans leur État membre d'origine. Au contraire, la coordination implique une modification des législations intérieures par le biais, le plus souvent, de leur harmonisation. En l'occurrence, le droit communautaire distingue ces notions dans les deux paragraphes de l'article 47, [anciennement 57]. Néanmoins, leur articulation apparaît comme indispensable afin de faciliter l'accès aux activités non salariées, mais aussi, dans un deuxième temps, afin de faciliter leur exercice.

562 Ceci constitue bien sûr la règle générale. Des exceptions existent cependant ; par exemple, en Allemagne, la profession de géologue n'est pas réglementée et donc, seuls les titulaires du diplôme d'enseignement supérieur en ce domaine se présentent sur le marché du travail pour y exercer cette profession. Les autorités allemandes sont en droit de n'accepter sur leur territoire, que les seuls ressortissants communautaires non nationaux titulaires des titres leur permettant d'accéder et d'exercer cette activité dans leur pays d'origine ou de provenance ; voir, CJCE, 1er février 1996, *Georgios Aranitis c/ Land Berlin*, aff. n°C-164/94, Rec., p.I-135, pt.32.

membre, en procédant à une comparaison entre les compétences attestées par ces titres et les connaissances et qualifications exigées par la réglementation intérieure[563]. Il s'agit alors de procéder à l'appréciation de leur équivalence, décision qui reste cependant soumise à l'éventualité d'un recours juridictionnel[564]. Cependant, une telle opération de reconnaissance ne permet pas de créer une équivalence si celle-ci n'existe pas. Cette éventualité ressort d'une disparité dans la formation professionnelle ou le programme des études et devra être rectifiée par une coordination des cursus scolaires. Il est évident que l'existence de directives spécifiques facilite le travail de comparaison. Néanmoins, faute de tels textes, les autorités nationales de l'État d'accueil devront faire preuve de discernement. C'est du reste dans cette perspective que la Cour de justice se montre des plus scrupuleuses[565].

La mise en œuvre de cette politique a été réalisée de deux manières ; elle a d'abord été abordée de manière sectorielle, mais également, afin de ne pas occulter un domaine par cette première méthode, une approche globale a par la suite été envisagée.

Néanmoins, avant de procéder à cette mise en œuvre, des mesures transitoires ont été prévues. Ainsi, ces mesures appliquaient le principe simple selon lequel l'exercice de l'activité durant un certain temps dans le pays d'origine permettrait de remplir les conditions de l'État d'accueil afin de s'établir ou d'assurer des services dans la même activité. Elles découlent de directives prises par secteur et selon une classification statistique[566]. Toutefois, ces dispositions n'ont été prises que temporairement lors de l'élaboration des textes explicitant la suppression des restrictions aux échanges dans ce domaine.

---

[563] CJCE, 7 mai 1991, *Irène Vlassopoulou c/ Ministerium für Justiz, Bundes- und Europaangelegenheiten Baden-Württemberg*, aff. n°C-340/89, Rec., p.I-2357, pt.16 ; 7 mai 1992, *Colegio Oficial de Agentes de la Propriedad Inmobiliaria c/ José Luis Aguirre Borrell et autres*, aff. n°C-104/91, Rec., p.I-3003, pt.11 ; 30 novembre 1995, *Reinhard Gebhard c/ Consiglio dell'Ordine degli Avvocati e Procuratori di Milano*, *op. cit.*, pt.38 ; 1er février 1996, *Aranitis*, *op. cit.*, pt.31 ; 8 juillet 1999, *Teresa Fernández de Bobadilla c/ Museo Nacional del Prado, Comité de Empresa del Museo Nacional del Prado et Minesterio Fiscal*, aff. n°C-234/97, Rec., p.I-4773, pt.31 ; 16 mai 2002, *Commission des Communautés européennes c/ Royaume d'Espagne*, aff. n°C-232/99, Rec., p.I-4235, pt.35 ; 13 novembre 2003, *Christine Morgenbesser c/ Consiglio dell'Ordine degli avvocati di Genova*, aff. n°C-313/01, Rec., p.I-13467, pt.69.

[564] CJCE, 15 octobre 1987, *Union nationale des entraîneurs et cadres techniques professionnels du football (Unectef) c/ Georges Heylens et autres*, aff n°222/86, Rec., p.4097, pt.14 ; confirmé par, CJCE, 7 mai 1992, *Aguirre Borrell*, *op. cit.*, pt.15.

[565] À cet égard, CJCE, 14 septembre 2000, *Hugo Fernando Hocsman c/ Ministre de l'Emploi et de la Solidarité*, aff. n°C-238/98, Rec., p.I-6623, pts.23, 31 et 36 ; 22 janvier 2002, *Conseil national de l'ordre des architectes c/ Nicolas Dreesen*, aff. n°C-31/00, Rec., p.I-663, pts.24 et 31.

[566] À titre d'exemple, quelques directives, desquelles un certain nombre d'organisations professionnelles peut être détaché, peuvent être décrites : pour le commerce de gros (directive n°64/223/CEE) et les activités d'intermédiaire du commerce, de l'industrie et de l'artisanat (directive n°64/224/CEE interprétée par, CJCE, 12 novembre 1987, *Erwin Conradi et autres c/ Direction de la concurrence et des prix des Hauts-de-Seine et ministère public*, aff. n°198/86, Rec., p.4469) ; pour certaines activités de transformation (directive n°69/77/CEE interprétée par, CJCE, 7 février 1979, *J. Knoors c/ Secrétaire d'État aux affaires économiques*, aff. n°115/78, Rec., p.399) ; pour le commerce de détail (directive n°68/363/CEE interprétée par, CJCE, 8 décembre 1987, *Ministère public c/ André Gauchard*, aff. n°20/87, Rec., p.2029) ; pour les industries alimentaires et la fabrication des boissons (directive n°68/365/CEE) ; pour les activités de restauration, d'hôtellerie et de camping (directive n°68/367/CEE) ; pour le commerce de gros et les activités d'intermédiaire en matière de charbon (directive n°70/522/CEE) ; pour le commerce et la distribution des produits toxiques (directive n°75/368/CEE) ; pour diverses activités (directive n°75/368/CEE) ; pour les activités d'agents et de courtiers d'assurances, (directive n°77/92/CEE).

Les mesures transitoires ne sont, par définition, qu'éphémères et applicables durant une période permettant l'adaptation de la situation antérieure afin de la faire évoluer vers ce que le droit communautaire entend atteindre, à savoir une libéralisation des services professionnels. Afin de réaliser cette dernière, l'équivalence des diplômes, certificats et autres titres a tout d'abord été envisagée par secteur[567]. Toutes les directives ainsi élaborées pour les professions libérales, notamment médicales, ont automatiquement bénéficié aux salariés, dépassant, de ce fait, le simple cadre de la libre prestation des services ou de la liberté d'établissement.

Cependant, il est clair qu'envisager une telle politique de reconnaissance secteur par secteur, ne peut s'avérer que fastidieuse. Ayant conscience de cette pénible tâche, les autorités communautaires ont emprunté une voie qui semblait plus adaptée. C'est donc par le biais d'une politique globale que le problème pouvait être résolu de manière plus appréciable. La directive 89/48/CEE du Conseil[568] a donc constitué un premier pas vers l'établissement d'un système général de reconnaissance des diplômes d'enseignement supérieur sanctionnant des formations professionnelles d'une durée minimale de trois ans. Cette équivalence de principe s'applique de manière générale et donc à défaut de directives spécifiques. Cependant, l'État d'accueil conserve la possibilité de compléter cette reconnaissance en imposant l'obligation de suivre un stage dans ce même pays ou d'y subir une épreuve d'aptitude.

La reconnaissance mutuelle des diplômes, certificats et autres titres, délivrés durant un enseignement supérieur court ou lors des enseignements secondaires, correspondant habituellement aux formations professionnelles, est régie par la directive 92/51/CEE qui reprend le principe développé par la directive 89/48/CEE.

Enfin, un troisième système général élaborant une reconnaissance des diplômes pour les activités professionnelles exclues du système général des directives précédentes, découle de la directive 99/42/CE[569]. De ce texte ressort le fait que l'État d'accueil doit reconnaître l'ensemble des titres et formations sans que les titulaires aient à justifier d'une expérience professionnelle.

Dans le cas où un ressortissant communautaire dispose de titres reconnus par le pays d'accueil, et malgré le principe de l'assimilation au national, celui-ci peut

---

567 Par exemple, pour les médecins, une directive est venue « codifier » celles de 1975 et 1986 (directive n°93/16/CEE, texte modifié par la directive n°97/50/CE) ; pour les infirmiers (directives n°77/452/CEE et n°77/453/CEE) ; pour les dentistes (directives n°78/686/CEE et n°78/687/CEE) ; pour les vétérinaires (directives n°78/1026/CEE et n°78/1027/CEE) ; pour les sages-femmes (directives n°80/154/CEE et n°80/155/CEE) ; pour les professions médicales et paramédicales (directives n°89/594/CEE et n°89/595/CEE) ; pour les pharmaciens (directives n°85/432/CEE et n°85/433/CEE) ; pour les architectes (directive n°85/384/CEE ; voir aussi, CJCE, 21 janvier 1992, *Nationale Raad Van de Orde van Architecten c/ Ulrich Egle*, aff. n°C-310/90, Rec., p.I-177 ; 8 avril 1992, *Gerhard Bauer c/ Conseil national de l'ordre des architectes*, aff. n°C-166/91, Rec., p.I-2797).

Pour les avocats, la question a été beaucoup plus sensible. Ainsi, une directive du 22 mars 1977 (n°77/249/CEE), mais seulement pour les services, niait la reconnaissance mutuelle des diplômes dans ce domaine. Ce n'est qu'en 1998 qu'une directive a réellement affirmé cette reconnaissance (directive n°98/5/CE).

568 Directive n°89/48/CEE du Conseil du 21 décembre 1988, *relative à un système général de reconnaissance des diplômes d'enseignement supérieur qui sanctionnent des formations professionnelles d'une durée minimale de trois ans*, JOCE n°L.19, 24 janvier 1989, pp16 à 23.

569 Directive n°99/42/CE du Parlement européen et du Conseil du 7 juin 1999, *instituant un mécanisme de reconnaissance des diplômes pour les activités professionnelles couvertes par les directives de libéralisation et portant mesures transitoires, et complétant le système général de reconnaissance des diplômes*, JOCE n° L.201, 31 juillet 1999, pp.77 à 93.

encore subir certains désagréments découlant simplement des différences de réglementations régissant son activité d'un État membre à l'autre. Ces obstacles à la libre circulation sont supprimés par la coordination des réglementations prévue à l'article 47, paragraphe 2[570]. Elle implique une coordination des législations concernant l'accès aux activités non salariées, mais aussi leur exercice et donc une modification du cadre juridique dans lequel agissent les ressortissants des États membres. Dans ce domaine, la Commission a élaboré davantage de directives qu'en matière de reconnaissance mutuelle des diplômes, certificats et autres titres.
Cette démarche qui apparaît comme nécessaire afin de faciliter l'accès et l'exercice des activités de services professionnels est atténuée par un recours systématique à des mesures transitoires dans divers domaines. En conséquence, différentes directives ont été prises – notamment dans les secteurs du commerce, de l'artisanat et de l'industrie alimentaires –, basées sur l'admission à l'établissement ou à la prestation de services, des personnes qui, dans leur pays d'origine, ont effectivement exercé une telle activité durant plusieurs années. Cependant, malgré cette atténuation, un certain nombre d'autres directives ont été prises dans le sens de la coordination[571].

β. La refonte du régime de reconnaissance des qualifications professionnelles

Malgré les directives de codification adoptées afin d'alléger et donc de simplifier le droit dérivé en matière de reconnaissance mutuelle des qualifications professionnelles, cet ensemble normatif demeurait encore complexe tant par les procédures administratives envisagées que par la quantité des dispositions en cause. Ainsi, à la suite du Conseil européen de Stockholm de mars 2001, la Commission européenne fut invitée à proposer un régime plus uniforme, plus transparent et plus souple afin de créer en Europe l'économie la plus dynamique et compétitive du monde dans les dix prochaines années. À cette fin, elle a élaboré une directive, entrée en vigueur en septembre 2005[572], visant à consolider quinze directives qui ont mis en place des régimes de reconnaissance différents. Parmi ces directives, douze étaient sectorielles[573] et trois s'inscrivaient dans un système de reconnaissance général[574].
En fait, cette directive reprend l'ensemble des procédures de reconnaissance établies jusqu'alors, mise à part celle concernant la profession d'avocat. S'agissant de cette dernière activité, le principe n'est pas celui de la reconnaissance des qualifications professionnelles, mais celui de la reconnaissance des autorisations d'exercer. Cela dit, les autres professions réglementées sont pour leur ensemble couvertes par cette réforme.

---

[570] Ancien article 57.
[571] Par exemple, concernant les agents commerciaux indépendants (directive n°86/653/CEE, interprétée par, CJCE, 30 avril 1998, *Barbara Bellone c/ Yokohama SpA.*, aff. n°C-215/97, Rec., p.I-2191 ; 12 décembre 1996, *Georgios Kontogeorgas c/ Kartonpak AE*, aff. n°C-104/95, Rec., p.I-6643) ; concernant la libre circulation des émissions télévisées (directive n°89/552/CEE). Voir également, l'ensemble des éléments développés dans les parties consacrées aux domaines des banques, des assurances, des transports, des marchés publics et des télécommunications.
[572] Directive n°2005/36/CE du Parlement européen et du Conseil du 7 septembre 2005, *relative à la reconnaissance des qualifications professionnelles*, JOUE n°L.255, 30 septembre 2005, pp.22 à 142.
[573] Elles recouvrent en fait les professions médicales (médecin, infirmier, dentiste, vétérinaire, sage-femme, pharmacien) et d'architecte (directives précitées).
[574] Il s'agit des directives précitées, 89/48/CEE et 92/51/CEE.

L'objectif est triple. Tout d'abord, ce texte ambitionne de créer un cadre juridique unique et cohérent fondé sur la libéralisation accrue du domaine des services. Ensuite, il entend assurer une automaticité dans le processus de reconnaissance des qualifications. Enfin, la flexibilité des procédures de mise à jour de la directive doit être garantie afin d'assurer à cette réforme une pérennité eu égard aux difficultés qui jailliront d'une Union européenne sans cesse élargie, rendant plus difficile l'élaboration d'un consensus.

Ainsi, ce texte différencie les libertés d'établissement et de prestation de services. Mais c'est notamment dans le cadre de la première qu'il va énoncer les principes de reconnaissance, puisant dès lors les éléments nécessaires dans les différents régimes existants. Dans cette perspective, il établit trois régimes distincts.

Le premier, ressortant de son chapitre I, concerne le régime général de reconnaissance des qualifications professionnelles. Le terme « général » implique que ce régime s'applique à toutes les professions non expressément visées par ailleurs dans la directive ainsi qu'aux situations qui ne remplissent pas les conditions s'appliquant aux autres régimes de reconnaissance. Basé sur le principe de reconnaissance mutuelle, ce régime général reconnaît néanmoins la possibilité de mesures compensatoires en cas de différences substantielles entre la formation acquise par le migrant et celle exigée dans l'État membre d'accueil.

Le deuxième, découlant du chapitre II, s'intéresse au régime de reconnaissance automatique des qualifications attestées par l'expérience professionnelle. Il s'agit dans ce cas de permettre une reconnaissance automatique des activités industrielles, artisanales et commerciales dans le cas où la personne faisant usage de la liberté d'établissement et, par ricochet, de la libre prestation de services ou de la libre circulation des travailleurs, peut faire valoir les qualifications attestées par l'expérience professionnelle.

Le troisième, qui par voie de conséquence résulte du chapitre III de la directive, envisage un régime de reconnaissance automatique des qualifications pour des professions spécifiques. Ce volet a pour but d'assurer une reconnaissance automatique des titres de formation sur la base d'une coordination des conditions minimales de formation concernant les professions médicales et d'architecte.

Il est évident qu'un tel système inspire à démanteler totalement les obstacles au commerce qui pourraient surgir de différences dans les exigences nationales quant à l'accès aux professions réglementées. Il vise en effet à permettre à tout ressortissant d'un État membre d'exercer une profession réglementée dans un État membre autre que celui où il a acquis ses qualifications professionnelles, quel que soit le titre auquel il entend l'exercer, indépendant ou salarié. Ce système s'inscrit donc amplement dans la logique d'une libre circulation des personnes au sein du marché européen. Ne pas leur accorder une équivalence professionnelle revient à leur retirer tout intérêt d'user de cette liberté. Il est indispensable d'aller plus avant dans ce sens faute de quoi l'objectif dont le droit communautaire se trouve investi s'en trouverait lui-même dénaturé.

Cette directive constitue une véritable refonte de la politique sectorielle telle que décrite plus haut. Le souci de réduire les difficultés qui pouvaient ressortir de cette dernière résume le choix de la politique globale. Toute l'évolution législative subie par ce domaine démontre l'importance prise par les diplômes dans le cadre de la construction européenne. Effectivement, la réalisation d'une reconnaissance générale des titres obtenus par les ressortissants communautaires dans leur pays d'origine inaugure un « marché unique de l'éducation ». Certes, cette formule sans détour, quelque peu éloignée de la réalité, témoigne de l'impact de l'outil juridique sur la vie sociale d'une nation. C'est d'ailleurs, au-delà de la libéralisation commerciale opérée au sein du Marché intérieur, la création d'une nation européenne ou, du moins, d'un certain sentiment de cohésion entre les divers peuples européens qui conditionne l'évolution du droit communautaire. La culture et, partant, son mode d'acquisition qu'est l'éducation symbolisent le ferment de la nation. C'est dans cette optique que les instances européennes entendent intervenir afin d'uniformiser les modes de passation de cette culture, mais également son contenu.

b. La timidité de l'approche multilatérale

Les instances multilatérales ne sont pas, non plus, restées indifférentes à la question. Estimant comme grande la fragilité de la libéralisation des services professionnels, elles ont tracé quelques lignes de conduite dont le respect permettrait de solidifier les bases de ce mouvement. Ainsi, une décision ministérielle, découlant de la Conférence de Marrakech et fondée sur l'article VI-4 de l'AGCS, a institué le Groupe de travail des services professionnels. Son mandat était clair et consistait en l'élaboration des disciplines multilatérales afin que les réglementations intérieures ne constituent pas d'obstacles inutiles au commerce. Il consistait également en la surveillance de l'utilisation des normes internationales et l'établissement des lignes directrices pour la reconnaissance des qualifications.

On l'aura remarqué, la besogne incombant à ce groupe de travail ressemble à s'y méprendre à la voie d'intervention également suivie par les autorités communautaires. Le problème de la reconnaissance des qualifications fait en effet référence à la reconnaissance des diplômes, certificats et autres titres, ainsi qu'au niveau de formation professionnelle, telle qu'appréhendée par le droit communautaire. Dans un même registre, la question de l'impact des réglementations intérieures concernant l'organisation des professions, qu'il s'agisse de l'accès, mais aussi de l'exercice de l'activité en cause, constitue également un axe de réflexion commun aux deux ensembles juridiques. Les lignes directrices, tracées dans une première ébauche dès 1997 par le Groupe de travail, concernaient exclusivement les accords ou arrangements de reconnaissance mutuelle dans le secteur des services comptables. Il s'agit d'une incitation qui ne présente donc pas de caractère contraignant, destinée à faciliter des négociations d'accords de reconnaissance et, pour les pays tiers, à prévoir les modes de leur accession à ces opérations. L'adoption de ces lignes de conduite par le Conseil du commerce des services en décembre 1998 a marqué la substitution du Groupe de travail des services professionnels par le Groupe de travail de la réglementation intérieure[575]. Le nouveau Groupe de travail fut chargé d'élaborer des disciplines réglementaires d'application générale pour tous les secteurs de services, sans que soit exclue la possibilité d'élaborer d'autres disciplines relatives à des secteurs ou groupes de secteurs particuliers.

Il semble donc que cette généralisation de l'intitulé du Groupe de travail, qui avait et qui a toujours en charge d'examiner la question des services professionnels, ait eu pour effet d'en modifier le mandat dont l'examen est dès lors placé sous un angle différent,

---

[575] OMC, *Rapport annuel*, 1998, Vol.I, p.78.

celui des réglementations intérieures. L'analyse est pourtant envisagée de manière sectorielle[576] ; ainsi, les négociations entamées devraient conduire à une certaine libéralisation des services professionnels. Cependant, l'expérience communautaire pleine d'enseignement démontre les difficultés d'une telle voie. D'autant plus que les réunions multilatérales organisées lors d'un processus de négociations n'apportent que peu d'éléments constructifs, voire aucuns. Aussi, malgré une ambition clairement affichée quant à l'étendue des secteurs visés par les négociations, les avancées multilatérales se font attendre et ne sont pas prêtes de se concrétiser.

Le droit multilatéral admet donc l'intérêt d'une libéralisation des services professionnels pour le commerce mondial. À l'instar de ce qui a été réalisé en droit communautaire dans une première phase, le droit multilatéral pourrait s'engager dans une voie sectorielle difficile, avec, dans un avenir lointain, l'éventualité de l'adoption d'une politique globale au niveau international[577].

B. Une approche communautaire en voie de globalisation : la dissipation des différences entre les domaines bénéficiant de la libre circulation

La prestation de services se définit, comme cela a déjà été dit, par la réunion de trois conditions que sont la présence d'une activité économique, généralement démontrée par l'existence d'une rémunération[578], un élément d'extranéité, en l'occurrence une activité transfrontalière[579], et enfin, critère essentiel distinguant clairement la question de la libre prestation des services de celle de la liberté d'établissement, la réalisation d'une activité temporaire[580].

Ce dernier critère est d'importance dans la mesure où il souligne la relativité de plus en plus importante des législations nationales vis-à-vis de la réglementation communautaire. La recherche des bases textuelles applicables à une situation précise ne semble présenter à première vue que peu d'intérêt. Dans cette perspective, la

---

[576] Ainsi, des négociations ont été entreprises dans les domaines comptables, en continuation de celles déjà entreprises dans les secteurs de la publicité et services connexes, de l'architecture, des services aux entreprises, des services informatiques et services connexes, des services de construction et services d'ingénierie, des services de conseil, des services de distribution, des services relatifs à l'énergie, des services juridiques, des services de logistiques et services connexes [etc.].

[577] Voir, *Gérer le mouvement des personnes : quels enseignements peut-on tirer en ce qui concerne le mode 4 de l'AGCS ?*, séminaire conjoint OIM/Banque mondiale/OMC, Genève, 4 et 5 octobre 2004, disponible sur le site : http://www.wto.org/english/tratop_e/serv_e/sem_oct04_e/background_paper_e.pdf.

[578] Par exemple, CJCE, 24 mars 1994, *Schindler, op. cit.*, pt.24 ; 13 novembre 2003, *Diana Élisabeth Lindman*, aff. n°C-42/02, Rec., p.I-13519, pt.19.

[579] Le service, outre le cas classique pour lequel le prestataire se déplace dans l'État membre du destinataire du service, peut être réalisé par correspondance ou par téléphone (CJCE, 10 mai 1995, *Alpine Investments, op. cit.*, pt.22 ; jurisprudence rappelée par, 6 novembre 2003, *Procédure pénale c/ Piergiorgio Gambelli et autres*, aff. n°C-243/01, Rec., p.I-13031, pt.53). Le service peut également être réalisé dans l'État membre du prestataire, ce qui implique le déplacement du destinataire (CJCE, 13 novembre 2003, *Lindman, op. cit.*, pt.19).

[580] Cette question est d'importance notamment en matière fiscale. Effectivement, la jurisprudence admet le fait qu'une prestation transfrontalière puisse exiger une infrastructure provisoire sans pour autant apporter de réponse à ce qu'il faut entendre par « provisoire » (par exemple, et par opposition à la liberté d'établissement pour lequel est exigé un établissement stable et continu, voir, CJCE, 13 février 2003, *Commission des Communautés européennes c/ République italienne*, aff. n°C-131/01, Rec., p.I-1659, pt.23 ; 11 décembre 2003, *Bruno Schnitzer*, aff. n°C-215/01, Rec., p.I-14847, pts.29 et ss ; voir, C. PRIETO, *Liberté d'établissement et de prestation de services*, Chronique, RTDE, n°3/2004, p.543.

différenciation des domaines afférents à la libre prestation des services de ceux concernant la liberté d'établissement n'a pas lieu d'être. Les textes du Traité CE commandant le démantèlement des entraves pour chacun des secteurs concernés pourraient dès lors s'appliquer indifféremment à l'un ou l'autre des domaines dans la mesure où l'objectif poursuivi est fondamentalement identique. Ainsi, ces deux domaines pourraient être régis sous l'égide d'un même principe tel qu'il pourrait ressortir du principe de libre accès à une activité économique[581] comme c'est le cas en droit multilatéral dans le cadre de l'AGCS. D'ailleurs, cette approche est corroborée par la jurisprudence dans la mesure où, bien souvent, la Cour de justice analyse les cas d'espèce qui lui sont soumis tant au regard de la libre prestation des services que de la liberté d'établissement[582]. Pourtant, si l'on y regarde de plus près, la différenciation entre libre prestation de services et liberté d'établissement, mis à part l'opposition évidente existant entre les notions, connaît un intérêt évident notamment dans le cadre des implications pratiques qui en découlent.

Le prestataire de services est assujetti au régime juridique du pays d'établissement dans la mesure où ce dernier est le plus à même d'en contrôler l'activité. De fait, quel que soit le lieu où il sera amené à exercer son activité, il devra se placer en conformité avec les règles administratives, sociales et fiscales de son pays d'établissement. En revanche, le fait qu'une réglementation nationale subordonne l'exercice de prestations de services sur le territoire national, par une entreprise établie dans un autre État membre, à la délivrance d'une autorisation administrative, constitue une restriction à cette liberté au sens de l'article 49 CE[583]. Néanmoins, s'agissant des règles de droit du travail, celles du pays d'établissement ne s'appliquent que lorsqu'elles offrent aux salariés du prestataire une protection analogue ou à tout le moins comparable à celle posée par l'État où s'effectue la prestation de services[584]. Dans l'optique où le pays dans lequel est effectuée la prestation s'avère être considéré, après examen juridictionnel, comme étant en réalité celui d'établissement, la législation applicable sera dès lors celle de ce dernier et cela malgré le fait qu'elle présente un degré moindre de protection que celle du pays d'établissement fictif.

Il est donc évident que la pression, qu'elle soit fiscale ou encore sociale, conditionnera largement la localisation des entreprises au sein du marché intérieur communautaire. Ce *forum shopping* est d'ailleurs alimenté par la Cour de justice qui fait preuve d'une grande largesse s'agissant d'accorder aux entreprises un libre choix dans la localisation de leur établissement principal et dans l'installation, ensuite, de leur siège réel par une succursale dans un autre État membre[585]. Dans la mesure où la Haute juridiction communautaire semble être aussi encline à reconnaître la possibilité d'une

[581] Un exemple de regroupement de notions différentes placées sous la protection des mêmes dispositions du Traité CE, peut être envisagé. Ainsi, les capitaux et les moyens de paiement sont deux notions différentes ; pour autant, ils sont appréhendés conjointement dans le même chapitre du Traité.

[582] Par exemple, CJCE, 15 janvier 2002, *Commission des Communautés européennes c/ République italienne*, aff. n°C-439/99, Rec., p.I-305, pt.24.

[583] CJCE, 9 août 1994, *Vander Elst*, aff. n°C-43/93, Rec., p.I-3803, pt.15; également, 21 octobre 2004, *Commission des Communautés européennes c/ Grand-duché de Luxembourg*, aff. n°C-445/03, Rec., p.I-10191, pt.24.

[584] CJCE, 28 mars 1996, *Procédure pénale c/ Michel Guiot et Climatec SA*, aff. n°C-272/94, Rec., p.I-1905, pt.18.

[585] CJCE, 30 septembre 2003, *Kamer van Koophandel en Fabrieken voor Amsterdam c/ Inspire Art Ltd*, aff. n°C-167/01, Rec., p.I-10155, pt.97.

installation temporaire dans le cadre d'une prestation de services, la frontière entre les deux libertés semble d'autant plus s'estomper[586]. Nonobstant la volonté apparente de retenir l'éventualité d'une fraude comme tempérament à ce libre choix[587], la Cour ne dégage en aucune manière les critères permettant de l'établir[588]. Ainsi, assurément, elle entend conférer aux entreprises toute latitude pour s'installer et exercer leur activité au sein du Marché intérieur européen. L'index est dès lors mis sur les droits nationaux qui vont être placés dans une situation de concurrence pure et dure.

Dans sa volonté de réprimer toute restriction aux échanges qui pourrait lui être soumise, la Cour de justice en arrive à sanctionner par le biais des dispositions relatives à la liberté d'établissement des mesures entravant en réalité la libre prestation de services. Par exemple, dans l'affaire *Gambelli*, la Cour a reconnu qu'un simple lien contractuel entrait dans le cadre de la liberté d'établissement, faisant des entreprises fixées sur le sol d'un État membre, en l'occurrence l'Italie, des établissements secondaires d'une société de collecte de jeux et paris basée au Royaume-Uni. Pourtant, les premiers étaient enregistrés simplement comme centre de transmission de données et ne participaient en rien à l'exploitation des jeux et paris. Pour ainsi dire, leur rôle serait à rapprocher de celui d'un opérateur téléphonique ou encore d'un service de transport de courrier. Dans cette optique, la société située dans un pays membre qui collecterait les jeux et paris dans un autre État membre par le biais d'entreprises de transmission de données relèverait *a priori* de la libre prestation de services. Tel n'est pas la solution retenue par la Cour de justice ; effectivement, *dans la mesure où une société [...], établie dans un État membre, poursuit l'activité de collecte de paris par l'intermédiaire d'une organisation d'agences établies dans un autre État membre, les restrictions imposées aux activités de ces agences constituent des entraves à la liberté d'établissement*[589].

Une telle jurisprudence pourrait tendre à se développer tant la différence entre les libertés en cause semble mince. La reconnaissance de la liberté d'établissement par l'existence d'un simple lien contractuel pourrait avoir pour effet de remettre en question l'exécution de services ne nécessitant pas le déplacement du prestataire, c'est-à-dire par correspondance, qu'elle soit réalisée par courrier, par téléphone ou bien encore par un moyen informatique. De même et inversement, l'accueil favorable par la jurisprudence de l'installation d'infrastructures provisoires dans un État membre autre que celui de l'établissement principal afin de prester des services amoindrit d'autant plus l'écart qui pouvait encore permettre de différencier les deux libertés dont il est présentement question. C'est écart n'existe d'ailleurs pas en droit multilatéral.

Dans le cas d'espèce décrit auparavant, il est certain que la qualification d'établissement secondaire affectée aux entreprises de transmission de données permettait à la législation pénale locale de les sanctionner dans la mesure où si l'on s'était placé sur le terrain des services, les entreprises de transmission de données auraient bénéficié d'une certaine immunité. Il convient en effet de rappeler qu'en Italie,

---

[586] Voir, à cet égard, la jurisprudence citée plus haut ; également, CJCE, 6 novembre 2003, *Procédure pénale c/ Piergiorgio Gambelli et autres*, *op. cit.*, pt.84.

[587] Par exemple, en matière de liberté d'établissement, CJCE, 9 mars 1999, *Centros Ltd c/ Erhvervs- og Selskabsstyrelsen*, aff. n°C-212/97, Rec., p.I-5087, pt.139 ; 30 septembre 2003, *Inspire Art Ltd*, *op. cit.*, pt.105.

[588] C. PRIETO, *Liberté d'établissement et de prestation de services*, *op. cit.*, p.538.

[589] CJCE, 6 novembre 2003, *Procédure pénale c/ Piergiorgio Gambelli et autres*, *op. cit.*, pt.46.

lieu de situation de ces sociétés, le secteur des jeux et paris fait l'objet d'un monopole d'exploitation et qu'ainsi, toute personne qui collecterait des jeux et paris de manière indépendante sur le territoire national encourrait des poursuites pénales[590]. Dans ce cas, la Cour a adopté une solution qui allait dans un sens favorable à la position de l'État membre en lui permettant de sanctionner des comportements contraires à sa réglementation pénale.

À l'inverse, il est d'autres situations pour lesquelles la Cour a appréhendé sévèrement les dispositions nationales en cause. Ainsi, en matière de liberté d'établissement, la Cour admet qu'une société ait son siège social dans un État membre particulier – par exemple au Royaume-Uni où les règles de constitution des sociétés sont beaucoup moins contraignantes en matière de libération d'un capital social minimal – et que son activité réelle soit transférée dans un autre État membre[591]. Dans cette perspective, le premier établissement ne sert dès lors que de simple « boîte aux lettres ».

La Cour s'autorise donc une largesse d'interprétation dans la mesure où elle aura tendance à favoriser la solution qui répond de la meilleure des manières à l'ouverture du marché européen tant sur le plan de l'accès au marché que sur celui de l'exercice d'une activité économique sur ce même marché. La seule atténuation apportée à cet élan jurisprudentiel se trouve dans la volonté de la Cour de ménager les domaines spécifiques que sont, notamment, ceux des monopoles nationaux ou encore des droits de propriété intellectuelle.

Ainsi, la Haute juridiction communautaire n'hésite pas à modifier la qualification à attribuer à une situation lorsque l'ouverture du marché intérieur l'exige. Certains secteurs encore soumis à la souveraineté nationale, tels que ceux de la fiscalité directe ou encore de la protection sociale, demeurent inamovibles. Le fait que la Cour de justice favorise la concurrence fiscale au sein du marché européen, en facilitant la libre circulation des sociétés, au titre de la liberté d'établissement ou encore de la libre prestation des services, a pour effet de relativiser cette souveraineté nationale. Effectivement, la fiscalité directe est une question dont les éventuelles dispositions communautaires qui seraient adoptées le sont à l'unanimité. Dans ce contexte et dans la perspective où l'élargissement continu de l'Union européenne à de nouveaux membres ne peuvent que rendre plus difficile l'obtention d'une telle unanimité, d'autres voies devaient être trouvées afin d'amoindrir l'impact de ces barrières fiscales sur la construction communautaire. Le détournement des voies classiques de démantèlement des entraves au commerce dans le but d'atteindre les États dans ce qu'ils ont de plus précieux, à savoir leurs pouvoirs régaliens, amenuise clairement leur autonomie législative. L'objectif affiché est clair ; il s'agit en effet de pousser les États membres à coordonner par eux-mêmes leurs législations susceptibles d'entraver les échanges commerciaux au sein du grand marché européen.

---

[590] La Cour s'est d'ailleurs prononcée à ce sujet à de nombreuses reprises ; voir, CJCE, 24 mars 1994, *Schindler*, *op. cit.* ; 21 septembre 1999, *Markku Juhani Läärä, Cotswold Microsystems Ltd et Oy Transatlantic Software Ltd c/ Kihlakunnansyyttäjä (jyväskylä) et Suomen valtio (État finlandais)*, aff. n°C-124/97, Rec., p.I-6067 ; 21 octobre 1999, *Questore di Verona c/ Diego Zenatti*, aff. n°C-67/98, Rec., p.I-7289.

[591] Voir, à ce sujet, la jurisprudence *Centros* et *Inspire Art Ltd* précitée.

D'ailleurs, une proposition de directive présentée au début de l'année 2004 et modifiée en avril 2006 va dans un tel sens[592]. Ce texte vise à accroître les relations interétatiques. Les États membres sont en effet invités à effectuer entre eux des évaluations réciproques et ainsi dégager des points de divergence pouvant affecter les libertés économiques afin de les réduire voire de les supprimer. Ainsi, sans réellement aborder la question de la fiscalité directe, cette proposition de directive amorce une nouvelle politique d'incitation qui, appliquée conjointement à la position jurisprudentielle de mise en concurrence des législations nationales, ne peut aboutir qu'à une recherche d'équilibre, d'alignement des niveaux de protection en matière de qualité, de sécurité, en fait, de tous les éléments qui ont pu servir aux États de prétextes afin de justifier le maintien d'entraves au commerce. Il est évident que l'appréhension de plus en plus large de la moindre entrave aux échanges rend difficile la survie de mesures nationales discriminatoires. Un sort non moins enviable est d'ailleurs réservé aux entraves non discriminatoires. De la sorte, les cas d'exclusion des principes de libre circulation tels que décrits par le Traité CE lui-même ou élaborés par la jurisprudence, et les domaines entrant encore dans le champ exclusif de la souveraineté nationale, telle que la fiscalité, sont les seuls foyers pouvant encore fournir du grain au moulin protectionniste des États. Un rapprochement des législations nationales concernant le premier de ces éléments ne peut conduire, par un processus de confiance mutuelle qui aura pu dès lors émerger, qu'à un rapprochement des systèmes fiscaux des différents États membres.
Cette politique d'ajustement des législations nationales au sein de l'Union européenne passe, au niveau de la libre prestation des services, par la soumission inconditionnelle du prestataire à la réglementation du pays d'origine. S'alignant à cet égard sur la position de la jurisprudence, le texte entend par là même instaurer un degré important de sécurité juridique au profit des opérateurs économiques.

Néanmoins, dans l'attente d'une éventuelle adoption de cette proposition de directive, la Cour de justice, dès que les différentes directives élaborées en la matière ne trouvent à s'appliquer, prend le relais et de manière remarquablement efficace.

II.- Le processus de démantèlement des entraves à la libre prestation des services et à la libre circulation des personnes

La libéralisation des prestations de services ainsi que de la circulation transfrontalière des personnes constituent des corollaires logiques de celle des marchandises. Dans cette optique, le droit communautaire a envisagé le démantèlement de toutes les entraves pouvant affecter ces domaines simultanément à celui des entraves faisant obstacle au marché des marchandises. Pour ainsi dire et désormais, il existe un véritable marché unique européen notable dans tous les secteurs commerciaux de manière indépendante, mais aussi de manière interdépendante. De la sorte, comme en matière de marchandises, la libéralisation des domaines des services et des personnes

[592] Proposition de directive relative aux services dans le marché intérieur du 4 avril 2006, COM (2006) 160 final, modifiant la proposition de directive du 13 janvier 2004, COM (2004) 2 final ; à ce sujet, voir, S. D'ACUNTO, *La proposition de directive sur les services dans le marché intérieur*, RDUE, 2/2004, pp.201 et ss.

connaîtra une évolution débouchant également sur l'affirmation de la théorie de l'entrave non discriminatoire (A).

En droit multilatéral et à un niveau relativement plus modeste, une telle politique ne fut entreprise que beaucoup plus tard qu'en ce qui concerne les marchandises. En effet, l'Accord général sur les tarifs douaniers et le commerce, concernant plus particulièrement la libéralisation du commerce des marchandises, fut signé en 1947. Or, l'Accord général sur le commerce des services (AGCS) est l'une des résultantes des accords de Marrakech de 1994. Malgré le caractère récent de la réglementation multilatérale en la matière, les points abordés par l'Accord laissent supposer une évolution prometteuse de la libéralisation du marché mondial des services (B).

A. L'approche communautaire définitoire des restrictions à la libre circulation des services et des personnes

De manière comparable à l'évolution constatée en matière de libre circulation des marchandises, à la seule différence chronologique, la Cour de justice a assuré le démantèlement des entraves au commerce dans les secteurs des services et des personnes en étendant peu à peu le champ des mesures nationales soumises à son contrôle, des seules discriminations (1) aux entraves non discriminatoires (2).

1. Le démantèlement des mesures discriminatoires en matière de libre circulation des services et des personnes

Quel que soit le domaine concerné, la jurisprudence a procédé à un examen diachronique des restrictions aux échanges. Visant tout d'abord le démantèlement des discriminations directes (a), la Cour a progressivement étendu son contrôle pour appréhender des mesures nationales dont l'effet discriminatoire sur les échanges commerciaux n'apparaît qu'indirectement (b), voire à rebours (c).

a. Le démantèlement des discriminations directes

Les articles 49 à 55[593] constituent les dispositions du Traité de Rome consacrées à la question des services. Pour autant, seuls les deux premiers ont servi de base à une construction communautaire du démantèlement des entraves à la libre prestation des services. L'élément ayant soulevé une interrogation quant à ces deux dispositions est celui de leur portée. En effet, les restrictions visées par l'article 49 pouvaient être envisagées strictement comme n'étant que de simples discriminations, soit, plus largement, comme recouvrant l'ensemble des entraves pouvant affecter la libre prestation des services entre les États membres. Dans ce dernier cas, la Cour prendrait alors appui sur les éléments qu'elle avait déjà développés en matière de libre circulation des marchandises, uniformisant du même coup les deux domaines.

La première affaire ayant permis à la Cour de se pencher sur l'interprétation des articles 49 et 50 [59 et 60 à l'époque] fut l'arrêt *Van Binsbergen*[594]. Pourtant, alors

---

[593] Anciens articles 59 à 66.

[594] CJCE, 3 décembre 1974, *Johannes Henricus Maria van Binsbergen c/ Bestuur van de Bedrijfsvereniging voor de Metaalnijverheid*, aff. n°33/74, Rec., p.1299. La réglementation sociale en cause exigeait des

qu'elle faisait référence à la notion de restriction[595], élargissant au domaine des services la théorie de l'entrave non discriminatoire, la Cour a envisagé l'article 49 comme prônant l'élimination de toutes discriminations affectant le prestataire à raison de la nationalité ou de la circonstance qu'il se trouvait établi dans un État membre autre que celui dans lequel la prestation devait être fournie[596]. Cette ambiguïté est d'autant plus cultivée que le Programme général de 1961 pour la suppression des restrictions à la libre prestation des services[597] semble prendre position pour une interdiction exclusive des seules discriminations. La jurisprudence qui suivra de manière directe l'arrêt *Van Binsbergen* n'apportera pas de réelle solution aux interrogations soulevées par cette affaire[598]. Tout juste se contentera-t-elle d'ériger le principe de non-discrimination en principe général du droit communautaire[599]. Dans cette optique, elle a pu clairement dessiner les contours de la notion de discrimination directe : une telle mesure est donc fondée sur une différence de traitement opérée envers des prestataires de services à raison de la nationalité. Ce type de discrimination constitue assurément la plus grande partie des restrictions sanctionnées par la Cour.

Le domaine de la libre circulation des personnes semble avoir connu un cheminement similaire. Le Traité pose pourtant le principe d'interdiction de toute restriction à la liberté d'établissement dans son article 43[600]. Cela dit, la restriction la plus commune et la plus facilement identifiable est celle basée sur la nationalité. D'ailleurs, le programme général du 18 janvier 1961[601] expose une liste exemplative de restrictions à lever selon un échéancier préétabli[602]. Or, à la lecture des exemples cités, les discriminations à raison de la nationalité sont seules visées. Cette position fut du reste entérinée rapidement par la Cour dans son arrêt *Reyners*[603].

Le parcours rencontré en matière de libre circulation des travailleurs salariés se superpose à celui décrit pour le libre établissement dans la mesure où bien souvent la Cour, alors qu'elle analysait des mesures nationales discriminatoires au regard de l'article 43, faisait également référence à l'article 39 CE. Cette dernière disposition, dans son paragraphe premier, énonce le principe de libre circulation des travailleurs.

---

représentants en justice qu'ils soient établis aux Pays Bas. Au regard du droit communautaire, cette situation entrait clairement dans le cadre de la libre prestation des services. La Cour, saisie de la question, devait se prononcer sur l'origine de la restriction.

595 *Ibidem*, pt.10.

596 *Ibidem*, pt.25.

597 Programme général de 1961 *pour la suppression des restrictions à la libre prestation des services*, JOCE n°C.2, 15 janvier 1962, pp.32 à 35.

598 Voir, par exemple : CJCE, 12 décembre 1974, *B.N.O. Walrave, L.J.N. Koch c/ Association Union cycliste internationale, Koninklijke Nederlandsche Wielren Unie et Federación Española Ciclismo*, aff. n°36/74, Rec., p.1405. La Cour souligne dans cette affaire l'objectif de démantèlement des discriminations qui doit être poursuivi dans le domaine de la libre prestation des services.

599 CJCE, 12 décembre 1974, *Walrave, op. cit.*, pts.23, 24 et 32.

600 Ancien article 52.

601 Programme général *pour la suppression des restrictions à la liberté d'établissement*, JOCE n°L.2, 15 janvier 1962, pp.36 à 45.

602 En effet, le programme donnait un échéancier précis couvrant ainsi une période de transition. La survenance de son terme, fixé au 31 décembre 1969, a rendu caduques les notions d'application progressive et d'échéancier dans la mesure où cette date aurait dû constituer le terme extrême pour la mise en place de l'ensemble des réalisations que nécessite l'établissement du Marché commun.

603 CJCE, 21 juin 1974, *Jean Reyners c/ État belge*, aff. n°2/74, Rec., p.631, pt.15. La Cour reprochait à la Belgique le fait d'interdire à un ressortissant néerlandais, en raison de sa nationalité, pourtant titulaire du diplôme légal belge permettant l'accès à la profession d'avocat, de s'établir et d'exercer sur son territoire.

Les deux paragraphes suivants apportent quelques précisions à cet égard : ces deux textes définissent clairement les droits accordés aux travailleurs salariés, le deuxième en prévoyant l'élimination de toute discrimination ainsi que les éléments relatifs à l'emploi et aux conditions de travail, le troisième en soulignant la possibilité ouverte par cette liberté de répondre à des emplois offerts en se déplaçant librement et en séjournant ou demeurant librement dans l'État membre dans lequel l'emploi est offert[604]. La Cour de justice érige d'ailleurs le libre exercice d'une activité professionnelle et la liberté d'entreprendre, se confondant avec le premier, en principe général du droit communautaire[605]. Le démantèlement des discriminations directes est clairement envisagé par l'article 39, §2, lequel ne semble concerner que les seules questions relatives à l'accès à une activité salariée. Le paragraphe suivant, envisageant plutôt les conditions d'exercice d'une telle activité, n'apporte pas en cela de précisions, laissant la porte ouverte à l'accueil d'un contrôle des entraves non discriminatoires.

b. Le démantèlement des discriminations indirectes

Les précisions jurisprudentielles apportées en matière de libre prestation des services concerneront principalement l'intensité des discriminations, permettant dès lors de dégager divers degrés au sein même de cette notion de discrimination. Il est ainsi loisible de parler de discrimination « directe », « indirecte » ou encore « déguisée ». Une discrimination directe, comme développée plus haut, consiste en une différence de traitement opérée envers des prestataires de services à raison de leur nationalité. Une discrimination indirecte ne peut donc se concevoir que comme étant fondée sur d'autres critères que celui de nationalité. De ce fait, une mesure nationale empêchant un prestataire de services d'exercer sur le marché local du fait qu'il ne détient pas de résidence sur le territoire national constitue une telle discrimination indirecte. Dans ce cas, la mesure affecte négativement le prestataire établi à l'étranger sans pourtant s'appuyer directement sur l'origine de celui-ci[606].
La jurisprudence s'est d'ailleurs référée[607] au Programme général de 1961 afin de trouver un fondement légal à la notion de discrimination indirecte[608]. Selon ce programme, les réglementations indistinctement applicables qui gênent exclusivement ou principalement les prestataires établis dans les autres États membres constituent de telles discriminations déguisées[609]. En effet, il semble que la jurisprudence utilise indifféremment les adjectifs « indirectes », « déguisées », « dissimulées », pour

[604] Comme cela a pu être dit, cette possibilité s'étend également au droit de rechercher un emploi ; voir par exemple, CJCE, 8 avril 1976, *Jean Noël Royer*, aff. jtes n°s8 et 48/75, Rec., p.497 ; 26 février 1991, *The Queen c/ Immigration Appeal Tribunal, ex parte Gustaff Desiderius Antonissen*, aff. n°C-292/89, Rec., p.I-745.
[605] Pour un rappel, CJCE, 9 septembre 2004, *Royaume d'Espagne et République de Finlande c/ Parlement européen et Conseil de l'Union européenne*, aff. jtes n°s184 et 223/02, Rec., p.I-7789, pt.51.
[606] C'est d'ailleurs le cas dans l'affaire *Van Binsbergen* ; la personne qu'il a choisie pour le représenter devant les juridictions nationales étant de même nationalité que lui mais établi dans un autre État membre.
[607] Voir, CJCE, 28 avril 1977, *Jean Thieffry c/ Conseil de l'ordre des avocats à la cour de Paris*, aff. n°71/76, Rec., p.765, pt.13 ; 24 octobre 1978, *Société générale alsacienne de banque SA c/ Walter Koestler*, aff. n°15/78, Rec., p.1971, pt.4.
[608] Programme général pour la suppression des restrictions à la libre prestation des services, JOCE n°C.2, 15 janvier 1962, pp.32 à 35.
[609] Titre III-A, al.3, du programme général.

qualifier ces discriminations et les opposer à celles qui peuvent être considérées comme « directes » ou encore « ouvertes ».

La Cour de justice, alors qu'elle hésitait encore à étendre la théorie de l'entrave non discriminatoire au domaine des services, a affiné la notion de discrimination indirecte. Ainsi, en ce qui concerne les discriminations indirectement rattachées à la nationalité, un certain nombre de considérations ont été soulevées par la jurisprudence. Dans l'affaire *Commission c/ Italie*[610], impliquant la mise en œuvre des libertés d'établissement et de prestations de services, la Haute juridiction communautaire condamna une clause de réciprocité comme étant une forme détournée du critère de nationalité. En effet, le fait d'exiger la réciprocité implique pour un pays qui l'impose de n'accorder un établissement sur son territoire qu'aux seuls étrangers dont les États d'origine accordent une telle possibilité aux propres ressortissants du premier. La Cour affirma alors l'incompatibilité avec les articles 39, 43 et 49 du Traité CE de toute clause de nationalité ou de réciprocité[611]. Dans d'autres affaires[612], elle a du reste mis en avant le fait que les articles 43 et 49 visaient essentiellement à mettre en œuvre le principe de non-discrimination consacré par l'article 12 CE.

La Cour a également été confrontée à des mesures étatiques exigeant la détention d'un diplôme national afin de pouvoir jouir de la liberté d'établissement. Dans l'affaire *Thieffry*[613], la juridiction communautaire a dû interpréter l'article 47[614] afin de se prononcer sur les conditions d'exercice de la profession d'avocat. En l'espèce, le litige opposait l'Ordre des avocats auprès la Cour de Paris à un avocat belge, M. Thieffry. Ce dernier était titulaire, par équivalence d'une université française, d'une licence de droit français, et avait, par la suite, réussi les épreuves du Certificat d'aptitude à la profession d'avocat. Il demanda alors son admission à l'Ordre qui la lui refusa au motif qu'il ne présentait pas de diplôme français tel qu'une licence ou un doctorat. Le fait d'exiger un diplôme national, sans admettre la valeur de l'équivalence académique, est une discrimination déguisée qui résulte de la substitution de la nationalité du diplôme à celle de la personne. Cependant, malgré l'évidence du caractère discriminatoire de cette mesure, la Cour la validera comme étant justifiée par des raisons d'intérêt général.

---

[610] CJCE, 15 octobre 1986, *Commission des Communautés européennes c/ République italienne*, aff. n°168/85, Rec., p.2945. La mesure italienne en cause prévoyait une condition de réciprocité pour l'exercice du droit d'établissement par un ressortissant d'un autre État membre en matière d'activités professionnelles liées au tourisme et en matière d'inscription des journalistes sur les listes professionnelles nationales. De la même manière, elle instituait une condition de nationalité pure et simple pour l'accès aux concours d'attribution d'officines de pharmacie et pour l'inscription des publicistes et des journalistes stagiaires.

[611] Anciens articles 48, 52 et 59 du Traité.

[612] Par exemple, CJCE, 14 janvier 1988, *Commission des Communautés européennes c/ République italienne*, aff. n°63/86, Rec., p.29, pt.12 ; 15 mars 1988, *Commission des Communautés européennes c/ République hellénique*, aff. n°147/86, Rec., p.1637, pts.18 et 19 ; 14 juillet 1988, *Commission des Communautés européennes c/ République hellénique*, aff. n°38/87, Rec., p.4415, pt.6 ; 30 mai 1989, *Commission des Communautés européennes c/ République hellénique*, aff. n°305/87, Rec., p.1461, pt.28.

[613] CJCE, 28 avril 1977, *Jean Thieffry*, *op. cit.*, pt.15.

[614] Article 57 à l'époque. Cette disposition charge le Conseil des Communautés européennes d'arrêter des directives visant la reconnaissance mutuelle des diplômes ainsi que la coordination des dispositions législatives et administratives des États membres concernant l'accès aux activités non salariées et leur exercice. Le but final étant donc la conciliation du principe de liberté d'établissement et le recours à des normes nationales pouvant être justifiées par l'intérêt général.

À un degré moindre, un problème de reconnaissance d'équivalence a pu également être soulevé quant à la détention d'un permis de conduire. Dans l'arrêt *Choquet*[615], un ressortissant français, résidant en Allemagne et titulaire d'un permis de conduire français, s'est vu poursuivi pénalement dans ce pays pour n'avoir pu présenter un permis local lors d'un contrôle de police alors qu'une disposition nationale imposait sa détention aux ressortissants étrangers résidant dans le pays depuis plus d'un an. De la même manière que pour le dénouement de l'affaire *Thieffry*, la Cour s'est référée à des impératifs supérieurs d'ordre public afin de justifier une telle discrimination indirecte.

Ainsi, dans la mesure où l'intérêt général est en jeu, l'État membre peut recourir à des limites objectives comme le droit reconnu aux États membres d'imposer l'obligation d'inscription des avocats à un barreau dans le but de garantir la moralité et le respect des principes déontologiques ainsi que le contrôle disciplinaire de leur activité[616].

Parallèlement à l'exigence d'un diplôme national, la jurisprudence a pu établir un autre facteur de discrimination employé fréquemment par les États membres pouvant toutefois bénéficier d'une justification. Ainsi, dans l'arrêt *Klopp*[617], la Cour a analysé la situation d'un ressortissant allemand, avocat et membre du barreau de Düsseldorf, ayant demandé son inscription au barreau de Paris. Cette demande lui a été refusée au motif qu'un avocat ne peut bénéficier que d'un seul domicile professionnel, situé dans le ressort du tribunal de grande instance auprès duquel il est établi. La juridiction communautaire a alors considéré qu'en vertu de l'article 43, §2, la liberté d'établissement, comportant l'accès aux professions non salariées ainsi que leur exercice, doit être mise en œuvre « dans les conditions définies par la législation du pays d'établissement pour ses propres ressortissants » et cela en l'absence de règles communautaires spécifiques régissant la matière. Du fait que selon l'article 43, §1, la liberté d'établissement s'étend « à la création d'agences, de succursales ou de filiales », le fait de créer plus d'un centre d'activité sur le territoire de la Communauté constitue une des mises en œuvre de cette liberté.

Cependant, dans une deuxième affaire également relative à l'unicité du domicile professionnel, la Cour a adopté un raisonnement différent. Dans l'arrêt *Commission c/ France*[618], la mesure en cause était une loi française qui exigeait pour les dentistes et médecins, la radiation de leur inscription à l'ordre professionnel dans leur État d'origine s'ils voulaient s'établir en France en tant qu'indépendants, salariés ou seulement prestataires temporaires de services pour un remplacement. Réfutant toutes les justifications ayant pu être soulevées par les autorités françaises, la Cour a sanctionné ces dispositions sur la base, cette fois-ci, des articles 39, 43 et 49 CE[619].

Concernant également l'exigence d'un diplôme national afin de pouvoir bénéficier du droit d'établissement, la Cour a développé une notion dépassant celle de discrimination indirecte.

---

[615] CJCE, 28 novembre 1978, *Procédure pénale c/ Michel Choquet*, aff. n°16/78, Rec., p.2293.

[616] CJCE, 19 janvier 1988, *Claude Gullung c/ Conseil de l'ordre des avocats du barreau de Colmar et de Saverne*, aff. n°292/86, Rec., p.111, pt.29.

[617] CJCE, 12 juillet 1984, *Ordre des avocats au barreau de Paris c/ Onno Klopp*, aff. n°107/83, Rec., p.2971.

[618] CJCE, 30 avril 1986, *Commission des Communautés européennes c/ République française*, aff. n°96/85, Rec., p.1475.

[619] Anciens articles 48, 52 et 59.

c. Le démantèlement des discriminations à rebours

La Haute juridiction communautaire a dégagé la notion de discrimination à rebours afin de qualifier les mesures discriminatoires opposées aux ressortissants nationaux de l'État fauteur. Dans l'affaire *Knoors*[620], concernant un ressortissant néerlandais qui avait exercé pendant six ans en Belgique le métier d'installateur de chauffage central et de plomberie, l'intéressé voulut retourner dans son pays d'origine sans pourtant disposer des qualifications requises par la loi nationale pour s'y installer. La Cour jugea alors que les dispositions de l'article 43 visaient à inclure les propres ressortissants d'un État membre au bénéfice des dispositions communautaires lorsque leur propre pays est auteur des discriminations. Cette qualification, réitérée à différentes reprises[621], constitue un élargissement certain de la notion de discrimination, ce qui signifie *a contrario* que la Cour n'entendait pas, du moins pour l'instant, emprunter la voie de la qualification d'entrave en matière de liberté d'établissement[622].

2. Le démantèlement des entraves non discriminatoires

L'arrêt *Dassonville* a marqué, en matière de libre circulation des marchandises, l'extension du contrôle juridictionnel des restrictions aux échanges à l'ensemble des mesures nationales susceptibles d'entraver le commerce des marchandises. S'agissant des secteurs des services et des personnes, cette extension est intervenue beaucoup plus tard, à vrai dire près de vingt ans plus tard. Néanmoins, elle ne s'est pas produite de la même manière en matière de libre prestation de services (a) qu'en matière de libre circulation des personnes (b).

a. Le conflit conceptuel entre « discrimination indirecte » et « entrave non discriminatoire » en matière de services

Le contrôle jurisprudentiel des entraves non discriminatoires en matière de services n'a été posé qu'en 1991. Par une série de trois arrêts, *Gouda* et *Commission c/ Pays-Bas*, dans un premier temps, puis *Säger*, dans un second temps, la Cour va expliciter le champ d'application de l'article 49[623]. Les arrêts *Gouda*[624] et *Commission*

---

[620] CJCE, 7 février 1979, *J. Knoors c/ Secrétaire d'État aux affaires économiques*, aff. n°115/78, Rec., p.399.

[621] Par exemple, les deux arrêts de la Cour découlant d'une même affaire « Auer », 7 février 1979, *Ministère public c/ Vincent Auer*, aff. n°136/78, Rec., p.437, pt.24, et, 22 septembre 1983, *Vincent Rodolphe Auer c/ Ministère public*, aff. n°271/82, Rec., p.2727, pt.19.

[622] En matière de libre circulation des travailleurs salariés, la jurisprudence recourt à une telle notion de discrimination indirecte pour caractériser, par exemple en matière de discrimination à raison du sexe et en application de l'article 141 CE, des mesures nationales qui tout en étant formulée de façon neutre, désavantages en fait un pourcentage beaucoup plus élevé de femmes que d'hommes (CJCE, 6 avril 2000, *Brigitte Jørgensen c/ Foreningen af Speciallæger et Sygesikringens Forhandlingsudvalg*, aff. n°C-226/98, Rec., p.I-2447, pt.29 ; 26 septembre 2000, *Bärbel Kachelmann c/ Bankhaus Hermann Lampe KG*, aff. n°C-322/98, Rec., p.I-7505, pt.23 ; 9 septembre 2003, *Katharina Rinke c/ Ärztekammer Hambourg*, aff. n°C-25/02, Rec., p.I-8349, pt.33 ; 12 octobre 2004, *Nicole Wippel c/ Peek & Cloppenburg GmbH & Co. KG.*, aff. n°C-313/02, Rec., p.I-9483, pt.43.

[623] Article 59 à l'époque.

[624] CJCE, 25 juillet 1991, *Stichting Collectieve Antennevoorziening Gouda et autres c/ Commissariaat voor de Media*, aff. n°C-288/89, Rec., p.I-4007 ; le problème central gravitait dans cette affaire autour de la

c/ Pays-Bas[625] mettent à jour la notion d'entrave en tant que restriction à la libre prestation des services condamnable par le droit communautaire. Ces deux affaires rappellent certes l'objectif principal d'élimination de toute discrimination,[626] mais précisent qu'*en l'absence d'harmonisation des règles applicables aux services, voire un régime d'équivalence, des entraves à la liberté garantie par le Traité dans ce domaine peuvent, en second lieu, provenir de l'application de réglementations nationales, qui touchent toute personne établie sur le territoire national, à des prestataires établis sur le territoire d'un autre État membre, lesquels doivent déjà satisfaire aux prescriptions de la législation de cet État*[627]. Toutefois, l'arrêt *Säger*[628] se montrera encore plus explicite sur la question. La Cour considéra, dans cette dernière affaire, que *l'article [49] du Traité exige non seulement l'élimination de toute discrimination à l'encontre du prestataire de services en raison de sa nationalité, mais également la suppression de toute restriction même si elle s'applique indistinctement aux prestataires nationaux et à ceux des autres États membres, lorsqu'elle est de nature à prohiber ou gêner autrement les activités du prestataire établi dans un autre État membre, où il fournit légalement des services analogues*[629].

Cette position, pourtant limpide quant à l'accueil qu'elle réserve en matière de services à la théorie de l'entrave non discriminatoire, a reçu une application hésitante, voire exceptionnelle. Dans les affaires qui suivront la jurisprudence *Gouda*[630], la Cour préférera en effet qualifier de discriminations indirectes des mesures clairement non discriminatoires, mais entravant tout de même les échanges[631]. L'importance de la qualification d'une mesure nationale restreignant les échanges découle du régime de justification qui pourrait être appliqué à la situation en cause. Effectivement, les principes développés en matière de libre circulation des marchandises semblent pouvoir obtenir un écho semblable dans le secteur des services. Ainsi, une mesure restrictive indistinctement applicable pourrait être justifiée par un ensemble de conditions ressortant de raisons impérieuses d'intérêt général telles que décrites par la

---

question de la transmission de programmes radiophoniques émanant d'autres États membres contenant des messages publicitaires destinés au public local.

[625] CJCE, 25 juillet 1991, *Commission des Communautés européennes c/ Royaume des Pays-Bas*, aff., n°C-353/89, Rec., p.I-4069 ; dans ce cas, une législation néerlandaise obligeait les organismes nationaux de radiodiffusion établis sur le territoire de faire réaliser tout ou partie de leurs programmations par une entreprise locale.

[626] CJCE, 25 juillet 1991, *Gouda, op. cit.*, pt.10.

[627] *Ibidem*, pt.12.

[628] CJCE, 25 juillet 1991, *Manfred Säger c/ Dennemeyer & Co. Ltd.*, aff. n°C-76/90, Rec., p.I-4221 ; dans cette affaire, une entreprise britannique spécialisée en conseil de brevet se trouve interdite d'activité sur le territoire allemand par une législation qui prohibe de manière générale ce type de services et n'autorise que le cas des conseils en brevet agissant à titre individuel. La Cour de justice devait donc trancher sur le cas d'une réglementation nationale prônant une interdiction générale affectant de la même manière les opérateurs nationaux et les opérateurs étrangers.

[629] Discrimination à raison de la nationalité du prestataire ou de la circonstance qu'il est établi dans un autre État membre que celui où la prestation doit être exercée : *ibidem*, pt.12.

[630] Par exemple, CJCE, 24 mars 1994, *Her Majesty's Customs and Excise c/ Gerhart Schindler et Jörg Schindler*, aff. n°C-275/92, Rec., p.I-1039, pts.39 et 45 ; 10 mai 1995, *Alpine Investments BV c/ Minister van Financiën*, aff. n°C-384/93, Rec., p.I-1141, pt.38 ; 5 juin 1997, *Syndesmos ton en Elladi Touristikon kai Taxidiotikon Grafeion c/ Ypourgos Ergasias*, aff. n°C-398/95, Rec., p.I-3091, pt.6 ; 9 juillet 1997, *Société civile immobilière Parodi c/ Banque H. Albert de Bary et Cie*, aff. n°C-222/95, Rec., p.I-3899, pt.9.

[631] Par exemple, CJCE, 28 mars 1996, *Procédure pénale c/ Michel Guiot et Climatec SA, en tant qu'employeur civilement responsable*, aff. n°C-272/94, Rec., p.I-1905, pt.8.

jurisprudence, mais aussi par de considérations d'ordre public énoncées par le Traité lui-même dans son article 66[632]. En revanche, des mesures clairement discriminatoires ne pourraient être justifiées que par ces dernières conditions, émanant donc du plus haut degré de la réglementation communautaire.

L'hésitation jurisprudentielle a essentiellement découlé du fait que l'accueil de la théorie de l'entrave non discriminatoire semblait menacer le contrôle juridictionnel d'un assouplissement. En effet, comme cela a été dit à de nombreuses reprises, les mesures discriminatoires ne peuvent être justifiées que par les dispositions du Traité, c'est-à-dire de manière étroite, alors que les entraves non discriminatoires peuvent l'être tant par ces dernières que par des raisons impérieuses d'intérêt général telles que décrites par la jurisprudence. Une entrave peut donc bénéficier avec plus d'aisance d'une justification que ce qu'il est permis d'accorder à une discrimination. Ce constat est logique si l'on considère le fait que les entraves affectent d'une manière moindre les échanges commerciaux.

Afin d'éviter ce risque et vu la difficile délimitation de ces deux notions, la jurisprudence semblait alors préférer une voie de raison en statuant la plupart du temps en faveur de la qualification de discrimination indirecte, notion offrant une sérieuse économie d'analyse à la Cour de justice. Cependant, après avoir dessiné une évolution en dents de scie, la jurisprudence semble se stabiliser en matière de libre prestation des services, empruntant la voie d'une simplification du régime alors applicable par le biais de la théorie de l'entrave. Pourtant, le recours systématique des États à des raisons impérieuses afin de justifier leurs mesures restrictives tend à modifier le travail d'analyse de la Cour. Les autorités nationales dont les mesures sont soumises à son examen nient rarement leur caractère restrictif ; en revanche, elles tentent de les justifier de toutes les manières possibles. De la sorte, par exemple, dans l'arrêt *Inspire Art Ltd*, le gouvernement néerlandais invoquait de manière confondue toutes les causes de justification, qu'elles soient issues du Traité CE ou encore des raisons impérieuses fixées par la jurisprudence[633]. La fonction juridictionnelle se résume dès lors en la vérification de l'existence d'une justification aux mesures restrictives incriminées.

Les notions de discrimination et d'entrave non discriminatoire semblent désormais bien circonscrites. Effectivement, la jurisprudence a, des décennies durant, affiné ces concepts en établissant de la sorte deux régimes juridiques spécifiques de démantèlement des entraves au commerce. Pourtant, cette toile, en apparence remarquablement tissée, rencontre encore certains accrocs. La Cour de justice établit parfois des corrélations induisant certaines incohérences. Ainsi, alors qu'elle identifie la présence d'une mesure nationale gênant davantage les activités des opérateurs établis dans un autre État membre et donc d'une restriction à la libre prestation de services, la Cour illustre ce type de mesures en se référant à des discriminations établies dans des

---

[632] Ancien article 55. Cette disposition renvoie aux articles 45 à 48, anciennement 55 à 58, qui énoncent un ensemble de situations permettant de justifier l'existence de restrictions en matière de droit d'établissement et donc, par ce renvoi, en matière de services.

[633] CJCE, 30 septembre 2003, *Kamer van Koophandel en Fabrieken voor Amsterdam c/ Inspire Art Ltd*, aff. n°C-167/01, Rec., p.I-10155, pt.142 (entre autres) ; cet arrêt se présente d'ailleurs comme étant un excellent catalogue de l'état de la jurisprudence en matière de raisons impérieuses susceptibles de justifier une restriction à la libre prestation de services.

affaires antérieures[634]. Étonnamment, les mesures placées sous son examen dans ces dernières ne sont, pour certaines, en rien discriminatoires[635]. Ces références qui pourraient paraître anecdotiques sont pourtant révélatrices d'une ambiguïté dans l'argumentaire ne se retrouvant toutefois pas dans les conclusions de la Cour. Certes, cette relation qui pourrait s'avérer néfaste à la compréhension de la distinction primordiale est éclipsée par l'orientation non discriminatoire prise par les autorités nationales dans l'élaboration des mesures protectionnistes.

b. Le démantèlement des entraves non discriminatoires en matière de libre circulation des personnes : la jurisprudence *Bosman-Gebhard*

La libre circulation des personnes, qu'il s'agisse de liberté d'établissement ou de libre circulation des travailleurs salariés, est traitée par la Cour de justice d'une manière uniforme. C'est ainsi qu'elle semble avoir transposé le raisonnement qui est le sien en matière d'entrave d'une façon chronologiquement similaire dans les deux domaines. L'arrêt *Kraus*[636] constitue ainsi la première affaire à avoir réalisé un tel élargissement du contrôle juridictionnel. Bien que l'on ait pu voir dans un arrêt antérieur les prémices de cette mutation[637], cette affaire pose clairement les bases de la notion d'entrave non discriminatoire en matière de libre circulation des personnes. Cependant, la jurisprudence qui suivit l'affaire *Kraus* n'emprunta pas la même voie[638], ayant peut-être pris acte des effets nuisibles de son raisonnement en matière de services, conduisant à requalifier une discrimination indirecte en entrave[639].

Malgré ce risque, deux ans après l'arrêt *Kraus*, la Haute juridiction communautaire envisagea, tant pour les articles 39 que 43 du Traité, la possibilité de sanctionner des mesures qualifiables d'entraves[640]. En matière de libre circulation des

---

634 Par exemple, CJCE, ordonnance du 8 octobre 2002, *Viacom Outdoor Srl c/Giotto Immobilier SARL*, aff. n°C-190/02, Rec., p.I-8287, pt.19.

635 CJCE, 29 novembre 2001, *François De Coster c/ Collège des bourgmestres et échevins de Watermael-Boitsfort*, aff. n°C-17/00, Rec., p.I-9445, pt.35.

636 CJCE, 31 mars 1993, *Dieter Kraus c/ Land Baden-Württemberg*, aff. n°C-19/92, Rec., p.I-1663 ; il s'agissait d'une réglementation allemande prévoyant que les titulaires d'un diplôme universitaire obtenu en Allemagne pouvaient utiliser ce titre sur le territoire national sans autorisation préalable. En revanche, dans le cas du titulaire d'un diplôme étranger, qu'il soit allemand ou non, une demande d'autorisation préalable était obligatoire. La Cour a estimé que les articles 39 et 43 s'opposaient aux mesures nationales qui, *même applicables sans discrimination tenant à la nationalité, sont susceptibles de gêner ou de rendre moins attrayant l'exercice par des ressortissants communautaires des libertés fondamentales garanties par le Traité* (pt.32). Le raisonnement de la Cour est cependant mal fondé. En effet, les articles 39 et 43 ne visent pas la prohibition des seules discriminations fondées sur la nationalité, mais également de celles fondées sur d'autres facteurs caractérisant les discriminations indirectes. En tout état de cause, cette référence, même non fondée juridiquement, marque la volonté de la Cour de gravir un échelon dans le processus de contrôle des mesures nationales. Voir à cet égard, C. DENYS, *La notion de discrimination et de discrimination à rebours suite à l'arrêt Kraus*, CDE, n°5-6, 1er septembre 1994, pp.638 et ss.

637 CJCE, 7 mai 1991, *Irène Vlassopoulou c/ Ministerium für Justiz*, aff. n°C-340/89, Rec., p.I-2357.

638 Par exemple, CJCE, 27 mai 1993, *Hugo Schmid c/ Belgische Staat*, aff. n°C-310/91, Rec., p.I-3011, pt.25 ; 20 octobre 1993, *Maria Chiara Spotti c/ Freistaat Bayern*, aff. n°C-272/92, Rec., p.I-5185, pt.18 ; 14 février 1995, *Finanzamt Köln-Altstadt c/ Roland Schumacker*, aff. n°C-279/93, Rec., p.I-225, pt.23.

639 Voir *supra*.

640 Depuis lors, cette approche est de jurisprudence constante ; voir, CJCE, 17 février 2005, *Viacom Outdoor Srl c/ Giotto Immobilier SARL*, aff. n°C-134/03, Rec., p.I-1167, pt.37.

travailleurs salariés, l'arrêt *Bosman*[641] marque un pas important dans ce sens. Cette affaire aborde plus particulièrement la question de l'exercice d'une activité salariée, en l'occurrence, celle de footballeur professionnel. Or, un tel exercice implique normalement que l'individu concerné ait pu préalablement accéder à l'emploi en question. Malgré cela, la Cour fait tout de même référence au problème de l'accès aux emplois, position prêtant quelque peu à confusion[642]. En réalité, au-delà de l'accès à une activité, se pose une question plus générale se rapportant à l'existence même du droit à la libre circulation. Par exemple, l'empêchement relatif au refus d'attribution d'un certificat de transfert relève de l'entrave à l'exercice d'une activité telle que visée par le point a) de l'article 39, paragraphe 3. Selon cette disposition, la libre circulation des travailleurs implique le droit « de répondre à des emplois effectivement offerts »[643]. Contrairement à ce qui fut de mise dans l'arrêt *Kraus*, la Cour de justice eut affaire dans l'arrêt *Bosman* à une mesure présentant un effet réellement entravant et en aucun cas un aspect discriminatoire, occultant du même coup les risques inhérents à une telle conclusion. S'acquitter de la recherche d'une base précise afin de corroborer ses conclusions a permis à la Cour d'entériner avec pertinence la théorie de l'entrave en matière de libre circulation des travailleurs salariés.

Quinze jours avant l'arrêt *Bosman*, la Cour de justice avait adopté son corollaire en matière de liberté d'établissement. L'arrêt *Gebhard*[644], tout en présentant certaines imprécisions quant à la qualification de la mesure en cause – déjà présentes dans l'arrêt *Kraus* –, semble prendre partie pour un élargissement de la théorie de l'entrave non discriminatoire à ce secteur. Cependant, la jurisprudence qui suivra ne prendra pas de position claire à cet égard, faisant variablement référence à la notion de

---

641 CJCE, 15 décembre 1995, *Union royale belge des sociétés de football association ASBL c/ Jean-Marc Bosman, Royal club liégeois SA c/ Jean-Marc Bosman et autres et Union des associations européennes de football (UEFA) c/ Jean-Marc Bosman*, aff. n°C-415/93, Rec., p.I-4921. Spécifique au domaine des sportifs professionnels, cet arrêt abordait la question d'un footballeur belge désirant exercer sa profession en France. À cette fin, l'Union européenne de football amateur exigeait la délivrance par la fédération belge d'un certificat de transfert, lequel ne fut pas transmis à la fédération française empêchant dès lors M. Bosman d'user de ses droits. Cet arrêt est intéressant à plusieurs degrés. Effectivement, tout d'abord il démontre la possibilité de poursuivre une réglementation non étatique, établie donc par une organisation non gouvernementale. Mais, revenant au point essentiel, il implique une mesure qui ne peut en rien être qualifiée de discriminatoire dans la mesure où elle s'applique indifféremment à tous les ressortissants communautaires exerçant l'activité de footballeur professionnel. Cependant, il est clair qu'elle affecte de manière tangible la circulation de tels travailleurs salariés et qu'ainsi, elle mérite de faire l'objet d'un contrôle de légalité vis-à-vis des dispositions communautaires.

642 *Ibidem*, pt.103.

643 D'ailleurs, pour aboutir à une telle conclusion, la Cour fait référence à des affaires antérieures dans les points 94 et 95 de l'arrêt *Bosman*, comme, CJCE, 7 juillet 1992, *The Queen c/ Immigration Appeal Tribunal et Surinder Singh*, aff. n°C-370/90, Rec., p.I-4265 ; 5 février 1991, *Danielle Roux c/ État belge*, aff. n°C-363/89, Rec., p.I-273.

644 CJCE, 30 novembre 1995, *Reinhard Gebhard c/ Consiglio dell'Ordine degli Avvocati e Procuratori di Milano*, aff. n°C-55/94, Rec., p.I-4165 : cet arrêt mettait en scène un avocat de nationalité allemande exerçant en Italie depuis 1978 et de manière indépendante depuis 1989 usant du même coup de la dénomination d'*avvocato* et de la possibilité d'assurer des représentations devant les juridictions nationales contrairement à ce que prescrivait la réglementation italienne. Une procédure disciplinaire engagée contre cette personne l'encouragea à introduire une action devant la juridiction nationale compétente qui elle-même saisit les instances communautaires afin qu'elles se prononcent sur la législation nationale et sa possible contrariété avec les dispositions du Traité de Rome relatives à la liberté d'établissement.

discrimination indirecte[645], d'entrave, souvent de manière implicite[646], voire aucune des deux rappelant alors seulement que le Traité vise l'élimination des restrictions à la liberté d'établissement[647].

La jurisprudence *Bosman-Gebhard* constitue bel et bien un point de rupture vis-à-vis de la position de la Cour qui jusque-là se limitait au seul contrôle des mesures discriminatoires. Cependant, la jurisprudence postérieure, qui aurait dû suivre une certaine ligne de cohérence à l'égard de cette position, a fait montre d'ambiguïté faisant parfois machine arrière. L'arrêt *O'Flynn*[648] est d'ailleurs révélateur à ce sujet. Revenant sur la notion de discrimination indirecte, la Cour se livre à un véritable bilan de la jurisprudence relative à cette question[649]. Cependant, et la Cour reprend ici l'ambiguïté déjà ouverte par l'avocat général Lenz dans la même affaire, elle considère qu'*il n'en va autrement que si ces dispositions sont justifiées par des considérations objectives, indépendantes de la nationalité des travailleurs concernés, et que si elles sont proportionnées à l'objectif légitimement poursuivi par le droit national*[650].

De telles confusions se retrouvent dans divers arrêts qui néanmoins confirment l'existence d'une opposition entre discrimination indirecte et entrave non discriminatoire[651] ; les difficultés de différenciation de ces deux notions[652], décelables

---

[645] CJCE, 15 mai 1997, *Futura Participations SA et Singer c/ Administration des contributions*, aff. n°C-250/95, Rec., p.I-2471.

[646] CJCE, 17 juin 1997, *Sodemare SA, Anni Azzurri Holding SpA et Anni Azzurri Rezzato Srl c/ Regione Lombardia*, aff. n°C-70/95, Rec., p.I-3395.

[647] CJCE, 20 mars 1997, *République française c/ Commission des Communautés européennes*, aff. n°C-57/95, Rec., p.I-1627, pt.20 ; 13 mai 1997, *République fédérale d'Allemagne c/ Parlement européen et Conseil de l'Union européenne*, aff. n°C-233/94, Rec., p.I-2405, pt.52.

[648] CJCE, 23 mai 1996, *John O'Flynn c/ Adjudication Officer*, aff. n°C-237/94, Rec., p.I-2617. Il s'agissait, en l'occurrence, d'une réglementation britannique qui prévoyait le versement d'une indemnité dite funéraire à la famille d'une personne décédée dont les funérailles étaient réalisées sur le sol national. Or, les autorités britanniques refusèrent d'octroyer une telle indemnité à un ressortissant irlandais dont le fils était décédé sur leur territoire alors que l'inhumation devait être réalisée dans son pays d'origine.

[649] Ainsi, dans le point 18, la Cour énonce le fait que *doivent être regardées comme indirectement discriminatoires les conditions du droit national qui, bien qu'indistinctement applicables selon la nationalité, affectent essentiellement* (voir arrêts du 15 janvier 1986, *Pietro Pinna c/ Caisse d'allocations familiales de la Savoie*, aff. n°41/84, Rec., p.1, pt.24 ; du 30 mai 1989, *Pilar Allué et Carmel Mary Coonan c/ Università degli studi di Venezia*, aff. n°33/88, Rec., p.1591, pt.12) *ou dans leur grande majorité les travailleurs migrants* (voir arrêts du 17 novembre 1992, *Commission des Communautés européennes c/ Royaume-Uni*, aff. n°C-279/89, Rec., p.I-5785, pt.42, et du 20 octobre 1993, *Maria Chiara Spotti c/ Freistaat Bayern*, *op. cit.*, pt.18), *ainsi que les conditions indistinctement applicables qui peuvent être plus facilement remplies par les travailleurs nationaux que par les travailleurs migrants* (voir arrêt du 4 octobre 1991, *Elissavet Paraschi c/ Landesversicherungsanstalt Württemberg*, aff. n°C-349/87, Rec., p.I-4501, pt.23) *ou encore qui risquent de jouer, en particulier, au détriment des travailleurs migrants* (voir arrêts du 8 mai 1990, *Klaus Biehl c/ Administration des contributions du grand-duché de Luxembourg*, aff. n°C-175/88, Rec., p.I-1779, pt.14, et du 28 janvier 1992, *Hanns-Martin Bachmann c/ État belge*, aff. n°C-204/90, Rec., p.I-249, pt.9).

[650] CJCE, 23 mai 1996, *John O'Flynn c/ Adjudication Officer*, *op. cit.*, pt.19 ; d'ailleurs, la Cour renvoie à d'autres arrêts tel que, CJCE, 28 janvier 1992, *Hanns-Martin Bachmann c/ État belge*, *op. cit.*, pt.27 ; et du 2 août 1993, *Pilar Allué et Carmel Mary Coonan et autres c/ Università degli studi di Venezia et Università degli studi di Parma*, aff. jtes n°sC-259, 331 et 332/91, Rec., p.I-4309, pt.15).

[651] CJCE, 20 novembre 1997, *David Petrie e.a. c/ Università degli studi di Verona et Camilla Bettoni*, aff. n°C-90/96, Rec., p.I-6527, pts.54 et ss ; 7 mai 1998, *Clean Car Autoservice GesmbH c/ Landeshauptmann von Wien*, aff. n°C-350/96, Rec., p.I-2521, pt.27.

[652] Cette confusion persiste tout de même dans d'autres affaires postérieures à cette jurisprudence. Voir, par exemple, des arrêts de la Cour pour lesquels elle analyse le champ d'application de l'article 39 à l'aune du seul principe de non-discrimination, CJCE, 7 mars 1996, *Commission des Communautés européennes c/ République française*, affaire dite « immatriculation de navire », aff. n°C-334/94, Rec., p.I-1307, pt.5 ; 14

dans la jurisprudence antérieure à *Bosman-Gebhard*, n'ont pu s'en trouver que renforcées. Pourtant, devant cet embarras jurisprudentiel et peut-être de manière volontaire, un arrêt de la Cour de justice a fait montre d'une certaine pédagogie. Ainsi, l'arrêt *Volker Graf*[653] a constitué une telle « leçon de choses ».

Au-delà du cas d'espèce, l'intérêt provient davantage de la tentative de clarification opérée par la Cour. En effet, dans l'exposé des arguments, celle-ci réalise une analyse claire des différentes qualifications pouvant être attribuées à une mesure nationale restrictive. Ainsi, selon les propres termes de la Cour, *il convient de rappeler, en premier lieu, que l'article [39], paragraphe 2, du Traité dispose expressément que la libre circulation des travailleurs implique l'abolition de toute discrimination, fondée sur la nationalité, entre les travailleurs des États membres, en ce qui concerne l'emploi, la rémunération et les autres conditions de travail. Par ailleurs, selon la jurisprudence de la Cour, la règle d'égalité de traitement, inscrite à l'article [39] du Traité, prohibe non seulement les discriminations ostensibles, fondées sur la nationalité, mais encore toutes formes dissimulées de discrimination qui, par application d'autres critères de distinction, aboutissent en fait au même résultat*[654].
La formulation est sans équivoque quant à l'éventail des discriminations visées, mais également quant à l'examen précis de leur définition. De la même manière, la Cour aborde la notion d'entrave en considérant qu'*il y a lieu de relever, en second lieu, qu'il résulte de la jurisprudence de la Cour et notamment de l'arrêt Bosman, précité, que l'article [39] du Traité n'interdit pas seulement toute discrimination, directe ou indirecte, fondée sur la nationalité, mais également les réglementations nationales qui, bien qu'applicables indépendamment de la nationalité des travailleurs concernés, comportent des entraves à la libre circulation de ceux-ci*[655].
Ces quelques phrases, limpides dans leur signification, permettent d'expliquer un embarras jurisprudentiel qui n'avait pu jusqu'alors trouver ses lumières qu'au travers des développements doctrinaux. Ces explications qui délimitent sans ambiguïtés les différentes notions introduisent un degré de modération destiné à éviter une interprétation imprécise qui aurait pu conduire ou toutefois maintenir des catégories « attrape-tout ». De ces définitions ressortent certains critères permettant alors d'attribuer à une mesure nationale la qualification adéquate. À cette fin, la Cour se réfère à l'objet de la mesure, mais également, selon les cas, à ses effets.

L'un des premiers objectifs de la jurisprudence a été de délimiter les mesures devant être démantelées du fait de leurs effets restrictifs sur la libre circulation des entreprises au sein du marché européen. Ainsi, les arrêts de 1997, précités, ont lancé le bal d'une notion de « restriction » générique néanmoins utilisée de manière évidente

---

mars 1996, *Peter de Vos c/ Stadt Bielefeld*, aff. n°C-315/94, Rec., p.I-1417, pt.9 ; 12 septembre 1996, *Commission des Communautés européennes c/ Royaume de Belgique*, aff. n°C-278/94, Rec., p.I-4307, pts.21 et ss.

[653] CJCE, 27 janvier 2000, *Volker Graf c/ Filzmoser Maschinenbau GmbH*, aff. n°C-190/98, Rec., p.I-493. Cette affaire mettait en jeu une réglementation nationale qui refusait l'octroi d'une indemnité de congédiement à un travailleur lorsque celui-ci mettait fin lui-même à son contrat de travail pour exercer une activité salariée auprès d'un nouvel employeur établi dans cet État membre ou dans un autre État membre, alors qu'elle accordait le droit à une telle indemnité au travailleur lorsque le contrat prenait fin sans qu'il ait lui-même pris l'initiative de la rupture ou que celle-ci lui ait été imputable.

[654] *Ibidem*, pt.14. La Cour renvoie d'ailleurs à une de ses anciennes décisions, à savoir, CJCE, 7 mai 1998, *Clean Car Autoservice GesmbH c/ Landeshauptmann von Wien*, *op. cit.*, pt.27.

[655] CJCE, 27 janvier 2000, *Volker Graf*, *op. cit.*, pt.18.

pour circonscrire ce qui dans d'autres domaines bénéficiaires du principe de libre circulation qualifiait l'entrave non discriminatoire. Partant, conformément à l'ambiguïté ressortant de la jurisprudence *Gebhard*, la Cour considère de manière récurrente, par exemple s'agissant du libre établissement, que *l'article 43 CE impose la suppression des restrictions à la liberté d'établissement. Doivent être considérées comme de telles restrictions toutes les mesures qui interdisent, gênent ou rendent moins attrayant l'exercice de cette liberté*[656].
Il est évident qu'une telle définition sied parfaitement à la notion de discrimination ; néanmoins, la Cour, réaffirmant de manière itérative cette formule désormais axiomatique, recherche généralement la présence de justifications qui pourraient ressortir de raisons impérieuses d'intérêt général telles que définies par ses propres soins[657]. Le doute n'est donc pas permis sur le fait que la Cour appréhende largement la notion d'entrave non discriminatoire soit en qualifiant comme telles les mesures nationales qui sont soumises à son examen[658], soit en les qualifiant, génériquement, de restriction. Ainsi, la restriction ou l'entrave non discriminatoire est une mesure nationale qui, en apparence, traite sur un pied d'égalité l'ensemble des ressortissants communautaires, mais alourdit pourtant les obligations pesant sur ceux des États membres autres que celui qui en est l'auteur afin de les dissuader d'entreprendre leur activité sur son sol[659].

B. La libéralisation prometteuse des services au sein de l'OMC

Le GATT de 1947 a été créé dans le but de libéraliser le commerce dans le seul domaine des marchandises. Sans pouvoir affirmer avec assurance la réussite de cette première mouture de réglementation commerciale internationale, l'élargissement, lors des accords de Marrakech, de son champ d'application au secteur des services, démontre la certaine satisfaction des instances multilatérales à l'égard d'un succès pourtant encore relatif. L'élargissement ainsi opéré de l'ordre juridique multilatéral est sans précédent et constitue une grande nouveauté dans l'histoire du GATT. L'élaboration de l'Accord général sur le commerce des services (AGCS)[660] est à

---

[656] Notamment, CJCE, 30 novembre 1995, *Gebhard, op. cit.*, pt.37 ; 1er février 2001, *Procédure pénale c/ Dennis Mac Quen e.a.*, aff. n°C-108/96, Rec., p.I-837, pt.26 ; 17 octobre 2002, *Payroll Data Services (Italy), ADP Europe SA et ADP GSI SA*, aff. n°C-79/01, Rec., p.I-8923, pt.26 ; ou encore, 5 octobre 2004, *CaixaBank France c/ Ministère de l'Économie, des finances et de l'Industrie*, aff. n°C-442/02, Rec., p.I-8961, pt.11.

[657] Par exemple, CJCE, 4 juillet 2000, *Haim*, aff. n°C-424/97, Rec., p.I-5123, pt.57 ; 1er février 2001, *Mac Quen, op. cit.*, pt.26 ; 15 janvier 2002, *Commission des Communautés européennes c/ République italienne*, aff. n°C-439/99, Rec., p.I-305, pt.23 ; ou encore, 5 octobre 2004, *CaixaBank, op. cit.*, pt.17.

[658] Par exemple, CJCE, 16 juillet 1998, *Imperial Chemical Industries plc (ICI) c/ Kenneth Hall Colmer*, aff. n°C-264/96, Rec., p.I-4695, pt.21 ; 9 mars 1999, *Centros Ltd c/ Erhvervs- og Selskabsstyrelsen*, aff. n°C-212/97, Rec., p.I-1459, pt.22 ; 30 septembre 2003, *Kamer van Koophandel en Fabrieken voor Amsterdam c/ Inspire Art Ltd*, aff. n°C-167/01, Rec., p.I-10155, pts.101 et 107 ; 16 février 2006, *Ulf Öberg c/ Försäkringskassan, länskontoret Stockholm*, aff. n°C-185/04, NEPR, pt.24. La Cour, dans certaines affaires antérieures, avait dû examiner les arguments des parties en cause mettant en avant l'existence d'une entrave à la liberté d'établissement, sans pour autant reprendre dans ses conclusions une telle formulation.

[659] CJCE, 14 octobre 2004, *Commission des Communautés européennes c/ Pays-Bas*, aff. n°C-299/02, Rec., p.I-9707, pt.15 ; 21 avril 2005, *Commission des Communautés européennes c/ République hellénique*, aff. n°C-140/03, Rec., p.I-3177, pt.27.

[660] Connu également sous l'acronyme de GATS par allusion aux termes anglais de *General Agreement on Trade in Services*.

considérer comme « un premier pas vers la libéralisation plus approfondie et plus complète des services »[661]. Cependant, l'intégration des services dans la réglementation multilatérale a suscité quelques interrogations. Ces dernières consistaient en des critiques formulées essentiellement par les pays en développement sur le fait qu'une telle libéralisation ne pouvait se faire qu'à l'avantage des seuls pays riches, en particulier États-Unis et Communauté européenne. Les pays industrialisés sont en effet seuls détenteurs de moyens, en terme d'infrastructure, suffisants pour répondre à une demande importante de services et ainsi se montrer compétitifs sur le marché mondial. Parallèlement, l'acceptation par les pays en développement de la libéralisation du secteur des services signifie pour eux l'abandon d'un moyen non négligeable de développer leur économie nationale. En réservant la réalisation des marchés de services aux prestataires nationaux, un pays en développement fournirait aux entreprises locales un marché important leur permettant de se développer et alors, peut-être, d'acquérir la stature suffisante pour pouvoir se placer, à long terme et de manière efficiente, sur le marché mondial[662]. De là et *a contrario*, une ouverture du marché national aux prestataires étrangers, qui sont par définition davantage concurrentiels puisque issus de pays industrialisés, annihilerait toute émergence d'un secteur de services réellement concurrentiel et, de façon plus néfaste, dissuaderait les investisseurs internationaux de s'intéresser à de tels prestataires nationaux.
La libéralisation des services, qui ne peut donc se faire qu'en faveur des pays industrialisés, ne peut être réalisée que par un consensus regroupant l'ensemble des membres de l'OMC. Les États-Unis et la Communauté européenne se sont donc attelés à persuader les pays en développement, pouvant se montrer récalcitrants, du bien-fondé de leurs prétentions en leur offrant quelques compensations. L'intérêt de cette ouverture réside dans la nécessité d'instaurer dans le commerce mondial des services plus de transparence et de loyauté, notamment dans la concurrence opposant les prestataires américains et européens. La contrepartie alors offerte réside dans la libéralisation du commerce de certains secteurs dont les pays en développement peuvent arguer d'une compétitivité de tout premier plan sur le marché mondial. Ainsi, le domaine textile constitue une telle position prépondérante des pays en développement, due en particulier à une manne en main-d'œuvre bon marché, mais également au faible coût des matières premières qu'ils produisent à cette fin. Sa libéralisation ouvrirait donc les marchés des pays industrialisés se montrant jusqu'alors plus qu'étanches, fournissant dès lors une sérieuse compensation à la perte consentie par les marchés locaux de services.

L'AGCS, ainsi entériné, se caractérise par son universalité. Effectivement, selon son article 29, l'Accord vise l'ensemble des services hormis certains cas particuliers comme les services accomplis dans « l'exercice du pouvoir

[661] V. PACE, *L'Organisation mondiale du commerce et le renforcement de la réglementation juridique des échanges commerciaux internationaux*, *op. cit.*, p.57.

[662] Cette probabilité ne concerne que les pays en développement. En ce qui concerne les pays les moins avancés, les entreprises locales d'échelle nationale ne sont qu'embryonnaires, voire inexistantes, ce qui les émancipe de ces préoccupations. C'est d'ailleurs dans le souci d'assurer l'intégration de ces pays dans le concert des pays prestataires de services que l'OMC agit ; voir, Lignes directrices et procédures pour les négociations sur le commerce des services, adoptées le 28 mars 2001 par le Conseil du commerce des services réuni en session extraordinaire, 29 mars 2001, S/L/93.

gouvernemental »[663], les Marchés publics[664]. Aucun secteur n'est donc définitivement exclu du champ de l'Accord. Cependant, la limitation provient davantage du fait que les domaines libéralisés sont négociés et, à ce jour, aucun État n'a pris d'engagements en couvrant la totalité.

En réalité, l'AGCS est structuré de manière tripartite. L'accord-cadre constitue les dispositions de base applicables à l'ensemble des services pouvant être prestés entre différentes parties contractantes. À cet égard, ces dispositions constituent en quelque sorte la transposition au domaine des services, des principes libre-échangistes élaborés en matière de marchandises (1). Les annexes renferment les secteurs spécifiques dont des négociations particulières sont nécessaires. Enfin, les engagements spécifiques, que chaque pays établit à la suite de négociations avec ses partenaires, représentent le troisième volet de l'AGCS. L'élaboration de ces listes d'engagements constitue une claire limite infligée au processus de libéralisation du domaine des services en droit multilatéral (2).

1. Les principes libre-échangistes transposés du domaine des marchandises

Ainsi, tout d'abord, les articles contenus dans le corps de l'Accord constituent les dispositions de base régissant les conditions de libéralisation des services et, dans cette optique, il s'agit d'un accord-cadre.

Son article II fait référence au principe du traitement de la nation la plus favorisée. Selon le libellé de son paragraphe 1er, *en ce qui concerne toutes les mesures couvertes par le présent Accord, chaque Membre accordera immédiatement et sans condition aux services et fournisseurs de services de tout autre Membre un traitement non moins favorable que celui qu'il accorde aux services similaires et fournisseurs de services similaires de tout autre pays.*

Cette disposition reprend le principe énoncé par l'article I du GATT – Accord exclusivement consacré aux marchandises –, cependant, en des termes quelque peu différents. En effet, le GATT utilise la formulation « tous avantages, faveurs, privilèges ou immunités » qui n'est pas reprise par l'AGCS. Ce dernier use d'un concept beaucoup plus général qui n'est autre que celui de « traitement ». Hormis ce point technique particulier qui n'a pas eu de réelle influence sur les positions jurisprudentielles, le mécanisme TNPF décrit par cet Accord présente une même teneur que le principe originaire. Ainsi, on y retrouve notamment les deux modalités fondamentales d'application que sont l'immédiateté et l'inconditionnalité, questions d'importance en la matière. Le paragraphe 2 de ce même article II reconnaît une possibilité d'exception par laquelle un pays se voit offrir l'opportunité de maintenir une mesure incompatible avec le traitement NPF, dès lors qu'elle est inscrite dans l'Annexe sur les exemptions.

Pareillement, le principe de transparence, présent dans le GATT, se retrouve dans l'AGCS au sein duquel il occupe d'ailleurs une place centrale. À cet égard, l'exigence de transparence découle de la spécificité des réglementations nationales en matière de services dont l'effet restrictif est généralement difficile à déceler. Cela

[663] Article I-3 de l'AGCS. Il s'agit de services qui n'ont ni un caractère commercial, ni mis en concurrence avec d'autres prestataires, comme, par exemple, la Sécurité sociale en France.
[664] Domaine alors réglementé par un autre accord.

suppose donc que le droit multilatéral, à travers l'AGCS, poursuit le démantèlement, certes des mesures affectant directement le commerce des services, mais également de tous les comportements des États destinés à masquer de telles mesures. De cette manière, le champ du contrôle multilatéral apparaît comme très large, à tel point que le caractère des mesures alors examinées semble correspondre peu ou prou à celui envisagé par le droit communautaire. Ainsi, tant les entraves discriminatoires que les entraves non discriminatoires, telles qu'analysées par ce dernier, font l'objet d'une interdiction identique de la part du droit multilatéral.

L'article III de l'AGCS édicte quatre obligations de transparence. Dans son premier paragraphe, l'obligation de publication de *toutes les mesures d'application générale pertinentes qui visent ou qui affectent le fonctionnement du présent Accord* ainsi que des *accords internationaux visant ou affectant le commerce des services et dont un membre est signataire* est imposée aux Parties contractantes. Ensuite, son paragraphe 3 prévoit que chaque pays doit informer le Conseil du commerce des services de l'adoption de toutes nouvelles dispositions de droit interne, qu'il s'agisse de lois, réglementations ou directives administratives, ainsi que de toutes les modifications qui les affectent. Toutefois, cette obligation ne pèse que sur les réglementations nationales concernant des secteurs pour lesquels des engagements spécifiques ont été adoptés. En vertu du troisième paragraphe de l'article III de l'AGCS, chaque Membre de l'OMC doit se tenir à disposition des autres Membres afin de répondre à toutes les demandes de renseignements spécifiques émanant de l'un d'eux, en ce qui concerne les mesures d'application qu'il a élaborées ou pour ce qui est des accords internationaux qu'il a ratifiés. Enfin, le principe de transparence implique, pour un État membre, la possibilité de recourir à une procédure de « contre-notification ». Le paragraphe 5 de l'article III offre en effet l'opportunité à toute partie contractante de notifier au Conseil du commerce des services toute mesure émanant d'un autre Membre affectant le fonctionnement de l'AGCS. Il s'agit d'une procédure de dénonciation dont la mise en place avait déjà été discutée lors des négociations du Tokyo Round dans le dessein d'identifier les obstacles non tarifaires au commerce des marchandises.

Le principe de transparence souffre néanmoinds d'une limite essentielle tenant au le fait que les pays membres ne sont en aucune mesure obligés de révéler des renseignements confidentiels dont la divulgation *ferait obstacle à l'application des lois ou serait d'une autre manière contraire à l'intérêt public, ou porterait préjudice aux intérêts commerciaux légitimes d'entreprises publiques ou privées*[665].

Parallèlement à ces principes fondamentaux, l'accord-cadre prévoit certaines autres modalités importantes de libéralisation du commerce des services.

Ainsi, du fait que le secteur des services se trouve davantage affecté par les réglementations intérieures que par les mesures applicables aux frontières, l'AGCS y consacre une disposition qui n'est autre que son article VI. Donc, malgré la reconnaissance du droit souverain des Parties contractantes de réglementer librement la fourniture de leurs services intérieurs, l'Accord général sur le commerce des services encadre clairement ce droit vis-à-vis de l'extérieur. Selon son premier paragraphe, *chaque Membre fera en sorte que toutes les mesures d'application générale qui*

[665] Article III*bis* de l'AGCS.

affectent le commerce des services soient administrées d'une manière raisonnable, objective et impartiale.

De la même manière que l'article III édicte quelques obligations incombant aux États quant à l'application du principe de transparence, les paragraphes 2 à 6 de l'article VI en prévoient également concernant la validité des réglementations intérieures affectant le commerce des services. Tout d'abord, selon le paragraphe 2, la possibilité doit être donnée aux prestataires étrangers qui s'estimeraient lésés de contester les décisions prises par les autorités du Membre devant les juridictions compétentes. Le paragraphe 3 exige que toute autorisation accordée par ces mêmes autorités à un prestataire étranger pour la fourniture d'un service soit attribuée dans un « délai raisonnable » faisant suite à la présentation de la demande. À cet égard, le paragraphe 4 prévoit que toutes les prescriptions et les procédures en matière de qualifications et de licences, ainsi que les normes techniques, ne doivent pas constituer des obstacles non nécessaires au commerce des services. D'ailleurs, à cette fin, le texte envisage la nécessité que le Conseil du commerce des services élabore, par l'intermédiaire d'organismes appropriés, certaines « disciplines ». Pour cela, le paragraphe 4 apporte trois indications. En effet, ces disciplines devront être « fondées sur des critères objectifs et transparents, tels que la compétence et l'aptitude à fournir le service ». Les dispositions alors adoptées ne devront pas être « plus rigoureuses qu'il n'est nécessaire pour assurer la qualité du service ». Enfin, en ce qui concerne les prescriptions relatives aux procédures de licences, celles-ci ne devront pas constituer des restrictions à la fourniture des services[666].

De cela, il ressort le fait que les États, en cas de litige, doivent démontrer l'adéquation de leurs législations intérieures avec les normes fixées par les organisations internationales compétentes[667], soit telles quelles, soit à la suite d'une adaptation. Les Membres sont donc tenus de conserver leurs réglementations en l'état – il s'agit là d'une obligation de consolidation –, si ce n'est de leur conférer un caractère davantage empreint de libéralisme.

S'agissant de la question des normes servant de référence aux États pour la délivrance d'autorisations, de licences ou de certificats à des prestataires de services, l'article VII de l'AGCS intervient afin d'éviter toute contrariété entre les différentes réglementations étatiques. Cette disposition, à caractère non contraignant, incite donc à la reconnaissance mutuelle des systèmes de normes nationaux[668]. L'AGCS prévoit également dans son dispositif les problèmes de concurrence qui peuvent surgir entre les différents fournisseurs de services. Ainsi, son article VIII traitera du cas des fournisseurs en position de monopole alors que son article IX abordera toutes les autres pratiques commerciales restrictives. Dans un registre identique, cet Accord réglemente aussi d'autres questions transversales comme celle des subventions appliquées en matière de services[669], celle des intégrations économiques[670], celle des exceptions[671] ou

---

[666] Ces trois indications correspondent aux points a), b) et c) du paragraphe 4 de l'article VI AGCS.

[667] Article VI, §5, de l'AGCS.

[668] Cette question sera étudiée plus loin.

[669] Article XV de l'AGCS.

[670] Article V de l'AGCS.

[671] Il peut s'agir des exceptions générales de l'article XIV de l'AGCS, des exceptions de l'article XIV*bis* concernant la sécurité, des mesures de sauvegarde d'urgence de l'article X, ou encore des restrictions aux fins de balance des paiements des articles XI et XII.

encore celle des aménagements organisés en faveur des pays en développement et des pays en transition[672].

2. Une couverture multilatérale des services encore limitée par l'élaboration de listes d'engagements spécifiques

Les engagements spécifiques représentent le troisième volet de l'AGCS. Mais, en réalité, il s'agit de la branche complémentaire des éléments déjà développés lors de l'analyse des dispositions de l'accord-cadre. La timidité des obligations générales de cet Accord a pour effet de confier aux listes d'engagements spécifiques le devoir de définir l'ensemble des points faisant réellement l'objet d'une libéralisation. Les principes libre-échangistes de l'Accord général sur le commerce des services ne sont donc matérialisés qu'au travers de ces engagements spécifiques librement consentis par les pays signataires. Ceux-ci sont intégrés dans des listes[673] non closes, c'est-à-dire pouvant toujours bénéficier d'ajout à la suite de nouvelles négociations[674]. Ces listes d'engagements spécifiques obtiennent dès leur dépôt, au sens de l'article XX-3, une portée juridique contraignante du fait de leur intégration complète au sein des annexes de l'AGCS.

Les listes « positives »[675] indiquent donc dans quels secteurs et activités de services une Partie contractante accorde l'accès au marché local,[676] mais également le traitement national[677]. Le contenu type des listes d'engagements, tel qu'arrêté par le secrétariat de l'OMC, à une double présentation. La première, dite « section horizontale », regroupe toutes les exceptions au traitement NPF du même nom, c'est-à-dire touchant tous les services. La plupart de ces exceptions concernent, dans les pays développés, les secteurs de l'audiovisuel, des services financiers et du transport aérien. La seconde section d'une liste type est consacrée aux engagements pris secteur par secteur. Il s'agit dans ce cas, pour un pays, de déterminer les secteurs pour lesquels il consent une libéralisation en soumettant son marché au libre accès ainsi qu'au traitement national. Les éléments visés sont alors de quatre ordres : la libéralisation envisage, à l'égard d'une prestation de services, le mode de fourniture, les conditions relatives à l'accès au marché, l'application du traitement national, les engagements additionnels. Ainsi, il faut entendre par mode de fourniture, toute consommation à l'étranger, présence commerciale, présence de personnes physiques, mais aussi les fournitures transfrontalières. Ensuite, concernant l'accès au marché et le traitement national, le pays membre devra préciser, pour chaque mode de fourniture, les

[672] Pour les premiers, il s'agit de l'article IV. Les seconds sont régis par l'article XII, §1.
[673] Parties III et IV de l'AGCS.
[674] Ces listes évolutives sont comparables aux listes de concessions tarifaires relatives aux marchandises dans le cadre du GATT.
[675] P. MESSERLIN, *La nouvelle organisation mondiale du commerce*, *op. cit.*, p.246 ; l'auteur fait ici la différence entre les listes dites « positives » et celles dites « négatives ». Les premières concernent un énoncé des domaines libérés, alors que les deuxièmes précisent les secteurs encore fermés. Il est clair que le choix porté sur des listes « négatives » caractérise un marché largement ouvert du fait qu'il est plus évident, dans ce cas, d'établir des listes portant sur le seul résidu des domaines non encore libérés. Au contraire, l'utilisation préférentielle de listes « positives », comme c'est le cas dans le cadre de l'AGCS, démontre la faiblesse d'ouverture dont fait preuve cet Accord.
[676] Article XVI de l'AGCS.
[677] Article XVII de l'AGCS.

éventuelles restrictions affectant cet accès, mais aussi les possibles limitations en matière de traitement national. Enfin, ce même pays devra indiquer les engagements additionnels qu'il a pu souscrire et qui sont relatifs à des mesures non soumises aux autres catégories telles que visées ci-dessus.
Pour chacun des éléments décrits, les Membres indiquent les libéralisations consenties[678]. Les engagements spécifiques figurant sur les listes sont alors consolidés pour une durée de trois ans[679]. Durant cette période, les États ne pourront revenir sur leurs engagements, ce qui assure une certaine sécurité juridique aux différentes entreprises prestataires de services. À l'expiration de cette période, les engagements pourront, au sens de l'article XXI-1, b), de l'AGCS, être retirés ou modifiés. Dans le cas d'un retrait, tous les membres qui peuvent se considérer comme lésés peuvent demander l'ouverture de négociations afin d'obtenir d'éventuelles compensations. Ces nouvelles négociations, placées sous l'autorité du Comité des engagements spécifiques, ne doivent pas conduire à l'instauration d'un niveau général moins favorable que celui qui existait initialement. Les compensations alors consenties doivent toujours être fondées sur le principe du traitement de la nation la plus favorisée[680].

§2. Les spécificités sectorielles en matière de services

Les règles libérales tant du Traité de Rome que de l'AGCS sont applicables à tous les secteurs de services à l'exception de ceux qui sont fournis dans l'exercice du pouvoir gouvernemental. Cependant, certains de ces secteurs n'ont pas bénéficié de la libéralisation initiale consentie au domaine général des services, mais ont nécessité des négociations supplémentaires. Ainsi, ces points particuliers, à l'égard desquels les principes généraux s'appliquent néanmoins, ont exigé quelques aménagements en raison de leurs spécificités.

Les droits communautaire et multilatéral organisent donc des dispositions spécifiques à l'égard de domaines qui curieusement se recoupent. Cette coïncidence s'explique par le fait qu'ils concernent des questions particulièrement sensibles du commerce international des services. Ainsi, sont ici pris en considération, les services financiers (I), les services de télécommunications (II) et les services de transport (III). Il est à noter que d'autres services, par exemple les services professionnels[681] ou encore ceux ressortant des Marchés publics, feront l'objet d'études séparées.

I.- Les services financiers

Le droit communautaire envisage ce type de services dans le cadre d'une étude auxiliaire à celle des capitaux (A). À l'inverse, le système multilatéral analyse ces services financiers dans le cadre général des services (B). Pour autant, les questions abordées par chacun des systèmes sous examen ne sont pas fondamentalement différentes. Il est clair que la réalisation d'une ouverture du secteur financier nécessite

678 Généralement, ce travail est traduit sous forme de tableau.
679 Article XXI-1 et suivants de l'AGCS.
680 Article XXI-1, a) et b), de l'AGCS.
681 Ce type de services a été analysé dans le cadre de l'étude consacrée à la libéralisation du mouvement des personnes.

avant tout une certaine libéralisation des mouvements de capitaux. D'ailleurs, ce dernier point constitue le mécanisme essentiel des rouages financiers parmi lesquels figurent en bonne place les services financiers, et ce, sans être directement visés par les dispositions multilatérales ou même plurilatérales. En effet, la circulation des capitaux constitue un axe essentiel en raison de l'horizontalité de ses implications ; qu'il s'agisse des marchandises, des services, des personnes physiques ou morales, toutes les activités impliquant ces facteurs requièrent, à un moment ou à un autre, un transfert financier mettant alors en relief le rôle des services financiers en charge de la gestion de ces capitaux.

A. L'inclination communautaire pour le volet « financier » des services financiers

Comme cela vient d'être signalé, la libre circulation des capitaux n'est réalisable que par l'entremise d'une coordination des services financiers. Conscientes de cet état de fait, les autorités communautaires ne pouvaient qu'abonder dans ce sens. Cette nécessaire coordination émanait du risque que subsistent, malgré la libéralisation de la circulation des capitaux, des obstacles ressortant de l'existence de réglementations internes disparates ou contradictoires en la matière.

Ces différentes législations peuvent affecter les services financiers sur le double terrain des conditions de liberté d'établissement et de libre prestation de services, ce type de services étant une combinaison de ces deux derniers domaines. La coordination visera donc les règles juridiques régissant la question, et non les conditions de commercialisation des « produits » offerts par les prestataires concernés, ces dernières restant régies par les règles générales de concurrence[682]. Les activités de ces prestataires sont aussi étendues que leurs origines sont variées. Effectivement, la coordination qui va donc affecter les banques, les assurances, les établissements financiers, mais aussi les opérations boursières, nécessitera une organisation rythmée aux spécificités de chacun de ces domaines[683]. Dans cette optique, une coordination exhaustive paraît inadéquate ; pour ainsi dire, une harmonisation minimale, conduite parallèlement à une politique de reconnaissance mutuelle, est apparue comme plus pragmatique. Ce plan d'action pour les services financiers paraît désormais en voie d'achèvement[684].

1. Le secteur bancaire

Concernant le secteur des banques, les objectifs communautaires sont doubles. D'une part, le droit communautaire poursuit la libéralisation de l'accès à l'activité de crédits. D'autre part, ce droit cherche à normaliser les règles dites « prudentielles », c'est-à-dire les conditions d'exercice imposées aux banques dans l'intérêt des utilisateurs. Ces deux axes ont débouché sur une importante activité normative gravitant autour d'un axe de référence concrétisé par la directive du 15 décembre

---

682 CJCE, 14 juillet 1981, *Züchner c/ Bayerische-Vereinsbank*, aff., n°172/80, Rec., p.2021, pt.21.

683 À ce sujet, O. PASTRÉ et G. DE PONTBRIAND, *La restructuration de l'industrie bancaire européene : enjeux et perspectives*, Revue d'économie financière, n°78, mars 2005, pp.9 et ss.

684 Pour l'ensemble des propositions de directives visant à garantir un tel achèvement, voir, A. PIETRANCOSTA, *Dernière ligne droite pour le plan d'action pour les services financiers*, Revue de Droit Bancaire et Financier, n°1, janvier – février 2004, p.45.

1989[685]. L'exercice de l'activité bancaire est soumis à certaines conditions dont la principale est l'obtention d'une licence d'établissement. Auparavant, une banque désirant s'installer dans divers États européens devait procéder à une demande de licence dans chacun de ces pays. Cette directive vient simplifier la question en posant le principe important de licence unique. Ainsi, l'agrément accordé par l'État du siège social donne à l'établissement bénéficiaire la possibilité de faire valoir ce droit sur l'ensemble du territoire de la Communauté. Ce principe essentiel pour l'activité bancaire sera combiné à d'autres dispositions qui apporteront, chacune à leur manière, une pierre à l'édifice[686].

L'activité des établissements bancaires se résume en un commerce de l'argent et des titres, tels que les effets de commerce, les titres de bourse, l'épargne, ainsi que les réinvestissements de capitaux qui leur sont alloués. Soumises aux règles de concurrence[687], les opérations alors réalisées impliquent un degré non négligeable de risque. C'est d'ailleurs sur cette notion de risque que s'inscrit également une grande partie de la réglementation communautaire en la matière. Dans cette optique, celle-ci semble orienter sa préférence vers une politique de prévention, organisant à cette fin un système de surveillance dont la compétence est attribuée au pays dans le ressort territorial duquel se trouve le siège social de la société mère. Le contrôle viserait alors, outre les établissements bancaires, les compagnies financières détenant des participations dans des banques sans pour autant être elles-mêmes des banques, ainsi que les conglomérats de type nord-américain à caractère mixte[688].

---

[685] Directive n°89/646/CEE du Conseil du 15 décembre 1989, *visant à la coordination des dispositions législatives, réglementaires et administratives concernant l'accès à l'activité des établissements de crédit et son exercice, et modifiant la directive n°77/780/CEE*, JOCE, n°L.296 du 27 octobre 1990, pp.1 à 13. Cette directive constitue d'ailleurs une véritable loi-cadre communautaire (J. DELMOLY, *L'Europe financière*, RAE, n°1, octobre 1990, p.47) ; pour une interprétation jurisprudentielle : CJCE, 12 octobre 2004, *Peter Paul, Cornelia Sonnen-Lütte et Christel Mörkens c/ Bundesrepublik Deutschland (Allemagne)*, aff. n°C-222/02, Rec., p.I-9425.

[686] Ainsi, par exemple, des textes communautaires visent le mode d'établissement des comptes annuels des banques (Directive n°2003/51/CE du Parlement européen et du Conseil du 18 juin 2003, *modifiant les directives 78/660/CEE, 83/349/CEE, 86/635/CEE et 91/674/CEE du Conseil sur les comptes annuels et les comptes consolidés de certaines catégories de sociétés, des banques et autres établissements financiers et entreprises d'assurance*, JOCE n°L.178, 17 juillet 2003, pp.16 à 22), l'élaboration des comptes annuels des succursales des banques étrangères (Directive n°89/117/CEE du Conseil du 13 février 1989, *concernant les obligations en matière de publicité des documents comptables des succursales, établies dans un État membre, d'établissements de crédits et d'établissements financiers ayant leur siège social hors de cet État membre*, JOCE, n°L.44, 16 février 1989, pp.40 à 42), l'établissement de normes communes en matière de fonds propres (Directive n°89/299/CEE du Conseil du 17 avril 1989, *concernant les fonds propres des établissements de crédit*, JOCE, n°L.124, 5 mai 1989, pp.16 à 20), les règles fixant les ratios de solvabilité (Deuxième directive n°89/646/CEE du Conseil du 15 décembre 1989, *visant à la coordination des dispositions législatives, réglementaires et administratives concernant l'accès à l'activité des établissements de crédit et son exercice, et modifiant la directive n°77/780/CEE*, JOCE, n°L.386, 30 décembre 1989, pp.1 à 13), les règles de conduite et d'organisation de la reconnaissance mutuelle (Directive n°93/22/CEE du Conseil du 20 mai 1993, *concernant les services d'investissement dans le domaine des valeurs mobilières*, JOCE, n°L.141, 11 juin 1993, pp.27 à 46). S'agissant d'une application de ces textes, CJCE, 7 janvier 2003, *Banque internationale pour l'Afrique occidentale SA (BIAO) c/ Finanzamt für Großunternehmen in Hamburg*, aff. n°C-306/99, Rec., p.1.

[687] Depuis l'arrêt de la Cour du 14 juillet 1981, *Gerhard Züchner c/ Bayerische Vereinsbank AG* (aff. n°172/80, Rec., p.2021, pt.22), les banques sont soumises aux règles de concurrence ; à cet égard, voir, B. SOUSI-ROUBI, *Droit bancaire européen*, Coll. Précis – Droit privé, Dalloz, Paris, 1995, pp.341 et ss.

[688] Par exemple, directive n°92/30/CEE du Conseil du 6 avril 1992, *sur la surveillance des établissements de crédit sur une base consolidée*, JOCE, n°L.100, 28 avril 1992, pp.52 à 58.

Parallèlement au problème des risques financiers, la réglementation communautaire s'intéresse également à un risque particulier issu de l'activité criminelle. Par exemple, s'agissant du blanchiment de l'« argent sale », elle impose aux organismes financiers, mais aussi aux États membres, une obligation d'identification et d'interdiction de telles opérations[689]. Ce risque émanant d'une opération frauduleuse peut être contenu par une politique de transparence des conditions de banque applicables aux transactions financières transfrontalières[690]. Le contrôle s'appliquera dès lors à des virements jusqu'à concurrence d'un certain montant, tout en imposant aux banques des obligations relatives aux délais d'exécution, à la nécessité de s'en tenir aux instructions du donneur d'ordre, aux remboursements en cas d'inexécution[691].

L'orientation suivie par les instances communautaires, s'agissant de ce domaine, se réduit en un encadrement, un cantonnement de l'activité bancaire. Le principe général communautaire doit se résumer en une libre prestation totale des services dans l'ensemble du marché intérieur européen. Or, en admettant le système de licences obligatoires d'exercice, le droit communautaire affirme la spécificité des services bancaires et la possibilité, donnée aux États membres, de déroger au principe, désormais élevé au rang de dogme, de libre circulation. Cependant, cette limitation ne semble pas être réalisée dans un cadre de régulation du marché, mais davantage dans un souci de lutte contre les activités frauduleuses tant à l'égard des intérêts particuliers, par les risques inhérents aux activités financières, qu'à l'encontre de l'intérêt général, par l'attrait que de tels services peuvent provoquer envers les capitaux provenant d'entreprises criminelles. Partant, les dispositions particulières concernant le secteur bancaire ne viennent en rien contrarier les règles générales élaborées en matière de services. Effectivement, une fois obtenue d'un État membre l'autorisation d'établissement par le biais d'une licence, une compagnie bancaire pourra se prévaloir des droits qui lui sont reconnus en vertu de la réglementation communautaire, hormis les obligations supplémentaires de transparence qui lui incombent. Ainsi, toute disposition nationale qui aurait un effet restrictif sur l'activité d'un établissement bancaire, sans être justifiée par une des raisons ci-dessus évoquées, encourrait une sanction. De là, les entraves discriminatoires et les entraves non discriminatoires, affectant donc le commerce intracommunautaire des services ou susceptibles de l'affecter doivent être éradiquées de la même manière que dans les autres domaines.

2. Le secteur des assurances

Ce domaine, montrant également un caractère financier, bénéficie de la part des autorités communautaires de préoccupations similaires à celles intéressant le secteur bancaire. Effectivement, comme c'est le cas de manière générale en matière de services, la réglementation communautaire doit donner l'opportunité à toute compagnie d'assurance, ayant obtenu d'un État membre l'agrément d'exercice, d'exercer

---

[689] Directive n°2001/97/CE du Parlement européen et du Conseil du 4 décembre 2001, *modifiant la directive 91/308/CEE du Conseil relative à la prévention de l'utilisation du système financier aux fins du blanchiment de capitaux – Déclaration de la Commission*, JOCE n°L.344, 28 décembre 2001, pp.76 à 82.

[690] Recommandation de la Commission n°90/109/CEE du 14 février 1990, *concernant la transparence des conditions de banque applicables aux transactions financières transfrontalières*, JOCE, n°L.67, 15 mars 1990, pp.39 à 43.

[691] Jurisclasseur Europe, vol.5, fasc. 1021 et 1810.

librement son activité dans l'ensemble de la Communauté[692]. Également, elle doit permettre à tout citoyen communautaire d'accéder à la totalité des produits d'assurance offerts dans la Communauté. Ce double objectif, que l'on retrouve dans le secteur des banques, matérialise en fait la réalisation de deux libertés communautaires que sont la liberté d'établissement et la libre prestation de services.
Cependant, l'existence de textes particuliers, attachés au seul secteur des assurances, démontre la spécificité de ce dernier vis-à-vis des questions plus générales telles que couvertes par les quatre libertés fondamentales. De la même manière, la Cour de justice a affirmé le caractère distinct des services prestés par les compagnies d'assurance en admettant la compétence des États membres de soumettre les activités d'assurance à certaines règles relatives, notamment, à la protection des consommateurs. La différence pouvant être soulignée entre les réglementations communautaires relatives au secteur des assurances et celles régissant le domaine des banques réside dans la complémentarité des textes. Comme cela a été dit, les dispositions édictées en matière bancaire viennent régir des points distincts de ceux administrés pas les textes du Traité. En revanche, les règles communautaires régissant les activités d'assurance constituent un réel complément des dispositions du Traité. En effet, les mesures ajoutées aux textes généraux, justifiées par la complexité des activités exercées, s'expliquent par le fait que la simple suppression des entraves au commerce ne permet pas de parvenir, par elle seule, à la réalisation d'un marché unique. Pour ainsi dire, les textes complémentaires ont pour importante mission une indispensable coordination des législations nationales en la matière.

Les opérations concernant les assurances peuvent être regroupées en deux catégories distinctes. La première vise les assurances directes sur la vie alors que la seconde touche le cas des assurances « non-vies » dans lesquelles se retrouvent, par exemple, les assurances « automobiles ». Toutefois, ces deux types d'opérations sont généralement réalisés par un même établissement ; pour cette raison, les lignes directrices régissant ces deux types d'opérations demeurent communes. D'ailleurs, le fait d'appliquer, comme pour les banques, le système de la licence unique au domaine des assurances vient conforter cette position. L'État attribuant cette licence est celui du siège social. Ainsi, la compagnie d'assurance qui désirerait implanter une agence ou une succursale dans un autre État membre[693] – dans ce cas, il s'agit de l'usage de la liberté d'établissement – ou y opérer des prestations de services, doit faire connaître cette volonté par simple notification à son État d'origine, c'est-à-dire dans lequel elle a son siège social. En effet, dès l'instant où la compagnie a obtenu de son État d'origine une licence d'activité, celle-ci n'a plus à solliciter un agrément d'éventuels États

---

[692] CJCE, 16 septembre 2004, *Epikouriko kefalaio c/ Ypourgos Anaptyxis*, aff. n°C-28/03, Rec., p.I-8533 ; dans cette affaire, la compagnie d'assurances s'est vue retirer son agrément dans son pays d'origine, ce qui l'empêchait de s'établir dans un autre État membre. Dans ce cas, il s'agissait de protéger les créanciers de cette compagnie qui était en état de faillite.

[693] Il est à noter, à cet égard, que la Cour assimile à ces démembrements les activités de « back office » pouvant s'analyser comme étant une *forme de coopération consistant à aider [le prestataire d'assurances initial], moyennant rémunération, dans l'accomplissement d'activités incombant normalement à [ce dernier], sans entretenir de relations contractuelles avec les assurés. De telles activités constituent un démembrement des activités [du prestataire initial], et non des prestations de services effectuées par un intermédiaire d'assurance.* Voir, CJCE, 3 mars 2005, *Staatssecretaris van Financiën c/ Arthur Andersen & Co. Accountants c.s.*, aff. n°C-472/03, Rec., p.I-1719, pt.38 ; et par analogie, CJCE, 13 décembre 2001, *Commissioners of Customs & Excise c/ CSC Financial Services Ltd.*, aff. n°C-235/00, Rec., p. I-10237, pt.40.

d'accueil. La multiplication des prestataires d'assurance ouvre un large éventail de produits aux preneurs d'assurance. Cependant, les divergences existant entre les règles nationales vont influencer les choix à faire. La coordination de ces législations doit donc amener les États membres à mettre en œuvre et à contrôler les règles prudentielles de niveau communautaire telles que les provisions techniques, les actifs admissibles et leur composition. Ainsi, comme en matière bancaire, le contrôle porte surtout sur l'entreprise et non sur le droit régissant le contrat d'assurance. D'ailleurs, cette approche laisse entrevoir le haut degré de concurrence que connaît ce secteur eu égard à la variété des produits offerts tant par leur objet que par leur prix. Il est certain que le décloisonnement des marchés nationaux, source de concurrence, peut entraîner des atteintes à cette dernière par des accords de type « ententes »[694] ou des concentrations.
Revenant sur la dualité d'activités caractérisant le secteur des assurances, tout le système énoncé jusqu'alors repose sur deux textes. Ainsi, l'assurance non-vie est régie par la directive 92/49 du Conseil du 18 juin 1992[695], alors que l'assurance vie est visée par la directive 92/96 du Conseil du 10 novembre 1992[696], textes complétés par différentes autres dispositions. La mise en œuvre de ces réglementations jumelée à celle des textes visant le domaine bancaire a, dans ce jeu concurrentiel de rapprochement d'entreprises, conduit à des mariages financiers entre banques et assurances produisant des entités dites « bancassurances », nécessitant à leur tour un certain degré de réglementation. C'est effectivement dans le cas des groupes d'entreprises que les règles prudentielles obtiennent une place prédominante. Une directive du Parlement européen du 29 juin 1995[697] a donc renforcé la surveillance prudentielle en la matière. En effet, pour le domaine plus général des services financiers, concernant les établissements de crédit, l'assurance non-vie, l'assurance vie, les entreprises d'investissements et les organismes de placement collectif en valeurs mobilières[698], elle prévoit que la structure du groupe, pour obtenir l'agrément étatique, doit être suffisamment transparente tant au niveau global qu'au niveau individuel et, de

---

694 Pour clarifier les cas d'ententes utiles à la fois pour les assureurs et les consommateurs, voir, règlement (CEE) n°3932/92 de la Commission du 21 décembre 1992, *concernant l'application de l'article [81] paragraphe 3 du Traité à certaines catégories d'accords, de décisions et de pratiques concertées dans le domaine des assurances*, JOCE, n°L.398, 31 décembre 1992, pp.7 à 14.

695 Directive n°92/49/CEE du Conseil du 18 juin 1992, *portant coordination des dispositions législatives, réglementaires et administratives concernant l'assurance directe autre que l'assurance sur la vie et modifiant les directives n°73/239/CEE et n°88/357/CEE (troisième directive « assurance non-vie »)*, JOCE, n°L.228, 11 août 1992, pp.1 à 23. CJCE, 25 février 2003, *Commission des Communautés européennes c/ République italienne*, aff. n°C-59/01, Rec., p.I-1759 ; 7 septembre 2004, *Commission des Communautés européennes c/ Grand-duché de Luxembourg*, aff. n°C-346/02, Rec., p.I-7517.

696 Directive n°92/96/CEE du Conseil du 10 novembre 1992, *portant coordination des dispositions législatives, réglementaires et administratives concernant l'assurance directe sur la vie, et modifiant les directives n°79/267/CEE et n°90/619/CEE (troisième directive assurance vie)*, JOCE, n°L.360, 9 décembre 1992, pp.1 à 27 ; CJCE, 5 mars 2002, *Axa Royale Belge SA c/ Georges Ochoa et Stratégie Finance SPRL*, aff. n°C-386/00, Rec., p.I-2209.

697 Directive n°95/26/CEE du Parlement et du Conseil du 29 juin 1995, *modifiant les directives n°77/780/CEE et n°89/646/CEE dans le domaine des établissements de crédit, les directives n°73/239/CEE et n°92/49/CEE dans le domaine de l'assurance non-vie, les directives n°79/267/CEE et n°92/96/CEE dans le domaine de l'assurance vie, la directive n°93/22/CEE dans le domaine des entreprises d'investissement et la directive n°85/611/CEE dans le domaine des organismes de placement collectif en valeurs mobilières (OPCVM) afin de renforcer la surveillance prudentielle*, JOCE, n°L.168, 18 juillet 1995, pp.7 à 13. CJCE, 12 octobre 2004, *Peter Paul e.a. c/ Allemagne*, *op. cit.*

698 Plus généralement connu sous son sigle OPCVM.

fait, laisser transparaître une localisation identique de l'administration centrale et du siège statutaire. Une directive du 27 octobre 1998[699] crée une « surveillance complémentaire des entreprises d'assurance faisant partie d'un groupe d'assurance ». La surveillance sur une base individuelle demeure le principe.

Rétrospectivement, une compagnie d'assurance ou bancaire ayant obtenu un agrément étatique d'exercice pourra s'installer librement dans un État membre tout en essaimant dans l'ensemble de la Communauté, des agences ou succursales. La souplesse ainsi dégagée va être source d'un développement important des stratégies de regroupement soit entre banques, soit entre assurances, soit encore entre banques et assurances donnant alors naissance aux bancassurances[700]. Effectivement, les banques seront attirées par la pénétration d'une nouvelle activité et les assureurs par l'aubaine que présente le réseau de distribution généralement plus étendu dont disposent les établissements bancaires. La forte bancarisation du marché européen[701] attise la convoitise des États membres, ce qui aura pour conséquence une distribution plus facile des agréments étatiques afin d'appâter une telle manne financière.

B. L'inclination multilatérale pour le côté « service » des services financiers

Le secteur des services financiers est d'une importance économique prépondérante. D'ailleurs, la globalisation de l'économie a rendu plus aiguë la nécessité d'une coordination à ce sujet eu égard au risque que présente l'existence de zones de non-droit[702] d'autant plus exacerbée par les nouvelles technologies de communication que constitue l'Internet[703]. De manière plus pragmatique, la mondialisation conduit à une recomposition du paysage bancaire[704] conduisant à l'établissement de conglomérats financiers[705]. Cette place essentielle des services financiers a conduit les pays membres de l'OCDE à exiger des engagements fermes de la part de leurs pairs afin de tracer une ligne de conduite claire en la matière[706]. Ainsi, des dispositions spécifiques ont été introduites en annexe de l'AGCS, mais, également, un Mémorandum d'accord sur les engagements relatifs aux services financiers a été édicté. Des accords supplémentaires ont été conclus en 1995 et 1997, venant compléter les dispositions précédentes.

---

[699] Directive n°98/78/CEE du Parlement et du Conseil du 27 octobre 1998, *sur la surveillance complémentaire des entreprises d'assurance faisant partie d'un groupe d'assurance*, JOCE, n°L.330, 5 décembre 1998, pp.1 à 12. Ce texte et ceux précités ont été modifiés par la directive 2005/68/CE du Parlement européen et du Conseil du 16 novembre 2005, *relative à la réassurance et modifiant les directives 73/239/CEE et 92/49/CEE du Conseil ainsi que les directives 98/78/CE et 2002/83/CE*, JOUE n°L.323, 9 décembre 2005, pp.1 à 50.

[700] Un excellent exemple est la bancassurance formée entre la compagnie bancaire BNP et la société d'assurance UAP.

[701] Près de 90 % de la population européenne dispose d'au moins un compte bancaire.

[702] P. BÉZARD, *La mondialisation et les marchés financiers*, RJCom, n°1, 1er janvier 2001, p.168.

[703] *Ibidem*, p.175.

[704] A. SCANNAVINO, *Banques universelles et intégration financière internationale*, Revue d'éco.fin, n°33, février 1997, p.201 ; également, H. DE VAUPLANE, *Le droit bancaire et la mondialisation des marchés financiers*, RJCom, n°1, 1er janvier 2001, pp.188 et ss.

[705] Voir, sur la question, J.-L. FORT, *Les travaux sur les conglomérats financiers au niveau international*, Bulletin de la Commission bancaire, n°18, 1er avril 1998, pp.47 et ss.

[706] H. ULLRICH, *La mondialisation du droit économique : vers un nouvel ordre public économique – Rapport introductif*, RIDE, n°3, 1er juillet 2003, p.291.

La distinction opérée en droit communautaire entre les services bancaires et d'assurance n'est pas inconnue du droit multilatéral[707]. Néanmoins, ce dernier aborde ces domaines de manière conjointe à travers la seule notion de services financiers. Ainsi, l'Annexe de l'AGCS relative aux services financiers délimite le cas des services financiers entrant dans son champ d'application. Son article 1, point a), vise les « mesures qui affectent la fourniture de services financiers ». L'Annexe confie toutefois à l'article I-2 de l'AGCS le soin d'expliquer ce qu'il faut entendre par « fourniture d'un service ». Concernant la notion de « service financier », l'article 5, a), précise qu'il s'agit de *tout service de caractère financier offert par un fournisseur de services financiers d'un Membre*. D'ailleurs, cette disposition encadre strictement les services pouvant être qualifiés de financiers. Ainsi, ceux-ci englobent d'une part les services d'assurance, mais aussi, d'autre part, les services bancaires comprenant tout type de services financiers à l'exclusion de l'assurance[708]. Bien évidemment, les services « fournis dans l'exercice du pouvoir gouvernemental » sont, selon l'article 1, b), exclus du processus de libéralisation et donc non inclus dans le champ d'application de cette annexe[709].

Dans une approche semblable à celle empruntée par le droit communautaire, le droit multilatéral, par le biais de l'Annexe de l'AGCS relative aux services financiers, prend en considération l'importance des règles prudentielles de gestion. Ainsi, par la clause de traitement à part des mesures à caractère prudentiel, l'article 2, a), prévoit la possibilité pour un État de prendre des mesures prudentielles nécessaires à assurer la protection des investisseurs, des déposants et des titulaires de polices, ou à assurer l'intégrité du système financier. Cependant, cette opportunité ouverte aux États peut conduire au contournement des règles multilatérales dans la mesure où une règle prudentielle peut être contraire au traitement NPF et donc, de manière plus large, aux dispositions de l'AGCS. Ainsi, la possibilité d'adopter des règles prudentielles ne doit pas permettre aux Membres de revenir sur leurs engagements. Pour cette raison, l'article 3 de l'Annexe a pour but d'inciter les pays à reconnaître les mesures prudentielles adoptées par les autres États membres. Ceci peut être réalisé par le biais de l'harmonisation ou encore par toute autre méthode.

Parallèlement à cette annexe, les services financiers ont également fait l'objet d'un Mémorandum d'accord visant plus particulièrement les engagements relatifs aux services financiers. Ce Mémorandum a pour finalité de pallier le fait que l'AGCS ainsi que son annexe ne fixent en aucune manière un niveau minimal d'engagement. Le but

---

[707] G. PARLÉANI, *Mondialisation financière et assurance*, RJCom, n°1, 1er janvier 2001, p.213.

[708] Ainsi, l'article 5, pt.a), précise ce qu'il faut entendre par services financiers. En ce sens, cette disposition développe les notions de « services d'assurance et services connexes » (Assurance directe (y compris coassurance) ; sur la vie ; autre que sur la vie ; réassurance et rétrocession ; intermédiation en assurance, par exemple activités de courtage et d'agence ; services auxiliaires de l'assurance, par exemple service de consultation, service actuariel, service d'évaluation du risque et service de liquidation des sinistres), et de « services bancaires et autres services financiers » (acceptation de dépôts et d'autres fonds remboursables du public ; prêts de tout type, y compris crédit à la consommation, crédit hypothécaire, affacturage et financement de transactions commerciales ; crédit-bail ; tous services de règlements et de transferts monétaires, y compris cartes de crédits, de paiement et similaires, chèques de voyage et traites ; garanties et engagements ; opérations pour compte propre ou pour compte de clients, que ce soit dans une bourse, sur un marché hors-cote ou autre, [etc.]).

[709] Il s'agit des activités menées par des entités publiques. L'article 5, pt.c), de l'Annexe se charge de définir cette dernière notion.

est donc d'accroître le degré de libéralisation dans le domaine des services financiers proposant du coup une position plus ambitieuse que celles envisagées dans les autres secteurs de services.
Cependant, contrairement au caractère obligatoire découlant de l'AGCS ainsi que de ses annexes, l'adhésion au Mémorandum d'accord sur les engagements relatifs aux services financiers n'est qu'optionnelle. Dans cette perspective, ce texte ne peut être considéré comme multilatéral, mais plutôt comme plurilatéral dans un contexte d'application qui est pourtant quant à lui multilatéral, celui-ci gravitant autour de l'AGCS. Une approche divergente est également suivie par le Mémorandum s'agissant de la question des engagements. En effet, l'AGCS prévoit, dans sa Partie III, des dispositions relatives aux engagements spécifiques. Or, en prévoyant une clause de *statu quo* et des mesures pour faciliter l'accès aux marchés, le Mémorandum vient déroger aux principes de l'Accord général. Toutefois, il est certain que l'application du Mémorandum ne doit en rien venir contrarier les principes fondamentaux de l'AGCS[710].

Tous ces textes ont pour principal but une libéralisation accrue des services financiers. Ce processus implique donc des négociations progressives devant aboutir dans la mesure du possible à des accords entérinés et annexés à l'AGCS. Ainsi, dès le lendemain du Cycle de l'Uruguay, des négociations se sont poursuivies sur la base du Mémorandum. En juillet 1995, le Comité des services financiers a adopté le Deuxième Protocole[711] par lequel une vingtaine de Membres ont amélioré leurs listes d'engagements[712]. En revanche, de nouvelles négociations, entreprises dès avril 1997, ont donné lieu à un accord, conclu le 12 décembre 1997, impliquant de manière plus ample cinquante-cinq Membres, dont les États-Unis, absents du précédent accord. Cet accord, devenu le Cinquième Protocole annexé à l'AGCS[713], contient une liste d'engagements spécifiques et une liste d'exemptions à la clause NPF pour chacun des Membres qui l'a accepté. Les nouvelles listes ainsi élaborées viendront remplacer les listes déjà annexées au Deuxième Protocole, pour les pays qui avaient participé à cet accord, ou compléteront les listes annexées à l'Accord général sur le commerce des services, pour ceux n'y ayant pas participé.

II.- Les services de télécommunications

Le secteur des télécommunications présente des spécificités exigeant une réglementation propre. Effectivement, le développement des nouvelles technologies offrant une multitude de matériels et de services aux usagers, entreprises ou particuliers, et l'accroissement des enjeux économiques dans un marché largement

---

[710] C'est ainsi que le Mémorandum d'accord prévoit, dans sa lettre même, que la nouvelle approche qu'il préconise s'applique, *étant entendu qu'elle n'entre pas en conflit avec les dispositions de l'Accord (i), qu'elle ne préjudicie pas au droit de tout Membre d'inscrire ses engagements spécifiques dans une liste conformément à l'approche prévue à la Partie III de l'Accord (ii), que les engagements spécifiques qui en résulteront s'appliqueront sur une base NPF (iii), qu'elle ne fait pas présumer du degré de libéralisation qu'un Membre s'engage à assurer en vertu de l'Accord (iv).*
[711] Deuxième Protocole annexe à l'AGCS, S/L/11, 24 juillet 1995.
[712] La plupart des signataires de cet accord étaient des États membres de la Communauté européenne. Les États-Unis, qui avaient déposé une exemption générale au TNPF, ne l'avaient pas signé, considérant comme insuffisantes les offres de certains pays asiatiques.
[713] Cinquième Protocole annexe à l'AGCS, S/L/45, 3 décembre 1997.

concurrentiel ont conduit les États à ouvrir aux entreprises privées, tant nationales qu'étrangères, les activités de télécommunications jusque-là organisées publiquement. Au-delà du simple aspect économique, les services de télécommunications requièrent la mise en place d'un large réseau de distribution impliquant d'énormes moyens matériels seuls accessibles à des entités économiques d'une certaine importance. Ces infrastructures, dont le financement ne peut être valablement assuré que par les seules ressources étatiques, sont dans la plupart des pays industrialisés organisées autour d'entités publiques chargées de gérer les réseaux et d'offrir à des opérateurs privés le soin de fournir les services de télécommunications aux usagers[714]. Cette obligation implique donc le démantèlement des monopoles nationaux, finalité la plus concrète de la libéralisation de ce domaine.

Au niveau communautaire, l'élimination des restrictions subsistant dans le secteur des télécommunications, qui passent donc par la déréglementation des monopoles nationaux, ne peut se faire que par l'examen croisé des législations internes au regard des principes relatifs à la libre circulation des marchandises, à la libéralisation des services, ainsi qu'aux règles de concurrence (A). Le droit multilatéral n'appréhende les services de télécommunications que d'une manière accessoire à la question plus générale des services (B).

A. Le marché intérieur communautaire des télécommunications : un droit spécifique de la concurrence

Le droit communautaire a réalisé en la matière une communion quasi parfaite des différents marchés étatiques en élaborant des règles claires de démantèlement de toute entrave qui pourrait exister ou apparaître. Certains domaines de l'activité économique des pays membres bénéficiaient jusqu'alors d'un traitement favorable au sein de leur marché local. Le secteur des télécommunications jouissait d'une telle position privilégiée ou plutôt les entreprises qui en avaient la charge. Ces monopoles d'exploitation, dont l'existence était justifiée pour des raisons d'intérêt général[715], avaient la main mise sur l'activité des télécommunications. Ceux-ci bénéficiaient, par une délégation d'activité, de larges investissements en matière de recherche et développement. Cependant, l'évolution technologique liée aux transformations des marchés, passant d'une existence parallèle et cloisonnée à une interconnexion de plus en plus poussée de leurs éléments, ne pouvait conduire qu'à une ouverture de ces mêmes marchés à la concurrence.

---

[714] Ainsi, en France, France Télécom, qui est un prestataire de services de télécommunications, a aussi en charge la gestion du réseau français de télécommunications. Dans ce rôle, cette entreprise fournit aux autres prestataires présents sur le marché les moyens d'exercer leur activité en contrepartie d'une rétribution correspondant à la mise à disposition du réseau. Cela dit, cette possibilité n'empêche en rien l'opérateur privé de constituer son propre réseau ou, du moins, une partie de son réseau.

[715] Cet intérêt résidait notamment dans l'obligation, inhérente aux questions de service d'intérêt général, de fournir le service en question à tous les usagers qui en feraient la demande. Cette fourniture doit être réalisée à un prix identique sans que la rentabilité ait une quelconque incidence sur l'évaluation des tarifs, mais que celle-ci soit réalisée au prorata des dépenses engagées par l'opérateur afin de fournir les services désirés. À propos de la fourniture d'électricité : CJCE, 27 avril 1994, *Commune d'Almelo e.a. c/ NV Energiebedrijf Ijsselmij*, aff. n°C-393/92, Rec., p.I-1477 ; s'agissant de la distribution du courrier : CJCE, 19 mai 1995, *Procédure pénale c/ Paul Corbeau*, aff. n°C-320/91, Rec., p.I-2563.

L'ouverture à la concurrence de ces monopoles étatiques a été réalisée, en droit communautaire, de deux manières. Tout d'abord, celle-ci a concerné les équipements terminaux ; une directive de 1988[716] a donc imposé la suppression de tous les droits exclusifs ou spéciaux d'importation, de commercialisation, de raccordement, de mise en service et d'entretien des appareils terminaux. La jurisprudence a d'ailleurs précisé les conditions de cette libéralisation, en procédant à la séparation des entités chargées de la réglementation et du contrôle de celles qui sont chargées de la fabrication et de la commercialisation de ces équipements[717].

Ainsi et confirmant la place essentielle occupée par les infrastructures de télécommunications, la libéralisation du marché des équipements de terminaux est un élément prépondérant dans le processus plus large d'émancipation des services de télécommunications à l'égard de leur tuteur étatique. La réalisation du marché intérieur des services de télécommunications constitue la continuité de la libéralisation des équipements de terminaux. Cette évolution a été entérinée par une directive adoptée par le Conseil[718] sur la base de l'article 86[719], §3, du Traité de Rome[720]. Une directive de 1994[721] est venue étendre la directive précédente, dite « service », aux services de communications par satellite, donnant du coup aux opérateurs libre accès à la capacité spatiale. Cette directive va au-delà du simple cadre des services en étendant le champ de la libéralisation à l'établissement et à l'exploitation technique de réseaux de stations terrestres et satellites. Ce processus de libéralisation devait atteindre son paroxysme par l'ouverture totale du marché des télécommunications à la concurrence[722] dans le but prioritaire de décloisonner le domaine de la téléphonie vocale jusque-là détenu par les monopoles nationaux.

La création d'un marché des équipements de terminaux ainsi que des services de télécommunications ne peut être totale que par la libéralisation des réseaux de télécommunications. Cette étape logique amorçant la libéralisation des infrastructures

---

716 Directive n°88/301/CEE de la Commission du 16 mai 1988, *relative à la concurrence dans les marchés des terminaux de télécommunications*, JOCE n°L.131, 27 mai 1988, pp.73 à 77. Ce texte, pris sur la base de l'article 90, §3, du Traité de Rome, fut attaqué par la France qui considérait que ce fondement ne permettait pas à la Commission de prendre des dispositions normatives, position qui fut rejetée par la Cour de justice ; voir, CJCE, 19 mars 1991, *République française c/ Commission des Communautés européennes*, aff. n°C-202/88, Rec., p.I-1223.

717 CJCE, 27 octobre 1993, trois arrêts, *Procédure pénale c/ Annick Taillandier, épouse Neny*, aff. n°C-92/91, Rec., p.I-5383, pt.16 ; *Procédure pénale c/ Francine Decoster, épouse Gillon*, aff. n°C-69/91, Rec., p.I-5335, pt.22 ; *M. le Procureur du Roi c/ Jean-Marie Lagauche et autres e.a.*, aff. jtes n°sC-46/90 et 93/91, Rec., p.I-5267, pt.44.

718 Directive n°90/388/CEE du Conseil du 28 juin 1990, *relative à la concurrence dans les marchés des services de télécommunications*, JOCE n°L.192, 24 juillet 1990, pp.10 à 16.

719 Ancien article 91

720 De manière identique au problème qui a affecté la directive « terminaux » (voir, *supra*), cette directive « service » fut attaquée quant à la validité de sa base d'élaboration. La Cour de justice, confirmant la position déjà adoptée pour la première, a rejeté le recours intenté contre la seconde ; voir, CJCE, 17 novembre 1992, *Royaume d'Espagne c/ Commission des Communautés européennes*, aff. n°C-217/90, Rec., p.I-5833.

721 Directive n°94/46/CEE du Conseil du 13 octobre 1994, *modifiant les directives n°88/301/CEE et n°90/388/CEE en ce qui concerne en particulier les communications par satellite*, JOCE n°L.268, 19 octobre 1994, pp.15 à 21. Cette directive fait suite au Livre vert de la Commission du 14 novembre 1990 sur les communications par satellite.

722 Directive n°96/19/CEE de la Commission du 13 mars 1996, *modifiant la directive n°90/388/CEE en ce qui concerne la réalisation de la pleine concurrence sur le marché des télécommunications*, JOCE n°L.74, 22 mars 1996, pp.13 à 24.

s'est effectuée de deux manières. Tout d'abord, un opérateur peut user de la liberté d'installer et d'exploiter des réseaux de distribution. Ensuite et dans la mesure où les moyens financiers sont absents, le même opérateur peut réclamer le libre accès aux réseaux existants exploités par des tiers. Cette dernière possibilité met en relief la question particulière des installations essentielles. Cette théorie a pour effet, lors de l'ouverture à la concurrence du domaine concerné, d'ouvrir sous certaines conditions le réseau, jusque-là détenu par un monopole national, à tous les opérateurs qui en exprimeraient le désir. La directive 90/387 du Conseil[723] trace le cadre de l'ouverture des réseaux de télécommunications. Ainsi, les conditions d'accès à un réseau tiers doivent être objectives, transparentes et appliquées de façon non discriminatoire. Cette directive de caractère général a été complétée par des textes plus spécifiques, comme la directive 92/44[724] réglementant la question de la location des réseaux à des opérateurs de télécommunications désirant les utiliser, la directive 95/62[725] abordant le problème de la téléphonie vocale en instituant un droit à raccordement et à accès à tout réseau existant moyennant conditions et prix d'interconnexion.
L'ouverture à la concurrence ne s'est pas soldée par une libéralisation pure et simple du marché des télécommunications. En réalité, ce processus s'est soldé par un aménagement des services d'intérêt général dans le but de les soustraire aux monopoles nationaux qui en avaient jusqu'alors, dans la plupart des pays européens, le contrôle absolu. En effet, le droit communautaire entend placer ces secteurs dans une situation particulière par laquelle les opérateurs de télécommunications s'obligent à assurer un service universel dont la gestion appartenait auparavant aux seules entités publiques[726]. Ainsi, la directive « service universel »[727], qui s'inscrit dans le nouveau cadre réglementaire concernant les communications électroniques, exprime son objet comme étant un *ensemble minimal des services d'une qualité spécifiée accessible à tous les utilisateurs finals, à un prix abordable compte tenu des conditions nationales spécifiques, sans distorsion de concurrence*[728]. Le nouveau cadre réglementaire, dont il est ici fait référence, constitue une refonte de l'arsenal de directives déjà énoncé afin de

---

[723] Directive n°90/387/CEE du Conseil du 28 juin 1990, *relative à l'établissement du marché intérieur des services de télécommunications par la mise en oeuvre de la fourniture d'un réseau ouvert de télécommunications*, JOCE n°L.192, 24 juillet 1990, pp.1 à 9.

[724] Directive n°92/44/CEE du Conseil du 5 juin 1992, *relative à l'application de la fourniture d'un réseau ouvert aux lignes louées*, JOCE n°L.165, 19 juin 1992, pp.27 à 36.

[725] Directive n°95/62/CEE du Parlement et du Conseil du 13 décembre 1995, *relative à l'application de la fourniture d'un réseau ouvert (ONP) à la téléphonie vocale*, JOCE n°L.321, 30 décembre 1995, pp.6 à 24 ; texte remplacé par la directive n°98/10/CEE du Parlement et du Conseil du 26 février 1998, *concernant l'application de la fourniture d'un réseau ouvert (ONP) à la téléphonie vocale et l'établissement d'un service universel des télécommunications dans un environnement concurrentiel*, JOCE n°L.101, 1er avril 1998, pp.24 à 47.

[726] Directive n°97/33/CEE du Parlement et du Conseil du 30 juin 1997, *relative à l'interconnexion dans le secteur des télécommunications en vue d'assurer un service universel et l'interopérabilité par l'application des principes de fourniture d'un réseau ouvert (ONP)*, JOCE n°L.199, 26 juillet 1997, pp.32 à 52 ; ainsi que, communication de la Commission, *relative à la tarification de l'interconnexion dans un marché de télécommunications libéralisé*, JOCE n°C.84, 19 mars 1998, pp.3 à 11.

[727] Directive 2002/22/CE du Parlement européenne et du Conseil du 7 mars 2002, *concernant le service universel et les droits des utilisateurs au regard des réseaux et services de communications électroniques (directive « service universel »)*, JOCE n°L.108, 24 avril 2002, pp.51 à 77.

[728] Article 1er, §2, de la directive précitée.

l'adapter aux derniers développements technologiques ayant redessiné les contours des industries de l'informatique, des médias et des télécommunications[729].

Tous les textes ainsi décrits et visant la libéralisation du marché des télécommunications sont clairement empreints de règles concurrentielles. Il s'agit en quelque sorte d'un droit spécial de la concurrence applicable à ce seul domaine. Cependant, il ne faut en rien occulter l'application du droit commun de la concurrence, car, même si ces textes viennent régir des points particuliers des télécommunications, l'ensemble de ce domaine est couvert par les règles générales du Traité de Rome. D'ailleurs, l'article 16 CE[730] complète le droit originaire en prônant la nécessaire conciliation du principe communautaire de libre circulation et de l'objectif de développement des missions de service public[731]. La Commission, dans un document titré « lignes directrices »[732], souligne cette évidence en affirmant le fait que les règles communautaires de concurrence s'appliquent au secteur des télécommunications[733]. Le démantèlement des monopoles nationaux se trouve conforté par le fait que la Cour interdit aux États membres d'attribuer à leurs exploitants publics le pouvoir d'édicter des spécifications techniques, mais aussi par le fait qu'elle vérifie que ces dernières sont respectées par les autres opérateurs alors qu'ils sont leurs concurrents sur le marché[734].

Hormis les règles positives ainsi décrites, le droit communautaire envisage une autre voie d'ailleurs devenue systématique dans les domaines n'entrant pas dans la sphère de compétence exclusive de la Communauté. Il s'agit des mécanismes d'harmonisation et de reconnaissance mutuelle des législations nationales, et plus particulièrement à la faveur des règles concernant les équipements de terminaux. L'harmonisation concerne les règles techniques, opération permettant d'ouvrir l'accès aux réseaux, mais également la libre circulation des matériels. Elle va exiger, des États membres, des interventions précises telles que la publication de leurs spécifications techniques[735], l'établissement d'une normalisation commune[736], le respect des

[729] Il s'agit des directives du Parlement européen et du Conseil du 7 mars 2002 : 2002/19/CE, *relative à l'accès aux réseaux de communications électroniques et aux ressources associées, ainsi qu'à leur interconnexion (directive « accès »)*, JOCE n°L.108, 24 avril 2002, p.7 ; 2002/20/CE, *relative à l'autorisation de réseaux et de services de communications électroniques (directive « autorisation »)*, JOCE n°L.108, 24 avril 2002, p.21 ; 2002/21/CE, *relative à un cadre réglementaire commun pour les réseaux et services de communications électroniques (directive « cadre »)*, JOCE n°L.108, 24 avril 2002, p.33 ; 2002/22/CE, précité ; 2002/58 du 12 juillet 2002, *concernant le traitement des données à caractère personnel et la protection de la vie privée dans le secteur des communications électroniques (directive « vie privée et communications électroniques »)*, JOCE n°L.201, 31 juillet 2002, p.37.

[730] Article 7 D dans sa numérotation originaire telle qu'issue du Traité d'Amsterdam.

[731] Cet article dispose en effet que *sans préjudice des articles 73, 86 et 87 du Traité CE, et eu égard à la place qu'occupent les services d'intérêt économique général parmi les valeurs communes de l'Union, la Communauté et ses États membres, chacun dans les limites du champ d'application du présent Traité, veillent à ce que ces services fonctionnent sur la base de principes et dans des conditions qui leur permettent d'accomplir leurs missions* ; voir, R. ALLEMAND, *L'intervention des collectivités territoriales dans le domaine des télécommunications*, AJDA, 1er novembre 2004, p.3839.

[732] JOCE, n°C.233, 6 septembre 1991.

[733] Également, directive n°90/531/CEE du Conseil du 17 décembre 1990, *relative aux procédures de passation des marchés dans les secteurs de l'eau, de l'énergie, des transports et des télécommunications*, JOCE n°L.297, 29 octobre 1990, pp.1 à 48.

[734] CJCE, 13 décembre 1991, *RTT c/ GB-INNO-BM*, aff. n°C-18/88, Rec., p.I-5941, pts.32 et ss.

[735] Directive n°83/189/CEE du Conseil du 28 mars 1987, *prévoyant une procédure d'information dans le domaine des normes et réglementations techniques*, JOCE n°L.109, 26 avril 1983, pp.8 à 12.

exigences essentielles et l'application des principes de reconnaissance mutuelle des certificats et des agréments. C'est dans cette dernière approche que se dessinent les contours du rapprochement des législations ainsi que la question du principe de reconnaissance mutuelle. En effet, la directive 91/263[737], texte de référence en la matière, énumère dans son article 4 les cas d'exigences essentielles. Ainsi, cette directive retient comme éléments pouvant entrer dans cette catégorie, la protection du réseau contre tout dommage, la compatibilité électronique, l'utilisation efficace du spectre de radiofréquence et l'interopérabilité des terminaux entre eux[738]. Cette même directive définit également les procédures de certification pour agrément.

La libéralisation du secteur des télécommunications est très avancée au niveau communautaire, si bien que le programme libéral du marché intérieur, ainsi engagé, fut totalement réalisé le 1er janvier 1998[739]. Ce large objectif, dont les lignes furent tracées longtemps avant cette date, a permis à la Communauté européenne ainsi qu'à ses États membres de se consacrer aux négociations multilatérales avec l'expérience alors acquise.

B. Les textes multilatéraux relatifs aux « services spécifiques » de télécommunications

Les négociations multilatérales portant sur la question des télécommunications ont donné lieu à différents textes dont une première partie fut insérée dans les accords de Marrakech, et une seconde dans un accord spécifique de 1997 sur les télécommunications de base. Cette distinction oppose donc les textes généraux applicables en la matière, notamment l'Annexe de l'AGCS, et des textes particuliers en premier lieu desquels se situe l'Accord sur les télécommunications de base.

L'Annexe de l'AGCS relative aux télécommunications soulève l'importance du domaine, certes par son existence même, mais également dans sa propre lettre. En effet, les télécommunications occupent une place importante en tant que secteur distinct, mais aussi en tant que moyen de véhiculer d'autres activités économiques. Le texte définit les notions en cause dans les points b) et c) de l'article 3. Ainsi, la première de ces dispositions s'intéresse au concept de service public de transport de télécommunications en considérant qu'il s'agit de tout service de transport des télécommunications incluant, par exemple, les services télégraphiques et téléphoniques, le télex et les services de transmission de données. La deuxième disposition décrit la

---

[736] À cette fin, l'Institut européen de normalisation en télécommunication a été créé.

[737] Directive n°91/263/CEE du Conseil du 29 avril 1991, *concernant le rapprochement des législations des États membres relatives aux équipements terminaux de télécommunications, incluant la reconnaissance mutuelle de leur conformité*, JOCE n°L.128, 13 mai 1991, pp.1 à 18.

[738] La directive n°93/97/CEE du Conseil du 29 octobre 1993 (*complétant la directive n°91/263/CEE en ce qui concerne les équipements de stations terrestres de communications par satellite*, JOCE n°L.290, 24 novembre 1993, pp.1 à 8) ajoute à cette liste, l'utilisation efficace de la ressource orbitale lorsqu'il s'agit d'équipements de stations terrestres de communications par satellite. Cette directive et la directive n°91/263/CEE ont été codifiées et réunies au sein de la directive n°98/13/CEE du Parlement et du Conseil du 12 février 1998, *concernant les équipements terminaux de télécommunications et les équipements de stations terrestres de communications par satellite, incluant la reconnaissance mutuelle de leur conformité*, JOCE n°L.74, 12 mars 1998, pp.1 à 26.

[739] Cette date ressort d'une résolution du 22 juillet 1993 qui a posé le principe d'une libéralisation des services de téléphonie vocale au sein de la Communauté à compter d'alors.

notion de réseau public de transport des télécommunications comme étant toute infrastructure publique de télécommunications qui permet les télécommunications entre deux extrémités terminales bien définies du réseau ou plus. Les notions clefs ainsi définies, le texte s'emploie également à délimiter son champ d'application. Ainsi, son article 2, a), dispose que cette annexe s'applique *à toutes les mesures d'un Membre qui affectent l'accès et le recours aux réseaux et services publics de transport des télécommunications.* La portée de l'Annexe est toutefois amputée du secteur de la distribution par câble et de celui de la diffusion de programmes radiophoniques ou télévisuels.

Les principes régissant le processus de libéralisation des échanges sont repris dans cette annexe avec cependant quelques aménagements rendus nécessaires par la spécificité du domaine. L'article 4 souligne ainsi l'applicabilité du principe de transparence en imposant aux Membres ou aux institutions compétentes de tenir à disposition des autres États tous les renseignements que ceux-ci considéreraient comme pertinents en la matière. L'article 5 énonce quant à lui une série de points dont le but est de faciliter l'accès et le recours aux réseaux et services publics de transport de télécommunications.

Ainsi, le point a) de cet article souligne le fait que l'accès aux réseaux et aux services publics doit être assuré par les pays membres. Les avantages ainsi accordés aux fournisseurs de services étrangers par inscription dans les listes d'engagements doivent être concrétisés « suivant des modalités et à des conditions raisonnables et non discriminatoires ». Cette référence au principe de non-discrimination relève davantage d'une inspiration communautaire que d'une formulation multilatérale telle qu'elle peut ressortir des divers textes du GATT. En effet, le Traité de Rome envisage la libre circulation, certes par le biais de la notion d'entrave, mais, en deçà de cette étape dans le processus de démantèlement des obstacles au commerce, par l'entremise du principe de non-discrimination. Le droit multilatéral a effectivement pour constante d'appréhender cette question à travers deux principes que sont celui du traitement de la nation le plus favorisée et celui du traitement national. L'omission ainsi constatée dans le texte est toutefois comblée par l'ajout d'une note de bas de page précisant que l'expression « non-discrimination » doit être interprétée *comme désignant le traitement NPF et le traitement national défini dans l'Accord.* Cette même note explique la notion de non-discrimination comme étant l'application de *modalités et conditions non moins favorables que celles qui sont accordées à tout autre utilisateur de réseaux ou services publics de transport des télécommunications dans des circonstances similaires*[740]. Ce rappel permet donc une certaine réhabilitation de la position entretenue jusque-là, freinant du coup un éventuel rapprochement des positions communautaire et multilatérale en matière de discrimination.

Le point e) de l'article 5 de l'Annexe sur les télécommunications confie aux Membres la possibilité d'introduire ou de maintenir les restrictions qui s'avéreraient nécessaires à la sauvegarde d'un certain sentiment de responsabilité. Effectivement, les fournisseurs de réseaux doivent prendre conscience de cette responsabilité, mais également de l'obligation qui est la leur de respecter les engagements contenus dans les listes annexées à l'Accord.

---

[740] Pour de plus larges développements s'agissant des éléments constituants la notion de discrimination, voir, *supra.*

Inévitablement, des exceptions sont instaurées en faveur des pays en développement notamment par le biais d'une clause de flexibilité permettant à ces États de prendre des mesures restrictives destinées au renforcement de leur infrastructure nationale de télécommunications[741].
Au-delà des principes ainsi exposés, inhérents à un processus de libéralisation commerciale, l'Annexe sur les télécommunications souligne la nécessaire coopération entre l'OMC et les différentes organisations internationales dont l'activité gravite autour des télécommunications.

Enfin, l'Annexe aborde la question des télécommunications comme particulière, nécessitant donc une approche parallèle à celle entretenue à l'égard du domaine général des services. Cependant, ce texte n'a donné lieu qu'à des engagements spécifiques impliquant les seuls services de télécommunications à valeur ajoutée, occultant du coup le volet essentiel des services de télécommunications de base. Cette exclusion ne peut trouver d'explication que dans la seule volonté des pays membres de tergiverser et ainsi obtenir du temps pour préparer les prochaines négociations en la matière. D'ailleurs, à cette fin, une décision ministérielle, insérée dans les accords de Marrakech de 1994, a créé un groupe de travail sur les télécommunications de base (GNTC) dont la mission première était de préparer un futur accord dans ce domaine. La contribution à une telle initiative demeurait tout de même non obligatoire, et ceci, dans le dessein de conserver une certaine souplesse dans le mouvement libéral tout en couvrant le plus large champ possible.
Ainsi, jusqu'à ce qu'un accord puisse être entériné, chaque Membre, partie aux négociations, s'engage à ne pas prendre de mesures de nature restrictive sur le commerce des télécommunications de base. En contrepartie, ces mêmes pays obtenaient une suspension de l'application de l'article II de l'AGCS, c'est-à-dire du principe du traitement de la nation la plus favorisée en matière de services.

L'Accord est intervenu en février 1997 au terme de négociations ayant débuté en mai 1994. Cette décision couvre tous les services de télécommunications de base tels que la téléphonie vocale, la transmission de données, le télex, le télégraphe, la télécopie, les services de circuits loués privés, les services fixes et mobiles par satellite, la téléphonie cellulaire, les services mobiles pour données, la radio recherche et les systèmes de communications personnelles. Entré en vigueur le 5 février 1998, l'Accord a tout de même subi quelques aménagements se traduisant par une application échelonnée de certaines listes d'engagements en ce qui concerne les services de téléphonie[742].

III.- Les services de transport

Tout échange commercial implique, *a fortiori*, un déplacement de l'objet de l'opération. Ainsi, ce mouvement constitue à lui seul un acte ayant également des répercussions économiques notables, expliquant l'intérêt sans cesse croissant des États en la matière concrétisé par un interventionnisme important. Les États sont, en effet, engagés de manière directe dans ce domaine et ceci à divers degrés. Ils sont tout à la fois propriétaires des infrastructures de transport, entrepreneurs, le plus souvent de

---

[741] Article 5, g), de l'Annexe sur les télécommunications.
[742] OMC, Rapport annuel, 1997, volume I, pp.141 et s.

manière indirecte par le biais de monopoles nationaux, mais surtout, législateurs. Cette confusion des compétences dans un domaine aussi important que celui des transports, incontournable au niveau du commerce mondial, illustre la mainmise étatique dans un secteur requérant inévitablement un contrôle international. Pour cette raison, les réglementations commerciales supranationales ne pouvaient l'occulter. C'est dans cette optique que les droits communautaire et multilatéral prévoient tous les deux des dispositions concernant les différents types de transport.

A. Une politique multisectorielle des transports au sein de la Communauté

Le droit communautaire, toujours dans le souci de création du marché intérieur, envisage la politique des transports comme large, abordant de ce fait toutes les questions pouvant être entendues en la matière. Ainsi, elle va englober des points d'ordre technique en régissant l'organisation du trafic, de la circulation, ou encore des régimes d'étape. Elle va également viser des éléments d'ordre administratif par l'organisation du statut des entreprises de transport, mais aussi d'ordre juridique en instituant un régime communautaire du contrat de transport.

Le Traité CECA envisageait déjà, dans son article 70, la politique des transports comme une condition de l'établissement du Marché commun. Le Traité CEE insufflait quant à lui, par le biais de son article 3, point e), une autre dimension à la question en organisant un véritable programme d'action. D'ailleurs, les articles 70 à 80 du Traité CE, situés dans la partie consacrée aux fondements de la Communauté, élevaient la politique des transports au rang de politique sectorielle d'origine. Toutefois, seuls les transports terrestres étaient couverts par ce processus, les transports maritimes et aériens étant abandonnés à l'appréciation réglementaire du Conseil[743], ce qui mettait en relief le rôle encore trop important des États en la matière[744].

Malgré cette spécificité clairement affichée, les transports sont assimilés à des services et de ce fait, sont régis par les dispositions réglementant ce domaine général. Cependant, l'article 51, paragraphe 1, place les transports dans une position particulière, indépendante des dispositions régissant les services. Cependant, la Cour de justice est intervenue afin d'atténuer cette autonomie en reconnaissant que les règles communautaires sont de droit commun et ne souffrent aucune dérogation qui ne soit expressément précisée par un texte[745].

La place des transports est ainsi confortée au sein des politiques communautaires. Malgré cette reconnaissance, le Conseil n'a pas réellement pris le soin de légiférer en la matière, reléguant les transports au second plan. Pour cette raison, en 1983, le Parlement européen a introduit une action en carence afin de mettre en exergue ce manque d'inspiration et ainsi inciter les autorités communautaires à agir. La Cour, dans une réponse à caractère mitigé datée de 1985, a rappelé le devoir

[743] Cette dévolution ressort de l'article 84, devenu 74, du Traité CE.
[744] A. BREAU (entretien), *Il faut soustraire les transports de la responsabilité des États-nations*, PA, n°22, 30 janvier 2003, p.45.
[745] CJCE, 4 avril 1974, *Commission des Communautés européennes c/ République française*, aff. n°167/73, Rec., p.359, pt.28.

législatif du Conseil tout en lui accordant un délai raisonnable afin de rendre effective la politique des transports[746].
La période, dont la date de péremption fut fixée par la Cour de justice au 31 décembre 1992, se superpose à celle devant déboucher sur l'instauration du Marché unique. Dans cette perspective, de nombreuses dispositions ont été prises[747]. La législation communautaire va avoir comme objectif d'unifier les droits des différents États membres régissant jusqu'alors la matière. Par l'entremise des principes de libre circulation et de coordination des législations nationales, l'aboutissement de la politique des transports ne peut conduire qu'à l'accomplissement du Marché unique européen dans la mesure où la non-réalisation de la première ne peut que faire obstacle à la création du second.

Ainsi, du fait que le droit communautaire a comme ressort territorial une grande partie du continent européen, et donc en majorité des États frontaliers, les transports routiers et ferroviaires constituent le principal axe d'intervention.
Les transports routiers sont réglementés distinctement selon qu'il s'agit du transport de marchandises ou de celui de passagers. Concernant les marchandises, l'unification des droits nationaux a été réalisée par l'élaboration de règlements parfois assortis de décisions d'application, le tout constituant le régime en vigueur depuis début 1993[748]. Le transport routier des passagers est régi par le principe de libre circulation[749]. À ce titre, ce type de transport bénéficie de la liberté reconnue aux personnes et à leurs véhicules de se déplacer sans entraves sur tout le territoire communautaire, dans la mesure où ces derniers jouissent d'une telle possibilité au sein de leur propre territoire

---

[746] CJCE, 22 mai 1985, *Parlement européen c/ Conseil des Communautés européennes*, aff. n°13/83, Rec., p.1513, pt.49 ; le transport international de marchandises et de personnes doit être ouvert à toutes les entreprises de la Communauté et ne doit pas faire l'objet de discrimination en raison de la nationalité ou du lieu d'établissement du transporteur (pt.64).

[747] Pour une vue d'ensemble, voir, Rapport du Conseil économique et social, *Les transports dans la Communauté européenne*, Bruxelles, 1991.

[748] Ainsi, le règlement (CEE) n°1841/88 (du Conseil du 21 juin 1988, *modifiant le règlement (CEE) n°3164/76 relatif au contingent communautaire pour les transports de marchandises par route effectués entre États membres*, JOCE n°L.163, 30 juin 1988, pp.1 et 2), prévoit la liberté pour tout transporteur établi dans un État membre, de transporter des marchandises dans tout autre État membre, cela, toutefois, sous réserve de satisfaire aux conditions permettant d'accéder à la licence communautaire. Le règlement (CEE) n°3916/90 (du Conseil, du 21 décembre 1990, *concernant les mesures à prendre en cas de crise dans le marché des transports de marchandises par route*, JOCE n°L.375, 31 décembre 1990, pp.10 et 11), accorde la possibilité aux États membres de prendre des mesures de sauvegarde afin d'éviter que cette liberté puisse nuire au marché des transports (voir également, une série de règlements régissant la matière et pris le même jour ; règlement (CEE) n°3914/90 du Conseil, du 21 décembre 1990, *modifiant le règlement (CEE) n°3164/76 relatif à l'accès au marché des transports internationaux de marchandises par route*, JOCE n°L.375, 31 décembre 1990, p.7 ; règlement (CEE) n°3915/90 du Conseil, du 21 décembre 1990, *modifiant le règlement (CEE) n°3164/76 relatif à l'accès au marché des transports internationaux de marchandises par route*, JOCE n°L.375, 31 décembre 1990, p.9). Le règlement (CEE) n°296/91 (du Conseil du 4 février 1991, *modifiant le règlement (CEE) n°4059/89 fixant les conditions de l'admission de transporteurs non-résidents aux transports nationaux de marchandises par route dans un État membre*, JOCE n°L.36, 8 février 1991, p.8), organise la libéralisation du cabotage terrestre.

[749] Règlement (CEE) n°684/92 du Conseil, du 16 mars 1992, *établissant des règles communes pour les transports internationaux de voyageurs effectués par autocars et autobus*, JOCE n°L.74, 20 mars 1992, pp.1 à 9.

d'origine[750]. La réglementation communautaire prévoit alors des exigences différentes selon les types de transport se concrétisant par l'attribution divergente des licences communautaires d'exploitation.

Les transports par fer n'ont pas fait l'objet de la même attention que celle qui fut accordée au secteur routier. C'est en effet essentiellement par le biais de directives qu'est régi ce domaine. Les textes en question, notamment deux directives, prescrivent l'accélération de l'intégration du secteur ferroviaire dans la politique générale des transports[751]. Également, afin de simplifier les démarches au niveau européen, ils visent à la création d'une licence communautaire unique[752]. Le transport par voie ferrée nécessite une infrastructure particulière et onéreuse dont l'organisation et le financement ne peuvent être réalisés que par l'intervention d'entités suffisamment importantes, seules susceptibles de supporter la charge que cela implique. Les États constituent de telles entités et c'est dans cette optique que ces derniers ont constitué, en grande majorité, des monopoles nationaux chargés d'en assurer la gestion. La maîtrise étatique ainsi exercée sur ce type de transport ne peut convenablement être abandonnée aussi aisément que cela fut entrepris dans les autres domaines. L'ouverture à la concurrence est donc réalisée de manière progressive par l'intermédiaire de l'outil communautaire de prédilection, à savoir la directive[753]. Ainsi, l'ouverture du fret ferroviaire international à la concurrence[754] procède d'une telle orientation bien qu'elle demeure encore trop limitée[755]. Pourtant, la Commission, faisant preuve d'optimisme, a fixé l'achèvement de cette ouverture à l'année 2012[756].

Le deuxième axe de réflexion repose sur les secteurs de transport par voie de navigation. Il s'agit ici de traiter des questions de la navigation fluviale ainsi que des transports maritimes. Dans la mesure où le domaine est abordé par voie réglementaire, sa libéralisation est pratiquement achevée. S'agissant du cabotage fluvial, la libre prestation de services est totale dès lors que le transporteur se trouve en conformité avec la législation du pays dans lequel il est établi et qu'il est habilité à effectuer des

---

[750] Par exemple, règlement (CEE) n°2454/92 du Conseil, du 23 juillet 1992, *fixant les conditions de l'admission des transporteurs non-résidents aux transports nationaux de voyageurs par route dans un État membre*, JOCE n°L.251, 29 août 1992, pp.1 à 12.

[751] Directive n°91/440/CEE du Conseil, du 29 juillet 1991, *relative au développement de chemins de fer communautaires*, JOCE n°L.237, 24 août 1991, pp.25 à 28.

[752] Directive n°95/18/CE du Conseil, du 19 juin 1995, *concernant les licences des entreprises ferroviaires*, JOCE n°L.143, 27 juin 1995, pp.70 à 74.

[753] La jurisprudence a d'ailleurs très tôt affirmé la soumission du transport ferroviaire aux règles de concurrence : CJCE, 4 avril 1974, *Commission des Communautés européennes c/ République française*, aff. n°167/73, Rec., p.359.

[754] Directives du Parlement européen et du Conseil du 26 février 2001, 2001/12/CE, *modifiant la directive 91/440/CEE du Conseil relative au développement de chemins de fer communautaires*, JOUE n°L.75, 15 mars 2001, pp.1 à 25 ; 2001/13/CE, *modifiant la directive 95/18/CE du Conseil concernant les licences des entreprises ferroviaires*, JOUE n°L.75, 15 mars 2001, pp.26 à 28 ; 2001/14/CE, *concernant la répartition des capacités d'infrastructure ferroviaire, la tarification de l'infrastructure ferroviaire et la certification en matière sécuritaire*, JOUE n°L.75, 15 mars 2001, pp.29 à 46.

[755] F. LAMOUREUX, *La politique européenne des transports : Bilan et perspectives*, PA, 30 janvier 2003, n°22, p.16.

[756] Voir, s'agissant plus particulièrement de la directive précitée 2001/14/CE, C. SALQUE, *Intégration du marché européen des transports ferroviaires et nouvelle stratégie des entreprises ferroviaires historiques européennes*, RDUE, 1/2006, pp.73 ss.

transports internationaux par voie navigable[757]. En revanche, en matière de transport maritime, la liberté de circulation existait déjà avant l'élaboration du Traité de Rome par le biais d'accords internationaux. Cette libéralisation profite donc, en matière communautaire, au cabotage maritime[758].
L'innovation principale réside néanmoins dans l'élaboration de quatre règlements, venant certes rappeler le principe de libre prestation des services dans le domaine maritime[759], mais dont la portée essentielle réside dans l'élaboration d'un certain nombre de conditions d'application[760]. Elles concernent principalement les modalités d'application des règles de concurrence[761], la neutralisation des pratiques tarifaires déloyales[762] ainsi que la sauvegarde du libre accès au trafic transocéanique[763].

Enfin, après avoir envisagé les transports terrestres et navals, le droit communautaire s'est également préoccupé des transports aériens. L'intérêt pour ce secteur a été inauguré par un arrêt de la Cour de justice. L'affaire *Nouvelle frontière* a, en effet, abordé la question en affirmant clairement l'application des règles de concurrence à la navigation aérienne[764], semblant écarter du coup l'élaboration de règles spécifiques en la matière. La Cour avait déjà préalablement affirmé la soumission de ce domaine aux règles générales du Traité, et donc de manière sous-entendue aux règles de libre circulation et de libre concurrence[765]. Les transports aériens touchent un point sensible de la souveraineté étatique du fait que l'espace aérien est beaucoup plus difficile à définir et de surcroît à limiter que les espaces territoriaux et maritimes. En vertu de l'article 1er de la Convention de Chicago du 7 décembre 1944[766], les pays signataires reconnaissent que « chaque État a la

---

[757] Règlement (CEE) n°3921/91 du Conseil, du 16 décembre 1991, *fixant les conditions de l'admission de transporteurs non-résidents aux transports nationaux de marchandises ou de personnes par voie navigable dans un État membre*, JOCE n°L.373, 31 décembre 1991, pp.1 à 3.
[758] Règlement (CEE) n°3577/92 du Conseil, du 7 décembre 1992, *concernant l'application du principe de la libre circulation des services aux transports maritimes à l'intérieur des États membres (cabotage maritime)*, JOCE n°L.364, 12 décembre 1992, pp.7 à 10 ; CJCE, 6 avril 2006, *Agip Petroli SpA c/ Capitaneria di porto di Siracusa*, aff. n°C-456/04, NEPR, pt.16.
[759] CJCE, 13 juin 2002, *Inspecteur Van de Belastingdienst Douane, district Rotterdam c/ Sea-Land Service Inc. Et Nedlloyd Lijnen BV*, aff. jtes n^{os}430 et 431/99, Rec., p.I-5235.
[760] Règlement (CEE) n°4055/86 du Conseil du 22 décembre 1986, *portant application du principe de la libre prestation des services aux transports maritimes entre États membres et entre États membres et pays tiers*, JOCE n°L.378 du 31/12/1986 pp.1 à 3 ; CJCE, 19 février 2002, *Commission des Communautés européennes c/ République italienne*, aff. n°C-295/00, Rec., p.I-1737.
[761] Règlement (CEE) n°4056/86 du Conseil du 22 décembre 1986, *déterminant les modalités d'application des articles 85 et 86 du Traité aux transports maritimes*, JOCE n° L.378, 31 décembre 1986, pp.4 à 13 ; TPICE, 11 décembre 2003, *Minoan Lines SA c/ Commission des Communautés européennes*, aff. n°T-66/99, Rec., p.II-5515.
[762] Règlement (CEE) n°4057/86 du Conseil du 22 décembre 1986, *relatif aux pratiques tarifaires déloyales dans les transports maritimes*, JOCE n° L.378, 31 décembre 1986, pp.14 à 20.
[763] Règlement (CEE) n°4058/86 du Conseil du 22 décembre 1986, *concernant une action coordonnée en vue de sauvegarder le libre accès au trafic transocéanique*, JOCE n° L.378, 31 décembre 1986, pp.21 à 23.
[764] CJCE, 30 avril 1986, *Ministère public c/ Lucas Asjes et autres, Andrew Gray et autres, Andrew Gray et autres, Jacques Maillot et autres et Léo Ludwig et autres*, affaire dite « *Nouvelle frontière* », aff. jtes n^{os}209 à 213/84, Rec., p.1425 ; pour une application plus récente, CJCE, 24 octobre 2002, *Aéroports de Paris c/ Commission des Communautés européennes*, aff. n°C-82/01, Rec., p.I-9297 ; TPICE, 17 décembre 2003, *British Airways plc c/ Commission des Communautés européennes*, aff. n°T-219/99, Rec., p.II-5917.
[765] CJCE, 4 avril 1974, *Commission c/ France*, *op. cit.*, pt.31 ; rappelé par, 14 juillet 1998, *Aher-Waggon GmbH c/ Bundesrepublik Deutschland*, *op. cit.*, pt.16.
[766] Convention relative à l'aviation civile internationale, signée à Chicago le 7 décembre 1944.

souveraineté complète et exclusive sur l'espace aérien au-dessus de son territoire ». Il y a là une certaine contradiction entre un principe international de souveraineté, exaltant le protectionnisme national, et le principe communautaire de libre concurrence, visant à l'inverse l'éradication de ce protectionnisme. L'arrêt *Nouvelle frontière* introduit donc une certaine souplesse dans ce secteur par l'admission d'une dose de concurrence.

D'ailleurs, cette affaire va initier un mouvement réglementaire dont l'objectif sera de mettre en application cette évolution idéologique par la constitution d'une véritable politique des transports aériens[767]. Ainsi, deux règlements de 1987, règlements d'exemption, dispensent certaines catégories d'accords entre entreprises de transport aérien du jeu de l'article 81, paragraphe 1er, du Traité de Rome[768], c'est-à-dire du principe d'interdiction des ententes. Il s'agit, par exemple, des accords qui répartissent la capacité des sièges, coordonnent les horaires, organisent des consultations tarifaires[769], ou ceux qui favorisent le progrès technique[770]. Dans un autre registre, un règlement[771] insufflant un sérieux mouvement libéral a été élaboré en 1990. Effectivement, ce texte vise un point particulier du transport aérien, à savoir la répartition de la capacité en siège. Mais, de manière plus importante, il tend également à faciliter l'accès à ce marché. Un pas supplémentaire est franchi en 1992 lorsque la libre prestation de services à l'intérieur des États membres, pour ainsi dire le cabotage aérien, est clairement reconnue par un texte contraignant[772]. Cette démarche fut complétée par la libéralisation des tarifs et des taux de fret intracommunautaires[773].

Le secteur du transport aérien est particulier en ce sens que l'impératif sécuritaire est ici envisagé à son paroxysme. L'ouverture à la concurrence ne peut se faire qu'en respectant cet impératif. Dans cette optique, la Commission[774] tente de le concilier avec les principes du marché unique en l'intégrant dans un cadre réglementaire cohérent[775]

---

[767] M. DUPONT-ELLERAY, *La politique communautaire de l'aviation civile, de la libéralisation du transport aérien au ciel unique européen*, Revue française de droit aérien, n°4, 1er octobre 2002, p.351.

[768] Ancien article 85, §1er.

[769] Règlement (CEE) n°3976/87 du Conseil du 14 décembre 1987, *concernant l'application de l'article 85 paragraphe 3 du Traité à des catégories d'accords et de pratiques concertées dans le domaine des transports aériens*, JOCE n°L.374, 31 décembre 1987, pp.9 à 11.

[770] Règlement (CEE) n°3975/87 du Conseil du 14 décembre 1987, *déterminant les modalités d'application des règles de concurrence applicables aux entreprises de transports aériens*, JOCE n°L.374, 31 décembre 1987, pp.1 à 8.

[771] Règlement (CEE) n°2343/90 du Conseil du 24 juillet 1990, *concernant l'accès des transporteurs aériens aux liaisons des services aériens réguliers intracommunautaires et la répartition de la capacité en sièges entre les transporteurs aériens sur les services aériens réguliers entre États membres*, JOCE n°L.217, 11 août 1990, pp.8 à 14.

[772] Règlement (CEE) n°2408/92 du Conseil du 23 juillet 1992, *concernant l'accès des transporteurs aériens communautaires aux liaisons aériennes intracommunautaires*, JOCE n°L.240, 24 août 1992, pp.8 à 14 ; CJCE, 9 juillet 2002, *Flightline Ltd c/ Secrétario de Estado dos Transportes e Comunicações et Transportes Áeroes Portugueses SA (TAP)*, aff. n°C-181/00, Rec., p.I-6139.

[773] Règlement (CEE) n°2342/90 du Conseil du 24 juillet 1990, *sur les tarifs des services aériens réguliers*, JOCE n°L.217, 11août 1990, pp.1 à 7 ; règlement (CEE) n°2409/92 du Conseil du 23 juillet 1992, *sur les tarifs des passagers et de fret des services aériens*, JOCE n°L.240, 24 août 1992, pp.15 à 17. S'agissant de ce dernier texte, voir, CJCE, 5 novembre 2002, *Commission des Communautés européennes c/ Royaume de Danemark*, aff. n°C-467/98, Rec., p.I-9519.

[774] Livre blanc de la Commission, *La politique européenne des transports à l'horizon 2010 : l'heure des choix*, OPOCE, 2001, p.44.

[775] M. AYRAL, *La Communauté européenne et le transport aérien*, PA, 30 janvier 2003, n°22, p.26.

notamment afin de l'adapter aux nouveaux enjeux internationaux ainsi qu'à l'élargissement[776].

L'évolution des technologies de transport, augmentant le volume du transit notamment terrestre et aérien, a conduit inévitablement à une adaptation des réglementations internationales et, par voie de conséquence, du droit communautaire. Déjà en 1957, les auteurs du Traité de Rome étaient conscients de cette nécessité en faisant des transports un axe majeur des politiques communautaires. Cependant, le retard accumulé depuis cette date était presque comblé en 1993. Le 1er janvier 1993 marque donc la création du Marché unique européen, mais aussi la promotion, par la Commission, d'une politique globale des transports[777].

B. Un droit multilatéral des transports, accessoire de la politique commerciale internationale

Le droit multilatéral ambitionne la libéralisation du commerce mondial et, à ce titre, toutes les politiques qui seront poursuivies sous l'égide de l'OMC tendront à la réalisation de ce but premier. Pour cette raison, les dispositions multilatérales en matière de transport régissent des secteurs largement dépendants d'autres activités dont la libéralisation constitue une condition existentielle même de l'OMC. Ainsi, l'AGCS, au travers de ses annexes, poursuit la libéralisation des transports maritimes et aériens.

Le transport maritime est d'une importance capitale en matière d'échange international de marchandises notamment de matières premières. Profitant de l'élaboration d'une réglementation dans ce secteur, les autorités multilatérales se sont également intéressées au transport de passagers. Les négociations du Cycle de l'Uruguay ont établi certains axes de réflexion en la matière. Effectivement, la politique multilatérale de libéralisation du transport maritime doit permettre l'organisation du trafic international de fret et de passagers, ainsi que des services auxiliaires,[778] mais aussi portuaires[779]. En réalité, des engagements sur les deux premiers points ne sont possibles que dans la mesure où les services portuaires sont libéralisés. Les autorités publiques, en charge de ce dernier secteur, doivent assurer aux compagnies maritimes étrangères un accès établi sur une base non discriminatoire. Toutefois, la faiblesse des propositions ainsi que l'opposition des États-Unis ont eu raison des négociations. La Conférence de Marrakech a relancé le processus qui devait aboutir à la présentation d'un rapport final au plus tard en juin 1996. La participation à des négociations devait se faire sur une base volontaire. Un groupe de négociation sur les services de transport maritime a été créé, reprenant les trois piliers déjà exposés lors

[776] T. BOUWMAN, *la mobilité et les transports : des défis majeurs pour l'élargissement de l'Union européenne*, PA, n°22, 30 janvier 2003, p.37. La quatrième partie du Livre blanc est d'ailleurs consacrée à la question de la mondialisation des transports

[777] Communication de la Commission, *Le développement futur de la politique commune des transports, construction d'un cadre communautaire garant d'une mobilité durable*, Com (92) 494 final. Cette politique vise l'amélioration générale des infrastructures et des moyens de transport, l'accroissement de la sécurisation des utilisateurs, l'instauration de conditions de travail plus équitables, ainsi qu'un souci davantage marqué pour la protection de l'environnement.

[778] Les services auxiliaires comprennent les activités de manutention, de stockage, de dédouanement, les dépôts à conteneurs, les agents maritimes et les transitaires.

[779] Il s'agit là des services de pilotage, de réparation d'urgence, d'élimination des déchets, d'équipements, de mouillage et d'accostage.

du Cycle de l'Uruguay[780]. Ce mécanisme libéral opposait encore les États-Unis, dont les armateurs étaient partisans d'une conservation du *statu quo ante*, et la Communauté européenne dans laquelle les services de transport maritime étaient déjà libéralisés depuis l'entrée en vigueur du Marché unique. Les négociations, du fait de cette opposition, furent suspendues jusqu'en 2000. Durant cette période d'interruption, l'Annexe de l'AGCS ainsi que les décisions ministérielles prévoyaient que l'article II de l'AGCS, concernant le principe du traitement NPF, serait suspendu. En contrepartie, les gouvernements s'engageaient à ne prendre aucune mesure affectant le commerce des services dans le domaine des transports maritimes. De la sorte, le domaine des transports maritimes s'avère encore largement segmenté[781], et ce, d'autant plus que les négociations relancées depuis ne sont pas prêtes d'aboutir.

Les transports aériens ont également donné lieu à l'élaboration d'une Annexe sans toutefois qu'un groupe de négociation particulier soit institué afin d'approfondir les offres déjà consenties.

Ainsi, ce texte délimite le champ d'application de l'AGCS en matière de services de transport aérien. Son article 2 entame cet exercice d'une manière négative en excluant de ce champ d'application les droits de trafic ainsi que les services directement liés à l'examen de ces droits. Cette exclusion est destinée à ne pas affecter les droits et obligations résultant d'accords spécialisés tels que la Convention de Chicago. À l'inverse, une liste positive résulte de son article 3 duquel découle le fait que l'AGCS ne s'applique qu'aux seuls droits secondaires. Il s'agit des services de réparation et de maintenance des aéronefs, de la vente et de la commercialisation des services de transport aérien.

Bien sûr, les conditions soulevées par cette Annexe demeurent, au sens de son article 4, soumises aux dispositions du Mémorandum d'accord sur le règlement des différends. Celui-ci ne peut toutefois être invoqué que dans le cas où des engagements spécifiques ont été contractés, mais également lorsque les autres procédures possibles ont été épuisées.

L'article 5 de l'Annexe prévoit qu'un réexamen de son texte doit être organisé tous les cinq ans.

Plutôt que de libéraliser clairement dans son ensemble le domaine des transports, le droit multilatéral aborde cette question de manière subsidiaire, n'envisageant son ouverture que dans l'unique but de contribuer à la libéralisation d'autres secteurs. Pour cette raison et malgré l'importance économique occupée par les transports, ce secteur n'est considéré qu'au travers d'annexes, textes par définition secondaires.

---

[780] Le groupe *ad hoc* était constitué de 42 gouvernements et 24 d'entre eux, dont la Communauté européenne et ses États membres, ont présenté des offres conditionnelles.

[781] Sur cette question, voir, N. TERRASSIER, *Le transport maritime dans la mondialisation : globalisation et fragmentation*, Annuaire de droit maritime et océanique, n°18, 1er juin 2000, pp.349 et ss.

SECTION 3
LA LIBÉRALISATION DU SECTEUR DES CAPITAUX

Le dernier domaine dont le droit communautaire entend promouvoir la libéralisation et qui demeure étroitement lié aux autres est celui relatif aux capitaux et aux moyens de paiement. Ce domaine recoupe en fait deux questions bien distinctes, mais qui ont été réunies dans un même chapitre du Traité de Rome du fait qu'il s'agit en réalité d'un élément identique voué à être utilisé de manière différente, en l'occurrence la monnaie. En effet, cette dernière peut être thésaurisée, dans ce cas elle pourra circuler sous la forme de capital, ou échangée, si celle-ci est envisagée comme mode de paiement. Ainsi, différentes dispositions du Traité concernant ce domaine sont marquées par cette *summa divisio* (§1).

Le droit multilatéral ne s'intéresse qu'à la seule question des capitaux, celle des moyens de paiement restant soumise au pouvoir régalien des États. Cependant, l'approche même consacrée aux capitaux est limitée au seul contexte économique, en tant qu'objet d'investissement (§2).

§1. L'appréhension communautaire des domaines essentiels des capitaux et des moyens de paiement

Les articles 67, aujourd'hui abrogé, et 73B, désormais 56, reprennent clairement l'opposition qui a été bien souvent rappelée par la Cour de justice elle-même[782] entre capitaux et moyens de paiement.

L'introduction de ces dispositions dans le Traité de Rome découle d'une évidence économique. Ce texte qui vise la création d'un marché intérieur entièrement unifié ne peut rendre celui-ci effectif que par la réalisation d'un espace financier européen répondant aux nécessités de la mondialisation financière. En effet, la multiplication des opérations bancaires et boursières ainsi que les liaisons étroites entre les diverses places financières de la planète, accrue par les stratégies d'internationalisation des entités économiques, ne font que mettre en exergue l'importance prise par la monnaie dans les relations internationales. Afin de ne pas sembler en reste face à ce phénomène, les Communautés européennes d'alors devaient se doter des attributs pouvant placer le marché européen dans un contexte d'attraction des capitaux étrangers tout en conservant des monnaies locales fortes.
Ainsi, le principe de libre circulation des capitaux exige des États qu'ils abolissent les obstacles institutionnels, législatifs et réglementaires qui s'opposent ou sont susceptibles de s'opposer aux transferts intracommunautaires des capitaux[783].

---

[782] Par exemple, CJCE, 11 novembre 1981, *Procédure pénale c/ Guerrino Casati*, aff. n°203/80, Rec., p.2595, pt.24 ; 31 janvier 1984, *Graziana Luisi et Giuseppe Carbone c/ Ministero del Tesoro*, aff. jtes n^{os}286/82 et 26/83, Rec., p.377, pt.21 ; 14 juillet 1988, *Ministère public c/ R. Lambert*, aff. n°308/86, Rec., p.4369, pt.13.

[783] Les diverses notions en présence ne sont pas définies dans le cadre du Traité de Rome. La tâche a plutôt été dévolue aux instances communautaires. En effet, la question qui ne semblait pas devoir poser de réels problèmes lors de l'élaboration de cette codification, a dû être envisagée de manière plus approfondie afin de

L'article 68, paragraphe 1er, désormais abrogé, recommandait aux États membres d'accorder les autorisations de change « le plus libéralement possible ». Cette disposition, préconisant une voie non contraignante dont l'emprunt est inhabituel dans le Traité, affirmait la volonté de favoriser par tous les moyens les mouvements de capitaux. Cependant, la priorité semblait et semble toujours être donnée aux mouvements à long terme, c'est-à-dire à ceux dont l'objet est la création de biens fixes productifs au profit des entreprises. Ces mouvements à long terme, tributaires de la balance des paiements ainsi que de l'absence d'harmonisation des politiques de conjoncture des États membres, sont donc étroitement liés à la circulation des entreprises au sein du marché intérieur. C'est d'ailleurs à ce titre que l'article 48[784] soumet le droit d'établissement des entreprises aux dispositions du Traité relatives aux capitaux.

Alors que le caractère particulier du domaine sous examen a incité la Cour de justice à rechercher les seules discriminations affectant la circulation des capitaux et moyens de paiement (I), la jurisprudence semble désormais opter pour une solution de principe alignant la politique de démantèlement des entraves dans les quatre secteurs libéralisés (II).

I.- Un démantèlement des restrictions à la libre circulation des capitaux initié par le droit dérivé

Les principes directeurs[785] régissant la libre circulation des capitaux découlent en priorité de l'ancien article 67, paragraphe 1er du Traité[786]. Selon cette disposition, *les États membres suppriment progressivement, entre eux, pendant la période de transition et dans la mesure nécessaire au bon fonctionnement du marché commun, les restrictions aux mouvements de capitaux appartenant à des personnes résidant dans les États membres, ainsi que les discriminations de traitement fondées sur la nationalité ou la résidence des parties, ou la localisation des paiements.*
La lecture de cette disposition démontre le principal foyer d'obstacles visé par le droit communautaire. En effet, en poursuivant le démantèlement des seules discriminations

---

répondre à d'éventuels soucis d'interprétation. Ainsi, la notion de « capitaux » a pu être définie par la Cour de justice comme étant, au sens du Traité, des valeurs scripturales, incorporées ou non dans des titres, ainsi que les monnaies métalliques ayant un cours légal lors de l'opération qui les affecte ; voir, CJCE, 23 novembre 1979, *Regina c/ Ernest George Thompson, Brian Albert Johnson et Colin Alex Norman Woodiwiss*, aff. n°7/78, Rec., p.2247, pt.30. De la même manière, la circulation des capitaux a été envisagée comme étant l'ensemble des transferts de valeurs et de monnaies, quelles qu'en soient les modalités, à condition qu'ils aient lieu entre sujets de droit privé (en sont donc exclues, les opérations entre États ou des personnes ou institutions communautaires). Les transferts intracommunautaires concernent donc les mouvements de capitaux réalisés par des opérateurs économiques résidants dans des États membres différents.

[784] Ancien article 58.

[785] Les dispositions complémentaires ne seront pas énumérées telles quelles. Toutefois, des références à ces différents articles seront réalisées de manière ponctuelle. Il s'agit de l'article 71, paragraphe 1er (prévoyant une clause de *standstill* des prescriptions nationales restreignant les mouvements de capitaux), de l'article 69 (imposant l'élaboration de directives d'application), l'article 71 (énonçant le principe d'un engagement des États sur leur niveau de libéralisation), l'article 70, paragraphe 1er (exigeant la coordination des politiques nationales relatives aux mouvements de capitaux vers ou venant des pays tiers), et les articles 70, paragraphe 2, et 73 (relatifs aux clauses de sauvegarde). Toutes ces dispositions ayant été depuis abrogées.

[786] Article désormais abrogé.

directes – l'article soulevant expressément la question de la nationalité et des éléments permettant de s'y reporter –, le Traité de Rome ne semble pas ambitionner la recherche d'autres sources de restrictions à la circulation des capitaux, mais également, dans ce cas précis, à la circulation des moyens de paiement. Cette application spécifique du principe général de non-discrimination exprimé par l'ancien article 7, devenu successivement article 6 puis 12, était d'ailleurs corroborée par d'autres dispositions du Traité, mais également par la Cour de justice[787]. Ainsi, l'article 68, paragraphe 2, désormais abrogé, prévoyait que, *lorsqu'un État membre applique aux mouvements de capitaux libérés conformément aux dispositions du présent chapitre sa réglementation intérieure relative au marché de capitaux et au crédit, il le fait de manière non discriminatoire.*

Cette disposition renvoie aux éléments ci-dessus développés à propos de l'article 67, paragraphe 1er. Le respect du principe de non-discrimination, par les dispositions internes relatives aux mouvements de capitaux ainsi qu'aux opérations de bourse ou de banque, est ici encore au centre de toutes les attentions. Cependant, à la différence de l'article 67, §1er, l'article 68, §2, est d'application directe.

En effet, l'article 69 du Traité, aussi abrogé, prévoyait que la mise en œuvre de la liberté de circulation des capitaux devait se faire par le biais de directives. Ainsi, l'article 67, paragraphe 1er, ne disposait pas de l'effet direct[788], ce qui situait le secteur des capitaux dans une position de priorité secondaire vis-à-vis des autres domaines. La liaison étroite établie entre les « quatre libertés » communautaires aurait dû avoir pour effet de les placer à la même enseigne et donc, partant, de faire bénéficier les ressortissants communautaires de possibilités similaires dans chacun de ces secteurs. Pourtant, les capitaux font l'objet d'une approche souple permettant aux États membres de conserver, dans un domaine particulièrement important pour les stratégies économiques nationales, une assez large marge de manœuvre. Cependant, cette dernière, dans le but de rétablir un équilibre nécessaire dans le traitement des différentes libertés de circulation, a été contenue par les différentes directives qui ont été édictées par les instances communautaires. Ces directives, relatives à la question plus spécifique de l'investissement direct à l'étranger, en l'occurrence d'un État membre vers un autre État membre, ont été au nombre de quatre.

Les deux premières, souvent assemblées du fait de leur ligne de conduite similaire, ont pour objet d'établir le plus haut degré possible de libéralisation. Ces deux directives de 1960 et 1962[789] décrivent quatre catégories d'opérations financières classifiées de la lettre A à D par ordre proportionnel de libéralisation. Ainsi, la catégorie D, la plus amplement visée par le processus de libéralisation, concerne les opérations relatives aux investissements directs de caractère financier.

[787] CJCE, 29 octobre 1980, *Boussac Saint-Frères SA c/ Brigitte Gerstenmeier*, aff. n°22/80, Rec., p.3427, pts.9 et 14.

[788] Ce point a d'ailleurs été entériné par la Cour de justice ; voir, CJCE, 11 novembre 1981, *Casati*, *op. cit.*, pt.13.

[789] Directive n°60/921/CEE du Conseil du 11 mai 1960, *Première directive pour la mise en oeuvre de l'article 67 du Traité*, JOCE n°P.43, du 12 juillet 1960, pp.921 à 932, et, directive n°63/21/CEE du Conseil du 18 décembre 1962, *Deuxième directive complétant et modifiant la première directive pour la mise en œuvre de l'article 67 du Traité*, JOCE n°P.9, du 22 janvier 1963, pp.62 à 74.

La troisième directive[790], datée de 1986, perpétue le mouvement libéral amorcé par l'ensemble précédent. Cette directive intervient dans un contexte particulier, marqué par l'entrée en vigueur de l'Acte unique européen. Signé un an plus tôt, l'AUE prônait d'ailleurs un approfondissement de la libéralisation. Cette troisième directive vient donc modifier les deux autres dans un sens extensif. En effet, la catégorie D disparaît ; cette disparition est due au fait que les opérations visées sont, à la date de l'entrée en vigueur de cette directive, théoriquement entièrement libéralisées. Autrement dit, elle n'a plus réellement lieu d'être. Les catégories A et B renferment chacune une liste d'opérations financières largement définies. La première soumet les opérations qui la constituent à un régime d'autorisation étatique accordée automatiquement. Ensuite, les restrictions qui résulteraient des opérations découlant de la deuxième catégorie sont placées sous le contrôle de la Commission. En revanche, la catégorie C renferme le cas des opérations exclues des deux autres lettres. Elle implique l'obligation pour les États membres d'informer la Commission sur l'existence de telles opérations, mais aussi d'éviter l'amplification du caractère restrictif des dispositions nationales encore en vigueur.

Ces diverses directives ont eu une application relativement satisfaisante. Sur les douze pays alors membres des Communautés européennes, dix États s'y étaient conformés dont quatre pour lesquels la libéralisation du mouvement des capitaux a pu être qualifiée de complète et inconditionnelle[791]. Les deux pays non concernés par ces estimations furent l'Espagne et le Portugal, dont l'entrée dans la CEE était toute récente et pour lesquels des facilités transitoires avaient été instituées.

La dernière directive, toujours en vigueur aujourd'hui, date de 1988[792]. Ce texte vient clore un processus entamé lors de l'entrée en vigueur du Traité de Rome. Effectivement, celle-ci constitue un aboutissement dans le sens où elle pose le principe simple selon lequel, à partir du 1er juillet 1988, les mouvements de capitaux seront entièrement libres, abrogeant du même coup les directives antérieures.

Ainsi, selon son article 1er, paragraphe 1, *les États membres suppriment les restrictions aux mouvements de capitaux intervenant entre les personnes résidant dans les États membres.*

Cette disposition, succincte dans son énoncé, mais lourde de conséquences, a pour effet de prohiber tout type d'entraves directes et indirectes à la libre circulation des capitaux. Il faut donc entendre par là, toute mesure posant une quelconque interdiction ou limitation en la matière, y compris celles qui concernent les transactions dont les transferts de capitaux sont la conséquence. Sont également visées les discriminations de droit interne fondées sur la nationalité, la résidence ou la localisation de l'investissement, ou encore, les obstacles au droit de tout résident d'un État membre d'accéder au marché financier d'un autre État membre[793].

---

790 Directive n°86/566/CEE du Conseil du 17 novembre 1986, *modifiant la première directive du 11 mai 1960 pour la mise en œuvre de l'article 67 du Traité*, JOCE n°L.332, 26 novembre 1986, p.22.

791 Il s'agit de la République fédérale d'Allemagne, du Royaume-Uni, des Pays-Bas et du Danemark.

792 Directive n°88/361/CEE du Conseil du 24 juin 1988, *pour la mise en oeuvre de l'article 67 du Traité*, JOCE n°L.178, 8 juillet 1988, pp.5 à 18.

793 Il s'agit là d'une discrimination qui systématiquement était condamnée par la Cour ; voir, trois arrêts du même jour (4 juin 2002, *Commission des Communautés européennes c/ République portugaise*, aff. n°C-367/98, Rec., p.I-4731 ; *Commission des Communautés européennes c/ République française*, aff. n°C-483/99, Rec., p.I-4781 ; *Commission des Communautés européennes c/ Royaume de Belgique*, aff. n°C-503/99, Rec., p.I-4809.

La directive de 1988 est largement inspirée de la lettre de l'article 67 qui était déjà abrogé à l'heure de la rédaction de ce texte de droit dérivé. Le fait de ne pas conférer à cet article l'effet direct avait effectivement pour conséquence de rendre transitoire cette même disposition et ainsi aboutir à son abrogation une fois le délai de transition achevé. Cependant, le texte de la directive diverge dans ses termes en appréhendant les mouvements de capitaux comme étant ceux « intervenant entre les personnes », et non comme ceux « appartenant à des personnes ». Cette modification peut être interprétée comme élargissant de manière claire le domaine de la libre circulation des capitaux afin d'englober tous les mouvements pouvant affecter les capitaux en tant que tels. Les opérations financières ainsi concernées, qu'elles soient à moyen ou à long terme, sont visées dans les annexes de la directive au sein desquelles elles sont réparties en treize catégories.

Cette libéralisation, réalisable dans les seules conditions de change applicables aux paiements courants[794], souffre tout de même quelques tempéraments. La possibilité ouverte aux États membres de recourir aux clauses de sauvegarde vient rappeler à la mémoire générale le principe selon lequel « l'exception confirme la règle ».

Selon l'article 3, paragraphe 1, de la directive de 1988, *si des mouvements de capitaux à court terme d'une ampleur exceptionnelle perturbent le marché des changes et la politique monétaire d'un État membre, celui-ci peut, sous le contrôle de la Commission, limiter ou suspendre les transferts de capitaux pendant un délai qui ne saurait excéder six mois.*

De manière moins drastique, les États peuvent prendre des dispositions restrictives afin d'éviter toute fraude à la loi, notamment dans le domaine fiscal, comme décrit par l'article 3, paragraphe 2, de cette directive. Similairement, des mesures, à l'égard des établissements financiers en matière de placement et d'endettement, peuvent être prises afin de protéger l'épargne ou encore pour des raisons de politique monétaire.

Au-delà des seules relations entre pays membres, cette directive régit également les relations entre ces derniers et les pays tiers. Habituellement, n'étant pas intracommunautaires, ces rapports sont normalement exclus du droit communautaire. D'ailleurs, le chapitre consacré par le Traité à la libre circulation des capitaux tendrait à confirmer cette exclusion ; seuls y font référence l'article 70, paragraphe 1er, relatif à la nécessaire coordination des politiques de change vis-à-vis des pays tiers, ainsi que l'article 72 qui prescrit aux États membres d'informer la Commission des mouvements de capitaux dont ils ont connaissance en provenance ou à destination des pays tiers. À vrai dire, le Traité semble négliger, en matière de capitaux, les relations avec l'extérieur. Cependant, la directive de 1988, dans son article 7, paragraphe 1er, expose le principe selon lequel les États membres s'efforcent d'atteindre avec les États tiers le même degré de libéralisation qu'entre eux. Cette contrainte est toutefois assortie du respect de la règle de réciprocité ainsi que de l'obligation de se soumettre aux droits nationaux.

L'importance des relations entre États membres et pays tiers est certaine, car il est difficile d'évoquer l'expansion des entreprises de la Communauté en ignorant les investissements extracommunautaires dont elles peuvent bénéficier. On l'a vu, les États membres n'ont pas d'obligations clairement définies à l'égard de tels transferts financiers ; tout juste sont-ils tenus de faire en sorte que leurs législations en la matière

---

[794] Condition décrite par l'article 1er, paragraphe 2, de la directive de 1988.

soient les plus libérales possibles. Il s'agit d'une simple incitation et non d'une obligation. Toutefois, il est difficile d'imaginer qu'un État puisse élaborer une réglementation ayant pour effet de freiner la pénétration de capitaux non européens sur son marché national. Tout au plus agiront-ils à l'égard des capitaux pouvant fuir hors de leur territoire[795] ou encore à l'égard de capitaux introduits sur leur marché par des multinationales en vue d'en assurer le contrôle[796].

Le sujet épineux du financement des entreprises implique, hormis les situations d'autofinancement, un rassemblement de capitaux extérieurs. Ainsi, l'entreprise qui veut investir doit, pour rassembler les capitaux nécessaires, solliciter un ou plusieurs marchés financiers. Cette invitation adressée aux investisseurs étrangers, notamment européens, a eu pour conséquence de rendre réaliste la constitution d'un « Marché commun des capitaux », c'est-à-dire d'un marché dans lequel les demandeurs de capitaux peuvent traiter directement avec les détenteurs de fonds afin de pouvoir disposer comme ils l'entendent de leurs avoirs sans subir de quelconques entraves. De nombreux textes sont venus fixer certaines règles de conduite en la matière. Ainsi, dès 1966, le rapport Segré[797] préconisait que la Commission se prononce à ce sujet. Ce qui fut fait par le biais d'un mémorandum que la Commission présenta au Conseil le 5 mars 1969, recommandant une série d'actions en vue de promouvoir le marché européen des capitaux[798]. Cependant, à cette époque, ce marché n'avait aucune réalité, c'est-à-dire que les sociétés d'un État membre n'avaient généralement accès à l'épargne disponible dans les autres États que sous l'empire de réglementations nationales unilatérales, la plupart du temps discriminatoires. Les années 70, mais surtout 80, ont donc connu une évolution importante de ce marché des capitaux. L'essor du marché financier mondial y a d'ailleurs grandement contribué. Mais c'est surtout, au niveau européen, l'entrée en vigueur de l'Union monétaire qui est à la base d'une « Europe boursière ». Afin de parvenir à un tel marché libre de toute entrave, le décloisonnement des marchés nationaux passe par un effort d'harmonisation des législations fiscales des États membres, ainsi que par la coordination des règles applicables aux valeurs mobilières. Ces différents problèmes constituent l'axe d'un autre sujet qui a fait l'objet de développements précédents.

Parallèlement à la libre circulation des capitaux, les moyens de paiement bénéficient également d'une politique de libéralisation. En effet, comme cela a déjà été dit, les dispositions du Traité consacrées à la libre circulation des capitaux visent également la question de la libéralisation des moyens de paiement au sein du marché intérieur européen.

---

[795] Ainsi, une législation nationale peut avoir pour effet de dissuader les ressortissants de l'État membre concerné d'investir leurs capitaux dans des sociétés ayant leur siège dans un autre État membre. Une telle position constitue assurément une restriction à la libre circulation des capitaux ; voir, CJCE, 6 juin 2000, *Staatssecretaris van Financiën c/ B.G.M. Verkooijen*, aff. n°C-35/98, Rec., p.I-4071, pt.34 ; également, 15 juillet 2004, *Ministre des Finances c/ Jean-Claude Weidert et Élisabeth Paulus*, aff. n°C-242/03, Rec., p.I-7379, pt.13.

[796] Comme c'est le cas lors de la privatisation d'une entreprise publique et afin d'éviter qu'elle ne tombe sous le contrôle de firmes étrangères ; à cet égard, voir les trois arrêts de la Cour du 4 juin 2002, précités.

[797] *Le développement du marché européen des capitaux*, rapport d'un groupe d'experts, Doc. Commission, 1966, n°8181.

[798] Commission des Communautés européennes, *Mémorandum préconisant une série d'actions en vue de promouvoir le marché européen des capitaux*, Bull. Comm., mai 1969.

Si parfois on a pu dire à son sujet qu'il s'agit d'une « liberté oubliée », cela peut s'expliquer par le fait qu'elle s'est rapidement et facilement intégrée dans le marché, contrairement aux autres libertés qui ont connu une intégration plus chaotique. Chaque étape que franchissaient les différentes libertés fondamentales, bénéficiait automatiquement à la liberté de circulation des moyens de paiement eu égard à l'interdépendance existant entre elles. Corrélativement, les autres libertés ne pouvaient se permettre d'être freinées, dans leur épanouissement, par des obstacles touchant la libre circulation des moyens de paiement. La « timidité » de cette liberté a été accentuée par la « vampirisation » qu'a exercé sur elle la liberté de circulation des capitaux. En effet, bien qu'ayant fait l'objet d'une réglementation distincte[799], la liberté de circulation relative aux paiements se confondait avec celle afférente aux mouvements de capitaux, car les articles du Traité applicables renfermaient, et renferment toujours, des dispositions également applicables à cette dernière liberté. Cependant, l'ancien article 106 consacré à la balance des paiements, dans un chapitre aujourd'hui abrogé, élevait la liberté de circulation des moyens de paiement au rang de cinquième liberté dont l'exercice était obligatoirement lié dans son application à une autre liberté. Ce n'est alors que dans la mesure où cette dernière est effective, que la libéralisation des paiements lui étant attachée est, elle aussi, effective. En outre, l'expression contenue dans cette disposition, à savoir « paiements afférents aux échanges », allait plus loin que la simple notion de paiements des échanges. En effet, cet article 106 visait tous les paiements se rattachant à un domaine libéralisé et non simplement le règlement d'une opération particulière.

L'adoption de l'Acte unique européen en 1986 va institutionnaliser le système monétaire européen, base préparant l'Union Économique et Monétaire (UEM). Dans ce cadre, le Conseil décida d'agir progressivement en trois étapes. Il établit ainsi, en juillet 1989, un plan en trois étapes.

La première étape, devant aboutir en 1992, correspondait à l'engagement du processus et devait entraîner une plus grande coordination des politiques économiques et monétaires, préalable nécessaire au projet d'établissement d'une monnaie unique. L'adoption du Traité de Maastricht, le 7 février 1992, modifia la réglementation relative aux moyens de paiement qui relevait pour l'essentiel de l'article 67, paragraphe 2, depuis abrogé. Cette disposition posait ainsi l'obligation d'une libéralisation des paiements dans un délai prédéfini.

La deuxième phase débuta le 1er janvier 1994 et se traduisit notamment par l'instauration de l'Institut monétaire européen (IME). À compter de cette même date, la liberté de circulation des moyens de paiement devait être réalisée conformément aux dispositions de l'article 67, paragraphe 2, devenu pour l'occasion, article 73 B, paragraphe 2. Ce texte, outre la mise en place du principe d'interdiction des restrictions à la libre circulation des moyens de paiement, étendait le champ d'application de ce principe aux relations entre États membres et pays tiers. De plus, il alignait le régime juridique des deux libertés de circulation, à savoir celle relative aux capitaux et celle concernant les moyens de paiement. D'ailleurs, l'article III-156 du projet de Traité établissant une Constitution pour l'Europe supprime la scission existant dans l'article 56 CE [ex 73 B] pour regrouper les deux paragraphes relatifs à chacune des libertés en

---

799 En effet, avant l'entrée en vigueur de l'Union économique et monétaire, les articles 104 à 109 du Traité de Rome constituaient le bloc de dispositions spécifiquement attaché à la question des moyens de paiement.

présence et ainsi les appréhender conjointement. Il est à noter que la libéralisation des moyens de paiement a été réalisée bien avant le passage à cette seconde phase.
La dernière étape devait aboutir à la dévolution de la souveraineté monétaire des États membres aux autorités communautaires et ainsi déboucher sur l'adoption d'une monnaie unique. Il ne fait aucun doute que cette dernière opération[800] ne peut avoir que des effets bénéfiques sur le développement du marché intérieur. L'euro représente une moyenne pondérée de l'ensemble des devises communautaires. En conséquence, son risque de change est relativement faible et sa stabilité plus grande. Aussi, dans le cadre du marché intérieur, l'utilisation d'une monnaie unique se traduira par une plus grande facilité des échanges, eu égard à la disparition d'un obstacle à caractère national[801].
Le Traité d'Amsterdam, en vigueur le 1er mai 1999, se contenta de reprendre le texte de l'article 73 B, paragraphe 2, sans en modifier les termes, mais seulement la numérotation, le transformant ainsi en article 56, paragraphe 2.

La liberté de circulation des moyens de paiement ne pose plus, aujourd'hui, de problèmes majeurs, du moins quant aux moyens les plus classiquement utilisés. Aussi, toutes les dispositions citées ci-dessus ont été abrogées. Au cours des dernières années, ces moyens de paiement ont connu une évolution faisant apparaître en leur sein une certaine scission. D'une part, on retrouve les paiements qualifiés de courants[802], lesquels comprennent notamment des instruments tels que le chèque, les effets de commerce, les virements et les espèces. Ils correspondent aux modes de paiement qui existaient déjà lors de la rédaction du Traité de Rome. D'autre part, peuvent être cités de nouveaux moyens de paiement issus de développements techniques, comme les paiements électroniques par le biais de cartes de crédit[803] ou, par exemple, découlant de l'utilisation de l'Internet[804]. S'ils connaissent actuellement un essor grandissant, leur

---

[800] Adoption réalisée dès le 1er janvier 1999 pour les États membres ayant intégré l'UEM lors de la « première vague ».

[801] J. ALLIX, *Euro et consommateurs : le cadre juridique*, RAE, n°3, 1998, p.234.

[802] Le Traité n'ayant pas défini la notion de paiement courant, c'est donc la Cour de justice qui, sans donner de véritable définition, a établi un critère de distinction entre mouvement de capitaux et paiement courant, et par là même a donné un critère de qualification. Ainsi, dans l'arrêt du 31 janvier 1984, *Luisi et Carbone c/ Ministero del tresoro* (*op. cit.*, pt.35), la Cour s'est basée sur la question de l'affectation d'une somme d'argent pour déterminer la qualification à attribuer à une opération financière, à savoir, celle de paiement courant ou, à l'inverse, celle de mouvement de capitaux. Dans cette affaire, la Cour a posé clairement la distinction selon laquelle les paiements courants visés à l'article 106 du Traité peuvent se définir comme « des transferts de devises qui constituent une contre-prestation dans le cadre d'une transaction sous-jacente » par opposition aux mouvements de capitaux visés à l'article 67 qui constituent « les opérations financières qui ont essentiellement pour objet le placement ou l'investissement du montant en cause et non d'une rémunération d'une prestation ».

[803] Sous le vocable de paiement électronique, on entend « toute opération de paiement effectuée à l'aide d'une carte à piste(s) magnétique(s) ou incluant un microprocesseur, auprès d'un équipement terminal de paiement électronique (TPE), ou terminal de vente (TPV) ». Cette définition ressort du Code de bonne conduite en matière de paiement électronique, recommandation n°87/598/CEE de la Commission du 8 décembre 1987, *portant sur un code européen de bonne conduite en matière de paiement électronique (relations financières, commerçants-prestataires de services et consommateurs)*, JOCE n°L.365, 24 décembre 1987, pp.72 à 76. Plus simplement, le paiement électronique recouvre donc tous les échanges réalisés par cartes de crédit.

[804] En effet, le commerce électronique recouvre deux nouvelles modalités d'exercice de l'activité commerciale, chacune d'elles utilisant un réseau de télécommunications. La première ressort de la situation selon laquelle le commerçant utilise le réseau uniquement pour promouvoir un bien ou un service, pour présenter des offres commerciales et recevoir les commandes. Le contrat est ainsi conclu électroniquement, mais le bien ou le service est fourni par un autre moyen, la livraison du bien s'effectuant par voie postale ou

utilisation à l'échelle nationale suscite néanmoins de nombreuses interrogations compte tenu de l'état actuel du droit positif.

Comme cela a été préalablement examiné, la liberté de circulation des moyens de paiement a connu plusieurs modifications quant à sa réglementation. Cette liberté, initialement visée aux articles 106 et suivants, puis aux articles 67 et suivants du Traité de Rome tel que modifié par le Traité de Maastricht, et, à partir de l'entrée en vigueur de la seconde phase de l'Union Économique et Monétaire[805], 73 B et suivants dudit Traité, trouve désormais son siège au sein des articles 56 et suivants, depuis l'entrée en vigueur du Traité d'Amsterdam, le 1er mai 1999.

Selon l'article 56, paragraphe 2, *dans le cadre des dispositions du présent chapitre, toutes les restrictions aux paiements entre les États membres et entre les États membres et les États tiers sont interdites.*

Il résulte de ce libellé une interdiction absolue de « toutes les restrictions ». La formule générale englobe toute pratique discriminatoire qui constitue nécessairement une restriction à la libre circulation.

En revanche, cette interdiction est assortie d'inévitables dérogations. L'article 60 CE permet une possible adoption de clauses de sauvegarde dans ce domaine, mais uniquement à l'encontre de pays tiers. Cette possibilité repose sur un axe double. Le premier paragraphe de cet article 60 attribue cette prérogative aux autorités communautaires, en l'occurrence au Conseil qui pourra alors prendre des « mesures urgentes nécessaires ». Quant au second paragraphe de cette même disposition, il attribue cette compétence aux États membres qui pourront prendre « des mesures unilatérales contre un pays tiers » à la condition, néanmoins, qu'existent « des raisons politiques graves et pour des motifs d'urgence ». Dans cette dernière hypothèse, les conditions sont cumulatives et plus strictes que dans le premier cas.

Malgré l'étroitesse des possibilités offertes aux États membres par le Traité de contrôler les transferts et les modes de paiement utilisés, la Cour de justice leur a reconnu une telle compétence notamment par un système de déclaration préalable des transferts effectués en billets. Elle exclut cependant tout système qui pourrait être assimilé à une autorisation préalable[806]. La jurisprudence communautaire a reconnu l'effet direct des dispositions de droit primaire relatives à la libre circulation des

---

tout autre mode de transport et le service étant réalisé en dehors du réseau. Il s'agit donc d'un système de commande par échange de données informatisées. La seconde modalité ressort de la situation selon laquelle le commerçant assure à un client la fourniture des biens et services commandés au moyen du réseau. C'est ainsi que, par exemple, le logiciel commandé sera téléchargé ou que les informations d'une banque de données seront transmises par le réseau. C'est non seulement la conclusion du contrat, mais encore son exécution qui revêt une forme électronique. La pratique utilise pour cela le vocable de « commerce en ligne » qui constitue la forme techniquement la plus avancée du commerce à distance.

En outre, il faut différencier la source du réseau. Ainsi, il faut distinguer selon que le commerce électronique s'exerce sur un réseau fermé, comme le Minitel, ou sur un réseau ouvert, comme l'Internet. Dans ce dernier cas, le réseau n'est pas géré par un opérateur et est librement accessible à tout utilisateur à l'instar d'une infrastructure publique. Au plan juridique, il en résulte le fait que l'utilisateur du réseau ouvert n'est pas soumis à une autorité centralisée et que l'accès au réseau n'est pas conditionné à une adhésion régie par des critères contractuels préétablis, à l'inverse de ce qui est pratiqué sur un réseau fermé.

[805] C'est-à-dire, au 1er janvier 1994.

[806] CJCE, 23 février 1995, *Procédures pénales c/ Aldo Bordessa et Vicente Marí Mellado et Concepción Barbero Maestre*, aff. jtes nos C-358 et 416/93, Rec., p.361, pt.23.

moyens de paiement[807], alors que ce même effet direct n'était pas accordé à celles consacrées à la libre circulation des capitaux[808].
Le droit dérivé est venu compléter dans une large mesure le régime juridique de la liberté des moyens de paiement. Ainsi, diverses directives sont venues affiner le principe de libéralisations des échanges dans différents domaines relatifs à la question[809]. Dans un même registre, l'intérêt pour les virements transfrontaliers a conduit à l'adoption de textes de droit dérivé spécifiques. On entend par virement transfrontalier l'opération effectuée sur l'initiative d'un donneur d'ordre par l'intermédiaire d'un établissement, situé dans un État membre, en vue de mettre une somme d'argent à la disposition d'un bénéficiaire dans un établissement situé dans un autre État membre, le donneur d'ordre et le bénéficiaire pouvant être une seule et même personne. Ces moyens s'apparentent à des effets de commerce[810].

Les nouveaux moyens de paiement ne bénéficient pas d'une réglementation spécifique, si bien que leur régime juridique dépend de fait des dispositions générales élaborées pour les moyens de paiement courants. Cependant, la Commission a adopté trois recommandations[811] en la matière alors que, parallèlement, se poursuit

---

807 CJCE, 24 juin 1986, *Brugnoni et Ruffinengo c/ Cassa di risparmio di Genova e Imperia*, aff. n°157/85, Rec., p.2013, pt.7.

808 CJCE, 11 novembre 1981, *Casati*, *op. cit.*, pt.13.

809 Ainsi, une série de directives peut être citée : la directive n°60/921/CEE du Conseil du 11 mai 1960 (*Première directive pour la mise en oeuvre de l'article 67 du Traité*, *op. cit.*), et la directive n°63/21/CEE du Conseil du 18 décembre 1962 (*Deuxième directive complétant et modifiant la première directive pour la mise en œuvre de l'article 67 du Traité*, *op. cit.*), reprennent le principe de la libération totale des transferts de devises liés directement à des échanges de marchandises, à des prestations de services ou à l'exercice de la libre circulation des personnes. Également, directive n°63/340/CEE du Conseil du 31 mai 1963, *tendant à supprimer toute prohibition ou toute gêne au paiement de la prestation lorsque les échanges de services ne sont limités que par des restrictions aux paiements y afférents*, JOCE n°P.86, du 10 juin 1963, pp.1609 et 1610 ; directive n°63/474/CEE du Conseil du 30 juillet 1963, *pour la libération des transferts afférents aux transactions invisibles non liées à la circulation des marchandises, des services, des capitaux et des personnes*, JOCE n°P.125, 17 août 1963, pp.2240 et 2241.
À ces directives, un certain nombre de textes non contraignants peut être adjoint : une recommandation de la Commission du 12 janvier 1987, relative au paiement électronique (COM (86) 754 final) ; une recommandation de la Commission du 8 décembre 1987, dite « Code de bonne conduite », constitue un cadre incitatif très général qui vise les relations entre les institutions financières, commerçants-prestataires de services et consommateurs (Recommandation n°87/598/CEE, *portant sur un code européen de bonne conduite en matière de paiement électronique (Relations entre institutions financières, commerçants-prestataires de services et consommateurs)*, *op. cit.*) ; une recommandation de la Commission du 17 novembre 1988 s'inscrit dans le cadre particulier de la protection des consommateurs et de parvenir à une harmonisation minimale des clauses contractuelles relatives à l'obligation d'information et de conseil (Recommandation n°88/590/CEE de la Commission du 17 novembre 1988, *concernant les systèmes de paiement et en particulier les relations entre titulaires et émetteurs de cartes*, JOCE n°L.317, 24 novembre 1988, pp.55 à 58). Également, Communication de la Commission du 18 novembre 1994, *concernant les transferts de fonds dans l'Union européenne et insistant sur la transparence, la qualité d'exécution et la stabilité* (COM (94) 436).

810 Ceux-ci font l'objet d'une recommandation n°90/109/CEE de la Commission du 14 février 1990, *sur les transactions financières transfrontalières*, JOCE n°L.67, 15 mars 1990, pp.39 à 43. Peuvent être citées également, la directive n°97/5/CE du Parlement européen et du Conseil du 27 janvier 1997, *concernant les virements transfrontaliers*, JOCE n°L.43, 14 février 1997, p.32, et la communication de la Commission du 27 septembre 1995, *relative à l'application des règles de concurrence de la Communauté européenne aux systèmes de virement transfrontaliers*, JOCE n°C.251, 27 septembre 1995, pp.3 à 10.

811 La première de ces recommandations, datée du 8 décembre 1987, vise l'élaboration d'un code européen de bonne conduite en matière de paiement électronique (*op. cit.*). Ce texte affirme la volonté de favoriser l'application rapide et efficace des nouvelles technologies. Il encourage l'observation de certains principes en

l'élaboration de normes techniques relatives aux systèmes de paiement visant à l'interopérabilité des réseaux européens. Il ne faut en rien préjuger de l'absence de caractère contraignant de ces recommandations, car leur force politique a pu amener les États membres et les organismes concernés à un examen minutieux des textes. La recommandation du 17 novembre 1988 en est d'ailleurs une parfaite illustration. En effet, les fédérations européennes du secteur du crédit ont, en réponse à ce texte, adopté en 1990 un « code de bonne conduite ». Ces recommandations font suite au Livre blanc de la Commission sur l'achèvement du marché intérieur[812] et à une communication du 12 janvier 1987[813]. Elles correspondent à l'objectif de la « Gardienne des traités » de mener à bien le grand marché. Effectivement, dans cette optique, l'avènement du commerce électronique constitue une nouvelle étape dans l'histoire des moyens de paiement si l'on en croit la popularité croissante rencontrée par l'Internet dans nos sociétés.

Dans son programme d'action de 1999[814], la Commission a envisagé une amélioration du fonctionnement des paiements de détail transfrontaliers. Sa communication sur les paiements de petit montant dans le marché intérieur[815] constitue donc les prémices de ce qui va être la base de l'espace unique des paiements. Effectivement, deux ans plus tard, le règlement 2560/2001 est adopté[816]. Ce texte est venu interdire les frais supplémentaires imposés sur les paiements transfrontaliers en euros.

Sans être réellement explicites sur le caractère des mesures susceptibles d'être sanctionnées, les différentes dispositions en présence semblent préconiser la sanction de tout type de restrictions. Ainsi, qu'il s'agisse de discriminations, ou plus largement,

---

matière de paiement électronique, notamment dans les relations entre les institutions financières et les commerçants-prestataires de services. Ce texte fixe également des principes généraux applicables aux relations entre les institutions financières et les consommateurs.

La deuxième recommandation, du 17 novembre 1988, est relative aux systèmes de paiement, et en particulier les relations entre titulaires et émetteurs de cartes (*op. cit.*). Cette dernière s'inscrit dans le cadre de la protection des consommateurs dont les principes ont été posés par une résolution du Conseil du 14 avril 1975 (JOCE n°C.92, 28 avril 1975, p.1). Ce texte reprend les principes énoncés dans la précédente recommandation de 1987, mais en allant beaucoup plus loin dans la libéralisation.

La troisième recommandation, du 30 juillet 1997, vise les opérations effectuées au moyen d'instruments de paiement électronique, en particulier, les relations entre émetteurs et titulaires (recommandation n°97/489/CE de la Commission du 30 juillet 1997, *concernant les opérations effectuées au moyen d'instruments de paiement électronique, en particulier la relation entre émetteur et titulaire (Texte présentant de l'intérêt pour l'EEE)*, JOCE n°L.208, 2 août 1997, pp.52 à 58). Cette recommandation procède de cette même philosophie d'assurer la sécurité des systèmes de paiement électronique tout en respectant les intérêts des parties concernées. Elle entend « contribuer à l'avènement de la société d'information, en particulier du commerce électronique, en suscitant une plus grande confiance de la clientèle envers ces instruments et leur plus large acceptation par les commerçants ».

[812] Livre blanc sur l'achèvement du marché intérieur, COM (85) 310 final.

[813] Communication de la Commission du 12 janvier 1987, *un atout pour l'Europe : les nouvelles cartes de paiement*, COM (86) 754 final.

[814] Programme d'action de la Commission du 11 mai 1999, *Mise en oeuvre du cadre d'action pour les services financiers : plan d'action*, COM (1999) 232.

[815] Communication de la Commission du 31 janvier 2000, *sur les paiements de petit montant dans le marché intérieur*, COM (2000) 36 final.

[816] Règlement (CE) n°2560/2001 du Parlement européen et du Conseil du 19 décembre 2001, *concernant les paiements transfrontaliers eu euros*, JOUE n°L.344, 28 décembre 2001, pp.13 à 16 ; voir, à ce sujet, J. ALLIX, *Le règlement sur les paiements transfrontaliers en euros : les bases de l'espace unique des paiements*, RDUE, 3/2002, p.485.

d'entraves, le droit communautaire envisage de manière identique les obstacles aux échanges dans les quatre libertés[817]. Pourtant, cette approche large n'a été entérinée par la jurisprudence que très récemment.

II.- La reconnaissance jurisprudentielle du démantèlement des entraves à la circulation des capitaux

Le principe de libre circulation implique le démantèlement des obstacles à sa mise en œuvre. Dans les secteurs des marchandises, des services ou encore des personnes, la jurisprudence a clairement défini les mesures nationales qui devaient faire l'objet de ce démantèlement. Ainsi, de manière quasi uniforme, la Cour de justice a affiné les notions de discrimination et d'entrave non discriminatoire et notamment les régimes juridiques de justifications afférents à chacune d'entre elles. Le domaine de la libre circulation des capitaux est particulier en ce sens que les textes primaires ne disposent pas de l'effet direct. La directive 88/361/CEE a en quelque sorte comblé cette lacune en prohibant aux États membres d'introduire des restrictions aux mouvements de capitaux entre les personnes résidant dans ces mêmes États membres. L'usage du terme « restriction » doit être, dans ce contexte, entendu de manière générique comme recouvrant tant les discriminations que les entraves non discriminatoires. Afin d'illustrer une telle vision, trois arrêts de 2002 sont particulièrement révélateurs des restrictions pouvant affecter le libre mouvement des capitaux. Ainsi, les arrêts du 4 juin 2002 ont mis en exergue cet état de fait. L'affaire *Commission c/ Portugal*[818] a permis à la Cour de justice de sanctionner une loi-cadre autorisant par décret la limitation de la participation d'investisseurs étrangers dans le capital d'une société privatisée. La discrimination était dans un tel cas flagrante ; seuls les investisseurs étrangers étaient affectés par une telle disposition. Dans les deux autres cas d'espèce, *Commission c/ France* et *Commission c/ Belgique*,[819] mais également dans le cas précité, dans une autre branche cependant, les mesures nationales en cause ne distinguaient en rien les ressortissants nationaux de ceux des autres États membres. Néanmoins, les pouvoirs d'approbation préalable conférés à l'État pour des franchissements de seuil réalisés par

---

[817] Effectivement, la Cour de justice a pu décider que lorsqu'une réglementation communautaire ne comporte aucune sanction spécifique en cas de violation de ses dispositions ou renvoie, sur ce point, aux dispositions nationales, l'article 5 du Traité CE (devenu article 10 CE) impose aux États membres de prendre toutes les mesures propres à garantir la portée et l'efficacité du droit communautaire. À cet effet, tout en conservant un pouvoir discrétionnaire quant au choix des sanctions, ils doivent veiller à ce que les violations de la réglementation communautaire soient sanctionnées dans des conditions de fond et de procédure analogues à celles applicables aux violations du droit national d'une nature et d'une importance similaire et qui, en tout état de cause, confèrent à la sanction un caractère effectif, proportionné et dissuasif ; voir, CJCE, 21 septembre 1989, *Commission des Communautés européennes c/ République hellénique*, aff. n°68/88, Rec., p.2965, pts.23 et 24 ; 7 décembre 2000, *José Teodore de Andrade c/ Director da Alfândega de Leixões*, aff. n°C-213/99, Rec., p.I-11083, pt.19 ; 18 octobre 2001, *Commission des Communautés européennes c/ République d'Irlande*, aff. n°C-354/99, Rec., p.I-7657, pt.46.

[818] CJCE, 4 juin 2002, *Commission des Communautés européennes c/ République du Portugal*, aff. n°C-367/98, Rec., p.I-4731, pt.46.

[819] CJCE, 4 juin 2002, *Commission des Communautés européennes c/ République française*, aff. n°C-483/99, Rec., p.I-4781, pt.8 ; *Commission des Communautés européennes c/ Royaume de Belgique*, aff. n°C-503/99, Rec., p.I-4809, pt.8.

tout investisseur dans le capital d'une entreprise étaient de nature à restreindre les mouvements de capitaux appartenant à des ressortissants d'autres États membres[820].

Il est donc de jurisprudence constante que les discriminations directes à la libre circulation des capitaux soient sanctionnées comme étant contraires aux règles communautaires[821]. Généralement, une discrimination pourra ressortir par exemple de l'exigence d'une autorisation préalable de pénétration du capital, appartenant à un ressortissant d'un autre État membre, décernée par les autorités du pays membre d'accueil[822]. Les textes de base que constituent les dispositions du Traité CE prohibent les restrictions des mouvements de capitaux entre les États membres et les pays tiers[823]. La directive 88/361/CEE a élargi cette interdiction aux mesures nationales affectant les relations entre personnes résidant dans les États membres. Cependant, aucune explication n'est apportée sur ce qu'il convient d'entendre par restriction. Certes, les articles 57 à 60 énoncent un certain nombre de cas particuliers justifiant d'éventuelles atteintes à l'article 56. Ces cas justificatifs ne peuvent être admis que sous trois conditions. Ils doivent poursuivre un objectif d'intérêt général, être appliqués de manière non discriminatoire et respecter le principe de proportionnalité[824]. Ces critères sont d'ailleurs semblables à ceux exigés dans l'application des justifications à toute discrimination affectant les autres secteurs bénéficiant du principe de libre circulation.

Pourtant, la jurisprudence a été amenée à sanctionner, en matière de libre mouvement des capitaux, des mesures nationales indistinctement applicables, mais affectant davantage les ressortissants des autres États membres. D'ailleurs, comme corollaire à cette reconnaissance, la Cour a dégagé certaines justifications dont la mise en œuvre contribue à l'intérêt général. Ainsi, les restrictions à l'installation de résidences secondaires dans une zone géographique déterminée dans un but d'aménagement du territoire, ou encore le maintien d'une population agricole, la répartition de la propriété foncière, l'entretien harmonieux de l'espace et des paysages, l'usage raisonné des terres disponibles en luttant contre la pression foncière et les risques naturels[825], la cohérence du système fiscal[826], sont autant de justifications reconnues par la Cour. Néanmoins, il est évident que ces objectifs justifient une restriction aux mouvements de capitaux dans les seuls cas où ils ont un lien direct avec la restriction en cause[827] et qu'ils ne peuvent être atteints par une voie moins restrictive[828].

---

[820] Concernant ces questions, voir, E. GUILLAUME, *Libre circulation des capitaux : les enseignements des arrêts de la Cour européenne de justice du 4 juin 2002*, CJEG – RJEP, n°593, décembre 2002, pp.640 et ss ; également, R. KOVAR, *Actions spécifiques et entreprises privatisées : donner et retenir ne vaut ?*, CJEG – RJEP, n°593, décembre 2002, pp.625 et ss.

[821] CJCE, 15 mai 2003, *Doris Salzmann*, aff. n°C-300/01, Rec., p.I-4899, pt.47 ; voir également, s'agissant de discriminations à rebours, CJCE, 15 janvier 2002, *Andersen og Jensen ApS c/ Skatteministeriet*, aff. n°C-43/00, Rec., p.I-379, pt.18.

[822] Par exemple, s'agissant de capitaux provenant d'un État membre de l'AELE, CJCE, 1er juin 1999, *Klaus Konle c/ Republik Österreich*, aff. n°C-302/97, Rec., p.I-3099, pt.24.

[823] Article 56 [ex 73B] du Traité CE.

[824] À ce sujet, J.-P. KEPENNE et S. VAN RAEPENBUSCH, *Les principaux développements de la jurisprudence de la Cour de justice et du Tribunal de première instance*, CDE, 2004, n°3-4, p.491.

[825] Sur ces considérations, voir, CJCE, 23 septembre 2003, *Margarethe Ospelt et Schlössle Weissenberg Familienstiftung*, aff. n°C-452/01, Rec., p.I-9743, pt.21.

[826] Par exemple, CJCE, 15 juillet 2004, *Ministre des Finances c/ J.-C. Weidert et E Paulus*, *op. cit.*, pt.20.

[827] CJCE, 28 octobre 1999, *Skatteministeriet c/ Bent Vestergaard*, aff. n°C-55/98, Rec., p.I-7641, pt.24 ; 21 novembre 2002, *X et Y c/ Riksskatteverket*, aff. n°C-436/00, Rec., p.I-10829, pt.52. Ainsi, si un tel lien fait

La Cour semble donc dessiner les contours d'une approche dichotomique identique à celle qu'elle a déjà élaborée dans les autres domaines bénéficiant de la libre circulation. Discriminations et entraves non discriminatoires sont ainsi prohibées quel que soit le secteur dans lequel elles interviennent. D'ailleurs, la formule récurrente de la Cour en la matière – selon laquelle, *la réglementation en cause, même si elle ne crée pas une inégalité de traitement, est susceptible d'empêcher [le mouvement des capitaux]. Elle est donc susceptible, de ce fait, de rendre illusoire la libre circulation des capitaux*[829] – ne laisse pas de doute quant à l'accueil de la théorie de l'entrave en matière de capitaux. À cet égard, l'usage de la notion d'entrave en tant que telle conforte désormais cet état de fait[830], même si la Cour utilise le plus souvent le terme de « restriction »[831].

§2. L'appréhension multilatérale purement économique des capitaux

Contrairement à la largesse d'approche de rigueur en droit communautaire, le droit multilatéral n'appréhende les capitaux qu'en tant qu'outil économique, par le biais de l'investissement. Dans cette perspective, la circulation de capitaux à une fin autre que celle ici décrite n'entre pas dans le champ d'application du droit de l'OMC. Ce champ étroit peut s'expliquer par l'intérêt récent porté à la matière par les instances commerciales internationales (I). L'Accord sur les mesures concernant les investissements et liées au commerce (MIC), constitue, pourtant, les prémices d'une politique plus large dans ce domaine (II).

I.- L'intérêt récent pour la circulation des investissements

Le développement de ce que l'on appelle les investissements directs à l'étranger (IDE) constitue, depuis le milieu des années 80, le principal vecteur de l'internationalisation de l'activité des entreprises[832]. En effet, les IDE permettent aux entreprises d'accroître une présence commerciale sur les marchés étrangers potentiellement demandeurs ou de délocaliser l'activité sur un marché à faibles coûts de production ou encore à forte efficience productive. Cette redéfinition de la stratégie globale des multinationales s'est effectuée dans un contexte de déréglementation et a surtout contribué à des mouvements de délocalisation de l'activité de production des

---

défaut, la justification ne saurait être invoquée ; CJCE, 13 avril 2000, *C. Baars c/ Inspecteur der Belastingen*, aff. n°C-251/98, Rec., p.I-2787, pt.40 ; 18 septembre 2003, *Bosal Holding BV c/ Staatssecretaris van Financiën*, aff. n°C-168/01, Rec., p.I-9409, pt.30.

[828] CJCE, 15 mai 2003, *Salzmann*, *op. cit.*, pt.42 ; 14 mars 2000, *Association Église de scientologie de Paris et Scientology International Reserves Trust c/ Premier ministre*, aff. n°C-54/99, Rec., p.I-1335, pt.18.

[829] Déjà présente dans une jurisprudence ancienne (CJCE, 14 décembre 1995, *Sanz de Lera e.a.*, aff. jtes n[os]C-163, 165 et 250/94, Rec., p.I-4821, pt.25), cette formule est reprise systématiquement par la Cour lorsqu'elle se trouve confrontée à une telle situation (CJCE, 1er juin 1999, *Konle*, *op. cit.*, pt.44 ; 6 juin 2003, *Commission c/ Portugal*, *op. cit.*, pt.45.

[830] Entre autres, CJCE, 6 juin 2003, *Commission c/ Portugal*, *op. cit.*, pt.42 ; *Commission c/ France*, *op. cit.*, pt.8.

[831] Par exemple, CJCE, 19 janvier 2006, *Margaretha Bouanich c/ Skatteverket*, aff. n°C-265/04, NEPR, pt.35.

[832] F. HORCHAKI, *Le droit international des investissements à l'heure de la mondialisation*, JDI, n°2, 1er avril 2004, pp.367 et ss.

pays développés vers des marchés émergents se caractérisant par de faibles coûts de production. Au-delà de la création de nouveaux points de production, les IDE permettent également une croissance externe par le biais d'opérations de fusion, de prises de participations, de création de filiales communes ou encore, plus simplement, d'accords de coopération.

Ainsi, en fait, les flux d'IDE ont progressé deux fois plus vite que les exportations, ce qui souligne l'importance prise par cette question. En revanche, juridiquement, l'absence d'un accord multilatéral encadrant les droits et obligations des investisseurs dans le pays d'accueil est une source potentiellement importante de discrimination dans le commerce international. Ces discriminations peuvent ressortir principalement des différences de législation applicables en la matière dans les divers pays membres de l'OMC.

Cependant, malgré cette lacune, ces pays ont reconnu l'impact positif des IDE sur leur économie. De la sorte, toutes les mesures nationales susceptibles d'altérer dans le pays d'accueil l'entrée d'investissements étrangers n'avaient plus de raison d'être, ce qui est le cas des procédures nationales d'autorisation préalable. L'intérêt des États réside davantage dans le fait d'attirer en masse les capitaux plutôt que d'en limiter la pénétration sur le marché national. Forts de cette utilité pour leur développement économique, de nombreux pays ont cherché à se regrouper non seulement pour bénéficier d'une libéralisation des capitaux, mais plus largement afin de créer de véritables marchés intégrés. Ainsi, l'Union européenne constitue le meilleur exemple de marché unique et sert de modèle à d'autres ensembles. Ainsi, les accords ALENA, de l'ASEAN et du MERCOSUR, ont pour but principal d'ouvrir aux investisseurs étrangers un certain nombre de secteurs jusqu'alors protégés.

Ce mouvement libéral n'est pourtant pas généralisé. Il subsiste quelques poches de résistance notamment dans les pays les plus riches soit par le biais de législations, comme c'est le cas aux États-Unis[833], soit par le truchement de pratiques économiques, ce qui est le cas au Japon par le biais de ses structures conglomérales particulières[834]. Partant, une multilatéralisation des règles relatives aux investissements apparaît comme indispensable à leur libéralisation.

Pendant très longtemps, la question des investissements était laissée au second plan, les négociations commerciales multilatérales portant prioritairement sur d'autres secteurs. L'intérêt récent suscité par ce domaine a donné lieu à certaines avancées réglementaires, mais qui demeurent encore disparates et fragmentaires. En effet, des dispositions concernant les investissements ont été introduites lors de l'Uruguay Round

[833] Il s'agit de l'amendement *Exon-Florio* de 1988, du nom de ses deux auteurs, MM. James Exon et Jim Florio, soulevé lors des discussions de l'*Omnibus Trade and Competitiveness Act*. En vertu de ce texte, le Président peut interrompre ou interdire toute acquisition, fusion ou reprise d'une société américaine par des étrangers s'il établit que l'acquéreur étranger est susceptible de prendre des mesures qui compromettraient la sécurité nationale des États-Unis. Lorsqu'il décide d'exercer ce pouvoir, le Président peut tenir compte de facteurs comme la production intérieure nécessaire pour satisfaire les besoins de la défense nationale, la capacité qu'ont les entreprises américaines de satisfaire ces besoins et la mesure dans laquelle le contrôle d'industries et d'activités commerciales américaines par des étrangers affecterait la capacité des États-Unis d'assurer leur défense nationale.

[834] Au Japon, les principaux groupes d'entreprises privées, les *Keiretsus*, sont organisés sous forme de conglomérats empêchant la pénétration des investissements étrangers. En effet, le fait que le droit des sociétés japonais fasse la différence entre les parts de l'actionnaire et les droits de vote s'y rattachant, rend difficile le contrôle de l'entreprise.

dans l'AGCS, dans l'Accord SMC et dans l'Accord ADPIC. Mais c'est surtout l'Accord sur les mesures concernant les investissements et liées au commerce (MIC) qui contient réellement l'ébauche d'un régime visant les mesures nationales susceptibles de distordre les échanges de capitaux.

II.- L'Accord sur les mesures concernant les investissements et liées au commerce (Accord MIC)

Les éléments développés précédemment ont eu pour effet d'interpeller l'attention des Parties contractantes sur la nécessité de réglementer clairement le secteur des investissements. Mais c'est surtout un différend ayant opposé les États-Unis au Canada qui fut le vecteur essentiel de cette évolution. Une plainte américaine avait été déposée contre les pratiques de l'administration canadienne ressortant de l'application de la loi locale sur l'examen de l'investissement étranger. Un groupe spécial[835] saisi de la question avait considéré comme contraire aux dispositions du GATT, notamment à son article III-4, certaines prescriptions en matière d'engagements d'achats appliquées par le Canada aux investisseurs étrangers. C'est d'ailleurs cette distinction dans la mise en œuvre des dispositions en cause qui peut être considérée comme source de discrimination et, à ce titre, sanctionnée par les instances multilatérales. Cependant, le problème considéré en l'occurrence était particulier puisqu'il intéressait le domaine des investissements. Or, pour adopter une telle position, le groupe spécial en charge de l'affaire s'est référé à des dispositions du GATT qui sont, par définition, relatives à la libéralisation du domaine des marchandises. Le Groupe spécial a donc étendu au secteur des investissements le principe de non-discrimination tel que défini par le GATT.

Conscientes du message fort adressé par le panel, les autorités multilatérales en ont pris acte en confiant aux négociateurs de l'Uruguay Round, dès la Conférence de Punta del Este de 1986, le mandat selon lequel *à la suite d'un examen du fonctionnement des articles de l'Accord général se rapportant aux effets de restriction et de distorsion des échanges exercés par les mesures concernant les investissements, des négociations devraient élaborer de manière appropriée les dispositions complémentaires qui pourraient être nécessaires pour éviter de tels effets préjudiciables sur le commerce*[836].
C'est donc sur la base de ce mandat clairement inspiré du rapport du Groupe spécial, précédemment cité, que l'Accord MIC fut rédigé. Le mandat ainsi exposé était envisagé largement, ce qui impliquait la mise en place d'une discipline générale.

Pourtant, ce texte qui est paru ambitieux par l'innovation qu'il incarne en admettant concrètement dans le processus libéral le secteur des investissements, limite sa propre portée dans son article 1er. En effet, cette disposition prévoit que l'Accord MIC ne s'applique qu'aux mesures concernant les investissements qui sont liées au commerce des marchandises. Le cadre de cet Accord est donc clairement défini. Il ne concerne que les seules mesures internes prises par un pays membre de l'OMC et ayant

---

[835] Groupe spécial, *Canada – Administration de la loi sur l'examen de l'investissement étranger*, rapport adopté le 7 février 1984, IBDD 30S/147.
[836] Mandat décrit dans les points liminaires de l'Accord sur les mesures concernant les investissements et liées au commerce.

des effets de droit sur les investissements internationaux, occultant donc les investissements purement intérieurs. Ensuite, le fait qu'il ne soit applicable qu'aux seules marchandises limite considérablement sa teneur en rejetant les questions relatives à d'autres secteurs comme celui des services.

Cet Accord a pour objet de démanteler les mesures concernant les investissements et liées au commerce qui seraient incompatibles avec les dispositions du GATT de 1994. À cette fin, l'article 2 de l'Accord MIC délimite deux catégories de mesures pouvant présenter une telle contradiction. La première reprend les mesures considérées comme incompatibles avec l'article III-4 du GATT, disposition recommandant l'application du principe du traitement national[837]. Ensuite, la seconde catégorie renferme les mesures qui peuvent être appréhendées comme contraires à l'article XI-1 du GATT, c'est-à-dire au principe de prohibition des restrictions quantitatives. L'Annexe adjointe à cet Accord développe les deux catégories en donnant des listes exemplatives de mesures pouvant y être associées[838].

Les MIC nouvellement instituées et incompatibles avec les dispositions du GATT doivent être notifiées au Conseil du commerce des marchandises[839] avant d'être consolidées[840]. Cette opération a pour but de permettre leur élimination totale dans un délai qui sera fonction du niveau de développement du pays en question[841]. De plus, concernant les pays en développement, l'article 4 de cet Accord prévoit la possibilité de leur accorder des dérogations temporaires en cas de difficultés en matière de balance des paiements. Bien sûr, les exceptions générales exposées dans le GATT de 1994, notamment celles décrites dans ses articles XX et XXI, sont applicables aux dispositions de l'Accord MIC.

Le Conseil du commerce des marchandises devait, au plus tard cinq ans après l'entrée en vigueur de l'OMC, selon les termes de l'article 9 de l'Accord MIC, procéder à l'examen du fonctionnement de l'Accord afin de déterminer s'il convenait de le compléter. Le supplément de dispositions éventuellement envisagé doit reprendre des points relatifs à la politique d'investissement ou encore à la politique de concurrence. La proposition doit être soumise sous forme d'amendement à la

---

[837] Cet article 2-1 de l'Accord MIC a d'ailleurs servi de base à la décision d'un groupe spécial ; voir, Groupe spécial, *Indonésie – Mesures affectant l'industrie automobile*, rapport adopté le 2 juillet 1998, WT/DS54/R, WT/DS55/R et WT/DS59/R, §14.64, p.374.

[838] En ce qui concerne la catégorie des mesures incompatibles avec l'article III-4 du GATT, le paragraphe 1 de l'Annexe donne deux exemples de MIC. Il s'agit, premièrement, des mesures qui prescrivent à une entreprise d'acheter ou d'utiliser des produits d'origine nationale ou provenant de toute source nationale. Il s'agit, ensuite, des mesures qui imposent à une entreprise d'acheter ou d'utiliser des produits importés dans la mesure des produits locaux qu'elle exporte.

Les mesures qui peuvent être considérées comme contraire à l'article XI-1 du GATT, sont énoncées par le deuxième paragraphe de l'Annexe ; elles sont de trois sortes. Dans un premier point, il s'agit des mesures qui restreignent les importations, par une entreprise, de produits servant ou liés à sa production locale, d'une manière générale ou en la limitant à un montant lié au volume ou à la valeur de la production locale qu'elle exporte. Dans un deuxième point, il s'agit des mesures qui restreignent les importations de l'investisseur étranger par l'établissement d'une corrélation avec des devises obtenues au titre de ses exportations. Enfin, dans un troisième point, sont visées les mesures restreignant les capacités d'exportation d'une entreprise soit par une limitation à des produits déterminés, soit par une limitation au volume ou à une valeur de produits, soit par une limitation à une proportion déterminée du volume ou de la valeur de sa production locale.

[839] Article 5-1 et 6 de l'Accord MIC.

[840] Article 5-4 de l'Accord MIC.

[841] Les délais sont fixés, par l'article 5-2 de l'Accord MIC, à deux ans pour les pays développés, à cinq ans pour les pays en développement et à sept ans en ce qui concerne les pays les moins avancés.

Conférence ministérielle afin de procéder aux modifications demandées. Cependant, les avancées escomptées n'ont pu réellement intervenir ; ce n'est alors que par la seule existence de cet article 9 qu'a pu se constituer le fondement juridique de l'élaboration de nouvelles règles relatives aux liens entre le commerce et l'investissement. Ainsi, la Conférence ministérielle de Singapour de 1996 a créé un groupe de travail chargé d'étudier les liens pouvant exister entre ces deux éléments. La Déclaration de Doha de 2001 ne prévoyait pas le lancement immédiat de négociations. Elle indiqua que *des négociations auront lieu après la cinquième session de la Conférence ministérielle sur la base d'une décision qui sera prise, par consensus explicite, à cette session sur les modalités des négociations*. Jusqu'à la Conférence ministérielle de 2003, les travaux du Groupe de travail seront, conformément à la déclaration, centrés sur la clarification de différents points : portée et définition ; transparence ; non-discrimination ; façon de préparer des engagements négociés ; dispositions relatives au développement ; exceptions et sauvegardes concernant la balance des paiements ; consultations et règlement des différends. Les engagements négociés suivraient le modèle des engagements souscrits dans le domaine des services, c'est-à-dire que l'on spécifie des domaines d'engagements, par des « listes positives », plutôt que de prendre de grands engagements et d'énumérer des exceptions.
La déclaration énonce également un certain nombre de principes comme la nécessité d'équilibrer les intérêts des pays d'où provient l'investissement étranger et ceux dans lesquels il est injecté, le droit des pays à réglementer l'investissement, le développement, l'intérêt général et les circonstances spécifiques de chaque pays. Elle met aussi l'accent sur le soutien et la coopération technique à l'intention des pays en développement et des pays les moins avancés et sur la coordination devant être réalisée avec d'autres organisations internationales comme la Conférence des Nations unies sur le commerce et le développement (CNUCED).

Globalement, l'Accord MIC constitue l'expression de l'échec des négociations de l'Uruguay Round en matière d'investissements. Le fait que seules les mesures concernant les investissements liés au commerce des marchandises soient prises en considération démontre le caractère peu étendu de l'Accord. Cette déconvenue n'est pas le fruit du hasard, mais résulte bien plus de l'opposition entre les intérêts des pays en développement et ceux des pays développés. Les pays qui étaient, dans les années soixante, receveurs de capitaux avaient tendance à imposer des MIC aux investisseurs étrangers, notamment celles imposant des contraintes en termes de « contenu local », d'exportation et de balance commerciale. Dans les années 80, l'évolution de l'investissement international a eu pour conséquence de transformer en importateur de capitaux, des pays qui jusque-là étaient d'importants exportateurs. Effectivement, les investissements directs affluaient aux États-Unis et en Europe[842], alors qu'ils évitaient

[842] De 32 % dans les années soixante-dix, les investissements directs étrangers sont passés dans ces pays à 42 %. Cette augmentation a eu pour effet de nourrir un sentiment nationaliste dû à leur forme invasive impliquant une perte de contrôle des entités nationales sur le marché local. L'amendement *Exon-Florio* en est d'ailleurs la concrétisation. La Communauté européenne a pu craindre surtout l'apport massif de capitaux japonais destinés à financer la création d'« usines tournevis » dont le but est de contourner les barrières à l'importation comme, par exemple, les droits antidumping. Le Japon était donc le principal pourvoyeur de capitaux ; fort d'une législation interne extrêmement complexe quant au mode de gestion des entreprises, les

les pays en développement pourtant demandeurs. Ces derniers se prévalaient en effet du démantèlement de toutes les MIC dont ils étaient jusqu'alors pourvus et de la multiplication des mesures de faveur accordées aux investisseurs étrangers. Les États développés n'avaient donc pas intérêt à voir une discipline générale s'instaurer en matière d'investissements et à l'inverse, les pays en développement qui auraient pu ambitionner une telle avancée, craignaient qu'une fois enchâssée dans un accord multilatéral contraignant et donc irréversible, ils ne puissent plus utiliser cet outil de défense afin d'assurer leur sauvegarde dans le cas de bouleversements économiques mondiaux.

L'Accord ne constitue donc qu'une réaffirmation de l'application des règles du GATT aux MIC. Ce texte ne donne aucune définition et se contente de fournir des listes par le biais de son annexe, mettant en relief deux catégories de MIC. Il n'existe donc pas d'interdiction générale qui rendrait le texte beaucoup plus contraignant. Les catégories indiquées ne reprennent que des mesures contraires aux seuls articles III-4 et XI-1 du GATT. Or, il existe de nombreuses autres dispositions pouvant servir de base à une telle interdiction[843]. De plus, la portée limitée de l'Accord MIC aux seules marchandises peut entraîner un conflit de loi entre ce texte et l'AGCS. Effectivement, ce dernier contient des dispositions spécifiquement applicables à la question de l'investissement en matière de services. Parfois, certains services impliquent la livraison de marchandises ; la présence d'une mesure liée à l'investissement qui serait contraire tant aux dispositions de l'Accord MIC qu'à celles de l'AGCS, poserait un sérieux problème[844]. Ce problème qui peut sembler anecdotique dénote la nécessité de procéder à une profonde réforme qui permettrait d'unifier la matière.

Mais, une réglementation internationale de la concurrence dépasserait le cadre des compétences du Conseil du commerce des marchandises puisqu'elle devrait nécessairement appréhender simultanément les pratiques commerciales dans le domaine des échanges de services, de marchandises, mais également en matière de propriété intellectuelle. Il s'agirait alors d'une avancée certaine puisque l'on serait en présence de l'émergence d'une véritable politique globale concernant les

---

difficultés de prise de contrôle des sociétés nippones par les investisseurs étrangers ont pour conséquences de décourager ces derniers et donc de les détourner vers des marchés beaucoup plus ouverts.

843 Lors des négociations de Punta del Este, un grand nombre de MIC ont pu être associées aux différentes dispositions du GATT. Ainsi, une douzaine de MIC ont été répertoriées comme contraire à l'article I-1 du GATT, relatif au traitement NPF, aux articles III, III-4 et III-5, relatifs au traitement national, aux articles VI et VI-3, relatifs aux droits antidumping et droits compensateurs, aux articles XI et XI-1, concernant l'élimination générale des restrictions quantitatives, à l'article XII, relatif aux restrictions destinées à protéger la balance des paiements, à l'article XV, concernant les dispositions en matière de change, aux articles XVI et XVI-4, relatifs aux subventions, ou encore, à l'article XVII, concernant les entreprises commerciales d'État. Les MIC ainsi prises en compte, tenaient à différentes contraintes comme celles de contenu local, exigeant un certain montant d'achat de produits domestiques ; de balance commerciale, imposant une certaine relation entre importations et exportations ; de production, exigeant la production locale de certains produits ; de transferts de technologie ; de licences, imposant aux investisseurs de déposer des licences ou brevets technologiques dans le pays d'accueil ; d'actionnariat local ; d'exportations, imposant des objectifs à l'exportation ; d'approvisionnement, exigeant des investisseurs, la vente de certains produits sur certains marchés ; de ventes domestiques, imposant aux investisseurs de vendre un certain pourcentage de la production dans le pays d'accueil. Également, elles tiennent à des restrictions de change, c'est-à-dire à l'accès aux devises étrangères, à des restrictions de rapatriement des profits, ou encore à des limites de production, interdisant la production locale de certains produits.

844 Il existe tout de même des solutions ; l'instance chargée de l'affaire pourrait par exemple analyser l'activité principale et ainsi appliquer à l'affaire le texte y étant relatif.

investissements. Une telle amorce constituerait à coup sûr un changement clair de la position multilatérale en matière d'investissement puisqu'elle aurait pour conséquence d'élargir la portée des mesures commerciales internationales à l'ensemble des questions relatives aux capitaux, voire, à long terme, aux moyens de paiement.

CHAPITRE 3
UNE CONVERGENCE DANS LES LIMITES DU MOUVEMENT DE LIBÉRALISATION COMMERCIALE

« L'exception confirme la règle ». Ce principe est sans cesse rappelé lorsqu'une règle est entérinée et que celle-ci ne peut être systématiquement appliquée. En effet, une mesure rigide ne souffrant aucune exception s'avère généralement inapplicable en pratique. En ce sens, les règles doivent parfois être exclues afin de se voir assurer une certaine pérennité et donc une pleine efficacité. Ainsi, ce qui est valable de manière générale l'est donc naturellement dans le cadre de réglementations commerciales telles que celles ressortant des systèmes communautaire et multilatéral. La notion d'exception ici soulevée est certes envisagée de manière générique comme recouvrant l'ensemble des cas d'exclusion des principes fixant la ligne de conduite initiale de démantèlement des entraves au commerce. Cependant, ces derniers cas intègrent de nombreuses variantes recouvrant tant la notion susmentionnée d'exception, mais également celles de dérogation, d'exemption ou encore de clause de sauvegarde.

Les cas d'exclusion des règles libérales ressortant des systèmes communautaire et multilatéral (SECTION 1) sont donc destinés à assouplir la rigidité des principes qu'ils envisagent afin de démanteler les obstacles au commerce. Les domaines de la santé humaine et animale ainsi que les questions liées à la protection de l'environnement sont des éléments justifiant le plus clairement la mise à l'écart des règles commerciales libérales (SECTION 2).

SECTION 1
LES CAS D'EXCLUSION DES RÈGLES LIBÉRALES

Les cas d'exclusion des règles libérales supranationales ont généralement pour finalité de permettre le développement harmonieux des politiques tant intranationales qu'internationales. Il s'agit de corriger les excès de l'économie de marché et ainsi aménager les principes qui sont les siens en permettant la poursuite d'objectifs autres que commerciaux. Ils font eux-mêmes l'objet de dispositions spécifiques dans les textes fondateurs des systèmes communautaire et multilatéral (§1). Le droit communautaire présente néanmoins une certaine particularité ; la présence, en son sein, d'une juridiction détenant un pouvoir normatif relativement important a permis à celle-ci d'intervenir en la matière et ainsi d'élaborer une véritable théorie prétorienne de justification des mesures nationales contrevenant pourtant aux principes de libre-échange prônés par le Traité de Rome (§2).

§1. Les règles d'exclusion ressortant des textes

Les règles libérales prônées par les droits communautaire et OMC doivent être écartées lorsque sont en jeu des questions surpassant les simples intérêts économiques. Effectivement, malgré les objectifs clairement commerciaux poursuivis par les systèmes multilatéral et communautaire – dans ce dernier cas, ces finalités n'étant qu'un palier vers un but beaucoup plus large – certaines considérations s'opposent à leur réalisation ou du moins nécessitent leur aménagement. Ainsi, les différents textes régissant ces deux systèmes commerciaux renferment des mesures destinées « à protéger certaines valeurs qui se rattachent à la souveraineté nationale et aux conceptions de l'éthique propre à chaque État »[845]. Dans le GATT, mais également dans le Traité CE, certaines dispositions sont prévues afin de prendre en considération cette nécessité. Au niveau communautaire, le large champ d'application couvert par les dispositions du Traité a supposé une adaptation de ces cas d'exclusion à chacun des domaines visés. Ainsi, les libertés commerciales, telles que décrites dans le chapitre précédent, connaissent chacun des cas d'exclusion qui peuvent être certes communs aux autres libertés, mais aussi spécifiques à leur seul domaine de couverture. Une telle approche se rencontre d'ailleurs pour chacun des systèmes en présence. C'est du reste à partir du domaine des marchandises qu'ont été construites les conditions pouvant justifier d'éventuelles restrictions aux principes libre-échangistes (II). L'élargissement du champ d'application des législations commerciales supranationales a eu pour effet d'étendre aux nouveaux domaines de compétences, les éléments développés en matière de marchandises tout en les adaptant aux spécificités de chacun d'entre eux (III).

Avant d'aborder ces questions pratiques sur lesquelles les systèmes communautaire et multilatéral paraissent plus ou moins se rejoindre[846], il semble que le point de rupture s'établisse davantage sur l'approche théorique, à savoir la distinction en matière de principes d'exclusion opérée entre les notions de dérogation et d'exception (I).

I.- Exception/dérogation : une qualification dépendant de l'origine du principe d'exclusion

Hormis la temporalité et la généralité d'application faisant la part belle à l'exception, ces deux notions s'opposent également quant à leur origine. Les principes issus du même ordre juridique que les règles dont ils ont pour finalité d'en écarter l'application relèvent du concept de dérogation. En revanche, lorsque les principes venant refuser l'application des règles communautaires ou multilatérales sont d'essence nationale, les mesures d'exclusion relèvent de l'exception. Ainsi, les qualifications d'exception ou de dérogation dépendront de la corrélation qu'il est possible d'établir entre ces dernières et la règle libre-échangiste à exclure. De là, la dérogation n'échappe pas au droit qu'elle exclut puisqu'elle en fait partie intégrante. Au contraire, l'exception échappe à celui-ci dans la mesure où sa définition appartiendra aux

---

[845] T. FLORY, *L'Organisation mondiale du commerce*, *op. cit.*, p.55, n°121.

[846] Cette jonction ne signifie pas que l'accueil réservé aux principes d'exclusion soit le même d'un système à l'autre, le droit multilatéral se montrant quelque peu bienveillant à cet égard, mais que les cas décrits sont plus ou moins similaires.

autorités nationales. Autrement dit, l'étendue d'un domaine par rapport à l'autre variera selon la répartition des compétences réalisée entre les systèmes juridiques étatiques et les systèmes supranationaux, qu'il s'agisse du droit communautaire ou du droit de l'OMC.

A. Le rejet communautaire des exceptions faisant le lit d'une approche strictement dérogatoire

De manière traditionnelle, la répartition des compétences entre les États membres et la Communauté européenne se subdivise en trois branches. Deux demeurent l'exclusivité de chacune de ces autorités alors que la troisième se trouve partagée entre elles[847]. Selon l'article 5, paragraphe 1er, CE, *la Communauté agit dans les limites des compétences qui lui sont conférées et des objectifs qui lui sont assignés par le présent Traité*[848]. Cette vision restrictive du Traité semble accorder une large marge de manœuvre aux États membres dans la mesure où elle cantonne l'action de la Communauté aux seuls domaines qui lui sont clairement confiés. Pour autant, cette approche doit être relativisée, et cela, à l'aune de deux considérations essentielles. La première ressort du fait que les États doivent exercer leurs compétences exclusives dans le respect des principes communautaires. Autrement dit, les principes de coopération ou plutôt de solidarité étatique, mais surtout de l'effet utile du Traité, ont pour effet d'enserrer l'exercice des compétences nationales dans un carcan affaiblissant d'autant leur intensité normative. Ensuite, le développement des compétences communautaires, tant sur un plan exclusif que dans un cadre concurrentiel, participe d'un tel appauvrissement de l'action étatique. D'ailleurs, les risques d'empiétement de cette dernière dans des domaines ne dépendant plus de ses attributions se voient largement limités par le juge communautaire.

Ainsi, la répartition des compétences comme précédemment citée semble évoluer vers un élargissement des attributions communautaires. Effectivement, le rétrécissement du domaine national réservé, désormais cantonné à des questions régaliennes comme celle relative à la sécurité nationale[849], à la faveur des compétences partagées, place au premier plan le principe de subsidiarité. Selon le paragraphe 2 de l'article 5 CE, *la Communauté n'intervient [...] que si et dans la mesure où les objectifs de l'action envisagée ne peuvent pas être réalisés de manière suffisante par les États membres et peuvent donc [...] être mieux réalisés au niveau communautaire.*

---

[847] Cette typologie est la plus traditionnellement employée. Cependant, d'autres distinctions ont été proposées comme celle opposant compétences abolies, compétences transférées, compétences encadrées, compétences coordonnées et compétences réservées ; à ce sujet, voir, C. BERTRAND et F. STIRLING-BELIN, *L'exception et le droit communautaire*, RRJ – Droit prospectif, n°2 (2), 2004, p.1226.

[848] Ancien article 3 B du Traité de Rome. Il est à noter que le projet de Traité établissant une Constitution pour l'Europe reprend, peu ou prou, après adaptation, cette disposition dans son article I-11, §2 ; ainsi, *en vertu du principe d'attribution, l'Union agit dans les limites des compétences que les États membres lui ont attribuées dans la Constitution en vue d'atteindre les objectifs qu'elle établit. Toute compétence non attribuée à l'Union dans la Constitution appartient aux États membres.*

[849] Il est à noter tout de même s'agissant de ce domaine que le pilier relatif à la Politique européenne et de sécurité commune (PESC), introduite dans le projet de Constitution européenne dans le chapitre 2 du titre V consacré aux relations extérieures de l'Union, marque les prémices d'une défense de l'Union organisée concurremment par cette dernière et par ses composantes autrement dit les États membres.

Ce principe qui permet de réguler l'exercice des compétences concurrentes[850] avait surtout pour intérêt principal de circonscrire les interventions communautaires ne se justifiant pas[851]. Cependant, les exigences communautaires de plus en plus nombreuses quant à l'approfondissement du marché intérieur laissent place à de multiples carences étatiques faisant le lit d'une intervention communautaire élargie. Cette dernière se concrétise dès lors par un recours accru aux procédures d'harmonisation et cela en application d'un principe de subsidiarité détourné de sa fonction première de sauvegarde des compétences étatiques[852]. Alors que le principe de proportionnalité prôné par le même article 5, dans son paragraphe 3, considéré au même titre que le principe de subsidiarité comme une pierre angulaire de l'ordre juridique communautaire[853], pouvait être envisagé comme modérant l'application du principe de subsidiarité[854]. Pourtant, il semble conforter cette position[855]. Prévoyant en ces termes que *l'action de la Communauté n'excède pas ce qui est nécessaire pour atteindre les objectifs du présent Traité*, la multiplication de ces derniers a pour principale incidence d'accroître d'autant les attributions communautaires. Dans cette optique, l'action excessive de la Communauté ne peut que s'avérer difficile à démontrer, et l'objectif sans cesse plus large d'harmonisation se pérennise au détriment de la subsidiarité.

S'agissant de l'application des régimes d'exclusion des principes communautaires, la pénétration quasi totale des règles communautaires dans les systèmes nationaux rend difficile l'existence d'un régime spécifique d'exceptions. Pour ainsi dire, le rejet d'éventuelles exceptions à l'application des préceptes libre-échangistes laisse le champ vacant à l'admission d'un concept de dérogation élargi[856]. Néanmoins, cette approche dérogatoire ne semble ni confirmée, ni rejetée par la jurisprudence. La Cour utilise effectivement indifféremment les notions d'exception et de dérogation pour qualifier les cas d'exclusion des règles libre-échangistes ressortant du Traité[857].

B. Une distinction multilatérale sauvegardée par le principe de territorialité

Alors que l'analyse de la répartition des compétences est envisagée entre la Communauté européenne et ses États membres sous l'angle des limites de la sphère

---

[850] P.-A. FÉRAL, *Le principe de subsidiarité à la lumière du Traité d'Amsterdam*, RAE, 1998, n°1 et 2, p.76.

[851] H. BRIBOSA, *Subsidiarité et répartition des compétences entre la Communauté et ses États membres*, RMUE, 1992, n°4, p.180.

[852] Voir, G.C. AZZI, *Le principe de subsidiarité et l'évolution de la législation communautaire : l'approche de la Commission*, RAE, 1998, n°1 et 2, p.70.

[853] S. BERRADA, *Subsidiarité et proportionnalité dans l'ordre juridique communautaire*, RAE, 1998, n°1 et 2, p.43.

[854] P.-A. FÉRAL, *Le principe de subsidiarité dans l'Union européenne*, RDP, 1996, n°1, p.209.

[855] J.-L. SAURON, *La mise en œuvre retardée du principe de subsidiarité*, RMCUE, nov – déc 1998, n°423, p.648.

[856] Sur cette question, voir, C. BERTRAND et F. STIRLING-BELIN, *L'exception et le droit communautaire*, *op.cit.*, p.1232.

[857] S'agissant de l'article 30 [ex 36] du Traité CE : en faveur de la notion de dérogation, CJCE, 28 mars 1995, *The Queen c/ Secretary of State for Home Department, ex Parte Evans Medical Ltd. et Macfalan Smith Ltd.*, aff. n°C-324/93, Rec., p.I-563, pt.39 ; 14 juillet 2005, *Commission des Communautés européennes c/ République fédérale d'Allemagne*, aff. n°C-114/04, NEPR, pt.30 ; en faveur de la notion d'exception, CJCE, 2 décembre 2004, *Commission des Communautés européennes c/ Royaume des Pays-Bas*, aff. n°C-41/02, Rec., p.I-11375, pt.47 ; 8 mai 2003, *ATRAL SA c/ État belge*, aff. n°C-14/02, Rec., p.I-4431, pt.67.

communautaire, elle est au contraire appréhendée entre l'OMC et les Parties contractantes au regard des limites des compétences étatiques. L'OMC ne dispose pas de compétences propres. Tout juste s'agit-il d'une enceinte de négociations permanentes au sein de laquelle les États discutent des concessions qu'ils s'accordent mutuellement. Seules les autorités nationales sont compétentes sur la scène internationale et les limites affectant leur exercice seront librement consenties par ces mêmes États.

Régies par le droit international général, les attributions étatiques ne peuvent s'appliquer qu'aux seules activités ou comportements soumis à leur propre sphère de compétence. Effectivement, en vertu du principe de souveraineté et au risque de se prêter à un délit d'ingérence, les États ne peuvent légiférer à l'égard d'éléments soumis à la compétence exclusive d'autres pays[858]. Néanmoins, cet encadrement qui s'applique aux compétences d'exécution ne concerne pas la compétence normative qui peut ainsi être extraterritoriale[859]. Ainsi, les lois locales vont avoir pour vocation de régir les situations impliquant à l'étranger des ressortissants nationaux ou des navires et aéronefs battant pavillon national, également lorsque les comportements commis à l'étranger portent atteinte aux intérêts nationaux, ou encore, à l'encontre de comportements enfreignant les règles internationales protégeant des valeurs fondamentales de l'humanité[860].

Au niveau du commerce international, l'accueil des lois extraterritoriales a subi certaines fluctuations. Clairement rejetées dans une première approche, les organes en charge de l'examen des différends commerciaux ont marqué une nette évolution dans le sens d'une reconnaissance de l'applicabilité de telles règles. Ainsi, dans l'affaire *Thons-dauphins I*[861], le Groupe spécial constitué afin d'analyser la mesure nationale en cause a considéré que la disposition nord-américaine interdisant l'importation de thons mexicains pêchés au moyen de filets attrapant également des dauphins était contraire aux règles multilatérales. Cette disposition était extraterritoriale dans le sens où elle avait pour effet de régir un procédé de pêche dans les eaux territoriales d'un autre pays[862]. Le Groupe spécial la rejeta au motif que l'accepter permettrait à chaque Partie contractante d'intervenir unilatéralement hors de leur sphère de compétence dans les politiques de conservation dont les autres pays ne pourraient s'écarter sans compromettre les droits qu'ils tiennent du GATT[863]. Cependant, le deuxième groupe spécial constitué afin d'examiner le même différend adopta certes la même approche de rejet, mais, cette fois-ci, nuança quelque peu son raisonnement. Ainsi, dans l'affaire *Thon-dauphin II*[864], le Groupe spécial considéra que

---

[858] En application de l'article 2, §7, de la Charte des Nations unies.

[859] Ces positions ressortent de décisions de la CIJ ; voir, par exemple, l'arrêt du 9 avril 1949, *Détroit de Corfou*, Rec.1949, p.35.

[860] Il s'agit, respectivement, des compétences personnelle, objective et universelle des États. À cet égard, voir, B. STERN, *Quelques observations sur les règles internationales relatives à l'application extraterritoriale du droit*, AFDI, 1986, pp.7 et ss.

[861] Groupe spécial, *États-Unis – Restrictions à l'importation de thon*, rapport présenté le 3 septembre 1991, non adopté, DS21/R.

[862] Il s'agit de mesures fondées sur les « procédés et méthodes de production » connues sous l'abréviation PMP.

[863] *Ibidem*, §5.32.

[864] Groupe spécial, *États-Unis – Restrictions à l'importation de thon*, rapport présenté le 20 mai 1994, non adopté, DS29/R.

les pays membres pouvaient élaborer des mesures destinées à assurer la conservation des ressources naturelles épuisables où qu'elles se trouvent. Le panel écarta néanmoins une telle compétence dans le cas où son exercice obligerait les autres pays à modifier leurs propres règles applicables aux biens ou aux personnes soumis à leur propre sphère de compétence pour permettre à la mesure de produire les effets escomptés[865].
Une troisième affaire ajouta sa pierre à l'édifice s'agissant de l'accueil des règles extraterritoriales dans le cadre de l'OMC. L'affaire *Crevettes-tortues*[866], bien que n'abordant qu'indirectement la question, eut à traiter une mesure américaine proche de la précédente en ce sens qu'il s'agissait d'une disposition prohibant l'importation des crevettes pêchées au moyen de filets dommageables pour les tortues marines. Effectivement, dans ce cas, l'Organe d'appel aborda la mesure en cause comme étant d'application territoriale, mais ayant tout de même un effet extraterritorial. Cependant, en acceptant d'examiner la disposition incriminée notamment au regard de son éventuelle justification au titre de l'article XX du GATT, l'Organe d'appel semble avoir laissé ouverte une porte quant à la reconnaissance de telles règles extraterritoriales[867].

Le domaine de compétence réservé couvre donc l'ensemble des compétences nationales territoriales que les États ont préservé[868]. Dans l'hypothèse où un État a renoncé à une partie de ce domaine réservé notamment en se soumettant à une règle de droit international par traité, l'exercice par un autre pays des droits qu'il tient de cette Convention en est la résultante logique alors même qu'une telle opération produit des effets extraterritoriaux[869]. Ainsi, dans le cadre des accords de l'OMC, les règles alors élaborées vont être autant de limites à l'exercice des compétences étatiques dans la mesure où elles vont accorder aux Parties contractantes des droits affectant la liberté normative des autres Membres. Sans détenir en propre des compétences venant altérer celles des États, l'OMC constitue l'expression d'une limitation consentie des souverainetés nationales.

S'agissant de la qualification à attribuer à un régime d'exclusion des règles libérales multilatérales, celle-ci dépendra donc de l'origine du principe venant rejeter leur application. Ainsi et alors que le champ des exceptions s'est réduit comme une

---

[865] *Ibidem*, §§5.24 à 5.26.
[866] Organe d'appel, *États-Unis – Prohibition à l'importation de certaines crevettes et de certains produits à base de crevettes*, rapport adopté le 12 octobre 1998, WT/DS58/AB/R.
[867] Il est toutefois à noter que dans les cas précédemment cités, les mesures en cause soulevées des questions relatives à la préservation de ressources halieutiques. Or, généralement, les règles extraterritoriales issues d'une approche unilatérale des relations internationales sont strictement interdites. Ainsi, les exemples les plus flagrants dont les poursuites furent interrompues à la suite d'un accord entre les parties sont ceux ayant impliqué les lois américaines *Helms-Burton* (*Cuban Liberty and Democratic Solidarity Act* du 12 mars 1996) et *d'Amato-Kennedy* (*Iran and Lybian Sanctions Act* du 5 août 1996) ; à cet égard, voir, B. STERN, *Vers la mondialisation juridique ? Les lois Helms-Burton et d'Amato-Kennedy*, RGDIP, n°4, 1er octobre 1996, pp.979 et ss ; également, V. PACE, *L'Organisation mondiale du commerce et le renforcement de la réglementation juridique des échanges commerciaux internationaux*, Coll. Logiques juridiques, L'Harmattan, Paris, 2001, pp.139 et ss.
[868] CIJ, 27 juin 1986, *Nicaragua c/ États-Unis*, fond, arrêt, Rec.1986, §258 ; également, B. CHENG, *La jurimétrie : Sens et mesure de la souveraineté juridique et de la compétence nationale*, JDI, 1991, pp.585 et ss.
[869] O. CORTEN et P. KLEIN, *Droit d'ingérence ou obligation de réaction ?*, Collection de droit international, Université de Bruxelles, Bruylant, 1996, Bruxelles, pp.79 et ss.

peau de chagrin au niveau communautaire jusqu'à disparaître, la distinction entre exceptions et dérogations trouve encore un terrain fertile en matière multilatérale. Cependant, leurs champs d'application respectifs semblent recouvrir des conceptions relativement différentes de celles telles qu'entendues par la doctrine communautariste[870]. En effet, l'exception et la dérogation sont abordées par le droit communautaire de manière stricte ; la première recouvre en fait les principes d'origine nationale qui ne sont pas soumis à la règle communautaire et la seconde, ceux ressortant de cette dernière, mais qui en écartent l'application. Au contraire, la doctrine multilatérale envisage l'exception comme relevant des textes et la dérogation comme ressortant de procédures spécifiques d'exclusion des règles libre-échangistes engagées à la demande d'un Membre[871]. Pour autant, ces dérogations sont théoriquement des exceptions[872]. Là encore, le droit multilatéral fait preuve d'une économie d'analyse à laquelle le système communautaire ne parvient à se soustraire que par son approche axée sur les seules dérogations. Cette conclusion est d'une importance certaine étant donné l'encadrement temporel plus strict appliqué à ces dernières.

II.- Les principes d'exclusion construits à partir du domaine des marchandises

Le domaine de référence en la matière est sans conteste celui des marchandises ; ainsi, au niveau communautaire, l'article 30 du Traité CE[873] prévoit, dans sa première phrase, que *les dispositions des articles 28 et 29 ne* [doivent] *pas* [faire] *obstacle aux interdictions ou restrictions d'importation, d'exportation ou de transit, justifiées par des raisons de moralité publique, d'ordre public, de sécurité publique, de protection de la santé et de la vie des personnes et des animaux ou de préservation des végétaux, de protection des trésors nationaux ayant une valeur artistique, historique ou archéologique ou de protection de la propriété industrielle et commerciale.*

L'article XX du GATT, intitulé « Exceptions générales », énumère une liste de dix catégories d'exceptions aux règles du GATT. Selon cette disposition *[...] rien dans le présent Accord ne sera interprété comme empêchant l'adoption ou l'application par toute partie contractante des mesures*

- *a) nécessaires à la protection de la moralité publique ;*
- *b) nécessaires à la protection de la santé et de la vie des personnes et des animaux ou à la préservation des végétaux ;*
- *c) se rapportant à l'importation ou à l'exportation de l'or ou de l'argent ;*
- *d) nécessaires pour assurer le respect des lois et règlements qui ne sont pas incompatibles avec les dispositions du présent Accord, tels que, par exemple, les lois et règlements qui ont trait à l'application des mesures douanières, au maintien en vigueur des monopoles administrés*

---

[870] À cet égard, voir les différents articles précités.

[871] Pour un examen de ces questions, T. FLORY, *L'Organisation mondiale du commerce – Droit institutionnel et substantiel*, Bruylant, Bruxelles, 1999, pp.35 et ss (n^{os}69 à 72) et pp.42 et ss (n^{os}88 à 95) ; également, D. LUFF, *Le droit de l'Organisation mondiale du commerce – Analyse critique*, *op. cit.*, pp.146 et ss.

[872] S'agissant de cette confusion à propos de l'article XX du GATT relatif aux exceptions générales : D. LUFF, *ibidem*, p.147.

[873] Ancien article 36 du Traité de Rome.

conformément au paragraphe 4 de l'article II et à l'article XVII, à la protection des brevets, marques de fabrique et droits d'auteur et de reproduction et aux mesures propres à empêcher les pratiques de nature à induire en erreur ;

e) *se rapportant aux articles fabriqués dans les prisons ;*

f) *imposées pour la protection de trésors nationaux ayant une valeur artistique, historique ou archéologique ;*

g) *se rapportant à la conservation des ressources naturelles épuisables [...] ;*

h) *prises en exécution d'engagements contractés en vertu d'un accord intergouvernemental sur un produit de base [...] ;*

i) *comportant des restrictions à l'exportation de matières premières [...] ;*

j) *essentielles à l'acquisition ou à la répartition de produits pour lesquels se fait sentir une pénurie générale ou locale [...].*

Ces dispositions exigent toutes deux, dans leur application, que ces différentes considérations n'aient pas pour finalité de constituer ni un moyen de discrimination arbitraire ou injustifiable[874], ni une restriction déguisée dans le commerce entre pays membres.

A. Fondement des cas excluant le principe de libre circulation : un intérêt général diversement accueilli

Les États, en Europe en se réunissant au sein d'une Communauté à l'origine uniquement économique, et à travers le monde en créant une institution chargée de gérer les échanges commerciaux au niveau international, avaient pour souci principal la résolution de questions essentiellement commerciales. Néanmoins, la recherche d'intérêts économiques purement nationaux devait laisser le pas, dans le cadre communautaire, à des considérations beaucoup plus larges ; effectivement, le principe de libre circulation favorable aux pays exportateurs doit être écarté lorsque l'intérêt général est affecté. Cette notion d'intérêt général qui demeure encore floue en droit communautaire, semble ressortir d'un « contrat social »[875] perceptible entre les États membres et la Communauté. Fréquemment employé par la Cour de justice[876], la notion d'intérêt général est le plus souvent affublée des termes « de la Communauté »[877] ce qui démontre le désir de la dissocier du concept d'intérêt général communautaire correspondant en fait à une somme algébrique des intérêts individuels des pays

---

[874] Ce deuxième adjectif n'est présent que dans le seul texte multilatéral.

[875] D. SIMON, *Le système juridique communautaire*, 3e éd., Coll. Droit fondamental, Droit international, PUF, Paris, 2001, p.92.

[876] Notamment, CJCE, 29 novembre 1978, *Pigs Marketing Board c/ Raymond Redmond*, aff. n°83/78, Rec., p.2347, pt.64 ; 25 mai 1974, *Bayerische HNL Vermehrungsbetriebe GmbH & Co. KG et autres c/ Conseil et Commission des Communautés européennes*, aff. jtes nos83 et 94/76, 4, 15, 40/77, Rec., p.1209, pt.5.

La Cour de justice parle parfois d'« intérêt fondamental de la société » ; voir, 14 mars 2000, *Association Église de scientologie de Paris et Scientology International Reserves Trust c/ Premier ministre*, aff. n°C-54/99, Rec., p.I-1335, pt.17 ; 14 octobre 2004, *Omega Spielhallen- und Automatenaufstellungs-GmbH c/ Oberbürgermeisterin der Bundesstadt Bonn*, aff. n°C-36/02, Rec., p.I-9609, pt.30.

[877] M. BLANQUET, *L'article 5 du Traité CEE – Recherche sur les obligations de fidélité des États membres de la Communauté*, LGDJ, 1994, pp.325 et ss.

membres[878]. L'intérêt général de la Communauté qui se place au-dessus des intérêts individuels doit donc être recherché par les institutions communautaires elles-mêmes[879]. C'est d'ailleurs en ce sens qu'ont été élaborées de nombreuses dispositions du Traité CE.

En revanche, la nature conventionnelle des accords de Marrakech ayant enfanté de l'Organisation mondiale du commerce implique la conciliation d'intérêts individuels. Ainsi, si des pays se sont rapprochés afin de négocier une libéralisation du commerce sur un plan mondial, l'objectif évident était de favoriser le développement de leurs avantages comparatifs en terme d'échange. Il s'agit bel et bien d'assurer une croissance économique à chacun des pays signataires sur des bases de concessions réciproques dans les domaines pour lesquels ils s'estiment compétitifs. Dans une telle perspective, l'OMC institue un ordre juridique destiné à favoriser la poursuite d'une somme d'intérêts individuels pouvant être qualifiée, à l'instar de la comparaison réalisée plus haut entre l'intérêt général de la Communauté et l'intérêt général communautaire, d'« intérêt général multilatéral ». L'usage d'une telle expression à ce stade de l'évolution du système juridique multilatéral peut paraître quelque peu présomptueux. Pourtant, la prise en compte de considérations dépassant les simples intérêts commerciaux étatiques – on pense alors aux questions environnementales et sociales – laisse présager des balbutiements d'un intérêt supérieur dont l'OMC pourrait avoir la charge d'assurer la poursuite. Dans cette hypothèse, faisant preuve d'un large optimisme, il s'agirait d'un intérêt pouvant être qualifié, par analogie avec la pratique communautaire, d'« intérêt général de l'OMC »[880]. Une telle vision, hautement improbable dans l'état actuel d'évolution du système multilatéral, permet néanmoins d'appréhender d'une manière relativement favorable le concept précité d'« intérêt général multilatéral ». D'ailleurs, l'approche contractuelle du droit de l'OMC[881], qui par essence exacerbe la place centrale des États, corrobore cette conception.

1. De l'effectivité d'un « intérêt général communautaire » à l'émergence d'un « intérêt général multilatéral »

Les instigateurs tant des traités communautaires fondateurs que des accords issus de l'Uruguay Round avaient pour principal objectif le démantèlement progressif des barrières protectionnistes étatiques. Leur souci était donc prioritairement économique. Dans cette optique, tous les éléments qui dépassaient ce seul cadre étaient considérés aux origines comme superflus. S'agissant plus spécifiquement des questions d'intérêt général, les divergences conceptuelles existant à cet égard et qui caractérisaient les différents systèmes juridiques nationaux rendaient improbable l'élaboration d'une approche commune. Au reste, l'intérêt général est un moyen de

---

[878] T. HAMONIAUX, *L'intérêt général et le juge communautaire*, Coll. Systèmes – Communautaires, LGDJ, 2001, Paris, p.27.

[879] A. TIZANNO, *Quelques observations sur le développement des compétences communautaires*, Pouvoirs, 1989, p.92.

[880] L'OMC représenterait alors une communauté internationale d'États.

[881] Le GATT qui est l'accord central du système de l'OMC, est considéré comme étant « un contrat multilatéral fondé sur des règles et des disciplines » ; voir, A. KRIEGER-KRYNICKI, *L'Organisation mondiale du commerce – Structures juridiques et politiques de négociation*, Coll. Gestion internationale, éd. Vuibert, Paris, 1997, p.19.

justification de l'intervention économique des États, raison d'être pour laquelle ils n'auraient accepté aucune concession. La présence d'un éventuel intérêt général ne pouvait dès lors ressortir que de sa mise en équilibre avec l'intérêt économique ayant conduit à l'élaboration de ces textes. La promotion de la libre concurrence et de la libre circulation des marchandises, services, personnes et capitaux, représente en effet un tel intérêt au niveau communautaire. Le système multilatéral, moins ambitieux quant à l'objectif initial, prône une telle libéralisation des facteurs économiques sans pour autant rechercher prioritairement une ouverture totale des marchés nationaux. En effet, la finalité est dans ce cas davantage axée sur une réorientation du protectionnisme étatique vers les seules barrières tarifaires afin d'en réguler d'une manière plus efficace le démantèlement.

Les textes de base de chacun des systèmes supranationaux en présence sont très peu prolixes à ce sujet. Seules quelques bribes éparses laissent apparaître certains éléments pouvant laisser accroire à la présence d'un tel intérêt général. Ainsi, des concepts voisins tels la notion de personne publique ou d'entreprise commerciale d'État, de subventions accordées par un État à des fins d'intérêt général, comme c'est le cas dans le cadre multilatéral à des fins environnementales[882], participent dans les deux systèmes à sa reconnaissance[883]. Certes, le droit communautaire est tout de même plus fourni en la matière ; les notions de services d'intérêt général et de services universels en sont d'ailleurs d'excellents révélateurs[884]. Néanmoins, la sauvegarde des intérêts fondamentaux de la société[885] ou encore, notion large, mais beaucoup trop imprécise, la protection des intérêts non commerciaux[886] constituent de la même façon le témoignage de la sensibilité des négociateurs des accords multilatéraux à de tels arguments surpassant les seules questions économiques. Il est évident qu'une lecture ponctuelle de ces éléments ne peut en rien alimenter l'élaboration d'une approche réelle de l'intérêt général ; cependant, une appréhension globale de l'ensemble de ces éléments semble esquisser une théorie de l'intérêt général aussi bien au niveau communautaire qu'au niveau multilatéral.

En réalité, l'intérêt général dont il est question jusqu'ici n'a d'autre utilité que d'exonérer une mesure nationale restreignant les échanges commerciaux de toute sanction. Il s'agit donc d'une condition de « légalité » des actes normatifs nationaux au regard des dispositions du Traité CE ou encore des divers accords OMC. Ainsi, les articles 30 du Traité CE et XX du GATT participent d'un tel objectif. Néanmoins, une divergence incontestable apparaît quant aux défenseurs de ces intérêts. Au niveau communautaire, il semble s'être opéré un partage de compétences en la matière entre les États membres et les institutions communautaires. En revanche, l'OMC ne constitue

---

[882] Article 8-2, c), de l'Accord sur les subventions et les mesures compensatoires.

[883] S'agissant du système communautaire, C. BOUTAYEB, *Une recherche sur la place et les fonctions de l'intérêt général en droit communautaire*, RTDE, n°4, octobre-décembre 2003, p.592 ;

[884] Sur cette question, communication de la Commission, *les services d'intérêt général en Europe*, COM (1996) 443, JOCE n°C.281, 26 septembre 1996, pp.3 à 12, et son commentaire, D. SIMON et F. LAGONDET, *La communication de la Commission sur les services d'intérêt général en Europe : Continuité ou rupture*, Europe, janvier 1997, p.4. Également, communication de la Commission sur les services d'intérêt général COM (2000) 580, JOCE n°C.17, 19 janvier 2001, pp.4 à 23 ; ainsi que, Livre vert de la Commission du 21 mai 2003, *sur les services d'intérêt général*, COM (2003) 270 final, JOCE n°C.76, 25 mars 2003.

[885] Note de bas de page 5 de l'Accord général sur le commerce des services.

[886] D. LUFF, *Droit de l'Organisation mondiale du commerce – Analyse critique*, Bruylant, LGDJ, Bruxelles, Paris, 2004, p.43.

qu'un forum au sein duquel sont débattues des questions n'intéressant que les seuls États contractants, les autorités multilatérales s'avérant quelque peu démunies en la matière. Ces deux dispositions, découlant chacune d'un ensemble consacré à la libéralisation du commerce des marchandises, trouvent à s'appliquer dans la plupart des domaines couverts par les ordres juridiques communautaire et multilatéral soit directement, soit par l'entremise de dispositions spécifiques reprenant certaines des justifications qu'elles énoncent en les adaptant aux secteurs en question. De manière générale, une mesure nationale restreignant les échanges de marchandises peut obtenir une justification dans la mesure où elle répond à deux conditions. Tout d'abord, il doit être démontré que la mesure en cause relève de l'une des catégories énumérées dans chacune des dispositions adéquates ; ensuite, l'exception soulevée ne devra en aucune manière constituer une discrimination arbitraire, injustifiable, ou encore une restriction déguisée au commerce[887].

2. De l'émergence d'un « intérêt général de la Communauté » à l'absence d'un « intérêt général de l'OMC »

L'existence d'un binôme – États membres/Communauté européenne – dans la défense de l'intérêt général communautaire a pour effet de laisser entrevoir une mutation de ce dernier, qui constitue alors une somme des intérêts étatiques, vers un intérêt général qui servirait de moteur à l'action des seules institutions communautaires. Un tel intérêt général n'est pas encore palpable au niveau multilatéral ; au risque de se répéter, l'OMC ne constitue qu'un forum de discussions durant lesquelles sont débattues des questions visant à la libéralisation du commerce international sur la base de concessions réciproques. Pour ainsi dire, il s'agira pour chacune des parties contractantes de défendre ses propres intérêts économiques. La remise en question des concessions ainsi accordées ne peut être justifiée que par la seule démonstration d'un risque pour un intérêt non commercial, autrement dit pour l'intérêt général de chacun des États.
Au-delà d'une telle condition de légalité, le concept d'intérêt général ne semble pas avoir sa place au niveau multilatéral. L'accroissement des compétences communautaires a eu pour principale incidence de placer au centre de l'action des institutions ainsi dotées, un intérêt général émancipé des influences nationales. Ainsi, d'un intérêt général commun aux différents États membres, pour ainsi dire « communautaire » et semblable à celui appréhendé dans un cadre multilatéral, l'action communautaire semble se fonder sur un intérêt général particulier dont la Commission s'arroge la préservation en vertu de son rôle de « gardienne des traités ». De fait, le développement des politiques communautaires d'intérêt général confirme cette position.

La satisfaction des besoins essentiels des citoyens et la préservation des biens publics lorsque le marché n'y parvient pas sont, à cet égard, les éléments d'intérêt général dont la Commission poursuit la réalisation[888]. Les services d'intérêt général

---

[887] En matière multilatérale, Organe d'appel, *États-Unis – Normes concernant l'essence nouvelle et anciennes formules*, rapport adopté le 29 avril 1996, WT/DS2/AB/R, p.25.

[888] Livre vert de la Commission du 21 mai 2003, *Les services d'intérêt général*, précité ; voir également, communication de la Commission au Parlement européen, au Conseil, au Comité économique et social

font partie des valeurs partagées par toutes les sociétés européennes et constituent un élément essentiel du modèle européen de société. À cette fin et à partir de différentes dispositions de droit primaire[889], la Commission a exposé une distinction entre les fonctions régaliennes renvoyant à l'exercice de l'autorité publique, les services d'intérêt général désignant les activités de services, qu'elles soient marchandes ou non, et les services d'intérêt économique général n'étant quant à eux que des activités marchandes. Cette typologie a pour finalité d'assurer une variabilité dans l'intervention des institutions communautaires. En effet, en vertu du principe de subsidiarité, ces dernières n'ont de compétences que dans les seuls domaines qui leur sont expressément affectés soit de manière autonome soit concurremment avec les États membres.
Le maintien des activités d'intérêt général n'est donc plus un souci reposant sur les seules autorités nationales. Les institutions communautaires sont désormais investies d'une mission dépassant le cadre économique qui leur était imposé depuis l'origine.

Au-delà de ces activités spécifiques, l'intérêt général a aussi des incidences beaucoup plus profondes sur l'action communautaire. Effectivement, les politiques communautaires semblent désormais animées de préoccupations surpassant ces considérations de services publics. Ainsi, la santé publique, la protection des consommateurs, des salariés, de l'environnement, le développement durable, sont autant de points dont la Commission entend assurer la promotion par ses actions[890]. L'accaparement de tels objectifs par les institutions communautaires et l'élaboration effective de politiques européennes en la matière font le lit d'un intérêt général autonome distinct de ceux des États membres. Il est évident, cependant, que de tels objectifs peuvent également être poursuivis par ces derniers. Néanmoins, le fait qu'ils soient intégrés en tant que tels à l'action communautaire informe clairement sur la présence d'un intérêt général particulier propre à la Communauté. D'ailleurs, une telle approche a été confortée par la jurisprudence qui a reconnu comme recevable l'ensemble des justifications liées, par exemple, à la protection des consommateurs ou encore de l'environnement[891].

---

européen et au Comité des régions du 12 mai 2004, *Livre blanc sur les services d'intérêt général*, COM (2004) 374 final.

[889] Notamment des articles 16 (confiant à la Communauté et aux États membres la tâche de veiller à ce que leurs politiques permettent aux services d'intérêt économique général de remplir leur mission) et 86, §2, du Traité CE (reconnaissant implicitement aux États membres le droit d'imposer des obligations spécifiques de service public aux opérateurs économiques), puis 36 de la Charte des droits fondamentaux de l'Union européenne (selon lequel l'Union reconnaît et respecte l'accès aux services d'intérêt économique général pour promouvoir la cohésion sociale et territoriale de l'Union).

[890] Par exemple, décision 1411/2001/CE du Parlement européen et du Conseil du 27 juin 2001, *concernant un cadre communautaire de coopération favorisant le développement durable en milieu urbain*, JOCE n°L.191, 13 juillet 2001, pp.1 à 5 ; communication de la Commission du 24 janvier 2001, *portant le sixième programme communautaire d'action pour l'environnement*, COM (2001) 31 final ; encore, communication de la Commission du 8 juin 2002, *pour une stratégie pour la politique des consommateurs 2002/2006*, COM (2002) 208 final.

[891] Entre autres, s'agissant de la protection des consommateurs par l'entremise de la santé publique, CJCE, 2 décembre 2004, *Commission des Communautés européennes c/ Royaume des Pays-Bas*, aff. n°C-41/02, Rec., p.I-11375 ; concernant la protection de l'environnement, notamment le transfert de déchets, question faisant l'objet d'un contentieux relativement important, CJCE, 16 décembre 2004, *EU-Wood-Trading GmbH c/ Sonderabfall-Management-Gesellschaft Rheinland-Plalz mbH*, aff. n°277/02, Rec., p.I-11957 ; ou encore en matière de développement durable, CJCE, 30 septembre 2003, *République fédérale d'Allemagne c/ Commission des Communautés européennes*, aff. n°C-301/96, Rec., p.I-9919.

Un tel intérêt général justifiant l'action de la Communauté fait de cette organisation supranationale une particularité. Eu égard au principe de spécialité caractérisant les traités internationaux, les organes en charge de leur mise en oeuvre sont encadrés par la lettre du texte et donc par l'objet qui leur est imparti. Ainsi, s'agissant de l'OMC, son appellation délimite clairement son champ d'action, c'est-à-dire l'organisation du commerce au niveau mondial. Dans cette perspective, les questions environnementales, sécuritaires, sanitaires, entre autres, ne sont abordées que de manière subsidiaire, dans le seul but d'exonérer les mesures nationales restreignant les échanges commerciaux sur de tels motifs. Malgré cette place secondaire, ces considérations ne sont pas négligées. Partant, ne pouvant par elle-même assurer une action directe dans ces domaines essentiels, c'est par référence à des actions entreprises dans le cadre d'autres organisations ou traités internationaux qu'ils sont pris en compte. Ainsi, les questions environnementales, sanitaires, salariales, ou encore concernant le développement économique, par exemple, sont discutées au sein d'enceintes particulières comme, respectivement, la Conférence de Rio et ses suites, l'Organisation mondiale de la santé[892], l'Organisation internationale du travail[893] ou encore l'Organisation de coopération et de développement économique[894]. C'est donc par une coopération entre l'OMC et ces diverses organisations que les sujets transversaux impliquant le commerce et l'un des domaines impliqués pourront être envisagés.

Malgré la spécialisation de chacune de ces instances internationales, l'OMC a récemment engagé une politique dont la problématique implique une conciliation entre un développement économique de l'ensemble de ses membres et le respect de certaines valeurs normalement antinomiques du premier. Ainsi, s'est-elle dotée d'un certain nombre de comités chargés d'analyser l'impact de la libéralisation du commerce sur le développement des États, mais encore, par exemple, sur l'environnement. De la sorte, lors de la signature de l'Acte final du Cycle d'Uruguay et de l'ensemble de ses annexes, ont été institués, entre autres et dans ces deux domaines, un Comité du commerce et du développement (CCD) et un Comité du commerce et de l'environnement (CCE). Ces organes n'ont pas pour fonction d'élaborer de nouvelles règles, mais uniquement d'examiner la cohérence des règles de l'OMC avec celles préexistant dans chacun de ces secteurs et ainsi de formuler certaines recommandations lorsque le besoin s'en fait sentir. Ils pourront également initier certaines négociations entre les parties contractantes sur des points précis[895]. Ces travaux sont généralement laborieux et ne permettent pas de dessiner les contours d'une véritable politique autonome de l'OMC dans chacun de ces domaines. Néanmoins, leur existence et les

---

[892] Par exemple, les travaux réalisés dans le cadre de la Commission FAO/OMS du Codex Alimentarius, de l'Office international des épizooties et de la Convention internationale pour la protection des végétaux de la FAO.

[893] Lors de la Conférence de Singapour, le principe d'un équilibre entre les normes fondamentales du travail internationalement reconnues et les règles de l'OMC a fait l'objet d'un engagement ; voit, OMC, Conférence ministérielle, Singapour, Déclaration ministérielle, adoptée le 13 décembre 1996, WT/MIN(96)/DEC, 18 décembre 1996, point 4.

[894] Il existe aujourd'hui plusieurs milliers de traités bilatéraux ou multilatéraux conclus dans le cadre de l'OCDE et concernant essentiellement la protection des investissements.

[895] Voir les rapports annuels de chacun de ces comités. En ce qui concerne le Comité du commerce et de l'environnement, WT/CTE/1 à 7 et 10 à 12 correspondant aux années 1996 à 2005. S'agissant du Comité du commerce et du développement, WT/COMTD/9(1996), /13(1997), /15(1998), /22(1999), /28(2000), /33(2001), /44(2002), /48(2003), /50(2004), /55(2005).

travaux dont ils ont la charge peuvent laisser présager d'un éventuel élargissement des compétences multilatérales pouvant déboucher sur une politique globale ressortant d'une jonction de l'activité des différentes organisations précitées.

B. Les conditions de légalité des mesures justifiées

Les mesures nationales restrictives, afin d'obtenir une certaine validité, ne doivent en rien constituer des discriminations arbitraires ou injustifiées ou encore des restrictions déguisées au commerce (1). Néanmoins, au-delà de l'absence de tels caractères, les mesures en cause devront témoigner d'une réelle motivation quant à l'intérêt qu'elles entendent défendre et qui contrevient au principe du libre-échange (2).

1. Les notions de discrimination arbitraire ou injustifiée et de restriction déguisée au commerce

Les articles 30 du Traité CE et XX du GATT admettent donc que soient opposées au principe central de libre circulation des marchandises, certaines dérogations ou exceptions dont l'existence justifie le maintien par les autorités nationales de discriminations normalement proscrites. Néanmoins, ces mêmes dispositions excluent une telle faculté lorsque la mesure se prévalant d'une justification constitue une discrimination arbitraire – l'article XX ajoutant le cas d'une discrimination injustifiable – ou une restriction déguisée au commerce. Il est à noter que le caractère injustifiable de la discrimination est également utilisé par la doctrine communautaire afin de qualifier les discriminations susceptibles d'empêcher une éventuelle justification basée sur l'article 30[896]. En cela, les formulations employées par les textes communautaire et multilatéral ne diffèrent pas fondamentalement l'une de l'autre.

Il y a là matière à s'interroger quant à la teneur des qualificatifs « arbitraire » et « injustifiable » et donc de la gradation qu'ils impliquent par rapport à de simples discriminations. Également, l'opposition réalisée dans le texte entre discrimination, qu'elle soit arbitraire ou injustifiable, et restriction déguisée semble également introduire une progressivité dans la limitation du recours aux exceptions textuelles du libre-échange.

Pourtant, tant la Cour de justice que l'Organe d'appel, dans leur ordre respectif, ne différencient pas vraiment la discrimination arbitraire de la simple discrimination. Le recours à la notion de restriction déguisée, suffisamment large pour recouvrir celle de discrimination arbitraire, leur donne une opportunité de se soustraire à de telles difficultés de qualification. Ainsi, dans l'affaire *États-Unis – Essence*, l'Organe d'appel se livre à une étude comparative des différentes notions en présence. S'interrogeant sur la possible divergence quant à leur champ d'application[897], l'Organe d'appel explique cependant que *les expressions « discrimination arbitraire », « discrimination injustifiable » et « restriction déguisée » au commerce international peuvent donc se*

[896] J.-C. MASCLET, *Libre circulation des marchandises – Interdiction des mesures d'effet équivalent à des restrictions quantitatives – Exceptions – Harmonisation des législations*, Fasc.551, Juris-Classeur Europe, novembre 1997, p.7, n°32.
[897] Rapport précité, p.27.

lire parallèlement ; chacune influe sur le sens des autres. Il est clair […] que la « restriction déguisée » comprend la discrimination déguisée dans le commerce international. Il est également clair qu'une restriction ou une discrimination cachée ou non annoncée dans le commerce international n'épuise pas le sens de l'expression « restriction déguisée ». [L'Organe d'appel estime donc] que la « restriction déguisée », quels que soient les autres éléments qu'elle comprend, peut être interprétée correctement comme englobant les restrictions qui équivalent à une discrimination arbitraire ou injustifiable dans le commerce international et prennent l'apparence d'une mesure répondant dans sa forme aux conditions prescrites dans l'une des exceptions énumérées à l'article XX. Autrement dit, les types de considérations pertinentes pour se prononcer sur la question de savoir si l'application d'une mesure particulière équivaut à une « discrimination arbitraire ou injustifiable » peuvent aussi être prises en compte pour déterminer la présence d'une « restriction déguisée » au commerce international. L'élément fondamental se trouve dans le but et l'objet, qui sont d'éviter l'abus ou l'utilisation illégitime des exceptions aux règles de fond prévues à l'article XX[898].

En analysant de manière unique les notions ressortant des dispositions introductives de l'article XX du GATT, l'Organe d'appel s'assure ainsi d'une économie de travail interprétatif conséquente. Effectivement, la juridiction multilatérale s'attache davantage à rechercher la finalité de la mesure en cause plutôt que de s'évertuer à analyser d'éventuels critères permettant de différencier les discriminations arbitraires et injustifiables, et les restrictions déguisées.

Au niveau communautaire, la Cour de justice a tenté de réaliser une distinction entre la discrimination arbitraire et la discrimination simple. D'une manière comparable à la position entretenue par les juridictions multilatérales, elle a abordé la notion de discrimination comme étant l'application de règles différentes à des situations comparables. La Cour de justice admet également comme constituant une discrimination, le fait d'appliquer une même règle à des situations différentes[899]. Confrontée à la notion de discrimination arbitraire, la Cour de justice ne semble pas prendre une position dissidente qui aurait démontré de sa part un certain intérêt quant à l'ajout de l'adjectif « arbitraire ». Ainsi, la Cour a envisagé, comme pouvant être arbitrairement discriminatoire, une mesure nationale soumettant les produits importés d'un autre État membre à un contrôle phytosanitaire alors que les produits nationaux similaires n'y sont pas astreints[900]. Par une simple lecture de cette définition, la formule employée qui ne diffère pas réellement d'un cas d'espèce à l'autre, si ce n'est à des fins d'adaptation[901], ne témoigne en rien d'une éventuelle distinction venant attester d'une gradation dans l'échelle des discriminations dont le caractère d'arbitraire en constituerait le paroxysme. Dans une approche comparable à celle entretenue par l'Organe d'appel, la Cour de justice semble faire abstraction d'une éventuelle distinction des types de discrimination, afin de concentrer son analyse sur la recherche

---

898 *Ibidem*, p.28. Les termes soulignés sont, dans le texte du rapport, en italique.

899 CJCE, 11 août 1995, *G. H. E. J. Wielockx c/ Inspecteur der directe belastingen*, aff. n°C-80/94, Rec., p.I-2493, pt.17.

900 CJCE, 8 juillet 1975, *Rewe-Zentralfinanz GmbH c/ Landwirtschaftskammer*, aff. n°4/75, Rec., p.843, pt.8.

901 Par exemple, s'agissant d'une mesure discriminatoire justifiée pour une raison de moralité publique, CJCE, 11 mars 1986, *Conegate Limited c/ HM Customs & Excise*, aff. n°121/85, Rec., p.1007, pt.16.

d'effets restrictifs déguisés. Ainsi, elle va s'évertuer à déceler l'existence d'un mobile protectionniste[902] ayant animé l'élaboration de la mesure nationale incriminée.

Ainsi, lorsqu'une mesure nationale laisse transparaître un motif protectionniste alors qu'elle se prétend justifiée, par exemple, par une raison de protection de la santé animale[903], ou encore lorsqu'elle laisse craindre d'une application arbitraire[904], la juridiction communautaire n'aura d'autre solution que de rejeter la dérogation alors soulevée. Une telle conclusion ne pourra découler que d'une analyse des réelles motivations de la mesure en cause.

2. La recherche des réelles motivations d'une mesure se targuant d'une exception, une question de proportionnalité

Dans la recherche des effets d'une mesure nationale affectant les échanges, l'abus constitue la seule condition pouvant expliquer le rejet d'une justification découlant de l'article XX du GATT. Selon l'Organe d'appel, *laisser un Membre utiliser de façon abusive ou impropre son droit d'invoquer une exception reviendrait en réalité à lui permettre d'amoindrir ses propres obligations conventionnelles et de dévaloriser les droits conventionnels des autres Membres*[905].
La détermination du caractère abusif d'une mesure devra donc être la seule préoccupation du panel en charge d'une affaire impliquant l'application d'une exception de l'article XX. Sans l'exprimer directement, l'Organe d'appel envisage une telle analyse par le biais du principe de proportionnalité. Ainsi, il soulève le fait qu'*un équilibre doit être établi entre le droit qu'a un Membre d'invoquer une exception prévue à l'article XX et le devoir qu'a ce Membre de respecter les droits conventionnels des autres Membres*[906].
La démonstration de l'abus nécessite donc la réalisation d'une balance entre les droits et obligations des Membres impliqués. Il va donc s'agir, pour l'organe en charge du règlement du différend en question, de vérifier si la mesure incriminée a effectivement pour objet la poursuite d'une finalité de protection de certaines valeurs telles qu'elles découlent de l'article XX. Il devra aussi contrôler si cette mesure, dans ses prescriptions, n'est pas exagérée par rapport à l'objectif recherché. Cette analyse suppose donc la mise en exergue d'une proportionnalité entre la restriction imposée et la sauvegarde d'un intérêt supérieur. L'organe de règlement des différends, chargé d'analyser une telle question, va rechercher si la mesure en cause est « nécessaire », par exemple, à la protection de la santé publique au sens de l'article XX, b)[907]. L'abus apparaît donc lorsqu'une telle corrélation ne peut être établie.

---

[902] J.-C. MASCLET, *op. cit.*, p.7, n°31.
[903] CJCE, 15 juillet 1982, *Commission des Communautés européennes c/ Royaume-Uni de Grande-Bretagne et d'Irlande du Nord*, aff. n°40/82, Rec., p.2793, pt.36.
[904] CJCE, 13 décembre 1991, *Régie des télégraphes et des téléphones (RTT) c/ GB-Inno-BM SA*, aff. n°C-18/88, Rec., p.I-5941, pt.35.
[905] Organe d'appel, *États-Unis – Prohibition à l'importation de certaines crevettes et de certains produits à base de crevettes*, rapport adopté le 12 octobre 1998, WT/DS58/AB/R, p.65, §156.
[906] *Ibidem*. Les termes soulignés sont, dans le texte du rapport, en italique.
[907] Organe d'appel, *Communautés européennes – Mesures affectant l'amiante et les produits en contenant*, rapport adopté le 12 mars 2001, WT/DS135/AB/R, §164. Ainsi, l'Organe d'appel, rappelant la position du Groupe spécial dans la même affaire, précise qu'*au regard des objectifs de santé publique de la France présentés par les Communautés européennes, le Groupe spécial conclut que la CE a apporté un*

À cet égard, la jurisprudence multilatérale a établi des conditions de recevabilité distinctes selon le critère envisagé. Ainsi, s'agissant des justifications tirées des points a), b), d) et j)[908], elle exige un rapport de nécessité entre la mesure en cause et l'objectif poursuivi. Dans ces cas, devra être démontré le fait que la disposition vise réellement le but recherché et qu'elle est nécessaire pour atteindre cet objectif. Alors que l'existence d'un risque pour la valeur protégée permettra d'établir la première condition, la nécessité ressortira le plus souvent du fait qu'il n'existe pas d'autres mesures compatibles, ou moins incompatibles, avec le GATT pouvant raisonnablement être employées pour atteindre cet objectif[909].
En revanche, s'agissant des points g), c) et e)[910] de l'article XX du GATT, leur interprétation semble corroborer l'exigence d'un rapport étroit entre la mesure et l'objectif visé. D'ailleurs, concernant le premier de ces points, la jurisprudence envisage ce rapport comme visant une « relation étroite et réelle »[911]. Les deux autres points n'ont pas fait l'objet d'une jurisprudence à ce jour. Pourtant, du fait que ces justifications sont introduites par des termes identiques à ceux du point g), à savoir « se rapportant à », l'analogie semble dès lors de mise.
Enfin, les points f), h) et i) qui n'ont pas fait de réels développements de la part de la jurisprudence sont néanmoins à rapprocher des précédents tout en bénéficiant d'aménagements spécifiques.

Ainsi, l'examen de la présence d'éventuelles justifications puis de l'absence de leur application abusive relève d'une analyse de leur adéquation avec l'objectif exceptionnel dont le Membre se targue de poursuivre la réalisation. La notion d'abus tout comme celle de nécessité ne sont pas sans rappeler l'existence d'une position médiane par laquelle les autorités nationales pourraient satisfaire les obligations qui sont les leurs en vertu des dispositions du GATT tout en atteignant le niveau de protection – de l'un des intérêts décrits à l'article XX – recherché.

---

commencement de preuve qu'il n'existait pas d'alternative raisonnablement disponible à l'interdiction du chrysotile et des produits en chrysotile-ciment et au recours aux produits de substitution. Le Canada n'a pas renversé la « présomption » établie par les CE. Nous estimons en outre que la position des CE est par ailleurs confirmée par les commentaires des experts consultés au cours de cette procédure.

908 Il s'agit de la protection de la moralité publique (point a), de la protection de la santé et de la vie des personnes et des animaux et de la protection des végétaux (b), des mesures visant à assurer le respect des lois et règlements qui ne sont pas incompatibles avec les dispositions du GATT (d) et des mesures visant à l'acquisition ou à la répartition des produits pour lesquels se fait sentir une pénurie générale (j).

909 Cette approche ressort notamment de l'analyse jurisprudentielle des points b) (entre autres, Organe d'appel, *CE – Mesures affectant l'amiante et les produits en contenant*, WT/DS135/AB/R, rapport adopté le 12 mars 2001, §§170 et ss) et d) (Organe d'appel, *Corée – Mesures affectant les importations de viande de bœuf fraîche, réfrigérée et congelée*, WT/DS161/AB/R et WT/DS169/AB/R, rapport adopté le 11 décembre 2000, §157). Les points a) concernant la moralité publique et j) sur la question des pénuries générales n'ont jamais été invoqués jusqu'à maintenant, mais il semble que les conditions dégagées dans le cadre des deux autres points puissent s'appliquer en la matière.

La condition de nécessité est néanmoins appliquée de manière variable selon le critère justificatif invoqué. Alors que la jurisprudence multilatérale abordait la notion de « nécessité » de manière stricte s'agissant des points b) et d), elle semble s'être assouplie à l'égard du second envisageant dès lors ce concept comme s'étirant au grès des cas d'espèce qui lui sont soumis ; ainsi, « nécessité » se situerait entre « indispensable » et « favoriser » (voir, Organe d'appel, *Corée – Viande de bœuf, op. cit.*, §161). Il s'agit là d'une application claire du principe de proportionnalité.

910 Il s'agit des mesures nationales concernant la conservation des ressources naturelles épuisables (g), l'importation ou l'exportation d'argent (c) et les articles fabriqués dans les prisons (e).

911 Organe d'appel, *États-Unis – Prohibition à l'importation de certaines crevettes et de certains produits à base de crevettes*, WT/DS58/AB/R, rapport adopté le 12 octobre 1998, §137.

Le juge communautaire va également analyser la mesure en cause au regard de l'objectif poursuivi. À cet égard, il vérifiera si la disposition nationale dont il a en charge l'examen est en adéquation avec cet objectif. Ainsi devra-t-elle avoir été effectivement élaborée afin de sauvegarder l'un des intérêts essentiels énoncés par l'article 30 du Traité CE. Il est tout de même assez rare qu'une mesure prétendument motivée par des raisons de sauvegarde ou de recherche de l'une des valeurs décrites par le Traité soit réellement sans rapport avec cette dernière. Pour cela, le juge communautaire va approfondir sa réflexion pour envisager la disposition contestée en fonction de son appropriation. De ce fait, au-delà de ce seul lien néanmoins indispensable, la portée de la mesure doit être appropriée à l'objectif dont elle poursuit la réalisation. Une telle appréciation va être le fait d'un examen de proportionnalité. Généralement, cet examen consiste à démontrer la nécessité de la mesure, mais également à rechercher s'il n'existe pas de procédés moins contraignants par lequel l'objectif pourrait tout aussi être atteint.

S'agissant de la nécessité, la mesure en cause doit être techniquement adéquate et raisonnablement adaptée à l'intérêt à protéger[912]. Une telle nécessité est flagrante lorsqu'il s'agit de dispositions nationales destinées à assurer la protection de la santé publique. Ainsi, la plupart des arguments avancés par les autorités nationales sont systématiquement rejetés par la Cour de justice dès lors qu'ils s'appuient sur des éléments généralement considérés comme neutres dans d'autres circonstances. Dans cette perspective, la Cour a pu juger dans l'affaire *Loi de pureté de la bière* que la mesure allemande interdisant l'usage de certains additifs dans cet alcool ne pouvait être justifiée par une nécessité de protection de la santé publique dans la mesure où ces éléments étaient licitement utilisés sur le marché local dans la fabrication des boissons non alcoolisées[913]. De même, l'interdiction de commercialisation des alcools de moins de 22°, avancée comme étant nécessaire à la protection de la santé publique, est déclarée incompatible avec les dispositions du Traité. Effectivement, dans la mesure où les alcools d'un degré alcoolique supérieur ne sont pas interdits, il est difficile de justifier une volonté de protéger la santé publique du fait que ces derniers sont assurément plus nocifs pour la santé que ceux faisant l'objet de l'interdiction[914]. D'ailleurs, le critère de nécessité est clairement rappelé par la Cour dès que la possibilité lui en est donnée ; ainsi, en matière d'appellation d'origine, une mesure restrictive ne saurait déroger aux articles 28 et 29 CE que *pour autant que ces dérogations s'avéraient nécessaires pour assurer [la réalisation des objectifs poursuivis]*[915].

Le second critère par lequel la Cour de justice pourra estimer la proportionnalité de la mesure incriminée découle de l'application de la théorie de l'entrave minimale, approche qui n'est d'ailleurs pas inconnue du droit multilatéral[916]. Il s'agit, en effet,

---

[912] Répertoire Dalloz Droit communautaire, *Restrictions quantitatives et mesures d'effet équivalent*, 15 avril 1992, p.11, n°66.

[913] CJCE, 12 mars 1987, *Commission des Communautés européennes c/ République fédérale d'Allemagne*, aff. n°178/84, Rec., p.1227, pt.44.

[914] Affaire *Cassis de Dijon*, CJCE, 20 février 1979, *Rewe Zentral c/ Bundesmonopolverwaltung für Branntwein*, aff. n°120/78, Rec., p.649, pts.14 et ss.

[915] Encore, CJCE, 20 février 1976, *Commission des Communautés européennes c/ République fédérale d'Allemagne*, aff. n°12/74, Rec., p.181, pt.17.

[916] Voir *supra*.

pour les autorités d'un État membre désirant sauvegarder l'un des intérêts visés à l'article 30, d'élaborer la mesure qui entrave le moins la libre circulation des marchandises au sein du marché intérieur. Cette approche, très tôt avancée au niveau normatif par une directive de la Commission de 1969[917], est destinée à imposer aux États membres la recherche, parmi plusieurs alternatives, de celle qui affectera dans une moindre mesure les échanges intracommunautaires. Ainsi, lorsque des autorités nationales, afin d'assurer la protection des consommateurs, envisagent l'interdiction pure et simple de la commercialisation d'un produit alors qu'une simple mention sur l'étiquetage semble satisfaire une telle exigence, le juge communautaire ne peut que constater l'inadéquation de la mesure envisagée à l'objectif poursuivi et ainsi condamner une telle position[918].

Les exceptions aux principes du libre-échange vont affecter la circulation des facteurs économiques entre les États. Néanmoins, les mesures d'exonération prévues par le Traité ne doivent en rien poursuivre un objectif de nature économique[919]. Malgré cette apparente rigidité, il est des cas pour lesquels des motifs économiques peuvent motiver une dérogation générale. Hormis le cas des réglementations nationales des prix pour lesquelles la Cour a reconnu une compétence étatique exclusive sans devoir répondre à un quelconque objectif d'intérêt général[920], la justification d'objectifs de nature économique semble admise, de manière limitée, dans certains cas.

Si les conditions communautaires de recours aux dérogations de l'article 30 du Traité CE sont clairement définies et gravitent autour du principe de proportionnalité, les modalités d'application des exceptions prévues par l'article XX du GATT participent de la même approche. En effet, la recherche, par le « juge multilatéral », d'un éventuel abus dans l'application d'une mesure nationale fondée sur une exception décrite par l'article XX va procéder d'un même examen de proportionnalité. D'ailleurs, celui-ci sera également envisagé de manière indépendante pour chacun des critères justificatifs édictés par l'article XX.

En tout état de cause, panel et Organe d'appel, comme le fait d'ailleurs la Cour de justice dans un cadre purement communautaire, vont s'atteler à vérifier la présence d'un dessein protectionniste comme moteur de l'intervention des autorités d'un Membre. Ainsi, outrepassant la seule apparence des mesures nationales en cause, telle

---

917 Directive n°70/50/CEE de la Commission du 22 décembre 1969, *fondée sur les dispositions de l'article 33 paragraphe 7, portant suppression des mesures d'effet équivalant à des restrictions quantitatives à l'importation non visées par d'autres dispositions prises en vertu du Traité CEE*, JOCE n°L.13, 19 janvier 1970, pp.29 à 31.

918 CJCE, 10 novembre 1982, *Walter Rau Lebensmittelwerke c/ De Smedt PVBA*, aff. n°261/81, Rec., p.3961, pt.12. En matière multilatérale, ont été considérées comme alternatives à une interdiction totale d'importation des mesures de contrôle relatives à l'utilisation de marchandises dangereuses (Groupe spécial, *Thaïlande – Restrictions à l'importation et taxes intérieures touchant les cigarettes*, rapport adopté le 7 novembre 1990, DS10/R, IBDD S37/214, §79), régissant l'étiquetage des produits (Groupe spécial, *Thaïlande – Cigarettes*, précité, §§77 et ss) ou encore impliquant une publicité quant à leur composition (même rapport, §77).

919 En matière de marchandises, voir, CJCE, 9 juin 1982, *Commission des Communautés européennes c/ République italienne*, aff. n°95/81, Rec., p.2187, pt.27 ; 7 février 1984, *Duphar BV et autres c/ État néerlandais*, aff. n°238/82, Rec., p.523, pt.23 ; 26 avril 1988, *Bond van Adverteerders et autres c/ État néerlandais*, aff. n°352/85, Rec., p.2085, pt.34.

920 Par exemple, CJCE, 29 janvier 1985, *Henri Cullet et Chambre syndicale des réparateurs automobiles et détaillants de produits pétroliers c/ Centre Leclerc à Toulouse et Centre Leclerc à Saint-Orens-de-Gameville*, aff. n°231/83, Rec., p.305, pt.33. Voir les développements consacrés aux exceptions prétoriennes.

que commentée par leur libellé, les juridictions tant communautaires que multilatérales vont procéder à l'examen de la finalité intrinsèque de la mesure en cause.

De manière invariable selon l'ordre juridique concerné, il appartiendra aux autorités nationales à l'origine de la mesure restrictive prétendument justifiée d'apporter la preuve du bien-fondé de cette disposition. En effet, selon la Cour de justice, *il doit toujours incomber à l'autorité nationale qui invoque l'article [30] du Traité CE [36 au moment du présent arrêt], de démontrer que les mesures qu'elle impose satisfont à ces critères*[921].

Et l'Organe d'appel de l'ORD d'ajouter qu'*il incombe à la partie qui invoque l'exception de démontrer qu'une mesure provisoirement justifiée du fait qu'elle entre dans le cadre de l'une des exceptions énoncées dans les différents paragraphes de l'article XX ne constitue pas, dans son application, un abus de cette exception au regard du texte introductif*[922].

Ainsi, le pays qui entend interdire la commercialisation d'un produit sous prétexte qu'il présente un risque pour la santé, devra démontrer que la mesure satisfait aux critères d'application des exceptions, selon le cas, de l'article 30 du Traité CE ou XX du GATT. Autrement dit, il devra être prouvé qu'elle constitue un moyen adéquat et non excessif d'atteindre l'objectif de protection recherché[923].

III.- Cas d'exclusion des principes de libre-échange au regard des différentes libertés de circulation

Le secteur des marchandises constitue l'une des composantes les plus prépondérantes du commerce tant européen que mondial. L'élaboration d'exceptions ou de dérogations contrariant les principes libre-échangistes a donc trouvé un terrain fertile en la matière. Dans cette optique, les différents secteurs couverts par le droit communautaire et, dans une moindre mesure, par le droit multilatéral reprennent la plupart des justifications énoncées par les dispositions déjà décrites dans les développements précédents (A). La spécificité de chacune des matières concernées implique néanmoins l'existence d'intérêts propres (B).

---

[921] CJCE, 8 novembre 1979, *Firma Denkavit Futtermittel GmbH c/ le Ministre de l'alimentation, de l'agriculture et des forêts du Land de Rhénanie-du-Nord-Westphalie*, aff. n°251/78, Rec., p.3369, pt.24 ; pour une formule proche, voir, CJCE, 19 juin 2003, *Commission des Communautés européennes c/ République italienne*, aff. n°C-420/01, Rec., p.I-6445, pt.30.

[922] Organe d'appel, *États-Unis – Normes concernant l'essence nouvelle et ancienne formules*, rapport adopté le 29 avril 1996, WT/DS2/AB/R , p.25 ; Groupe spécial, *Turquie – Restriction à l'importation de produits textiles et de vêtements*, rapport adopté le 19 novembre 1999, WT/DS34/R, §9.57 ; *États-Unis – Mesures visant la fourniture transfrontalière de services de jeux et paris*, rapport adopté le 10 novembre 2004, WT/DS285/R, p.162, §6.13 ; dans le cadre du GATT de 1947, Groupe spécial, *Canada – Restrictions à l'importation de crème et de yoghourt*, rapport adopté le 5 décembre 1989, L/6568, IBDD S36/71, §59.

[923] En matière communautaire : CJCE, 14 juillet 1983, *Procédure pénale c/ Sandoz BV*, aff. n°174/82, Rec., p.2445, pts.18 et 19 ; 30 novembre 1983, *Procédure pénale c/ Leendert van Bennekom*, aff. n°227/82, Rec., p.3883, pt39 ; dans le même sens, 23 septembre 2003, *Commission des Communautés européennes c/ Royaume du Danemark*, aff. n°C-192/01, Rec., p.I-9693, pt.42 ; 5 février 2004, *Commission des Communautés européennes c/ République française*, aff. n°C-24/00, Rec., p.I-1277, pt.49. Au niveau multilatéral, voir notamment, Groupe spécial, *Communautés européennes – Mesures affectant l'amiante et les produits en contenant*, rapport adopté le 18 septembre 2000, WT/DS135/R, §8.178.

A. Teneur des cas d'exclusion

Chacun des objectifs édictés par les articles 30 du Traité CE et XX du GATT constitue une réserve de compétence nationale permettant de justifier des restrictions instituées ou en voie de l'être et appréhendées comme nécessaires pour protéger l'un des intérêts visés. À cet égard, il appartient aux États membres de fixer librement, sauf le respect des conditions de proportionnalité et de réalité de l'objectif poursuivi, le niveau auquel ils entendent assurer la sauvegarde d'intérêts essentiels[924].
Une telle approche, engoncée dans un contexte purement souverainiste en l'absence d'une définition générale élaborée dans un cadre communautaire ou multilatéral, va dépendre de référents nationaux. Les mesures prétendument justifiées devront être analysées au regard d'échelles de valeurs propres à chacun des États opposant une telle exonération[925]. La compétence étatique dans la fixation du niveau adéquat de protection n'est pas exclusive et définitive. En effet, lorsqu'il est prévu par les réglementations communautaires ou multilatérales un degré de protection minimal dans les domaines concernés, celles-ci se substituent selon les cas partiellement ou totalement à celles des Membres. Autrement dit, l'étendue des compétences nationales sera donc fonction des dispositions communautaires et multilatérales existantes.

L'harmonisation des législations nationales contribue en quelque sorte à réduire d'autant le champ des attributions nationales. Les accords de l'OMC prévoient, pour certains d'entre eux, des dispositions invitant les Membres à rapprocher leur système de protection et de sauvegarde des valeurs surpassant les simples intérêts économiques. Généralement, ces textes, sans pour autant fixer eux-mêmes les seuils de protection estimés nécessaires, renvoient à des conventions internationales le soin de procéder à une telle harmonisation tout en y apportant quelques adaptations.

---

[924] Groupe spécial, *Communautés européennes – Mesures affectant l'amiante et les produits en contenant*, *op. cit.*, §8.210 ; *États-Unis – Normes concernant l'essence nouvelle et ancienne formules*, rapport adopté le 29 janvier 1996, WT/DS2/R, §6.22.

[925] Par exemple, en matière de moralité publique, CJCE, 14 décembre 1979, *Henn et Darby*, aff. n°34/79, Rec., p.3795, spéc. pt.15. Il est clair qu'au niveau international, une conception unique de moralité publique est difficile à mettre en place. Le terrain de la moralité publique est néanmoins propice à l'exercice d'une conception universelle permettant d'appréhender toute mesure nationale qui aurait pour objet d'empêcher le non-respect des conventions internationales relatives aux questions de l'esclavage, du travail des enfants, des droits de l'homme, du génocide, des discriminations raciales [etc.]. Les organes de règlement des différends de l'ORD ne peuvent se montrer insensibles à de telles considérations en vertu de l'exception générale de moralité publique. D'ailleurs, ces organes doivent interpréter les dispositions des accords multilatéraux en vertu de conventions internationales telles que la convention supplémentaire des Nations unies du 7 septembre 1956 relative à l'abolition de l'esclavage, de la traite des esclaves et des institutions et pratiques analogues à l'esclavage, ou encore, la Convention de New York du 21 mars 1950 pour la répression et l'abolition de la traite des êtres humains et de l'exploitation de la prostitution d'autrui, la Convention des Nations unies du 10 décembre 1984 contre la torture et autres peines ou traitements cruels, inhumains ou dégradants, la Convention des Nations unies du 20 décembre 1988 contre le trafic illicite de stupéfiants et de substances psychotropes, la Convention internationale du 20 novembre 1973 sur l'élimination et la répression du crime de l'apartheid.

S'agissant de mesures nationales restreignant la libre circulation à l'égard de marchandises susceptibles d'avoir été produites par des formes d'esclavages ou de travaux forcés : TPICE, 12 septembre 2002, *Dupont Teijin Films Luxembourg SA, Mitsubishi Polyester Film GmbH et Toray Plastics Europe SA c/ Commission des Communautés européennes*, aff. n°T-113/00, Rec., p.II-3681, pt.83 ; voir, également, les conclusions de l'Avocat général Jacobs du 14 juin 2001 dans l'arrêt de la CJCE du 9 octobre 2001, *Royaume des Pays-Bas c/ Conseil de l'Union européenne*, aff. n°C-377/98, Rec., p.I-7079, pt.99.

Ainsi, l'Accord ADPIC fait-il référence à de nombreuses conventions régissant sur le plan international la question des droits de propriété intellectuelle. De la sorte, le texte de l'Accord renvoie, par exemple, à la Convention de Paris de 1967 concernant les marques de fabrique ou de commerce, à la Convention de Berne de 1971 s'agissant des droits d'auteur et droits connexes. L'Organisation mondiale de la propriété intellectuelle (OMPI), sous l'égide de laquelle est placé l'ensemble de ces conventions, vise à encourager la conclusion de nouveaux traités internationaux et donc l'harmonisation des législations en la matière. Dans un autre domaine également couvert par les exceptions de l'article XX du GATT, diverses organisations internationales se voient de la même manière reconnaître une telle mission d'harmonisation. Effectivement, la question importante de la protection de la santé humaine est abordée au niveau international amplement, sous diverses perspectives. Dans le cas spécifique de la circulation des denrées alimentaires, l'harmonisation du niveau de protection de la santé est assurée dans le cadre du Codex alimentarius. La Convention dite du Codex constitue l'organe exécutif du programme FAO-OMS destiné à assurer un rapprochement des législations nationales régissant la sécurité alimentaire[926].

Au niveau communautaire, la politique d'harmonisation constitue également l'un des rouages essentiels de la construction de l'ordre juridique européen. Dans le cadre de l'article 94 CE, de nombreuses directives ont été élaborées afin d'assurer un niveau de protection suffisant notamment dans les secteurs relatifs à la santé publique. C'est effectivement dans un contexte d'harmonisation que sont organisés d'éventuels contrôles tout comme d'ailleurs les mesures de protection. Les directives alors élaborées imposent des exigences auxquelles les États membres ne peuvent déroger. En vertu de cette affirmation, les règles nationales doivent être adoptées en conformité avec ces textes communautaires. La Cour de justice ne se montre d'ailleurs en rien avare de le rappeler ; par exemple, en matière de contrôle vétérinaire de produits issus d'animaux destinés à la consommation humaine[927] ou encore en matière d'éléments dangereux composants de produits chimiques[928], la Cour exige le respect par les dispositions nationales des prescriptions communautaires régissant ces questions.

Certaines considérations, de par l'importance des valeurs dont elles entendent assurer le respect, ne peuvent être ignorées des ordres juridiques communautaire et multilatéral. À cet égard, les articles 30 du Traité CE et XX du GATT soulèvent un certain nombre de points, certes limités à la seule libéralisation des échanges de marchandises[929], dont l'importance implique leur prise en compte généralisée dans l'ensemble des autres domaines couverts par chacun des droits considérés.

---

[926] L'Organe d'appel, dans l'affaire *Hormones*, y fait largement référence ; voir, *infra*.

[927] Tant à l'exportation (CJCE, 25 janvier 1977, *W. J. G. Bauhuis c/ État néerlandais*, aff. n°46/76, Rec., p.5, pt.19 ; 1er avril 2004, *Bellio F.lli Srl c/ Prefettura di Treviso*, aff. n°C-286/02, Rec., p.I-3465, pt.8) qu'à l'importation (CJCE, 5 juillet 1978, *Hermann Ludwig c/ ville hanséatique libre de Hambourg*, aff. n°138/77, Rec., p.1645, pt.4 ; 22 octobre 2002, *National Farmer's Union c/ Secrétariat général du gouvernement*, aff. n°241/01, Rec., p.I-9079, pt.48 ; 3 juillet 2003, *Joseph Lennox c/ Industria Lavorazione Carni Ovine*, aff. n°C-220/01, Rec., p.I-7091, pt.68).

[928] CJCE, 5 avril 1979, *Ministère public c/ Tullio Ratti*, aff. n°148/78, Rec., p.1629, pts.7 et 36.

[929] En matière communautaire, la question s'est posée de savoir si les justifications soulevées par l'article 30 pouvaient également s'appliquer en matière fiscale (articles 25 et 90 du Traité CE), en matière de monopoles nationaux (article 31), ou encore d'aides d'État (article 87). La Cour a rejeté cette approche considérant que ces exceptions n'étaient opposables qu'aux seules interdictions posées par les articles 28 et 29 du Traité CE :

En effet, le droit communautaire a procédé à la libéralisation des quatre domaines que sont ceux des marchandises, des services, des personnes et des capitaux[930]. C'est donc pour chacune de ces libertés qu'il a prévu des voies par lesquelles pourrait être écartée l'application des règles libérales afin de protéger certains intérêts supérieurs. Dans cette perspective, des dispositions particulières ont été introduites dans chacun des chapitres du Traité de Rome afin d'en tenir compte.
Ainsi, alors que l'article 30 du Traité CE apporte certaines justifications à des mesures nationales d'effet équivalent à des restrictions quantitatives au sens des articles 28 et 29 du même Traité, l'article 31 CE traite de la question des monopoles nationaux. En matière de libre circulation des services, l'article 55 du Traité fait explicitement référence aux articles 45 à 48, lesquels énoncent certaines hypothèses permettant d'écarter le principe de libre établissement. Il est à noter qu'en matière de services, l'article 86 prévoit une particularité à travers la notion de « service d'intérêt économique général ». L'article 39, dans son paragraphe 4, envisage un cas particulier d'exclusion du principe de libre circulation des travailleurs salariés s'agissant de l'accès aux emplois dans l'administration publique. S'agissant du domaine des capitaux, l'article 58 du Traité CE réserve certaines possibilités aux États membres de déroger aux obligations qui sont les leurs en vertu des règles de libre circulation.
Comme précédemment décrit, le droit communautaire pénètre de plus en plus profondément les systèmes juridiques des États membres. Si ce n'est par l'entremise de dispositions directement applicables se substituant dès lors aux droits nationaux, cette intervention se réalise le plus souvent par le biais d'une politique d'harmonisation. Ainsi, les intérêts primordiaux énoncés par les textes primaires, dont la sauvegarde peut se trouver altérer par une application stricte des principes libre-échangistes, ne pouvaient être abandonnés à la seule interprétation des législateurs nationaux. Une telle opportunité aurait, selon les conceptions nationales, rendu par trop variable la teneur de ces notions accordant par là même une brèche à l'accueil de justifications aussi hétéroclites que nombreuses. Afin d'enrayer une telle opportunité offerte aux États membres, une coordination s'est avérée nécessaire et c'est entre autres la directive 64/221/CEE du Conseil[931] qui a constitué l'instrument de base de cette politique. Ce texte a eu pour objet de définir les différentes notions d'ordre public, de sécurité publique et de santé publique, mais c'est cette dernière qui a fait l'objet d'un intérêt plus particulier. Elle a ainsi énoncé une liste de maladies ou infirmités pouvant justifier

---

CJCE, 10 décembre 1968, *Commission des Communautés européennes c/ République italienne*, aff. n°7/68, Rec., p.617, spéc. p.628.

Au niveau multilatéral, en revanche, les exceptions de l'article XX du GATT, dites « exceptions générales », sont susceptibles de justifier des entorses à l'ensemble des dispositions du GATT quel que soit leur nature. Ainsi, les dispositions fiscales (article III-2), celles relatives aux subventions (article XVI) [etc.], peuvent se voir opposer de telles exceptions.

[930] Voir, chapitre 2 de la présente partie.

[931] Directive n°64/221/CEE du Conseil du 25 février 1964, *pour la coordination des mesures spéciales aux étrangers en matière de déplacement et de séjour justifiées par des raisons d'ordre public, de sécurité publique et de santé publique*, JOCE n°L.56, 4 avril 1964, pp.850 à 857, étendue aux bénéficiaires du droit de demeurer, par la directive n°75/35/CEE du Conseil du 17 décembre 1974, *étendant le champ d'application de la directive n°64/221/CEE pour la coordination des mesures spéciales aux étrangers en matière de déplacement et de séjour justifiées par des raisons d'ordre public, de sécurité publique et de santé publique, aux ressortissants d'un État membre qui exercent le droit de demeurer sur le territoire d'un autre État membre après y avoir exercé une activité non salariée*, JOCE n°L.14, 20 janvier 1975, p.14.

une restriction à la libre circulation des personnes[932]. La rédaction de nouvelles directives communautaires, venant affiner les conditions justificatives préalablement énoncées par le Traité CE, vient réduire d'autant la marge de manœuvre étatique quant au recours à de tels critères.

Au niveau des accords de l'OMC, les exceptions sont certes spécifiques à chacun des domaines libéralisés si ce n'est que ceux-ci sont encore réduits aux seules questions des marchandises et des services. Les balbutiements d'une libéralisation du domaine des capitaux, par le truchement de l'Accord MIC, renvoient aux exceptions prévues dans le GATT de 1994, selon qu'il sera approprié[933]. Le renvoi ainsi opéré au GATT n'est pas sans rappeler l'inexistence d'une approche autonome du domaine des capitaux en matière multilatérale, mais seulement comme étant un accessoire de la politique de libéralisation des échanges de marchandises. La particularité des exceptions multilatérales ressort également de leur interprétation normative. Alors que le droit communautaire prévoit une telle explicitation par le biais du droit dérivé voire du préteur, les accords de l'OMC contiennent en leur sein certains textes assurant une telle fonction. C'est donc dans cette optique que certains des éléments justificatifs de l'article XX du GATT sont développés dans le cadre des Accords sur l'application des mesures sanitaires et phytosanitaires (Accord SPS), sur les Obstacles techniques au commerce (Accord OTC), sur les aspects des droits de propriété intellectuelle qui touchent au commerce (Accord ADPIC) [etc.].

B. Typologie des cas d'exclusion

Parallèlement à des justifications qui sont spécifiques à chacun des domaines concernés (2), certaines leur sont communes (1).

1. Justifications communes aux systèmes communautaire et multilatéral

De manière rétrospective, les principales justifications venant légitimer des restrictions aux principes libre-échangistes découlent d'intérêts fondamentaux étroitement liés à la cohésion de la société nationale[934]. Pour cette raison, les intérêts ainsi soulevés sont le plus souvent associés à l'adjectif « public ». Ainsi, « moralité publique », « ordre public », « santé publique » ou encore « sécurité publique » constituent, implicitement ou explicitement, de tels objectifs permettant d'écarter l'application des règles libérales. Les justifications fondées sur des considérations de santé publique sont parfois abordées sous l'angle de la protection de la santé et de la vie des personnes et des animaux à laquelle est associée la préservation des végétaux.

Ainsi, les points a) des articles XX du GATT et XIV de l'Accord général sur le commerce des services (AGCS ou GATS), prévoient-ils comme exceptions

---

[932] La Cour de justice a, quant à elle, précisé le contenu de cette notion, et ce, à propos du cabinet secondaire d'un médecin ; voir, CJCE, 30 avril 1986, *Commission des Communautés européennes c/ République française*, aff. n°96/85, Rec., p.1475, pt.12 ; 10 juin 1992, *Commission des Communautés européennes c/ Grand-Duché de Luxembourg*, aff. n°C-351/90, Rec., p.I-3945, pt.22.

[933] Article 3 de l'Accord MIC.

[934] D'ailleurs, la Cour de justice n'hésite pas à reprendre cette formule d'intérêt fondamental de la société : entre autres, CJCE, 14 mars 2000, *Église de scientologie*, *op. cit.*, pt.17 ; 14 octobre 2004, *Omega Spielhallen*, *op. cit.*, pt.30.

générales les mesures nationales restreignant les échanges, mais nécessaires à la protection de la moralité publique. Cette notion est également envisagée dans le cadre du Traité CE. Les articles 30, pour les marchandises, 39, §3, en ce qui concerne la libre circulation des travailleurs salariés, 46, §1, pour le droit d'établissement, 55, pour les services, placent cette justification au premier rang de leur énoncé[935].

La question de la santé publique bénéficie également d'une telle protection transversale au niveau des textes multilatéraux. Néanmoins, elle y est appréhendée, comme par l'article 30 CE, à travers la protection de la santé et de la vie des personnes et des animaux et de la préservation des végétaux. Ce dernier élément à finalité environnementale, relevant des points b) des articles XX du GATT et XIV de l'AGCS, doit être associé, au niveau du GATT, au point g) de l'article XX, lequel mentionne les exceptions liées *à la conservation des ressources naturelles épuisables, conjointement avec des restrictions à la production ou à la consommation nationale*[936]. Cette dernière catégorie est d'ailleurs largement développée dans le cadre d'un accord annexé au GATT qui n'est autre que l'Accord SPS. Au niveau communautaire, seul le domaine de la libre circulation des capitaux et des moyens de paiement ignore ce critère, ce qui s'entend par l'objet particulier du secteur concerné.

L'ensemble des textes communautaires régissant les « quatre libertés », ainsi que l'article XIV de l'AGCS dans son point a), soulève comme élément commun d'exonération l'ordre public[937]. L'article XX du GATT ne mentionne pas directement cette notion, mais s'y réfère néanmoins de manière implicite. Effectivement, les exceptions énoncées par l'article XX peuvent être rapprochées de la notion d'ordre public[938]. De même, les considérations liées à la notion de sécurité publique sont généralement indissociables de celles d'ordre public. Dans cette perspective, la prise en compte de l'une entraîne inévitablement celle de l'autre. À cet égard, les textes du GATT et de l'AGCS prévoient, pour le premier dans son article XXI et pour le second dans son article XVI*bis*, selon leur intitulé même, des « exceptions concernant la sécurité ». L'article XVI*bis* de l'AGCS reprend littéralement les termes de l'article XXI du GATT, avec cependant une particularité dans son paragraphe 2, non présente dans le deuxième texte, imposant aux Membres d'informer le Conseil du commerce des services des mesures prises en la matière[939]. Ces textes qui font référence à la

[935] CJCE, 17 juin 2003, *De Danske Bilimportører c/ Skatteministeriet, Told- og Skattestyrelsen*, aff. n°C-381/01, Rec., p.I-6065, pt.6.

[936] L'ensemble de ces éléments a justifié, au niveau multilatéral, l'élaboration d'une réglementation internationale de l'environnement (sur ce point, T. FLORY, *L'Organisation mondiale du commerce, op. cit.*, p.55) ; voir *infra*, section 2.

[937] CJCE, 14 octobre 2004, *Omega Spielhallen- und Automatenaufstellungs-GmbH c/ Oberbürgermeisterin der Bundesstadt Bonn*, aff. n°C-36/02, Rec., p.I-9609, pt.28.

[938] A. KRIEGER-KRYNICKI, *L'Organisation mondiale du commerce – Structures juridiques et politiques de négociation, op. cit.*, p.34.

[939] Ainsi, l'article XXI du GATT dispose qu'*aucune disposition du présent Accord ne sera interprétée*

a) comme imposant à une partie contractante l'obligation de fournir des renseignements dont la divulgation serait, à son avis, contraire aux intérêts essentiels de sa sécurité ;

b) ou comme empêchant une partie contractante de prendre toutes mesures qu'elle estimera nécessaires à la protection des intérêts essentiels de sa sécurité (i) se rapportant aux matières fissiles ou aux matières qui servent à leur fabrication, ii) se rapportant au trafic d'armes, de munitions et de matériels de guerre et à tout commerce d'autres articles et matériels destinés directement ou indirectement à assurer l'approvisionnement des forces armées, iii) appliquées en temps de guerre ou en cas de grave tension internationale) ;

circulation de biens stratégiques font l'objet au niveau communautaire d'un important dispositif normatif alimenté par le droit dérivé[940].

Il est à noter que les deux ordres juridiques prévoient également certaines dispositions relatives à des cas d'exclusion des principes libre-échangistes autres que ceux ressortant des pouvoirs régaliens étatiques, mais dont l'intérêt mérite l'organisation d'une protection. Les droits de propriété intellectuelle constituent un tel domaine dont la protection est considérée comme nécessaire et est d'ailleurs prévue dans le cadre de l'article 30 du Traité CE, mais aussi de l'article XX, point d), du GATT. Afin d'affirmer l'élaboration d'une politique générale de défense de ces droits, un accord spécifique, l'Accord ADPIC a été élaboré lors de l'Uruguay Round. Ce même point d) régit également la question particulière des monopoles nationaux ; au niveau communautaire, cette dernière considération qui déroge au principe de libre circulation, mais aussi à celui de libre concurrence est régie par l'article 31 du Traité CE[941].

Enfin, « la protection des trésors nationaux ayant une valeur artistique, historique ou archéologique », au sens de l'article 30 du Traité CE et littéralement repris par l'article XX, point f), du GATT, est également une exception identiquement admise dans les deux ordres juridiques[942].

Les textes alors énoncés soulèvent des notions justificatives communes aux deux ordres juridiques, mais dont le contenu varie selon le domaine concerné. Il est clair que la spécificité attachée à chaque domaine composant les « quatre libertés » implique une définition fluctuant selon les intérêts en jeu. D'ailleurs, la Cour de justice est explicite en la matière et précise que la notion d'ordre public, par exemple, *peut varier d'un pays à l'autre et d'une époque à l'autre*[943], et d'ajouter qu'il n'est pas

---

c) ou comme empêchant une partie contractante de prendre des mesures en application de ses engagements au titre de la Charte des Nations unies, en vue du maintien de la paix et de la sécurité internationales.

940 Afin d'offrir un certain parallélisme d'approche avec la disposition décrite dans la note de bas de page précédente, un certain nombre de mesures communautaires peuvent être citées. Ainsi, le règlement (CE) n°3381/94 du Conseil du 19 décembre 1994, *instituant un régime communautaire de contrôle des exportations des biens à double usage*, JOCE n°L.367, 31 décembre 1994, pp.1 à 7, modifié par le règlement (CE) n°837/95/CE du Conseil du 10 avril 1995, *modifiant le règlement (CE) n°3381/94 instituant un régime communautaire de contrôle des exportations de biens à double usage*, JOCE n°L.90, 21 avril 1995, p.1, régit la question de la circulation des armes, munitions et matières fissiles. De même, la décision du Conseil n°94/942/PESC du 19 décembre 1994, *relative à l'action commune, adoptée par le Conseil sur la base de l'article J.3 du Traité sur l'Union européenne, concernant le contrôle des exportations de biens à double usage* (JOCE n°L.367, 31 décembre 1994, p.8), donne la liste des marchandises concernées par le règlement précité.

Il est à opposer à ce parallélisme, le caractère davantage politique avancé par l'article XXI du GATT. En effet, le point c) de cette disposition entérine au niveau de l'OMC les décisions politiques qui seraient adoptées au titre de la Charte des Nations unies ce qui le cas des décisions d'embargo émanant du Conseil de sécurité.

941 Pour plus de développements concernant ces deux questions, voir le chapitre 2 de la seconde partie.

942 Au niveau international, la protection de ce type de biens est assurée par diverses conventions signées sous l'égide de l'UNESCO dont celle de Paris sur les moyens d'interdire ou de prévenir l'importation, l'exportation ou le transfert de propriété illicite de biens culturels, du 14 novembre 1970, et celle de Rome dénommée UNIDROIT sur le retour des biens culturels volés ou illicitement exportés, du 24 juin 1995.

943 Par analogie, en matière de libre circulation des personnes, constituant à cet égard l'arrêt de base, CJCE, 12 décembre 1974, *Yvonne van Duyn c/ Home Office*, aff. n°41/74, Rec., p.1337, pt.18. En matière de marchandises, CJCE, 14 octobre 2004, *Omega Spielhallen, op. cit.*, pt.30.

imposé aux États membres *d'échelle uniforme de valeurs*[944]. À cet égard, les autorités nationales disposent d'une latitude certaine dans la fixation d'une telle échelle de valeurs et donc du niveau de protection qu'elles entendent conférer au domaine dans lequel elles désirent intervenir[945]. Néanmoins, ces attributions ne sont pas sans limites notamment en présence de textes assurant l'harmonisation de leur contenu ; l'intervention étatique est conditionnée à l'obligation de n'invoquer une position protectrice qu'en présence d'une menace réelle et suffisamment grave affectant un intérêt fondamental de la société[946]. Il n'en demeure pas moins que les questions couvertes par une éventuelle justification ne sont pas soustraites, en tant que secteur économique, à l'application des principes de libre circulation[947].

La compétence étatique quant à la fixation du niveau de protection dans le cadre de l'OMC est clairement reconnue par l'Organe d'appel[948]. Au demeurant, il semble néanmoins que ce dernier restreigne une telle faculté à la seule limite du nécessaire[949].

Toujours dans un cadre communautaire, l'article 86 du Traité CE soulève, dans son second paragraphe, le fait que *les entreprises chargées de la gestion de services d'intérêt économique général ou présentant le caractère d'un monopole fiscal sont soumises aux règles du présent Traité, notamment aux règles de concurrence, dans les limites où l'application de ces règles ne fait pas échec à l'accomplissement en droit ou en fait de la mission particulière qui leur a été impartie. Le développement des échanges ne doit pas être affecté dans une mesure contraire à l'intérêt de la Communauté.*
L'atténuation des principes libre-échangistes ainsi introduite par la reconnaissance communautaire des « services d'intérêt économique général » permet à un État membre d'accorder des droits spéciaux ou exclusifs à un opérateur économique à qui il a confié la gestion d'un tel service[950]. L'attribution d'une activité ainsi couverte par la notion de service d'intérêt économique général contribue clairement à restreindre la libre concurrence au sein du marché intérieur européen. Afin d'éviter qu'une telle notion ne permette aux États membres d'y voir un foyer propice aux mesures protectionnistes en réservant aux seules entreprises nationales la gestion d'activités ne pouvant être

---

[944] CJCE, 10 mai 1982, *Rezguia Adoui c/ État belge et ville de Liège et Dominique Cornuaille c/ État belge*, aff. jtes n^os^115 et 116/81, Rec., p.1665, pt.8 ; 20 novembre 2001, *Aldona Malgorzata Jany e.a. c/ Staatssecretaris van Justitie*, aff. n°C-268/99, Rec., p.I-8615, pt.60.
[945] En matière de santé publique, voir, CJCE, 18 mai 1989, *The Queen c/ Royal Pharmaceutical Society of Great Britain, ex parte Association of Pharmaceutical Importers et autres*, aff. jtes n^os^266 et 267/87, Rec., p.1295, pt.21 ; 27 juin 1996, *Procédure pénale c/ Jacqueline Brandsma*, aff. n°C-293/94, Rec., p.I-3159, pt.11 ; 17 septembre 1998, *Procédure pénale c/ Jean Harpegnies*, aff. n°C-400/96, Rec., p.I-5121, pt.33 ; 15 juillet 2004, *Nicolas Shreiber*, aff. n°C-443/02, Rec., p.I-7275, pt.43.
[946] En matière d'ordre public, voir, CJCE, 27 octobre 1977, *Régina c/ Pierre Bouchereau*, aff. n°30/77, Rec., p.1999, pt.35 ; 14 mars 2000, *Église de scientologie*, *op. cit.*, pt.17.
[947] Concernant la question de la santé publique, CJCE, 7 mai 1986, *Emir Gül c/ Regierungspräsident Düsseldorf*, aff. n°131/85, Rec., p.1573, pt.17 ; s'agissant du secteur de la sécurité publique, voir, CJCE, 29 octobre 1998, *Commission des Communautés européennes c/ Royaume d'Espagne*, aff. n°C-114/97, Rec., p.I-6717, pt.42 ; 14 mars 2000, *Église de scientologie*, *op. cit.*, pt.17.
[948] Par exemple, Organe d'appel, *Communautés européennes – Hormones*, rapport adopté le 16 janvier 1998, WT/DS26/AB/R et WT/DS48/AB/R, §214.
[949] Organe d'appel, *Communautés européennes – Mesures affectant l'amiante et les produits en contenant*, rapport adopté le 12 mars 2001, WT/DS135/AB/R, §164.
[950] CJCE, 25 octobre 2001, *Firma Ambulanz Glöckner c/ Landkreis Südwestpfalz*, aff. n°C-475/99, Rec., p.I-8089, pt.40.

normalement considérées comme ressortant de cette catégorie, la Cour de justice, dans une approche toujours teintée de méfiance, envisage restrictivement les cas qui lui sont soumis. La prudence ainsi avancée était déjà perceptible s'agissant de définir la notion en cause. La Cour reconnaît néanmoins l'existence d'activités ne pouvant être abandonnées au libre jeu de la concurrence ; dans une telle perspective, elle aborde la question en les qualifiant parfois de « services universels »[951]. Cependant, cette atteinte au libre jeu du marché devrait disparaître notamment par leur harmonisation[952].
Les activités de service public ne sont pas totalement inconnues du droit multilatéral. En appréhendant le commerce comme pouvant impliquer des entreprises d'État, le GATT reconnaît explicitement leur existence. Son article XVII, dans son premier paragraphe[953], aborde d'ailleurs de la même manière qu'en droit communautaire les attributions conférées à ce type d'entités économiques. Susceptibles de distordre la concurrence dans un secteur dont elles contrôlent le commerce par leur position généralement monopolistique, ces entreprises font l'objet, à la charge des États, d'une obligation de notification au Conseil des marchandises de l'OMC. Ceci fait, les entreprises publiques peuvent exercer librement leur activité qui demeure pourtant contraire aux principes libre-échangistes.

2. Justifications spécifiques à chacun des systèmes en présence

a. Justifications propres au droit communautaire

Parallèlement à des considérations dont la portée essentielle implique une approche globale, d'autres éléments doivent être appréhendés d'une manière spécifique à chacun des domaines couverts par les principes libre-échangistes, voire ne concernant, du fait du particularisme même des intérêts mis en cause, que certains d'entre eux.

Ainsi, en matière de libre circulation des personnes, le droit de l'OMC se trouve fort démuni. Dans cette perspective, les États conservent toute latitude dans ce domaine sauf le respect de certains points liés aux prestations internationales de services. En revanche, le Traité de Rome en prévoyant certaines dispositions relatives à la libre circulation des travailleurs salariés et à la liberté d'établissement régit largement cette question. Et comme tout principe souffre généralement d'exceptions, ces dispositions en renferment inévitablement. Les articles 39, §4, relativement au domaine des travailleurs salariés, et 45, §1er, CE, concernant la liberté d'établissement, excluent une telle liberté de circulation dans leur domaine respectif s'agissant des

---

[951] CJCE, 18 juin 1998, *Corsica Ferries France SA c/ Gruppo Antichi Ormeggiatori del porto di Genova Coop. arl, Gruppo Ormeggiatori del Golfo di La Spezia Coop. arl et Ministero dei Trasporti e della Navigazione*, aff. n°C-266/96, Rec., p.I-3949, pts.43 et ss ; 17 mai 2001, *TNT Traco SpA c/ Poste Italiana SpA e.a.*, aff. n°C-340/99, Rec., p.I-4109, pt.22 ; TPICE, 20 mars 2002, *UPS Europe SA c/ Commission des Communautés européennes*, aff. n°T-175/99, Rec., p.II-1915, pt.51.

[952] Voir, à ce sujet, les conclusions de l'avocat général P. Maduro présentées le 14 juillet 2004 à propos de l'affaire de la CJCE, 25 novembre 2004, *KPN Telecom BV c/ Onafhankelijke Post en Telecommunicatie Autoriteit (OPTA)*, aff. n°C-109/03, Rec., p.I-11273, pt.20.

[953] Ainsi, cette disposition tout comme sa note interprétative *Ad* Article XVII, considèrent ce type d'entreprises comme disposant, à défaut de droits, de privilèges exclusifs et spéciaux.

« emplois dans l'administration publique »[954] et des « activités participant [...] à l'exercice de l'autorité publique »[955]. La Cour de justice aborde ces cas, du reste comme la plupart des dérogations objectant l'application des principes de libre circulation dans les autres domaines, de manière restrictive. Les emplois dans l'administration publique sont donc définis comme étant *des activités spécifiques de l'administration publique en tant qu'elle est investie de l'exercice de la puissance publique et de la sauvegarde des intérêts généraux de l'État*[956].
Une telle définition, qui a été rappelée et affinée à diverses reprises[957], implique le rejet des demandes adressées par des ressortissants d'autres États membres à l'égard d'emplois visant l'accès dans des secteurs régaliens, tels que la diplomatie, l'administration judiciaire, l'armée, la police et les finances nationales ainsi que ceux de même nature susceptibles d'être exercés à un niveau local.
S'agissant des restrictions adressées à la liberté d'établissement, la notion d'« activités participant à l'exercice de l'autorité publique » est également envisagée de manière restrictive. En effet, étroitement associée à la notion d'« emploi dans l'administration », cette dernière implique indubitablement l'exercice de l'autorité publique. D'ailleurs, c'est par référence à cette liaison que la Cour de justice a estimé comme ne relevant pas de l'exercice du pouvoir judiciaire, l'activité des avocats[958].
Au niveau multilatéral, l'article XX du GATT, dans son point e), soulève comme exceptions les mesures *se rapportant aux articles fabriqués dans les prisons*. Loin d'être une disposition à partir de laquelle peut être établie une politique sociale puisqu'elle vise essentiellement à lutter contre le travail forcé, ce texte – n'ayant jamais été invoquée devant les juridictions multilatérales – est la seule disposition du GATT expressément fondée sur les méthodes ou les lieux de production. Elle peut ainsi servir de base à des négociations axées autour de la problématique de la « clause sociale ». Néanmoins, l'approche minimaliste de l'OMC en la matière rend hautement improbable, du moins pour le moment, une position comparable à celle entretenue au niveau européen[959].

---

[954] L'article 39, §4, du Traité CE prévoit en effet que l*es dispositions du présent article ne sont pas applicables aux emplois dans l'administration publique*.
[955] L'article 45, paragraphe 1er, du Traité CE envisage quant à lui que *sont exceptées de l'application des dispositions du présent chapitre, en ce qui concerne l'État membre intéressé, les activités participant dans cet État, même à titre occasionnel, à l'exercice de l'autorité publique*.
[956] CJCE, 17 décembre 1980, *Commission des Communautés européennes c/ Royaume de Belgique*, aff. n°149/79, Rec., p.3881, pt.12.
[957] Par exemple, CJCE, 2 juillet 1996, *Commission des Communautés européennes c/ République hellénique*, aff. n°C-290/94, Rec., p.I-3285, pt.37 ; 31 mai 2001, *Commission des Communautés européennes c/ République italienne*, aff. n°C-283/99, Rec., p.I-4363, pt.25 ; 30 septembre 2003, *Colegio de Oficiales de la Marina Mercante Española c/ Administración del Estado*, aff. n°C-405/01, Rec., p.I-10391, pt.39.
[958] En particulier, CJCE, 21 juin 1974, *Jean Reyners c/ État belge*, aff. n°2/74, Rec., p.631, pt.45. De même, la Cour a exclu des activités participant à l'exercice de l'autorité publique, les activités d'aide aux toxicomanes : CJCE, 19 mai 1992, *Dr. Sophie Redmond Stichting c/ Hendrikus Bartol e.a.*, aff. n°C-29/91, Rec., p.I-3189 ; les activités d'aide à domicile : CJCE, 10 décembre 1998, *Francisca Sánchez Hidalgo e.a. c/ Asociación de Servicios Aser et Sociedad Cooperativa Minerva e.a.*, aff. jtes n°sC-173 et 247/96, Rec., p.I-8237 ; les activités de lutte contre le chômage : CJCE, 26 septembre 2000, *Didier Mayeur c/ Association Promotion de l'information messine (APIM)*, aff. n°175/99, Rec., p.I-7755 ; également, 11 novembre 2004, *Johanna Maria Delahaye, épouse Boor c/ Ministre de la Fonction publique et de la Réforme administrative*, aff. n°425/02, Rec., p.I-10823, pt.20.
[959] T. FLORY, *L'Organisation mondiale du commerce*, *op. cit.*, pp.206 et ss.

b. Justifications propres au droit multilatéral

Le droit de l'OMC connaît aussi certaines conditions d'exonération qui lui sont propres. Certaines d'entre elles sont étroitement liées aux principes du GATT tels qu'ils ressortent du principe général de non-discrimination. Ainsi, des exceptions sont prévues à la clause de la nation la plus favorisée, à l'application du traitement national ou encore à l'interdiction des restrictions quantitatives. Certes, ces cas d'exclusion des principes libre-échangistes existent également en droit communautaire notamment dans le cadre du principe de non-discrimination. Néanmoins, la dissociation multilatérale de ce dernier principe en différentes composantes nécessite une particularisation des exceptions à chacune d'entre elles.

Ainsi, s'agissant de la clause NPF, des exceptions ressortent de la possibilité pour des groupes d'États membres de l'OMC de constituer des zones de libre-échange ou encore des unions douanières. Cette clause qui a pour effet d'étendre à l'ensemble des Membres les avantages consentis par l'un d'entre eux à d'autres Membres ne trouve pas à s'appliquer dans le cadre de telles zones ou unions[960].

L'interdiction des restrictions quantitatives, telle que prévue par l'article XI du GATT, souffre également d'exceptions matérialisées par l'accueil favorable des clauses de sauvegarde[961]. Les exceptions à ce principe d'interdiction tendent à assurer la protection de trois domaines particuliers. Ainsi, par le biais d'une action collective telle qu'introduite en vertu de l'article XXV du GATT, les restrictions quantitatives peuvent être instaurées à des fins particulières. Des restrictions peuvent donc être élaborées afin de protéger l'agriculture lorsqu'elles ont pour but d'exercer une action stabilisatrice sur les marchés agricoles internationaux. Par exemple, elles découleront d'une politique de prévention des pénuries alimentaires chroniques et viseront à anticiper un éventuel découragement des agriculteurs par un meilleur contrôle de la chute des prix et de la hausse des importations[962].

D'autres restrictions sont également possibles en matière de protection de la balance des paiements. Cette dernière protection est envisagée dans deux dispositions du GATT. En effet, ses articles XII et XVIII, Section B, offrent aux Membres la faculté d'assurer la protection de la balance des paiements en recourant à des restrictions quantitatives à l'importation. Il s'agit, pour les autorités nationales, d'assurer une stabilisation de leur situation financière extérieure[963]. Néanmoins, cette possibilité demeure encadrée par des conditions strictes qui en limitent quelque peu l'usage. Par là même, les mesures restrictives devront être adoptées sur le fondement de la menace imminente d'une baisse importante des réserves monétaires ou encore, dans le cas où la menace est avérée, afin d'y mettre fin. L'obligation sera alors faite au Membre à l'origine d'une telle mesure, de relever les réserves monétaires suivant un taux

---

[960] Article XXIV du GATT de 1994.

[961] Il est à noter que cette notion de clause de sauvegarde n'est pas inconnue du droit communautaire. Par exemple, les directives peuvent parfois voir leurs effets limités lorsque leurs dispositions prévoient des clauses de sauvegarde élaborées au profit des États membres qui en présentent le besoin.

[962] Par exemple, en 1955, les États-Unis obtinrent une large dispense par les Parties contractantes s'agissant de restrictions quantitatives à l'importation ressortant de l'article 22 de l'*Agricultural Adjustment Act*. De nombreux autres exemples existent concernant tout particulièrement les États-Unis, qui ont fait preuve, en matière d'agriculture, d'un protectionnisme assez fort.

[963] Article XXVIII-9 du GATT.

d'accroissement raisonnable. L'opération qui ne peut être permanente doit être réalisée sur une période déterminée. De même, ces mesures restrictives ne doivent pas avoir pour objet de constituer indûment des obstacles aux importations. Autrement dit, elles doivent être appliquées dans la limite du nécessaire. Dans un tel dessein, les autorités nationales qui envisagent d'établir des restrictions quantitatives devront entrer en consultation avec les autres parties contractantes et, ainsi, se soumettre à une procédure de justification[964].

Enfin, certaines exceptions peuvent résulter de l'application de mesures de sauvegarde par lesquelles les Membres pourront assurer la protection, en cas d'urgence et sous la forme de restrictions quantitatives, de certains secteurs économiques contre des importations causant un préjudice grave à l'une de leurs branches de production nationale. Cette possibilité, qui ressort de l'article XIX du GATT, a été considérablement affinée par l'Accord sur les sauvegardes découlant de l'Uruguay Round. Le but clairement affiché est l'élimination des mesures de la « zone grise ». En quelque sorte, il s'agit désormais d'institutionnaliser les exceptions aux principes libre-échangistes, à travers les mesures de sauvegarde. L'objectif est de supprimer les opérations occultes ressortant d'accords officieux entre certains Membres et ainsi d'assurer une plus grande transparence afin d'améliorer le contrôle multilatéral de ces exceptions légitimes.

L'opportunité d'instituer des restrictions quantitatives est également donnée aux Membres non pas en fonction de secteurs commerciaux à protéger, mais davantage en raison de leur situation de développement propre. En effet, au terme de l'article XVIII-1, *les parties contractantes reconnaissent que la réalisation des objectifs du présent Accord sera facilitée par le développement progressif de leurs économies, en particulier dans le cas des parties contractantes dont l'économie ne peut assurer à la population qu'un faible niveau de vie et en est aux premiers stades de son développement.*

Le paragraphe 2 de ce même article ajoute de ce fait que les États ont la possibilité, afin *d'exécuter leurs programmes et leurs politiques de développement économique orientés vers le relèvement du niveau de vie général de leur population, de prendre des mesures de protection ou d'autres affectant les importations [...].*

En l'occurrence, un Membre en développement pourra instaurer des restrictions afin de faciliter la création d'une branche de production déterminée destinée à relever le niveau général de la population. Néanmoins, l'approche délicate entretenue par cette disposition, notamment s'agissant de la distinction opérée entre les différentes catégories de pays en développement, a eu pour effet de pousser les États à recourir de manière préférentielle à l'article XII.

Pourtant, toutes ces exceptions multilatérales, qui peuvent à certains égards prétendre à l'accomplissement d'objectifs d'intérêt général, revêtent bien plus une nature économique.

---

964 En 1964, la France a institué des restrictions quantitatives à l'importation de fruits et légumes en provenance des États-Unis. Lors des consultations préalables, elle ne put justifier de l'existence de difficultés en matière de balance des paiements et dut y renoncer afin d'éviter des mesures de rétorsion de la part des États-Unis qui avaient obtenu l'aval des Parties contractantes dans cette perspective en vertu d'une recommandation du 14 novembre 1964.

§2. Les dérogations prétoriennes : les exigences impératives reconnues par la Cour de justice

D'essence purement communautaire, les justifications introduites par le juge ressortent d'une interprétation restrictive de celles énoncées par les dispositions du Traité CE. L'objectif essentiel étant la libéralisation des échanges, les entraves pouvant y être opposées doivent être réduites à leur plus simple expression afin d'éviter leur développement anarchique qui conduirait à dénaturer le but recherché. Ainsi, qu'elles soient justifiées ou non par les textes de droit primaire, la Cour de justice accueille d'une manière stricte les mesures nationales pouvant altérer la libre circulation quel que soit le facteur en cause. Une telle approche étriquée des justifications textuelles s'est néanmoins heurtée à un élargissement des compétences communautaires dans les secteurs non économiques. Elle bute également sur la subsistance d'une souveraineté étatique encore forte de laquelle découle une activité normative entrant inévitablement en conflit avec les principes communautaires.
L'élaboration de la théorie des exigences impératives semble donc répondre à ce souci d'instaurer un compromis entre l'interdiction communautaire de créer des entraves au commerce et l'obligation d'assurer le respect de principes supérieurs non couverts par le Traité CE.

Préalablement élaborée en matière de libre circulation des marchandises (I), la théorie prétorienne des exigences impératives a trouvé à s'appliquer dans les autres domaines par le biais de quelques adaptations prenant acte des spécificités caractérisant chacun d'entre eux (II).

I.- L'élaboration de la théorie des exigences impératives à partir du domaine des marchandises

La notion d'« exigence impérative » a été utilisée pour la première fois lors de l'affaire *Cassis de Dijon*[965] (A). À partir de cet arrêt du 20 février 1979, la Cour de justice a élaboré un système sophistiqué de justifications des obstacles au commerce intracommunautaire indépendant de celui de l'article 30 du Traité CE (B). Pourtant, les développements récents de la jurisprudence semblent apporter quelques nuances à une situation qui paraissait alors bien établie, remettant dès lors en question cette distinction exonératoire (C).

A. L'arrêt *Cassis de Dijon* ou les fondements de la théorie des exigences essentielles

Dans son arrêt *Cassis de Dijon*, fondement d'une théorie justificative des obstacles au commerce, la Haute juridiction communautaire a admis que *les obstacles à la libre circulation intracommunautaire résultant des disparités des législations nationales relatives à la commercialisation des produits en cause doivent être acceptés dans la mesure où ces prescriptions peuvent être reconnues comme étant nécessaires pour satisfaire à des exigences impératives, tenant notamment à l'efficacité des*

---

965 CJCE, 20 février 1979, *Rewe Zentral c/ Bundesmonopolverwaltung für Branntwein*, aff. n°120/78, Rec., p.649.

contrôles fiscaux, à la protection de la santé publique, à la loyauté des transactions commerciales et à la défense des consommateurs[966].

Une première lecture des exigences impératives ainsi soulevées par la Cour de justice laisse apparaître une certaine corrélation avec l'article 30 du Traité CE[967]. Effectivement, selon le texte de l'arrêt, cette notion d'exigence impérative comprend, entre autres, la protection de la santé publique, notion déjà envisagée dans le cadre du Traité (1). Néanmoins, les catégories d'entraves pouvant bénéficier de telles justifications ainsi que le contenu même des justifications attestent d'une divergence entre la notion d'exigence impérative et les justifications énoncées par l'article 30 du Traité CE (2).

1. Une conception proche de celle des justifications de l'article 30 du Traité CE

La Cour de justice, dans son arrêt *Cassis de Dijon*, a énoncé des motifs d'exonération rappelant ceux déjà prévus par l'article 30 du Traité CE. En effet, en relevant l'un des critères décrits au sein de l'article 30, la Cour semble faire de cette disposition une lecture quelque peu compréhensive, lui promettant un élargissement prolifique, comme en témoignent les autres justifications adjointes à celle de santé publique. Ainsi, l'efficacité des contrôles fiscaux, la loyauté des transactions commerciales et la défense des consommateurs constituent des cas non prévus textuellement et semblant par là même accroître le nombre des critères justifiant les restrictions étatiques aux échanges commerciaux. Cet enrichissement ne peut être totalement dissocié des données textuelles. En ce sens, les questions commerciales telles qu'elles ressortent de la loyauté des transactions ou de la défense des consommateurs peuvent être associées aux considérations liées à la protection de la propriété industrielle et commerciale ou encore, de manière indirecte, à la moralité publique. S'agissant des questions fiscales, la nécessité de maintenir un certain ordre public pourrait en être l'explication. Pourtant, ces considérations n'en constituent pas moins des notions autonomes par rapport à celles de l'article 30 et, de ce fait, ne doivent en rien être confondues avec ces dernières[968].

L'approche consistant à appréhender les cas textuels d'exclusion des principes libre-échangistes comme le fondement des « exigences impératives » s'explique d'autant plus par la largesse d'appréhension caractérisant les différentes notions énoncées par l'article 30. Qu'il s'agisse d'ordre public, de sécurité publique, de santé publique, les notions envisagées recouvrent un champ en apparence illimité pouvant justifier d'éventuelles restrictions étatiques.

D'ailleurs, cette approche se retrouve dans le traitement même de ces nouvelles justifications. La Cour semble effectivement soumettre « exigences impératives » et « justifications » de l'article 30 aux mêmes conditions de licéité. Comme cela a déjà été précisé dans les développements relatifs à de telles conditions attachées à l'application des critères de l'article 30, la Cour a eu recours à une démarche identique s'agissant d'apprécier ces exigences impératives. Ainsi, s'efforce-

---

[966] *Ibidem*, pt.8.

[967] Ancien article 36 du Traité de Rome.

[968] Juris-Classeur Europe, *Libre circulation des marchandises – Interdiction des mesures d'effet équivalent à des restrictions quantitatives – Exceptions – Harmonisation des législations*, Fasc. 551, novembre 1997, p.8, n°50.

t-elle de rechercher si les mesures nationales excipant de telles exonérations présentent un lien direct avec ces dernières, et donc que la restriction établie présente une réelle adéquation avec l'objectif poursuivi. Cette analyse, comme cela a déjà été précisé, est destinée à éviter que des discriminations ou des restrictions arbitraires puissent s'abriter derrière de tels intérêts essentiels. Enfin, la Cour procède également au contrôle de proportionnalité de la restriction en cause avec la protection envisagée afin de s'assurer de l'absence d'une voie moins restrictive pour les échanges intracommunautaires, en application de la théorie de l'entrave minimale.

Pourtant, une telle comparabilité dans l'approche doit être atténuée ; la Cour de justice a en effet opté pour une différenciation des notions en présence. Ce choix n'est pas le fruit du hasard et est d'ailleurs dicté par des considérations importantes.

2. Une conception fondée sur l'article 28 du Traité CE

Afin d'asseoir la théorie des « exigences impératives » sur une disposition de droit primaire lui attribuant de fait une certaine légitimité, outre l'article 30 duquel la Cour entend la détacher, c'est sur l'article 28 qu'elle a appuyé sa construction. Cette dernière disposition pose pourtant une interdiction plutôt qu'une éventuelle justification des mesures d'effet équivalent à des restrictions quantitatives. Néanmoins, la définition extensive des mesures d'effet équivalent, inaugurée par l'arrêt *Dassonville* dès 1974[969], a fourni à la Cour de justice un terrain fertile lui permettant de planter puis consolider les fondements de sa propre théorie justificative. C'est en effet dans une certaine confusion découlant de la largesse d'appréciation des mesures d'effet équivalent, induisant un risque de sanction à l'encontre de la moindre mesure présentant un effet plus ou moins restrictif, que la Cour est intervenue. Il s'agissait en effet pour elle de restaurer une homogénéité, gage d'une nécessaire sécurité juridique. L'élaboration de la théorie des exigences essentielles participe donc de ce processus.

Fonder cette nouvelle théorie sur l'article 30 aurait eu pour effet de faire subir aux exigences impératives l'approche restrictive appliquée par la Cour aux cas d'exclusion des règles commerciales fixés par cette disposition. Or, en l'édifiant sur les bases larges de l'article 28 du Traité CE, elle s'octroie une certaine latitude d'interprétation quant à l'accueil des éléments pouvant recevoir une telle qualification d'exigence impérative. Ainsi, en appréciant de manière restrictive les conditions de l'article 30, vitrine légitime d'une réserve de souveraineté étatique, et en comblant ce bornage strict par une procédure justificative des obstacles nationaux au commerce entièrement placée entre ses mains, la Cour s'assure d'un pouvoir étendu de contrôle des velléités protectionnistes des États membres.

L'arrêt *Cassis de Dijon* institue donc une distinction entre deux catégories de justifications, chacune ayant pour objet d'exonérer du principe de libre circulation des mesures nationales de nature restrictive différente. Bien que cette distinction ne soit pas très explicite, elle transparaît néanmoins d'une lecture du contenu de l'arrêt.
Ainsi, les législations et réglementations nationales indistinctement applicables aux produits nationaux et aux produits importés constituent des mesures d'effet équivalent

[969] CJCE, 11 juillet 1974, *Procureur du Roi c/ Benoît et Gustave Dassonville*, *op. cit.*, pt.5.

interdites au sens de l'article 28 du Traité CE lorsqu'elles ne sont pas justifiées par des exigences impératives dictées par l'intérêt général[970].

En conséquence, les critères énoncés par l'article 30 du Traité CE semblent destinés à justifier les mesures nationales restrictives présentant un caractère clairement discriminatoire. En revanche, les exigences impératives ont pour objectif de couvrir les mesures indistinctement applicables affectant le commerce intracommunautaire. Fondement et champ d'application de chacune des notions en présence sont ainsi clairement distingués.

B. La jurisprudence postérieure ou la consolidation de la théorie des exigences impératives

À partir de son arrêt *Cassis de Dijon*, la Cour a pu à de nombreuses reprises préciser l'étendue de sa théorie des exigences impératives. Ce processus d'affinage a également consisté en un élargissement des intérêts pouvant être affublés d'une telle qualification d'exigence essentielle. Dans cet élan de création normative, la Cour a considéré que les mesures nationales destinées à assurer la protection de la santé, de l'environnement, la défense des consommateurs, la loyauté des transactions commerciales, la qualité des produits, le développement de la culture, entre autres, répondent à des exigences impératives justifiant leur caractère restrictif pour les échanges.

De manière générale, la Cour repousse, comme ne pouvant être justifiées par une exigence impérative, les prescriptions nationales qui *ne poursuivent pas un but d'intérêt général de nature à primer les exigences de libre circulation des marchandises*[971]. Ces réglementations étatiques qui, du fait de leur caractère non discriminatoire, n'ont pas pour objet affiché de restreindre les échanges commerciaux affectent tout de même la circulation des marchandises au sein du marché intracommunautaire. Effectivement, la non-conformité du produit originaire d'un État membre aux conditions fixées par la réglementation d'un autre État membre a pour effet d'empêcher sa commercialisation sur le marché national de ce dernier. Dans cette perspective, l'arrêt *Cassis de Dijon* semble légitimer de tels obstacles à la condition que leurs effets restrictifs ne dépassent pas les effets normaux de telles réglementations. Dans le cas inverse, les dispositions en cause constituent des mesures d'effet équivalent à des restrictions quantitatives prohibées par l'article 28 du Traité CE. À cet égard, cette affaire constitue le fondement de la lutte contre les entraves techniques au

[970] CJCE, 20 février 1979, *« Cassis de Dijon »*, *op. cit.*, pt.15 ; pour un rappel récent de ce point, CJCE, 12 juin 2003, *Eugen Schmidberger, Internationale Transporte und Planzüge c/ Republik Österreich*, aff. n°C-112/00, Rec., p.I-5659, pt.78. Cette distinction a été clairement posée dans l'affaire *Souvenirs d'Irlande* : CJCE, 17 juin 1981, *Commission des Communautés européennes c/ République d'Irlande*, aff. n°113/80, Rec., p.1625, pt.4.

[971] CJCE, 26 juin 1980, *Procédure pénale c/ Herbert Gilli et Paul Andres*, aff. n°788/79, Rec., p.2071, pt.9. Cette formule était déjà présente dans l'arrêt *Cassis de Dijon* (pts.6 et 15). Elle est depuis largement reprise : CJCE, 24 novembre 1993, *Keck et Mithouard*, *op. cit.*, pt.15 ; 26 juin 1997, *Vereinigte Familiapress Zeitungsverlags- und vertriebs GmbH c/ Heinrich Bauer Verlag*, aff. n°C-368/95, Rec., p.I-3689, pt.67 ; 11 décembre 2003, *Deutscher Apothekerverband eV c/ 0800 DocMorris NV et Jacques Waterval*, aff. n°C-322/01, Rec., p.I-14887, pt.67.

commerce[972]. Cette catégorie de mesures nationales présentant un caractère non discriminatoire peut, à défaut de politique adéquate de contrôle, échapper à toute interdiction.

Ainsi, la jurisprudence postérieure à l'arrêt *Cassis de Dijon* s'est attelée à énoncer une liste d'intérêts à protéger parallèle et non assimilable à celle décrite par l'article 30 du Traité CE. Cette mission implique, de la part de la Cour de justice, un examen attentif de toutes les justifications invoquées dans son prétoire. De là, elle s'autorise l'intégration dans la liste des exigences impératives, des seules justifications dont elle admet la valeur exonératoire. Elle a donc pu rappeler à différentes reprises les points déjà soulevés par l'arrêt de base.

La question de la santé publique, pourtant déjà mentionnée parmi les éléments justificatifs de l'article 30 du Traité CE, revêt une importance toute particulière. Dans la perspective où cette disposition n'a pour finalité que la seule justification des mesures strictement discriminatoires, les mesures indistinctement applicables, mais affectant tout de même les échanges intracommunautaires dans le but d'assurer la protection de la santé publique, doivent pouvoir obtenir une dérogation à l'interdiction prônée par l'article 28[973]. C'est donc dans cette optique que la Haute juridiction communautaire reprend les notions de l'article 30 dans le cadre des exigences impératives. Comme le prévoit la Cour dans l'arrêt *Cassis de Dijon*, cette théorie tend à pallier l'inexistence de réglementations communes qui découleraient d'une harmonisation des législations nationales.

Les justifications alléguées par les États membres basées sur d'autres considérations font l'objet d'une appréciation stricte de la part de la Cour. Ainsi, la notion d'efficacité des contrôles fiscaux n'a jamais réellement joué de rôle justificatif d'une mesure nationale restrictive[974]. S'agissant de la défense des consommateurs, une telle argumentation a été soulevée afin de justifier des mesures nationales imposant aux produits commercialisés sur le marché local la présentation de certaines informations sur leur emballage renseignant les consommateurs sur la nature propre du produit. L'obligation d'étiquetage qui impose clairement une contrainte supplémentaire aux produits légalement commercialisés sur le territoire d'un État membre peut en effet tendre vers un tel objectif de défense des consommateurs[975]. Encore, en ce qui concerne

---

972 Communication de la Commission, *sur les suites de l'arrêt rendu par la Cour de justice des Communautés européennes, le 20 février 1979, dans l'affaire 120-78 (Cassis de Dijon)*, JOCE n°C.256, 3 octobre 1980, pp.2 et 3.

973 CJCE, 10 décembre 1985, *Procédure pénale c/ Léon Motte* (colorant dans les produits alimentaires), aff. n°247/84, Rec., p.3887, pt.19.

974 À cet égard, voir, CJCE, 8 juillet 1999, *Société Baxter, B. Braun Médical SA, Société Fresenius France et Laboratoires Bristol-Myers-Squibb SA c/ premier ministre, Ministère du Travail et des Affaires sociales, Ministère de l'Économie et des Finances et Ministère de l'Agriculture, de la Pêche et de l'Alimentation*, C-254/97, Rec., p.I-4809, pt.18 ; encore, 10 mars 2005, *Laboratoires Fournier SA c/ Direction des vérifications nationales et internationales*, aff. n°C-39/04, Rec., p.I-2057, pt.25.

975 Dans certains cas, cet objectif de défense des consommateurs a été rejeté lorsque la mesure nationale en cause était destinée à assurer le respect des habitudes de consommation. Ainsi, dans l'affaire *Loi de pureté de la bière*, la Cour a estimé qu'une telle exigence impérative ne pouvait justifier cet objectif dans la mesure où *il ne faut pas que la législation d'un État membre serve à cristalliser des habitudes de consommation données et à stabiliser un avantage acquis par les industries nationales qui s'attachent à les satisfaire*. Par exemple, CJCE, 12 mars 1987, *Commission des Communautés européennes c/ République fédérale d'Allemagne*, aff. n°178/84, Rec., p.1227, pt.32.

la loyauté des transactions commerciales, la Cour de justice fait preuve d'une même circonspection[976].

Sans se détacher de cette approche draconienne dans l'accueil des éléments susceptibles de recevoir une telle appellation d'exigence impérative, la juridiction communautaire n'a néanmoins pas répugné à étendre la liste des excuses exonératoires. Ainsi, la protection de l'environnement, à l'instar de la notion de santé publique, a fait l'objet d'une telle reprise. Déjà prévue dans le cadre des critères de l'article 30 s'agissant des mesures discriminatoires, la Cour n'a pas hésité à l'étendre aux exigences impératives estimant qu'il s'agissait de l'un des objectifs essentiels de la Communauté pouvant justifier certaines limitations dans l'application du principe de libre circulation des marchandises[977]. Cette vision extensive de la notion d'exigence impérative a permis à la Cour d'y faire figurer en bonne place les considérations liées à la politique sociale. À ce titre, elle a admis la validité d'une législation allemande interdisant la production boulangère avant quatre heures du matin, condition quelque peu restrictive pour les produits importés, dans l'objectif d'une amélioration des conditions de travail[978]. Poursuivant un dessein similaire pourtant associé à des choix cultuels, la Cour a admis les réglementations concernant le travail le dimanche[979] avant de se rétracter pour adopter une ligne plus prudente[980]. Les objectifs d'ordre culturel participent de ce même élan justificatif[981].

La protection des consommateurs est une finalité fréquemment invoquée devant la Cour de justice ; 5 février 2004, *Commission des Communautés européennes c/ République française*, aff. n°C-24/00, Rec., p.I-1277, pts.74 et 75 ; 25 mars 2004, *Herbert Karner Industrie-Auktionen GmbH c/ Troostwijk GmbH*, aff. n°C-71/02, Rec., p.I-3025, pt.52. D'ailleurs, cet objectif est la plupart du temps associé à la protection de la santé publique ; à cet égard, CJCE, 5 février 2004, *Commission des Communautés européennes c/ République française, op. cit.*, pts.49 et 52.

Cependant, en matière de services, notamment en droit des contrats, la Cour entend assurer une protection des consommateurs visant à amenuiser tout abus dont ils pourraient souffrir ; à cet égard, CJCE, 10 mars 2005, *easyCar (UK) Ltd c/ Office of Fair Trading*, aff. n°C-336/03, Rec., p.I-1947, pt.28.

[976] CJCE, 26 novembre 1985, *Procédure pénale c/ Miro BV*, aff. n°182/84, Rec., p.3731, pt.19.

[977] Par exemple, CJCE, 20 septembre 1988, *Commission des Communautés européennes c/ Royaume de Danemark*, affaire dite des « bouteilles danoises », aff. n°302/86, Rec., p.4607, pt.8 ; 7 février 1985, *Procureur de la République c/ Association de défense des brûleurs d'huiles usagées (ADBHU)*, affaire des « huiles usagers », aff. n°240/83, Rec., p.531, pt.13 ; 5 février 2004, *Commission des Communautés européennes c/ République française, op. cit.*, pt.27.

[978] CJCE, 14 juillet 1981, *Procédure relative à des amendes c/ Sergius Oebel*, aff. n°155/80, Rec., p.1993, pt.12. Cette finalité est de garantir aux ressortissants communautaires, santé et sécurité dans leur travail, notamment en leur assurant des périodes de repos et de pose adéquates. De nombreux textes de droit dérivé veillent d'ailleurs à assurer leur harmonisation s'agissant de professions dont le respect de ces temps d'arrêt de travail s'avère indispensable, comme en matière de transport routier : voir, pour une application du règlement (CEE) n°3820/85 du Conseil du 20 décembre 1985, *relatif à l'harmonisation de certaines dispositions en matière sociale dans le domaine des transports par route*, JOCE n°L.370, 31 décembre 1985, pp.1 à 7, CJCE, 16 janvier 2003, *Libor Cipra et Vlastimil Kvasnicka c/ Bezirkshauptmannschaft Mistelbach*, aff. n°439/01, Rec., p.I-745, pt.50.

[979] CJCE, 23 novembre 1989, *Torfaen Borough Council c/ B & Q plc*, aff. n°145/88, Rec., p.3851, pt.14.

[980] CJCE, 28 février 1991, *Union départementale des syndicats CGT de l'Aisne c/ SIDEF Conforama, Société Arts et Meubles et Société Jima*, aff. n°C-312/89, Rec., p.I-997, pt.13 ; du même jour, *Procédure pénale c/ André Marchandise, Jean-Marie Chapuis et SA Trafitex*, aff. n°C-332/89, Rec., p.I-1027, pt.14.

[981] CJCE, 11 juillet 1985, *Cinéthèque SA et autres c/ Fédération nationale des cinémas français*, aff. jtes n^{os}60 et 61/84, Rec., p.2605, pt.18.

Timide en matière de réglementation de prix, tels en témoignent les arrêts *Leclerc*[982], la Cour a cependant admis comme suffisamment pertinentes les législations cherchant à lutter contre l'inflation bien que celles-ci présentent un caractère restrictif sur les échanges[983].

Loin d'être exhaustif, cet énoncé ressortant d'une jurisprudence héritière de l'arrêt *Cassis de Dijon* ne constitue qu'un « effeuillage » des cas étayant la position initiale. Cette ligne directrice a néanmoins subi quelques recentrages. Ainsi, l'arrêt *Keck et Mithouard* est-il venu écarter de tout contrôle les mesures indistinctement applicables affectant les modalités de vente[984]. À l'issue de cette jurisprudence, seules les mesures nationales indistinctement applicables et concernant les conditions auxquelles les marchandises doivent répondre peuvent être justifiées par des exigences impératives d'intérêt général. Les mesures indistinctement applicables régissant les modalités de vente échappent quant à elles à toute sanction et ne nécessitent donc plus aucune recherche de justification. Seul leur caractère discriminatoire se devrait d'être justifié.

C. La remise en cause jurisprudentielle des distinctions entre régimes d'exclusion

La distinction opérée par la jurisprudence *Keck et Mithouard* entre les règles relatives aux modalités de vente et celles relatives aux conditions auxquelles doivent répondre les marchandises ne faisait pas l'objet, dès son énoncé, d'une claire unanimité et semblait poser plus de problèmes qu'elle n'en résolvait[985]. D'ailleurs, certaines solutions jurisprudentielles actuelles paraissent conforter cette position en se départant de sa ligne distinctive. Ainsi, dans son arrêt de 2003, *Morellato*[986], la Cour de justice a abordé comme régissant des conditions de vente, une mesure nationale restrictive réglementant en réalité des modalités de vente. Certes, dans cette affaire, la dichotomie est maintenue, mais la position de la Cour démontre la large marge de manœuvre qu'elle se réserve quant à la répartition des mesures nationales soumises à son examen. Il est clair que la Cour s'est parfois montrée confuse s'agissant de mesures hybrides dont la distinction précitée s'avérait d'une application complexe, notamment en matière

---

[982] Ainsi, les mesures nationales tendant à réglementer les prix, mêmes indistinctement applicables, ne peuvent être légitimées alors qu'elles ont pour effet de défavoriser les produits importés au détriment des produits nationaux. S'agissant des « prix du livre », voir CJCE, 10 janvier 1985, *Association des Centres distributeurs Édouard Leclerc et autres c/ SARL "Au blé vert" et autres*, aff. n°229/83, Rec., p.1, pts.20 et ss ; à propos du « prix de l'essence », voir, CJCE, 29 janvier 1985, *Henri Cullet et Chambre syndicale des réparateurs automobiles et détaillants de produits pétroliers c/ Centre Leclerc à Toulouse et Centre Leclerc à Saint-Orens-de-Gameville*, aff. n°231/83, Rec., p.305, pt.26.

La position ainsi adoptée ne semble toutefois pas exclure toute exigence impérative qui aurait pour objet de réglementer les prix ; en ce sens, voir, Y. GALMOT et J. BIANCARELLI, *Les réglementations nationales de prix au regard du droit communautaire*, RTDE, n°2, 1985, pp.290 et ss.

[983] CJCE, 29 novembre 1983, *Roussel Laboratoria BV et autres c/ État néerlandais*, aff. n°181/82, Rec., p.3849, pt.24.

[984] CJCE, 24 novembre 1993, *Procédures pénales c/ Bernard Keck et Daniel Mithouard*, aff. jtes n°sC-267 et 268/91, Rec., p.I-6097, pt.16 ; pour une analyse de l'évolution subie entre *Dassonville* et *Keck et Mithouard*, voir, A. MATTERA, *De l'arrêt « Dassonville » à l'arrêt « Keck » : une obscure clarté d'un principe riche en principes novateurs et en contradictions*, RMUE, 1994, pp.117 et ss.

[985] Pour une analyse déjà ancienne : A. MATTERA, *De l'arrêt Dassonville à l'arrêt Keck : l'obscure clarté d'une jurisprudence riche en principes novateurs et en contradictions*, *op. cit.*, pp.117 et ss ; plus récemment, A. RIGAUX, *Symphonie déconcertante ou keckophonie ?*, Europe, 11/2003, pp.7 et ss.

[986] CJCE, 18 septembre 2003, *Tommaso Morellato c/ Comune di Padova*, aff. n°C-416/00, Rec., p.I-9343.

de publicité[987]. Cependant, la position qu'elle cultive avec la présente affaire n'est pas sans bouleverser les certitudes qui pouvaient découler de la jurisprudence *Keck et Mithouard.* Déjà, bon nombre de cas d'espèce ont pu laisser entrevoir une telle position déconcertante. Ainsi, des mesures nationales régissant les modalités de vente, échappant donc normalement à l'article 28 du Traité CE, peuvent être de nature à gêner davantage la commercialisation des produits originaires des autres États membres que celle des produits nationaux[988]. Une question demeure dès lors en suspens s'agissant de savoir si la jurisprudence ayant posé la fameuse distinction demeure toujours valable dans sa lecture stricte.

Les difficultés nées de cette distinction ne sont pas les seules à venir compliquer une situation déjà confuse. En effet, la distinction suprême, ressortant de la jurisprudence *Dassonville,* fondamentale en matière de libre circulation des marchandises, semble parfois mise à mal. L'opposition réalisée entre mesures nationales discriminatoires et entraves non discriminatoires semble perdre tout bien-fondé. La jurisprudence paraît poursuivre, à ce sujet, une ligne peu intelligible. Ainsi, il est des cas pour lesquels la Cour reste ambiguë quant à la qualification à attribuer à une mesure nationale soumise à son examen. Par exemple, dans son arrêt *Morellato,* la Haute juridiction communautaire, alors saisie d'une question préjudicielle, adresse à la juridiction de renvoi une réponse équivoque en ce sens qu'elle aborde dans un premier temps l'existence d'une éventuelle discrimination à l'encontre des importations de marchandises pour, ensuite, envisager cette même mesure sous l'angle de l'entrave non discriminatoire[989]. Il est certain que la juridiction nationale qui cherchait par le biais de cette question préjudicielle à obtenir quelques éclaircissements a dû se trouver fort désappointée à la réception de la réponse. La typologie réalisée par la jurisprudence entre entraves non discriminatoires[990] et discriminations – et encore dans ce dernier cas, entre discriminations directes, indirectes, à rebours[991] – prend tout son effet lorsqu'il est possible de classer avec aisance une mesure nationale qui ne fait aucun doute quant à sa nature. Néanmoins, il arrive fréquemment que la Cour soit confrontée à des réglementations ayant un caractère ambigu et dont la classification reste difficile.

Néanmoins, cette classification s'avère indispensable, car d'elle dépendra le régime de justification applicable. Comme cela a été dit à diverses reprises, les discriminations ne peuvent être justifiées que par les seules conditions énoncées à l'article 30 CE alors que les entraves non discriminatoires tout en bénéficiant de telles exonérations, profitent également des dérogations prétoriennes. Pourtant, la Cour de justice se trouve désormais confrontée bien souvent à des autorités nationales faisant

---

[987] Par exemple, CJCE, 6 juillet 1995, *Verein gegen Unwesen in Handel und Gewerbe Köln e.V. c/ Mars GmbH,* aff. n°C-470/93, Rec., p.I-1923. Dans cette affaire, la publicité, qui est une modalité de vente, se trouvait sur l'emballage même du produit importé et a, dans cette optique, été condamnée dans le cadre des règles relatives aux conditions auxquelles doivent répondre les produits ; voir, A. RIGAUX, *La jurisprudence Keck et Mithouard à l'épreuve des règles nationales de publicité – Rapide bilan à propos de l'arrêt de la Cour de justice dans l'affaire Gourmet International Products,* Europe, 5/2001, pp.5 et ss.

[988] Entre autres, CJCE, 13 janvier 2000, *Schutzverband gegen unlauteren Wettbewerb c/ TK-Heimdienst Sass GmbH,* aff. n°C-254/98, Rec., p.I-151, pts.24 et 27 ; 8 mars 2001, *Gourmet International Products, op. cit.,* pt.18.

[989] Points 36 et 37 de l'arrêt *Morellato* du 18 septembre 2003 (*op. cit.*).

[990] Par exemple, CJCE, 18 novembre 2003, *Budějovický Budvar, národní podnik c/ Rudolf Ammersin GmbH,* aff. n°C-216/01, Rec., p.I-13617.

[991] CJCE, 13 novembre 2003, *Granarolo SpA c/ Comune di Bologna,* aff. n°C-294/01, Rec., p.I-13429.

flèche de tout bois s'agissant de justifier leurs mesures commercialement restrictives. Ainsi, peut-être dans le doute quant à la qualification que la Cour de justice attribuera à ces dispositions, les États soulèvent systématiquement des critères exonératoires ressortant tant de l'article 30 que des exigences impératives tirées de la jurisprudence. D'ailleurs, le fait que la Cour accepte d'examiner de telles justifications ne fait que conforter les autorités nationales dans leur position[992]. Malgré la double possibilité exonératoire qui lui en était donnée par la jurisprudence *Cassis de Dijon*, la Cour ne justifiait les entraves non discriminatoires qu'au regard des seules exigences impératives. En recentrant son analyse sur les dérogations textuelles, la Cour entend peut-être dissiper les divergences caractérisant chacun des systèmes justificatifs concernés. Effectivement, l'intervention de plus en plus importante de la Cour, notamment dans l'élaboration de concepts parfois complexes à mettre en œuvre, peut avoir pour risque d'alourdir un système dont l'objectif premier est d'assurer la libéralisation des échanges. Or, le commerce pour être efficient nécessite une certaine stabilité juridique c'est-à-dire une sécurité juridique ne pouvant être obtenue que par la seule entremise de principes clairs, simples et efficaces. Partant, les distinctions opérées entre entraves non discriminatoires et discriminations, entre modalités de vente et conditions auxquelles doivent répondre les produits, la multiplication des justifications, parallèlement à celles déjà prévues par le Traité CE, issues des exigences impératives d'intérêt général, le développement du principe de précaution, toutes ces complications constituent en elles-mêmes autant d'obstacles éventuels aux échanges de marchandises. La jurisprudence doit donc s'évertuer à simplifier ces principes dans le seul but de l'effet utile du Traité et donc dans la finalité d'assurer une pleine efficience au Marché intérieur européen.

II.- Exigences essentielles ou raisons impérieuses : l'extension spécifique de la théorie des exigences impératives aux autres secteurs de la libre circulation

La libre circulation des marchandises, foyer essentiel d'édification de la théorie prétorienne de justification des entraves, fournissait en effet à la Cour de justice un vaste champ d'intervention vu le volume important des échanges intracommunautaires dont ce domaine fait l'objet. Sur les traces des points dégagés en matière de libre circulation des marchandises, la Cour a envisagé leur transposition aux autres libertés (A). Néanmoins, l'objet différent de chacune de ces dernières a nécessité une adaptation en fonction précisément de leur spécificité (B).

A. Une extension des conditions d'application aux autres libertés

Pour que la mise en œuvre de la théorie des exigences essentielles puisse présenter des conditions d'application similaires dans tous les domaines libéralisés, la Cour de justice a dû veiller à ce que les mesures nationales excipant d'une telle théorie

---

[992] Par exemple, dans une affaire du 1er avril 2004 (*Kohlpharma GmbH c/ Bundesrespublik Deutschland*, aff. n°C-112/02, Rec. p.I-3369), la Cour a recherché des justifications à la restriction sous examen tant au regard des exigences essentielles (pt.13) qu'en application des critères exonératoires de l'article 30 CE (pt.21), conformément à la jurisprudence antérieure. Au final, la Cour a axé son raisonnement sur le seul article 30 rendant superflu tout recours à la théorie prétorienne. Voir, également, CJCE, 8 septembre 2005, *Syvichi Yonemoto*, aff. n°C-40/04, NEPR, pt.55.

respectent les mêmes critères. Ainsi, elles doivent arborer un caractère non discriminatoire, poursuivre un but d'intérêt général, tout en étant nécessaires et proportionnelles à l'objectif légitime poursuivi, sans pour autant occulter le principe de préemption communautaire[993].

En matière de libre prestation des services, les arrêts *Mediawet*[994] et *Säger*[995] de 1991 constituent la première reconnaissance explicite et inconditionnelle de la théorie des entraves non discriminatoires. Selon cette position large, l'article 49 du Traité CE[996] n'interdit plus les seules discriminations, mais également les mesures nationales qui, sans présenter un tel caractère discriminatoire, affectent le marché intracommunautaire des services. La reconnaissance de l'interdiction des entraves non discriminatoires devait être assortie d'un système justificatif adéquat. Dans la mesure où les justifications textuelles ne sont vouées qu'à la seule validation des mesures discriminatoires, la Cour a dû élaborer un système exonératoire affilié à cette nouvelle théorie. Autrement dit, le modèle créé en matière de libre circulation des marchandises devait trouver également à s'appliquer à la question de la libre prestation des services.

Ainsi, sans occulter l'existence de mesures clairement discriminatoires en la matière[997], la Cour est davantage amenée à rechercher l'existence d'entraves. La démarche est toujours flexible et adopte une posture casuelle. Certes, il est un cas pour lequel la Cour s'est curieusement détachée d'une certaine ligne de cohérence pour reconnaître qu'une entrave tout comme une discrimination pouvaient être justifiées par des « raisons impérieuses d'intérêt général »[998]. Néanmoins, cette position isolée n'a pas eu de conséquences sérieuses sur la politique conduite par la jurisprudence communautaire[999]. En effet, la poursuite d'un intérêt général peut être affirmée afin d'écarter l'application du principe de libre prestation des services. De là, le respect des règles déontologiques[1000] et professionnelles[1001], la protection de l'ordre social[1002], la

---

[993] V. HATZOPOULOS, *Exigences essentielles, impératives ou impérieuses : une théorie, des théories ou pas de théorie du tout ?*, RTDE, n°34, avr.-juin 1998, p.197.

[994] CJCE, 25 juillet 1991, *Commission des Communautés européennes c/ Royaume des Pays-Bas*, « Mediavet », aff. n°C-353/89, Rec., p.I-4069, pts.16 et 17.

[995] CJCE, 25 juillet 1991, *Manfred Säger c/ Dennemeyer & Co. Ltd*, aff. n°C-76/90, Rec., p.I-4221, pts.12 à 17.

[996] Ancien article 59 du Traité de Rome.

[997] CJCE, 25 juillet 1991, *Stichting Collectieve Antennevoorziening Gouda et autres c/ Commissariaat voor de Media*, aff. n°C-288/89, Rec., p.I-4007, pts.10 et 16.

[998] Affaires concernant la « cohérence du régime fiscal » des États membres. voir, CJCE, 28 janvier 1992, *Hanns-Martin Bachmann c/ État belge*, aff. n°C-204/90, Rec., p.I-249, pt.24 ; du même jour, *Commission des Communautés européennes c/ Royaume de Belgique*, aff. n°C-300/90, Rec., p.I-305, pt.17.

[999] CJCE, 14 novembre 1995, *Peter Svensson et Lena Gustavsson c/ Ministre du Logement et de l'Urbanisme*, aff. n°C-484/93, Rec., p.I-3955, pt.15.

[1000] CJCE, 3 décembre 1974, *Johannes Henricus Maria van Binsbergen c/ Bestuur Van de Bedrijfsvereniging voor de Metaalnijverheid*, aff. n°33/74, Rec., p.1299, pt.12; 18 janvier 2001, *Commission des Communautés européennes c/ République italienne*, aff. n°C-162/99, Rec., p.I-541, pt.16 ; TPICE, 28 mars 2001, *Institut des mandataires agréés près l'Office européen des brevets c/ Commission des Communautés européennes*, aff. n°T-144/99, Rec., p.II-1087, pt.56.

[1001] CJCE, 20 mai 1992, *Claus Ramrath c/ ministre de la Justice, en présence de l'Institut des réviseurs d'entreprises*, aff. n°C-106/91, Rec., p.I-3351, pt.35 ; 13 février 2003, *Commission des Communautés européennes c/ République italienne*, aff. n°C-131/01, Rec., p.I-1659, pt.15.

[1002] CJCE, 24 mars 1994, *Her Majesty's Customs and Excise c/ Gerhart Schindler et Jörg Schindler*, aff. n°C-275/92, p.I-1039, pt.58 ; 29 avril 2004, *Georgios Orfanopoulos e.a. c/ Land Baden-Württemberg*, aff. jtes n°sC-482 et 493/01, Rec., p.I-5257, pt.66.

prévention de la fraude[1003], la sécurité routière[1004], la protection d'un secteur d'activité[1005], la protection d'activités culturelles[1006] ou encore le maintien d'un équilibre financier et sportif entre clubs de sport[1007], ont été considérés par la Cour comme étant des raisons impérieuses justifiant des restrictions à la libre prestation des services.

S'agissant des autres libertés, un tel élargissement du champ de couverture est également perceptible. Cependant, ce qui est vrai en matière de libre circulation des personnes, ne l'est pas forcément s'agissant des capitaux[1008]. Ainsi, l'arrêt *Bosman*[1009], relatif à la libre circulation des travailleurs salariés, et l'arrêt *Kraus*[1010], concernant la liberté d'établissement, constituent la transposition de la théorie de l'entrave non discriminatoire à ces matières. S'agissant des capitaux, cette invocation semble se confirmer malgré des positions jurisprudentielles encore confuses[1011].

Ainsi, les justifications d'intérêt général doivent répondre à des conditions identiques quant à leur application. Le principe de préemption communautaire implique que, dans la mesure où le droit communautaire n'en a pas disposé lui-même, la mise en œuvre de ces objectifs d'intérêt général peut se trouver réalisée par des mesures édictées par les États membres. Ce principe a impliqué, en matière de libre circulation des capitaux, une limitation de l'extension de la théorie justificative de la Cour. L'existence d'une réglementation communautaire assez complète en la matière a rendu cette extension quelque peu inutile. La proportionnalité joue également un rôle moteur. Mais c'est surtout, comme en matière de libre circulation des marchandises, le critère de l'adéquation qui constitue l'élément central de la théorie. Cette dernière repose sur un faisceau d'indices comprenant, par exemple, la nature du service ainsi que les conséquences de la défaillance du prestataire[1012].

[1003] *Ibidem* ; également, CJCE, 9 mars 1999, *Centros Ltd*, *op.cit.*, pt.38 ; 30 septembre 2003, *Inspire Art Ltd*, *op. cit.*, pt.117.

[1004] CJCE, 5 octobre 1994, *Procédure pénale c/ Johannes Gerrit Cornelis van Schaik*, aff. n°C-55/93, Rec., p.I-4837, pt.19. La Cour a pu ainsi considérer que ce critère pouvait justifier une mesure nationale qui avait pour effet de fausser le libre jeu de la concurrence : 9 septembre 2004, *Royaume d'Espagne et République de Finlande c/ Parlement européen et Conseil de l'Union européenne*, aff. jtes n°s C-184 et 223/02, Rec., p.I-7789, pt.79.

[1005] CJCE, 10 mai 1995, *Alpine Investments BV c/ Minister van Financiën*, aff. n°C-384/93, Rec., p.I-1141, pt.44.

[1006] CJCE, 3 avril 2004, *Procédure pénale c/ Matthias Hoffmann*, aff. n°C-144/00, Rec., p.I-2921, pt.27.

[1007] CJCE, 15 décembre 1995, *Union royale belge des sociétés de football association ASBL c/ Jean-Marc Bosman, Royal club liégeois SA c/ Jean-Marc Bosman et autres et Union des associations européennes de football (UEFA) c/ Jean-Marc Bosman*, aff. n°C-415/93, Rec., p.I-4921, pt.104.
Par contre, les considérations purement sportives ne permettent pas de justifier une quelconque entrave non discriminatoire. Il est à noter que la Cour a également rejeté un tel argument s'agissant de justifier une mesure discriminatoire : CJCE, 8 mai 2003, *Deutscher Handballbund eV c/ Maros Kolpak*, aff. n°C-438/00, Rec., p.I-4135, pt.56.

[1008] Le régime applicable en matière de libre circulation des capitaux est très particulier du fait de l'absence d'effet direct de l'ancien article 67 [désormais abrogé].

[1009] CJCE, 15 décembre 1995, *Bosman*, *op. cit.*, pts.116 et ss.

[1010] CJCE, 31 mars 1993, *Dieter Kraus c/ Land Baden-Württemberg*, aff. n°C-19/92, Rec., p.I-1663, pts.28 et 41.

[1011] Voir, les trois arrêts de la CJCE du même jour ; 4 juin 2002, *Commission des Communautés européennes c/ République du Portugal*, *op. cit.*, pt.46 ; *Commission des Communautés européennes c/ République française*, *op. cit.*, pt.8 ; *Commission des Communautés européennes c/ Royaume de Belgique*, *op. cit.*, pt.8.

[1012] CJCE, 26 février 1991, *Commission des Communautés européennes c/ République française*, affaire dite des « guides touristiques », aff. n°C-154/89, Rec., p.I-659, pt.17 : la Cour a, dans cette affaire, considéré que

Une théorie justificative unitaire aurait impliqué des critères de transgression des libertés identiques. Néanmoins, la particularité de chacune d'entre elles rend malaisée une telle tentative.

B. Une extension adaptée aux spécificités de chaque liberté

Les caractéristiques propres à chacune des libertés consacrées par le Traité CE impliquent une adaptation de la théorie justificative à chacune d'entre elles. L'abandon progressif par la Cour de justice de la recherche d'une éventuelle discrimination en faveur de la notion plus large d'entrave[1013] aurait pu amener à une telle unité. Cependant, malgré le fait que les notions soient identiques, elles ne s'inscrivent pourtant pas dans un régime unitaire de justification des transgressions aux libertés de circulation. De manière schématique, dans les secteurs des marchandises et des services, la Cour raisonne largement en termes d'entrave, alors que, pour l'établissement et sans aborder la question des capitaux en raison de son caractère particulier dû à l'inexistence d'effet direct, elle semble se détacher du critère de discrimination sans pour autant adopter clairement la théorie de l'entrave. Concernant la circulation des travailleurs salariés, l'arrêt *Bosman* semble avoir mis en relief un raisonnement jurisprudentiel axé sur l'entrave malgré une position ambiguë de la Cour.

Les différences pouvant apparaître dans l'application de la théorie justificative ressortent donc des finalités propres à chacune des libertés impliquées. Cette approche prétorienne semble destinée à assurer une régulation commerciale, notamment dans le secteur des marchandises. Également, elle vise à circonscrire et à protéger dans la stricte mesure du nécessaire le domaine de l'État contre l'activité des ressortissants d'autres pays membres, particulièrement en matière de libre circulation des personnes. Dans cette perspective, des différences factuelles quant à la concrétisation de chaque liberté constituent autant de manifestations diversifiées de l'intérêt général pouvant être défini comme « la somme pondérée des intérêts individuels dont la protection est dévolue à la collectivité et aux autorités qui l'incarnent »[1014]. Ainsi, les différences ressortant des réglementations affectant la commercialisation des services et celle des marchandises sont claires bien qu'elles poursuivent un intérêt légitime identique, à savoir la propagation de l'information assurant la protection des consommateurs, des destinataires de services, des travailleurs. La nécessité d'information alors requise est plus importante en matière de services qu'elle ne l'est s'agissant des marchandises. Dans ce deuxième cas, la protection des consommateurs pourra être réalisée par un étiquetage adéquat alors que la prestation de services constitue une opération immatérielle quelque peu occulte si elle n'est pas assortie d'un volume d'information beaucoup plus important que celui qui pourrait satisfaire la commercialisation des

---

la justification tirée de la valorisation des richesses historiques et la meilleure diffusion des connaissances relatives au patrimoine artistique et culturel, constituaient de telles raisons impératives d'intérêt général. Elle en a pourtant écarté l'application au cas d'espèce qui lui était soumis.

[1013] Cette évolution est flagrante dans les arrêts *Kraus* (CJCE, 31 mars 1993, *op. cit.*, pts.28 et 41), *Gebhard* (CJCE, 30 novembre 1995, *Reinhard Gebhard c/ Consiglio dell'Ordine degli Avvocati e Procuratori di Milano*, aff. n°C-55/94, Rec., p.I-4165, pts.37 et 39) et *Bosman* (CJCE, 15 décembre 1995, *op. cit.*, pts.92 et ss).

[1014] V. HATZOPOULOS, *Exigences essentielles, impératives ou impérieuses : une théorie, des théories ou pas de théorie du tout ?*, *op. cit.*, p.227.

marchandises. Au-delà, la différence quant aux effets ressort également de l'existence de prestations de services réalisées par démultiplication temporelle ; les effets pourront alors être instantanés ou encore différés[1015]. Dès lors, la poursuite de l'intérêt général peut s'étaler dans le temps et les réglementations destinées à en assurer la protection pourront bénéficier de l'exonération fournie par des raisons impérieuses tout au long de la réalisation des prestations.

D'autres divergences entre les libertés en cause peuvent découler de la manière d'assurer la protection de l'intérêt général notamment entre les exigences ayant trait à la prestation des services, limitée intrinsèquement dans le temps, et celles affectant la libre circulation des personnes, qu'elles soient salariées ou qu'elles bénéficient de la liberté d'établissement, de nature temporellement indéterminée. Cette indétermination dans la durée de l'application du droit issu du principe de libre circulation des personnes a pour effet de rendre plus restrictives les réglementations nationales en la matière par rapport à celles régissant la libre prestation des services[1016].

Il apparaît donc que le régime de transgression des diverses libertés énoncées par le Traité CE n'a pas de contenu uniforme puisque les critères oscillent entre les notions de discrimination et d'entrave. Ce constat est également palpable s'agissant des bénéficiaires des libertés et des effets mêmes des droits concédés appelant une protection particulière. Certes, la notion d'intérêt général, au centre du raisonnement de la Cour, paraît accorder un aspect conceptuellement unitaire à cette théorie des exigences impératives ou des raisons impérieuses, selon la liberté considérée. Cependant, elle s'évanouit dans les méandres de leur champ d'application, sentiment renforcé par l'existence d'une mixité des différents principes dégagés par la Cour de justice.

C. Une extension marquant une certaine uniformisation des régimes justificatifs

Dans sa volonté de réprimer toute restriction aux échanges soumise à son examen, la Cour de justice en arrive à sanctionner par le biais des dispositions du Traité CE relatives à un facteur commercial particulier, des entraves au commerce impliquant un autre domaine. Ainsi, à titre exemplatif, par le biais des articles du Traité régissant la liberté d'établissement, la Cour de justice a pu traiter certaines mesures entravant en réalité la libre prestation de services. Dans l'affaire *Gambelli*, la Cour a ainsi reconnu qu'un simple lien contractuel rentrait dans le cadre de la liberté d'établissement faisant des entreprises fixées sur le sol d'un État membre, en l'occurrence l'Italie, des établissements secondaires d'une société de collecte de jeux et paris basée au Royaume-Uni. Une telle activité aurait normalement pu être considérée comme étant un service de transfert d'information. Telle n'est pourtant pas la solution retenue par la Cour de justice[1017]. Une telle jurisprudence pourrait tendre à se développer tant la différence entre les libertés en cause s'amenuise. Effectivement, l'exercice de la liberté d'établissement par l'existence d'un simple lien contractuel entre l'établissement principal et l'établissement secondaire a pour effet de remettre en question l'exécution de services sans que le prestataire se déplace, c'est-à-dire par correspondance qu'elle

---

[1015] *Ibidem*, p.224.

[1016] CJCE, 3 décembre 1974, *Van Binsbergen, op. cit.*, pts.23 et ss.

[1017] CJCE, 6 novembre 2003, *Procédure pénale c/ Piergiorgio Gambelli et autres, op. cit.*, pt.46.

soit réalisée par courrier, par téléphone ou bien encore par un moyen informatique. Participant d'une même conception, l'accueil favorable par la jurisprudence d'infrastructures provisoires dans un État membre autre que celui de l'établissement principal afin de prester des services amoindrit d'autant plus l'écart qui permettait encore de différencier les deux libertés en présence.
Alors que la liberté d'établissement et la libre prestation des services impliquent, avant tout, la libre circulation des entreprises, que ce soit de manière temporaire ou permanente, la libre circulation des travailleurs salariés est pourtant clairement liée aux précédentes. La mise en œuvre de la liberté d'établissement ou de la libre prestation transfrontalière de services nécessitera généralement le franchissement par des travailleurs d'une frontière entre deux États membres. De même, la réalisation d'un service par une entreprise ressortissante d'un autre pays membre exigera du bénéficiaire de cette opération un paiement avec dès lors un transfert de capitaux. Toujours dans une même perspective, le prestataire de services se déplacera dans le pays de son client muni des matériels dont il a en charge l'installation mettant en œuvre la libre circulation des marchandises.
Les interactions pratiques entre les différents domaines bénéficiant de la libre circulation sont évidentes. Alors que la jurisprudence appliquait jusqu'alors à une situation présentant un conflit de règles communautaires, le régime libéral duquel cette dernière dépendait principalement, il semble que la Cour s'affranchisse désormais d'une telle corvée par la possibilité qu'elle s'octroie de choisir arbitrairement le régime applicable[1018].

Cette situation d'ajustement des différentes libertés de circulation se retrouve indubitablement s'agissant des systèmes respectifs de justification des entraves. D'ailleurs, une proposition de directive présentée au début de l'année 2004 va dans un tel sens[1019]. Selon ce texte, les États membres sont tenus d'effectuer entre eux des évaluations réciproques et ainsi dégager des points de divergence pouvant affecter les libertés économiques afin de les réduire voire de les supprimer. Ainsi, cette proposition de directive amorce une nouvelle politique d'incitation visant la recherche d'un équilibre, d'un alignement des niveaux de protection en matière de qualité, de sécurité, en fait de tous les éléments qui ont pu servir aux États de prétexte afin de justifier le maintien d'entraves au commerce. Il est évident que l'appréhension de plus en plus large de la moindre entrave aux échanges rend difficile la survie de mesures nationales aussi bien discriminatoires que non discriminatoires. De la sorte, les cas d'exclusion des principes de libre circulation tels que décrits par le Traité CE lui-même ou élaborés par la jurisprudence, par un rapprochement des législations nationales, vont tendre à s'uniformiser.

[1018] N'en témoigne d'ailleurs la solution retenue dans l'affaire *Gambelli*.

[1019] Proposition de directive relative aux services dans le marché intérieur du 4 avril 2006, COM (2006) 160 final, modifiant celle du 13 janvier 2004, COM (2004) 2 final ; à ce sujet, voir, S. D'ACUNTO, *La proposition de directive sur les services dans le marché intérieur*, RDUE, 2/2004, pp.201 et ss.

SECTION 2
LES CAS PARTICULIERS CONCERNANT LA SANTÉ ET L'ENVIRONNEMENT

Parmi les divers cas permettant d'exclure l'application des règles du libre-échange, ceux ayant trait à la protection de la santé et à la sauvegarde de l'environnement présentent assurément un intérêt des plus essentiels pour l'avenir de l'humanité et de son écosystème. Pour cette raison, ces considérations ont été largement prises en compte par les textes des accords commerciaux fondant tant l'OMC que la Communauté européenne (§1). La confrontation de ces questions essentielles et des règles libérales a des conséquences quelque peu différentes d'un système à l'autre ; envisagées en droit communautaire comme supérieures à toute règle visant à assurer le libre-échange, les mesures restrictives arguant d'un tel intérêt sont envisagées en droit de l'OMC comme étant, au premier abord, de nature protectionniste. Cette opposition a des répercussions beaucoup plus larges, et ce, à tel point qu'elle se ressent dans l'accueil même de principes destinés à protéger les valeurs visées. Ainsi, le principe de précaution, axe central communautaire de la protection de la santé et de la préservation de l'environnement, n'obtient pas un tel écho dans le cadre des relations multilatérales (§2).

§1. Les textes régissant les domaines de la santé humaine, de la santé des animaux et de la préservation des végétaux

Les questions relatives à la santé humaine, à la santé des animaux ou encore à la préservation des végétaux, sont étroitement liées[1020]. À tel point qu'il est bien souvent difficile de les dissocier n'en témoignent les diverses crises dites « alimentaires » ayant traversé l'actualité lors de la dernière décennie. Celles-ci attestent du besoin croissant de la société civile d'être sécurisée notamment dans le domaine alimentaire, et ce, malgré le contexte d'intensification des courants mondiaux d'échange. Ce dernier constat d'accroissement du commerce mondial des produits agricoles, végétaux ou animaux, met en lumière la liaison existant entre les questions préalablement soulevées. Pour cette raison, les dispositions de base du GATT et du Traité CE associent les notions de santé humaine et des animaux et la préservation des végétaux (I). Ces dispositions, réduites quant à leur contenu, ont été étayées par des textes complémentaires afin de tenir compte de l'importance des secteurs concernés (II).

[1020] Voir, à cet égard, C. LINDON, *Droit communautaire de l'environnement, interactions environnementales et santé : état des lieux*, RTDE, 2001, p.139.

I.- Les dispositions de base

L'article XX, b), du GATT de 1994 envisage comme exceptions aux dispositions du même Accord, les mesures commerciales assurant la protection de la santé et de la vie des personnes et des animaux ou la préservation des végétaux. Comme cela a pu être décrit dans la section précédente, une mesure nationale restrictive pour les échanges, mais se targuant d'une telle justification, devra répondre à certaines conditions. Elle doit effectivement être destinée à protéger la santé et la vie des personnes et des animaux ou à préserver les végétaux, et être nécessaire pour atteindre cet objectif[1021]. S'agissant du premier critère, celui de l'adéquation de la mesure à l'objectif poursuivi, l'existence d'un risque en constitue le ciment[1022]. Un tel risque est appréhendé sur la base de tous les moyens de preuves scientifiques disponibles[1023]. Mais, comme cela a été reconnu pour l'ensemble des exceptions générales destinées à prévenir un risque, l'appréciation du niveau de protection appartient au pouvoir souverain des États[1024]. Dans une telle optique et afin d'illustrer ces propos, le risque sanitaire que présente le tabac a suffi à démontrer l'existence d'un lien entre la mesure restrictive et l'objectif poursuivi[1025]. Le second critère, celui de nécessité, ressort tant de la partie introductive de l'article XX que des termes liminaires de ce point b). Selon ce critère, une mesure sanitaire est considérée comme nécessaire à la poursuite de l'objectif désiré, lorsqu'il n'existe pas, à cette fin, d'autres mesures compatibles ou à défaut « moins » incompatibles avec le GATT[1026].

Au niveau communautaire, l'article 30 du Traité CE utilise des termes identiques à ceux avancés par l'article XX du GATT. En effet, par la formule « de protection de la santé et de la vie des personnes et des animaux ou de préservation des végétaux », le Traité CE reprend textuellement celle du GATT. Les conditions d'adéquation et de nécessité des mesures nationales, déjà exigées en matière multilatérale, sont également d'application dans un cadre communautaire. Comme cela a déjà pu être dit préalablement, la condition de nécessité implique un examen de proportionnalité selon lequel la protection établie par la mesure nationale incriminée ne doit pas pouvoir être assurée par une méthode moins restrictive[1027]. L'adéquation suppose, de manière plus simple, que la mesure en cause ait effectivement un rapport

---

1021 Groupe spécial, *Communautés européennes – Mesures affectant l'amiante et les produits en contenant*, rapport adopté le 18 septembre 2000, WT/DS135/R, §8.169.

1022 À cet égard, voir, Groupe spécial, *États-Unis – Normes concernant l'essence nouvelle et ancienne formules*, rapport du 29 janvier 1996, WT/DS2/R, §6.21.

1023 Organe d'appel, *Communautés européennes – Mesures affectant l'amiante et les produits en contenant*, rapport adopté le 13 mars 2001, WT/DS135/AB/R, §167.

1024 *Ibidem*, §168.

1025 Par exemple, dans le cadre du GATT de 1947, Groupe spécial, *Thaïlande – Restrictions à l'importation et taxes intérieures touchant les cigarettes*, rapport adopté le 7 novembre 1990, IBDD, S37/214, §73. Voir également, en matière de dangerosité avérée des fibres d'amiante, l'affaire citée dans les notes précédentes.

1026 Cette idée du « moins incompatible » a été avancée dans de nombreuses affaires tant dans le cadre du GATT de 1947 que de l'OMC. Notamment, comme position originaire, Groupe spécial, *États-Unis – L'article 337 de la loi douanière de 1930*, rapport adopté le 7 novembre 1989, L/6439, IBDD, S36/386, §5.26.

1027 CJCE, 20 mai 1976, *Adriaan de Peijper, directeur de la société Centrafarm BV*, aff. n°104/75, Rec., p.613, pt.17.

avec l'objectif de protection de la santé humaine ou animale ou la préservation des végétaux[1028].

II.- Les textes complémentaires : d'une approche dissociative multilatérale à une approche associative communautaire

L'article XX, b), du GATT a été complété par l'Accord sur les mesures sanitaires et phytosanitaires afin d'encadrer de manière plus précise l'élaboration et l'adoption des normes sanitaires[1029]. Cet Accord introduit effectivement certains critères permettant d'affiner les éléments dictant la mise en œuvre de telles mesures. Ainsi, il envisage une évaluation précise des risques ainsi que la recherche d'un niveau approprié de protection sanitaire et phytosanitaire plus achevée que celle utilisée antérieurement dans le cadre du seul article XX, b). Néanmoins, contrairement à une approche associative paraissant dictée par une certaine logique, les deux sources normatives ne semblent pourtant pas être destinées à être invoquées conjointement. En effet, l'article XX, b), du GATT constitue un moyen de défense affirmatif pouvant être invoqué par une partie dans le dessein de la décharger de ses obligations multilatérales. L'Accord SPS, beaucoup plus contraignant, impose à la partie plaignante d'apporter la démonstration d'une violation affectant l'application de ses règles[1030]. Cependant, une mesure nationale respectant les prescriptions de l'Accord SPS pourra se targuer d'une présomption de compatibilité avec l'article XX, b), du GATT[1031].
Parallèlement à l'Accord SPS qui constitue assurément la part la plus consistante de la réglementation relative à la protection de la santé tant humaine qu'animale et à la préservation des végétaux, l'Accord OTC relatif aux réglementations et normes techniques, contribue également à assurer une telle protection ou préservation.

Le droit communautaire connaît une densité importante de textes de droit dérivé, mais également de positions jurisprudentielles assurant le respect des principes édictés par l'article 30 du Traité CE en matière de protection de la santé humaine, de la santé animale ou encore de préservation des végétaux. Contrairement à l'approche dissociative envisagée en matière multilatérale, le droit communautaire appréhende les dispositions de droit dérivé, comme d'ailleurs les interprétations réalisées par la Cour, comme étant complémentaires de la disposition de base du Traité en la matière.

Tout étant, les systèmes communautaire et OMC poursuivent un certain nombre d'objectifs communs de sécurité ou de protection. Certes, l'appréhension de ces questions est quelque peu variable selon le droit en cause, mais le fait qu'elles soient abordées témoigne d'une volonté similaire d'assurer le respect de considérations pour lesquelles il est nécessaire d'écarter les principes libre-échangistes.

[1028] CJCE, 20 février 1979, *Cassis de Dijon*, *op. cit.*, pt.8.

[1029] Une différence peut néanmoins être soulevée s'agissant de leur champ d'application. En effet, l'Accord SPS, contrairement à l'article XX, b), du GATT, ne couvre pas la question des mesures dites extraterritoriales.

[1030] En ce sens, voir, D. LUFF, *Le droit de l'Organisation mondiale du commerce – Analyse critique*, Coll. de la Faculté de droit de l'ULB, Bruylant, LGDJ, Bruxelles, 2004, p.169.

[1031] Article 2-4 de l'Accord SPS.

A. La protection de l'environnement

La question de l'environnement est d'importance dans une société internationale poussant davantage à l'industrialisation et à la productivité. L'accroissement du commerce international met en exergue les méfaits de ce surproductivisme provoquant une dégradation manifeste de l'environnement. Néanmoins, malgré cette conjonction dans la prise de conscience du risque environnemental, une approche différente semble lui être accordée selon le système normatif impliqué.

Ainsi, au niveau communautaire, à la disposition de base que constitue l'article 30 du Traité CE, l'œuvre créatrice de la jurisprudence a été fondamentale en l'absence de rapprochement des législations nationales. Considérant la protection de l'environnement comme un objectif supérieur au principe de liberté du commerce[1032], la Cour de justice a élaboré un ensemble d'exigences impératives justifiant des entraves au commerce afin d'assurer une telle protection. Au-delà de cette position prétorienne somme toute essentielle, la question environnementale fait l'objet d'une politique spécifique[1033]. En effet, l'Acte unique européen a donné à cette politique un fondement textuel explicite en disposant que *les exigences en matière de protection de l'environnement doivent être intégrées dans la définition et la mise en œuvre des autres politiques de la Communauté*[1034].
Ainsi envisagée sur un plan large, la protection de l'environnement n'occupe pas les seuls devants du domaine de la libre circulation des marchandises. En effet, les autres domaines attachés aux « quatre libertés » et pouvant affecter l'environnement sont concernés par cette politique. De la sorte, la liberté de prestation des services peut également être enfreinte de manière légitime par des mesures nationales visant à la protection de l'environnement[1035].

Le droit multilatéral aborde la question sous des auspices quelque peu différents. Effectivement, ce système normatif appréhende la protection de l'environnement comme étant soumise aux principes libre-échangistes[1036], à contre-courant d'une approche communautaire attribuant la suprématie à cet objectif protectionniste. Cela étant, la couverture horizontale de la question environnementale

---

[1032] Après avoir estimé qu'un tel objectif de protection de l'environnement pouvait sensiblement faussé la concurrence (CJCE, 18 mars 1980, *Commission des Communautés européennes c/ République italienne*, aff. n°91/79, Rec., p.1099, pt.8), la Cour s'est prononcée pour une suprématie des intérêts visés à l'article 30 [ex 36] du Traité CE et tout particulièrement s'agissant de la protection de l'environnement (CJCE, 7 février 1985, *Procureur de la République c/ Association de défense des brûleurs d'huiles usagées (ADBHU), op. cit.*, pt.15).

[1033] P. TIEFFRY, *Marché intérieur européen et environnement*, Juris-Classeur Europe, mars 2001, Fasc. n°1910.

[1034] Article 174 [ex 130 R, §2] du Traité CE tel qu'introduit par l'AUE.

[1035] À cet égard, voir, CJCE, 12 octobre 1993, *Procédure pénale c/ José Vanacker, André Lesage, partie civile SA Baudoux combustibles*, aff. n°C-37/92, Rec., p.I-4947. D'ailleurs, le législateur communautaire n'est pas en reste en la matière et a prévu certains textes spécifiques axés sur la problématique environnementale ; voir, pour un énoncé relativement exhaustif ainsi que pour des propositions d'évolution de ces textes normatifs, décision n°1600/2002/CE du Parlement européen et du Conseil du 22 juillet 2002, *établissant le sixième programme d'action communautaire pour l'environnement*, JOCE n°L.242, 10 septembre 2002, pp.1à 15.

[1036] Les exceptions générales énumérées à l'article XX du GATT sont en effet soumises aux règles du marché ; sur la question, voir *supra* paragraphe premier de la présente section.

est réalisée d'une manière similaire dans les deux systèmes. Ainsi, les secteurs envisagés dans le cadre multilatéral sont tenus de prendre en compte de telles considérations. Dans cette perspective, tant le GATT, en matière de marchandises[1037], que le GATS, s'agissant des services[1038], mais également les questions envisagées spécifiquement telles que la protection de la propriété intellectuelle[1039], y font référence.

Cependant, plutôt que de développer une politique propre concernant cette question, à l'instar de la politique communautaire de l'environnement, le droit multilatéral se réfère davantage à des accords environnementaux multilatéraux (AEM) afin de remplir une telle mission, ce qui est le cas de la Convention des Nations unies sur le droit de la mer et les instruments relatifs au développement durable (CITES)[1040]. Néanmoins, les dispositions des accords OTC et SPS permettent d'envisager les bases d'une politique environnementale multilatérale. Effectivement, le premier d'entre eux régit les normes liées aux caractéristiques des produits et poursuivant des objectifs légitimes parmi lesquels figure la protection des végétaux ou encore de l'environnement[1041]. L'Accord SPS vise les mesures nationales destinées à assurer la préservation des animaux et des végétaux contre les risques qui découlent de l'entrée, de l'établissement ou de la dissémination de parasites, maladies, organismes porteurs de maladies ou organismes pathogènes[1042]. S'agissant des animaux, l'Accord prévoit leur protection contre les risques découlant des additifs, contaminants, toxines ou organismes pathogènes présents dans les produits alimentaires, les boissons ou les aliments pour animaux[1043].

Les deux systèmes en présence assurent la protection d'éléments environnementaux plus ou moins similaires en vertu des différents instruments qu'ils détiennent à cette fin. La gestion des déchets[1044], de la pollution[1045], la question des

---

1037 Organe d'appel, *États-Unis – Normes concernant l'essence nouvelle et ancienne formules*, rapport adopté le 29 avril 1996, WT/DS2/AB/R ; *États-Unis – Prohibition à l'importation de certaines crevettes et de certains produits à base de crevettes*, rapport adopté le 12 octobre 1998, WT/DS58/AB/R.

1038 Décision ministérielle sur le commerce des services et l'environnement, adoptée par le Comité des négociations commerciales le 15 décembre 1993, jointe à l'Acte final reprenant les résultats des négociations commerciales multilatérales du Cycle d'Uruguay. Plus récemment, voir, OMC, Conseil du commerce des services, session extraordinaire, Communication des États-Unis, *AGCS 2000 : Services concernant l'environnement*, S/CSS/W/51, 11 mars 2001.

1039 Groupe spécial, *Canada – Protection conférée par un brevet pour les produits pharmaceutiques*, rapport adopté le 17 mars 2000, WT/DS114/R, §5.7.

1040 Organe d'appel, *États-Unis – Crevettes, op. cit.*, §§130 et ss ; voir, OMC, Comité du commerce et de l'environnement, Session extraordinaire, *Accords environnementaux multilatéraux (AEM) et règles de l'OMC : Propositions présentées au Comité du commerce et de l'environnement (CCE) entre 1995 et 2002*, Note du Secrétariat, TN/TE/S/1, 23 mai 2002.

1041 Article 2-2 de l'Accord OTC ; voir, sur ce point, Organe d'appel, *Communauté européenne – Désignation commerciale des sardines*, rapport adopté le 26 septembre 2002, WT/DS231/AB/R, §176.

1042 Annexe A, point 1, a), de l'Accord SPS.

1043 Annexe A, point 1, b), *ibidem*. À ce sujet, les développements consacrés au principe de précaution (§2 de la présente section) y reviennent largement.

1044 Sur la notion de déchets, en application de la directive 75/442/CEE, voir, CJCE, 11 novembre 2004, *Procédure pénale c/ Antonio Niselli*, aff. n°C-457/02, Rec., p.I-10853, pts.4 et ss ; 15 novembre 2005, *Commission des Communautés européennes c/ République fédérale d'Allemagne*, aff. n°C-320/03, NEPR, pt.24.

1045 Organe d'appel, *États-Unis – Normes concernant l'essence nouvelle et ancienne formules, op. cit.* ; CJCE, 23 mai 2000, *Entreprenørforeningens Affalds/Miljøsektion (FFAD) c/ Københavns Kommune*, aff.

écotaxes[1046] ou encore l'écoétiquetage[1047], comme d'ailleurs l'ensemble des prescriptions relatives à la dénomination, à la terminologie, aux symboles, aux essais et méthodes d'essais, à l'emballage, au marquage ou aux procédures d'évaluation et de conformité[1048], constituent des éléments de convergence des politiques environnementales. La préservation de la flore et de la faune, sauvages[1049] ou domestiques[1050], ainsi que la sauvegarde des ressources naturelles épuisables, minérales, végétales ou même gazeuses telles que l'air pur[1051], sont également au centre des préoccupations environnementales de l'OMC et, à plus forte raison, de la Communauté européenne. Effectivement, il n'est pas de secteurs liés à l'environnement que le droit communautaire ne couvre[1052]. À cet égard, il s'agit de la législation supranationale la plus largement impliquée dans la sauvegarde d'intérêts fondamentaux comme celui de l'environnement[1053]. Malgré tout, l'OMC tente, avec les moyens qui sont les siens, d'assurer une protection minimale à l'échelle planétaire d'un élément majeur et indispensable à la survie de l'espèce humaine.

---

n°C-209/98, Rec., p.I-3743 ; 7 octobre 2004, *Commission des Communautés européennes c/ République française*, aff. n°C-239/03, Rec., p.I-9325.

[1046] CJCE, 20 mars 1997, *Bic Benelux SA c/ État belge*, aff. n°C-13/96, Rec., p.I-1753.

[1047] S'agissant de cette question, voir, OMC, Comité du commerce et de l'environnement, *Information devant servir à l'examen des effets des prescriptions en matière d'écoétiquetage sur l'accès aux marchés*, Note du Secrétariat, WT/CTE/W/150, 29 juin 2000.

[1048] Directive n°98/34/CE du Parlement européen et du Conseil du 22 juin 1998, *prévoyant une procédure d'information dans le domaine des normes et réglementations techniques*, JOCE n°L.204, 21 juillet 1998, pp.37 à 48, art. 1er. Au niveau multilatéral, s'agissant de la composition des produits, voir, Groupe spécial, *Thaïlande – Restrictions à l'importation et taxes intérieures touchant les cigarettes*, rapport adopté le 7 novembre 1990, DS10/R, IBDD, S37/214, §77. Au demeurant, il est à noter que des travaux sont en cours afin de réglementer au niveau multilatéral, l'ensemble de ces questions en vertu de la décision sur le commerce et l'environnement adoptée par les ministres à la réunion des négociations commerciales le 14 avril 1994, prévoyant la création par le Conseil général de l'OMC d'un Comité du Commerce et de l'environnement (CCE), affublé d'un programme de travail spécifique toujours en cours. Voir à ce sujet, Rapport du Comité du Commerce et de l'Environnement, WT/CTE/1, 12 novembre 1996. Dès lors, chaque année un rapport est publié, référencé WT/CTE/2 pour 1997, /3 pour 1998, [etc.]. Les travaux devaient s'achever le 1er janvier 2005 selon le calendrier fixé par la décision de 1994.

[1049] Par exemple, CJCE, 3 décembre 1998, *Procédure pénale c/ Ditlev Bluhme*, aff. n°C-67/97, Rec., p.I-8033 ; à ce sujet, A. RIGAUX, *Nouvel épisode de la difficile qualification des mesures d'effet équivalent : le sort des abeilles brunes de Laeso*, Europe, mars 1999, chron. n°4. Au niveau multilatéral, voir les affaires dites « thons-dauphins » concernant une mesure américaine interdisant l'importation de thons mexicains pêchés au moyen de filets capturant également des dauphins ; Groupe spécial, *États-Unis – Restrictions à l'importation de thon*, « Thons-dauphins I », rapport du 3 septembre 1991 non adopté, DS21/R ; *États-Unis – Restrictions à l'importation de thon*, « Thons-dauphins II », rapport du 20 mai 1994 non adopté, DS29/R.

[1050] Voir *infra*, les développements consacrés à la question des OGM.

[1051] Organe d'appel, *États-Unis – Normes concernant l'essence nouvelle et ancienne formules*, *op. cit.*, p.16.

[1052] La Cour de justice n'hésite pas à rappeler que la gestion des déchets doit être réalisée *sans mettre en danger la santé de l'homme, sans créer de risque pour l'eau, l'air ou le sol, ni pour la faune et la flore* [etc.] ; voir, par exemple, CJCE, 18 novembre 2004, *Commission des Communautés européennes c/ République hellénique*, aff. n°C-420/02, Rec., p.I-11175, pt.38.

[1053] De manière synthétique, les principaux textes communautaires en matière de lutte contre les pollutions par les déchets et substances chimiques et dangereuses peuvent être résumés en cinq catégories (la prévention des risques majeurs, les déchets, les emballages et l'étiquetage des substances dangereuses, les pesticides, les OGM) ; à ce sujet, R. ROMI, *La protection de l'environnement*, *in*, *L'Union européenne*, Les notices, La documentation française, Paris, 1999, notice n°26, pp.172 et ss.

B. La sécurité des produits

L'innocuité des produits, voire des services[1054], contribue à assurer la sécurité de leurs utilisateurs, quels qu'ils soient. Comme en matière environnementale, les accords SPS et OTC occupent, s'agissant de cette question, une place centrale au niveau multilatéral. Dans un cadre communautaire, elle est également largement envisagée tant par les textes de droit dérivé que par la jurisprudence. L'intervention de cette dernière peut s'avérer en effet nécessaire lorsque font défaut les mesures communautaires visant au rapprochement des législations étatiques ou encore visant à régir directement le contenu.

De manière schématique, l'Accord SPS aurait pour mission de régir le domaine de la sécurité alimentaire alors que l'Accord OTC régirait plutôt celle des produits manufacturés[1055]. Le premier de ces accords exige une évaluation des risques afin de justifier une mesure nationale restrictive alors que le deuxième poursuit une finalité plus large dont la justification ressort de la simple conformité de la mesure nationale à ses dispositions. Le droit communautaire ne pose en aucun cas de distinction similaire ; les mesures nationales restrictives pour le commerce destinées à assurer une sécurité optimale des produits commercialisés sur le territoire communautaire dépendent, selon leur caractère propre, de l'article 30 du Traité CE, de la jurisprudence en vertu de la théorie des exigences essentielles ou encore de la législation communautaire elle-même, soit directement soit après transposition.

Ainsi, certains éléments déjà soulevés en matière environnementale touchent également le domaine de la sécurité des produits. Une question essentielle en la matière relève de l'information des consommateurs à travers l'étiquetage des produits. En effet, elle est devenue une revendication importante des organisations de défense des consommateurs et, à ce titre, est largement envisagée par le droit communautaire. L'analyse conjointe de la jurisprudence de la Cour, notamment de l'arrêt *Peeters* exigeant que l'étiquetage sur les produits soit compréhensible des consommateurs[1056], et de la directive 79/112/CEE, interdisant qu'une réglementation nationale impose exclusivement l'utilisation d'une langue déterminée[1057], a très tôt placé la question

---

[1054] Les services, tout comme les marchandises, peuvent être mis en cause en matière environnementale notamment s'agissant des services de transport, la distribution d'énergie, le tourisme, les télécommunications. Cependant, le domaine des marchandises étant beaucoup plus large, l'analyse présente se cantonnera à cette seule question.

[1055] Il est clair qu'une analyse plus poussée a pour effet de bouleverser un tel schéma ; l'Accord SPS ne vise pas les seuls produits alimentaires, mais l'ensemble des produits, animaux, végétaux, pouvant véhiculer des maladies, parasites, toxines [etc.]. De plus, l'Accord SPS ne couvre que les mesures nationales à effet territorial ; les mesures SPS extraterritoriales ne peuvent être justifiées que par le seul article XX du GATT. Ensuite, les mesures liées à la sécurité des produits qui ne sont pas régies par l'Accord SPS, le sont le plus souvent par l'Accord OTC. En effet, selon l'article 1-3 de l'Accord OTC, ce dernier s'applique à tous les produits et non seulement aux produits alimentaires et agricoles. Au contraire de l'Accord SPS, l'Accord OTC recouvre tant les mesures nationales dites « territoriales » qu'« extraterritoriales ».

[1056] CJCE, 18 juin 1991, *Piageme et autres c/ BVBA Peeters*, aff. n°C-369/89, Rec., p.I-2971, pt.16 ; voir, à ce sujet, L. GONZALEZ VAQUÉ et C. PIROTTE, *La communication interprétative concernant l'emploi des langues pour la commercialisation des denrées alimentaires à la suite de l'arrêt Peeters*, RMU, n°1, 1er janvier 1994, p.25.

[1057] Directive n°79/112/CEE du Conseil du 18 décembre 1978, *relative au rapprochement des législations des États membres concernant l'étiquetage et la présentation des denrées alimentaires destinées au consommateur final ainsi que la publicité faite à leur égard*, JOCE n°L.33, 8 février 1979, pp.1 à 14, spéc. art.14.

consumériste au premier plan des débats sécuritaires[1058]. De la même manière, les considérations liées au conditionnement ou à l'emballage participent d'une telle approche[1059].

Au niveau multilatéral, les accords SPS et OTC, et tout particulièrement le second, régissent la question. En effet, si les produits visés par les règles relatives à l'étiquetage sont identifiables, ces mêmes règles sont couvertes par l'Accord OTC[1060]. Cela dit, en vertu des champs respectifs couverts par les accords OTC et SPS, ce dernier texte visera davantage à régir l'étiquetage destiné à attirer l'attention des consommateurs sur les dangers liés aux maladies ou parasites véhiculés par les produits alimentaires[1061].

D'autres éléments pourraient également être développés présentement. Effectivement, si une catégorie de produits dangereux mérite que soit opposée une limitation à sa circulation, les produits médicamenteux constituent assurément celle-ci. Largement organisée au niveau communautaire[1062], cette question n'est envisagée par l'OMC qu'au seul regard du droit des brevets, autrement dit dans le cadre de l'Accord ADPIC[1063]. Pour cette raison, il n'y sera fait ici volontairement que cette brève évocation.

[1058] D'ailleurs, dans le but d'assurer l'information des consommateurs quant à la dangerosité des produits, les paquets de cigarettes sont désormais utilisés de manière criante à cette fin. Sur la question, voir, directive n°2001/37/CE du Parlement européen et du Conseil du 5 juin 2001, *relative au rapprochement des dispositions législatives, réglementaires et administratives des États membres en matière de fabrication, de présentation et de vente des produits du tabac*, JOCE n°L.194, 18 juillet 2001, pp.26 à 35 ; également, sur la validité de cette directive au regard de sa base, CJCE, 10 décembre 2002, *The Queen c/ Secretary of State for Health, ex parte British American Tobacco (Investments) Ltd et Imperial Tobacco Ltd*, aff. n°C-491/01, Rec., p.I-11453, pts.172 et ss. Voir également, pour l'indication de la dangerosité d'un produit sur son emballage, CJCE, 16 septembre 2004, *Procédure pénale c/ Olivier Dupuy et Hervé Rouvre*, aff. n°C-404/03, Rec., p.I-8557, pt.9.

Pour une analyse récente de la place de la notion de consommateur dans la jurisprudence communautaire, voir, L. GONZALEZ VAQUÉ, *La notion de « consommateur moyen » dans la jurisprudence de la Cour de justice des Communautés européennes*, RDUE, 1/2004, pp.69 et ss.

[1059] CJCE, 10 novembre 1982, *Smedt*, *op. cit.*, pt.17.

[1060] Il s'agit de l'Annexe 1, points 1 et 2. Sur cette question, voir, OMC, Comité OTC, *Historique des négociations sur le champ d'application des dispositions de l'Accord OMC sur les obstacles techniques au commerce du point de vue des prescriptions en matière d'étiquetage, des procédés et méthodes de production ne se rapportant pas aux caractéristiques des produits et des normes dont le respect est volontaire*, Note du Secrétariat, G/TBT/W/11, 29 août 1995, §§4 à 24.

[1061] Annexe A, point 1, paragraphe dernier, de l'Accord SPS.

[1062] À ce sujet, voir, S. COHU, *L'Europe de la santé*, *in*, *L'Union européenne*, Coll. Les notices, La documentation Française, Paris, 1999, notice n°19, p.129.

[1063] OMC, Conférence ministérielle, Doha, *Déclaration sur l'Accord sur les ADPIC et la santé publique*, adoptée le 14 novembre 2001, WT/MIN(01)/DEC/2, 20 novembre 2001 ; également, Groupe spécial, *Canada – Protection conférée par un brevet pour les produits pharmaceutiques*, rapport adopté le 17 mars 2000, WT/DS114/R.

§2. Le principe de précaution[1064] : une justification conflictuelle de restrictions aux échanges

L'Accord SPS est en quelque sorte le corollaire négatif de l'Accord sur l'agriculture. En effet, à la suite de l'échec de la Charte de La Havane, les produits agricoles n'étaient que partiellement compris dans le champ d'application des principes libre-échangistes du GATT de 1947. À l'issue de l'Uruguay Round, de longues tractations ont permis d'intégrer dans le domaine multilatéral l'ensemble des productions agricoles. Afin de pallier les risques ressortant d'une telle libéralisation, notamment en des termes de sécurité alimentaire, ce texte fut complété par l'Accord sur l'application des mesures sanitaires et phytosanitaires (SPS)[1065]. Ainsi, l'Accord sur l'agriculture a été conçu dans l'objectif de libéraliser le domaine envisagé alors que l'Accord SPS était au contraire destiné, et vise toujours au demeurant, à en réduire la portée certes de manière légitime eu égard aux objectifs dont il poursuit l'accomplissement. En ce sens, leurs champs d'application réciproques sont quelque peu différents. L'Accord SPS tend donc à justifier des mesures qui s'avèrent contraires au GATT. Au-delà, cet Accord a vocation à régir l'ensemble des mesures nationales relatives aux questions sanitaires et phytosanitaires, qu'elles soient ou non contraires aux principes multilatéraux, du moment où elles sont susceptibles d'affecter le commerce international.

Au niveau communautaire, le principe de précaution avait déjà été introduit en matière environnementale au sein de l'article 130 R [devenu 174] CE par l'Acte unique européen[1066]. La lecture conjointe de cette disposition et des articles 152 et 153, visant la recherche d'un haut niveau de protection en matière de santé et de consommation, pouvait être appréhendée comme généralisant un tel principe[1067]. Néanmoins, le texte le plus accompli complétant l'article 30, en matière de protection de la santé et de préservation des végétaux, est sans nul doute le règlement 178/2002 du Parlement et du Conseil[1068]. Certes, son dispositif doit être associé à de nombreux autres textes de droit dérivé ou interprétatifs venant affiner davantage la politique communautaire en la matière. Ce règlement est d'une importance primordiale puisqu'il institutionnalise le principe de précaution dans le domaine alimentaire[1069], prémices d'une généralisation

---

[1064] Pour une approche exhaustive de la question, voir, C. LEBEN et M. VERHOEVEN, *Le principe de précaution – Aspect de droit international et communautaire*, Coll. Droit international et relations internationales, sciences juridiques, éd. Panthéon-Assas Paris II, Paris, 2002.

[1065] D'ailleurs, ces deux accords furent élaborés ensemble par le même groupe de négociateurs, en l'occurrence, il s'agissait du Groupe de négociation sur l'agriculture (GN5) institué dans le cadre des négociations de l'Uruguay Round.

[1066] Ce texte prévoit en effet, dans son paragraphe 2, deuxième phrase, que la politique de la Communauté en matière environnementale *est fondée sur les principes de précaution et d'action préventive [...]*.

[1067] P. ICARD, *Le principe de précaution : exception à l'application du droit communautaire ?*, RTDE, n°3, juill-sept 2002, p.475.

[1068] Règlement (CE) n°178/2002 du Parlement européen et du Conseil du 28 janvier 2002, *établissant les principes généraux et les prescriptions générales de la législation alimentaire, instituant l'Autorité européenne de sécurité des aliments et fixant des procédures relatives à la sécurité des denrées alimentaires*, JOCE n°L.31, 1er février 2002, pp.1 à 24.

[1069] E. VOS, *Le principe de précaution et le droit alimentaire de l'Union européenne*, RIDE, numéro spé. Mondialisation et droit économique, 2002, p.242.

de ce concept à d'autres secteurs[1070]. Dans la mesure où un risque se dessine à l'égard de la santé humaine ou animale et de la préservation des végétaux, le principe de précaution intervient pour en assurer le contrôle. Issu d'une expérience lourde en matière de santé, le principe de précaution embrasse l'ambition d'éradiquer toute crise pouvant naître d'une mauvaise gestion des risques alimentaires ou environnementaux.

À cet égard, les réglementations tant communautaires que multilatérales élaborées en matière sécuritaire semblent s'être constituées dans un contexte dont il convient de rappeler les principales lignes (I). L'analyse des risques est le mécanisme central de mise en œuvre du principe de précaution (II). C'est d'ailleurs sur le fondement de cette analyse que s'opposent les approches communautaire et multilatérale en la matière (III). Néanmoins, la jurisprudence multilatérale s'efforce de réduire les divergences en tentant de concilier des positions qui semblaient pourtant contradictoires (IV).

I.- Une histoire alimentaire communautaire tourmentée

Les produits agricoles se trouvent au centre des préoccupations des autorités nationales depuis leur intégration dans le jeu libre-échangiste. Effectivement, l'agriculture a ceci d'important qu'elle est la pourvoyeuse alimentaire des populations et qu'à ce titre la question de l'autosuffisance alimentaire est un but essentiel de toute société. Or, l'ouverture des marchés agricoles nationaux affecte un secteur fortement entaché de protectionnisme. D'ailleurs, la création de la Politique agricole commune a constitué une certaine poursuite de l'approche protectionniste nationale au niveau communautaire[1071] à l'instar de la politique agricole américaine qui participe d'une conception similaire[1072]. Dans un tel contexte protectionniste dont on connaît les méfaits sur le développement économique des nations, l'inclusion dans le champ des accords OMC des productions agricoles ne peut être théoriquement que bénéfique à l'ensemble des Membres de l'Organisation. Cependant, ce libéralisme agricole induit une menace sérieuse de voir se développer la circulation de produits dangereux pour la santé et pour l'environnement. L'élaboration de l'Accord SPS semblait être une réponse à ce souci. Néanmoins, la mise en œuvre des dispositions de l'Accord a confronté deux approches différentes quant à leur interprétation.

Au sein du marché intérieur européen, l'article 33 du Traité CE prévoit l'établissement d'organisations communes des marchés agricoles (OCM). Celles-ci sont destinées à assurer le bon fonctionnement des marchés agricoles par la mise en

---

[1070] Ce principe était déjà érigé par la Commission comme principe d'action fondamental en cas d'incertitude scientifique ; voir, entre autres, Commission des Communautés européennes, avril 1997, *Livre vert sur les principes généraux de la législation alimentaire dans l'Union européenne*, COM (97) 176 Final ; communication de la Commission du 1er décembre 1998, *plan d'action pour la politique des consommateurs 1999-2000*, COM (98) 696 final ; Commission des Communautés européennes, *Livre blanc sur la sécurité alimentaire*, COM (99) 719 final ; communication de la Commission du 2 février 2000, *sur le recours au principe de précaution*, COM (2000) 1 final ;

[1071] En ce sens, voir, V. ADAM, *La réforme de la politique agricole commune de l'Union européenne ou l'évolutionnisme permanent du droit communautaire*, Tome I, Coll. Droit et Espace Rural, L'Harmattan, Paris 2001, pp.26 et ss.

[1072] D'ailleurs, s'agissant des politiques agricoles de chacun des blocs en présence, certains auteurs n'hésitent pas à parler de « protections à leur paroxysme » ; voir, P. MESSERLIN, *La nouvelle Organisation mondiale du commerce, op. cit.*, p.58.

place de mesures de commercialisation et de qualité notamment. Assurer une certaine qualité aux produits agricoles a pour effet d'orienter l'analyse sur des préoccupations sanitaires. Or, ces dernières, afin d'être estompées, demandent certains efforts financiers dont les coûts font l'objet de soutiens économiques dans le cadre des OCM. Ces aides, qui ne peuvent être considérées, sur un plan international, comme n'étant que des mesures protectionnistes, trouvent justification sur le fondement de la protection de la santé ou de la préservation des végétaux. D'ailleurs, selon le texte, la Communauté est tenue d'assurer la promotion des intérêts des consommateurs ainsi qu'un niveau élevé de protection les concernant. À cet effet, en vertu de l'article 153, §1er, du Traité CE, elle *contribue à la protection de la santé, de la sécurité et des intérêts économiques des consommateurs ainsi qu'à la promotion de leur droit à l'information, à l'éducation et à s'organiser afin de préserver leurs intérêts.* Et, son paragraphe 2 d'ajouter que *les exigences de protection des consommateurs sont prises en considération dans la définition et la mise en œuvre des autres politiques et actions de la Communauté.*
Cette démarche pragmatique de la Communauté, dont les premiers pas sont déjà anciens[1073], se heurte toujours à des réticences nationales. La « crise de la vache folle » en est d'ailleurs le parfait exemple. La crise née du développement d'une maladie bovine qualifiée d'encéphalopathie spongiforme bovine (ESB) sur le territoire britannique est à l'origine d'un véritable « séisme »[1074] politique au sein de la Communauté européenne et de ses États membres. La situation minimisée par les autorités locales, mais aussi la réaction tardive des autorités communautaires ont mis en exergue les lacunes importantes existant dans le processus décisionnel au sein de la Communauté.

La crise de la vache folle présente des intérêts à divers niveaux. Elle a mis en exergue l'existence de risques tant pour la santé animale que pour la santé humaine. De manière rétrospective, la propagation de l'ESB s'est effectuée par le mode alimentaire[1075]. Cette dissémination qui fut réalisée à partir d'aliments à base de farines animales contaminés – ces aliments étant composés de viandes ovines, espèces connaissant déjà une maladie semblable à l'ESB, à savoir la « tremblante du mouton »[1076] – a fait naître un doute quant à sa transmission à l'homme[1077]. Or, l'ESB

1073 G. KEURGEN, *L'harmonisation des législations relatives aux denrées alimentaires dans le cadre de la CEE*, Revue de droit international et de droit comparé, T. XLVII, 1970, p.15.

1074 J.-F. MATTÉI, *De la vache folle à la vache émissaire*, rapport de l'Assemblée nationale n°3291,Tome 1, 1997, p.19.

1075 Effectivement, les éleveurs bovins avaient pour habitude d'alimenter leur cheptel de nourritures manufacturées sous forme de farines alimentaires riches en protéines fabriquées à partir de viandes et d'os provenant de carcasses de moutons et de déchets de l'industrie d'équarrissage et d'abattoirs ; voir, M. HIRSH, P. BARALON, P. DUNETON et F. NOIVILLE, *L'affolante histoire de la vache folle*, éd. Balland, Paris, 1996.

1076 S. PRUSINER, *Les maladies à prion*, Rev. Pour la science, mars 1995, n°209, p.42.

1077 La démonstration du passage de la maladie d'une espèce animale à l'autre puis à l'homme a eu pour effet de modifier sa qualification dans les textes, passant de la dénomination d'ESB à celle d'EST (encéphalopathie spongiforme transmissible) ; à cet égard, voir les décisions 2000/766/CE du Conseil du 4 décembre 2000, *relative à certaines mesures de protection à l'égard des encéphalopathies spongiformes transmissibles et à l'utilisation de protéines animales dans l'alimentation des animaux*, JOCE n°L.306, 7 décembre 2000, pp.32 et 33, et 2001/9/CE de la Commission du 29 décembre 2000, *relative aux mesures de contrôle requises pour la mise en œuvre de la décision 2000/766*, JOCE n°L.2, 5 janvier 2001, p.32 à 40 ; en

étant apparue dès 1986, les premiers cas humains pouvant lui être directement imputés ne sont découverts qu'en 1995, conduisant, par décision de la Commission, à l'institution d'un embargo sur les bovins vivants et la viande bovine provenant du Royaume-Uni. Néanmoins, cette décision, qui est le fruit d'une épopée ayant défrayé la chronique, ne fut l'expression que d'un laxisme auquel l'élaboration du règlement 178/2002 est venue tenter de remédier.

En effet, sur la base d'incertitudes scientifiques, et ce, tant au niveau du mode de contamination que d'une éventuelle transmission à l'homme, les autorités britanniques n'ont pas jugé opportune une intervention adéquate. De fait, dès l'instant où la preuve du franchissement des espèces a été apportée, laissant planer de fortes suspicions sur une transmission à l'homme, des dispositions strictes auraient dû être instituées sur la base de l'article 30 du Traité CE[1078]. Ainsi, en 1990, date d'une telle prise de conscience, l'Allemagne et la France envisagèrent pour la première fois un embargo qui ne fut évité que par un engagement anglais visant une transparence sur le sujet et l'interdiction de l'utilisation et de l'exportation des aliments à base de farines animales, lequel fut entériné par une décision du Conseil[1079]. Or, cet engagement ne fut en rien respecté par les autorités britanniques lesquelles démontrèrent de véritables défaillances s'agissant de sanctionner les contrevenants à l'interdiction posée[1080]. Cette faiblesse combinée à une réelle désinformation scientifique de la part du gouvernement anglais ont démontré les carences du système communautaire de protection de la santé humaine et animale. La manipulation de l'information scientifique dictée par des intérêts financiers prépondérants[1081] ainsi qu'une pénurie dans l'intervention des institutions communautaires expliquent la crainte des populations européennes quant à la circulation des produits agricoles. Le principe de précaution en est d'ailleurs la réponse directe.

---

ce sens, voir CJCE, 1er avril 2004, *Bellio F.lli Srl c/ Prefettura di Treviso*, aff. n°C-286/02, Rec., p.I-3465, pt.40.

1078 Article 36 à l'époque.

1079 Décision n°90/261/CEE du Commission du 8 juin 1990, *portant modification de la décision 89/469/CEE relative à certaines mesures de protection contre l'encéphalopathie spongiforme bovine au Royaume-Uni et de la décision 90/200/CEE établissant des exigences supplémentaires pour certains tissus et organes en ce qui concerne l'encéphalopathie spongiforme bovine*, JOCE n°L.146, 9 juin 1990, p.29.

1080 En ce sens, voit, Rapport du 6 février 1997 de la Commission d'enquête temporaire du Parlement européen, *sur les allégations d'infractions ou de mauvaise administration dans l'application du droit communautaire en matière d'ESB sans préjudice des compétences des juridictions communautaires et nationales*, PEDOC, Partie A et B, OPOCE, 1997. À ce sujet, voir, Y. PETIT, *À propos du rapport de la Commission d'enquête du Parlement européen sur la maladie de la vache folle*, Europe, juin 1997, p.5 ; également, M. BLANQUET, *Le contrôle parlementaire sur la crise de la vache folle*, RMUE, n°420, juillet/août 1998, p.462.

1081 Les farines alimentaires étant composées de carcasses et de déchets animaliers rentabilisent des produits qui seraient, en dehors de cette utilisation, détruits sans aucun rapport financier. De même, l'interdiction apposée à leur utilisation aurait eu pour conséquence un stockage important de ces farines ; or, en continuant à les exporter, faisant fi de la prohibition, les producteurs britanniques sont parvenus à se soulager de produits dont ils auraient eu du mal à se débarrasser par la suite au regard d'un risque de plus en plus présent et flagrant, augurant d'une interdiction plus stricte. Pour de plus amples explications, voir, B. CHAMACK, *La vache folle : une crise annoncée*, Rev. Pour la science, n°56, février 1999, p.16.

II.- La notion centrale d'analyse des risques

Élaboré sur un fond de crise, le principe de précaution est érigé par la Commission européenne en véritable principe de droit communautaire. En effet, dans une communication de 2000[1082], la Commission décrit le processus permettant la mise en œuvre du principe de précaution. À cet égard, elle dépeint une procédure en trois phases impliquant tout d'abord, une appréciation du risque, ensuite, une gestion du risque et enfin une communication sur le risque[1083]. Cette appréhension du risque, riche des enseignements de la crise de la « vache folle », est destinée à combler les lacunes constatées durant cette dernière. C'est pourtant le règlement 178/2002[1084] qui, outre le principe de traçabilité des produits[1085], en structure réellement le contenu sur un plan strictement juridique[1086]. Ce texte prévoit en effet qu'en la matière, *il est reconnu que l'évaluation scientifique des risques ne peut à elle seule, dans certains cas, fournir toutes les informations sur lesquelles une décision de gestion des risques doit se fonder et que d'autres facteurs pertinents doivent légitimement être pris en considération, notamment des facteurs sociétaux, économiques, traditionnels, éthiques et environnementaux, ainsi que la faisabilité des contrôles*[1087].

En fait, cette évaluation qui n'est que la première étape de l'analyse du risque[1088] consiste en un processus reposant sur des bases scientifiques et comprenant quatre étapes qui sont l'identification des dangers, leur caractérisation, l'évaluation de l'exposition et la caractérisation des risques dus à cette dernière. La seconde composante de l'analyse du risque, autrement dit sa gestion, implique un processus distinct de l'évaluation des risques. Elle consiste à mettre en balance les différentes politiques possibles en consultation avec les parties intéressées, à prendre en compte l'évaluation des risques et d'autres facteurs légitimes et, au besoin, à choisir les mesures de prévention et de contrôle appropriées. Enfin, la communication sur les risques constitue un échange interactif, tout au long du processus d'analyse des risques, d'informations et d'avis sur les dangers. Elle est établie entre les responsables de l'évaluation et de la gestion des risques, les consommateurs, les entreprises du secteur alimentaire et du secteur de l'alimentation animale, les milieux universitaires et les autres parties intéressées. Elle a vocation à assurer l'explication des résultats de l'évaluation et des fondements des décisions prises en matière de gestion des risques.

1082 Communication de la Commission du 2 février 2000, *sur le recours au principe de précaution*, COM (2000) 1 Final, p.10, pt.4.

1083 À ce sujet, voir, L. BOY, C. CHALIER et M. RAINELLI, *Analyse de la Communication de la Commission de février 2000 au regard des débats actuels sur le principe de précaution*, RIDE, n°2, 2000, p.121. Ces éléments sont d'ailleurs repris dans le règlement (CE) n°178/2002 du Parlement européen et du Conseil du 28 janvier 2002, *établissant les principes généraux et les prescriptions générales de la législation alimentaire, instituant l'Autorité européenne de sécurité des aliments et fixant des procédures relatives à la sécurité des denrées alimentaires*, *op. cit.*, article 3, §§9 à 13.

1084 Règlement (CE) n° 178/2002, *op. cit.*

1085 Article 18, *ibidem.*

1086 Il est à noter qu'à partir de ce texte, le législateur fera systématiquement référence à ce principe de précaution ; voir, règlement (CE) n°1946/2003 du Parlement européen et du Conseil du 15 juillet 2003, *relatif aux mouvements transfrontaliers des organismes génétiquement modifiés*, JOUE n°L.287, 5 novembre 2003, p.1, art.1er.

1087 Considérant introductif n°19 du règlement (CE) n°178/2002 précité.

1088 Article 3, §9, du règlement précité.

L'Accord SPS, quant à lui, n'appréhende une telle analyse des risques qu'au seul regard de leur évaluation. Ainsi, dans son champ définitoire, il aborde les notions de « mesure sanitaire et phytosanitaire », d'« évaluation des risques » ou encore de « niveau approprié de protection sanitaire ou phytosanitaire ». S'agissant de l'évaluation des risques, l'Annexe 4 de l'Accord SPS définit la notion comme étant l'*évaluation de la probabilité de l'entrée, de l'établissement ou de la dissémination d'un parasite ou d'une maladie sur le territoire d'un Membre importateur en fonction des mesures sanitaires et phytosanitaires qui pourraient être appliquées, et des conséquences biologiques et économiques qui pourraient en résulter ; ou [l']évaluation des effets négatifs que pourrait avoir sur la santé des personnes et des animaux la présence d'additifs, de contaminants, de toxines ou d'organismes pathogènes dans les produits alimentaires, les boissons ou les aliments pour animaux.*
Certes, le règlement précité ne concerne qu'une analyse des seuls risques alimentaires alors que l'Accord SPS, selon son propre intitulé, semble recouvrir un champ beaucoup plus large non limité aux seules denrées alimentaires. En effet, dans l'Annexe A, point 1, de l'Accord SPS, les mesures sanitaires et phytosanitaires sont définies selon leur finalité. Il s'agit de toute mesure appliquée :

a) pour protéger, sur le territoire du Membre, la santé et la vie des animaux ou préserver les végétaux des risques découlant de l'entrée, de l'établissement ou de la dissémination de parasites, maladies, organismes porteurs de maladies ou organismes pathogènes ;

b) pour protéger, sur le territoire du Membre, la santé et la vie des personnes et des animaux des risques découlant des additifs, contaminants, toxines, ou organismes pathogènes présents dans les produits alimentaires, les boissons ou les aliments pour animaux ;

c) pour protéger, sur le territoire du Membre, la santé et la vie des personnes des risques découlant des maladies véhiculées par des animaux, des plantes ou leurs produits, ou de l'entrée, de l'établissement ou de la dissémination de parasites ; ou

d) pour empêcher ou limiter, sur le territoire du Membre, d'autres dommages découlant de l'entrée, de l'établissement ou de la dissémination des parasites.

Le règlement (CE) 178/2002 ne recouvre que les seules denrées alimentaires à destination de la consommation humaine. Il s'agit de *[...] toute substance ou produit, transformé, partiellement transformé ou non transformé, destiné à être ingéré ou raisonnablement susceptible d'être ingéré par l'être humain. Ce terme recouvre les boissons, les gommes à mâcher et toute substance, y compris l'eau, intégrée intentionnellement dans les denrées alimentaires au cours de leur fabrication, de leur préparation ou de leur traitement*[1089].

1089 Article 2 du règlement (CE) n°178/2002. Selon ce même article, la notion de « denrée alimentaire » ne couvre pas les aliments pour animaux (point a), les animaux vivants à moins qu'ils ne soient préparés en vue de la consommation humaine (b), les plantes avant leur récolte (c), les médicaments au sens des directives n°65/65/CEE et n°92/73/CEE du Conseil (d), les cosmétiques au sens de la directive n°76/768/CEE du Conseil (e), le tabac et les produits du tabac au sens de la directive n°89/622/CEE du Conseil (f), les stupéfiants et les substances psychotropes au sens de la Convention unique des Nations unies sur les stupéfiants de 1961 et de la Convention des Nations unies sur les substances psychotropes de 1971 (g), les résidus et contaminants (h).

Malgré une formulation nettement plus large employée par l'Accord SPS, dépassant la simple question des aliments, il semble que le règlement communautaire ait néanmoins vocation à recouvrir un champ beaucoup plus ample qu'il n'y paraît. Effectivement, dans son article 5, par lequel il énonce ses objectifs généraux, ce règlement dispose dans son premier paragraphe que *la législation alimentaire poursuit un ou plusieurs des objectifs généraux de la protection de la vie et de la santé des personnes, de la protection des intérêts des consommateurs, y compris les pratiques équitables dans le commerce des denrées alimentaires, en tenant compte, le cas échéant, de la protection de la santé et du bien-être des animaux, de la santé des plantes et de l'environnement.*

Dans des cas particuliers où une évaluation des informations disponibles révèle la possibilité d'effets nocifs sur la santé, mais où il subsiste une incertitude scientifique, des mesures provisoires de gestion du risque, nécessaires pour assurer le niveau élevé de protection de la santé choisi par la Communauté, peuvent être adoptées dans l'attente d'autres informations scientifiques en vue d'une évaluation plus complète du risque[1090].

Le principe de précaution se trouve ainsi clairement posé[1091]. Originalité du droit communautaire dans la mesure où il est le premier système normatif à l'inaugurer, le principe de précaution n'est en rien pris en compte par les accords multilatéraux. Or, dans la perspective où la Communauté européenne et ses États membres se sont reconnu le devoir de contribuer à l'élaboration des normes techniques internationales relatives aux denrées alimentaires et aux aliments pour animaux, ainsi que des normes sanitaires et phytosanitaires[1092], il est évident que ce principe, au centre de la réflexion communautaire sur la protection de la santé, sera invoqué sur la scène internationale à la moindre occasion. Ceci implique alors que, dans le cadre d'un litige soulevé devant l'Organe de règlement des différends de l'OMC mettant en cause une mesure communautaire visant à assurer la protection de la santé humaine ou animale, la Communauté européenne se targuera du principe de précaution afin de justifier sa position. Une telle approche se heurte néanmoins à une conception minimaliste des textes multilatéraux. Les organes de règlement des différends auront alors pour tâche d'interpréter le principe de précaution au regard de ces derniers textes.

III.- L'articulation conflictuelle des positions communautaire et multilatérale

La crise de la « vache folle », dans le cadre du marché européen, a eu un impact essentiel sur les politiques de la Communauté en ce sens qu'elle a érigé la question de la sécurité alimentaire au rang des priorités internationales, et donc comme

---

1090 Article 7, §1er, du règlement précité.

1091 Au-delà des seuls textes, la jurisprudence communautaire s'est également prononcée en faveur du principe de précaution ; voir, s'agissant de la crise issue de la maladie dite de la « vache folle », CJCE, 5 mai 1998, *Royaume-Uni de Grande-Bretagne et d'Irlande du Nord c/ Commission des Communautés européennes*, aff. n°C-180/96, Rec., p.I-2265 ; du même jour, *The Queen c/ Ministry of Agriculture, Fisheries and Food, Commissioners of Customs & Excise, ex parte National Farmers' Union, David Burnett and Sons Ltd, R. S. and E. Wright Ltd, Anglo Beef Processors Ltd, United Kingdom Genetics, Wyjac Calves Ltd, International Traders Ferry Ltd, MFP International Ltd, Interstate Truck Rental Ltd et Vian Exports Ltd*, aff. n°C-157/96, Rec., p.I-2211, pt.64.

1092 Article 13, pt.a), du règlement (CE) n°176/2002.

valeur communautaire essentielle[1093]. Forte d'une expérience lui ayant dicté une nouvelle fonction internationale, telle une vision messianique, la Communauté européenne tente de faire prévaloir sa position lors des diverses négociations pouvant être engagées sur la scène internationale[1094].

Les accords OTC et SPS, dont l'élaboration est intervenue avant que les conséquences de la crise alimentaire de la « vache folle » aient pu être exposées, reposent sur l'analyse et l'évaluation des risques d'un produit sur la santé humaine, animale et la préservation des végétaux. Ces textes qui envisagent une harmonisation mondiale des mesures nationales visant à assurer un tel objectif tendent en réalité à éviter le développement de mesures qui, sous le couvert d'une finalité de protection de la santé ou de préservation des végétaux, ont une motivation protectionniste[1095]. L'Accord SPS, texte essentiel en matière d'évaluation des risques, présente des frictions conceptuelles avec l'approche communautaire non pas dans son contenu, mais davantage dans sa mise en œuvre. Effectivement, l'Accord SPS axe l'application de ses dispositions sur l'évaluation scientifique des risques. C'est donc l'interprétation de cette évaluation qui va être source de conflit. La conception communautaire ne veut voir dans l'analyse scientifique qu'un simple facteur devant être analysé sur des bases socio-politiques. À celle-ci s'oppose une approche maximaliste de l'évaluation scientifique, conception notamment nord-américaine, n'autorisant des mesures restrictives que dans le seul cas où les preuves ressortant de cette évaluation sont suffisamment concluantes[1096]. Il est à noter néanmoins que l'Accord SPS admet également le recours à des facteurs autres que scientifiques s'agissant de la santé et de la vie des animaux ou de la préservation des végétaux[1097]. Le fait que de tels facteurs ne soient pas pris en considération s'agissant des questions relatives à la santé humaine démontre la volonté de ne pas faire dépendre celles-ci d'éléments ne pouvant être scientifiquement quantifiables. Néanmoins, cette exclusion qui paraît tout à fait louable sur le fond se heurte au rejet du « doute » afin de justifier l'application de mesures restrictives pour les échanges, laquelle ne peut être basée, dès lors, que sur de réelles certitudes scientifiques.

Ainsi, dans la mesure où les systèmes en présence laissent libres leurs membres de fixer le niveau de protection de la santé ainsi que de préservation des végétaux qu'ils estiment nécessaires, la Communauté européenne, en tant que composante de l'OMC, constitue un tel acteur et propose à ses pairs un modèle considéré comme efficace. Ce dernier, basé sur le principe de précaution, permet de fonder des mesures de protection sur la base d'un risque potentiel. Certes, la mise en

---

1093 L'Union européenne : *Les leçons de la crise de l'ESB*, Conférence organisée conjointement par le Parlement européen et la Commission, Bruxelles, 30 novembre et 1er décembre 1998, OPOCE, 1999, p.28.

1094 À la crise de la « vache folle », d'autres affaires ont également apporté leur pierre à l'édifice s'agissant de la gestion et de la communication des risques. Tout particulièrement, dans un cas similaire à celui de la « vache folle », l'affaire dite de la « dioxine » constitue un élément essentiel dans l'élaboration de la politique communautaire de protection de la santé humaine et animale ; voir, N. de GROVE-VALDEYRON, *La protection de la santé et de la sécurité du consommateur à l'épreuve de l'affaire de la dioxine*, RMCUE, n°433, novembre-décembre 1999, pp.700 à 707.

1095 G. BOSSIO, *La notion de sécurité alimentaire selon l'OMC : entre minoration et tolérance timide*, RGDIP, 2001, n°2, p.333.

1096 Sur ce point de crispation, voir, C. NOIVILLE, *Principe de précaution et Organisation mondiale du commerce : le cas du commerce alimentaire*, JDI, n°2, 2000, p.264.

1097 Article 5-3 de l'Accord SPS.

oeuvre de ce principe au sein du marché intérieur introduit un nouveau risque protectionniste. Il offre en effet aux États membres une source importante d'entraves potentielles[1098]. À ce titre, les instances multilatérales de règlement des différends se montrent très réservées à en prendre acte dans le cadre de l'OMC[1099].

La position européenne, dont la quintessence se situe dans le principe de précaution, a suscité une réelle agitation au sein des représentations américaines[1100]. Arguant d'un réel risque pour les échanges, ces dernières insistaient davantage sur la démonstration scientifique. Les approches entretenues aussi bien par les États-Unis que par la Communauté européenne s'appuient toutes deux sur le Codex Alimentarius. Dans cette optique, la différence opposant les deux conceptions provient non pas des textes eux-mêmes, mais davantage de leur interprétation. Il est clair que le règlement communautaire introduit des principes inconnus de l'Accord SPS tels que le principe de précaution ou encore celui de traçabilité. Néanmoins, s'agissant des mesures nationales adoptées en vertu du principe de précaution, tout comme celles élaborées en application de l'Accord SPS dans un cadre multilatéral, le fondement est celui de l'analyse des risques. C'est donc sur l'interprétation de ce fondement que naît l'opposition. L'analyse du risque et plus particulièrement son évaluation au seul regard de l'Accord SPS, quel que soit le résultat obtenu, n'est pas accueillie d'une manière identique dans les deux cas. Le droit communautaire prend en considération la moindre incertitude scientifique comme fondement de l'application d'une mesure restrictive. En effet, dans l'hypothèse où un risque sanitaire ou phytosanitaire ne peut être totalement exclu, et ce, malgré le fait qu'il ne peut non plus être clairement démontré, par prudence et donc par précaution, le droit communautaire admet la validité de telles mesures restrictives pour les échanges[1101]. En revanche, la preuve scientifique semble instaurer, au sens du droit multilatéral et de l'interprétation qui en est faite par les instances de contrôle, une présomption irréfragable de légitimité au profit des mesures SPS[1102].

Également, comme cela a déjà pu être dit, l'élaboration d'une mesure SPS dépend de la seule étape d'évaluation du risque. Au contraire, le droit communautaire impose une procédure tripartite dont l'évaluation n'est qu'une composante. Le principe de précaution justifiant l'application d'une mesure restrictive envers les échanges lorsque sont impliquées des considérations de santé humaine ou animale liées à leur alimentation, n'est la résultante que de la seule gestion des risques, étape supplémentaire dans le processus analytique communautaire.

Le droit communautaire, en élevant l'hésitation, le doute de la dangerosité d'un produit alimentaire, au rang de critère essentiel de déclenchement du principe de précaution,

---

[1098] A. ALEMANO, *Le principe de précaution en droit communautaire, stratégie de gestion des risques ou risque d'atteinte au Marché intérieur*, RMUE, n°4, 2001, p.917.

[1099] Organe d'appel, *Mesures communautaires concernant les viandes et les produits carnés (hormones)*, rapport du 16 janvier 1998, WT/DS26/AB/R et WT/DS48/AB/R.

[1100] L. BOY, C. CHALIER et M. RAINELLI, *Analyse de la Communication de la Commission de février 2000 au regard des débats actuels sur le principe de précaution*, *op. cit.*, p.149.

[1101] En application du principe de précaution et d'action préventive, les États peuvent prendre des mesures de protection sans avoir à attendre que la réalité et la gravité des risques soient pleinement démontrées : CJCE, 5 mai 1998, *National Farmers'Union e.a.*, *op. cit.*, pt.63 ; 12 janvier 2006, *Agrarproduktion Staebelow GmbH c/ Landrat des Landkreises Bad Doberan*, aff. n°C-504/04, NEPR, pt.39.

[1102] A. TANKOANO, *Organisation mondiale du commerce, mesures sanitaires et phytosanitaires*, RIDE, 1999, p.391.

semble placer le sentiment sécuritaire au-dessus du principe de libre circulation[1103]. En revanche, l'application de mesures SPS n'est envisagée que d'une manière exceptionnelle. À ce titre, la primauté est ainsi conférée aux principes libéraux du GATT.

Néanmoins, l'Accord SPS atténue quelque peu cette rigidité ressortant de la place prépondérante accordée à la preuve scientifique. Il est des cas pour lesquels l'insuffisance dans la démonstration scientifique n'empêche pas l'élaboration d'une mesure nationale SPS[1104]. Cette atténuation doit toutefois être relativisée ; effectivement, tant les politiques communautaires que multilatérales en matière de santé humaine et animale sont basées sur l'harmonisation des niveaux de protection. Dans une telle optique, les mesures nationales répondant aux standards internationaux, tels que fixés par le Codex Alimentarius, bénéficient d'une présomption de légitimité rendant inutile une preuve scientifique incontestable. Cependant, l'harmonisation présente un risque évident quel que soit le domaine concerné. En effet, les États présentant des systèmes à haut niveau sécuritaire devront, s'ils ne détiennent pas de preuves scientifiques évidentes, l'abaisser jusqu'au plafond fixé par les standards internationaux[1105]. Partant, si des autorités nationales instituent un degré élevé de sécurité, celles-ci devront justifier une telle opération par la preuve scientifique[1106].

Il est évident que droit communautaire et droit de l'OMC, sans être contradictoires dans leur finalité, diffèrent dans leur exigence probatoire. Pour le premier, le risque plausible, le doute légitime produit des effets juridiques. Au contraire, pour le second, une démonstration objective est indispensable. Schématiquement, dans le premier cas, l'incertitude justifie la suspension de la libre circulation, alors que, dans le second, elle en suppose le maintien.

IV.- La conciliation jurisprudentielle des deux systèmes

Droit communautaire et droit multilatéral poursuivent, entre autres, des objectifs de libéralisation commerciale. Dans un tel contexte, les lois du marché régissent leur organisation. Les divergences d'approche entretenues par ces deux systèmes, déjà largement constatées dans les développements précédents, doivent néanmoins être conciliées dans le cadre de différends impliquant la Communauté européenne. Les principes établis dans le cadre des accords OMC sont intégrés dans les systèmes normatifs des Membres de l'OMC. Autant dire que la Communauté européenne, en tant que Membre, a procédé à une telle intégration en vertu du caractère moniste de son système juridique[1107]. Ainsi, les autorités communautaires, dans l'élaboration de la norme communautaire, sont tenues de prendre en considération les données prescrites par le droit de l'OMC. À cet égard, le principe de précaution ne peut

1103 L. GONZALEZ VAQUÉ, L. EHRING et G. JAQUET, *Le principe de précaution dans la législation communautaire et nationale relative à la santé*, RMCUE, n°1/1999, p.79.
1104 Article 5-7 de l'Accord SPS.
1105 Sur la question, voir, J. BERTHELOT, *L'agriculture talon d'Achille de la mondialisation, clés pour un accord solidaire à l'OMC*, L'Harmattan, Paris, 2001 , p.377.
1106 N. de SADELEER, *Le principe de précaution en droit communautaire : du slogan à la règle*, CDE, 2001, n[os]1 et 2, p.109.
1107 En particulier, CJCE, 30 avril 1974, *R. & V. Haegeman c/ État belge*, aff. n°181/73, Rec., p.459, pt.5. Également, D. SIMON, *Le système juridique communautaire*, *op. cit.*, p.347.

être invoqué que par l'un des États membres de la Communauté européenne et uniquement à l'encontre de l'un de ses pairs. En revanche, il n'en va pas de même lorsque ce principe est invoqué à l'encontre d'un pays tiers, membre de l'OMC.

De manière générale, l'Accord instituant l'OMC est clairement orienté dans le sens d'un relèvement des niveaux de vie des pays membres[1108]. L'amorce d'une politique de développement durable replace les questions sanitaires et phytosanitaires au centre des débats[1109]. À cette fin, la jurisprudence multilatérale[1110] trace une ligne évolutive tendant à rendre acceptable la position communautaire au regard de la réglementation multilatérale en adoptant une position de prudence, écartant l'application *stricto sensu* du principe de précaution sans pour autant en rejeter clairement l'existence.

Le cas de référence en la matière est sans nul doute l'affaire *CE – Hormones*[1111], différend ayant opposé la Communauté européenne aux États-Unis relativement à l'utilisation d'hormones dans l'élevage animal. Les autorités communautaires ayant interdit l'utilisation des hormones de croissance dans l'élevage du bétail à viande à destination de l'alimentation humaine[1112], les États-Unis ont saisi l'Organe de règlement des différends de l'OMC excipant du caractère injustifié d'une telle mesure, présentant, à leurs yeux, un caractère protectionniste élémentaire. Le risque pour la santé humaine, avancé par la Communauté afin de justifier la mesure restrictive prise en vertu du principe de précaution, n'a pas convaincu le Groupe spécial saisi de l'affaire ni même, en appel, l'Organe permanent. Malgré les rapports d'expertise ne niant pas l'existence d'un risque pour la santé humaine, le Groupe spécial a estimé que la directive communautaire constituait une restriction déguisée au commerce international contrevenant aux principes de l'article 5 de l'Accord SPS du fait qu'elle n'était pas basée sur une évaluation des risques. S'agissant du principe de précaution, tant le Groupe spécial que l'Organe d'appel ont refusé d'en étudier la substance, le second estimant en outre qu'il serait imprudent de se prononcer sur sa valeur juridique[1113].

[1108] Le Préambule de l'Accord instituant l'OMC débute en effet en ces termes : *Reconnaissant que leurs rapports dans le domaine commercial et économique devraient être orientés vers le relèvement des niveaux de vie, la réalisation du plein emploi et d'un niveau élevé et toujours croissant du revenu réel et de la demande effective, et l'accroissement de la production et du commerce de marchandises et de services, tout en permettant l'utilisation optimale des ressources mondiales conformément à l'objectif de développement durable, en vue à la fois de protéger et préserver l'environnement et de renforcer les moyens d'y parvenir d'une manière qui soit compatible avec leurs besoins et soucis respectifs à différents niveaux de développement économique*.

La liaison entre objectifs économiques, nettement prépondérants, et ceux attachés au développement durable est clairement affichée dès les dispositions liminaires des accords de l'OMC.

[1109] PIERALTI G. et PRAT J.-L., *Droit, économie, écologie et développement durable, des relations nécessairement complémentaires, mais inévitablement ambigües*, RJE, n°3, 1er septembre 2000, p.421 ; également, Étude des Notes bleues de Bercy, *L'OMC et le développement durable*, Notes bleues de Bercy, n°185, 16 juin 2000, p.1.

[1110] Elle fait d'ailleurs clairement référence au Préambule de l'Accord OMC ; voir, Organe d'appel, *États-Unis – Crevettes, op. cit.*, §153.

[1111] Groupe spécial, *Mesures communautaires concernant les viandes et les produits carnés (hormones)*, rapport du 18 août 1997, WT/DS26/R et WT/DS48/R.

[1112] Directive n°81/602/CEE du Conseil du 31 juillet 1981, *concernant l'interdiction de certaines substances à effet hormonal et des substances à effet thyréostatique*, JOCE n°L.222, 7 août 1981, pp.32 et 33.

[1113] Organe d'appel, *CE – Hormones, op. cit.*, §124.

Néanmoins, l'Organe d'appel s'est montré un peu plus nuancé dans sa position que n'a pu l'être le Groupe spécial. En effet, certains des arguments de la Communauté européenne ont tout de même obtenu un accueil positif. Ainsi, le principe de précaution n'est pas totalement exclu de l'analyse juridictionnelle. L'Organe d'appel ouvre certaines voies dont l'emprunt pourrait rendre ce principe admissible à son examen. Il est déjà clairement admis qu'un Membre puisse prendre librement, en vertu de l'article 3-3 de l'Accord SPS, un niveau plus élevé de protection[1114] dans la mesure où il agit avec « prudence et précaution »[1115]. De même, du fait que la mesure communautaire d'interdiction des produits carnés obtenus par utilisation d'hormones n'était pas circonscrite dans le temps, la Communauté européenne s'est privée du fondement de l'article 5-7 de l'Accord SPS lequel admet les mesures provisoires en cas d'incertitude scientifique sur les risques supposés d'un procédé de production[1116]. Cependant, l'éventuelle admissibilité du principe de précaution demeure tout de même subordonnée à la preuve scientifique, faisant défaut dans l'argumentaire européen aux yeux des instances juridictionnelles multilatérales et malgré certains rapports d'expertise soulignant l'existence avérée d'un réel risque pour la santé humaine.
La prise en compte de considérations liées à la notion de précaution, sans pour autant aborder clairement le principe en question, démontre une possible évolution vers l'adoption des conceptions communautaires en la matière[1117].

L'affaire *CE – Amiante*[1118], dans un registre autre que celui des risques liés à l'alimentation humaine, mais concernant également la santé humaine, apporte une aura particulière à la notion de risque. En effet, la plainte déposée par le Canada n'était pas fondée sur la violation des règles de l'Accord SPS, mais sur l'article III-4 du GATT. La France, par un décret de 1996[1119], avait interdit l'ensemble des produits à base d'amiante composée de fibres de chrysolite, considérés alors comme dangereux pour la santé humaine notamment comme vecteur carcinogène important. Le Canada, principal producteur d'amiante au niveau mondial, prétendait que cette mesure était motivée par un objectif protectionniste du fait que le produit interdit se trouvait dès lors substitué par des produits locaux ne subissant pas les mêmes restrictions. C'est donc sur la base de la violation du principe du traitement national, tel qu'entendu par l'article III-4 du GATT, qu'était axée la plainte canadienne. Pour ainsi dire, les autorités canadiennes reprochaient à la France de ne pas appliquer aux produits importés, c'est-à-dire à l'amiante canadien, le même traitement que celui accordé aux produits similaires nationaux. Plutôt que d'aborder la question d'un point de vue sanitaire par le biais de l'Accord SPS, c'est donc par l'entremise d'une approche discriminatoire que le Canada entendait faire condamner la mesure française. Pour rejeter une telle conception, les instances multilatérales, analysant la question sur le même fondement, ont examiné les

---

[1114] *Ibidem*, §172.
[1115] *Ibidem*, §194.
[1116] L. BOY, C. CHALIER et M. RAINELLI, *Analyse de la Communication de la Commission de février 2000 au regard des débats actuels sur le principe de précaution*, *op. cit.*, p.145.
[1117] En ce sens, É. CANAL-FORGUES et T. FLORY, *Recueil des contentieux GATT/OMC : du 1er janvier 1948 au 31 décembre 1999*, Bruylant, Bruxelles, 2000, p.803.
[1118] Groupe spécial, *Communauté européenne – Mesures affectant l'amiante et les produits en contenant*, rapport adopté le 18 septembre 2000, WT/DS135/R.
[1119] Décret n°96-1133 du 24 décembre 1996, *relatif à l'interdiction de l'amiante, pris en application du code du travail et du code de la consommation*, JORF n°300, 26 décembre 1996, p.19126.

produits en cause comme étant non similaires[1120]. À cette fin, elles ont estimé que les risques pour la santé inhérents à l'amiante avaient pour effet de la différencier des produits de substitution ne présentant pas de tels risques[1121]. Certes, l'affaire n'a pas été réglée selon l'évaluation des risques prônée par l'Accord SPS ; néanmoins, les preuves scientifiques apportées par la France ont donné la possibilité à la juridiction multilatérale d'affiner la notion de produits similaires en introduisant le critère de dangerosité d'un produit comme élément différenciateur excluant la similarité recherchée[1122].

Néanmoins, malgré cet aparté réalisé à propos d'un point spécifique de l'appréhension des risques, la question du principe de précaution analysée en vertu de l'Accord SPS trouve un nouveau souffle dans le cadre d'autres affaires.

La première d'entre elles, l'affaire dite des *Saumons australiens*, concerne le cas de mesures SPS destinées à assurer la protection de la santé animale. La mesure incriminée, d'origine australienne, interdisait les importations de saumons frais, réfrigérés ou congelés du fait qu'ils étaient susceptibles d'être vecteurs d'un certain nombre de maladies dont les poissons autochtones de la famille des salmonidés étaient victimes. Or, le Canada, étant le principal exportateur mondial de saumons, déposa une plainte auprès de l'ORD se basant en partie sur les dispositions pertinentes de l'Accord SPS. Certes, dans cette affaire, le principe de précaution n'est pas avancé par les autorités australiennes, ces dernières n'étant pas coutumières d'une telle approche. Mais, l'interprétation réalisée, en particulier par l'Organe d'appel, ouvre, semble-t-il, une brèche à une reconnaissance du principe de précaution. Effectivement, l'Organe d'appel précise que l'Australie n'a pas procédé à une véritable évaluation des risques, mais a uniquement axé sa position sur la seule probabilité de l'entrée et de la diffusion des maladies par le biais d'importations. Dans cette perspective, il admet qu'il n'est pas nécessaire que l'évaluation des risques établisse un certain ordre de grandeur ou un certain seuil ou degré minimal de risque[1123]. Confirmant l'incompatibilité de la mesure australienne avec certaines dispositions de l'Accord SPS, la Haute juridiction multilatérale a cependant ouvert une brèche sémantique en ce sens qu'elle semble admettre qu'une mesure SPS puisse s'écarter d'un calcul purement scientifique.

Le second cas d'espèce induisant le franchissement d'une étape supplémentaire dans le processus de reconnaissance du principe de précaution ressort de l'affaire *Japon – Fruits*[1124]. Dans cette affaire, la mesure incriminée avait été élaborée dans un but de préservation des végétaux. Les autorités nippones avaient posé une interdiction totale des importations de fruits, craignant que ces derniers soient potentiellement porteurs d'une maladie parasitaire. De telles importations étaient néanmoins possibles dans le seul cas où les États exportateurs pouvaient justifier d'un

---

[1120] L'article III-4 du GATT ne prévoit la coordination de mesures contrevenantes au principe du traitement national que dans les seuls cas où les produits étrangers affectés sont similaires ou du moins en situation de concurrence avec les produits nationaux favorisés.

[1121] Organe d'appel, *Communauté européenne – Amiante*, *op. cit.*, §151.

[1122] Concernant la définition de « produits similaires », voir les développements consacrés au principe de non-discrimination, *supra*. S'agissant de l'affaire présentement développée, voir, C. NOIVILLE, *La conformité aux textes de l'OMC de l'interdiction de l'amiante par la France*, LPA, 13 mars 2001, p.18.

[1123] Organe d'appel, *Australie – Mesures visant les importations de saumons*, rapport adopté le 20 octobre 1998, WT/DS18/AB/R, §125.

[1124] Groupe spécial, *Japon – Mesures visant les produits agricoles (Fruits)*, rapport adopté le 27 octobre 1998, WT/DS76/R.

traitement garantissant l'absence de maladies. Les États-Unis, particulièrement intéressés par la mesure restrictive japonaise, saisirent l'ORD prétextant d'une violation, entre autres, des dispositions de l'Accord SPS. Fondant son raisonnement sur l'absence de preuves scientifiques suffisantes afin de condamner la position du Japon, l'Organe d'appel semble procéder à un certain retour en arrière. Cependant, l'apport essentiel réside davantage dans l'interprétation de l'article 5-7 de l'Accord SPS lequel, comme cela a pu être dit, autorise le recours à des mesures restrictives provisoires. Cette disposition prévoit en effet que de telles mesures sont possibles dans le cas de preuves scientifiques insuffisantes. Néanmoins, dans un délai raisonnable, des renseignements supplémentaires venant justifier le maintien d'une telle position doivent être apportés. Selon l'Organe d'appel, de telles conditions sont cumulatives[1125]. Comme l'a souligné le Groupe spécial dans la même affaire, le Japon n'a pas procédé à un tel apport de renseignements supplémentaires dans un délai raisonnable. À ce titre, le panel a souligné que le délai de vingt ans séparant la mise en œuvre de la mesure attaquée et le règlement de ce différend devait être considéré comme raisonnable[1126]. Il y a donc là une large place accordée au principe de précaution ; l'article 5-7 de l'Accord SPS, comme cela a pu être abordé dans le cadre de l'affaire *CE – Hormones*, constitue donc une base propice à l'application de ce principe, le délai raisonnable n'étant pas enserré dans une brièveté qui en atténuerait la teneur[1127].

Mis à part ces cas jurisprudentiels, les conflits commerciaux impliquant des mesures sanitaires ou phytosanitaires sont encore nombreux notamment entre la Communauté européenne et les États-Unis[1128]. Ainsi, l'utilisation d'organismes génétiquement modifiés (OGM) afin d'accroître la productivité et la résistance aux maladies des productions agricoles végétales soulève-t-elle des interrogations qui, au-delà des seules questions sanitaires, mettent l'accent sur des oppositions socioculturelles[1129].

Effectivement, dans une première approche qui est celle de la Communauté européenne, l'usage d'aliments transgéniques, à destination humaine ou animale, est appréhendée comme pouvant provoquer une résistance des utilisateurs à certains antibiotiques, lesquels s'avèrent indispensables pour soigner des maladies qui sans eux pourraient s'avérer mortelles. En rendant résistantes aux maladies les cultures agricoles, le risque est important de transmettre ce caractère à l'homme ou aux animaux, ces derniers étant susceptibles de transmettre à leur tour la résistance à l'homme s'ils sont destinés à leur alimentation. Par une approche empreinte de

---

1125 Organe d'appel, *Japon – Mesures visant les produits agricoles (Fruits)*, rapport adopté le 22 février 1999, WT/DS76/AB/R, §89.

1126 Groupe spécial, *Japon – Fruits*, *op. cit.*, §8.57.

1127 Sur ces points, M. DIAZ VARELLA, *Différences d'interprétation sur un même sujet : le principe de précaution, la CIJ, l'OMC et la CJCE*, REDE, 1/2004, pp.20 et 21.

1128 Il est à noter que les conflits commerciaux agricoles opposant la Communauté européenne et les États-Unis n'ont cessé de proliférer depuis l'élaboration de la PAC. En effet, entre « guerre du poulet » et « guerre du soja », les relations transatlantiques demeurent conflictuelles ; à cet égard, voir, M.-F. LABOUZ, *Relations avec les pays industrialisés, Union européenne et États-Unis*, Juris-classeur Europe, fasc. n°2211.

1129 C'est d'ailleurs ces oppositions qui ont conduit les États-Unis, appuyés par l'Argentine et le Canada ayant introduit une procédure semblable, à demander l'ouverture de consultations à ce sujet avec la Communauté européenne ; voir, *Communautés européennes – Mesures affectant l'approbation et le commercialisation des produits biotechnologiques*, demande adressée le 20 mai 2003, WT/DS291/1. Ces consultations ont abouti quelques mois plus tard à l'établissement d'un groupe spécial en charge d'examiner le différend opposant ces deux Membres (constitution du 5 mars 2004, WT/DS291/24, WT/DS292/18 et WT/DS293/18).

précaution[1130], les autorités communautaires ont adopté des directives visant à réduire tout risque de dissémination d'OGM dans l'environnement européen[1131]. La pollinisation qui est le mode essentiel de reproduction des végétaux rend importante la possibilité de dissémination des caractères transgéniques aux espèces autochtones. De même, une telle dissémination pourrait faire disparaître ces dernières au profit des plants génétiquement modifiés. En effet, en vertu du mécanisme darwinien de sélection naturelle, une espèce animale ou végétale ne survit que par ses individus les plus aptes à subsister et à se reproduire, autrement dit, en l'occurrence, les seules espèces transgéniques[1132]. Malgré ces considérations quelque peu alarmantes, les cultures d'OGM peuvent être autorisées, mais sous d'étroites conditions. La directive relative à la dissémination volontaire d'organismes génétiquement modifiés dans l'environnement prévoit effectivement une obligation de notification à la Commission et aux autres États membres. Cette obligation pèse sur l'État auprès duquel a été introduite une demande d'autorisation, généralement adressée par une entreprise de biotechnologie[1133]. Après avoir obtenu l'aval des comités scientifiques ou de l'Autorité alimentaire européenne, la Commission convoquera un comité réglementaire compétent, composé de représentants des États membres et d'experts et chargé de se prononcer sur la mise sur le marché de tels produits. Selon l'avis de ce comité, la Commission donnera son accord à la culture des OGM concernés, ou, en cas d'avis négatif, transmettra le dossier au Conseil qui, s'il ne se prononçait pas, renverrait à la

---

1130 M.-A. HERMITTE, *La dissémination volontaire d'OGM dans l'environnement, première application du principe de prudence*, RJE, 1993, n°3, p.392 ; il est à noter d'ailleurs que la jurisprudence a considéré que le principe de précaution avait vocation à s'appliquer, au-delà des seules conditions relatives à la santé humaine ou animale, à celles liées à la protection de l'environnement (CJCE, 5 mai 1998, *National Farmers'Union e.a., op. cit.*, pts.63 et 64 ; 9 septembre 2003, *Monsanto Agricoltura Italia SpA e.a. c/ Presidenza del Consiglio dei Ministri e.a.*, C-236/01, Rec., p.I-8105, pts.128 et 133 ; 23 septembre 2003, *Commission des Communautés européennes c/ Royaume du Danemark*, aff. n°C-192/01, Rec., p.I-9693, pt.49 ; 5 février 2004, *Commission des Communautés européennes c/ République française*, aff. n°C-24/00, Rec., p.I-1277, pt.56 ; 2 décembre 2004, *Commission des Communautés européennes c/ Royaume des Pays-Bas*, aff. n°C-41/02, Rec., p.I-11375, pt.45 ; également, TPICE, 11 septembre 2002, *Pfizer Animal Health SA c/ Conseil de l'Union européenne*, aff. n°T-13/99, Rec., p.II-3305, pts.139 et 149 ; du même jour, *Alpharma Inc. c/ Conseil de l'Union européenne*, aff. n°T-70/99, Rec., p.II-3495, pts.152 et 153 ; 10 mars 2004, *Malagutti-Vezinhet SA c/ Commission des Communautés européennes*, aff. n°T-177/02, Rec., p.II-827, pt.54.

1131 Entre autres, directives n°90/219/CEE du Conseil du 23 avril 1990, *relative à l'utilisation confinée de micro-organismes génétiquement modifiés*, JOCE n°L.117, 8 mai 1990, pp.1 à 14, et, n°90/220/CEE du Conseil du 23 avril 1990, *relative à la dissémination volontaire d'OGM dans l'environnement*, JOCE n°L.117, 8 mai 1990, pp.15 à 27. Ces directives qui ne se réfèrent pas au principe de précaution, en dessinent les prémices de par leur champ d'application. Aussi, ces dernières étant démunies en matière d'évaluation des risques, une directive de 2001 est venue placer explicitement le principe de précaution au centre de la politique anti-OGM de la Communauté. Cette directive rompt avec l'approche antérieure d'action préventive pour aborder une conception axée sur la gestion des risques avérés et non plus seulement potentiels ; voir, directive n°2001/18/CE du Parlement européen et du Conseil du 12 mars 2001, *relative à la dissémination volontaire d'organismes génétiquement modifiés dans l'environnement et abrogeant la directive n°90/220/CEE du Conseil - Déclaration de la Commission*, JOCE n°L.106, 17 avril 2001, pp.1 à 39.

1132 Sur l'ensemble de ces considérations, voir, P. PHILIPPON, *Aliments transgéniques : le doute s'installe*, Rev. Biofutur, n°192, septembre 1999, p.16 ; voir également, communication de M. Fischler à la Commission sur la coexistence de cultures OGM avec des cultures conventionnelles et organiques, SEC (2003), 258/4, 28 février 2003 ; ou encore, recommandation de la Commission du 23 juillet 2003, *établissant les lignes directrices pour l'élaboration des stratégies nationales et de meilleures pratiques visant à assurer coexistence des cultures génétiquement modifiées, conventionnelles et biologiques*, C (2003) 2624 final, 23 juillet 2003.

1133 Directive n°2001/18/CE précitée.

Commission pour qu'elle tranche en dernier ressort[1134]. Il est cependant à noter que certaines autorités nationales, voire locales, se montrent quelque peu réticentes à cet égard tant l'hostilité de l'opinion publique semble forte[1135]. Dans cette perspective, certaines régions des pays membres revendiquent l'établissement de zones libres d'OGM, « sortes d'îlots de nature préservée de toute modification artificielle »[1136]. D'ailleurs, le règlement (CE) 1946/2003 témoigne de la volonté des instances européennes d'assurer un contrôle efficace des mouvements transfrontaliers d'OGM[1137]. Ce souci se retrouve du reste dans les règles concernant les denrées alimentaires et les aliments pour animaux génétiquement modifiés[1138].

L'approche nord-américaine, au contraire, met l'accent sur le progrès technologique qu'implique l'utilisation d'OGM dans l'agriculture. En effet, un tel usage est souvent avancé comme un remède aux pénuries alimentaires dont peuvent souffrir certains pays. Assurant aux cultures, quelles qu'elles soient, une plus grande résistance aux maladies ou aux parasites, aux contrariétés climatiques pouvant altérer le développement des plants, comme la sécheresse, ainsi qu'une plus grande productivité, la biotechnologie semble présenter un réel espoir d'éradication de la faim dans le monde.

Au-delà de ces considérations « humanistes », les éléments financiers sont tout de même prépondérants en matière biotechnologique. Les investissements considérables réalisés par les laboratoires, nécessaires afin de mettre au point les mutations génétiques accroissant la productivité et renforçant la résistance des cultures végétales, requièrent inévitablement un retour financier pouvant parfois occulter les risques pour la santé ou l'environnement. De même, en limitant considérablement les cultures à base d'OGM sur le territoire européen, les autorités communautaires influencent les pratiques agricoles des partenaires exportateurs des membres de la Communauté. En rejetant eux-mêmes les produits transgéniques afin de maintenir leurs relations commerciales avec la Communauté européenne, ces pays exportateurs réduisent du coup les importations de produits agricoles en provenance des États-Unis, principal utilisateur de biotechnologie. Il s'agit là d'une claire orientation des pratiques commerciales au niveau mondial au profit de la Communauté[1139].

[1134] Règlement (CE) n°1829/2003 du Parlement européen et du Conseil du 28 septembre 2003, *en ce qui concerne la demande d'autorisation de nouvelles denrées alimentaires et de nouveaux aliments pour animaux génétiquement modifiés, la notification de produit existants et la présence fortuite ou technique inévitable de matériel génétiquement modifié ayant fait l'objet d'une évaluation du risque et obtenu un avis favorable*, JOUE n°L.102, 7 avril 2004, pp.14 à 25.

[1135] Sur les raisons de cette opposition, voir, N. JAZRA BANDARRA, *Évolution du cadre communautaire réglementaire pour les organismes génétiquement modifiés*, RMCUE, n°476, mars 2004, p.175.

[1136] Pour un état des lieux de la législation communautaire en matière d'OGM, voir, N. JAZRA BANDARRA, *ibidem*, p.169.

[1137] Règlement (CE) n°1946/2003 du Parlement européen et du Conseil du 15 juillet 2003, *relatif aux mouvements transfrontaliers des organismes génétiquement modifiés*, JOUE n°L.287, 5 novembre 2003, pp.1 à 10.

[1138] Règlement (CE) n°882/2004 du Parlement européen et du Conseil du 29 avril 2004, *relatif aux contrôles officiels effectués pour s'assurer de la conformité avec la législation sur les aliments pour animaux et les denrées alimentaires et avec les dispositions relatives à la santé animale et au bien-être des animaux*, JOCE n°L.165, 30 avril 2004, pp.1 à 141.

[1139] À cet égard, il est évident que la Communauté européenne mène un double jeu ; tantôt autorise-t-elle les OGM à être cultivés sur son sol lorsqu'elle estime que les agriculteurs locaux pourront bénéficier des avantages que peuvent leur procurer les biotechnologies, tantôt arbore-t-elle sur la scène internationale l'habit de défenseur de la santé humaine par une alimentation naturelle lorsque ses intérêts commerciaux s'en

L'importance des intérêts réciproques en la matière a rendu inévitable des négociations au niveau international sur la prévention des risques biotechnologiques afin d'éviter une mutation juridictionnelle du conflit[1140]. Ainsi, le Protocole de Carthagène[1141] adopté à Montréal le 29 novembre 2001, sous les auspices de la Convention de Rio sur la diversité biologique, aborde la question d'une manière conforme aux attentes communautaires s'agissant de la prise en compte des principes de précaution et de traçabilité. Cependant, le principe de précaution n'a pas été érigé au rang de principe de droit international. Également, les États-Unis, qui sont les premiers exportateurs de produits OGM, ne l'ont pas ratifié et se sont contentés de participer aux débats en tant que simples observateurs[1142].

En tout état de cause, ce protocole est le premier texte de droit international prenant en considération le principe de précaution. Or, les instances de règlement des différends de l'OMC, dans l'interprétation des dispositions multilatérales, peuvent prendre appui sur l'ensemble des textes pertinents de droit international[1143]. Autrement dit, dans le cadre d'un litige impliquant une mesure SPS, ce protocole pourra constituer le fondement de l'application en droit multilatéral du principe de précaution. Ainsi, alors qu'il a déjà par sa jurisprudence ouvert une large brèche quant à l'accueil de ce principe par le biais de l'Accord SPS, notamment de son article 5-7, l'ORD ne pourra que confirmer une telle évolution venant assouplir les divergences qui pouvaient opposer jusque-là les systèmes communautaire et multilatéral[1144].

---

trouvent menacés. Il semble néanmoins que cette position de recul quant à l'acceptation d'une certaine dose d'OGM sur le sol européen réponde davantage à une stratégie communautaire visant à démontrer que le cadre législatif européen en la matière n'introduit pas une interdiction totale des OGM, mais un contrôle destiné à assurer une protection effective de la santé et de l'environnement et ainsi infléchir une position juridictionnelle qui pourrait sanctionner la nouvelle réglementation communautaire ; à cet égard, voir Y. PETIT, *L'agriculture, pomme de discorde entre l'Union européenne et les États-Uni*, *op. cit.*, p.614.

[1140] P. THIEFFRY, *Le contentieux naissant des organismes génétiquement modifiés : précaution et mesures de sauvegarde*, RTDE, 1999, p.81.

[1141] Le Protocole de Carthagène sur la prévention des risques biologiques est entré en vigueur le 11 septembre 2003 ; voir, décision n°2002/628/CE du Conseil du 25 juin 2002, *concernant la conclusion, au nom de la Communauté européenne, du protocole de Cartagena sur la prévention des risques biotechnologiques*, JOCE n°L.201, 31 juillet 2002, pp.48 et 49.

[1142] Sur ces questions, voir, R. ROMI, *Le protocole sur la biotechnologie – Sécurité : une étape vers l'écologisation des échanges économiques internationaux*, LPA, 9 juin 2000, n°115, p.6.

[1143] Sur la question de l'interprétation des accords de l'OMC, voir, *infra*, chapitre 2 de la deuxième partie.

[1144] H. RUIZ FABRI, *La prise en compte du principe de précaution par l'OMC*, RJE, n° spécial, 2001, pp.55 et ss.

CONCLUSION DE LA PREMIÈRE PARTIE

Les principes assurant le démantèlement des entraves au commerce ne trouvent de concrétisation qu'à travers la liberté de circulation. Or, celle-ci se décline en autant de versions qu'il existe de facteurs pouvant être impliqués dans les relations commerciales internationales. À cet égard, le droit communautaire, qui se présente incontestablement comme étant le système juridique interétatique le plus accompli en la matière, procède à une libéralisation de quatre domaines couvrant la totalité des opérations commerciales intracommunautaires. Ainsi, la libre circulation des marchandises, des services, des personnes et des capitaux est largement garantie au sein du marché intérieur européen. C'est en effet dans cette perspective qu'il est loisible de parler des quatre libertés de circulation comme étant une réalité communautaire. En revanche, le droit de l'OMC, malgré l'ancienneté de ses bases, n'en est qu'à ses balbutiements. Seuls les domaines des marchandises et, depuis la mise en place de l'OMC, des services, font l'objet des attentions les plus franches. Les questions relatives aux capitaux, voire aux personnes de manière encore largement sommaire, ne sont abordées qu'indirectement, dans le seul but d'assurer la libéralisation des deux autres secteurs.

Néanmoins, malgré cette apparente divergence quant au champ d'application des principes libre-échangistes, l'approche multilatérale des notions de marchandise et de service laisse supposer une marge d'extension supérieure ou du moins égale au champ couvert par le droit communautaire en la matière. Ainsi, par son appréhension des seuls domaines des marchandises et des services, le droit multilatéral ambitionne d'assurer la libéralisation de secteurs qui sont, en droit communautaire, envisagés de manière autonome comme c'est le cas du libre établissement. En revanche, la question de la circulation des personnes physiques demeure, par sa sensibilité, encore soumise au principe de souveraineté.

Alors que la tendance générale allait dans le sens d'une libéralisation du commerce, la renaissance d'un protectionnisme considéré comme utile se fait jour. Effectivement, certaines questions fondamentales présentent un intérêt supérieur à celui ressortant d'échanges commerciaux et, dans cette optique, méritent une attention plus particulière. Par exemple, la restauration d'une certaine dose de police étatique se concrétise par un accroissement des contrôles sanitaires ou encore par l'harmonisation des différents niveaux nationaux de protection. Certes, le protectionnisme qualifié d'utile n'est pas le fruit du seul contexte international actuel. Effectivement, déjà les textes fondant tant le droit communautaire que multilatéral prévoyaient dès leurs origines, certaines dispositions écartant les règles libérales dans des cas bien particuliers. Néanmoins, les diverses crises sanitaires qui ont traversé la dernière décennie, le développement du « tout sécuritaire » dans un cadre de protection accrue des consommateurs, l'impact de plus en plus fort du « dumping social » dans le processus globalisant, ont réactualisé la question protectionniste.

Sur l'ensemble de ces considérations, le droit communautaire apparaît plus que jamais comme étant un modèle amplement efficient dont les lignes sont susceptibles, dans une large mesure, d'être reprises dans le cadre d'autres systèmes juridiques tendant à assurer la libéralisation des échanges commerciaux, ce qui est le cas du droit de l'OMC.

De la même manière, alors que les principes élaborés afin d'assurer la libéralisation des échanges sont les mêmes dans les systèmes communautaire et multilatéral, eu égard à leur nature essentiellement commerciale, leur mise en œuvre varie dans l'intensité. Des principes les plus contraignants envers les autorités étatiques à ceux tendant à préserver les susceptibilités nationales, la variabilité de leur application a pour incidence de rendre le système en question plus ou moins efficient.

Ainsi, du dépassement du principe de non-discrimination par l'élaboration de la théorie de l'entrave en droit communautaire à une notion multilatérale de discrimination élargie à l'aune communautaire, de la couverture communautaire directe des quatre libertés commerciales à une appréhension multilatérale parfois allusive de l'ensemble de ces domaines, les principes libre-échangistes transparaissent dès lors des deux systèmes sous examen.

Malgré cette convergence dans les principes fondamentaux, les systèmes communautaire et multilatéral ne trouvent pas à s'appliquer d'une manière comparable.

TABLE DES MATIÈRES

TOME 1

REMERCIEMENTS 7

TABLE DES SIGLES ET ABRÉVIATIONS 9

SOMMAIRE 15

PRÉFACE 17

INTRODUCTION GÉNÉRALE 21
La globalisation de l'économie 22
La souveraineté nationale face à la globalisation 25
Le protectionnisme comme réponse à la globalisation économique 26
Le système capitaliste et libéral actuel 29
La régionalisation comme résultante de la globalisation économique 32
La nature libérale des accords instituant l'OMC et la Communauté européenne 34

PARTIE 1 LES CONVERGENCES DANS LES FONDEMENTS DES SYSTÈMES DE DÉMANTÈLEMENT DES ENTRAVES AUX COMMERCES MONDIAL ET INTRACOMMUNAUTAIRE 39

CHAPITRE 1 UNE CONVERGENCE DANS LE CONTENU DES PRINCIPES D'ÉLIMINATION DES ENTRAVES AU COMMERCE 41

SECTION 1 LE PRINCIPE COMMUN DE NON-DISCRIMINATION 41

§1. Première composante de la définition de discrimination : la situation de concurrence entre deux ou plusieurs opérations commerciales 41

I.- Les notions de « produits similaires » et de « produits concurrents » 42

II.- Les critères établissant un rapport de similarité ou de concurrence 50

A. Critères établis par les instances multilatérales 50

1. Critères déterminant un rapport de similarité 50

a. Les propriétés, la nature et la qualité des produits 51

b. L'utilisation finale 52

c. Goûts et habitudes des consommateurs 53
d. Classement tarifaire 54
e. Circuit de distribution : critère normalement utilisé pour déterminer une situation de concurrence 55
2. Critères déterminant un rapport de concurrence 56
3. La question de la potentialité de la concurrence 58
B. Critères établis par la jurisprudence communautaire 60
§2. Deuxième composante de la définition de discrimination : la différence de traitement entre deux ou plusieurs situations 64
I.- La notion de « mesure » au sens des législations communautaire et multilatérale 65
A. Le « réalisme » communautaire 65
B. Le « carcan étatique » multilatéral 67
II.- L'effectivité de la différence de traitement 70
A. Les critères de différenciation 70
1. La nationalité, critère majeur de toute différence de traitement 70
2. Les autres critères de différenciation : l'apanage du droit communautaire 73
B. L'application de la différence de traitement 76
1. Des formulations et des portées différentes en droit multilatéral 76
a. Le « traitement moins favorable » dépeint par l'article III-4 76
b. L'article III-2, 1ère et 2e phrase, ou l'opposition entre les expressions « supérieures à » et « n'est pas frappé d'une taxe semblable » 78
c. La notion d'« avantage » au sens du principe du traitement de la nation la plus favorisée 80
2. La sobriété des exposés communautaires 84
III.- L'effet protecteur de la mesure en question 86
A. La notion de « de manière à protéger » prévue à l'article III-2, 2e phrase, de l'Accord général 86
B. L'indissociabilité ou la permutabilité de l'effet protecteur et du caractère discriminatoire en droit communautaire 88

SECTION 2 LES PRINCIPES COMMUNS D'HARMONISATION ET DE RECONNAISSANCE MUTUELLE DES LÉGISLATIONS NATIONALES 93
§1. Le principe d'harmonisation des législations nationales 94
I.- L'harmonisation : un instrument commun de réglementation commerciale 94

A. Une identité d'intérêts quant au recours à l'harmonisation 95
B. Une identité de finalité malgré des instruments différents d'harmonisation 96
1. Une harmonisation communautaire évolutive 96
2. Une harmonisation multilatérale figée 98
C. Une identité quant à la différenciation des niveaux d'harmonisation 99
1. Les différents niveaux de contrainte dans l'harmonisation 100
a. L'harmonisation optionnelle 100
b. L'harmonisation totale 101
c. L'harmonisation minimale 102
2. Les différents niveaux de couverture dans l'harmonisation 103
a. L'harmonisation complète 103
b. L'harmonisation partielle 104
II.- L'harmonisation : un instrument divergent de réglementation commerciale 105
A. L'harmonisation comme mécanisme parallèle au principe de non-discrimination 106
B. L'harmonisation comme mécanisme prolongeant le principe de non-discrimination 107
§2. Le principe de reconnaissance mutuelle des législations 108
I.- Des bases différentes d'élaboration menant à un résultat identique 109
II.- D'une politique multilatérale de reconnaissance mutuelle par voie de négociation à une politique communautaire coordinatrice à des fins de reconnaissance mutuelle 111

CHAPITRE 2 UNE CONVERGENCE DANS L'INSTITUTIONNALISATION DES « QUATRE LIBERTÉS COMMERCIALES » 119

SECTION 1 LA LIBÉRALISATION CENTRALE DU SECTEUR DES MARCHANDISES 120
§1. Le démantèlement des entraves au commerce communautaire des marchandises : un souci définitoire des entraves à éradiquer 122
I.- D'une approche initialement extensive de la notion d'entrave à une approche par la suite raisonnée 123
II.- La dissipation actuelle des certitudes quant aux principes établis jusqu'alors 130
§2. Le démantèlement des entraves au commerce mondial des marchandises : l'élaboration d'une méthodologie spécifique d'éradication des entraves 136
I.- Une méthodologie axée sur des principes spécifiques 136

A. La clause de la nation la plus favorisée ou le démantèlement des entraves discriminant les importations entre elles 136
B. Le principe du traitement national ou le démantèlement des entraves discriminant les importations au profit des productions nationales 138
C. La principale entorse à ces principes : les accords préférentiels 140
II.- Une méthodologie axée sur une approche discriminatoire des entraves : une approche multilatérale pourtant étendue à l'aune communautaire 147
§3. Les régimes dérogatoires aux échanges de marchandises 148
I.- Le secteur agricole 149
A. La politique agricole commune ou l'organisation d'un protectionnisme communautaire 149
B. L'Accord multilatéral sur l'agriculture ou le démantèlement du protectionnisme agricole 152
C. L'adaptation constante de la PAC aux nouvelles contraintes multilatérales 156
II.- La politique commune de la pêche : une politique environnementale par essence 157

SECTION 2 LA LIBÉRALISATION DES SECTEURS DES SERVICES ET DES PERSONNES 159
§1. Le cadre général de la libéralisation du mouvement des services et des personnes 160
I.- La définition des notions de service, d'établissement et de travailleurs salariés 160
A. D'une approche communautaire sectorielle à une approche multilatérale globale 160
1. L'encadrement réglementaire du domaine des services 161
a. Une définition communautaire textuellement réduite 161
b. Une définition multilatérale textuellement large 162
2. La liberté d'établissement : d'une approche communautaire autonome à une conception multilatérale asservie 164
a. La définition communautaire d'établissement 164
b. L'approche multilatérale en termes de services de l'établissement secondaire 167
3. La question sensible de la circulation des travailleurs salariés 168
a. La libre circulation communautaire des travailleurs salariés 168
α. La constitution d'un salariat communautaire 169
β. La libre circulation des personnes face aux justifications sécuritaires 171

b. L'exclusion du champ de l'AGCS des questions ayant trait à l'immigration permanente 174
4. La question particulière des services professionnels 175
a. Le modèle communautaire de libéralisation des services professionnels 176
α. Une coordination des législations nationales encore entachée d'imperfections 176
β. La refonte du régime de reconnaissance des qualifications professionnelles 180
b. La timidité de l'approche multilatérale 182
B. Une approche communautaire en voie de globalisation : la dissipation des différences entre les domaines bénéficiant de la libre circulation 183
II.- Le processus de démantèlement des entraves à la libre prestation des services et à la libre circulation des personnes 187
A. L'approche communautaire définitoire des restrictions à la libre circulation des services et des personnes 188
1. Le démantèlement des mesures discriminatoires en matière de libre circulation des services et des personnes 188
a. Le démantèlement des discriminations directes 188
b. Le démantèlement des discriminations indirectes 190
c. Le démantèlement des discriminations à rebours 193
2. Le démantèlement des entraves non discriminatoires 193
a. Le conflit conceptuel entre « discrimination indirecte » et « entrave non discriminatoire » en matière de services 193
b. Le démantèlement des entraves non discriminatoires en matière de libre circulation des personnes : la jurisprudence *Bosman-Gebhard* 196
B. La libéralisation prometteuse des services au sein de l'OMC 200
1. Les principes libre-échangistes transposés du domaine des marchandises 202
2. Une couverture multilatérale des services encore limitée par l'élaboration de listes d'engagements spécifiques 205
§2. Les spécificités sectorielles en matière de services 206
I.- Les services financiers 206
A. L'inclination communautaire pour le volet « financier » des services financiers 207
1. Le secteur bancaire 207
2. Le secteur des assurances 209
B. L'inclination multilatérale pour le côté « service » des services financiers 212

II.- Les services de télécommunications 214
A. Le marché intérieur communautaire des télécommunications : un droit spécifique de la concurrence 215
B. Les textes multilatéraux relatifs aux « services spécifiques » de télécommunications 219
III.- Les services de transport 221
A. Une politique multisectorielle des transports au sein de la Communauté 222
B. Un droit multilatéral des transports, accessoire de la politique commerciale internationale 227

SECTION 3 LA LIBÉRALISATION DU SECTEUR DES CAPITAUX 229
§1. L'appréhension communautaire des domaines essentiels des capitaux et des moyens de paiement 229
I.- Un démantèlement des restrictions à la libre circulation des capitaux initié par le droit dérivé 230
II.- La reconnaissance jurisprudentielle du démantèlement des entraves à la circulation des capitaux 240
§2. L'appréhension multilatérale purement économique des capitaux 242
I.- L'intérêt récent pour la circulation des investissements 242
II.- L'Accord sur les mesures concernant les investissements et liées au commerce (Accord MIC) 244

CHAPITRE 3 UNE CONVERGENCE DANS LES LIMITES DU MOUVEMENT DE LIBÉRALISATION COMMERCIALE 249

SECTION 1 LES CAS D'EXCLUSION DES RÈGLES LIBÉRALES 249
§1. Les règles d'exclusion ressortant des textes 250
I.- Exception/dérogation : une qualification dépendant de l'origine du principe d'exclusion 250
A. Le rejet communautaire des exceptions faisant le lit d'une approche strictement dérogatoire 251
B. Une distinction multilatérale sauvegardée par le principe de territorialité 252
II.- Les principes d'exclusion construits à partir du domaine des marchandises 255
A. Fondement des cas excluant le principe de libre circulation : un intérêt général diversement accueilli 256
1. De l'effectivité d'un « intérêt général communautaire » à l'émergence d'un « intérêt général multilatéral » 257

2. De l'émergence d'un « intérêt général de la Communauté » à l'absence d'un « intérêt général de l'OMC » 259
B. Les conditions de légalité des mesures justifiées 262
1. Les notions de discrimination arbitraire ou injustifiée et de restriction déguisée au commerce 262
2. La recherche des réelles motivations d'une mesure se targuant d'une exception, une question de proportionnalité 264
III.- Cas d'exclusion des principes de libre-échange au regard des différentes libertés de circulation 268
A. Teneur des cas d'exclusion 269
B. Typologie des cas d'exclusion 272
1. Justifications communes aux systèmes communautaire et multilatéral 272
2. Justifications spécifiques à chacun des systèmes en présence 276
a. Justifications propres au droit communautaire 276
b. Justifications propres au droit multilatéral 278
§2. Les dérogations prétoriennes : les exigences impératives reconnues par la Cour de justice 280
I.- L'élaboration de la théorie des exigences impératives à partir du domaine des marchandises 280
A. L'arrêt *Cassis de Dijon* ou les fondements de la théorie des exigences essentielles 280
1. Une conception proche de celle des justifications de l'article 30 du Traité CE 281
2. Une conception fondée sur l'article 28 du Traité CE 282
B. La jurisprudence postérieure ou la consolidation de la théorie des exigences impératives 283
C. La remise en cause jurisprudentielle des distinctions entre régimes d'exclusion 286
II.- Exigences essentielles ou raisons impérieuses : l'extension spécifique de la théorie des exigences impératives aux autres secteurs de la libre circulation 288
A. Une extension des conditions d'application aux autres libertés 288
B. Une extension adaptée aux spécificités de chaque liberté 291
C. Une extension marquant une certaine uniformisation des régimes justificatifs 292

SECTION 2 LES CAS PARTICULIERS CONCERNANT LA SANTÉ ET L'ENVIRONNEMENT 294

§1. Les textes régissant les domaines de la santé humaine, de la santé des animaux et de la préservation des végétaux 294

I.- Les dispositions de base 295
II.- Les textes complémentaires : d'une approche dissociative multilatérale à une approche associative communautaire 296
A. La protection de l'environnement 297
B. La sécurité des produits 300
§2. Le principe de précaution : une justification conflictuelle de restrictions aux échanges 302
I.- Une histoire alimentaire communautaire tourmentée 303
II.- La notion centrale d'analyse des risques 306
III.- L'articulation conflictuelle des positions communautaire et multilatérale 308
IV.- La conciliation jurisprudentielle des deux systèmes 311

CONCLUSION DE LA PREMIÈRE PARTIE 319

TABLE DES MATIÈRES 321

L'HARMATTAN, ITALIA
Via Degli Artisti 15 ; 10124 Torino

L'HARMATTAN HONGRIE
Könyvesbolt ; Kossuth L. u. 14-16
1053 Budapest

L'HARMATTAN BURKINA FASO
Rue 15.167 Route du Pô Patte d'oie
12 BP 226
Ouagadougou 12
(00226) 50 37 54 36

ESPACE L'HARMATTAN KINSHASA
Faculté des Sciences Sociales,
Politiques et Administratives
BP243, KIN XI ; Université de Kinshasa

L'HARMATTAN GUINÉE
Almamya Rue KA 028
En face du restaurant le cèdre
OKB agency BP 3470 Conakry
(00224) 60 20 85 08
harmattanguinee@yahoo.fr

L'HARMATTAN CÔTE D'IVOIRE
M. Etien N'dah Ahmon
Résidence Karl / cité des arts
Abidjan-Cocody 03 BP 1588 Abidjan 03
(00225) 05 77 87 31

L'HARMATTAN MAURITANIE
Espace El Kettab du livre francophone
N° 472 avenue Palais des Congrès
BP 316 Nouakchott
(00222) 63 25 980

L'HARMATTAN CAMEROUN
BP 11486
Yaoundé
002374586700
002379766166
harmattancam@yahoo.fr

Achevé d'imprimer par Corlet Numérique - 14110 Condé-sur-Noireau
N° d'Imprimeur : 761934 - Novembre 2017 - Imprimé en France

www.ingramcontent.com/pod-product-compliance
Lightning Source LLC
LaVergne TN
LVHW011441061026
849535LV00004BA/912
* 9 7 8 2 2 9 6 0 3 4 0 9 9 *